無錫文庫

第三輯

梁溪倪氏宗譜

鳳凰出版傳媒集團
鳳凰出版社

ISBN 978-7-5506-0800-9

9 787550 608009 >

圖書在版編目（ＣＩＰ）數據

梁溪倪氏宗譜 / 倪城纂修. -- 南京 : 鳳凰出版社,
2011.8
（無錫文庫. 第3輯）
ISBN 978-7-5506-0800-9

Ⅰ. ①梁… Ⅱ. ①倪… Ⅲ. ①氏族譜系－無錫市
Ⅳ. ①K820.9

中國版本圖書館CIP數據核字(2011)第173451號

責任編輯　王　劍
裝幀設計　姜　嵩
出版發行　鳳凰出版傳媒集團
　　　　　鳳凰出版社(原江蘇古籍出版社)
　　　　　南京市中央路165號　郵編 210009
　　　　　發行部電話 025－83223462
集團網址　鳳凰出版傳媒網　http://www.ppm.cn
印　　刷　無錫市證券印刷有限公司
　　　　　無錫市揚名高新技術産業園B區75號　郵編 214024
開　　本　889×1194毫米　1/16
印　　張　36
版　　次　2011年8月第1版　2011年8月第1次印刷
標準書號　ISBN 978-7-5506-0800-9
定　　價　470.00圓
　　　　　(本書凡印裝錯誤可向承印廠調换,電話:0510－85435666)

無錫文庫工作委員會

顧問

楊衛澤　毛小平　周和平　譚　躍

主任

王立人

副主任

曹佳中　陳海燕　吴小平

委員

方標軍　須　儉　陳堯明　尤文科

何承志　蔡文煜　葉建興　施　展

嚴克勤　劉　川　雷群虎　李祖坤

瞿　敬　華瑞興　周興安　姜小青

無錫文庫編輯委員會

主　編

王立人

副主編

須　儉　姜小青

編　委（按姓氏筆畫排列）

王進雄　王賡唐　卞惠興　全　勤　吴　迪　沙無垢
金其楨　夏剛草　倪培翔　徐小躍　徐志鈞　浦學坤
陳文源　過旭明　過耀華　許墨林　張志清　程勉中
湯可可　蔡家彬　劉桂秋　錢建中　錢菲菲　顧文璧

執行編委

王華寶　王　劍　薛　飛　陳紅彦　林世田　謝冬榮
徐憶農　陈　立

編務人員

顧志堅　李躍光

無錫文庫學術顧問

（按姓氏筆畫排列）

朱玉麒　朱維錚　江慶柏　李文海
沈衛榮　武秀成　金良年　胡福明
莫礪鋒　徐中玉　陳熙中　許倬雲
張仲禮　張廷銀　彭　林　程章燦
馮　遠　馮其庸　楊天石　趙生群
劉玉才　錢　遜　錢中文　錢文忠

總序

七千年文明史，三千年建城史，江南名城無錫，襟長江依太湖，自古以來就是魚米之鄉，禮儀之邦。無錫文化自泰伯南奔以來，騰蛟起鳳，尚德崇文，在數千年的傳承發展中，教化常持，經世務實，人杰輩出，大家林立，文藻絢麗，錯彩鏤金。舍南舍北皆春水，欲與湖山作主人，數千年的人文傳統，賦予了風光秀美的無錫以獨特的文化魅力，鑄就了城市剛柔相濟、秀逸清麗的文化品格。

無錫是中國吴文化的發源地。早在商代晚期，周太王古公亶父的長子泰伯三讓王位，携其弟仲雍奔吴，定居無錫梅里，建『勾吴國』，『端委以治周禮』，施以禮儀教化；興修水利，授以農桑，不數年而『民人殷富』。泰伯帶來的中原文化與無錫本地土著文明相結合，吴文化以及作爲其重要組成部分的無錫文化就此發端。晋室南渡，北方人群大量南遷，帶來了中原的文化技術，促進了無錫農業、水利、手工業和商業的發展，中原文明再度與吴文化進行融合互滲。在本土文化與异地文化的碰撞和交融中，不斷推動着無錫這座城市的文明進步。

無錫歷史文化『追歷七千餘載歲月滌蕩，遂經四大轉折而成其廣大深厚：泰伯西來，吴文化成焉；永嘉南渡，江左文脉振焉；宋室波遷，江南文風始焉；歐風東漸，錫邑占風氣之先，民族工商文化始焉。數百代鄉彦賢達智慧與創造累積，文獻足徵，無慮百千』（《錫山先哲叢刊》重版弁言）。無錫文化以兼容并蓄多樣化的形態不斷發展。

崇文尚教，以教促文。北宋嘉祐三年（一〇五八），無錫始設縣學；北宋政和元年（一一一一），理學傳人楊時在無錫創建東林書院，此後無錫出現了喻樗、尤袤、李祥、蔣重珍等一批知名的教育家。至明代，顧憲成、高攀龍等在東林書院講學，此後又有許多書院相繼而起。古代無錫對教育的重視，促進了『崇文』和『尚教』的風氣，也造就了大量的人才。自隋朝開創科舉取士到清末廢除科舉，無錫共出了五名狀元、三名榜眼、六名探花和三名傳臚，并有五百四十名進士，一千二百多名舉人；『一榜九進士』、『六科三解元』，自古傳爲佳話。近代以來，經濟的繁榮進一步帶動了教育的興盛。無錫籍國學大師錢穆曾説：『晚清以下，群呼教育救國，無錫一縣最先起。』此後無錫的實業家紛紛出資興辦文化教育事業。教育的繁興，在極大程度上促進了無錫的文化發展，出現了空前的文化人才崛起的高峰。

文脉綿延，後出轉强。歷來『文化』的概念有廣義和狹義之分，這裏的『文脉』之『文』，用的是狹義的概念，即指經史、文學、藝術等人類所創造的精神財富的總和。在無錫的歷史文化傳統中，自古及今，悠悠文脉，如瓜瓞之綿綿。必須指出的是，從文化發生學的角度來看，早期中華文化的中心是在黄河流域的中原地區，無錫在宋元以前，雖有像顧愷之、李紳、尤袤、蔣捷、倪瓚等一批人文英才，但在整體上，無錫的文氣是自明清以迄近現代達到巔峰。在整個江南地區文教昌明和無錫經濟繁盛、教育勃興的大背景下，無錫地區在經史、文學、繪畫、音樂等諸多領域中，建樹卓越，俊才雲蒸，真正呈現出『人文之盛，冠於南國；碩彦輩出，著述繁富』的局面。

求實務本、重工崇商。無錫自古爲江南富庶之地、魚米之鄉。明代東林講學者將士商并列爲『本行』，講求經世致用；近代早期維新的思想家、實踐家薛福成提出『黜浮靡，崇實學』，大力倡揚『工商爲先，耕戰植其基，工商擴其用』的觀念，這些都成了近代以來無錫人求實務本、重工崇商的重要的思想根源；兼以明清時期，封建自然經濟解體，資本主義開始萌芽，無錫經濟日趨繁盛。鴉片戰爭以後，上海開埠，由於商品經濟的發展和商業資本積累的增加，逐步形成了一個以上海爲中心的，北接江陰、靖江，西連蘇州、無錫、常州的經濟區域。有布、米、絲、錢『四大碼頭』的無錫，被譽爲『小上海』。到了十九世紀末、二十世紀初，無錫許多有識之士積極引進西方生産技術，大力興辦工廠，形成了近代六大資本系統，無錫成了近代中國民族工商業的發祥地和蘇南經濟中心。經濟的繁盛，不僅爲無錫文化的不斷發展提供了堅實的物質基礎，而且也形成了無錫文化的主流形態之一的，具有鮮明特色和豐富内涵的『工商文化』。

文化源長，文獻宏大。在歷史上，無錫有過兩次較大規模的文化整理。一八九九年，《常州先哲遺書》是包涵無錫在内的第一次區域性文化整理集成。一九二三年，《錫山先哲叢刊》是無錫真正意義上從城市角度進行的一次文化整理。當時，國家積貧積弱，社會動蕩離亂，身處亂世的有識之士高擎文化的旗幟，以縱覽千古的魄力和毅力致力於城市文化傳統的繼承與弘揚，爲無錫地方人文教育提供了文化楷模，對增强無錫崇文興教氛圍發揮了重要的作用，爲無錫躋身江南名城提供了文化動力，其意義至今爲後人感念。

滄桑巨變，天上人間。經過近一個世紀的奮鬥探索，特别是改革開放三十多年來的迅猛發展，中華民族强勢崛起。國運昌隆，盛世修典。中共無錫市委、市政府高度重視地方傳統文化的整理弘揚工作。自二〇〇七年提出『建設文明無錫，打造文化名城』以來，無錫全面深入開展歷史文化遺産的挖掘、清理、保護和修復工作，傳承弘揚優秀傳統文化，彰顯城市人文歷史底蘊，掀起歷史文化名城建設新高潮。此後，市委、市政府在《無錫市文化大發展大繁榮行動綱要》中明確要求全面整理出版地方歷史文獻，市委、市政府在《關於深化文化體制改革加快文化强市建設的決定》中再次明確要求編纂《無錫文庫》，正式啓動迄今爲止無錫地區規模最大、綜合性鄉邦文獻集成的修編工作。爲確保《無錫文庫》的編纂工作順利進行，市委、市政府專門成立了『無錫文庫工作委員會』，由市委宣傳部牽頭，設立了『無錫文庫編輯委員會』，計劃用三年時間完成編纂出版工作。《無錫文庫》的編纂，將以嶄新的學術角度和現代學科框架對城市歷史文化進行全面梳理和弘揚，站在時代的高度，充分展示城市深厚的歷史底蘊，彰顯先賢哲人的智慧創造，解讀無錫文化的獨特個性，提煉升華無錫的人文精神，光前裕後，古爲今用，以文化人，由人化文，以史爲鑒，開啓未來。

《無錫文庫》的編纂出版必將發揮重要的文化功能：首先是搶救文獻。無錫自古即有豐富的地方文獻，無論經史子集，都有重要著作流傳於世。然而無錫近代歷經戰亂，一些重要典籍已毁佚，僅有書名存留；還有一些珍貴的明清地方史籍，也以孤本存世，處於若存若亡之間。由於各種原因，一些代表無錫文化的典籍保存於國内外各大圖書館中，在無錫不易見到。從清末到民國期間，在文化上有不少重要成果，而這部分書籍因長期被忽視而處於毁佚的邊緣。《無錫文庫》的編纂就是爲了搶救文獻，保存文脉。其次是古籍整理。無錫先賢留下的載籍很多，但現存書籍，版本雜亂，良莠不齊，整體而言没有經過系統編排梳理，使用不便。《無錫文庫》的編纂，就是從版本目録學的角度加以梳理，每書皆撰提要，鈎玄指要，便於閲讀使用。第三是服務大衆。《無錫文庫》所收皆爲地方古史遺文，是研究無錫歷史沿革和文化傳承的必讀書目。《無錫文庫》的編纂出版，使這些書籍的使用更加便捷和廣泛，對無錫的文化建設、城市規劃、古迹保護、名勝開發都具有很高的學術價值和實用價值。

歷史唯物主義觀是《無錫文庫》編纂出版工作的重要指導思想。《無錫文庫》是一部具有社會主義新時代特點的典籍集成，編纂理念和選編觀念更加科學，注重學術性、實用性和經典性相結合，并且儘量收入古籍版本研究的新成果，廣泛收集流散在國内外的珍貴典籍。編纂工作中，始終堅持『尊重歷史、尊重科學、尊重規律、尊重專家』的原則，堅持『雙百』方針，對傳統文化中重要的不同學派、不同觀點的資料兼收并蓄，力求客觀、完整和全面。當然，《無錫文庫》不可能包羅萬象，而以文史哲爲主要内容，兼顧其他類别著述，整體呈現出無錫歷史文化的發展脉絡。强化編纂工作的學術規範，提倡實事求是的良好學風，對文庫的整體規模、體例框架、所收書目、版式裝幀等進行反復論證，反復比較，多方聽取意見，慎之又慎，力争使《無錫文庫》成爲一部真正代表無錫文化的綜合性鄉邦文獻集成。

編纂出版《無錫文庫》的盛舉，得到了海内外衆多著名的文史專家、學者教授的熱烈響應。許倬雲、馮其庸、楊天石、李文海、徐中玉、馮遠、胡福明等無錫籍文化名人和劉玉才、程章燦、江慶柏、張廷銀、金良年等專家學者應邀擔任《無錫文庫》的學術顧問，他們扎實的學術功底、嚴謹的治學風範、卓越的學術見識，爲《無錫文庫》提供了有力的支撑。

千年吴地文明，百年工商繁華，賦予無錫人聰慧和靈秀，創造了具有獨特品質的城市文化和城市精神。當我們手捧先哲留下的珍貴文化遺産，不僅滿懷感恩、敬畏之心，更涌動着不負前賢、勵志圖新的激情，去努力創造城市文化嶄新的輝煌，讓無錫文化大發展大繁榮的春天更加姹紫嫣紅、繽紛燦爛！

無錫文庫編輯委員會

二〇一一年一月

凡例

一、《文庫》所收爲無錫籍作家的著述和與無錫相關的歷代文獻，分爲《官修舊志》、《地方史料專著》、《年譜家乘》、《無錫文存》和《近現代名家名著存目》五輯。

二、無錫地域範圍以現行行政轄區爲準。《文庫》立足無錫市區，兼顧江陰、宜興，適當選收江陰、宜興具有代表性的著作。

三、《文庫》所收著作，以史料價值高、使用價值大爲原則，適當兼顧其版本價值。

四、《文庫》主要采用影印方式出版，《近現代名家名著存目》收入作家小傳和主要著述目録。

五、《文庫》所收著作，其編纂年代下限爲一九四九年；《近現代名家名著存目》則不受此限。

六、《文庫》所收著作，原書如有蠹損、殘缺、漫漶不清處，原則上以相同版本予以換頁、補頁，使全書清晰、整齊。

七、《文庫》對所收每種圖書，均撰寫提要，置於每種書扉頁之背面；每册均新編頁碼，自爲起訖。

八、《文庫》編制書名索引和著者索引，以方便讀者使用。

第三輯編輯説明

本輯為《無錫文庫》之第三輯《年譜家乘》，收録無錫（含江陰、宜興）歷代名人年譜以及部分著姓望族家譜。

年譜是史籍中一種人物傳記體裁。但和一般的傳記有所不同，一般的傳記主要紀傳主的生平大要，而年譜則是以譜主爲中心，以年月爲經緯，比較全面細緻地叙述譜主一生事迹。所謂『叙一人之道德、學問、事業，纖悉無遺而系以年月者，謂之年譜』（朱士嘉《中國歷代名人年譜序》）。家譜是一種以表譜形式記載一個以血緣關係爲主體的家族世系繁衍及其重要人物事迹的圖書體裁，主要包含譜序、題辭、恩榮、凡例、像贊、世系、傳記、宗規、家訓、祠墓、義田、藝文等内容。

它們都屬於史籍中較爲特殊的體裁，過去由於歷史研究中理論的誤導，不重視或忽視人的主體性，對名人與望族的研究相對來説顯得薄弱。隨着思想禁錮的打破以及地方史研究的逐步深入，纔慢慢爲學界所重視，並成爲熱點。今天我們将此列爲專門研究对象，着眼點是它的社會意義，具體一些説，就是某一望族在它所處的社會制度下，對政治、經濟、文化、社會生活諸方面所發生的正負影響，又從某一望族的興衰過程透視其社會歷史的宏觀背景。同時望族的研究離不開個體研究，離不開對名人和精英在歷史發展中所處的地位和發揮的作用、功過善惡給予合乎歷史真實的評價。無論是群體或個體研究，其結果都對現實生活有借鑒的作用。

無錫，地靈人傑，截至二〇一一年，産生於此的百餘名科學院、工程院、社科院院士（學部委員）已使它成爲名副其實的『院士之鄉』、『人才高地』，無錫的人文之厚，正源自這片熱土千百年來所湧現出的衆多風流人物與著姓望族。本輯首次較全面地彙編了這些名人的年譜和部分著姓望族家譜共約一百三十種，爲學界研究提供參考。需要説明的是，考慮到文獻資料的完整性、實用性、稀見性，個別年譜家乘會突破一九四九年的年代下限；而當代編寫出版的無錫歷代名人年譜，坊間易得，不在此次收録之列；另有十一種年譜因已分别附録在《無錫文庫》第二、三、四輯的相關書内，也就不再重復收入，它們是：《梁溪先生年譜》（譜主李綱，李綸編）收入第四輯之《梁溪先生文集》，《修敬公年譜》（譜主秦旭）、《端敏公年譜》（譜主秦金）、《從川公年譜》（譜主秦瀚）、《海翁公年譜》（譜主秦德藻）收入第三輯之《錫山秦氏宗譜》，《盛顒年譜》（譜主盛顒）收入第三輯之《勾吴盛氏宗譜》，《顧端文公年譜》（譜主顧憲成）收入第四輯之《顧端文公遺書》，《師竹廬自述》（譜主賓鎮）收入第二輯之《師竹廬隨筆》，《孝侯公年譜》（譜主周處）、《簡惠公年譜》（譜主周葵）、《少宰公年譜》（譜主周家楣）收入第三輯之《國山周氏世譜》。

本輯排列順序，先年譜後家乘，無錫、江陰、宜興各自分編。年譜依譜主歷史年代爲序，全文收録。家乘依姓氏筆畫爲序，視其文獻價值，全文收録或選擇收録，選擇收録者，在提要中加以説明。

目録

梁溪倪氏宗譜

（民國）倪城 纂修

《梁溪倪氏宗譜》誦芬録十四卷首一卷世表二十六卷，倪城纂修，一九一五年帶經堂木活字本。

倪城，字大成，號哲夫，又號質夫，別號格非子，無錫人。國子生，授直隸知州。著有《醒世典要》、《石室精華》、《自得齋詩文集》等。倪之上世係出黄帝有熊氏，東周時因功封郳，子孫以國爲姓，失國後去邑爲兒，漢以後改作倪。倪氏得姓始於東周郳犁來，至漢御史大夫寬家於千乘（是爲千乘始祖），唐刺史若水家於汴梁。寬二十九世孫師道，字士誠，號怡然，宋代人，官宣撫使，宋建炎間由汴州扈蹕南渡，始居杭州，是爲南渡始祖。始遷祖子雲，師道子，字時瞻，號雲松，初爲杭州路總管兼勸農事，再爲吴縣監丞，始家吴縣，宋嘉定元年（一二一三）徙居無錫梅里之祇陀。倪氏宗譜於宋紹興、隆興，明永樂、宣德、成化、萬曆、崇禎，清乾隆、嘉慶、咸豐、光緒間先後有修，此爲十二修。卷首有新序、凡例、宗規、箴言、禁戒、經鋤堂雜志等。誦芬録爲舊序、源流録、世次圖記、祠堂圖、墳墓圖、宸翰、誥敕、詩文集序、傳記、墓志、像贊、詩集、壽序、後記等。有虞集、邵寶、盛顒、顧憲成、焦竑、祝允明、王世貞、高攀龍、魏禧、侯方域、沈德潛、李兆洛、包世臣、顧皋、鄧廷楨等人文，所録書畫題跋、名賢投贈、逸事遺文，多可補文獻之闕。世表有千乘世系圖、歷朝世系、北宋世表、南渡世表、各派各支世表等。

元代大畫家倪瓚出於此族，爲七世孫。

本書據一九一五年本影印卷首、誦芬録十四卷。

（陳小青）

民國四年乙卯重輯

倪氏家乘

清閟閣藏板

梁溪倪氏續修第十二巡宗譜序

家之有譜猶國之有史也史不修則紀綱之施設莫憑譜不修則氏族之本源難考支分派別代遠年湮曷能數典而不忘其祖哉然則人事之所當急而不可忽者其譜牒之修也我倪氏自東周郳來公著姓以來苗裔之散處於四方奚啻億兆其卓然表見於世者如子泉公後理學則桐廬茅岡公行義則沙縣泰夫公著作則新安道川公博習則餘姚文忠公信服峒巒則福安元芳公忠炳史冊則上虞文正公治亂不知興廢不聞清標獨立則惟梁溪之

梁溪倪氏宗譜序　一

雲林公是也他處宗譜余未概見而梁溪之世譜自周漢而迄唐有文節公爲創始歷代續修不乏其人至是已十有二廵矣歲乙卯前刺史哲夫主其事適余駐節皖江郵丐余爲序余不文且軍書旁午有日不暇給之勢然飲水思源俱以犂來公爲

始祖與哲夫固誼關一本不得不搜索枯腸略序梗概夫修譜豈易事哉非才力相兼者不能如有其才無其力經費何來有其力無其才偶訛孰正哲夫一寒畯耳祇因廉潔自勵歷半生如一日爲合族所尊信值此米珠薪桂百貨騰昂哲夫乃急公

好義獨具熱心而賦平子成輩協贊同心不支薪水釐訂則一支秃筆採訪則一葉扁舟勞苦不辭飢寒不恤故他族修譜風潮迭起怨讟並興而哲夫始終其事無扞格之虞者蓋因其忠信篤敬久爲宗族交遊所景仰故保溢聘之等咸黽勉從事輸

將恐後也訪疏支遠派合爲一家正亥豕魯魚衷乎一是哲夫獨任其艱是以再罹寒暑而聿觀厥成矣竊思惠山迺江左名勝之區山清水秀哲夫尤志潔行芳經綸卓犖余觀光復後他族子孫皆攀附權貴以求利達惟吾族之在梁溪者竟不屑廁

足權門以希倖進仍有不就順帝之徵不畏士信之迫不書洪武之年號如雲林公其人者覩於今茲清節高風繩其祖武知其本源之有自也是爲序

民國乙卯七月壬辰安武上將軍督理安徽全省軍務宗末嗣冲拜譔并謹書

著姓始祖周封子爵小邾國君犁來郳公之像

贊曰

周室衰微兮莽不歸附桓繼於八國是依我公彈丸之地受茲周天懷實釐齊主贊命左之國姓名著兮魯史國書記兮宣尼原宗淵淵衍流天淮民我子孫千億兮念明德之神於戲皇祖想見靈威

二十三世孫思百拜題

千乘始祖漢御史大夫兒公諱寬像

贊曰

於戲千乘漢育名卿經術吏事

攷績治平孝武宣德隆化幾成

御史大夫休哉令名學稽通籍

本乎尚書為左内史浚六輔渠

曆紀懷廢議造太初功垂萬古

共仰經鋤

廬陵歐陽修拜題

沂梁始祖唐戶部侍郎子象倪公諱若水之像

贊曰

擢為御史第一知名沂州治績政簡刑

清振興學校風化大行中人捕烏諫語

懇誠君非頡格賜帛褒旌徵拜戶部

澤被蒼生

後學蘇軾拜題

宋工部尚書公美公諱啟諡武肅像

贊曰

倪武肅公賸茲遺像都邑之城郭經營水利與屯田鞅掌纘禹疏九河之功師孔別五方之壤勤王事足國裕氏修家乘開來繼往績著當年千秋景仰

參知政事真德秀謹題

宋禮部尚書正肅公諱忠諡文節像

贊曰

制金上三勝之疏修史見一代之才謇々諤々言路求開典禮汝愚共定大計韓后不得為武韋綴侂胄之剛愎兮闡讜直而無達惜嘉王不能闡習機政彌遠乃敢擅作恩威錐鐫職而家居兮賴敘譜於庭闈為三朝之元老盻遺像而低徊

裔孫煥百拜敬題

南渡始祖宋宣撫使怡然公諱師道之像

贊曰

金寇披猖北狩堪傷惟公撫恤招集流亡扈蹕南渡
即位建康知高宗之好倭難維縶於廟堂策塞疆
於湖上兮堪比德於蘄王開子孫之千億展玉魏何
端莊迄今享祀勿替兮軼千載而彌光

文天祥謹題

遷錫始祖宋杭州路總管雪松公諱子雲之像

贊曰

剛方其品亢直其性經綸文章才堪佐
命總管杭州興利除病職兼勸農民歌
德政山川秀氣梁溪輝映卜宅於茲裔
斯衍慶手圖世系功垂子姓

陸秀夫拜手題

宋百萬中郎桂月公諱役之像

贊曰

志潔行方經綸雷雨翔鳳祥麟爭先
快覩上應列宿器識公輔湖洄伊人
通今博古痛大道之不行兮歸去來
兮而鮮組帷笑傲於烟霞兮敦有道
之孫而追尊高祖

金華處士許謙敬題

宋千七承事郎九五公像

贊曰

抱才出游知機便退世衰道微
遵養時晦德劭年高令人敬愛
瞻道貌之岸然垂令名於千載

劉基敬題

宋處士友梅公諱椿之像

梁溪倪氏宗譜　卷首　十　帶經堂

贊曰

中原逐鹿隱居空谷懷瑾
握瑜牙籤萬軸賑饑寒
哀此煢獨壽享期頤優游
惠麓玉貌儼然威儀整肅

宋濂頓首拜題

宋冰祥處士堯章公諱煥之像

梁溪倪氏宗譜　卷首像　十一　帶經堂

贊曰

伊何人斯冰祥處士奕禩簪纓抱才
而仕值世道之滄桑兮斂閒雲野鶴而
高翔惟游心於玄默兮羌婉潔於冰霜
而衡泌而棲遲兮抱無邊之風月尋
木本而溯之淵源兮徵公諱脈纂述逸事
俎豆馨香兮偕楣子而未极

邑後學高攀龍拜題

宋冰蘗處士仲文公諱炳之像

梁溪倪氏宗譜 卷首 像 圭 帶經堂

贊曰

花落滿堦圖書環列舊雨若來金蘭
契結保合太和神仙秘訣悵彼胡元
冠裳逆裂磐澗晤歌湖山藏拙秀毓
雲林夷齊抗節

後學王守仁頓首拜題

元高士雲林公諱瓚私謚清孝之像

梁溪倪氏宗譜 卷首 像 圭 帶經堂

贊曰

邈矣先生逸民傳侶蟬蛻塵埃倫然高舉讀書焚香
賞奇嗜古清閟圖書神仙之府海外傾風通問起居
白雲天半瞻拜庭廬湖泖通波汪洋萬頃物外孤蹤
烟簑漁艇錫山之麓祠宇峩峩靈旗髣髴來游來歌
維桑與梓曠世遐想嗚呼先生高山景仰

邑後學邵寶敬題

明兵科都給事中靜寄倪公諱峻像

梁溪倪氏宗譜　卷首　卌　帶經堂

贊曰

天挺之資淵源之學事君以忠持身以恪
蜚英桂籍掌教頖宮牛刀小試百里春風
出入禁闥補過拾遺恩光烜赫榮褒螭墀
口銜天憲宣諭遐方不辱君命使節煌煌
上疏引年回翔鄉邑造就後進布列庶職
可見者像可聞者名九京永隔吁嗟先生

鄉晚生張九方頓首拜題

明河南道監察御史月樓公諱敬像

梁溪倪氏宗譜　卷首　像　圭　帶經堂

贊曰

此像者誰侍御倪公是耶非耶小子之生也
晚孰從識認其豐容第讀先生之奏章
拜先生之遺像而因髣髴於丹青之中所可
見者貌之俊雅而端莊所不可見而實可想
見者立朝之正色而公忠慨當天下之多事
而庸庸者之多福也安得起先生於泉壤
以挽乎頽風

馬世奇拜題

清贈中憲大夫倪公良勳之像

倪公良勳像贊

西神之產南服之英醫宗聿著詩律兼精溯源固本祠建壽城曾禦銅馬卓武義兵大亂戡定復覩昇平雖膺軍職不慕簪纓年高德劭庶幾令名文孫蔚起錫誥貽榮

同縣楊壽枬再拜敬題

清封奉政大夫曉山公像

贊曰

先生才氣慷慨激昂先生容貌秀逸端莊時逢水旱施惠傾囊散繒煮粥澤流一方累功積善貽謀孔臧仰瞻遺像山高水長

實鎮謹題

清贈中憲大夫蘭谷倪公之像

梁溪倪氏宗譜　卷首　十八　帶經堂

贊

允矣倪公衍高士風和光拂拂春氣融融躡雲林之
高躅兮洵一時之人傑秉仁術以活人兮豈徒肱之
三折偕梅鶴以嘯歌兮性澹泊而冲和著杏林一卷
以名世兮惜聲譽未出於澗阿際世情之玄黄未判
兮莫能一抒其素抱而長君爲亢宗之令子兮報公
寧無天道

世愚姪侯鎮拜撰

晉齋倪公像

梁溪倪氏宗譜　卷首　十九　帶經堂

晉齋倪先生像贊

於維先生克敬克誠不乘危而
趨難不勢挾而權傾慈愛急人
排難解爭乃其常德率素而行
惟孝思之所格遂默通於神明

乙卯秋日俞浚謹題

達夫公像

維日月之逶迤兮何舊雨之飄零悵少
壯其如昨兮同硯席而嚶嚶隱潛德而
弗曜兮幸辨其於先型君冥漠之知
家兮遐不屬兮形聲翳後起之子人兮
盍含笑於九京廼展卷而低徊兮感不
絕於余心邈流風而申款二兮猶髣髴
乎平生　乙卯大暑世愚弟王世忠題辭

梁溪倪氏宗譜　卷首　千　帶經堂

梁溪倪氏宗譜卷首

梁溪倪氏宗譜　卷首　譜芬錄目錄　一　帶經堂

倪氏族譜序 隆興二年 宣撫使 吳璘
梁溪倪氏世系表說 嘉定六年 南渡二世 子雲
世次圖例 皇慶元年 南渡六世 重一
倪氏世次圖記 延祐六年 翰林學士 虞集
世系小傳 至正元年 南渡六世 重一
舊譜後跋 至正十七年 翰林學士 歐陽玄
續刻倪氏舊譜引 永樂二十年 太子賓客 王汝玉
倪氏家譜序 宣德八年 三世 楊翥
倪氏族譜序 宣德十年 太常寺少卿 鄭雍言

續刻倪氏宗譜後序 成化十年 張纖
續刻舊輯譜圖稿 成化二十二年 十一世 慎 思齋
倪氏家譜題辭 萬曆二十九年 進士 顧憲成
倪氏族譜歌 萬曆二十九年 秦鳳梧 濟源
續刻宗譜跋 萬曆二十九年 十五世 召 雪堂
倪氏宗譜序 崇禎十六年 三進士學使 高世泰
續輯宗譜後序 崇禎十六年 十七世 膺徵 丈石
續修宗譜紀略 乾隆十三年 十九世 世縉
誦芬錄小序 十九世 世縉

倪氏續修宗譜序 嘉慶十九年 翰林院修撰 顧皋
江陰倪氏世譜序 嘉慶十九年 二十一世 鉞 學曾
客船合譜序 嘉慶十九年 二十一世 駿
宜興合譜序 嘉慶十九年 二十二世 貫一
重修家譜跋 嘉慶二十年 二十一世 駿
倪氏重修宗譜序 咸豐七年 國史館副總裁 侯桐 葉庵
梁溪倪氏重修宗譜序 咸豐七年 東林書院山長 顧瀚 蘭塘
採訪記 咸豐七年 二十三世 廷極 會亭
重修宗譜跋 咸豐七年 二十三世 廷極

續修梁溪倪氏宗譜序 光緒二年 翰林院庶吉士 秦賡彤

誦芬錄卷二

帝錫德音
誥勅
祠堂圖
神位 附祭器陳設圖祭儀
祠祭田號糧根
墳墓圖
墓祭田號糧根

郡志靜寄公原傳 九世
邑志靜寄公原傳
萬姓統譜
洛閩源流錄
文林郎兵科都給事中靜寄倪先生墓誌銘 雲南左布政使受業門人 殷 序
黃門像贊 張九方
倪靜寄先生像贊 江陰 卞 榮
蒲州知州養齋公宗譜傳 十世

怡軒公宗譜傳 十世
雲溪公宗譜傳 十世
萬安縣令仲輝倪公傳 十世 尤 鏜 竹峯
濟軒公宗譜傳 十一世
叔祥公宗譜傳 十一世
東稼公宗譜傳 十一世
耕樂公宗譜傳 十一世
樂菴公宗譜傳 十一世
思雲公宗譜傳 十一世

明史侍御公原傳 十一世
邑志侍御公忠節傳
右軍都督府都事倪公墓誌銘 左春坊左庶子 王 倎
哀倪汝敬辭 辛未狀元 柯 潛
祭倪侍御文
倪侍御畫像跋 辛未狀元 柯 潛
侍御倪先生像贊 馬世奇 文肅
奏疏 十一世 敬
樂耕公宗譜傳 十二世

思耕公宗譜傳 十二世
存耕公宗譜傳 十二世
怡耕公宗譜傳 十二世
迪功郎竹溪公宗譜傳 十二世
竹溪公墓前禁侵葬碑文
思誠公宗譜傳 十二世
存德公宗譜傳 十二世
鄉飲大賓倪久齋先生傳 十二世 宮保尚書 邵 寶
倪久齋先生傳 十二世 刑部左侍郎 顧

書倪氏三先生文集後 十三世 刑部郎中 華雲
贊樸公宗譜傳 十三世
順菴公宗譜傳 十三世
舜漁公宗譜傳 十三世
守溪公宗譜傳 十三世
守溪倪翁像贊 十三世 寧府長史 華滋
思竹公宗譜傳 十三世
漢州知州方泉倪君墓誌銘 十三世 刑部郎中 華雲
庠彥匪齋倪君墓誌銘 十三世 秦瀚

輓匪齋先生 唐詩

誦芬錄卷六

邑增生滌梧公宗譜傳 十四世
滌梧倪先生像贊 十四世 華之充 中完
北樓公宗譜傳 十四世
南樓公宗譜傳 十四世
東樵公宗譜傳 十四世
以誠倪公傳 十四世 乙丑進士 胡淳 蔵水
慕竹公宗譜傳 十五世
怡園公宗譜傳 十五世
雲堂公宗譜傳 十五世
士望公宗譜傳 十五世
一愚公宗譜傳 十五世
邑志貢玉公原傳 十五世
明處士景南倪公傳 十五世 國子監助教 薛敷教
倪翁景南墓表 十五世 都察院左都御史 高攀龍
處士景南倪公墓誌銘 十五世 吏部侍郎 顧憲成
庠彥紹南公宗譜傳 十五世

履南公宗譜傳 十五世
思溪公宗譜傳 十五世
後溪公宗譜傳 十六世
慕椿公宗譜傳 十六世
詔旌善士茂山倪公傳 十六世 乙丑會魁詹事府少詹 華琪芳
處士倪仲怡墓誌銘 十六世 戶部主事 侯鼎鉉
述先父育愚府君先毋華孺人略 十六世 男 應徵
躍衢公宗譜傳 十六世
僑士子明公宗譜傳 十六世

明郡邑鄉飲介賓念萱倪公傳 十六世 鄒期楨
明郡邑鄉飲介賓念萱倪公墓誌銘 十六世 按察司僉事 王思任
念萱倪翁像贊 十六世 大理寺寺丞 張瑋
佩萱倪公墓誌銘 十六世 大理寺寺丞 張瑋
隱君佩萱倪公墓表 十六世 宮保部尚書 張有譽
綱之倪公墓表 十六世 戶部主事 侯鼎鉉
明工部員外郎兼武英殿中書郡飲大賓宇和倪公墓誌銘 十六世 山東右布政司 邵名世

太學貼和公傳 十六世 姪 應徵
節錄瑣敘存真 十六世 姪 允超
倪長者別傳 十六世 監察御史 秦鏞
處士念劬倪公墓表 十六世 黃家舒
處士念劬倪公墓誌銘 十六世 山東右布政司 邵名世
念劬倪老先生像贊 十六世 華廷獻
庠彥象巖公宗譜傳 十六世

誦芬錄卷七

奉溪公宗譜傳 十七世
光祖公宗譜傳 十七世
祇里倪隱君傳 十七世 翰林院庶吉士 史陸輿
候贈伯玉倪公暨錢孺人墓表 十七世 甲辰探花 周宏
候贈伯玉倪先生暨配錢太母合葬墓誌銘 十七世 丙辰會狀 彭定求
耆士畏壘倪公傳 十七世 己亥榜眼 華亦祥
明鄉公宗譜傳 十七世
邑庠生鄉飲賓若雨公宗譜傳 十七世

庠彥倪我望先生傳 十七世 顧青岳
贈文林郎叔贊公宗譜傳 十七世
君淑公宗譜傳 十七世
忍仙公宗譜傳 十七世
庠彥寄隱公宗譜傳 十七世
亦壽倪公傳 十七世 許獻
沾甫公宗譜傳 十七世
庠彥貞侯公宗譜傳 十七世
文長公宗譜傳 十七世

梁溪倪氏宗譜 卷首 誦芬錄目錄 十六

梁溪倪氏宗譜 卷首 誦芬錄目錄 十七

諷芬錄卷八

梅友公宗譜傳 十九世

溥泉倪公傳 十九世 直隸總督 唐執玉

賓善倪公傳 十九世 監察御史 鄒夢皋

鏡澄公宗譜傳 十九世

荷榮公宗譜傳 十九世

雪田公宗譜傳 十九世

文紳公邑志原傳 十九世

庠彥紱三倪君墓誌銘 十九世 高愈

庠彥穎若公宗譜傳 十九世

太學密齋倪君小傳 十九世 高愈

貢士敬亭倪翁傳 十九世 己未探花浙西按察使司 秦勇均

亦樓倪君小傳 十九世 翰林院侍讀學士 顧仔

候選縣佐子貽倪君小傳 十九世 甲辰進士灤縣知縣 秦伯龍

子超公宗譜傳 十九世

翰周府君述略 十九世 男玉銑

倪遠度先生傳 十九世 太子太傅 楊名時

處士九範倪公傳 十九世 葉鷹游

庠彥時鳴公宗譜傳 十九世

朝佐公宗譜傳 十九世

君亮公宗譜傳 十九世

文公公宗譜傳 十九世

子榮公宗譜傳 十九世

勅授文林郎雷州府經歷潔軒公宗譜傳 十九世

世功倪公暨配方孺人傳 十九世 候補知府 方洵

孝良倪公傳 二十世 壽山縣教諭 程巖梅 庚寅

邑志黃吉公原傳 二十世

從弟學邃傳 二十世 兄體伍

文杞倪公傳 二十世 廣東鹽運使 秦鑛

庠彥蓀佩公宗譜傳 二十世

賡廷倪公傳 二十世 乙丑進士壽稽知縣 顧奎光

兼三倪公傳 二十世 孚選儒學 過永鶴

緒生公宗譜傳 二十世

庠彥遵路公宗譜傳 二十世

望義公暨配侯孺人傳 二十世 曾姪孫 延極

望援倪公行畧 二十世 華錦翼 制山

梁溪倪氏宗譜　卷首　誦芬錄目錄　千　帶經堂

誦芬錄卷九

梁溪倪氏宗譜　卷首　誦芬錄目錄　千　帶經堂

誦芬錄卷十

清贈直隸州知州加二級誥封中憲大夫國學生蘭谷倪先生暨德配林太恭人合傳 二十四世　侯　鎮 泰初

處士萬興倪公傳 二十四世　侯　鎮 泰初

敕授修職郎倪公幼迂事略　宣威州知州 黃乾濟

姻世伯倪幼迂先生八秩壽文 二十四世　蔣聲明

雲書倪君傳 二十四世　翰林院庶吉士 李兆洛

雲谷倪公暨奚孺人傳 二十四世　己亥舉人 陳　鉞

太學生錫銘倪君六十壽序 二十四世

梁溪倪氏宗譜　卷首　誦芬錄目錄

儒士倪契山暨配詔旌烈婦華氏小傳 二十四世　壬子鼎元 薛　霖

晴川倪公傳 二十四世　侯　棠

國學生岳父燮堂倪公傳 二十四世　錢炳奎

清封奉政大夫鄉飲正賓倪公曉山傳 二十四世　楊殿奎

芝泉倪君歸田記 二十四世　候選訓導 侯　鎮 泰初

倪孟僎公暨劉孺人傳 二十四世　候選訓導 侯　鎮 泰初

胡景堂

倪用和先生家傳 二十四世　甲午舉人 俞　復 仲還

倬章倪君暨節母杜孺人合傳 二十四世

清贈中憲大夫直隸州州同倪海州先生傳 二十四世　雲間 胡　常

仲義倪君傳　秦建烈

倪君子安六十壽序　附貢生 劉乃煥

倪君楚軒暨劉孺人傳 二十四世　溧陽 承嘉樂

倪君駕山暨張孺人傳 二十四世　順天舉人 吳聲倬

壽榮叔祖壽序 二十四世　再姪 祖銘

梁溪倪氏宗譜　卷首　誦芬錄目錄

吾菴倪先生傳 二十四世　甲午舉人 俞　復 仲還

倪宏燮先生家傳 二十四世　嚴棨功

誦芬錄卷十一

晴佳倪君傳 二十五世　歲貢生 薛獻可

時若倪公傳 二十五世　進士 張元灝

會一倪君傳 二十五世　翰林院 王　耕

會一府君述略 二十五世　男 寅亮

文俊倪君傳 二十五世　胡　暖

修職郎倪君厚基像贊 二十五世　楊文堉

又七古一首 侯讓 郡敎

又五古一首 余庠 庠民

又七絶一首 御史蔣詡

又七古一首 吳鼎 易齋

書慈節堂詩文册後 十一世 李庶 登明

倪母毛孺人墓誌銘 十二世 闕銘

倪節母胡孺人墓誌銘 十五世 戶部郎中秦堈

節録賢母紀略 十六世 從姪允超

麟母傳 并歌 十六世 堆山道者米子

梁溪倪氏宗譜 卷首 誦芬錄目錄 三

哀倪節母楊孺人哀章後 十六世 失名

輓倪節母方孺人詩 十七世 隴西知縣呂高培

倪母華太孺人墓誌銘 十七世 盩厔李顒 中孚

倪節母葉孺人傳 十七世 壬辰進士杜詔 雲川

雙節傳 十七世 乙未探花秦鉽

旌節繼祖妣鮑孺人傳 十八世 孫男垂憲

薛太孺人墓誌銘 十八世 壬辰進士杜詔 雲川

秦孺人傳 十九世 桑植知縣顧奎光

節母嵇孺人小傳 十九世 夫弟世綱

苦節傳 十九世 顧青岳

倪節母楊孺人傳 十九世 禮部侍郎鄒一桂 小山

節母楊孺人輓詩五古一首 劉在楷

又五古一首 旌德教諭華希閔 豫原

又七律一首 江甯教授王繩會

又七律二首 華純曾

又七律一首 楊孝元

又七律一首 禮部侍郎鄒一桂 小山

節母王孺人傳 十九世 禮部侍郎沈德潛 確士

梁溪倪氏宗譜 卷首 誦芬錄目錄 四

孝感記 十九世 姪孫龍鏡

詔旌貞節顧孺人傳 十九世 翰林院朱瑢 滄東

倪母錢孺人七十壽序 十九世 安吉教授周曰萬

賢母朱孺人傳 二十世 乙巳舉人何錫章 近三

侯孺人傳 二十世 壬子舉人蔣錫孫 望廬

倪母吳孺人傳 二十世 濟寧分府姚信 魯亮

沈孺人傳 二十一世 侍學訓導曹大綸

倪母周孺人墓誌銘 二十一世 靈川知縣鄒儀

倪氏貞孝女傳 二十一世 歲貢生尤埜

梁溪倪氏宗譜 卷首 瀾芬錄目錄 三 [illegible]

梁溪倪氏宗譜 卷首 瀾芬錄目錄 三 [illegible]

涵山倪公贊 二十一世 盛世盟

赤少倪公暨陸孺人像贊 二十一世 歲貢生 陳方濤 晉賢

朝幹倪公贊 二十一世 歲貢生 張桐

涇州公傳 二十一世 姪孫 拱之

瞻阜公傳 二十一世 姪孫 希賢

上舍喬林倪公傳 二十一世 歲貢生 陶嗣璟 西崖

喬松倪公贊 二十一世 廩貢生 陳方渭

敕授文林郎江西永壽縣知縣健齋倪老夫子八秩壽序 二十一世 方伯 鄧廷楨 西圩

敕授文林郎永壽縣知縣健齋倪公傳 二十一世 靖江知縣 楊承湛 闇仙

從兄文墀公誄 二十二世 會

倪靜齋先生七秩雙壽序 二十二世 陽湖進士 史紹聞

靜齋公七十雙壽自序

姻丈倪靜齋先生傳 二十二世 金壇訓導 熊爾穀 宜齋

輓倪靜齋先生七律一首 二十二世 歲貢生 方恂

祭伯父靜齋文 二十二世 裳

姻丈篤齋倪公傳 二十二世 金壇訓導 熊爾穀 宜齋

祖姑丈篤齋倪公傳 二十二世 歲貢生 盛採驪 孟龍

倪伯母夏太宜人九秩壽言 戶部主事 陳毓秀

誥贈奉直大夫倪靜齋先生德配夏太宜人傳 二十二世 金壇訓導 熊爾穀 宜齋

篤齋倪公德配祖姑母盛太孺人傳 盛採驪 孟龍

何太孺人傳 二十二世 方翥

萬章公傳 二十二世 姪孫 金輅

先大父萬舟公行略 二十二世 孫 金輅

建五公傳 二十二世 姪孫 渠

節菴倪公傳 二十二世 半理 研山

元熙公傳 二十二世 姪孫 渠

明新明高兄弟合傳 二十二世 陶嗣埰 守淮

諭芬錄卷十四

記靖邑樹譜時靜齋問答語 二十二世 二十一世 會

輓門下倪生椅七絕三首 二十二世 會

輓族弟椅七律一首 二十二世 發春

節母張太孺人贊 二十二世 張震

頌伯母節孝張孺人七律 族姪 希賢

恭輓倪母毛孺人五古 二十二世 婁貫生 劉玉增 立峯
題倪母夏孺人遺照七律 二十二世 姪 宋普 亦韓
叔父養齋公行實 二十二世 姪 裳
靖邑支譜告成後記 二十一世 會
族叔明照公行畧 二十二世 族姪 軒
族兄會昌公行略 二十三世 族弟 端
儘先選用訓導萃香倪君傳 二十三世 恩貢生 夏煒如
國學生少承公宗譜傳 二十三世
陸太孺人傳 二十三世 方靄

岳母趙太孺人傳 二十三世 劉蘇
嘉猷世父壽九十詩 二十三世 渠
先考象謙府君行畧 二十三世 男 滌
象樞倪君傳 二十三世 羊理 研山
儒士象舟事蹟 二十三世 羊理 研山
八旗教習筱迂倪公傳 二十三世 邑增生 濟泉
秉銓倪公傳 二十三世 劉蘇 棣生
朱孺人傳 二十三世 錫江 李延芳 湘浦
哭母朱孺人七絕二首 二十三世 男 椿

節孝聞太孺人傳 二十三世 金幹
族兄雲村公傳 二十三世 裳
哭門下生倪載之七絕三首 二十四世 沈建梧
續修宗譜告成記事 二十三世 軒
譜成後作 二十四世 金幹
倪岳母夏孺人傳 二十四世 鄭炳文 壽藝
輓族姪孫誠之七律 二十四世 健齋
輓族姪孫景韓七律 二十四世 靜齋
輓族姪景韓七律二首 二十四世 雲村

哭景韓先兄七律 二十四世 弟 渠
哭叔父桂年公七絕二首 二十四世 姪 滔
倪蛰亭公行略 二十四世 歲貢生 方玉振 爾吉
椿年倪翁七秩壽言 二十四世 歲貢生 方玉振 爾吉
椿年倪君傳 二十四世 歲貢生 方玉振 爾吉
益泰公行畧 二十四世 族曾孫 鑒
倪君繼周序 二十四世 蔣汝珍
哭母夏孺人 二十四世 男 淵
太學生璞齋公宗譜傳 二十五世

梁溪倪氏宗譜 卷首 誦芬錄目錄 美

世表卷之一

歷朝世表

世居千乘郡 七世承祖遷居歙州 九世承贇遷居蘇州 十一世纘遷居毘陵 十五世若水遷居汴州 廿三世安遷居浙江 廿三世思遷居湖州 廿四世碩遷居鄱梁 今以碩子堯爲北宋始祖

北宋世表

世居鄱梁 二世處禮遷居河南 五世師道師文師禮遷居杭州 五世師章遷居太原 五世師奎遷居鎮江

南渡世表

寓居杭州 二世子雲子虹遷居無錫梅里之祇陀 四世士元遷居錫之揚名鄉 士元孫仁轉遷錫邑學宮旁 仁孫文宗又遷城中剛棠巷 八世繼宗遷居錫邑學河南 繼宗子峻轉遷城中繡衣坊 九世叔清遷居常州鄒陵橋 十世受八遷居埼江斜橋鎮 十世和遷居城中明棠巷又遷惠山衖 十世樸遷居江陰黃橋鎮 師禮公後相傳遷居徽州望江縣

養浩公派

分揚軒公支世居祇陀 十五世福遷居芙蓉山祈巷東北轉遷芙蓉山南蕩巷 十五世祿遷居常熟小東門外白獅河東橫牌壟 十五世天秩遷居常州東門下搭倉橋又遷無錫北門外蓮蓬門里

梁溪倪氏宗譜 卷首 世表目錄 元

文行公派

分時用公時敏公支世居祇陀 十一世祁遷居無錫縣署西偏 十二世祺遷居東莊 十四世采徙居馬村孫鎮考 十五世文徙居虎瀆涇失考

養素公派

分兼隱公素像公樸樂公支世居祇陀 十一世宗寶徙居坊前大房橋 宗寶子辦遷居壽山墳頭 十三世奎遷居蘇州齊門 十四世金壽居錫邑北門江橋生理征于撤定居九里河南客貨村 十四世倬遷居望廊橋 十四世瑞徙居木心橋 十四世興遷居蘇州齊門員子橋轉遷竹興貨積 十五世瑛徙居梁陽 十五世璋遷居新宅裡 十五世憲遷居宜興滯瀆里

竹泉公派

分樂菴公思泉公支世居祇陀 十一世岳徙居常熟石塘里 十三世盛徙居江陰之衛山 十三世紳出贅陣上蔣氏 繇孫文龍徙居洛社錢魚塘後 叔文培遷蕩堰田裡

祥甫公派

分敏中公支 世居祇陀 十五世尊德徙居倪嘉禾

文彬公派

分湄溪公支 世居埼江斜橋鎮 十二世淼徙居鎮江府丹徒 十四世良徙居西鄉水洞港西錢家灣 頁狄子世經轉徙西沙生剛鎮丘匯川巷

叔清公派　後村良少子世德轉徙轉徙普濟巷南莊　十五世占遷居靖江南門虹橋
　　分瑞公支　世居常州鄭陸橋　十三世寶遷居武進縣羊頭橋未修

克敏公派　分汝中公汝高公汝贍公支　汝中汝高二支世居明堂巷　汝贍一支世居江陰黄橋鎮　十四世景昭遷居揚名鄉上水渡　十四世景明遷居揚名鄉封田裡　十三世寶遷居東大街震子經綸同遷興甯鄉鄧新莊　十四世緯韜同遷居倪家灣　十五世金林遷居黄橋二堡頂家村　十五世寶林徙居青下四堡新安　十五世仁和遷居夏城鎮二堡雙橋河南龍州村　十五世信和遷居五龍涇十七圩又雙廟西吳澤岸失考

靜寄公派　分月樓公務學公支　世居織衣坊　十五世文相遷同祗陀石皮街　十五世文佐遷居常熟縣張巷　十五世乘吉遷居石幢　十五世審吉遷居望湖門　十五世元吉遷居海門內安仁巷　十五世長吉遷居浙江杭州城

克莊公派　分季常公汝衡公支　世居惠山街　十五世廊芬遷居惠山錫膝衛廊芬孫宗元轉遷錫泉門內西横下無考　十四世通遷居錫泉門外廟橋無考

梁溪倪氏宗譜　卷首　世表目錄

卷之二

瀞軒公支芸派　世居祗陀　十六世芸遷居吼山東河莊橋　十八世守信遷居錫山東北甫塘

瀞軒公支山派　世居芙蓉山高巷

瀞軒公支繼剛派　世居常熟小東門外白茆河東横塘墅未修

瀞軒公支文文派　世居吼山東河莊橋未修

卷之三

瀞軒公支開元派　世居無錫北門外陡門里　廿二世汇遷居北門外橋口里　廿二世汇孫崑流寓上海　廿二世淮徙居江陰斗山西河頭　廿三世天富居北門外門口里無考　廿二世渭興遷居姑蘇無考　廿四世澗洪遷居吳江無考

卷之四

瀞軒公支開先派　徙居無錫北門外陡門里　十六世開先遷居秦巷鎮　廿一世鳳來遷居安徽無爲州城十字街　廿一世掌三遷居吳江縣角直鎮　廿一世世榮遷居上海　廿四世增元遷居下塘灣巷　廿五世恢流寓山東未修

時用公支仁成派　世居周村浜　十七世慶吉遷居坊前甯陸家橋

時敏公支旦派　世居東北　十六世旦徙居石塘橋河南　廿三世大成徙居吳成橋　廿一世君開徙居鴨城橋戴家灣

時敏公支望派　世居東北　十七世麟遷居研石下吳成橋　十九世宗元遷居白搶山唐家巷宗元子仁孝遷居江陰定山　廿二世士興徙居小馬橋　廿二世天寵遷居白搶山嘴

時敏公支憲派　世居東北　十七世岸遷居石塘橋　十九世尚寶遷居蘇州北寺後尚寶子居誠自蘇轉居倪岳巷

卷之五

時敏公支寀派　世居東莊　十七世國安遷居石塘橋嘴　十八世士禎遷居北街之王莊　十八世士祥徙居馬鎮倪巷　十九世鼎徙居陽岐　廿四世克仁徙居西尖圩　廿七世金魁徙居北莊家巷

梁溪倪氏宗譜　卷首　世表目錄

卷之六

時敏公支柄派　世居東北　十九世克元遷居倪家灣

時敏公支模派　世居東北　十七世康元遷居高安鄉修浦　廿一世定安平安全徙居陸區橋東南頭

時敏公支格派　世居東北　十七世壽遷居張舍　二十世廿渤遷居小花村倪巷　廿三世蘭森遷居宜興丁山小橋內

時敏公支德派　世居東北　十六世德遷居研石下

時敏公支仁派　世居東莊　十九世自樞遷居南北鄉盧師橋　廿一世文宗遷居稷山河杭村　廿四世正韓遷居南宮巷　廿三世嘉祥遷居馬西橋橋下　廿四世祥寶流寓蘇州無考

時敏公支承宗派　世居祇陀　十七世應祺遷居安鎮東北花橋街　十七世應祚遷居青石橋應祚玄孫明達明道轉遷東橋塘　廿一世元鼎遷居安鎮南松墩頭　廿一世文彬徙居斗宅橋失考　廿二世留壽遷居楊墅岸何家巷無考

叔端公支一貫派　世居祇陀　十七世承甯遷居夏莫衣巷　十七世承康遷居蘇州府再遷上馬墩南鄧家橋失考

叔端公支一本派　世居祇陀　十八世大庾遷居白丹山大庾子九經轉遷崇安寺北羊頭山下朝南村　十八世季丙遷居江陰青陽衆樹街

叔端公支一清派　世居祇陀石皮街街後

卷之七

東稼公支友諭派　世居祇陀石皮街南街　廿三世錫屏流寓芙蓉山梅巷麻畬圖無考

東稼公支友諫派　世居祇陀石皮街大巷上夏巷門內

東稼公支友讓派　世居祇陀石皮街　廿二世鳳山遷居斜橋橋南街　廿二世中立遷居蘇州王府基陸家巷失考　廿三世福昌遷居蔡家水渠

續　廿四世威甲遷居尤沈巷

卷之八

東稼公支友學派　世居祇陀石皮街　廿一世維書遷居白水蕩崇善無考　廿二世舜佐遷居宜興無考　廿三世巨川挈居東亭楊樹埄橋　廿四世錄禕遷居八字橋南楊家橋陳巷無考

東稼公支友敬派　世居祇陀石皮街　十七世應璜遷居殿巷　十九世瓚遷居芙蓉山無考　廿一世惟角徙上山上塘堂前衙　廿一世夢鳳遷居中走馬塘末修　廿五世星海遷居用直鎮無考

東稼公支友和派　世居祇陀石皮街　二十世惟寶遷居蘇州城內鴨欄橋北首

卷之九

東稼公支友禮派　世居祇陀石皮街　廿二世炳先挈居中亭末修　廿五世鳳岐遷居席祈莊

東稼公支友志派　世居祇陀石皮街　廿一世雲龍遷居霧湖蕩口　廿一世燮炎同遷居用直鎮末修　廿一世耀羽徙居斜墅關無考

東稼公支友荀派　世居祇陀石皮街　十七世應琦遷居河東巷　廿三世鼎先徙居懷仁鄉陳家橋

東稼公支友英派　世居祇陀石皮街石橋頭

東稼公支友蘭派　世居祇陀石皮街　二十世文皓遷居河泊橋　廿一世德盛徙居梅村德盛子舜明轉遷麻雀園將巷無考　廿二世舜發徙居瑪巷

卷之十

東稼公支友文派　世居祇陀石皮街殿巷

東稼公支友能派　世居祇陀石皮街大家橋門　十七世應參徙居梅村關河大王廟東北埘巷

東稼公支友喆派　世居祇陀石皮街街後　十九世鄧鼎銘舞同遷楊亭北樹巷

東稼公支友直派　世居祇陀石皮街　二十世人皮遷居常熟七星橋打生浜末修　廿五世起陳遷居芙蓉山孫劉王巷

東稼公支友善派　世居祇陀石皮街　十九世體元遷居芙蓉山孫劉王巷

東稼公支友仁派　世居祇陀石皮街　廿二世錦元遷居嘉興縣良三圖鎮兵營街中街末修　廿二世元順遷居飛涇橋南無考

卷之十一

東稼公支友義派　世居祇陀石皮街　二十世鶴林遷居范家橋　廿四世鳴盛遷居四房橋

東稼公支友道派　世居祇陀石皮街　二十世永昌遷居嗣架關河西　廿六世鴻淇流寓杭州

東稼公支友才派　世居祇陀　十七世應徵遷居宛山蕩東末修

卷之十二

東稼公支德昌派　世居九里橋河南香梅村　十七世茂富遷居黃墟無考

東稼公支可賢派　世居祇陀　廿一世元隆懋忠懋祥同遷錫邑北門外笆斗街

東稼公支可仕派　世居祇陀　二十世右臣遷居錫邑南門外老窑頭　廿一世玉秀玉才玉盛同遷陳墅西南黃沙圩

東稼公支可謙派　世居祇陀　十七世鴻儒遷居望湖門外陽春橋上塘南長街　二十世岳曜遷居控江門外後祁巷絕　廿一世朝忠遷居南門外老窑頭　廿一世嘉柏徙居虹橋下嘉柏子璟轉遷陽春橋後街絕　廿二世文欣遷居西門外吊橋

東稼公支友聞派　世居祇陀石皮街塲頭巷

東稼公支友惠派　世居祇陀石皮街塲頭巷

東稼公支友恕派　世居祇陀石皮街小橋頭

東稼公支友慈派　世居祇陀石皮街東店　十八世大緯遷居安鎮東北陽上無考

卷之十三

東稼公支登名派　世居望亭橋　十八世國祚遷居常州城內化龍巷

東稼公支顯名派　世居望亭橋

東稼公支鎬派　世居坊前大房橋　十八世懋祚遷居上塘南宅絕　十九世良慶遷居蘇州無考　十九世鉉遷居北皋橋東北弄巷　廿一世炯金遷居壽山墳頭　廿一世鑄徙居壽山墳頭絕　廿一世如璧遷居蠡陽門二房橋　廿一世如周遷居安鎮東平廟側無考　廿二世汝翼遷居蘇州盤門三大橋半月街無考　廿二世鳳山遷居東門積田巷　廿二世鳳鳴遷居錫安巷絕

東稼公支鋼派　世居坊前大房橋　十九世炯遷居金鵝墩絕　十九世維綿遷居嚴埭絕　十九世焜遷居丁墩坊港橋　廿一世錫穀遷居李消上橋　廿一世廷銓最山同遷蠡角　廿二世浩佳居南門外木杓兜絕

卷之十四

東稼公支錦派　世居坊前大房橋河南

東稼公支鉉派　世居坊前大房橋　二十世堅遷居蘇州婁門小教場絕　廿一世日明天錫遷居磚場失考　廿一世天錫徙居磚橋絕　廿二世浚生遷居南門二下塘徙居南門跨塘橋暗街內失考　廿三世廷槐遷居蘇州圓橋　廿三世大樑遷居居宅失考　廿三世維楨遷居芙蓉山脊巷失考　廿四世廷鏞遷居蘇州馬巠上未修

東稼公支銓派　世居坊前大房橋　十九世錫模遷居江浦縣因路遠未去採訪

東稼公支錩派　世居候陽　二十世耀昌遷居鴨城橋安巷絕

卷之十五

東稼公支鈇派　世居候陽　十六世鈇遷居東亭鎮　十九世洪烈寄居蘇州無考　二十世元培遷居齊陽鎮　二十世乘昆遷居南門外藏橋　二十世延堅遷居南門內便民橋延堅長子鎰失考次子錞寄居宿遷縣未修　二十世培元遷居安鎮絕　廿一世激大遷居新宅裡　廿一世鉞遷居華墅東街　廿一世鉦遷居長涇蘇巷　廿一世金鰲遷居東河頭無考　廿一世廉劍遷居中市橋歡齊巷絕　廿一世盤銘遷居南門外火箭老堰橋南河無考　廿一世維鋼遷居南門教場內楊四巷無考　廿一世鼎銓遷居南門內水關橋絕　廿一世純銳遷居無錫學前燕坊下無考　廿二世貫一遷居陡山尤橋絕　廿二世惟一遷居江陰青陽　廿二世濬徙居安鎮東街絕　廿三世惠棠同弟惠權遷居四川雅州府未修

卷之十六

東稼公支鑰派　世居新宅裡　廿一世紫貴遷居候陽東平廟側

東稼公支道孚派　世居木心橋　廿四世恒玉恒福同遷宅基上　廿三世炳遷居蘇州吳縣前失考

東稼公支文徵派　世居壽山墳頭流落無考

東稼公支陛派　世居壽山墳頭　今改倪茂之巷

東稼公支陞派　世居壽山墳頭

卷之十七

耕樂公支士昌派　世居宜興北門外蔣瀆里　十七世貞祚遷居東鄉錢墅村貞祚長子道春轉遷西方用貞祚次子化春轉遷和橋道春少子秉驥又轉遷漫灘橋杜庄村納秉驥次子信睿又轉遷漫灘橋朝東村絶　十八世育春徙居壽瀆橋西方田絶　十八世陽春徙居西方田絶　廿一世敦信遷居溧陽縣

耕樂公支木派　世居蘇州齊門　十六世毅徙居宜興北門外北壇山亭　十六世木徙居朱馬高橋　廿二世繼成徙居高淳縣定埠　廿三世永遷徙居金壇縣次子福元徙同定埠塞下村　廿五世福壽福義同徙南渡　廿六世正華遷居金沙

耕樂公支訥派　世居宜興蔣瀆里　二十世聖俊遷居丁山

耕樂公支邦活派　世居宜興黃瀆　十八世讓遷居宜興高田上後分居北潛港　二十世順成遷居荊溪縣六圖三陳黃瀆倪家村　廿二世勝元遷居荊溪湖㳇鎮　廿三世洪勤遷居丁山小橋內　廿四世協乾遷居大浦河北　廿三世拱青遷居官村　廿五世保之遷居宜興

卷之十八

樂菴公支端英派　世居常熟石塘里　十六世端英遷居宜興又遷江陰周莊鎮小湖河口

樂菴公支禮派　世居江陰顧山　十九世大經遷居華墅鎮六房灣　廿一世上成遷居常熟山北毛橋滕家村未修　廿一世士元遷居常熟顧山東首嶺村菴後倪家巷未修　廿一世國鈞遷居安鎮未修

思雲公支承祿承慶派　世居蓉社鎮魚瀾及蕩墩田里　十九世蘭芝遷居馬山未修

卷之十九

敏中公支敬齋派　世居倪嘉禾

通海公支本川派　世居靖江斜橋鎮為東分

卷之二十

通海公支本立派　世居靖江斜橋鎮為東分　廿四世登科遷居江陰利港丁市鎮頭二兩甲　廿四世盤泰遷居常州西門外鄒區鳴鳳鄉十六都六圖高家村　廿四世長春遷居常州西門外鄒區鳴鳳鄉十六都六圖黃莊田　廿五世玉堂遷居常州西門外鄒區鳴鳳鄉十六都六圖中橋橋　廿五世文興遷居常州西門外鄒區鳴鳳鄉十六都六圖沙灣　廿五世貴邦遷居常州西門外奔牛北湯庄橋窖頭村　廿五世桂元遷居常州北門外龍虎塘數市村

卷之二十一

通海公支餘興派　世居靖江西鄉水洞港西錢家灣為西分

通海公支大本派　世居靖江西沙生祠鎮北隱山菴後村為西分

卷之二十二

通海公支大昌派　世居靖江書院港南庄為北分

通海公支大達派　世居靖江南門虹橋為南分

卷之二十三

端公支顯宗派　世居常州鄭陸橋　十七世近耕遷居張涇橋　二十世川湧遷居陽湖前黃鎮西巷頭　廿一世鶴齡遷居草塘橋未修　廿三世泰壽遷居福建寧府浦城縣石陂街　廿四世明富遷居北鎮　廿四世聚發遷居南橋大樹下

端公支顯章派　世居常州鄭陸橋　廿一世允和同姪孫聚濂遷居福建寧府浦城縣石陂街

汝中公支恭儉派　世居上李瀆　十七世奕山同姪孫祺邵巷　廿四世嘉臣寄居常熟東帥止

汝中公支瑞甫派　世居揚名鄉圩川裡　十六世瑞甫遷居白車溝口

汝中公支榮甫派　世居揚名鄉圩田裡

汝中公支君甫派 世居揚名鄉圩田裡

汝中公支順甫派 世居揚名鄉圩田裡 廿五世汝鳳壽始居陽化鄉殷浜斗

汝中公支洪甫派 世居揚名鄉圩田裡 十八世元昌遷居方橋後浜 廿五世汝貴遷居新田村

汝中公支遁甫派 世居揚名鄉圩田裡 十八世煥自遷居黃瀆橋港

卷之二十四

汝高公支尚義派 世居興甯鄉鄒莊 十七世善繼遷居村前善繼次子如玉轉遷墻頭 十七世善逃遷居興道鄉石幢 二十世勤齊遷居墻頭陳斗板巷 廿二世元發遷居轉頭莊前楊巷上 廿一世大傑遷居龍塘岸絕 二十世勤修徙居墻頭西村前

汝高公支國選派 世居東大街 十六世國選遷居西勝山楊巷上 十七世尚芳遷居西園錢家橋失考 十九世惟蕃遷居堰橋東北大堡裡 十九世豹文遷居新塘裡陳巷絕

汝高公支國忠派 世居倪家灣 廿一世天若天祚同遷靖江斜橋申家村若于孫轉遷江陰顧山鎮市仍入俗倪家巷

汝高公支國艮派 世居倪家灣 廿一世世祿遷居東莊小馬巷無考 廿二世芳齡芳照同遷塘頭陳斗板巷 廿二世芳來遷居說北芳來子彖湖正廷與同轉遷雞尾巴上 廿四世公佐寄居無錫南門裡

汝高公支國明派 世居倪家灣 十七世允盛遷居高橋堰橋少子有信流寓滸墅關行信孫瑛自蘇遷至無錫東門外五人四圖 十九世學十遷居中巷 廿六世鳳亭遷居南高山東孔亭廟趙巷上

卷之二十五

汝贍公支清湖派 世居江陰黃橋二堡顧家村後失考

汝贍公支清蓮派 世居江陰黃橋二堡顧家村 十七世佳芳遷居西寶橋 廿二世照湖遷居秦望山照湖長子可德遷居古岡家村 孫淸居威家村二子福春遷居青暘新莊 廿一世永思遷居花園裡

汝贍公支清鹽派 世居江陰青下四堡新安

汝贍公支義豐派 世居江陰夏城鎮二堡雙橋河南蓮州村

汝贍公支義隆派 世居江陰夏城鎮二堡雙橋河南蓮州村 十六世義勛遷居江陰南門月城橋絕

汝贍公支旭初派 世居江陰五龍涇十七圩 十八世近湖遷居黃齋鎮三堡吳涇岸倪家村 廿四世德寶遷居南門五里亭黃石橋

卷之二十六

月樓公支尚志派 世居綿衣坊

月樓公支尚直派 世居常熟北門外楊沙東北新庄港未修 廿二世霈成霖成同遷江北 廿二世司成流寓江陰長壽沙未修

務學公支尚德派 世居石幢 十六世尚德遷居南門三下塘 二十世世錫世鐸同遷中市橋養濟院巷無考

務學公支尚通派 世居無錫望湖門 十六世尚通遷居城內 十八世汝垣遷居中市橋養濟院巷無考 十八世汝濤流寓河南開封府未修 十

八世錦流寓陝西盩厔縣倪家莊未修 廿一世永田遷居南門城衛裡 廿一世福田遷居許墅關上塘道安橋

務學公支尚義派 世居靖海門內安仁巷 十九世湖生流寓湖北漢陽府漢口鎮未修 廿一世文炳文耀文彬同遷城中觀前街七鮑遷居安徽未修

務學公支尚禮派 世居靖海門內安仁巷絕 十九世仁鴻遷居許墅關無考

務學公支尚孝派 世寓杭州城 十六世尚孝遷居靖江東門外觀音寺旁未修 十八世式錫遷居無錫城內

以上世表其二十六卷十六支一百零六派 濬軒公大派 時用公一派 時敏公十派 叔埔公三派 東齋公十二派 樸樂公五派 樂齋公二派 恩齋公二派 敬中公一派 適齋公六派 尊齋公二派 文中公七派 汝高公五派 汝贍公七派 月樓公二派 務學公五派 悉有後裔者故將居處地方一一備載 未諳未修流離無考亦一一載明 以便日後查考 間有未修之支派仍照舊譜印入 以俟將來志譜之意也

二十五世孫城謹誌

凡例

一歷代修譜自宋武肅文節兩公剏譜於紹興三十二年有陳康伯等所作譜序以後每冣譜序逐一備載以誌歷修之期玆添載原始著姓之祖倪氏本源開卷瞭如指掌使合族各寶守之

一舊譜祖像闕如自小郗子以下十五冠位鐫板以冠譜首俾子孫瞻仰而生起敬起孝之心焉有欲追登近祖之像者得附於後

一祠堂基址字號舊譜不載此冣繪圖刊刻註明丈尺井

註字號畝數庶幾雖歷滄桑永無更變

一神位舊章怡然雪松兩公神位供於夾室一似附享雲林公者於禮不符今改第四進爲崇本祠追祀小郗子以下十二位以仿文廟崇聖祠之制尊卑昭穆秩然

一各支奉入神位通族議定進近祖神位一座助田二畝遠祖酌加田單交祠均遵倪高士祠花戶銀漕仍歸助主自納租米仍歸助主自收每年每畝無論荒熟將錢一千二百文分春秋兩祭二次解祠玆以神位田畝備刊於譜至散譜日會集助主以單較對即付祝融永杜

盜賣私押之弊自後神位設有損失照譜追補庶不負
當年敬奉神位入祠之子孫
一刻卷之首冠以誥命榮君恩也勵後進也御製詩章列
於著作之前明臣不先君之意也次敘歷祖忠節孝友
德行材藝昭然在人耳目有足稱述於世者不論隱顯
有美即登則通族文獻可徵可信
一仕宦幸遇封典既錄本身誥勅其追封父母及祖父母
自宜備載以尊朝廷綸綍之光且起後昆顯揚之志
一著作爲族中翹楚凡吾族中所書何書無論已刻未刻
著何書目或錄序文或選精華另刊謂芬錄之前以勵
後學并垂不朽
一子孫世守莫重於墳墓元明以來見之邑志者芙蓉山
之高士倪瓚墓惠山之給事中倪峻墓珠山之御史倪
敬墓蘇閭橋之贈中書舍人倪珵墓西莊橋之贈知州
倪[illegible]墓茲議祖墓有祭田者繪圖刊譜并註祭田字
號畝數無祭田者仍照舊譜備註本名之下使其子孫
彰彰可考不失祭祀雖物換星移不致湮沒爲子孫者
各宜慎之

一傳序自漢而唐以及宋元明清悉按譜系世次編入既
便查考且免遺漏首必冠以某作何官某贈何職者一
以示顯榮一以鼓後學
一先世德行功績材藝著於歷朝國史忠節孝友行義見
於郡邑諸志或名人鉅公行狀誌銘墓表傳贊哀誄祭
文之類既爲備載流徽遺範近洽鄉評者亦立宗譜小
傳均按世次編入然前譜多有魯魚亥豕帝虎辛羊字
跡今雖少加增删訂訛釐正諸宗英勿以珠礫參錯見
哂爲幸
一吾倪氏先世品行莫高於雲林公風雅更超逸近古所
著清閟閣全集先梧集及名賢投贈往來書札久已金
玉當世膾炙人口矣不必掛一漏萬故傳序墓碑之外
略而不刻如靜寄月樓兩公著作未付棗梨者略綴一
二至於已付棗梨者止刻其序跋間有名賢投贈文翰
無所表見於當世者亦許編入以示闡幽發隱之微意
也
一倪出於兒兒出於郳卷首即以倪氏原始冠之敘著姓
之原也次列相傳之序尊卑昭穆秩然不紊也茲以師

道公爲第一世祖者以別句容安徽浙江河南雲南等支也

一婦德尤重貞節既膺詔旌固宜另設傳銘輓歌以焜耀家乘而彰其藥節冰操矣然必標以某公之配某公之母者明婦有三從之義也或苦志堅守未與國家旌表者急宜編入表明以便如例請旌或閫範素優母儀可則及命婦榮膺朝廷錫命者亦依世次另編於末所以獎勸也

一南渡以後舊譜分子雲子虬二支至九世分八支十一

世分二十四支十六世分一百四支今仍從十六世分支系下庶幾溯流尋源攀條得本無遺漏矣

一信者書之疑者闕之慎也禮云先祖無美而稱之是誣也有善而不知不明也知而不傳不仁也故我先祖散見諸書者補載於譜

一纂譜之法必宗歐蘇兩公歐公倣史家年表以別年代蘇公倣史家列傳以誌事功今合兩家之法而參用之

一禮以婚嫁爲人道之大端須嚴婚配以正人倫故女許配書字已嫁書適婦未歸書聘已歸書娶女改適不書婦改嫁不書娶再醮婦不書俱以〇別之示嚴也艮賤爲婚者男墨其名女墨其氏男女有瀆人倫者男削其名女削其氏子孫流入下賤玷污先人者亦削而不書再醮婦有隨母之子不得異姓亂宗不准入譜

一繼嗣宜按昭穆尊卑如孫繼祖弟繼兄則世次紊矣今悉詳察正之

一年未六十者但書生卒不書享壽若千至六十乃書者尚年尊齒之道也

一原配繼配不論子女有無俱書生卒側室不書嫌並嫡

也然竟闕如情所弗慊今附註於所生後

一不娶無嗣殤與夭者必書爲僧爲道者必書某寺某院以杜冒頂之弊

一螟蛉他姓爲嗣按之律不得異姓亂宗然本房無應嗣取詩言教誨式穀之義異姓亦可繼後但必註明本姓某字樣至本宗出繼他姓必註出繼某處某姓後或復姓歸宗仍收入譜

一贅壻爲子舊譜間亦收之今考戶律載明仍立本支應嗣者一人承奉祭祀家產均分云云如此則贅壻究屬

異姓不若姪輩之愈也

一師禮公派傳至十四世無考克莊公以後傳至五世亦無考前譜已然今更何從尋訪姑別附圖以存其舊以俟查考

一纂修譜牒非一人所能任如某主裁某理稿某考核某分校某編輯某捐資某司帳俱宜登名示勸朱子云人家三代不修譜大不孝也譜系明而後長幼親疎有可別故三十年一小修六十年一大修有志者尚其勉旃

一譜價本應刷印帋訂畢統核紙墨工費然後定價每部若干領譜必於開盤日期彙集支董註定某支若干部譜尾須編明某部某字某支某某珍藏擇定散譜日期校對無差方准領去各支珍藏者須每年曬一次如有鼠傷蟲蝕議罰

宗規引

夫家之有規猶國之有法也法不明無以彰善癉惡而厲紀律規不飭何以輯尊約卑而肅名分故凡祖宗立規以爲後世訓其來有自矣邇者風俗日澆情誼漸成秦越而不相統攝可爲扼腕恐久益頹敝而不可藥救也今訂宗規一十二條弁諸卷首俾爲子孫者知所法守上不干朝廷三尺之法下不背祖宗百年之訓覩是規者盍知鑒云

惇孝弟

堂堂七尺之軀試問何人生我渺渺九州之內請看幾个同胞維乳育以撫摩惟父母劬勞莫甚自丱弁而耄耋獨友昆情誼偏長無如俗世易漓以致天親不篤或養成驕惰之氣定省全疎或習慣紛奪之風友恭盡失或以後母而生猜忌或以庶出而肆欺凌種種乖戾之習皆非名教所宜况堂構之貽慚多因妻子鬩墻之兆釁總爲家財惟割私愛而厚天彝自見堂前聚順能重人倫而輕長物必無同室操戈務養志以養身必弟恭而兄友孝子•遺生孝

孫天道循環不爽雖兄更有雖弟家門昌熾何妨勿謂迂談咸期猛省

勵臣節

予我爵祿君上之恩報以忠貞人臣之分故燕燕居息與刺於北山而蹇蹇匪躬致美於易象凡我子孫幸登仕籍職司民社當爲保障之圖位列公孤務思覆餗之耻至於身履戎行必克敵以致果乃時當多難務致命而捐軀在朝班務期效功於當世處畎畝亦宜立節於千秋能移孝以作忠即顯親以全孝

敬尊長

分別尊卑齒分長幼諸祖諸父咸居九族之先以事以隨斷自十年以上大聖人且言恂而貌恪况屬凡庸聖天子亦尚齒而引年矧茲士庶夫何輕浮後進儇薄少年略識幾行書便嗤樸魯多收十斛麥輒鄙貧寒疾行長者之前不耐老人緩步儼列先生之位且從席上横肱唯諾趨蹌視爲末節擎拳曲跽漫曰虛文豈知作亂之原端由犯上還思自牧之道莫若謙卑尊祖故敬宗敬宗故睦族宜從根本上行來德修而行立行立而名成只在家庭中做起

我欲胥爲佳子弟故人樂有賢父兄

睦宗族

宗人雖有愚智毛裡盡屬祖先族屬即有親疎祖宗視同一體近來風俗頹靡每見人心不古稍有微嫌則蓄而成口角鬪狠不已更激而訟公庭或恃丁强而欺寡弱或依聲勢而侮貧寒或聽婦言而爭貨變在蕭墻或因財產而搆爭禍延骨肉須念枝葉本同根而出因思子姓皆一體而分惟是吉凶與共勿恃貴凌賤而富欺貧緩急與同毋以智傲愚而長凌幼乃祖乃父固當力行之其子其孫當守之勿失

和鄉黨

客游他鄉每憶枌榆地勝人稠異地惟思桑梓情深但既共井而同鄉尤貴行仁而尚義近來訟獄之滋起皆由鄉黨之不和或以口角譏評積爲怨府或以兒童嬉戲釀厥禍胎或此姓顯揚彼姓忌同藜刺或彼家殷富他家疾若仇讎或田畝連疇混於前而奪於後或婚姻致冤好以始而隙以終總之角勝爭長舟中誰非敵國倘其平情合理宇內盡屬陽春念此父母之邦奚啻秦越之視務解紛

排難彼此共藉其扞禦且濟困而扶危遠近交資爲藩籬雞豚芋栗極歲時伏臘之歡燈火桑麻盡里社團圞之樂願與古爲徒自吾族而始

務讀書

君子年閥閱之宗必是家傳黃卷屢代簪纓之胄無非世守青緗金張七葉顯貴登朝王謝家聲風流蓊巷莫不枕經葄史因而融譽騰休朱翁子市上行吟負薪自若高文通庭前雛誦漂麥何傷非無集葦編蒲終成大器亦有囊螢映雪卒號通儒幾見博洽多聞之彥盡隔青雲未聞輿賢選俊之朝概遺白屋但由寒素擢科名愼勿擢科名而忘寒素因文章而悟道德奚容棄道德而事文章如使名教有虧縉紳大傷元氣卽若行止不飭秀士亦玷宗祊生平所讀何書請自三思此語

勤本業

漢設力田之科與茂才並重農列四民之次視工賈爲先顧稼穡之艱難粒粒皆從胼胝念田疇之作苦時時難免露塗於是羸欲千金競效陶朱之術利求三倍輩思倚頓之謀託跡江湖胆落犇夷之波浪依身市井習成狙獪之淨夸一旦經營失計饑而子母皆虛乃知逐末以營生不若力田而務本歲時伏臘家家兒女歡欣雞犬桑麻處處室廬安慶今年荒歉還看來歲豐收百日勤劬卽享三冬逸豫若乃不耕不鑿徒知吃飯穿衣非士非商但識尋花問柳此輩下稍頭嗟何及矣求爲田舍翁安可得乎

急官糧

國家唯正有供敢不輸將恐後長吏考成攸係能無悉索爲先士誰不愛功名抗賦則隨加奪褫民誰不惜肢體逋糧而動受鞭笞徵求有限原非春日而欲賣秋糧輸納宜

勤何故乙年而未完甲稅有司按籍以求虎役持牌而至兩足到門先需酒食肆言出口還索苞苴思圖寬假冊上之挂欠仍懸計欲朦朧室內之脂膏已竭因而張冠李戴以致東家賠西舍之糧甚而產在人亡徒使子孫受祖宗之辱倘使年年清給何來新舊交征苟能限限依期豈至身名俱敗奉公守法官府不得呼其名樂業安居差役無能擾其室士可一意於詩書民亦安心於畎畝

飭祠宇

𥳑室爲棲神之所饗堂爲登拜之場故肯堂肯構祀宗既

締造於前則丹雘堅莰子孫當整飭於後如垣墻之圮敗築堅宜殷或梁棟之崩頹整修勿懈雖不必峻宇雕墻致蹈危亡之戒亦當令竹苞松茂共成輪奐之觀由是序昭序穆萃子姓於一堂因而報德報功伸敬誠於二祭惟風雨除而鳥鼠去斯先靈妥而廟室寍

謹塋墓

黃壚夜臺爲先靈體魄所藏佳城壽域即子孫脉絡攸係故禴祀烝嘗既入廟而思敬則秋霜春露當過墓而生哀以庇風雨則廣栽喬木以防傾塌則高築壘圍鄉禁森森

毋爲牛羊所踐堤防密密勿爲狐兔所穿嚴斫伐以培植成林使死者安而生者樂禁採樵以廕護風水俾亡者穩而存者寍否則視佳城如糞土廢吉穴爲坵墟上以洩山林秀氣下以絕發福本根災害既加噬臍何及

戒賭博

名教之樂地偏多豈必攤場縱博市井之頹風日甚莫如一擲呼盧乃有狙獪少年計設牢籠之術遂令浮游子弟墮流坑塹之中習以成風處處跌錢擲色夜以繼日時時拓瀋觀場入局則牧監販夫皆如伯仲坐場而喑啞叱咤莫問尊卑失業廢時全背父兄之教毀名敗行恒貽妻子之羞滿案青蚨半散揮科閑漢盈箱白鏹盡歸帮地囊家未聞賭博之兒富如倚頓多有高門破落之子餓比翳桑過後凄涼悔不當時歇手眼前顯豁勸從今日回頭屏戲具而弗親遏滔朋而必遠如其犯禁違條斷懲家法倘或飾非怙過仍送官刑

懲淫慾

鶉奔敝而衛亂狄人之禍塵聚麀而唐醸天寶之危萬百惡惟淫爲首而立身以正爲先也故內言不出外言不入

內外各有防閑偏浴不共授受不親男婦無令混雜苟或慾動情搖不顧尊卑老少若貪粉白黛綠罔知貴賤親疏行止不飭即爲名教有虧小節或踰終致大綱有玷上無以對祖宗下何以示支庶男婦而有犯者當申革逐之條里黨而有此風者宜凜涅淄之戒

四業詠 七律四首

風雨廬中一士人縱橫志氣廻超倫無端歌哭攄忠孝有筆吟哦泣鬼神經史必爭千古事圭璋尤重百年身須知閉戶絃歌者即是他年社稷臣

謀生諸務不如農勸課頻煩保介蹤稼重豳風歌七月耕
餘夏正說三冬村間暑雨艱難慮隴上烟雲慘淡容一卷
書翻無逸訓子孫曾否惕心宵
周禮周官記考工爲金爲木總須攻經營指顧風塵外省
試糾繳日月中動處方圓天地合因時神化古今通要明
班巧千秋著一技名家氣亦雄
先賢貨殖已爲商後世經營亦擅長千里驚奇須寡有百
年民賈祇深藏草先乘獻驚秦塞玉櫝環連憶鄭鄉貿易
者番登極頂到今家世尚流芳

八箴

啾啾雛烏反哺乃爾跂跂羔羊跪乳乃是何況爲人而可
不孝罔極恩深敢言答報 孝 維雁有行萬里雲飛維鴒有
序一水煙棲何況爲人而可不弟長幼尊卑每稍垂戾 弟
蜂蟻君臣不學而能麋鹿朋友不習而馴何況爲人而可
不忠事君交友畢在其中 忠 金石鏗鏘律應常貞潮汐起
伏刻至如神何況爲人而可不信果無宿諾乃見本性 信
獺祭豺亥尚嫻儀文鷹祭羽肅尙遠塵氛何況爲人而可
無禮進退揖讓繩人四體 禮 矯矯健鶻激烈剛腸奕奕神
虎威懾斜陽何況爲人而可無義見有必爲害半由利 義
某川某鄉泉溢令名孰貪孰飽難擅賢聲何況爲人而可
不廉砥礪自飭簪纓自嚴 廉 麟垂兩耳汗流忍詬鼠首兩
端齒長貽疚何況爲人而可無恥莫受人憐莫惹人指 恥

八戒

輕躁淺露莫甚於驕仰視者傲舉趾者高無論才否驕則
必敗氣驕人厭言驕人怪片長自喜小善自矜飄然意遠
大樹將軍
縱橫揮霍莫甚於奢祖宗金玉孫子泥沙無論出處奢則

無餘退已易恣效人最愚虛車是好翠綸是釣勉旃善爲
怕招人笑
風流浪蕩莫甚於淫因緣性命頃刻人禽無論智愚淫爲
首惡如醉未醒如夢未覺一失下流孽海沉浮異奇男子
柳下何尤
惰慢邪僻莫甚於佚有田而荒有書而佚無論耕讀佚則
胡成雲風不變雷霆不驚耳目心思轉覺從容祖鞭蹕擊
仰止高風
呼朋引類莫甚於師與廬雉媒逐狄豬嬉無論得失師則

近比廣厦小人曷成高詠花徑閒掃蓬門乍開杜陵遺書

隣翁往來

輒安傾危莫甚於訟鬬棋必爭鬬兵必爭無論勝負訟則

終凶理曲氣直意屈詞雄兩是無是兩非無非姓氏不告

猶畏人知

賊度喪德莫甚於飲假劉李名甘醲糟浸無論暑寒飲則

務食顛倒手足塗炭衣冠縱不至是威儀鮮度喜飲不多

陶情妙趣閒亭看鶴

縱欲求饜莫甚於食一箸幾錢百計下嚥無論貧富食則

無厭辛苦登盤逍遥入宴羅味頗多知味竟少儉客供毋

俗遺一老

文節公經鋤堂雜志 公名思字正甫宋人官至禮部尚書謚文節郡興閒修輯宗譜

歲計

儉者君子之德世俗以儉爲鄙非遠識也儉則足用儉則寡求儉則可以成家儉則可以立身儉則可以傳子孫奢則用不給奢則貪求奢則害身奢則破家奢則不可以訓子孫利害相反如此富家有富家計貧家有貧家計量入爲出則不至乏用矣用常有餘則可以爲意外橫用之備矣今以家之用分而爲二令兩子弟分掌之其日用收支爲一其歲計分支爲一日用以賃錢俸錢當之每月終白尊長有餘則趲在後月不足則取歲計錢足之歲計以家

之薄產所入當之歲終以白尊長有餘則來歲可以舉事不足則無所興舉可以展向後者一切勿爲以待可爲而爲之或有意外橫用亦告於尊長隨宜區處

人家至於破產先自借用官物錢始既先借用官物錢至於官物催趲不免舉債典質久而利重雖欲存產業不可得矣故當先須留官物錢則無此患僕奮空拳粗成家業毫分積累甚難諸子宜體念各存公心管幹且爲二十年計日後則事難料又在諸子從長區處僕之智力有不及

矣月河莫侍郎家甚富兄弟同居三十餘年此可法也蓋聚居則百費皆省析居則人各有費也然須上下和睦若自能奮飛不藉父業則聽其挈出不可將帶父業留以與不能奮飛者可也

人家用度皆可預計惟横用不可預計若婚嫁之事是閒暇時子弟自能主張若乃喪葬倉卒之際往往爲浮言所動多至妄用以此爲孝世俗之見切不可徇

月計

士大夫家子弟若無家業經營衣食不過三端上焉者仕

而仰祿中焉者就館聚徒下焉者干求假貸今員多闕少待次之日常多官小俸薄既難贍給遠宦有往來道途之費纔餘無幾意外有丁艱論罷之虞不可不備又還家無以爲策則居官凡事掣肘若有退步進退在我易以行志矣就館聚徒所得不過數十有一書館爭者甚衆未娶覔館猶可既娶之後離遠離家在已爲羈旅在家則百事不可照囑或自有子欲教不可若稍有家業則可免此患縱不免就館聚徒亦不至若不可一日無館者之窘也至於干謁假貸滋味尤惡不唯趑趄囁嚅此狀可惡奔走於道途見拒於閽人情況之惡抑又可知縱有所得無幾久而化爲昏吻潔特之士化爲無廉恥可厭之人若乃假貸新故至一至再亦難言矣若自有薄產可無此惡況吾家業雖不多若自知節省且爲二十年計已作歲計薄復作月計薄蓋先有月計然後歲計可知若月之所用多於其所入積而至歲爲大闕用矣

子孫計

或曰既有子孫當爲子孫計人之情也余曰君子豈不爲子孫計然有道矣種德一也家傳清白二也使之從學而

知義三也授以資身之術如才高者命之習舉業取科第才卑者命之以經營生理四也家法整齊上下和睦五也爲擇良師友六也爲娶淑婦七也常存儉風八也如此八者豈非爲子孫計乎如孔子教伯魚以詩禮漢儒教子一經楊震之使人謂其後爲清白吏子孫鄧禹十子人各授之一業龐德公云人皆遺之以危我獨遺之以安皆善爲子孫計者儉而能施仁也儉而寡求義也儉以爲家法禮也儉以訓子孫智也儉而慳吝不仁也儉復貪求不義也儉於其親非禮也儉而以其積遺子孫不智也

衣以歲計食以日計一日闕食必至饑餒一年闕衣尚可藉舊食在家者也食粗而無人知衣飾外者也衣敝而人必笑故善處貧者節食以完衣不善處貧者典衣而市食此數條桂林陳榕門先生採入訓俗遺規論云公所言月計歲計子孫計非沾沾惟利是計也量入為出理自如此人之物力止有此數妄用則不繼饑寒交迫急不擇音妄取妄求勢所必至欲回其節其可得乎夫謹身節用士庶宜然而儉以成廉尤仕宦之所急許魯齋言學者以治生為急司馬溫公每問士大夫生計足否曾

此意也偶閱及此因念格門先生以此訓俗為子孫者益當佩服不諼急採之以補入宗譜

裔孫寅科謹識

倪氏宗譜誦芬錄卷一

倪氏原始

倪之上世系出黃帝有熊氏黃帝生二十五子長曰少昊少昊承帝業次曰昌意少昊崩傳位於昌意子顓頊顓頊以後代遠年湮世無可紀者闕之其小有可考者則輯而載之所謂水源木本尋溯不可忽也

稱　顓頊子昌意孫黃帝曾孫子卷章

卷章　一名老童稱子顓頊孫子二長重黎次吳回

吳回　卷章子重黎弟共工氏亂帝嚳使重黎誅之而不

盡乃以庚寅日誅重黎而以其弟吳回代之遂滅共工帝使吳回為火正是為祝融子陸終

陸終　吳回子系本云陸終娶鬼方氏之妹謂之女嬇（大戴禮作女隤）生子六人坼剖而產長曰昆吾二曰參胡三曰彭祖四曰會人五曰安賜姓曹氏為邾國祖六曰季連（見史記楚世家）

安　陸終第五子系本云陸終氏子六人其五曰安賜姓曹是為曹姓又別本曰晏安晏字恐係曰安二字合寫之訛經解隱元年阮文達校勘記云各本

作安釋例作俠以年代考之決非周封之俠又史記陳杞世家索隱註云邾曹姓國陸終氏子會人之後然會人爲安之兄未可深考（見鄒縣志史記）

俠 陸終後裔武王克商封顓頊後俠於邾爲附庸考之年代決非陸終氏之子蓋前後或有同名亦未可知括地志云故邾國在黃州黃岡縣東南百二十一里恐爲夏殷之舊考周封之邾即今山東鄒縣非湖北黃岡縣也傳云（春秋文十三年）邾文公卜遷於嶧後世遂稱鄒嶧是其證也戴侗六書故云鄒與

邾同聲實一地公羊作邾婁婁者邾之餘聲實一字檀弓邾婁考公之喪與公羊同義猶吳曰勾吳越曰於越云爾（見史記及毛氏春秋傳）

夷父 名顏諡武公俠之後也鄭樵通志謂俠七世孫世族譜云夷父顏有功於周別封子友爲附庸居於郳公羊傳云顏子夏父五分其國封其叔父術於濫據此則夷父當在春秋前否則封友於郳封術於濫必早見於經文何闕然也春秋隱元年儀父克始見於經正義引譜云安十二世孫毛檢討春秋傳謂俠十二世孫說文通訓謂俠六世孫從齊桓尊周室有功王命爲子盟蔑書字貴之也其後盟踐諸役屢見經文至莊十六年書邾子克卒王尚書引之春秋名字解詁云顏通岸高也、岸夷訓平以相反者爲字克通刻儀讀如娑儀之爲言疏刻也以相因者爲字夷父儀父顯是兩人安得以夷儀同音混而一之乎蓋夷父後衰而儀父復興也

友 一名肥夷父子世本云邾顏居邾肥徙郳宋仲子

註云邾顏別封少子肥於郳爲小邾世族譜云夷父顏有功於周其子友別封爲附庸居郳則肥友當是一人彙纂郳城在兗州府東南六十里昌慮縣城東六里宋衷云今兗州府滕縣嶧縣並有郳城樂史云郳城在丞縣文獻通考云郳城在今兗州嶧縣即古丞地據此則屬嶧者爲是蓋郳與魯最近經傳屢朝於魯其爲魯之附庸可知或謂屬於宋者因宋仲幾云滕薛郳吾役也然滕薛諸國不僅事宋郳之偶朝於宋也有之豈得即謂宋之

附庸歟

倪氏著姓

倪氏自春秋魯莊公五年經書郳犂來來朝始以至於今姓之遷爲易者凡三而語兒爲兒吳郡有語兒生而能語子孫氏爲兒音而賀兒爲兒河南官氏志賀兒氏鹵姓也後改兒氏鹵通屬兒亦音而不與焉曷言乎三曰郳曰兒音霓曰倪是也郳者國於郳而子孫因以爲氏也兒者失國後去邑爲兒省文也倪者以避讐而改字實本諸公羊也大抵有國時以郳著自失國至漢郎作兒自漢以後改作倪蓋自周惠王命郳犂來爲小邾子國於郳故又稱郳國傳十餘世子姓皆以國爲氏國既失郎去邑六國

時有兒良漢有御史大夫兒寬是其證也自漢以下加人旁漢有揚州刺史倪彥唐有戶部侍郎倪若水歷歷可考今以郳兒倪歷祖之諱見於諸書者敬列如左

郳犂來　春秋莊五年經書秋郳犂來來朝註名來王命也是倪氏得姓始祖也雖爲友之孫夷父之曾孫而公著姓於經開宗乎世倪氏宗族發源於公故倪氏崇本祠祀爲著姓始祖焉至僖七年經書小邾子來朝註郳犂來始王得命而來朝距莊五年計三十六年後與邾國並稱子爵見經文甚悉按左氏作郳犂來公羊

作倪黎來穀梁作郳黎來考漢靈臺碑犂元賴
榮三公山碑犂犂百姓樊毅修華嶽碑犂民時
雝義皆與黎通（見春秋異文箋）蓋犂黎古通用

郳穆公
犂來孫春秋襄七年傳小邾穆公來朝配季氏
春秋昭二十五年傳季公若之姊爲小邾夫人
生宋元夫人（宋元夫人者宋元公之夫人也後生子爲宋景公女妻魯之季平子哀二十三年傳宋景曹卒註景曹宋元公夫人小邾穆公女正義曰宋景曹者宋景公之母姓曹氏也曹小邾姓故季康子使冉有往弔自稱彌甥）

郳甲
穆公子春秋昭二十年傳宋華向之亂郳甲出
奔鄭（註小邾穆公子）

郳惠公
穆公孫鄭樵通志郳國自小邾子穆公之孫惠
公以下春秋後六傳而滅於楚嗚呼國小而迫
與周相始終豈易事哉

兒良
前漢藝文志兒良一篇師古曰六國時人呂氏
春秋兒良天下之豪士也（見西漢文賈誼過秦論）

兒寬
漢千乘人（今山東青州府博興縣）故倪氏郡名以千乘著
鹽鐵論千乘兒寬治尚書位列九卿綱鑑武帝
元鼎四年以兒寬爲左內史（今陝西西安府同州）元封元

年以兒寬爲御史大夫廣輿記入同州名宦祠
史記漢書俱有傳兒音霓入八齊韻尚友錄入
四支韻讀如而誤宋武肅公敬文節公思刱修
倪氏統族宗譜以寬爲第一世祖今崇本祠祀
爲千乘始祖

兒銀
漢隸字原楊統碑陰兒銀字伯玉

兒萌
後漢書趙孝傳齊國兒萌字子明遇赤眉兄弟
爭死

兒式
南蠻傳桓帝永壽三年九眞太守兒式戰死

倪彥
鄭樵通志漢有揚州刺史倪彥

倪嗣祖
鄭樵通志唐有四鎮節度使倪嗣祖

倪曙
萬姓統譜唐殿甲少監倪曙

倪若水
唐字子泉歷代地理志倪若水恆州藁城人玄
宗開元初爲尚書右丞綱鑑開元四年春正月
以倪若水爲汴州刺史（今河南開封府）帝重都督刺史
選京官才望者爲之未幾人爲戶部侍郎拜左
丞尚友錄若水藏書甚多列架不足疊窗安置
子弟值日看書借書者先投束修唐書有傳若

水刺史於汴子孫遂居汴州吾支自汴而來故崇本祠祀爲汴梁始祖

倪啓　宋一名光啓字公美萬姓統譜工部尚書倪啓卒謚武肅高宗紹興間同再姪文節公創修統族宗譜功垂後世故配享倪氏崇本祠

倪思　宋字正父地理志倪思湖州歸安人綱鑑謚宗慶元二年罷禮部侍郎倪思註不從韓侂胄論僞學也侂胄敗起爲禮部尚書兼寶文閣學士提舉嵩山崇福宮卒謚文節宋史有傳公於高

宗紹興間同叔祖武肅公創修統族宗譜承先啓後立非常之功故崇本祠亦配享焉

千乘沿革

千乘爲黄河入海之道屯氏二瀆當其衝春秋戰國皆齊地秦屬齊郡西漢高帝置千乘郡領千乘等縣十五東漢屬青州樂安國三國屬魏青州樂安郡西晉屬青州樂安國永嘉喪亂淪入石氏旋滅於燕慕容儁繼復入於苻秦太元元年苻氏敗樂安男青州刺史苻朗以城降燕計縣入樂安與焉隆安四年復入於南燕慕容德劉裕滅南燕地復歸於晉裕篡晉改國號曰宋置千乘縣屬青州樂安郡五代志武帝置樂安郡於千乘郡治是也北魏沿宋

舊太平眞君中置青州於樂安是也隋縣屬青州北海郡唐縣屬河南道後梁沿唐舊改軍額爲平盧石晉廢軍漢周復故宋縣屬京東東路鎮海軍金益都府元仍舊明屬青州府清山東青州府樂安縣治爲千乘故地見歷代郡國地理志及陽湖李氏輿地韻編今釋

以上三條舊譜畧甚觀者惜焉裔孫釗徧證諸書參互考訂備極詳明錄以示城城卽珍藏歲甲寅又值續修大統謹將釗示原本稍加參訂以易舊譜之畧者

民國三年三月　裔孫城敬識

倪氏宗譜序

粵稽倪氏系出於郳夷父顏有功周室次子友父別封附庸爲小邾國子郳犂來是也子孫以國爲氏後省作兒六國時有兒良漢有御史大夫兒寬又改作倪漢有揚州刺史倪彥唐有戶部侍郎倪若水三國六朝譜牒未興無爲莫考唐貞觀十三年頒氏族志合二百九十三姓千六百九十一家而倪氏與焉自是而士大夫家咸有其譜又各自爲譜蓋世遠族蕃將渙而無紀故必每代一修此歟與思所以議修倪氏統族宗譜也倪自若水以前有

爲四鎮節度者（七世嗣祖）有爲參知政事者（九世承贊）有封臣亭侯者（十一世史員）有封東亭侯者（十二世養子）有官司徒者（十三世思元）有拜光祿大夫者（十四世公輔）若水以後有封長沙公者（十七世元忠）有爵大司馬者（十七世世宿）有官左僕射者（十八世世淵）翰林（十九世世寶）刺史（十七世宏甫荊刺史 十九世寶廣州刺史）不一其人兵燹之後多已失傳至我皇宋有諱碩者仕於西夏官翰林使於宋留不遣遂占籍汴梁簪纓繼起子濤一官司勳員外郎孫處仁家累巨萬隱居不仕曾孫允清官樞密院使玄孫景祥道德高超聲徽不起靖康元年來孫師道召爲宣撫使建炎二年扈蹕南渡功業煥然世臣喬木莫之與京啟思與聯宗族各出家譜共追先祖上同鄭國公皓皓係御史大夫寬曾孫自寬公系之啟僅二十一世思乃二十三世孫已二十九世矣夫士之名世有二家世人品而已家世賴人品以振之人品賴家世以維之倪氏家世人品世濟其美不隕其名此其所以爲名世也此倪氏統族之譜所由作也是爲序

宋紹興三十二年九月之朔

太子賓客觀文殿大學士　　穎川陳康伯撰

倪氏族譜引

余見故家舊族語及譜問其先世則懵然不知嗚呼此譜牒不講之弊也且木水俱有本源人靈於物而不知祖宗之所自出支派之所由分親疏之所以別昭穆之所以序數典忘祖古人所不取也倪氏譜歷千百年以嗣以續如視諸掌其子孫之賢可知矣予嘉其克紹先志僭爲之引

宋紹興三十二年　　橫浦居士張九成題

倪氏族譜序

聖人制禮莫大乎宗族宗族之辨莫詳於譜書譜書之傳莫大乎宗法有百世不遷之宗有五世則遷之宗祖遷於上而宗易於下祖宗之傳序人道之大本也古者系出支錄小史之官所以定世次之承辨昭穆之例俾後之子孫知其宗族之所由來親疏之所以別聯疏以爲親敦本以迨裔莫善於譜矣後世譜牒不修而宗法不講數世之下遂相視如途人其能厚宗族之禮而追崇其祖也哉倪氏惓惓於譜牒之輯是也倪出自郳武公封次子於郳失國

子孫爲卿士避讐改爲倪子孫因氏焉歷傳千百年今尚書光祿公學士思公慨然欲統其宗念族人播遷南北茍無譜以維之則吾始祖寬公之後皓公一體而分者將有近於路人是故修輯譜書以收其族心甚善也事甚美也然余聞之譜牒之作所以考古而徵前信今而傳後也非其裔而强授之不智得其宗而故棄之不仁今日之舉亦惟宗其宗而無冐他人之宗祖其祖而無舍自出之祖斯免不仁不智之譏矣爰書之爲序

宋隆興二年春王之吉　四川宣撫使吳璘撰

梁溪倪氏世系表說

嘉定癸酉八月既望百萬中郎仮告父曰仮思木有本水有源吾倪上祖傳系不知其詳敢請之父曰汝識之矣惜吾年踰八十目昏手戰口渴不能授汝詳備汝可圖而記之春秋書郳犂來來朝是吾始祖也犂來公系郳武公封次子友於郳犂來爲友之孫遂以郳爲姓自秦漢迄唐遠孫若水刺史汴州遂家於汴傳至濤一子三長文伯諱處仁實吾高祖也仲處義季處禮尚系於汴雖罹兵燹其傳不替汴梁倪氏可詢其來裔也高祖處仁自眞宗天禧間

家累巨萬曾祖允淸仁宗慶歷四年應舉官至樞密院使祖景祥哲宗紹聖間德學聞於朝三詔不仕後金擾汴避兵太原[illegible]閶城遺其譜牒故上世傳系無詳吾祖依外親朱勔勔家以事當籍致累賴姪壻李綱引訴得免後與甥楊存中僑寓濟州靖康元年召父師道爲宣撫使建炎二年扈從高宗南渡始居杭州我爲杭州路總管兼勸農事再爲吳縣監丞隆興二年遂家吳縣嘉定元年再徙居梅里之祇陀遂占籍焉汝當識之俾後之子孫可知源流之傳而不泯也唐戶部侍郎司農公二十二代孫子雲

述命子伋書

世次圖例

於戲嘗稽籍御史大夫寬漢至宋千百年矣歷三國六朝隋唐五代系譜無存欲據所聞以輯宗譜反爲蘇高引遠之譏蘇子譜法云由譜而知其先不知其先未免冒他人而爲上祖以是爲戒吾故摔高祖傳系說往汴訪考同宗行次汴城東文里村吾族甚夥惟元億家宅室奐然在宋曾爲安慶府通判時年九十目清氣爽二子文斌武斌皆循詩禮敎孝悌謂余曰汝五世祖景祥是吾伯祖吾祖景瑞兄也因金擾宋散離不知所向按汝來世系說與吾二

十一世府君若水宗圖合我與汝若水遠孫也汝當以叔祖視我因留一月後告回示以宗圖囑曰汝輯譜前列此圖則傳派可知也

時

宋皇慶元年壬子姑洗月望後一日重汴州回書此以識之

倪氏世次譜記

倪氏譜者兒寬遠孫重一之所輯也倪氏裔出郳武公封次子於郳因以郳姓累世相傳中至若水爲唐汴州刺史子孫因家於汴傳二十一世至允清仕趙宋慶歷四年知樞密院事因金擾亂景祥子師道爲宣撫使扈從高宗南渡居杭子雲爲勸農使居吳後爲吳縣監丞遂居無錫之祇陀里又七世而生明七詩畫人品擅絕古今倪氏聲益振矣惜前傳遺缺子孫散亡不可悉紀姑以南渡士誠爲第一世以別昭穆夫聖人之德莫大於孝孝莫重於父

重父則思上祖所自矣知上祖之所自子孫各宗其祖支雖多而不亂其傳派雖遠而能溯其源譜牒之親由是而繼孝悌之心油然而生骨肉之情惻然而惆禮義之節藹然而著尊卑之序肅然而辨富而不驕於貧知吾親也賢而不謿於愚知吾族也惟譜能彰其義矣能紀其蹟矣是爲記

元延祐己未二月上澣　翰林學士虞集記

世系小傳

自昔五兩法廢民散無所收恤雖名門右族離渙靡常恩義漸盡視宗族猶途人矣至漢太史公遷作傳系圖各詳其親雖世遠可見也吾上祖起於顓頊封於小郳戰國時國滅於楚子孫或隱或顯莫能殫述據武肅文節兩公舊譜吾之支派實由唐刺史若水之後刺史遠祖恐以他人慕支類譜而紊之上用四大數傳名乃億萬千百也中用元亨利貞下用小數一三五七九爲陽奇數也二四六八十爲陰偶數也生男名奇生女名偶相傳一十五世孫僱

契丹之亂後唐天成元年丙戌舉鄉士傳濤一至宋靖康間又罹金難處仁之孫景祥之子師道公扈從高宗南渡徙於杭州今爲始祖也再徙吳縣遂家於無錫祇陀里吾之子孫當知上祖幾經險阻可不勉歟願我子孫承先君之澤緜緜不替傳此無窮也

元至正元年春三月上澣日　重一書

舊譜後跋

歲在睢困作噩斗建子之辰余自歸老後尋訪蕭閒仙卿高士適於雪鶴洞出冰祥處士所修譜圖見示求識其尾余於是竊有感焉夫人之生也始於父母而有兄弟分爲子姪析爲孫曾傳至雲礽自齊衰而迄於袒免服盡則親盡親盡則情踈久則相視如途人可不悲哉有仁心者當於玆推其世次不忘厥初則親親之意不泯孝悌之心不衰而風俗之厚必自收族尊宗始也可不念哉

元至正十七年冬

致仕翰林學士廬陵圭齋歐陽元跋

附註

冰祥處士郎重一府君字振初一字堯章高士雲林伯父也 諱熲

蕭閒仙卿 高士別號

續刻倪氏舊譜引 王汝玉

雲礽之傳何也昭穆之分何也曰雲礽之傳子孫遠繼也昭穆之分尊卑之所别也分之别之家之乘有所盛也非家之乘何以知曾元之續系也長幼之次序也知長幼之序則知昭穆也知祖宗之傳系則無忘本源也何以知先後也曰以五服推之則知先後先後者伯叔也昆弟也生乎我者父母也長於我父者伯也幼於我父者叔也先生於我者兄也後生於我者弟也則此五服皆有分之也相與吾爲兄弟固服期年也迨與吾子與彼之子則服降爲大

功也迨與吾孫與彼之孫則服降爲小功也迨與吾曾孫與彼之曾孫則服降爲緦麻也迨與吾元孫與彼之元孫則服降爲袒免也然服降而至袒免則無服同乎他人也矧南北疆土天涯地角越五世而遥孰昭孰穆孰尊孰卑孰長孰幼皆無所辨也倪氏子爲此懼也特譜以知源之派雖百世之遠昭穆瞭如也尊卑攸如也長幼秩如也嗣而繼之續而增之縱隔數百世而遥數千里而遠視斯而本出乎一父母者越百世猶一日也去千里如一室也然則支譜之修可緩乎哉

倪氏家譜序

余嘗讀易類族辨物之辭則知古昔聖人別生分類姓氏之制各有其所自而不可混故昭穆有序而百姓親睦迨九兩之法廢井田之制易所謂姓氏者則混淆而莫之辨後代氏族至書五代時瑣尾流離類多散軼雖世家巨室亦莫知其所自出族屬之間視若塗人良以譜牒之無存故也倪君思勉惓惓於宗譜之輯者意在斯乎然愚每謂生人之初莫非聖賢之胄顧後之人自立爲何如耳昔范宣子自陳其家族歷虞夏以來千數百年之遠而穆叔以三立語之意可見矣若倪氏系出漢御史大夫寬中間有若戶部侍郎若水有若百萬中郎伋有若雲林先生瓚代不乏人其於三立蓋幾幾乎不讓先哲矣則知斯譜之修不惟敬祖重宗而凡爲倪氏子孫者莫不感發興起思所以自立至於昭穆之有序非譜牒無以昭茲來許其可以緩乎修哉是爲序

明宣德癸丑三月朏日　三吳楊翥書

倪氏族譜序

君子之孝其親者必重乎己之身也重己之身必思身所自出矣由身以追吾祖之所自出此宗譜之輯凡有人心者不容以已也倪氏自唐以前固未能悉然自唐若水刺史汴州家於汴二十四傳而至於師道時紹聖間金寇方張宗譜燬於兵燹其子子濃年踰八十口授百萬中郎奈自唐至宋淳熙間歷年且五百餘子濃年老口渴不能備陳其所自靖康間師道官授宣撫使建炎二年扈蹕南渡子濃爲杭州路總管兼勸農事慶元二年爲吳縣監丞皆顯聞於時迨夫七世而得元鎮則又爲一代之名流矣今思勉輯譜以若水爲始祖以師道爲南渡始祖正得古人譜圖之法斷自可見之世即爲高祖之說矣禮記曰禮不忘其所出反始之道也今夫一家之內有同高祖之親者焉有同曾祖之親者焉有同祖同禰之親者焉自親而寖疎自近而寖遠苟非篤厚之人鮮有不視之同於途人者宗譜之作則欲人之疏遠皆追本於親近而以祖宗視之固均爲子孫無疏遠也宗譜有關於世教如此思勉之輯誠可謂知本矣吾所以韙而序之不辭

時
明宣德乙卯歲孟春人日
中憲大夫南京太常寺少卿　四明鄭雍言書

續刻倪氏宗譜後序

倪氏族譜者譜倪氏之族也倪氏得姓始於東周郳犂來至漢御史大夫寬家於千乘唐刺史若水家於汴梁而姓始顯及南渡二十一世孫名師道者扈從高宗來居於杭及其子總管子雲再徙無錫梅里之祇陀遂世爲無錫人人稱爲祇陀倪氏者也自刺史以上世系不詳刺史以下宗譜失於兵燹厥後裔孫重一錄其所可知者以師道爲始世祖然其間不無遺脫雲林四世孫愼又因而續修之以示子孫嗣書勿替噫其用心可謂知所本矣雖然宗譜之

設非特爲人觀美之具所以明昭穆別尊卑欲以盡夫孝弟之道也有宋歐蘇二先生之立譜法義例精密凡有志於宗譜莫不取以爲式然能求其立譜之意而盡孝弟之道者蓋鮮矣永叔之譜序曰傳於家者以忠事君以孝事親蘇老泉譜記曰觀吾譜者孝弟之心油然而生二先生之言豈特爲人觀美之具而已哉今觀倪氏子弟皆有舊家風度亦克敦乎孝悌必能識夫立譜之深意而歐蘇二先生之言或允蹈也愼字民則爲師道十一世孫持譜以乞後序予先世與倪夙有世契今復爲甥舅義不容辭而

爲之畧序其梗概所恨宋元諸老之文與譜俱燬幸遺三
四而使后畧知所考焉爾

時

明成化甲午冬仲月長至後二日　海虞正菴張繼識

續刻舊輯譜圖稿

蓋自上古聖人慮世族之遠降爲奴隸賜姓胙土世功之
臣分命立爵賜之以稿牒士民之家繫之以宗譜蘇子曰
譜小宗之法也凡天下之人皆得而用之國家有史則能
統正民家有譜則知昭穆愼先從曾伯祖重一知此故汲
汲於譜皇慶元年春往汴詢族接見族人九十翁元億授
以若水傳系圖歸與碩儒袁伯元讓之延佑戊午秋復至
京師得與集賢學士陸淯宗歐陽譜法採摭世系說持圖
趨求廣伯生序歸而成譜以南渡宣撫使師道士誠爲第一世

師道士誠子子雲居錫之祇陀六傳而至吾高祖雲林公愼忝
五世孫不數歲而孤幼倩張氏之門荷正菴先生教育張
氏早世吾所恨也一日先生語余曰汝蚤失怙恃乃父雲
溪以上世譜牒散逸委吾輯之無暇已稽三十年矣汝年
四十當自爲之遂拜而泣曰愼知宗法不修氏族無辨譜
系一明世世可知矣正欲根尋支系以承先志非吾裔者、
不敢慕寵榮郭崇韜哭墓之譏斷不爲矣故不敢忘先考
之意外父之言叩族察源推上下淵流生息嫁娶卒葬宗
舊譜繫新枝以次尊卑倫序雖袒免以後具此則不致等諸

舊途人也歟俟後人重輯勿以不文見哂可爾系之以歌曰慎知水之有源兮其流必長木之有本兮其枝必揚我之先世兮錫姓出於郯彊裔今流錫邑兮惟吾祖雲林風節百世而名香惜吾祖之前譜兮燬於兵燹而不能共詳今吾遡源以尋流兮欲傳其芳他日有子有孫兮繼而輯之俾爲後世之光無遠近親疏兮視斯譜而難忘

雲林四世孫愼識

明成化丙午菊月下澣

倪氏家譜題辭

雲堂倪翁手其所編宗譜示余而言曰余生平無他嗜今且八十有三矣晨一粥午一飯夕一茗日出而作日入而息意灑如也暇則杖藜郊原仰眺青山俯濯流水旁閱萬物之往來殊姿異態遞供應接意欣如也自謂天下之至樂三公不易獨於此不免繫情諮詢考訂日有孜孜整舊益新屢易寒暑今者幸而就緒君其爲我序之余喟然嘆曰仁哉翁乎世之所爲孜孜者多矣上之沉酣於名津以鐘鼎爲性命下之沉酣於利藪以刀錐爲性命孰能如翁之所爲者乎豈惟不能試以翁之所爲者語之方將見爲迂闊無當啞然而一笑也雖然吾就翁之所爲孜孜者推其用心假令一旦而貴也其肯身乘軒而坐視族人之露處曾不蔽風雨乎一旦而富也其肯家積倉而坐視族人之枵腹曾不厭糟糠乎一念至此試以世之所爲相提而論孰公孰私孰大孰小孰緩孰急其可笑應有在也焉能及翁翁謝曰余老矣何能爲維余之宗率多務本尙質不尙文安知無晏范諸君子出於其間乎余且拭目而俟之余又喟然歎曰仁哉翁乎吾始見翁之自待之厚也而今

又見翁之待人之厚也請揭之弁其端以告讀是編者

賜進士第奉政大夫吏部文選清吏司郎中

眷生顧憲成拜述

倪氏族譜歌

倪之胙土郳武公周南贅蟄綿斯螽郳邱之封如邾鄘三帛五玉來從東泰山嵬繹連龜蒙盤根百里紆喬松奈何干戈日尋事翦伐故國喬木爲蒿蓬喜君獨蹤古行義矯矯健羽翔冥鴻藉談不識先世業君修譜系春風融深山大澤剖銀甕雷封百里從熊熊由漢以來迄今日源流千載常疏通文子文孫聲聞隆振振麟趾綿姬宗豕魚別夫汗充棟撑我巨眼如王戎不踐一字史筆同再登雍睦儒家風春秋義例甚嚴謹卓哉筆力摩蒼穹我觀今日梅李封讓王分胙來此中君攜闔族住百世一源天稷眞岐豐九華西走盤游龍太湖擊撞翻鴻濛千溪萬崦時變現却遶君宅明青桐青桐樹底坐箕踞翩翩吐氣垂長虹相彝鄒子說先代共言倪氏高陽宗我歌此歌玉石缸喤喤巨響憾鐘鏞郤喜民之初生自沮漆他日緜緜瓜瓞傳無窮

時

明萬歷二十九年辛丑一春望後濟源弟秦鳳梧拜呈

倪芸堂先生　政

續刻宗譜跋

不肖招宋南渡扈從高宗有功師道公十五世孫也生已八十有二矣有宗人詣余而言曰余倪姓有天幸惠徼先祖宗之靈以延宗祊俾世其弘麻唯是譜牒之廣焉而莫知所輯也大懼世德之不傳以遏軼前人光是在吾子乎唯唯謝不敏已而謂之曰若謂人以譜重乎譜以人重乎自古將相侯王之子孫或降而爲輿皂奴隸之人輿皂奴隸其子孫或爲將相侯王盛繫無譜哉故譜虛藏也行異修也譜美名也行實詣也是以修名不若修事修事不若

修心而果欲媲美前徽芳趾具在否則弱之不淑以至廢而孝悌衰而禮義寡廉鮮恥置家聲而辱楮葉甚矣假令將相侯王之子孫身爲輿皂奴隸之人矣猶按其故乘號於人曰某某余之祖若宗也余某某之子孫也世有不笑而非之者乎於是諸宗人愀然愕然蹙蹙然以相戒也余亦欣然起曰可以譜矣謹按舊譜自春秋邾武公封次子於郳後滅於楚始居千乘秦始皇分郡縣以郳屬千乘郡小邾子犁來以郳爲姓此吾姓之所自出厥後有御史大夫寬仕於漢會作兒有戶部侍郎若水仕於唐又作倪始居汴梁靖康間有宣撫使師道扈蹕南渡始居杭州其子子雲爲吳縣監丞隆興二年遂家吳縣嘉定元年再徙居錫之梅里祇陀定以師道爲祇陀倪氏第一世始祖越四世爲重一重二兄弟抗節重二生雲林高標清操品擅千秋重一創譜於元仁宗皇慶二年又五世至愼再輯於我明成化二十二年迄今百有二十年矣不肖招乃根先世遺譜述所已聞參所未備泝其源流著其支系詳加袞次編集成帙蓋積有歲月始克報竣云嗟夫在昔崔氏著於漢而仁孝者稱儒宗裴族望於魏而忠義者爲首出故宋

儒蘇子瞻曰觀吾譜者忠孝之心可以油然而生矣吾倪氏子孫倘有意乎自今已往務襲休美而薦芳聲庶幾輿皂奴隸之辱其免也因書以勗我後之人

時

明萬歷壬寅歲仲春　十五世孫招百拜謹跋

倪氏宗譜序

吾邑人士共業尚書尚書之學漢儒兒寬擅爲專經帶經而鋤厥後世傳不替唐有刺史若水宋有文節公思我明有給諫公峻侍御公敬品望卓犖不忝先儒元季則有抗節不仕散千百緡而遨遊湖泖獨藝異香者則元鎮先生也今其裔世以貴雄鄉邑議者謂先生清風何遂不能灑濯哉一日丈石公過余持所輯宗譜乞余言弁首丈石從先忠憲遊氣味相愜有中邊皆甜之致余謂丈石寒氈一片不羨甌寠千頃乎廼丈石之意殊夷然也語余曰人生寓形宇內共食天地之德獨祈吾身以安富豈直貪愚罪戾莫甚焉幸藉賢祖父葷勉教善百年來如元氣流行相吹息於無已第願子孫觀聽是傳是述贊贊繩繩衍而愈遠善脈長存他非所計也余聞而懍然曰此先忠憲論學之原而倪氏裕後之基矣雖然第言爲己耳曷貴乎善必有所始也曰聖人言之仁者人也親親爲大蓋親者一氣之通仁者一善之通通以一善之通通吾一氣積而深之將見類吾形者而吾心恫之即類吾氣者而吾心亦恫之故曰親親而仁民仁民而愛物世間動植飛潛胥屬此中孕

毓已或有胡越一堂而伯叔亞族老死不相聞問於蠓蜉蜎飛耤日好生者不知論道於明孰先孰後論道於行孰本孰末也丈石輯譜親親也吾知倪氏多長者必能於譜之旨深體之

明崇禎甲申　三楚學使高世泰拜撰

續輯宗譜後序

士三不朽惟以自立世倘科名而卒無有芬齒牙者奚位爵之足稱也吾宗先世多名卿碩儒南渡卜居祇陀以不仕元抗節肥遯者四世而雲林盡散千萬貲以濟寒微最稱高節嗣後給諫靜寄公奉使海外往來十有六年侍御月樓公抗疏廷杖直聲滿朝不愧科名矣曾伯祖滌梧公積學歷試以不捷死徵早歲痛心思補前人之不逮命賫不猶外阨特甚暮年回首洙泗變流因念富貴而貽穢何似貧賤而留馨玉蘊輝山珠潛媚澤士所重者敦行已耳

行莫先於孝慈由父之父遞推而前之由子之子遞推而後之百世非一日千里非一堂乎其間血脉相聯情義可洽者惟藉譜牒可按也一日宗人羣集揖余而言曰舊譜漸湮烏容不輯余肅然起曰吾事也窮年搜訂殘編斷簡數閱星霜始克就緒有過而揶揄者曰爾徒煩奚譜之足輯夫天地之浩曠斷人爲徒吳楚治而秦越爭者情耳今貴富若帝賤貧如鬼餒腹不分飽粟弱肉強食其則夙昔睚眦借端傾擠同堂肥瘠如眼橫看情之弗知譜於何有余笑而解曰此季世之薄俗而篤親之弗講也因荆張㦸由古爲希角弓鴟原美刺並列利必較而害莫恤矣獨今時哉艮以邇流知源攀條得本假令念先世之名賢愧吾躬之不類奮身獨樹卓絕時流上之光社稷紀旂常次亦表儀型式後起宗牒有光千人業荷又或覩牒興思惻然垂念以仁愛之心推同父同兄之黨不薄人父以廣吾之孝不薄人子以廣吾之慈式教維風實肇刑于此不大有裨于倫紀哉祖宗有靈川原毓秀後起有人九原拭目矣揶揄者默然恍然曰子之輯是牒也亦猶行古之道也姑俟之矣請竣乃事

明崇禎十七年歲次甲申

祇陀世裔十七世孫應徵百拜題

續修宗譜紀畧

吾宗自南宋武肅文節二公纂輯譜牒總管雪松公又系之以圖千亘年雲礽似續秩然藹然由宋而元而明前作後述代有成書可見前人敬宗收族之意若合一軌也迄今亘有餘年族姓益繁支派益衆遠近親疏幾不復辨訛舛不揣蕪陋上稽先世下逮後嗣從源遡流彙輯世系二十卷又廣搜先後遺文補其未備爲謳芬錄十卷命男大均悉心校刊間有考核未周蒐羅未徧幸宗英共諒焉

乾隆歲次戊辰仲秋　　十九世孫世縉百拜識

謳芬錄小序

記曰先祖無美而稱之是誣也有美而弗知不明也知而弗傳不仁也吾倪氏自耕逸公始撰傳芳錄載先世徽懿甚詳至雲堂公則徙掇一二較著者附於世系中丈石公因之而傳芳錄原本遂散軼厥後伯父廸儀公病其簡畧將另錄爲宗譜傳從兄之熺謹承先志累勤纂輯著有成規惜皆爲未竟之業縉恐久而湮沒不傳用是周諮通族廣求遺文詳其所畧勤爲一書雖其間文質殊體繁簡異宜而大旨要歸於謳前人之清芬故署爲謳芬錄夫家乘紀載之異於國史者稱美而不稱惡棄瑕錄瑜寓懲於勸故即一節之善亦得傳於後世而務求可信原與史傳無二俾後人展是錄者咸自愿自樹立無忝前人此即激揚之微意也彼虛言溢美諛詞墓過情縉不敢濫入其或陶汰未盡則俟宗賢操月旦者論定而已

清乾隆十三年戊辰仲秋　　十九世孫世縉謹識

倪氏續修宗譜序

凡人之生必推所自鄭子能言其祖太叔思亢其宗故舅盤昭穆掌於周官此譜之所由昉也隋有褒美家乘之語唐有郡修譜牒之文嗣是士大夫家各立宗譜宋廬陵歐陽氏眉山蘇氏刱立譜法今之有譜郎古之有宗辨親疏別長幼徵言行明法戒其義至重同邑倪君逸園省齋等倡議修譜可謂知所本矣顧修輯之功倍難於創始創始者發凡起例無沿襲之虞類聚羣分無冐漏之失惟世遠年湮情疏誼隔或有本非族類而混焉竄入者或有本屬

宗支而反致失傳者今觀所修蓋其慎焉倪自郳黎來有功周室榮膺錫命子孫以國爲氏漢有內史公寬唐有刺史公若水政績治功照耀簡策迨乎有宋宣撫居杭監丞遷錫以來雲林高不仕之節月樓彰直諫之風隱德官方後先輝映誠足表見於後矣而譜牒之傳世守非易六朝既苦無徵五代復難考信故起源近諸於親重一遠訪於汴嗣後淡軒修之思雲修之雲堂丈石又相繼修之倪氏之譜始有可據十九世潔軒續修於乾隆戊辰共二十一卷計戊辰至今已六十餘年前人之行實後人之世次遷相傳述況里居遙隔音問鮮通及早修之猶可諮訪自嘉慶癸酉設局閱歲始克告竣遠稽近考别僞正訛同者不使或遺異者不致强附遠近尊卑秩然有序此敬宗收族之大端也譜成爲序其緣起

清嘉慶十九年歲在甲戌孟夏

賜進士及第翰林院修撰提督貴州學政奉直大夫翰林院侍讀文淵閣校理　顧皐拜撰

江陰倪氏世譜序

樂樂其所自生禮反其所自始人之情也倪氏自子雲公遷居無錫梅里雲林施散家財給諫倡明道學子孫食德服疇若石皮街堠陽坊前東亭西溪皆聚族而居足徵前世貽謀之遠江陰之倪本出堠陽吾祖南文公入贅青暘張氏父天棟公入籍江邑遂與無錫同宗相見日疎乾隆戊辰建侯公孫長輝倡議修譜予私喜以爲兩地之述一展卷如在同室孰意譜成未及往領雖列名而竟不得一覩焉辛卯春惠山省墓往東亭望遵道叔示余戊辰所修

之譜共二十卷展閱之世系既遠支派甚繁其間錫命之榮節義之美著述之富以及長幼尊卑遠近親疏之序難以悉記幸而天假之緣雨阻三日遂將本支世系錄成一帙而後私心克慰前者修譜而無譜今者無譜而有譜各房弟姪瞻之則地雖分而誼不分也然非有敬宗收族之心則雖聚處而不親何况里居之隔有譜而不視奚暇瞻錄之煩吾願閱是編者無忘一本之誼也

二十一世孫學曾氏鉞謹序

客船合譜序

人本乎祖義不容誣其本既同雖歷數百年之久而一脈之傳可以相證此其間合而忽離離而復合蓋有天焉非人力所能與也宗純公分益復二支復生征征生撤征於嘉靖間向江船生理思雲雲堂譜註皆同丈石修譜則以父子遠出而遺之至國朝乾隆戊辰潔軒續修時思雲雲堂二譜久已無存遂以丈石爲據人不復知有征撤一支矣征撤之後罷生理而務農業迄今虮山之陽有村名客船者聚居數十家皆倪姓相傳先世江船生理折本歸鄉

至此船壞遂定居焉故名其村曰客船子孫蕃衍以撤爲始祖其祖父遺言系出石皮街然未有考據也嘉慶癸酉春三月族人合議修譜設局祗陀寺遠訪宗支至江陰習禮於有仁家得思雲雲堂二譜攜歸譜局以備參考十月十一日先雲秀雲鵬至局將二譜繙閱見譜註分明指而言曰吾今而知本之所在矣吾祖征與子撤江船生理二譜俱載祖父遺言信有徵矣局中人閱之皆歎異因持譜同至其村驗之則江船之故物猶存征撤之木主俱在以譜與主核對時代世系一字無差夫以九世分支一旦復合非

舊譜則無以爲憑非本主則無以爲證乃兩相需而適相得此必有爲之作合者而豈人力也哉先是厘頭奎章翔桂冑修僞譜屢往招之而雲秀雲點不爲所惑其識力有過人者宜乎本之終合也故爲序其離合之由以爲念祖者勸

清嘉慶歲在甲戌如月　二十一世孫駿謹序

宜興合譜序

天下之理惟誠可通誠之所積神將通之非神通之誠自通之也唐棣詩言室遠孔子謂其未思以思之不誠也誠則思無不通吾宗自養素公分支四傳至奎公徙居蘇州齊門再歷三傳譜註無考譜爲乾隆戊辰所修距今嘉慶癸酉歷年六十當時已云無考何况今日孰意有不期而遇者夏初炳章玉山等因修譜事至宜興訪得奎公之後傳已九世族屬甚繁刻譜二本六世孫鍾序云始祖諱奎字隱山於明嘉靖間自蘇遷宜其言惓惓於祖澤之遺譜牒之

修可謂誠矣吾宗之往訪殆其誠之所感歟秋七月華信惠文等持譜至局以戊辰譜對之適相脗合遂合修之以九世之遙二百里之隔一旦本支復合豈非誠之所通無遠弗屆歟前此近而無考今則遠而可徵必有作合於其間者此同宗之慶皆念祖之誠所積而通焉者也故樂書其事於譜

清嘉慶歲在甲戌春仲　二十二世孫貫一謹序

重修宗譜跋

宗譜之修易於倡始而難於圖終當起事之初衆所樂趨迨其後工費繁財用竭有畏難而去者有惑於人言者有別生異心者不爲之持其終則前功盡廢矣癸酉春二月族人倡議修譜共派捐項設局祗陀余以年邁力綿不敢濫竽其間自夏及秋而畏難而去者半至冬而惑人言生異心者又半而局中闃無人矣主局無人捐錢亦縮余念敬宗收族莫大於譜既已倡之烏容廢之乃不辭衰老偕二三姪輩黽勉從事蔓延衆謗悉置不聞典衣貸錢竭力

支持幾幾乎不克終者數次幸客船一支付米及錢供春盡夏初食用又賴二三姪輩立志不摇遂克相與有成自癸酉冬十一月至甲戌夏五月農務方殷天時亢旱米珠薪桂倉猝完工其中採訪未備查檢多疎唯閱者諒之同竣厥事者姪貟一思諤純一姪孫滄也

時嘉慶十九年歲次甲戌六月　二十一世孫駿謹識

倪氏重修宗譜序

余忝列史館每觀古人紀載有傳信亦有傳疑凡所以昭懲勸維風教至詳且慎家之有乘猶國之有史也信者紀之疑者闕之勿爲高乾邕之通系渤海郭崇韜之托根汾陽則作譜者詳慎之意可與作史相表裏又觀古者范氏司馬氏歐陽氏千餘年隱隱隆隆時伏時顯蓋莫不有德意繫屬乎其間後世爲譜者或事攀附莫之禁也乃不數傳而亡也忽焉何者培塿無松柏也其不事攀附者蓋其慎也乃不數傳而與（興）也勃焉何者公侯之子孫必復其始

也吾錫祗陀里倪氏世譜肇自宋紹興年間以宜撫使諱師道者爲始祖以杭州路總管諱子雲者爲始遷祖其間以隱逸著者則元之泳谿兄弟也以忠藎著者則明之靜寄祖孫也至若散家貲拒僞詔潔身肥遯遨遊於五湖三泖間爲一代之名賢擅三長之絕藝者則元鎮先生也予讀其文深感昔賢之隱德官方文章勳業有足爲巨室開先者今後裔倪君會亭承嘉慶舊譜與其族人按時續修譜成就正於余乞一言以弁首余受而覽之四五十年間富貴顯榮者有之讀書隱居者有之訓蒙力穡服賈行傭

者有之居清闕故址者千餘丁則世德之隆可知遷徙他出者百餘處則族望之盛又可知旁搜博採匯事增華而懲勸寓焉風教係焉一時濟德之發運會之移考鏡恆於斯省惕恆於斯彌歎哲人篤學好修勤儉雍穆世其家有來取法者不能不低徊於梅里平墟數十里間也因不辭衰老而爲之敘

清咸豐七年歲次丁巳清明後一日

誥授光祿大夫吏部左侍郎加二級

國史館副總裁

恩賞紫金城騎馬　侯桐頓首拜撰

梁溪倪氏重修宗譜序

從來國有史郡縣有志家有譜名雖不同其義一也而家譜之作似易實難既不能假手於外人又不可借才於異地敬宗收族體例綦嚴能使人孝弟之心油然而生所關於風化者甚大其不可無知妄作也審矣然而史有闕文乃稱信史則譜有散軼不妨闕疑倘或同姓不宗必近附之以爲親遠托之以爲祖而遙遙華胄何足爲榮反不免爲有識者所笑矣吾鄉世家大族莫不有譜方其盛也瓜華椒衍聚族而居及其衰也梗汎蓬漂流離失所況又有螟蛉螺贏以似以續者錯出乎其間而年湮代遠殆難臆斷其有無而加之筆削此又修之不可不亟也吾家宗譜修於我祖雙溪公以後幾及六十年往往欲修而不果予宰皖江虧累鉅萬知將不免吏議乃罄囊中百金寄交族子震孟以爲修譜之費既而官雖被劾譜竟蔑成及逢今上登極放歸田里得依祖宗之邱墓以盡餘年其足仰告先靈者有此一事幸乎不幸乎今倪君會亭與藕村等彙修宗譜積年而後成授簡於予俾爲之序予受而讀之觀其先世德行道誼文章功業均已垂竹帛而銘鼎鐘誠

不媿爲吾鄉之望族矣至有若雲林先生者見元末將亂
隱居不仕自放於山巔水涯爲順帝所不能臣僞吳所不
能屈其清風亮節可與嚴子陵陶元亮鼎足而峙乃吾鄉
所絶無僅有者也今得於譜中覘其梗概何樂如之然念
邑之薦紳多矣其能文者亦多矣以予老態日增學殖將
落苟率爾操觚將與無知妄作者等援以不文辭既而思
之倪氏一門多篤行君子人不以軒裳爲貴文不以藻麗
爲工闡潛德而發幽光必屬之山林自放之士謂予潦倒
失職庶幾近之或有説焉因不揣冒昧而爲之序請還以

質之高明以爲然乎不然乎使予文得藉斯譜以傳亦一
幸也時丁巳上元

主講東林書院七十六叟顧瀚謹序

採訪記

廿三世孫 廷極

夫譜之輯莫先於採訪亦莫嚴於採訪採訪不先則族之
散軼者無以收採訪不嚴則非族之冒頂者易於附若是
乎採訪不可不詳慎也吾族世譜宋武肅文節公創之重
一公因之嗣是及時彙修無有墜漏崇禎甲申式石公修
後迄乾隆戊辰百有餘年支派日繁播遷亦不少潔軒公
主修刻意謹嚴已有的派失修者嘉慶癸酉逸園公修之
又值庫頭冒修僞譜多被誘入吾族之遺散而不克修入
者何可勝計哉且吾族上至清江下至秀水散處千餘里

若不廣爲採訪非敬宗收族之意也極自辛亥議修以來
不憚涉履擕譜牒遍訪宗人三月渡江詣靖邑件橋一支
係受八由錫遷靖迄今十餘傳丁約計七百有餘其俗樸
茂其人儒雅類以耕讀世其家接見恩進士平香邑庠生
少呂等出其前輩靜齋筱迂秉鑑所輯支譜校對一一吻
合遂主其家款留數日具言其先輩曾於道光癸未親詣
惠麓宗祠議修全譜以錫邑宗譜方告竣其議遂寢歸即
分修譜中猶以合修之意詔示後人其不忘本若是丙辰
春平香等赴錫合修承先志也江邑青暘之南有名碩望

者余自靖返棹過是鄉聞人嘖嘖稱道之往訪焉詢其譜系郎檢出庫頭譜相示譜載克敏公孫巖徙居黃橋其後自黃橋散居迎登橋蓮洲村五龍涇等處蓋本吾的派被庫頭目修者也因爲之指陳庫頭非族碩望如夢初覺恨相見晚郎繕稿送局在局者咸謂之珠還合浦信然憶棲梧二叔曾謂予曰黃莊揚岐兩支吾族也始遷祖爲國安國甯檢舊譜兩公名下註徙居北都無考以吾揣之其地附近北渚大抵北都郎北渚之訛壬辰乙巳兩次修輯祠宇往捐之廷奎昆弟情好甚篤子其訪諸余初不深信因

舟泊青暘與黃莊相距祗八九里遂繞道訪之有芸程者爲廷奎孫江邑名下士延至家出其草譜并呈前明同里李忠毅撰傳原稿備載兩公自錫至京自京來江事實文筆渾古蠹蝕行墨間洵數百年前物余始拍案歎曰曾譜洵不誣也北都北渚安所容其揣測乎邀同赴局分任纂修亦一快事也砮門一支余素知爲天秩公後道經五瀉河訪寶山礀庵調其支祠堂廡整飭世次秩如的係由常州倉橋轉徙來者壬辰捐惠饞宗祠已有合修宗譜之意茲以余採訪及此俱踴躍從事非爲余言堰田支是竹泉

公六世孫文禮公後文禮公贅入人上復從人上轉徙堰田其言鑿鑿與舊譜符遂兼收之是歲秋買舟東下蓬窗無事檢閱戊辰譜宗憲公子奎徙居蘇州齊門再徙宜興傳至忠生剛毅訥三子綸疑四字排列何以減一字以名子殊不可解比至宜興晤康甫郎以此疑質之康甫告余曰蘇州平江里支係木公後此舊譜之遺也余欣然詣蘇跡至其家堂構巍峩彷彿巨室通刺後郎有兩儒者翩翩出延入座詢其字曰蘭坡曰環蓀叔姪也皆列元庠告以來意因出其抄錄支譜二本忠註四子剛毅訥居宜本（木）居

蘇彰彰可考修之以補前譜之缺移舟至常熟謁譜士人言海壖外有倪姓十數家查譜靜寄公七世孫尚直流落常熟海壖外因訪之至新莊港去海僅二里共（其）地沙土其風樸厚室盡茅茨丁約五十餘出類者則劉坤郁文也欽接誠摯述其先世支派諱號鑿鑿并出尚直公木主示余余不意椎魯之夫而能緬述先代若是因歎服久之鴻山東址有南盛村道過是鄉有族數家詢之據云高祖守信貧乏業織屢時往其村賣之晚則宿焉後郎居是地余聆其言初未深信勘驗守信墳墓碑石遂深信不疑本道公

七世孫仁成譜註居馬村浜順治間被火徙前里許卽名
其地曰倪家橋康熙間又火木主無存戊辰癸酉兩次失
修浼人至局陳說源委意欲送稿纂入余以毫無實據却
之是歲冬掘地得一古甕中藏明季順治康熙古契撥付
數十紙送局檢閱諱號適符確然可証噫其先靈未泯冥
漠之中殆默啟之歟明年壬子春往毘陵過輞川里訪知
九世叔清公子元賛入陽湖某氏傳十二世有福山者亦
傑士也向余言世藏支譜欲刻未果余觀其傳序類丈石
譜攜歸錄之寺前一支嘉慶癸酉以稿遲未修其譜稿詳

明與輞川里等揚名鄉係子虹公後舊譜本有支派至乾
隆戊辰始註無考今圩田裡上水浜皆揚名地也其後嗣
執景昭公傳與康熙初年契據來局呈核校勘無訛一日
有皤髮老人肅衣冠來謁問其處曰畫師橋倪巷人也字
富興年七十餘渾厚樸實甚矍鑠攜其所藏戊辰舊譜揭
示余曰吾遷祖自德公由梅村徙居望亭再徙畫師橋當
時以館爲家轉移無定宗祠輯譜自德孫文煥送稿入局
譜適告竣查自德名下已註無考遂於堠陽騰譜歸註祖
父生卒詳誌遷徙地名此猶文煥公手筆也余細核之雖

經失修而世次年代無所關署吾宗也又奚疑子猷公七
世孫諱山居芙蓉山祈巷被火徙戴巷前司採訪者以祈
巷無人遂註無考步青謂予曰今之戴巷昔之祈巷支也
先代世系尚存予目覩之遂同詣其地毫釐不爽採而輯
之有近在咫尺而失修者若堠陽之如壁安鎮之開元一
則遊幕江西一則行商閩浙流落無考也若阜橋之士龍
西門之錦棣一則遷溧陽一則作賈幽燕採訪無着也
至若新宅裏之瑞芝戴家灣之君開皆誤修庫頭者也前
所未修者親臨採訪誤修者自願歸宗此數者咸率同人

按查栗主然後纂入有採訪的確欲纂修而不得者乙卯
詣琴川小東門外七星橋數十家聚族而居詢其遷祖曰
人虎人虎生南溪北溪予檢查舊譜廼東稼公支友直派
也相傳攜貲出逃卜居其地戊辰譜雖註無考此實的系
但其俗不用木主以綾絹書位服闋焚之間有抄錄者迭
經水災漂沒殆盡先代之名號生卒漠然無稽遂作罷論
艤舟東下支爲橫塘兩處皆小集也地係沙土種皆木棉
有子猷公祿支三四百丁散處其地有明成化間遷夫墳
墓碑記彰彰可考但主修無人難於經費於焉中輟順流

而下擘棹渡江往訪國忠派之天若天祚康熙年間同徙
靖邑者祇離斜橋七八里默留少呂家時遂偕平香乘車
輛往訪之出其存稿年亥適符衆皆樂從將蕆其事竟被
無知者排沮而尼有阻於兵革而不能採訪者如晉階公
之孫流寓成都黼堂公之子宦游宿遷衡甫公之後入贅
江浦是也有幾經跋涉而採訪無着者如青石橋之守耕
洋涇岸之文進麵杖埠之泳壺木杓兜之汝霖虎瀆涇之
後樸龍堂岸之耀堂吳江之用直鎮常熟之石埼里皆再
至而三至焉或身死而其子孫不能有也或轉徙他鄉俱

未可知也他如揚明之邵巷江邑之新安洛社之鯿魚壩
武進之羊頭橋是皆有意纂修以時艱而輟者若丁村若
後巷若楊木橋若上壩頭皆有心攀附而不得纂入者採
訪之事大率如此丁巳夏五月既望輯譜將竣偶與局中
藕村芸程等叢談及此言未已藕村氏作而謂予曰子司
採訪之職可謂詳且慎矣非我族類必採訪而不修詳而
嚴也本支的派必先採訪而後纂入慎而嚴也苦心若此
子盍記之會亭氏曰唯唯居有頃因不揣胃昧泚筆記之
付之剞劂氏

重修宗譜後跋

予性篤於敬宗收族弱冠時見癸酉新譜慨然有志重修
方事佔嗶希圖弋獲以顯揚祖德不意二十年來悠悠忽
忽僅博一衿悵也何如咸豐辛亥予解館家居族姪孫琴
樓告予曰族譜自嘉慶間一修始被庫頭渚亂繼值甲戌
饑饉草率完工未盡詳備迄今四十年於茲矣予不敏責
無旁貸敢不倡而修之以貽譏於後世然修譜非易事也
古稱作史有三難夫譜猶史也國史難而家史難蓋家
史之爲義多矣而其大者有八以敘代則世次於是乎秩

以比族則疏遠於是乎聯以類附則類物於是乎辨以著
居則遷徙於是乎明以傳述則文獻於是乎徵以崇仕則
家聲於是乎振以表行則幽芳於是乎顯以刺隱則懲誡
於是乎勸有一不核不可以爲譜即不可以言史信矣家
史之難猶國史之難也非才識兼擅富而有力者誰克任
譜事且吾見世之輯譜者矣或廣採博收而失之濫或吹
毛求疵而失之苛或遺其本而取其末或忘其大而誌其
小指鹿爲馬以李代桃者紛紛矣吾欲以一人之耳目分
千百派之支流辨千百本之枝葉其任實艱且鉅則吾何

續修梁溪倪氏宗譜序

梁溪倪氏之譜最爲近古溯自宋武肅文節兩公歷元明迄今凡十修矣倪本籍汴州宣撫扈蹕南渡始居杭州其子監丞卜居無錫之梅里遂世爲梁溪祇陀倪氏官方隱德代不乏人雲林先生清風峻節曠代所無尤表表者若冰祥昆弟之高隱靜寄祖孫之直諫前輩敘述已詳茲不贅及觀惟倪氏雖無顯宦赫赫而秀者讀樸者耕俱謹循矩矱不失大家風度其歷次輯譜皆出族人手筆如前明雲堂丈石諸公學識精卓義例謹嚴雖史館鉅公莫之過也迨 國朝潔軒逸園輩亦老筆紛披不苟不濫自成一家言足以信當時而傳後世咸豐乙卯會亭藕村起而纂修之彙同靖邑明經萃香少呂等搜採益廣考核益精在局諸公或精經史或長詞賦彬彬稱極盛焉及今僅二十餘年耳中間粵逆肆擾祠宇坍塌譜牒多燬於兵燹族人之殉難者不勝屈指計轉徙他州邑者不下數十處若不及早修之恐歷久難稽將有遺漏而視若途人者矣於是封翁康甫埜賁廣爲採訪屬明經芸程主持筆壘輔理者椿堂韞珊敘職丕承博士弟子菉溪和衷共濟开闕寒暑

敢琴樓又曰以予之才識假兩田曾叔祖之力宜若可爲矣况朱子云三十年一小修五十年一大修又云三代不修譜大不孝也此而不修將來世遠年湮舉事更難予何甘不孝之名而不爲乎予翻然改曰是吾責也於是妥議章程捐資設局抑恐散處異地郵寄未真爰偕族弟藕村族姪步青親爲採訪孰爲同姓而非同宗孰爲同宗而非同譜悉心釐訂竭力搜羅必按查某主然後謄錄有迹涉疑似者不憚星霜往來數四而後纂入如玷污祖先者則削之褻瀆人倫者則削之異姓亂宗者則削之並不徇私作弊自乙卯春月設局惠麓宗祠理舊派訂新支刪煩就簡補畧訂訛一遵前矩爲黼芬錄十四卷世系二卷世表二十四卷合爲四十卷再罹寒暑而後告成不敢濫亦不敢苛條例謹嚴考查明確雖不敢謂克紹前人之功烈而以贋亂眞之弊庶幾免乎特書數語於簡末以示後之修斯譜者

清咸豐七年歲次丁巳天中令節二十三世孫廷楨謹識

而竣事譜成問序於余余惟惠麓諸祠於肅清後爭先鼎
譜或聘閩望素隆者以主稿或延諳練譜學者以生局類
多借材於異姓其通族之乏人可知矣若梁溪倪氏之譜
今已十一修俱族中之學行兼優者主其事於此深信倪
氏之祖澤綿長非若他姓之極盛難繼也爰書此以弁簡首
清光緒二年歲次丙子八月之吉
賜進士出身
誥授中憲大夫都察院監察御史刑部總辦秋審處廣西
司員外郎奉天江西司主事翰林院庶吉士加四級
秦賡彤撰

倪高士祠請復官祭公稟
無錫縣直隸廳同知倪詒清直隸州知州加二級奉
祀生倪堿職員倪鉞監生倪榮珍州同銜附
貢生倪文煒監生倪寶璋附生倪建烈監生
倪易泰職員倪文炳同知銜倪憲章職員倪
文炳監生倪殿奎職員倪錫泰藍翎五品銜
鎮江府丹徒縣教諭倪家鳳監生倪均榮藍
翎五品銜候選從九倪巽清附生倪中軫分
發浙江候補縣丞倪家驥文童倪以忠監生
倪庭椿文童倪祖銘監生倪継緝文童倪堯

稟爲恭敘
恩榮荅呈志傳碑譜遵照府詳環叩鑒核檄飭立案光
復祀典事竊（識）等先祖元高士倪雲林先生原籍無
錫梅里之祇陀村前明崇祀於本邑三賢鄉賢兩祠
至
國朝康熙辛未裔孫倪鳳來等請於中丞鄭公咨題
恩准檄建錫山專祠給帑致祭載入邑志乾隆丁丑
高宗純皇帝南巡

肸蠁錫山恭邀
天語倪高士瓚人品卓絕饗祀允宜今祠宇完好後嗣看
來俱好
恩給常昭祠額諱記宗譜職等先祖錫山專祠
恩榮重疊遡想二百餘年來地方官春秋致祭均各遵
例奉行從無異議者上體
聖朝追崇先哲之
隆恩而盡職盡誠用以觀感斯民民德自歸於厚爲子
爲孫亦各遠悵祖德常仰

聖恩於不忘乃光緒二十六年春祭後前邑尊孫因府飭
查竟徇縣丞魏檢典史倩據稟覆詳將祀典先祠多
混作各姓私祠並行裁汰而不祭其未裁汰者馬文
肅公等七祠各裔具呈請復批示從權委祭以順
輿情夫職等非漫希地方官一拜爲榮苟無其例何
敢濫邀以僭禮苟有其例何敢混沒而蔑禮禮云先
祖無美而稱之是誣也有善而不知不明也知而弗
傳不仁也蒙此三者之恥職等戚戚焉不能一日安
也伏查府詳云地方官春秋致祭必須奉有
諭旨列入祀典領有祭品之壇廟專祠方准照行其各姓
家祠凡屬私造者均不准與祭等因職等先祖錫山
專祠奉建之後更得遇
翠華臨幸
帝錫寵命則祠非私造奉有
諭旨矣明載邑志列入祀典矣由學給帑領有祭品矣乾
隆已巳前錫邑尊王公撰勒碑記將職等先祖之高
隱與邵文莊公等之理學馬文肅公等之忠節華公
寶等之孝行尤文簡公之文學並列以爲碑中人望

其郎柳下惠論祀所謂前哲令德之人所以爲民質
也其在祀典也與社稷山川之神並堪不廢也例應
如府詳云地方官春秋致祭矣光緒二十七年錢武
肅王分祠後裔曾已赴轅請復蒙前學憲大人李批
准仰府覆核妥議立案檄縣復舊照例致祭蓋錢姓
分祠尚蒙批復職等先祠在錫山爲本籍專祠邑民
尤切景仰古人所以特稱鄉先生歿而可祭於社也
大人爲風教總持振興士庶祀祭禮廢風教攸關爲
此不揣冒昧恭敘

倪氏宗譜詞芬錄卷一

舉補祀生章程

具呈舉人王世忠廩生曹贊勳增生陸壽英附生江
燿衢爲舉補祀生事竊元高士倪雲林先生諱瓚字
元鎮私謚清孝無錫人也爲元季處士﨑標特立百
世仰其高風前明正德間邵文莊公奉以配享三賢
祠天啓間高忠憲公奉入鄉賢祠
國朝康熙辛未裔孫鳳來等請
旨建立錫山專祠奉

旨給帑春秋致祭乾隆丁丑
高宗南幸恭邀
天語倪高士瓚人品卓絕饗祀允宜向有後裔在祠奉祀
茲因物故虛懸有十八世孫倪城尊祖敬宗敦倫睦
族凡事克盡其分無時或苟其言與旨微辭丙夜深
探夫蛾術陳牲設醴丁年克效乎駿奔薦時羞而霜
露既濡式古訓而春秋匪懈爰司其事以奉宗祊庶
幾祀事孔明蒸嘗以永叩請
老師臺大人恩賜加察轉詳

恩榮簽呈志傳碑譜附卷遵詳環叩
電鑒察核
恩賜檄飭立案光復城等先祖錫山專祠祀典永藏
皇仁而垂久遠上稟
計 呈（縣志二本 宗譜二本 抄錄宮保碑記 府詳 錢武肅王分祠舊卷祀典稟并批）
光緒三十年五月初九日
欽命工部左侍郎江蘇督學部院唐批
查閱碑志及倪氏宗譜元高士倪雲林先生錫山專
祠列入祀典春秋致祭乾隆間曾奉

翠華駐蹕
天語褒嘉典禮之隆允宜馨香勿替據稟孫前縣徇情稟
覆將祀典先祠混作私祠並行裁汰等情查錢武肅
王惠山分祠上年據該祠裔來轅稟同前情當經批
飭該府核議飭遵在案此次事同一律有其舉之何
可廢也殊屬徇私蔑禮仰常州府覆核妥議飭遵具
報毋稍偏徇切切抄粘及志譜并發

學憲舉補祀生則春秋祭祀永矢弗諼不勝戴德上呈

計　呈

事寔　親供　切結

光緒二十七年十一月　日具

事寔

一祀生倪城承順事親耄齡父母嗔責顔色未嘗少違父病禱於竈願以己年假之及歿哀毁如禮母茹素體日就憊祀生乃代母茹素具肥甘以供體少健後病風祀生日夜侍疾目爲紅腫

一祀生倪城摯誠報本自幼至今每逢祀祭墓祭家祭必齋宿變食以盡如在之誠嘗以雲林公清閟閣詩集七絶全失爲憾刻意搜求得雲林公七絶詩四十餘首敬繕其稿以俟續刻

一祀生倪城幹敏練達族中公項錢四百餘千大半爲族人耗蠹祀生不避嫌怨逐一清理重建眷門家祠凡一切鳩工庀材俱由祀生經理天大寒雪不憚勞悴其帳目出入如水合族無間言歲癸巳與芝泉賦平倡捐修葺惠山雲林公專祠亦勤愼督率辛苦不辭

一祀生倪城刻志力學以父歿家事浩繁未能卒業授徒以端蒙養爲己任嘗著師箴一篇凡前賢嘉言懿行輯成醒世典要兩卷日與弟子講解又以孝弟忠信作成律詩使生早晚各誦三遍以養其性

一祀生倪城不苟言笑不時遇尊長父事兄事一盡敬禮至於兄弟友愛敦篤朋輩善勉過規子姪誨之諄諄未嘗倦怠

一祀生倪城好吟咏著自得小草詩集中有思親懷弟等詩俱從血性流出若風雲月露無益身心者不惟不作亦不喜

一祀生倪城性慷慨好濟人急親隣有無力喪葬者出貲助之家雖無蚨必曲爲應酬尤好作善舉有倡集積善等會

一祀生倪城勤儉寡欲布衣糲食怏然自足每日課餘手不釋卷所著有自得小草詩文集各兩卷醒世典要二卷眷門遺韻四卷石室精華二卷古對類選二卷學詩捷訣一卷凡勝會繁華未嘗一游其目最惡淫詞小説見必收燬以絶其害其生平事迹均有日記

親供
具親供倪雲林先生後裔倪城今於
與親供依奉供得城現年四十一歲身中面白
無鬚係無錫縣萬安鄉二都三圖民籍委係身家清白並
無刑喪過犯諱罪朦舉抗糧緣事各項違礙情弊合具親
供是寔
計開三代
曾祖漢　祖梁　父燦
光緒二十七年十一月　日具親供倪雲林先生後裔
倪城

切結
具切結無錫縣在城民籍倪雲林先生後裔附貢生候選
訓導倪鈞等今於　與切結
爲案補祀生事寔結得同族十八世孫倪城委係身家清
白並無刑喪過犯諱罪朦舉抗糧緣事各項違礙情弊合
具切結是實
光緒二十七年十一月　日具切結倪雲林先生後裔
附貢生候選訓導倪鈞州同銜附貢生倪文煒武生倪學
桂監生倪宗海

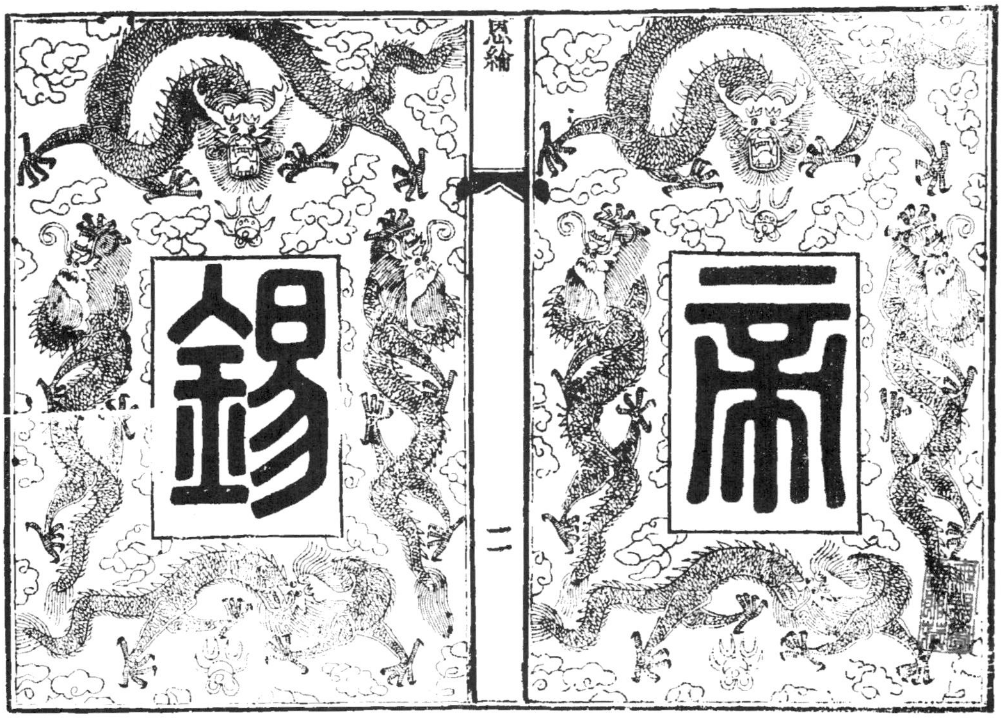

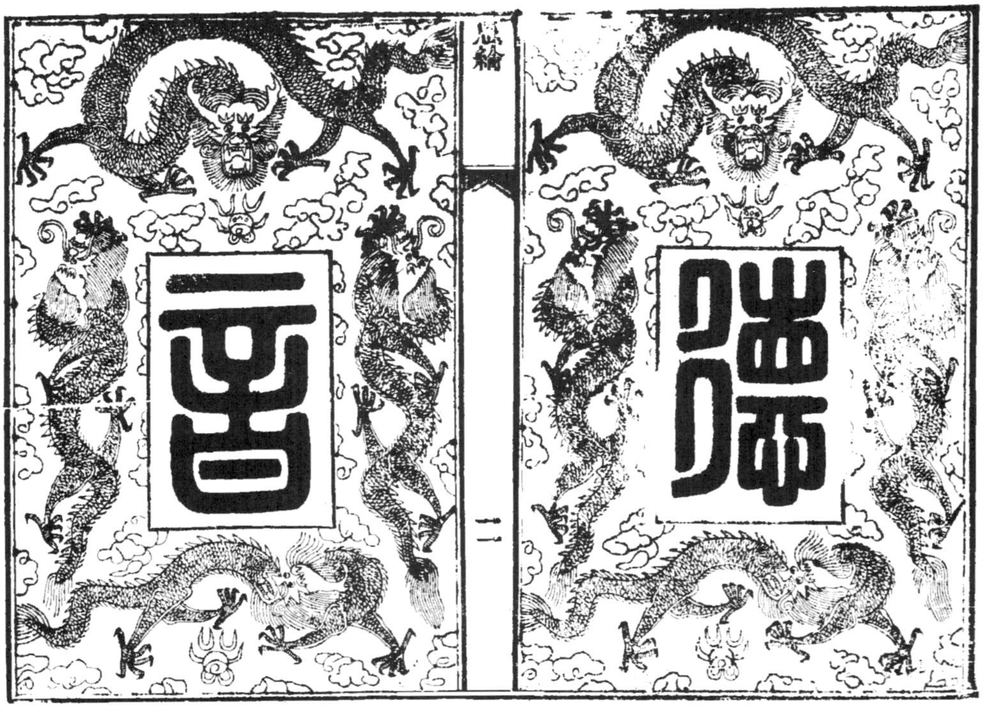

丁丑春仲

高宗純皇帝南幸

翠華駐蹕錫山恭邀

天語倪高士瓚人品卓絶饗祀允宜今祠宇還好後裔看來俱好臣倪大埴等不勝感激謹紀

隆恩

誥勅題辭

昔廬陵歐陽公序內制云雖宰相之重皆可以他才爲之獨至翰林學士則非文章不可由是知寵錫之頒洵國家鉅典也易曰后以施命誥四方書曰敕天之命惟時惟幾周官大祝掌六辭以通上下二曰誥三曰命自古昭昭矣然漢魏六朝則授官無辭迄唐宋間始命翰林學士專制誥敕制詞務主駢體或間以散文在前明亦遵而用之要未若我 朝之金泥玉簡寵錫煌煌也蓋授官賜賚之敕書與國慶覃恩之封贈雖體裁互殊質文損益凡所以宜

德意奬臣鄰者其揆一也五服五章以命有德文之軒輊者因爵秩之隆殺也顧草茅之士有今日嘯歌明日嬰拜風雲之事往往得之須臾間者而一命之榮終身不得倖邀蓋寵賚之予綦重且難矣吾倪自胙土千乘內史公以下風流人物照映古今圭組之盛弈葉重光霑累朝之恩澤者藻耀史册炳炳日星毋庸藝載家乘然王言渙汗紫泥白麻前徽所在蔑由揚擢則不敬尤甚爰敬錄之以弁冕家乘尊王也道在敬宗矣後有興者亦將有感於斯文

後裔呈露謹識

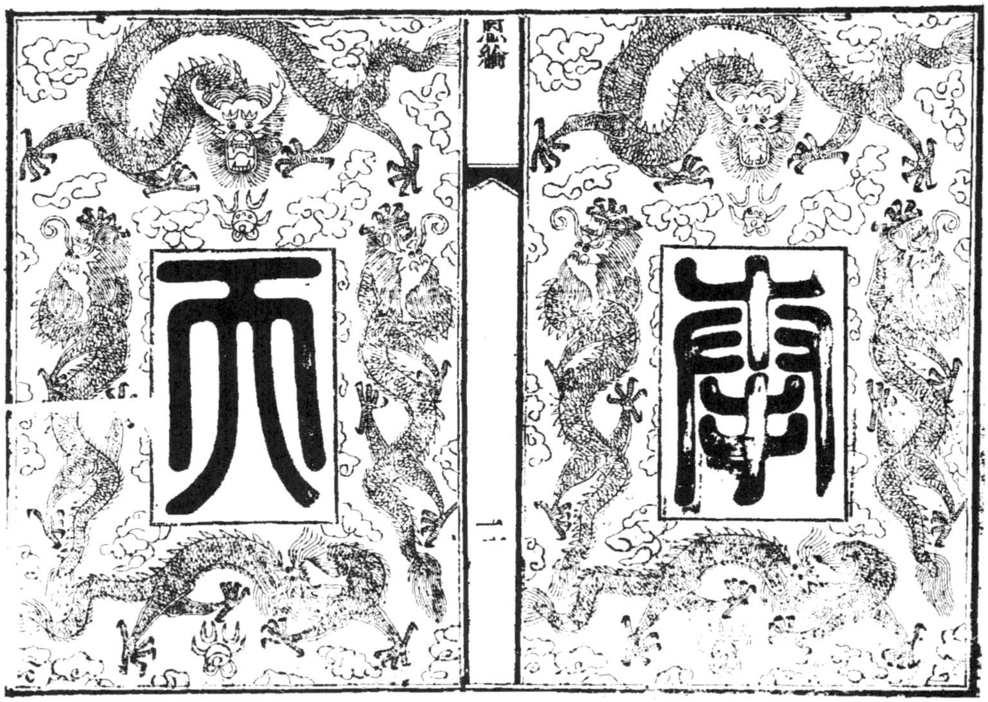
奉
天

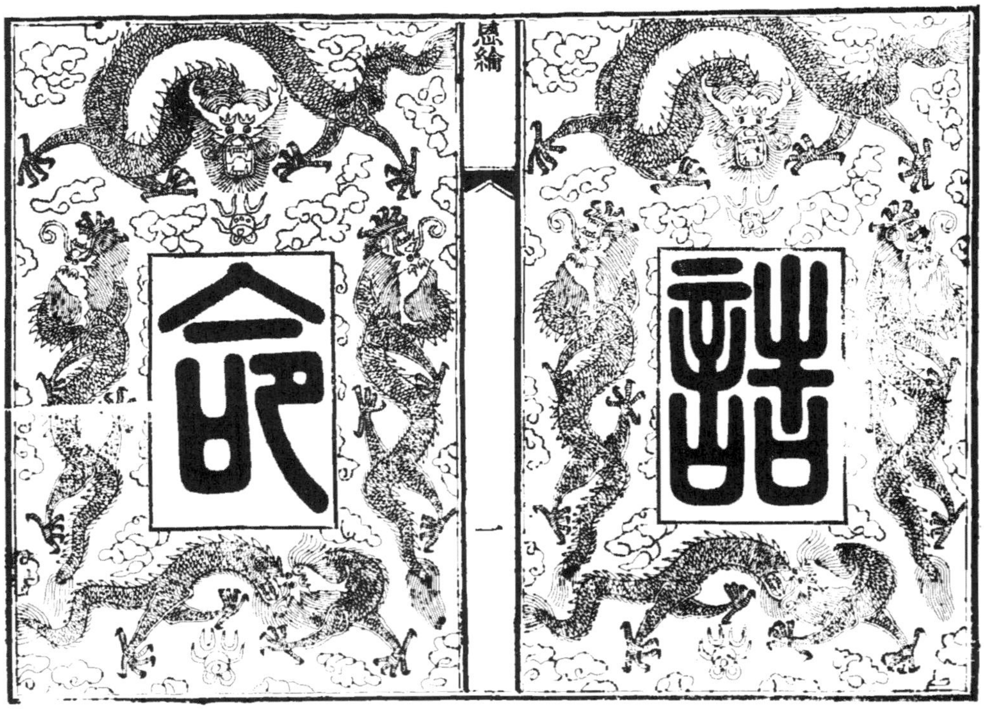
誥
命

誥勅

宋高宗不允宣撫使倪師道請解兵柄詔

詔曰建德必以終善爲名命位務以成功爲貴矧國家多難之日乎卿以御史之裔名家之子馳逐行間扈從輦轂勤伐之盛方叔召虎相爲伯仲矣比者金寇跳梁疆場未靖正須戮力懸車引退非所宜言也伯也執殳爲王前驅詩人之意良可思也卿將從赤松而翱翔朕且賦白駒而維縶

宋建炎四年五月　日下

明景帝賜河南道監察御史倪敬敕命四道

敕曰士有高才碩德於身則屯其後必有象賢以顯明其家學此恩命之所宜先也爾倪恂乃河南道監察御史敬之父積學好修懷珍未試幸以英嗣繩武芳績表於金坡令子亢宗餘慶流於堂構茲特贈爾爲文林郎河南道監察御史於戲推厥所繇宜邠邮典爾其有知尚歆時命

敕曰人臣事君雖資父訓作忠移孝斷賴母賢故錫類推恩父母均焉爾孟氏係河南道監察御史倪敬之母夙嫺內則無忝安貞鴻案鹿車既相夫有素熊丸荻畫復教子多方茲特封爾爲孺人夫秩以子貴宜亏顯揚恩自天來永延福祉

敕曰御史有言責凡得失利病使言之其爲任亦重矣設非其人曷克稱之爾河南道監察御史倪敬前直臣兵科給事中倪峻之孫發跡賢科置身諫列清廉素著凜匪懈之冰操忠慎夙成守不阿之介節茲逢慶典特授爾階文林郎錫之敕命爾尚益竭乃心勵乃職執事維勤入告維謹以稱朕任賢之意欽哉

敕曰內助之賢有相承之道故朝廷敷錫臣工必榮其配

焉爾河南道監察御史倪敬妻彭氏產自名閥嬪於喆人循法度於中閨潔修蘋藻繼徽音於彤管珮響珩璜茲特封爾爲孺人蓋禮從夫榮恩由帝錫膺茲綸命尚慎壼儀

明景泰三年十二月二十三日下

明熹宗賜武英殿辦事中書科帶俸中書舍人倪錦敕命六道

敕曰朕聞源洪則委沛根固則華滋凡物且然矧綸閣之地鋪訓詞以潤王度至貴寵矣爲之前者儻無篤深遠明之德曷以基之爾倪理乃武英殿辦事中書科帶俸中書

舍人錫之父紹漢臣之休聲襲元士之雅韻惟孝友於兄
弟舉國稱而善良代徭役以撫孤惠周通邑修譜牒而率
祖蒐及遺編煥廟貌之巍巍創津梁而亹亹揮金不顧恤
窮獨切調饑飲水自甘皆義何啻若渴儲英驥子側蹟鑾
坡是用覃恩贈爾爲徵仕郎中書舍人服絲綸之新渥增
防斧之舊封
敕曰昊天罔極凡母德一也況爲之嫡者分既亢以居尊
恩尤難於逮下自非樛木之風何以昌厥後矣爾張氏乃
武英殿辦事中書科帶俸中書舍人倪錦之嫡母篤生名

家克敦素行攬衣懷必澣之色主饋鮮兼味之餐得堂上
之歡心曲成志養敦室中之儉德允利家貞至令子之懸
弧應慈親之帶彌尤徵燕喜兆叶熊祥欽紫誥之方來慨
玄扃之不作是用贈爾爲孺人式旌聖善少報劬心
勅曰人臣通顯非君之爵曷以榮親乎矧祿養甫膺而風
木在念孝子之思何如也朝廷端爲爾體矣爾虞氏乃武
英殿辦事中書科帶俸中書舍人倪錦之生母淑慎其儀
柔嘉惟則克恭以襄內嫡愛溥在桑致孝而佐宗祊勤匡
采藻令人宣華於秘苑惟爾種德於中闈施授諸經儼齋

心之獨淨皈依三寶信求福之不回是用贈爾爲孺人澤
沛梧垣輝騰蒿里
敕曰國家稽古建官四戶之職侍立文陛下以載皇猷而
敷政典甚禁密也自非忠慎夙成諒知國體何以高厥選
乎爾武英殿辦事中書科帶俸中書舍人倪錦生於華胄
人謫雋才庠序蜚聲慨知希於再刖書英把秩鑄奇賞於
千秋傾扆藉以輸邊贏粉從而閱字置朕左右觀爾材能
而爾奉職彌敦組修孔慎螭頭試染凜匪懈之精心騎省
升華占非常之偉器審飭官方有光秘閣茲以覃恩授爾

階徵仕郎錫之敕命夫出入直廬承宣曲寵秩之最清華
者也抑古人云修禁之章戒其勿漏識官之意良可深思
爾靜默沉潛周旋無失朕知爾之稱斯職矣入官維勤執
事維謹慎斯術也利有攸往欽哉
敕曰夫婦人倫之首何論存亡哉朕敷澤臣工既寵其身
復旌其室所謂念結褵重元配也況余近臣盡無先被爾
武英殿辦事中書科帶俸中書舍人倪錦妻薛氏讀書曉
暢大義理未字由致乎孝思愛養尊章獨修榛莒之贄和
宣儕輩不寬臺僕之程置箧切高禖之祈焚券市孟嘗之

義從官不忘乎蓁縞趨朝雅飭乎珮環方儆明星遽先朝
露是用贈爾為孺人承紫綍以知華賁黃壚而永懌
敕曰令德而可再也自古難之居官薦賢配以紹前徽壼
閫之間稱益友焉法所以從貴也爾武英殿辦事中書科
帶俸中書舍人倪錫繼妻安氏圖史明規簪纓秀質痛炎
儷而致孝勵夫志以宣勤傳鳩室之劬勞恩何知於爾怙
佐鳳池之清切績漸底於大成婦順滋彰皇恩孔洽是用
封爾為孺人念六珈之有赫惇四德以彌虔
明天啓六年三月二十九日下

清世祖賜浙江紹興府新昌縣知縣倪金馬勅命四
道
詔曰國家培毓楨榦良材端有由成銓敘登崇俊良錫類
貴所自出爾生員倪治乃浙江紹興府新昌縣知縣倪金
馬之父內含純明外蹈規矩夙抱濟時之志於身則屯未
展經世之才及子而顯茲以覃恩贈爾為文林郎浙江紹
興府新昌縣知縣於戲追榮教孝期於臣子無曠厥官夙
勵作忠庶爾似續勉圖報稱
制曰鞠子成有用之器名秩既膺推恩際敷錫之年寵章

宜賁爾施氏乃浙江紹興府新昌縣知縣倪金馬之母含
美中閨作則巾幗正內叶家人之卦無忝安貞逮下化樛
木之風自將福履茲以覃恩封爾為孺人於戲秩以子貴
允矣象服之是宜禮從夫榮展也徽音之無斁
詔曰錫類推恩朝廷之大典分猷亮采臣子之常經爾浙
江紹興府新昌縣知縣倪金馬職任花封才堪良吏清廉
克彰乎庶事恭惠允著於當官慶典欣逢新綸用賁茲以
覃恩授爾為文林郎錫之敕命於戲弘敷章服之榮用勵
靖共之誼欽茲寵命懋乃嘉猷

制曰恪共奉職良臣既殫厥心貞順宜家淑女爰從其貴
爾浙江紹興府新昌縣知縣倪金馬妻華氏含章協德令
儀夙著於閨闈黽勉同心內治相成於夙夜茲以覃恩封
爾為孺人於戲龍章載煥用褒敬戒之勤翟茀欽承益勵
柔嘉之則
清順治十八年正月　日下
清聖祖賜廣東高州府吳川縣知縣倪楨敕命五道
詔曰求治在親民之吏端重循良教忠勵資敬之忱聿隆
褒獎爾倪永康乃廣東高州府吳川縣知縣倪楨之父禔

躬純厚垂訓端嚴業可開先式穀乃宣猷之本澤堪啟後
貽謀裕作牧之方茲以覃恩貽爾爲文林郎廣東高州府
吳川縣知縣錫之敕命於戲克承清白之風嘉茲報政用
慰顯揚之典昭乃遺謨
制曰朝廷重民社之司功推循吏臣子凜冰淵之操教本
慈幃爾張氏廼廣東高州府吳川縣知縣倪楨之母姆教
素嫻閫儀足式宜訓詞於朝夕不忘育子之勤集慶澤於
門閭式被自天之寵茲以覃恩贈爾爲孺人於戲仰酬顧
復之恩勉思撫字載煥絲綸之色用慰劬勞

制曰禮從夫榮國典宜旌其淑善秩由子貴臣心少報其
劬勞爾蔡氏廼廣東高州府吳川縣知縣倪楨之生母以
順爲正無忝有終盡職而佐宗祧勤襄蘋藻克恭以維內
政秀挺芝蘭茲以覃恩贈爾爲孺人錫之敕命於戲賁象
服之端嚴誕膺紫誥載龍章之渙汗永懌黃壚
詔曰分符百里必遴出宰之材報最三年爰重懋官之典
爾廣東高州府吳川縣知縣倪楨雅擅才能克宜慈惠撫
綏有要常深痌瘝在己之心懷保無窮不忘顧復斯民之
責茲以覃恩授爾爲文林郎錫之敕命於戲前勞已茂用
褒製錦之能來軫方遒益勵飲冰之操
制曰民臣宣力於外効厥勤勞賢媛襄職於中膺茲寵錫
爾廣東高州府吳川縣知縣倪楨妻胡氏終溫且惠既靜
而專綦縞從夫克贊素絲之節蘋蘩主饋爰流彤管之輝
茲以覃恩贈爾爲孺人錫之敕命於戲敬爾有官著肅雝
而並美職思其內昭淑慎之遺徽

命五道
清聖祖賜陝西西安府乾州武功縣知縣倪雝梧敕
康熙三十六年七月十九日下

詔曰哲王求治親民之吏宜遴孝子酬勞報國之心聿著
爾貢士倪永建廼陝西西安府乾州武功縣知縣倪雝梧
之父書傳法戒教立義方駒可稱龍早著琴堂之績雛堪
家鳳直追化縣之風茲以覃恩贈爾爲文林郎陝西西安
府乾州武功縣知縣錫之敕命於戲令德開先宜予顯揚
之典遺編善後當酬鞠育之恩
制曰勤儉贊夫吉叶家人之卦義方教子功成民社之司
爾華氏廼陝西西安府乾州武功縣知縣倪雝梧之母早
著閫儀永垂懿訓熊丸奏績應酬育子之勞象服下頒終

被自天之寵茲以覃恩贈爾爲孺人錫之敕命於戲母氏
深恩無不報綸綍遥頒國家鉅典有追封泉臺庶慰
詔曰治民在牧先遴百里之才考績在君必滿三年之任
爾陝西西安府乾州武功縣知縣倪雝梧實心撫字有視
民如子之誠勠力抒忠見愛國如家之概茲以覃恩授爾
爲文林郎錫之敕命於戲心勞已久絲綸之寵錫宜頒帝
眷方殷官秩之超遷在邇欽哉
制曰良臣盡職於琴堂賢婦實襄於璇室故夫膺殊寵婦
克分榮也爾陝西西安府乾州武功縣知縣倪雝梧妻秦

氏性資恭儉儀度端莊克盡婦道之篤修能相夫君而奏
績茲以覃恩贈爾爲孺人錫之敕命於戲丹陛殊恩寵錫
金花之誥玄臺淑魄榮流翟茀之芳
制曰在公必儆臣心每待助於閨闈齊體維均國典必施
榮於繼續爾陝西西安府乾州武功縣知縣倪雝梧繼妻
黃氏高門毓德華閥傳芳柔嘉克踵乎前徽珩璜流譽慶
澤川昭其嗣美翟褘增光茲以覃恩封爾爲孺人錫之敕
命於戲如綸如綍勿忘象服之榮宜室宜家允副鸞書之
錫

康熙三十六年七月十九日下

清聖祖賜雲南曲靖府陸涼州知州倪雝梧誥命五
道
詔曰褒揚岡在帝廷清慎實基父教國典既頒湛露家嚴
宜賁寵章爾前贈文林郎貢士倪永建迺雲南曲靖府陸
涼州知州倪雝梧之父忠信爲羅仁義爲本弓冶素昭於
庭訓箕裘丕稱大家聲茲以覃恩特晉爾爲奉直大夫雲
南陸涼州知州錫之誥命於戲既昭世德之光膺纓弈葉
吏荷天章之寵闡揚光輝

制曰臣工勤慎宜膺寵錫之章母氏劬勞當予顯揚之典
爾華氏前贈孺人迺雲南曲靖府陸涼州知州倪雝梧之
母體秉坤儀心持巽德相夫挽鹿賢既稱於當年教子丸
熊功乃成於今日茲以覃恩晉封贈爾爲宜人錫之誥命於
戲揚鸞輝於日月象服式榮綱鳳誥於雲霄泉壤永賁
詔曰作牧重於專城遴委一州之任親民莫如長吏慶遘
百里之榮爾雲南曲靖府陸涼州知州倪雝梧才諳風俊
清勤尤著懂剔吏胥之弊人憚嚴明勾稽案牘之煩政無
留滯茲以覃恩特授爾爲奉直大夫錫之誥命於戲飭乃

恩之有報載錫新綸
制曰禮由義起宏孝治於閨闈命自天申賁榮施於母氏
爾闞氏例贈孺人迺湖廣鄖陽府房縣知縣倪宏祚之母
德茂蘭儀光生梧蔭珩璜作則式垂淑慎之型荇藻流芳
丕振光昌之緒茲以覃恩仍贈爾爲孺人錫之敕命於戲
鸞書煥彩合彤史以揚休象服增輝荷雲章而承慶仰酬
顧復寵錫幽潛
制曰閫儀濟美既並播其芳聲策名鴻庥宜均霑乎渥澤
爾華氏例贈孺人迺湖廣鄖陽府房縣知縣倪宏祚之繼
母毓英名閥儷德高門琴瑟調在御之和令模夙著機杼
佐中闈之助慈訓攸昭茲以覃恩仍贈爾爲孺人錫之敕
命於戲情深鞠育恩不間於所生典重顯揚榮豈殊於自
出
誥曰百里覘古小侯繭絲是寄一同亦吾分土案牘頻勞湖廣鄖
陽府房縣知縣倪宏祚被服詩書起家徵辟干旌在浚久
覘姝子之長膏澤宜民克著循良之績茲以覃恩特授爾
階文林郎錫之敕命於戲眺茲垌牧之司應留戀足懋爾
紘歌之化大展牛刀用褒監水勵爾飲冰欽哉

官方既効能以奏績勞於王事宜錫寵以酬庸
制曰臣忠報國每賚內助之賢明婦肖從夫必普恩施於
伉儷爾雲南曲靖府陸涼州知州倪雖梧妻秦氏幽閒貞
靜淑慎孝慈德具壺儀既著贊夫之績行符內則宜沾明
陛之恩茲以覃恩特晉爾爲宜人錫之誥命於戲典重鸞
書輝增象服青紙德音頒九闕玄臺懿範耀千秋
制曰丕績奏於中朝原配宜膺寵命明君頒乎慶典繼妻
當被榮封爾雲南曲靖府陸涼州知州倪雖梧繼妻黃氏
宜室宜家必敬必戒眺乃旬宣之節宜彰交警之風茲以
覃恩特晉爾爲宜人錫之誥命於戲既渥殊恩尚勵佩環
之助分膺異典益修佐政之功
康熙五十二年三月十八日下
清聖祖賜湖廣鄖陽府房縣知縣倪宏祚敕命五道
詔曰雖在下位常存報國之心茲遇殊恩當副顯親之志
爾原任湖廣永州府寧遠縣知縣倪金書迺湖廣鄖陽府
房縣知縣倪宏祚之父德政在民尚愛廿棠之樹義方教
子益彰杞梓之材堂構相承箕裘克紹茲以覃恩仍贈爾
爲文林郎錫之敕命於戲承王命以滋榮宏昭舊德俾親

制曰自古勞臣恆資內助於今賢婦常錫殊恩在國如此在家猶然爾湖廣鄖陽府房縣知縣倪宏祚之妻吳氏毓質名閨日嬪碩士皁應鴻案永貞白首之心午夜雞窗克佐青雲之器茲以覃恩封爾為孺人錫之敕命於戲佩象服以膺榮扶鵬程而底績顧茲鉅典倘荷殊施

康熙六十一年十一月二十日下

清高宗賜安徽廬州府經歷倪大培敕命二道

詔曰任使需才稱職志在官之美馳驅奏效報功推錫類之仁爾倪啟燕乃安徽廬州府經歷倪大培之父雅尚素

風長迎善氣弓冶既昭於庭訓箕裘克裕夫家聲茲以覃恩貤贈爾為修職郎安徽廬州府經歷錫之敕命於戲肇鳳毛之盛事國典非私酬燕翼之深情臣心彌勵

制曰奉職無愆懋著勤勞之績致身有自宜酬鞠育之恩爾秦氏廼安徽廬州府經歷倪大培之母淑範宜家令儀昌後早相夫而教子俾移孝以作忠茲以覃恩貤贈爾為孺人錫之敕命於戲賁象服之端嚴誕膺鉅典錫龍章之渙汗永播徽音

乾隆十六年十一月二十五日下

清高宗賜廣東雷州府經歷加二級倪世緒敕命四道

詔曰善則歸親賁父篤棐躬之誼忠由教孝推恩宏錫類之仁爾倪亮采乃廣東雷州府經歷加二級倪世緒之父經術傳家詩書濟美義方垂訓篤生楨幹之材仁厚持躬允協絲綸之錫茲以爾子加級請封贈爾為文林郎錫之敕命於戲承清白之遺風功歸庭訓惜菁英之逝世寵賁泉臺

制曰樛葛垂徽淑慎占家人之美珩璜衍慶劬勞承母氏

之賢爾薛氏廼廣東雷州府經歷加二級倪世緒之母藥縞從夫幽貞矢志宜家蘋藻聿昭閫內之賢入夢熊羆式啟寰中之秀茲以爾子加級請封贈爾為孺人錫之敕命於戲維教子之有方乃推恩之罔閒膺茲綸綍尚克欽承

詔曰百里分猷首重循良之選一官稱職須資經濟之才爾廣東雷州府經歷加二級倪世緒發跡儒生起家學術操刀下邑濡化雨於琴堂佐篆名邦灑清風於庾嶺克勤職守懋著賢勞茲以爾加級請封授爾為文林郎錫之敕命於戲分五馬之殊榮朱轓載路報三年之嘉績赤芾在

筲勉爾新猷慰予渥眷欽哉
制曰譚經味道廣文之品聿清贊治宜家內助之賢綦重爾廣東雷州府經歷加二級倪世緒妻汪氏毓質儒門于歸碩士琴瑟在御舊傳靜好之徽屐屩爲炊克勵清廉之操茲以爾夫加級請封封爾爲孺人錫之敕命於戲撫翟茀之在躬勤修內則思珩璜之可佩無忝風詩
乾隆十九年九月十五日下
清高宗賜生員倪之熺外孫鄒儀貤贈敕命二道
詔曰功隆賞懋式宏錫類之仁積厚流光兼廣外家之澤

榮名上逮義聞彌張爾生員倪之熺乃四川夔州府開縣知縣鄒儀之外祖父出自有基後來稱秀宅鍾華胄光閭澤衍縹緗慶集蕃禧匡國名高黼黻興宗兆叶麐爵階崇茲以覃恩貤贈爾爲文林郎四川夔州府開縣知縣錫之敕命於戲良臣繼續既增舊德之光外氏蒙恩丕煥新綸之彩式承休渥庶慰旌揚
制曰職崇劇守嘉駿烈於良臣澤沛綸章推鴻慈於外氏重闈錫慶累世承休爾楊氏乃四川夔州府開縣知縣鄒儀之外祖母軌儀嫻習風範淑嘉主饋宜家啓後來之俊秀延休相宅邀三錫之榮光被佑有原恩施宜沛茲以覃恩貤贈爾爲孺人錫之敕命於戲芳規未邈尚貽昌大於方來寵賚仍加庶保洩融於罔斁用酬懿訓永荷隆施
乾隆四十五年正月初一日下
清仁宗賜四川雅州府知府倪鼎銓誥命六道
詔曰考績報循良之最用奬臣勞推恩溯積累之遺載揚祖澤爾倪啟燕乃四川雅州府知府倪鼎銓之祖父錫光有慶樹德務滋嗣清白之芳聲澤留再世衍弓裘之令緒祐篤一堂茲以覃恩特封贈爾爲朝議大夫四川雅州府知

府錫之誥命於戲聿修念祖膺茂典而益勵新猷有穀貽孫發幽光而丕彰潛德
制曰册府酬庸聿著人臣之懋績德門樹慶式昭大母之芳徽爾秦氏乃四川雅州府知府倪鼎銓之祖母箴誡揚芬珩璜表德職勤內助宜家久著其芳聲澤裕後昆錫類式承乎嘉命茲以覃恩特封贈爾爲恭人錫之誥命於戲播徽音於彤管壼範彌光膺異數於紫泥天庥允劭
詔曰教忠乃爲父之賢祿養乃事親之孝朝廷有褒錫之典重報本也爾原任安徽廬州府經歷倪大培迺四川雅

州府知府倪鼎銓之父世擅清門才徵素業無忝清白吏
善謀盛譽兒茲以覃恩特晉爾爲朝議大夫四川雅州府
知府錫之誥命於戲薄寵金而示誨世澤常延錫紫帶以
加榮天休勿替
制曰官學方成讀父書而繼業愛勞交備稟母訓以揚名
爾秦氏乃四川雅州府知府倪鼎銓之母克樹芳型尤多
懿教著承筐之懿範早知率禮無愆寓從宅之深心果爾
克家有子茲以覃恩贈爾爲恭人錫之誥命於戲彤毫灑
潤爰推顧復之恩彩翟流芬永荷寵綏之典

詔曰郡守有五馬之榮所以倬食二千石而司化理者也
非才如屬士元安能勝任而愉快乎爾四川雅州府知府
倪鼎銓經術傳家科名致主花封屢典久看撫字之長大
郡新除克奏均平之績茲以覃恩特晉爾朝議大夫錫之
誥命於戲簡畀俊於名區人知卓魯錫絲綸於有位帝賚
賢良
制曰賢臣宜力於外喆婦贊治於中事有相需毋容略也
爾四川雅州府知府倪鼎銓之妻楊氏端莊律已樸儉宜
家視夜明星同夢切雞鳴之警傳餐白水當官惕鴻案之
忱茲以覃恩封爾爲恭人錫之誥命於戲恩榮翟茀內則
彌嫺職協蘋蘩坤儀足式欽哉
嘉慶十四年正月初一日下
清穆宗賜候選內閣中書加四級倪端誥命四道
詔曰宣猷服采中朝抒報最之忱錫類殊恩休命示酬庸
之典爾倪會廼候選內閣中書加四級倪端之父介德前
修義方夙著詩書啟後用彰式穀之風弓冶傳家克作教
忠之則茲以爾子克襄王事贈爾爲奉直大夫錫之誥命
於戲雋生杞梓之材功歸庭訓丕煥絲綸之色榮播天章

制曰壹教凝祥懋嘉猷於朝宁國常有惠播庥命於庭闈
爾夏氏廼候選內閣中書加四級倪端之母勤慎宜家賢
明訓後相夫以順含內美於珩璜教子維勤樹良材於楨
榦茲以爾子克襄王事封爾爲宜人錫之誥命於戲昭茲
令善之聲榮施弗替食爾劬勞之報慶典攸隆
詔曰官在禁林時採天庭之藻班齊綸閣還依册府之光
爾候選內閣中書加四級倪端溫純著譽恪謹持躬質有
其文撰述分勞於兩制才堪稱職絲綸貢寵於重霄茲以
爾克襄王事授爾爲奉直大夫錫之誥命於戲西清趨直

合形史以揚休象服增輝荷雲章而承慶式承休渥永慰
幽潛
詔曰撫綏吾民早著忠臣治績靖共爾位實資賢父義方爾監生倪臨承乃直隸州知州倪潤敏之父祗躬樸厚垂訓端嚴着手回春拯痌瘝功同良相羈蹤異地憶遺塋念切先人夙勤燕翼之貽宜食鯉庭之報茲以爾子納資請封贈爾爲奉直大夫直隸州知州錫之誥命於戲肇顯揚之盛事國典非虛酬佑啓之深情臣心彌勵
制曰奉職無愆已著顯榮之譽致身有自宜酬鞠育之恩爾程氏乃直隸州知州倪潤敏之母淑範宜家令儀昌後具承筐之雅度知率禮而無愆抱晝荻之良才果克家之有子茲以爾子納資請封贈爾爲宜人錫之誥命於戲鸞書下賁信果種於藍田鳳詔遙馳益光生於石窌
詔曰作牧重於專城遂委一州之任親民莫如長吏遠踰百里之榮爾直隸州知州倪潤敏漢臣華胄元士文孫經術紹家傳之緒清風綿祖澤之芬茲以爾納資請封贈爾爲奉直大夫直隸州知州錫之誥命於戲簡髦俊於名區人欽卓犖錫絲綸於有位帝賚賢良

用嘉翰札之勞北闕承恩佇勵靖共之節
制曰丕績奏於中朝端賴閨家之助寵章頒於慶典宜弘齊體之榮爾候選內閣中書加四級倪瑞之妻陳氏早習女儀克修婦職雞鳴交儆既砥節於素絲蠶績宜勞用邀恩於紫綍茲以爾夫克襄王事封爾爲宜人錫之誥命於戲巾衽彰和順之風鸞書誕賁延陛煥褒嘉之命象服茂膺
同治二年九月二十日下

清穆宗賜候選直隸州知州倪潤敏誥命六道

詔曰傳家番佑啓之方定誕生夫英物就職邀顯榮之典必追溯夫貽謀爾生員倪瑞賜乃直隸州知州倪潤敏之祖績學好修懷珍未遇積厚流光旣卜寖昌綫蕞承先啓後亦堪有守有爲茲以爾孫納資請封贈爾爲奉直大夫直隸州知州錫之誥命於戲克承清白之風嘉其繩武用慰顯揚之志昭乃遺謨
制曰蘋藻垂輝淑慎昭於累代珩璜衍慶顯榮推及重闈爾方氏乃直隸州知州倪潤敏之祖母德茂蘭儀光生梧蔭閫儀作則式垂幽雅之型坤範流芳丕振光昌之緒茲以爾孫納資請封贈爾爲宜人錫之誥命於戲鸞書煥彩

梁溪倪氏宗譜《誦芬錄卷二 誥敕》 三 帶經堂

制曰自古勞臣恆賫內助故有嘉德而無違心在國如此
在家猶然爾直隸州知州倪潤敏妻陳氏受天清淑應地
安貞克嫓道之篤修相夫君而奏績典有同封爾宜偕貴
茲以爾夫納貲請封贈封爾爲宜人錫之誥命於戲聿彰懿
範懋膺綸綍之榮並沐殊恩益顯閨門之德
同治六年八月十六日下

清德宗賜鳳陽府定遠縣教諭倪釗敕命二道
詔曰授鐸宣猷稱職志在官之美譚經布化榮親推錫類
之仁爾倪天祥廼安徽定遠縣教諭倪釗之父克守家風

長垂庭訓弓冶無慚於素業箕裘永紹夫薪傳茲以覃恩
貤封爾爲修職郎錫之敕命於戲荷龍光之下逮國典非
虛酬燕翼之深恩臣心益勵
制曰親舍恩多早勖九熊之苦德門光顯宜酬烏鳥之私
爾趙謝氏廼安徽定遠縣教諭倪釗之母令德宜家徽音克
嗣夙佐夫而訓子俾移孝以作忠茲以覃恩貤封爾爲八
品孺人錫之敕命於戲歌象服之攸宜誕膺鉅典賜龍章
之甚渥用表榮施
光緒五年閏三月初三日下

清德宗賜直隸廳同知倪誦清誥命六道
制曰朝廷重刺史之遴黎民攸賴臣子切嚴君之報紫誥
宜頒爾候選縣佐倪錫祉廼直隸廳同知倪誦清之父義
方立教功成撫字之勞曠典施恩誥錫顯揚之命茲以覃
恩特封贈爾爲奉政大夫直隸廳同知錫之誥命於戲上酬
罔極之恩臣心庶慰後奏無疆之績帝眷方殷
制曰種善根者開世業嫻淑訓者庇後昆子以母賢母因
子貴故鸞章載賁母德同宣也爾江氏廼直隸廳同知倪
誦清之母忠原本孝良臣既樹其功嚴固同慈明陛應頒

其誥茲以覃恩特封贈爾爲宜人錫之誥命於戲報杯棬於
南陔劬勞可慰沛綍綸於北闕榮耀不泯
制曰母德已彰既荷鸞章之寵慈恩克繼宜膺象服之榮
爾江氏廼直隸廳同知倪誦清之繼母娣妹事一人徽音
並著芝蘭馨一室懿德孔昭父與母殊典既邀嫡與繼榮
封宜並茲以覃恩特封贈爾爲宜人錫之誥命於戲悲與風
木當申報本之忱光耀絲綸聿著顯親之典
詔曰政簡刑清早奏治民之績化行俗美當昭寵命之榮
爾直隸廳同知倪誦清愛民恤物盡沐陽春言信行忠多

資愷澤適當慶典特奬賢勞茲以覃恩特授爾爲奉政大
夫錫之誥命於戲羣生咸遂宜酬愛育之功異寵特頒益
勵慈祥之治欽哉

制曰報國忠臣每資內助從夫賢婦宜沐上恩此閨闈之
至榮實朝廷之鉅典爾直隸廳同知倪謫清妻汪氏貞孝
素聞和柔夙著夔日勤修婦職此時當受國恩茲以覃恩
特封贈爾爲宜人錫之誥命於戲朝中詔錫壺內光輝庶其
未泯之靈歆此至優之渥

制曰良臣治外豈別尊卑賢女贊夫無分嫡繼爾直隸廳

同知倪謫清繼妻張氏鳳吉叶占爲政愈昭明德雞鳴交
警相夫克紹前徽夫既顯榮爾宜偕貴茲以覃恩特封爾
爲宜人錫之誥命於戲殊渥既沾尚勵佩環之助新恩並
賁毋忘提甕之勞

光緒三十年正月二十日下

清德宗賜直隸州知州加二級倪城誥命七道

詔曰夙昭隆德於東吳詒謀可溯終荷隆恩於北闕遺澤
不泯爾六品軍功鄉飲賓倪粱乃直隸州知州加二級倪
城之祖父才高元白詩傳大雅之堂藝擅岐黃方著通玄
之竅勇職變逆會人耆英茲以覃恩加封贈爾爲中憲大夫
直隸州知州加二級錫之誥命於戲寵昌家世共欽挺秀
之孫枝報最朝廷載錫寵光於王父

制曰德門衍慶垂裕文孫盛世推恩褒榮大母此人道之
大倫國家之鉅典也爾謝氏例封安人乃直隸州知州加
二級倪城之祖母才吟柳絮無慚道韞家風訓著桐孫不
愧雲林後嗣茲以覃恩加封贈爾爲恭人錫之誥命於戲鸞
章煥采重闈特報殊恩象服是榮冥冊亦昭異典

詔曰濟世有回春之手厥後克昌治民盡報國之心其親

必顯爾國學生倪燦乃直隸州知州加二級倪城之父家
學淵源書著杏林之志人倫坊表詩追李杜之章庭訓堪
嘉天章宜錫茲以覃恩特封贈爾爲中憲大夫如子官錫之
誥命於戲仰酬顧復之恩鸞班錫寵用報義方之訓鳳誥
銘勳

制曰立言成訓於閨門自有克家之子錫類推恩於國典
必揚賢母之名爾林氏乃直隸州知州加二級倪城之母
雲漢成章巧織七襄之錦珠璣琢句家藏三陵之書歐母
之流曹姑之亞茲以覃恩特封贈爾爲恭人錫之誥命於戲

彰懿德於生前式榮象服仰徽音於身後寵錫龍章
詔曰治重牧民克副弓旌之選心勞撫字宜頒綸綍之榮
爾直隸州知州加二級倪城起寒素以建功名著文章以
抒懷抱繼漢代之循良家聲再振本唐廷之直諒世澤遙
綿茲以覃恩特授爾爲中憲大夫錫之誥命於戲門無私
謁白水堪盟戶有新增黎元攸賴軫念賢勞之勩特行寵
錫之頒勵爾臣工榮茲帝簡欽哉
制曰臣工奏績資內助之賢帝德施恩有同封之典爾直
隸州知州加二級倪城妻季氏體度端嚴性情和婉珩璜

作則秀鍾詩禮之家荇藻流芳德媲衣冠之彥茲以覃恩
特贈封爾爲恭人錫之誥命於戲伉儷齊榮既渥殊恩於彤
管絲綸特賁永安淑魄於玄臺
制曰贊內助不易再逢寵天章何妨疊賁故婦從夫貴繼
與嫡同也爾直隸州知州加二級倪城繼妻錢氏有才有
德克儉克勤和柔可繼前徽慈愛儼如已出茲以覃恩特
封爾爲恭人錫之誥命於戲玉鏡臺懿德繼昭金花誥殊
恩載錫雞鳴夾警翟茀並榮
光緒三十年正月二十日下

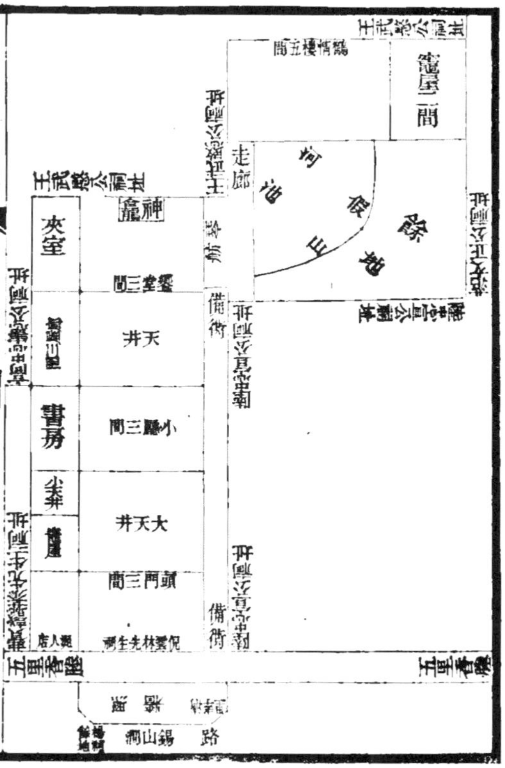

右圖南臨五里香塍自東備衖起至西泥人店止共計濶
八步二尺南自頭門堦沿起北至饗堂包沿止共計進深
二十三步四尺北面自西夾室起至東范祠址止共計濶
十九步四尺東址南自陸祠址起北至樓後包沿止共計
進深十二步北面西自鶴情樓起東至竈屋止共計濶十
一步倪高士祠花戶糧單兩啚選字壹千貳百拾玖號平
田壹分壹釐選字壹千貳百貳拾號平田壹畝貳釐

倪氏宗譜誦芬錄卷二

倪高士祠崇本祠神位 崇本祠者仿文廟崇聖祠之制也其祠在高士專祠後進

凡高士先世神位列祀焉

周封子爵小郳國君郳公諱犂來之位

公係周莊王時人春秋魯莊公五年經書郳犂來來朝註郳附庸國名未王命也至僖公七年經書小郳子來朝註郳犂來始得王命而來朝距莊公五年計三十六年時周惠王命爲小郳子都於郳故又稱郳國姓曹氏今東海昌慮縣東北有郳城公始著姓於經爲宗乎凡倪氏一族發源於公故追祀公爲著姓始祖

漢御史大夫兒公諱寬之位

公係漢武帝時人漢書兒寬千乘人也綱鑑武帝元鼎四年以兒寬爲左內史元封元年以兒寬爲御史大夫自小郳子犂來公傳彤公及惠公以後失國去邑作兒公之前有兒良公之後有兒鍰兒萌兒式宋武肅文節兩公創修統族宗譜以公爲第一世祖且倪氏以千乘名郡故追祀公爲千乘始祖

唐戶部侍郎子泉倪公諱若水之位

公係唐玄宗時人唐書倪若水字子泉恒州藁城人綱鑑玄宗開元四年以倪若水爲汴州刺史未幾入爲戶部侍郎自御史大夫寬公以後即本公羊傳加人作倪公之前漢有倪彥唐有倪弼祖倪諧以公刺史於汴子孫遂居汴梁吾支自汴而來故祀公爲汴梁始祖

宋工部尚書公美倪公諱啟謚武肅之位

公係宋哲宗時人高宗紹興間同姪孫禮部尚書思創修倪氏統族宗譜承先啟後立非常之功故亦配享

宋寶文閣學士禮部尚書正父倪公諱思謚文節之位

公係宋哲宗時人宋史倪思字正父湖州歸安人綱鑑甯宗慶元二年罷禮部侍郎倪思未幾起爲禮部尚書高宗紹興間同叔祖工部尚書武肅創修倪氏統族宗譜功垂後世故亦一體配享

宋宣撫使怡然倪公諱師道之位

公生於宋哲宗紹聖元年甲戌高宗召爲宣撫使扈蹕南渡遂居杭州冰祥處士炳三遷修譜以公爲南渡第一世祖

宋杭州路總管兼勸農使雪松倪公諱子雲之位

公生於宋高宗紹興六年丙辰始爲吳縣監丞隆興二年徙居於吳嘉定元年再徙居無錫梅里之祇陀是爲遷錫始祖公於宋甯宗嘉定六年修第二遷宗譜係師道長子第二世

宋百萬中郎桂月倪公諱伋之位

公生於宋孝宗淳熙二年乙未係子雲子第三世

宋承事郎九五倪公諱淞之位

公生於宋甯宗嘉定元年戊辰係伋子第四世

宋處士友梅倪公諱椿之位

公生於宋理宗淳祐四年甲辰係淞子第五世

宋冰祥處士堯章倪公諱煥之位

公生於宋理宗景定二年辛酉於元仁宗皇慶元年修第三次宗譜係萬楷[illegible]長子第六世

宋冰蘗處士仲文倪公諱炳之位

公生於宋度宗咸淳二年丙寅係萬楷[illegible]次子第六世

倪氏宗本祠祭器陳設圖

上用虛爵三簠一簋一籩四豆四篚一俎二鑪一鐙二尊一實酒爵每位一吃茶五色飯茶每位一

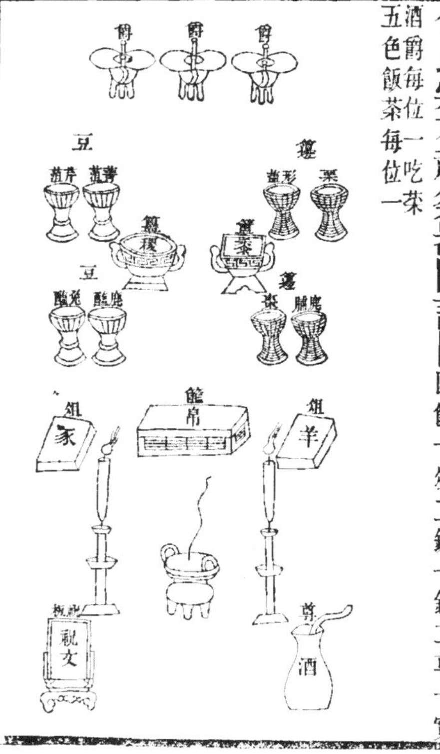

倪高士祠正位神位

元高士雲林倪先生諱瓚之位

公生於元成宗大德六年壬寅卒於明太祖洪武八年乙卯壽七十四所著有清閟閣詩集配蔣孺人生子二女三合葬芙蓉山之麓私謚清孝明正德間邵文莊公寶奉以配享三賢祠天啟間高忠憲公攀龍奉入鄉賢祠清聖祖康熙辛未建立錫山專祠給帑春秋致祭高宗南巡贊以人品卓絕

饗祀

永宜

倪高士祠正位祭器陳設圖

上用虛爵三簠一簋一鉶一籩四豆四篚一俎二鑪一鐙二尊一實酒爵一家祭加吃茶五色飯一茶一

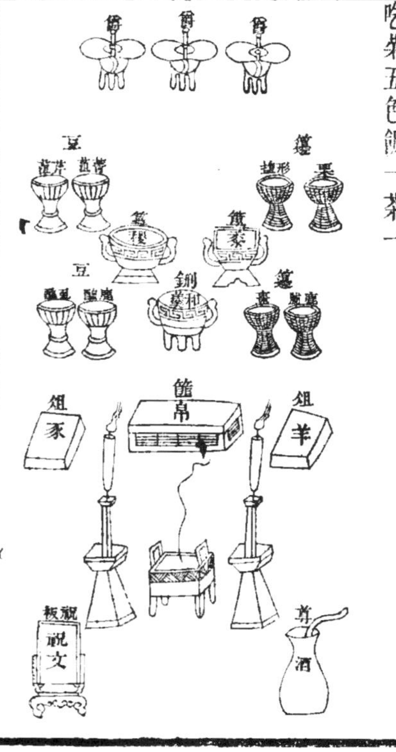

治祭品

鉶之實

和羹用豕膂肉加五味和而爲羹備一分

簠之實

黍黍曰薌合粘穗如稻揀擇完結者湯撈成飯備二分

簋之實

稷稷曰明粢乃粢之不黏者揀擇圓好之顆湯撈成飯備二分

籩之實

形鹽刻鹽加虎形備二分

棗陸果揀圓潔甘美者用之備二分

栗陸果揀圓潔者去皮用肉備二分

鹿脯用乾鹿肉煮熟切片備二分

豆之實

菁菹蔓菁也形如蘿蔔切小片以湯芼之淡用備二分

芹菹芹菜以湯芼之切作段淡用備二分

鹿醢用鮮鹿肉切作小塊加五味調醬油烹香加羹備二分

兎醢用活兎肉切作小塊如治鹿醢法備二分

尊之實

酒清酒二罇以香醪爲上

篚之中

帛以白紙折之結以紅絨二分

俎之上

羊去毛及臟腑二分

豕同羊二分

執事

贊禮一人擇族中知書達禮者爲之立於香案之左高唱儀注音宜響亮

讀祝一人擇族中篤志通文者爲之立於神案之右朗誦祝文句要分明

序班一人擇族中有德望者爲之立於饗堂左廊尊卑失序而整其班

糾儀一人擇族中明禮法者爲之立於饗堂右廊拜跪失儀而敎其禮

司香二人立於香案左右

司帛爵二人立於神案左右

司尊一人立於尊旁

司欵二人立於階之左右○官來致祭主祭齋保要謝禮

祭崇本祠儀注

行（春秋）祭禮　主祭盥洗　就位　執事各司其事　灌酒
迎神　跪　初上香　亞上香　三上香　叩首　興　跪
叩首　叩首　叩首　興　行初獻禮　跪　奠帛
初獻爵　讀祝文　叩首　興　行亞獻禮　跪　亞獻
爵　叩首　興　行終獻禮　跪　終獻爵　侑酒　進
羹膳　獻粢盛　進香茗　叩首　興　跪　叩首　叩
首　叩首　興　暫退　合族裔孫行禮（畢）　復位　徹饌
送神　跪　叩首　叩首　叩首　興　司祝捧祝　司

帛捧帛　司香捧香　司爵捧壺　恭送燎所　望燎
復位　禮成　退班

官祭高士祠儀注

行（春秋）祭禮　主祭官就位　執事各司其事　迎神　初
上香　亞上香　三上香　奠帛　初獻爵　讀祝文
亞獻爵　終獻爵　跪　叩首　叩首　叩首　興　徹
饌　送神　主祭裔孫謝禮　禮畢

家祭高士祠儀注

行（春秋）祭禮　主祭盥洗　就位　執事各司其事　灌酒
迎神　歌迎神詞　詣香案前　跪　初上香　亞上
香　三上香　叩首　興　復位　跪　叩首　叩首
叩首　興　行初獻禮　歌初獻詞　詣神案前　跪
奠帛　初獻爵　讀祝文　叩首　興　復位　行亞獻
禮　歌亞獻詞　詣神案前　跪　亞獻爵　叩首　興
復位　行終獻禮　歌終獻詞　詣神案前　跪　終
獻爵　侑酒　進羹膳　獻粢盛　進香茗　叩首　興
復位　跪　叩首　叩首　叩首　興　暫退　合族
裔孫行禮（畢）　復位　徹饌　歌徹饌詞　送神　歌送神

詞　跪　叩首　叩首　叩首　興　司祝捧祝　司帛
捧帛　司香捧香　司爵捧壺　恭送燎所　望燎　復
位　禮成　退班

附領狀式

具領狀（某戚）倪（某名）今具到
本學師臺大人案下領得
元高士雲林倪先生（春秋）祭祀帑銀一兩零九分四厘六毫
七絲三忽合具領狀是實
□□幾年（二八）月□□日具領狀某職倪某名押

附官祭開銷

縣送示十文	贊禮廿文	送帛十文	値整十文
學送示十文	讀祝卄文	値爵十文	吹手十文
衙管祭十文	管祭十文	地總卅文	値猪十文
衙催祭十文	催祭十文	小甲十文	値羊十文
賃猪羊卅文	學書十文	更夫十文	轎夫十文
値三牲十文	値路十文	門役十文	傘夫十文

倪高士祠歆詞

迎神

日將出兮扶桑有伷兮其堂駿奔走兮獻烝嘗靈之來兮帝鄉昔與鴻冥兮今鶴與翔衣芰荷兮雲錦裳愾聞僾見兮洋洋翻然被髮兮下大荒

奠帛初獻

清酒獻兮酌瑤觴濟濟兮蹌蹌琴韻奏兮協宫商始升兮百濯奇香高風千古兮四海名揚立廟名山兮闡幽光執豆籩兮進椒漿祀典孔昭兮潛德彌彰

亞獻

升堂再獻兮鴨綠鵝黃鬫游從兮水中央不賦飛樓行樂之詞兮以媚君王池名洗馬兮爲母乞青囊神之格兮碧梧蒼子孫其湛兮繡而莊

終獻

禮成三獻兮繼稻粱飲且食兮壽而康名遍四海兮遠及戎羌卅逃僞吳之聘兮受辱何妨頑廉儒立兮與伯夷頡頏懷明德兮燭輝煌賜號高士兮天語皇皇

徹饌

饌將徹兮神傍徨降福兮穰穰神保聿歸兮鼓鐘鏘鏘駕鳳翥兮與龍驤五湖三泖兮任意徜徉清閟空兮閣荒涼春露秋霜兮我難忘

送神

我享兮我將不我留兮我滂滂湍返兮何方故館兮朱陽園有秀兮菊有芳秋復春兮日月孔長梧桐枝兮映高岡山寂寂兮水茫茫

祭崇本祠祝文

維□□幾年（二八）月□□朔越幾日戊□主祭裔孫（某）
邀同合族裔孫敬具牲醴庶羞之奠敢昭告於
我祖周小邾子郳公之靈曰於戲
吾祖著姓於經開宗乎世子爵受周王之命小邾肇倪
氏之基忠孝家風千乘以來代更顯詩書世澤南渡
之後日彌昌凡我裔孫宜肅明禋之典當茲（春秋）仲用
申報本之忱以
漢御史大夫兒公

唐戶部侍郎倪公
宋工部尚書武肅公　禮部尚書文節公
宣撫使怡然公　杭州路總管雪松公
百萬中郎桂月公　承事郎九五公
處士友梅公　冰祥處士堯章公
冰蘗處士仲文公配尚
饗

官祭倪高士祠祝文

維□□幾年（二八）月□□朔越幾日戊□江蘇常州府
無錫縣知縣□□□致祭於
元高士雲林倪先生之靈曰於維
先生清風峻節名播四夷潛德幽光芳流百世允宜俎
豆於不祧庶幾儀型於勿替茲當（春秋）仲祀典聿修溪
毛偕泉石俱芬
鶴駕與烟霞並降尚
饗

家祭雲林公祝文

維□□幾年（二八）月□□朔越幾日戊□主祭裔孫（某）

邀同合族裔孫敬具牲醴庶羞之奠敢昭告於
我祖雲林公之靈曰維
公千秋亮節萬古清風鴻漸於逵俾頑廉而懦立芳流
於世共山仰而斗瞻前朝特闡其幽光既隆
祠宇後嗣當修其明祀載薦馨香茲屆（春秋）仲聿陳祭禮
伏邀
鶴駕下鑒烏私尚
饗

倪高士祠崇本祠東西龕神位 兩龕神位啟本僅載隸陸忠節校書之譜

寄月樓兩公主之并奉
各支之祖以從祠焉

明兵科都給事中靜寄倪公諱峻之位

公字維岳號靜寄生於元順帝至正二十一年辛
子係雲林公姪孫第九世明洪武庚午應天舉人
著靜寄軒詩集靜寄軒文集海叟漫錄般邃詩集
紀行詩集天南詩集從祀道南祠鄉賢祠忠節祠

明河南道監察御史月樓倪公諱敬之位

公字汝敬號月樓生於明永樂十四年丙申
係靜寄公孫第十一世正統甲子應天舉人戊辰
進士著月樓詩
集月樓文集

明廸功郎竹溪倪公諱宗實之位

梁溪倪氏宗譜 譜芬錄卷二 神位 一 帶經堂

公號竹溪生於明景帝景泰七年丙子
係養素公派第十二世坊前支始遷祖

明登仕郎隱山倪公諱奎之位

公字文明號隱山生失考係養素公派第十三世
始徙常州齊門至孫徵山轉徙宜興蔣瀆里今奉
公爲宜興蔣瀆
里支始遷祖

明處士慕竹倪公諱天秩之位

公號慕竹生失考係贊府公派
第十五世蓉門支始遷祖

明處士尊德倪公之位

公生失考係靜菴公支第
十五世嘉禾支始遷祖

明處士學古倪公諱端英之位

公字學古生於明世宗嘉靖三十五年丙辰係靜
菴公支端英派第十六世江陰觀山鎮支始遷祖

明處士侍泉倪公諱本立之位

公字本立號侍泉生失考係
通齋公支本立派第十六世

明邑庠生丈石倪公諱應徵之位

公字召卿號我塗生於明神宗萬曆十五年丁亥
於明懷宗崇禎十七年修第七巡宗譜係東祿公
支友才派蓉門
支第十七世

明處士崇本倪公諱爾訓之位

公字崇本生於明懷宗崇禎四年辛未係澹軒公
支開元派蓉門徙門福支第十八世

清恩賚粟帛賞給八品銜孝長倪公諱禧之位

梁溪倪氏宗譜 譜芬錄卷二 神位 二 帶經堂

公字洪德號孝長生於清聖祖康熙三十五年丙
子係澹軒公支開先派蓉門秦巷支第二十世

清處士天旭倪公諱鐘之位

公字羅禮號天旭生於清世宗雍正十二年
甲寅係爾訓曾孫徙門福第二十一世

清邑庠生逸園倪公諱駿之位

公字熙秉號逸園又號竹圃生於清高宗乾隆六
年辛酉係東祿公支友志派石皮街支第廿一世

清處士樓梧倪公諱鳳儀之位

公字廷輝號樓梧生於清高宗乾隆五
年庚申係禧次子秦巷支第二十一世

清處士熙之倪公諱見龍之位

公字步青號熙之生於清高宗乾隆二十七
年壬午係鳳儀長子秦巷支第二十二世

清處士書田倪公諱河之位
公字乾九號書田生於清高宗乾隆三十年乙酉係𤇆長子陡門橋支第二十二世

清登仕郎廷芳倪公之位
公生於清高宗乾隆三十四年己丑係耕欒公支漸派宦塘丁山支第二十二世

清處士春田倪公諱漢之位
公字乾資號春田生於清高宗乾隆三十七年壬辰係鎮次子陡門橋支第二十二世

清處士煥之倪公諱雲龍之位
公字步山號煥之生於清高宗乾隆四十一年丙申係鳳儀次子秦巷支第二十二世

清處士守禮倪公諱學昌之位

公字守禮生於清高宗乾隆三十四年己丑係時敏公支承宗派新宅裡支第二十三世

清授六品軍功翎欽賞 誥贈中憲大夫直隸州知州加二級艮勳倪公諱梁之位
公字艮勳一字寶山生於清高宗乾隆五十七年壬子係河次子漢嗣子陡門橋支第二十三世

清處士南山倪公諱樞之位
公字夢功號南山生於清仁宗嘉慶三年戊午係河少子陡門橋支第二十三世

清國學生勵巷倪公諱垚之位
公一名敬堯字守愚號勵巷生於清仁宗嘉慶七年壬戌係見龍三子秦巷支第二十三世

清國學生若泉倪公諱增之位
公字憲基號若泉生於清仁宗嘉慶十六年辛未五月係見龍六子秦巷支第二十三世

清鄉飲賓崇禮倪公諱惇厚之位
公字培基號崇禮生於清仁宗嘉慶十六年辛未七月係警龍三子秦巷支第二十三世

清處士仲安倪公諱桑之位
公字鳳山號仲安生於清仁宗嘉慶十七年壬申係滄軒公支開元派陡門橋支第二十三世

清處士維綸倪公諱會馥之位
公字維綸又字蕙堂生於清仁宗嘉慶二十年乙亥係東林公支友諒派石皮街支第二十三世

清處士秉鈞倪公諱椿全之位
公字秉鈞生於清仁宗嘉慶十二年丁卯係學昌子新宅裡支第二十四世

清處士竹坪倪公諱思智之位

公字克仁號竹坪生於清仁宗嘉慶二十四年己卯係敬高公支倫叙派石塘支第二十四世

清貽贈直隸州州判加二級 誥封中憲大夫國學生蘭谷倪公諱燦之位
公字蘭谷號澧泉生於清宣宗道光七年丁亥係桑少子陡門橋支第二十四世

清奉直大夫用和倪公諱燕之位
公字豫浦號用和生於清宣宗道光十八年戊戌三月係桑長子粟嗣子陡門橋支第二十四世

清國學生仁山倪公諱嘉琛之位
公中鄰廷字仁山又號寶南生於清宣宗道光十八年戊戌九月係會馥子石皮街支第二十四世

清國學生仲義倪公諱萬鎰之位
公字子均號仲義生於清宣宗道光二十五年乙巳係惇厚次子秦巷支第二十四世

清授奉直大夫候補吉林府同知國學生子樸倪公諱金應之位
公一名顯祖字子樸又字寶甫生於清宣宗道光二十七年丁未係垚三子桑巷支第二十四世

清處士子上倪公諱文達之位
公號子上生於清宣宗道光元年辛巳係樂菴公支嶠英派江陰觀山鎮支第二十五世

清處士盤玉倪公之位
公生於清宣宗道光二年壬午係時敏公支模派陸區鎮支第二十五世

清徵仕郎直隸州州判恩貢生月芬倪公諱葆光之位
公一名桑桂字進泰號月芬生於清宣宗道光十九年己亥係樂菴公支嶠英派江陰觀山鎮支第二十五世

清登仕郎再生倪公諱瑞之位
公字仲祥號芝山晚號再生生於清宣宗道光二十七年丁未係恩賢子石塘支第二十五世

清奉政大夫太學生達夫倪公諱憲章之位
公字達夫生於清宣宗道光三十年庚戌係敬中公支敬齋派嘉禾支第二十五世

夾室神位

明處士靖江始遷祖受八倪公之位
公生失考係文昭公派第十世

明處士濟軒倪公諱旃之位
公字思魯號濟軒生於明太祖洪武十二年己未卒於明成祖永樂二十年係第四遷宗譜係養清公派第十一世

明處士東稼倪公諱僎之位
公字叔誠號東稼生於明成祖永樂四年丙戌係齊素公派第十一世

明處士樂菴倪公諱愷之位
公字民贈號樂菴生於明成祖永樂九年辛卯係竹泉公派第十一世

明處士思雲倪公諱慎之位
公字民則號思雲生於明宣宗宣德九年甲寅卒於明憲宗成化二十二年係第五遷宗譜係竹泉公派第十二世

明處士樂耕倪公諱宗奭之位
公字樂耕生於明英宗正統三年戊午係僎長子第十二世

明處士思耕倪公諱宗純之位
公字思耕生於明英宗正統十一年丙寅係僎次子第十二世

明恩賚粟帛賞給七品冠帶雲堂倪公諱招之位

公字士彬號□堂生於明武宗正德十五年庚辰□於明神宗萬曆十年修第六遷宗譜係宗德□□第十五世

明贈文林郎邑庠生康侯倪公諱永康之位

公字康侯生於明神宗萬曆二十七年己亥係東祿公支鈙派東亭支第十七世

明貤奉直大夫歲貢生汝遷倪公諱永建之位

公字汝遷□□生於明神宗萬曆四十二年甲寅□□書法戒錄遺命創建雲林公專祠有司春秋致祭係東祿公支鈙派□暘支第十七世

清文林郎吳川縣知縣貢生琢菴倪公諱楨之位

公字壆生號琢菴初任湖廣德安府應山縣知縣再任廣東高州府吳川縣知縣生於明懷宗崇禎

十七年甲申係永康大子東亭支第十八世

清奉直大夫陸涼州知州歲貢生迪高倪公諱繼梧之位

公字迪高號□山初任雲南府□平縣□□陞任陝西西安府武功縣知縣調任陝西漢中府西鄉縣知縣陞任雲南曲靖府陸涼州知州加一級生於清順治八年辛卯係永建五子□暘支第十八世

清授文林郎雷州府經歷加二級贈□□生潔軒倪公諱世縉之位

公字潔軒號□林□□中□授雷州府經歷加二級生於清聖祖康熙三十四年乙亥卒於清高宗乾隆十三年修第七遷宗譜係繼梧□□暘支第十九世

清恩賚粟帛太學生工參倪公諱大均之位

公字工參生於清聖祖康熙五十一年壬辰係世縉子□暘支第二十世

清奉政大夫直隸州知州邑庠生濱州倪公諱豫乾之位

公字濱州號□□生於清高宗乾隆五十三年戊申係□□□支士昌派□暘支第二十二世

右廡神位

清處士寶彝倪公諱彝倫之位

公字寶彝號□□生於清高宗乾隆四十□年己亥係東祿公支友□派石皮衕支第二十一世

清處士商盤倪公諱玉書之位

公字商盤號□□生於清高宗乾隆三十年乙酉係彝倫長子石皮衕支第二十二世

清耆士有福倪公諱厥德之位

公字有福生於清高宗乾隆三十一年丙戌係彝倫姪石皮衕支第二十二世

倪高士祠各支捐助祭田糧根

石皮街即長大房支

子字四號高田一分八釐一毫

子字二百三十九號高田一畝五分五釐

子字九百五十七號高田一畝二分七釐二毫

子字九百七十五號高田九分一釐二毫

子字九百七十六號高田八分二釐五毫

子字一千零十七號高田九分六釐三毫

子字一千零三十八號高田一畝零零七毫

梁溪倪氏宗譜 詒芬錄卷二 祭田 一 瑞經堂

子字一千零三十九號高田一畝零七釐八毫

子字一千零五十九號高田一畝零七釐三毫

子字一千零六十號高田九分二釐

子字一千零六十一號高田二分九釐九毫

子字一千零六十三號高田四分七釐三毫

子字一千零八十八號高田一畝八分五釐六毫

子字一千零八十九號高田六分五釐四毫

姑字二十四號平田九分

姑字四百十一號平田一畝五分五釐六毫

姑字八百八十六號平田八分三釐八毫

姑字九百二十號平田一畝三分三釐六毫

姑字九百三十五號平田二分四厘八毫

姑字一千零零六號平田二畝零一厘二毫

以上共十九畝九分五厘三毫計租二十二石本支

裔孫保滋收解

子字九十號平田二畝四分二釐八毫

子字九十號平田一畝二分一釐四毫

以上共三畝六分四釐二毫計租四石本支裔孫安周

梁溪倪氏宗譜 詒芬錄卷二 祭田 二 瑞經堂

晉康收解

坊前支

顯字四百零三號平田一畝三分一釐七毫

沛字一百九十三號平田二畝零零二毫

沛字一百九十六號平田一畝九分九釐一毫

沛字二百十六號平田二畝三分四釐四毫

沛字二百十七號平田一畝四分

仁字二百二十二號高田一畝

仁字八百五十七號高田四分二釐三毫

仁字一千三百九十五號高田二畝零二釐五毫
仁字一千四百十二號高田五分
子字十八號高田四畝一分五釐此田新宇支助
以上共十七畝一分五釐二毫計租十七石義莊收
解
規字七百十二號高田一畝二分三釐三毫
規字七百二十號平田二分七釐
規字七百二十號平田一分四釐
以上共一畝六分四厘三毫計租二石本支裔孫月

刱收解
陡門橋支邸書門支
號字三百九十四號平田八分
號字四百四十五號平田三分五釐九毫
號字四百九十七號平田一分五釐
號字五百八十五號平田一畝三分零二毫
以上共二畝六分一釐一毫計租三石本支裔孫哲
夫收解
慕字四十七號平田一畝七分二釐九毫

慕字四十九號平田二畝四分九釐一毫
以上共四畝二分二釐計租四石五斗靜安助來寄
南門王義莊收解
秦巷支郎萬壽而
宿字十三號平田五分四釐八毫
號字七百二十號平田一畝零四厘四毫
號字七百二十號平田一畝零四厘四毫
號字八百三十號平田一畝零一釐
以上共三畝六分四釐六毫計租四石本支裔孫子

安收解
宿字六十三號平田九分
珠字一千零二十七號平田八分七釐
以上共一畝七分七釐計租二石本支裔孫亮齋收
解
號字一千三百二十八號低田一畝三分六釐一毫
號字一千六百五十四號低田一畝一分四厘四毫
以上共二畝五分零五毫計租三石本支裔孫穀生
收解

江陰觀山鎮支即小酒河口

攝字六十九號平田三分五釐

攝字七十號平田一畝六分七釐八毫七絲五忽

攝字一百六十九號平田一畝一分

攝字一千三百九十二號平田六分七釐二毫二絲

攝字一千四百七十九號平田五分七釐六毫

職字二千九百三十四號平田七分四釐三毫二絲五忽

以上共五畝一分二釐零二絲計租五石本支公項

收解

攝字八十一號平田三分四釐六毫零五忽

攝字八十二號平田六分六釐九毫二絲

攝字八十三號平田四分零四毫六絲二忽

攝字三百五十九號平田六分三釐一毫八絲七忽五微

以上共二畝零五釐一毫七絲四忽五微計租二石

本支裔孫維德收解

攝字一千零十九號平田三分一釐零五絲

攝字一千零二十號平田五分二釐二毫

攝字一千零二十一號平田二分八釐零二絲一忽

攝字一千四百十二號平田六分二釐

以上共三畝七分二釐二毫七絲一忽計租二石本支

裔孫爾熙收解

倪嘉禾支

詩字一號平田九分五釐

詩字五十六號平田九分三釐八毫

詩字四百十七號平田九分六釐

詩字四百四十七號平田八分二釐

以上共三畝六分五釐八毫計租四石本支公項收

解

詩字三百零一號平田一畝

詩字四百四十一號平田八分九釐八毫

以上共一畝八分九釐八毫計租二石本支裔孫翔

青收解

石幢支江陰

薄字三百三十三號低田一畝三分八釐二毫五絲二忽

薄字六百八十二號低田一畝二分

薄字六百八十二號低田一畝二分零五毫五絲四忽

以上共三畝七分八釐八毫零六忽計租四石本支
裔孫再生收解
娛賜支
隱字五百八十六號高田一畝九分三釐二毫
以上一畝九分三厘二毫計租二石本支裔孫志遠
收解
陸區橋支
虞字四百三十八號平田七分八釐三毫
虞字四百四十二三號平田八分
以上共一畝五分八厘三毫計租二石本支裔孫添
富收解
靖江斜橋鎮支
東十三圖孫芳達段下二圩三十五坵田四畝
以上田四畝計租四石本支公項收解
靖江生祠鎮支
以上田二畝計租二石本支裔孫金爔解
金爔並鏸子蘭經理通濟公支錦擧大本大昌三派
譜稿旨定遷靖始祖受入公入祠與本川本立大達

三派合助祭田网畝至特豎時祭田未到歷次函催
匯若罔聞實子蘭之咎也是以不及列譜只可下逕
補載然金爔金鏸亦不得辭其責
故備誌於此聲其褻祖以儆後人
總共計租九十石零五斗每年每畝解錢一千二百
文箕歲入一百零八千六百文除春秋兩祭開支約
餘錢七十千文董其事者於祭日謹貼前祭清單開
支若干餘存若干連前統結若干合族裔孫均有監
督之權庶幾歲修添置兩無缺乏支裔欲奉先祖神
位入祠者每位助田二畝始遷祖酌加永爲定例
中華民國乙卯冬十月吉日城邑合族公議謹識

無錫芙蓉山元高士雲林倪先生墓圖

梁溪倪氏宗譜 誦芬錄卷二 墓圖 一 帶經堂

右元高士雲林公諱瓚暨蔣太孺人諱寂照合墓也穆穴係逸耕公暨錢孺人之墓在無錫芙蓉山薾麓世完奉字無號山糧二畝八分九厘六毫花戶倪公田碑上有元高士雲林倪先生之墓癸山丁向兼丑未三分墓旁有墓誌銘碑其詞云昔泰伯仲雍文身斷髮奔荆蠻荆蠻義之從而歸者千餘家其後吳立季札季札棄其室而耕乃命之已封於延陵雲林倪先生自稱倪迂又稱懶瓚又稱荆蠻民荆蠻者延陵之故鄉而先生之所居也先生癖人也而潔爲甚吳之潔者自泰伯仲雍季札而後梅福潔於市梁鴻潔於傭指凬倪先生矣高卧清閟閣洗拭梧竹摩挲鼎彝此膺爲古者能迹之誰能於元兵未動先散家人產乎能見張士誠兄弟崇不發一語乎能避俗士如恐浼乎能畫如董巨詩如陶韋王孟不帶一點縱橫習氣乎余讀先生之集所謂其文約其辭微其志潔其行廉其稱文小而其指極大獨先生足以當之蓋先生先見類梅福孤寄類梁鴻悉散家產贈之親故有荆蠻延陵之風月清則華火清則澄雲鮮露生焉下此雖金碧丹青滓焉而已何堪與先生並先生殘煤斷簡江東之家以有無爲清俗莣惟張

梁溪倪氏宗譜 誦芬錄卷二 墓圖 二 帶經堂

吾吳勁節置先生於孔廡間庶無愧色或曰倪先生癖人也似未聞道余笑曰否否聖人之行不同也歸潔其身而已矣大明萬歷辛亥秋八月望日雲間陳繼儒撰九世孫鈛立石前有墓門其上橫書雲林倪先生墓墓門亡壬丙向不知何故西有守墓所三間看管陳阿大數被侵佔光緒年間立倪高士墓界石民國甲寅續修宗譜特請畫工丼繼步弓到墓丈量繪成墓圖註明步尺並載山向界石所在鐫刻譜牒庶幾子孫展謁卽知公墓之形象歷千秋無侵佔之患矣

十八世孫城敬誌

無錫坊前冷村竹溪倪公墓圖

右無錫坊前冷村東南五七八圖第十二世祖明廸功郎竹溪公諱宗實暨華孺人合墓也甲庚卯酉昭穴係守溪公暨華俞孺人穆穴係思竹公暨浦成孺人次昭穴係北樓公暨華孺人再次昭穴係繼雲公暨潘孺人西南旁穴係坎泉公暨俞周孺人坐落隱字五百八十一號高田四畝零八釐四毫五百八十二號高田三畝二分九釐一毫五百八十三號高田一畝三分倪榮墓花戸辦糧八畝六分七釐五毫墓外均係餘地後背一帶高原冷村在其左清水在其右南邊大房橋大河經墓前向北折而再經墓前向南水自東流重疊環抱洵吉地也　廿三世孫榮珍謹繪

無錫蘇圃橋南樓倪公墓圖

右無錫蘇圃橋五七四圖第十四世祖南樓公諱柏暨張孺人合墓也丁癸子午昭穴係贈中書舍人毅南公諱理暨張吳宜人穆穴係邑庠生紹南公諱璞暨華朱孺人次穆穴係文童復南公諱璜暨高孺人次昭穴係鄉飲賓念萱公諱錫暨華陸施孺人坐落箴字八百十六號高田四分零二毫八百十七號平田一畝五分二釐七毫八百十八號平田二畝六分三厘七毫八百十九號平田三畝二分八厘九毫八百二十號平田二畝七分八厘三毫八百廿一號平田一畝八百廿二號平田七分九厘五毫八百廿三號平田二畝一分九釐三毫八百廿六號平田一畝六分大厘七毫倪榮田花戸辦糧十六畝二分九釐三毫後築假山前臨桃洞浜左墳右田周圍石牆外係餘地　十世孫榮珍謹誌

無錫芙蓉山南鼎和倪公諱鉉墓圖

右無錫芙蓉山南首五四三圖第十六世祖明國學生鼎和公諱鉉暨（華張）孺人合墓也（坤艮未丑）主穴係生母談孺人葬穆穴係郡庠生甘泉公暨秦孺人次昭穴係中茂公暨（惟顧）孺人次穆穴係邑廩生壽隱公暨（趙王）孺人再次穆穴係亦昭公暨華孺人坐落奉字三百五十九號倪祭田花戶辦糧四畝七分零九毫鄰號均係墓祭田前面龍山作障後背芙蓉山作靠墓旁通津橋大橋東西兩河左右夾抱傍山臨水聚氣藏風堪輿家所謂三元不敗之地其在斯乎

九世孫殿奎謹誌

江陰丁谷山東懋學古公墓圖

右竹泉公派第十六世學古公諱端英暨趙孺人合墓也（辛山乙向）後裔建碑爲誌餘十二塚代遠不敢妄註坐落江陰丁谷山東麓攝字十五號山糧八分一釐又十七號山糧三分四釐五毫六絲二忽五微前照妯娌山（係右兩奶尖山）後靠丁谷峯左爲金界右屬支墳墓下一望平畦近聯倪家溝溝水清漣環抱墓前旁有小橋逼黃昌潮流先人卜葬於茲實稱旺地漕糧盈疇公分完納裔孫兆桂誌

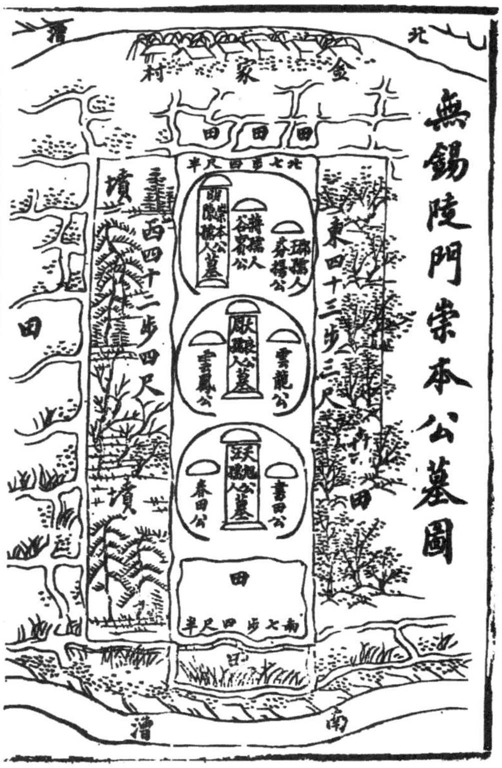

右無錫陡門里九都一圖樓下村西漕軒公支開元派第十八世祖明處士崇本公諱爾訓暨陳孺人合墓也 壬山丙向 昭穴係谷寶公暨蔣孺人次昭穴係芬揚公暨邵孺人 壬子丙午 其南主穴 壬山丙向 係天昆公暨周孺人合墓 左係雲龍公 右係雲鳳公 癸丁 最南主穴係天旭公暨汪孺人合墓 子午癸丁 昭穴係書田公穆穴係春田公坐落號字四百二十八號倪大雅花戶辦糧一畝四分二釐二毫前面遠照舜柯山峯後背遠靠西膠山近靠金家村南北兩漕前後緊抱洵我祖之佳城也

七世孫珹誌謹

右無錫陡門里九都一圖道生浜西南漕軒公支開元派第二十三世祖清贈中憲大夫艮勳公諱梁暨謝恭人合墓也 未山丑向 主穴係本生母錢太孺人 未丑坤艮 坐落號字三百三十九號倪公田花戶辦糧五分零七毫前面遠派西膠山臨近道生浜白蕩後背遠靠舜柯山近倚一帶高原左邊陡門東西兩橋前後相連過客如川流不息右邊道生長短兩浜參差相接沃野皆阡陌交通松柏森森人烟攘攘子孫家居鄰近歲時便於祭掃我祖兆卜於此眞吉壤也

孫珹謹誌

清贈中憲大夫蘭谷倪公墓圖

右無錫陡門二都九圖道生浜北澹軒公支開元派第二十四世祖清贈中憲大夫蘭谷公諱燦暨林恭人合塋也 丑未 癸丁 穆穴係 長媳錢恭人 次媳朱恭人 合墓坐落往字五百二十四號倪和記花戶辦糧七分四釐前面遠照舜柯山近廟道生浜兜後背遠靠秦望山近皆一片平原上中下三倪巷在其左東西兩陡門橋在其右傍墓道生浜中魚蝦並戲隔河季家街上雞犬相聞耕田者謳歌於大岸之原歸市者來往於陡門之鎮人烟聲集桑柘蔭森子孫居近祭掃尤便我祖塋玉於此地靈人傑信不虛歟 孫 自審 謹誌

雲林竹溪南樓三公墓祭田

磨字一千零十一號高田一畝零三厘四毫
磨字一千六百四十九號高田一畝
磨字一千六百九十八號高田七分
箴字六十七號高田八分
箴字三百三十號高田九分五釐
箴字三百三十二號高田二畝三分九釐九毫
箴字三百八十四號高田二畝六分五釐五毫
箴字四百二十四號高田五畝六分五釐八毫

箴字五百五十號平田七分
箴字五百五十五號平田四分
字六百六十二號高田一畝四分零五毫
字六百六十一號高田七分五釐五毫
字八百七十號高田四分
字八百九十五號高田八分零六毫
字九百五十五號高田三分
字九百五十八號高田七分七釐七毫
字九百六十號高田二畝三分三釐四毫

仁字二百零一號高田五分
隱字五百十九號高田一分五釐
隱字五百六十九號高田一畝五分七厘二毫
隱字五百八十號高田三畝六分六釐二毫
隱字五百九十六號高田一畝七分二釐二毫
匪字一千零九十八號平田一畝三分一釐八毫
匪字一千三百六十二號平田八分三釐六毫
匪字一千三百六十六號平田三畝二分四釐
匪字一千三百七十八號平田六分六釐四毫

匪字一千三百八十一號平田一畝零八釐
匪字一千三百八十五號平田二分
匪字一千四百七十九號平田二分九釐
匪字一千四百八十號平田九分零五毫
以上共三十九畝一分一釐一毫計租四十八石係南樓公出助以祭竹溪之公墓後裔公議追祭雲林公之墓幷祭南樓公之墓凡巡掃墓擇吉傳示各裔齋宿謁墓祭費及修墓之費均以此租收儲開支庶幾體魄永安而祭掃勿替矣凡我子孫永宜謹守勿違裔孫縈珍謹誌

鼎和公墓祭田

竭字三十八號平田二畝八分零五毫
奉字三百三十九號高田七分零四毫
奉字三百四十號高田一畝六分七釐三毫
奉字三百四十五號高田一畝二分六釐一毫
奉字三百四十六號高田九分九釐
奉字三百五十八號平田一畝二分八釐六毫
奉字三百六十號高田二畝七分零六毫

奉字三百九十七號高田五畝三分五厘七毫
奉字一千四百八十七號高田二畝三分六釐二毫
奉字一千四百八十八號高田五分六釐五毫
奉字一千四百九十六號高田四分七釐五毫
奉字一千四百五十七號高田七分二厘八毫
儀字三百六十六號高田九分 無單
儀字四百四十七號高田一畝八分四釐八毫
虧字七百四十九號平田二畝九分三釐四號
以上共二十六畝五分九釐四毫計租三十石本支

裔孫子成經理

學古公墓田

攝字七十號平田一畝零一釐

攝字八十七號平田一畝四分一釐八毫二絲五忽

攝字八十八號平田四分七釐

攝字一百八十七號平田二分七釐

攝字一百八十八號平田七分零二毫

以上共三畝八分七釐零二絲五忽計租五石本支裔孫守先經理

崇本公墓祭田

號字三百零六號平田二分八厘

號字三百十九號平田五分九釐三毫

號字三百二十五號平田一分二釐一毫

號字三百二十六號平田二釐九毫

號字四百零三號平田一分

號字四百四十五號平田三分五釐九毫

號字四百九十七號平田一分五厘

往字五百二十二號平田一分五釐

以上共一畝七分八釐二毫計租二石本支裔孫哲夫經理

艮勳公墓祭田

號字三百二十一號平田六分三釐五毫 哲夫名下

號字三百二十一號平田五釐 哲夫名下

號字三百三十八號平田二分一釐八毫 哲夫名下

號字三百二十八號平田二分一釐五毫 哲夫名下

號字三百二十八號平田一分八厘 哲夫名下

號字三百五十九號平田七分二釐 鼎敷名下

以上共二畝零一釐八毫計租二石五斗後裔哲夫經理

蘭谷公墓祭田

號字二百八十三號平田三分二釐五毫 哲夫名下

號字三百四十號平田七分五釐 哲夫名下

號字三百四十號平田五分 鼎敷名下

以上共一畝五分七釐五毫計租二石後裔梅圃松巖同經理

倪氏宗譜誦芬錄卷三

宸翰　康熙

乙酉春日清聖祖南巡翠華駐蹕錫山御題元高士
倪瓚林亭遠岫畫卷

吳地吳人畫煙雲互渺茫拂空疑送雨訝在錫山傍

清聖祖題佟毓秀山水

山水十八家雲林特高妙淡著筆墨痕自造虛無竅豈乏傳薪人規模僅形肖斯人乃入室健筆寫孤峭參天兩老松蕉色映斜照草亭對大川曠遠足清眺蕭蕭張白晝靜

賞然天調欲招舟子來去弄任公釣

清聖祖與唐岱

范緩倪迂自古人而今繪事數唐寅安排邱壑渾無迹槩礴丹青別有神遠塢人家烟漠漠野橋流水石粼粼買山不用閒尋訪倚爾拈毫眼界新

清聖祖大理石牀歌

皓皓雲賓排雲壘葆光含潤如球璧來從滇南萬里適量度長材越數尺亘工琢磨成匡牀紫檀爲架文錦席天然山水石紋間倪黃手蹟橫空碧窈窕洞壑藏神仙瀑布飛流挂松柏峯巒層沓雲氣深灘頭溪尾相連繹坐中恍惚秋風生何必買山娛泉石

清聖祖次韻和倪瓚題獅子林圖六首

畫本倪迂貯石渠天然結構煥雲書山川秀氣今猶古草木清芬聽若予勝地圖成神莫測御園景好樂于胥拜瞻宸藻融精理壘妙元人總不如

小山猗石帶莎渠五度幀端煥御書畫意獨空千古法詩情盡攬一人予時幾清暇宜欣賞對育淵懷本樂胥藝圃雅游圖勝境姑蘇故址視何如

名園結構傳倪氏水態雲容契聖心景遇無形貪豫悅圖成有暇即探尋承欽墨寶輝江國常仰天章重藝林境遠市廛臨佛地塵氛盡屏遞鯨音

小山丈石繞青渠面水齋楹煥御書圖畫遠超千載上鳶魚深契一人予新題仙苑增佳致舊蹟蘇臺陋里胥游藝幾餘勤政務輝澄心境合眞如

山成九仞水成渠卷首天章八度書徐賁畫圖堪溯始倪迂結構豈開予雅游暫寄詩書樂對育還般品物胥墨寶輝煌增勝概淵渟岳峙自如如

洞接軒楹水接渠景中有畫畫中書溪山佳勝應殊彼卉
本清芬疇若予近市囂塵豈隱逸洗桐迂腐笑童胥文圉
何幸標仙苑十詠天章疊九如

丁丑暮春清高宗詠獅子林

早知獅子林傳自倪高士疑其藏幽谷而宛居鬧市肯構
惜無人久屬他氏矣手蹟藏石渠不忘賴有此詎可失目
前大吏稱未圮無飾遡本然旹當尋展齒假山似眞山仙
凡異尺咫松挂千歲藤池貯五湖水小亭眞一笠矮屋有
可倚緬五百年前良朋此萃止澆花供佛鉢瀹茗談玄髓

未擬泉石壽泉石兄半毀西望寒泉山趙氏遺舊址亭臺
乃一新高下煥朱紫何幸何不幸誰爲剖其旨似覺凡夫
云慚愧雲林子

清高宗游獅子林得句

一樹一峯入畫意幾灣幾曲遠塵心法王善吼應如是居
士高蹤宛可尋誰謂今時非昔日端知城市有山林松風
閣聽松風謖（謖音縮世說新語謖謖如勁松下風註謖謖峻挺貌）絕勝滿街絲管音

壬午仲春清高宗游獅子林襍詠即景

城中佳處是獅林細雨輕風此首尋髣髴深居坊市裏致
生邈爾濮濠心
眞樹常將千歲討假山曾不倍尋高雲林本隱留芳躅誰
復輕言作者勞
畫譜從來倪與黃楚弓楚得定何妨庭前一片澂明水曾
照伊人此沐芳

乙酉仲春閏月下澣清高宗再游獅子林作

本擬行宮一日閒念民瞻就策天閑甯論龍井烟霞表郤
變獅林城市間古樹春來亦芳樹假山歲久似眞山小亭
適可言旋耳寓意非因暢涉攀

清仁宗嘉慶五年歲次庚申欽頒御製詩

松亭山色 原韻

蒼松白石皆堪賦點筆秋光罨軒戶我偶得之不忍捨彼
草亭中曾少住何須更疏石田句世間得失空雲霧蕭齋
一榻篆烟清窗外羲娥任晨暮

獅子林圖 乙未

借問獅子林應在無何有西天與震旦不異反覆手倪子
具善根宿習摩竭受蒼蒼圖樹石了了離塵垢聲徹大千
界如是獅子吼

水竹居

十笏蝸居却可居洒然水竹適三餘閻浮提裡無塵界靜致山中太古初倦倚匡牀閑夢蝶獨臨曲沼樂同魚還思放筆徜徉際白石清泉盡起予

瘦石疎林 庚申

枯枝疎葉披風霜颯然特立苔石旁下無幽人相徜徉上無繁葩弄芬芳倪迂妙筆勁且蒼繩墨不中庸何妨千年尺素含幽光不教金碧誇李唐

南峯圖 原韻丙寅

藝苑倪黃孰抑揚南峯禪喜敘繩牀已同慧遠開蓮社未許山濤作議郎雲去遠天留筍白鳳來矮屋度楓香王維裴迪工酬唱豈負麻源華子岡

春山圖 丁卯名畫大觀冊

暖霧浮嵐翠欲蒸迴風散處露崚嶒若教選佛評差等高士應居最上乘

畊雲軒圖 原韻丁卯

璿機錦綷豈岱石底事開看蒼蔚滿乃知妙筆奪化工清閟倪迂突范緩嘉彼雲軒宛可居便藉天池試供盥眠雲更憶缶鳴句彼固非修此非短由來氣味有相合如響應聲依條榦

秋林山邑圖 原韻御製詩初編

元稱四大家逸品推倪迂師承自北苑筆與造化俱小景夙所見秋林位置殊一掃了了習不失太古初嶤峯既隱軫雄覽時眷舒疑有風吹林已見波瀾湖不寔供遊歷此中乃可居畫禪大法眼豈伊邪許徒因憶喬林喬未識漁莊漁得隴而望蜀知足其誰乎呵凍誌長言聊以適三餘

秋山小景 戊辰用文徵明韻

衡皐結宇對秋空千里江山四柱中筆伏粗疎傳爛瓚一般猶見古人風

秋林亭子卷 原韻戊辰

高朋簪盍若爲期過眼雲煙又一時桐里人間年是日苕溪秋老畫成詩佛言聞道如觀電世事從來似弈棋獅子林中小參羅底紗泡幻惜分離

楓筠秋靜 名畫大觀十幀之二

幾个琅玕竹一株瀟洒楓吳江將冷意妙趣與崔同

松磵寒鳴

長松落落施枯篠下有寒溪淙且澄此境相宜對何客參
元道士習禪僧

隔江山色原韻

主無文貌寶無速詩在行縢酒在瓢想像希夷亦佳士故
教孏瓚爲停橈

第四橋頭縱遠目一條眉綠界江天蕭疏老筆猶當見最
愛清新七字篇

斜照翻江石壁明草堂高致與秋橫吳橋一晌維舟者大
有當年李杜情

竹

風裏試披清奏籟月中乍展宛飛龍一梢已占琅玕性千
畝如看烟雨重

枯木竹石

老樹生機息疏篁靜影澄槃陀文石側幾个定中僧

安處齋圖原韻庚午名繪集錦

是誰肥遯隱君家家對湖山引興賒名取仲舒眞可法圖
成孏瓚亦云嘉高眠不入客星夢清渴常分穀雨茶致我
閒情頻展玩圍爐聽雪剪燈花

執隱 設色水竹居

疎林淡墨倪迂法寶笈常收紀有詩設色蒼然宜水竹雄
渾筆合薄黃癡

葉湖別墅圖辛未

野水閒亭寫葉湖烟波杳靄樹模糊不因攬勝來南國詎
信村居有是夫

設色山水壬申

蒼樹翠樾淡還濃生面尋常迥不同怪底香光契眞賞畫
禪重得楚人弓

水竹居乙亥原韻

水繞坡陀竹抱居蕭閒景趣寫無餘綠含細籟經風後潤
帶朝烟過雨初問字惟應知稼穡著書何必註虫魚笑他
阿那幽深處往歲無端目擊予

江雲館圖自記云清明後一日風雨阻泖中檢米友仁江村讀書詩圖補圖云云

泖中風雨過清明命筆聊抒旅客情書屋江村補虎子閉
簾開卦合君平沙汀近喜橫橋接春水浮知野艇輕刪裁去聲
雅傳詩十二刻舟惟是笑唐生唐順之題云雲林補米友仁江村十二景余得
蕪款師但恨失去米書不意中復得之合爲一卷嘉之如
撫臆然卷中既得倪畫即不得米書亦無足恨

山水 丙子

老筆疎疎了了幽襟落落蕭蕭假相不妨貌似眞宗誰解
神超

獅子林圖 曇書作讃

誰知獅子林宛在金閶有一溪與一峯位置倪翁手我昨
涉其藩安能契投受已覺凈諸品外物不足垢郵卷重題
辭何閒竹籟吼

龍門獨步圖 戊寅爲張雨讃

松石間無塵世意上人獨步曳方袍聲名何必龍門託三

士由來貴二桃

溪山圖

句殊脫俗畫誠神迂是天然嬾亦眞亦悟先生有仙骨得
皮饒得作狂人

西園圖 己卯

溪山廻薄無盡楓柏蕭森有姿只捉茆亭那畔畸人彷彿
逢之

虞山林壑

艷栖看雲事眞逸志遊寫眼興猶睎金閶白甫斯烋島秀
削何妨自一家

梧竹秀石

梧如過雨竹摇風石丈相依氣味同四百年來傳墨戲展
觀溼潤鎖濛濛

山水 丁亥

落落疎林遠遠山無波有水帶前灣草亭漫訝虛茵蕭留
與千秋懸者閑

溪亭山色 戊子幀中題者一爲晉陵丹叙一爲星沙夏瓊龍有懷梁溪鄉山景之句

山是九龍溪號梁一亭千古占烟光喬柯阿那嘉陰處遣

我遙情卒未忘

修篁叢棘 己丑

修篁自直叢棘曲君子小人於是分嬾瓚寫懷因寓物可
知素節有超羣

喬柯新粉 己丑

僧寺住常十日過繪成小景不煩多幾竿新筍纔脫粉一
樹喬株久擢柯豈必高低相較量雅如顧盼互婆娑丹青
漫議無顔色此是迂翁寫學窠

松亭山色 乙巳

不須景布輿色賦山翠逢來罨牖戸點筆聊爲松下亭延其罨者於斯佳會以神而寫以意意也神也隨煙霧此是嬾瓚千古偶豈向世間論朝暮

著書人目

著作爲古今聞人凡詩古文藝術諸書均爲吾祖吾宗手澤豈可泯沒不彰哉茲將自宋以下何人所著何書序列如左

五世

萬九　字彌願號理齋錫之揚名鄉人係南渡始祖師道公玄孫生宋理宗寶祐癸丑卒失考著書兩部

易經解

羽翼傳註

六世

煥　原名重一字堯章又字振物號冰祥處士錫之祇陀人係師道公來孫生宋理宗景定辛酉壽八十五錫志遺逸有傳

家乘誦芬錄

炳　原名重二字仲文又字尚一號冰華處士係煥胞弟生宋度宗咸淳丙寅壽六十七錫志遺逸有傳同兄煥共輯誦芬錄

家乘誦芬錄

仁　字壽翁係萬九子遷居錫之學宮旁生宋度宗咸淳甲戌卒年五十五

帶經集

七世

珏　原名明三字元佩號雲山係煥子生元成宗大德庚子壽九十三

雲山詩集

瓚　原名明七字元鎮號雲林係炳子豐推選品第一與黃公望吳鎮王蒙爲元四大家生元成宗大德辛丑壽七十四私諡清孝明史有傳晉陵崇祀先賢有傳錫志隱逸有傳

清閟閣集十二卷

[illegible]

八世

季民　字國珍號耕逸又號蓬居係璜次子生元文宗天歷戊辰卒失考

續家乘傳芳錄

九世

峻　字克明又字維嶽號靜寄道人係仁會孫明太祖洪武二十三年舉人官兵科給事中進都給事中三使占城國致仕生元順帝至正庚子壽六十三郡志邑志忠節洛閩源流萬姓統譜俱有傳

靜寄軒文集二卷　靜寄軒詩集二卷

海蓬漫錄四卷　瀫陽詩集

紀行詩集　天南詩集

十一世

敬　字汝敬號月樓係峻孫明英宗正統十三年進士官河南道監察御史被難超祚待知縣遷都督府都事生明成祖永樂丙申卒年四十五明史有傳洛源流郡志俱附祖峻傳邑志忠節有傳

月樓文集　月樓詩集

十二世

祚　字相承號久齋係敬胞姪鄉飲大賓生明英宗正統丁卯壽六十六邑志忠節附從父敬傳

久齋文集　久齋詩集

十三世

容　字德符更字正伯號方泉又號慕東外史係祚子明正德二年舉人官漢州知州生明憲宗成化癸卯壽七十二邑志忠節附叔祖敬傳

方泉詩集

皇朝大事記　皇朝名臣言行錄

名臣續贊　周易圖註

律呂圖解　郴州志

漢州志　錫山續志

策府懷玦　華山野錄

建官諸志　吟花木集

十五世

瑛　字汝玉號納南錫之崇陽人諸生生明世宗嘉靖甲午卒年五十二

四書講義約編　錫山名人錄

嘯樓文集

文相　字思溪係徵玄孫遷居石皮街生明世宗嘉靖辛酉壽六十七

國朝異人傳　忠清齋詩集

十六世

芸　字後溪錫之鄺陀人生明武宗正德丙寅卒失考

後溪玉鑑錄

十七世

應徵　字子賢號找崖別號丈石錫之崇陽人諸生生明神宗萬歷丁亥壽七十三

文石文集二卷　文石詩集二卷
文石雜俎二卷
元起 字貞侯係寶孫諸生生明神宗萬歷乙未壽七十四
遣愁集四卷
元開 字文長係元起胞弟奉祀生生明神宗萬歷癸丑卒年五十二
陰行小史
永建 字建侯號汝遷錫之東亭人貢生生明神宗萬歷甲寅壽六十七邑志行義有傳
法戒錄
德炳 字巽之靖江斜橋人貢生生明神宗萬歷末年卒失考

巽之詩集六卷
蒙養正宗　學業正宗
頻選 字蕙宮又字浣心號鈍歡菴係文相孫清吳縣庠生生明懷宗崇禎己巳卒年五十六
歷朝詩選　歷朝詞選
涉世津梁　歇菴文集
歇菴詩集　歇菴雜記
詩法　書法
家訓
十八世

武昭 字聖武號九峰清諸生係永建姪生明懷宗崇禎庚午壽七十八
自娛集　近花軒詩集
臯 字廸樹號綠霞係永建長子清貢生官直隸州同知生明懷宗崇禎丙子卒年四十九
東臯遺稿
金印 字偉昌錫之坊前人清庠生生明懷宗崇禎戊寅壽六十四
寄寂齋詩鈔
雝梧 字廸高號靜山係臯五子清貢生官廬州知州生清世祖順治辛卯壽六十三
仙原詩草
亮采 字□康號虛峰係永建六子清太學生內閣中書生清世祖順治甲午卒年五十六

繡萬堂詩集
十九世
坊 字文纓號緘三錫之坊前人清吳縣庠生生清世祖順治辛卯卒年四十八邑志文苑有傳
尚書講義
之熺 字希曾號敬亭係臯次子清貢生生清聖祖康熙庚戌壽六十一
冷香齋詩集
之烇 字奎光號密齋係臯三子清郡庠生生清聖祖康熙庚戌卒年四十
退密軒文集　退密軒詩集
靜存錄

世縉 字長暉號晴軒係介采子清貢生官雷州府山縣生清聖祖康熙乙亥壽七十一

家乘誦芬錄

二十世

國樽 字實豐號逸亭埼江斜橋人清太學生生清聖祖康熙癸巳壽六十六

逸亭詩鈔

二十一世

龍鏡 字金行又字舫衡號舫亭係坊琛清諸生生清聖祖康熙乙酉壽七十一

舫亭小草

二十二世

貫一 字曾傳號省齋又號雲崖江陰尤塘人清諸生生清高宗乾隆辛未壽六十九

易經註略　雞跖集

自怡集

榮桂 字川培號霽軒錫之坊前人清諸生生清高宗乾隆丁丑壽七十四邑志藝術歷數有傳

中西星要四卷

會 字心會號靜齋埼江斜橋人清諸生生清高宗乾隆戊戌壽七十一

靜齋詩稿

掌書 字文博號竹璞錫之孤瀆人生清高宗乾隆戊申卒年五十六

篆體歌訣

二十三世

梁 字良勳又字寶山清授六品軍功鄉飲賓誥贈中憲大夫直隸州知州加二級錫之陡門里人生清高宗乾隆壬子壽七十四

大雅堂詩集二卷　玄竅神方一卷

呈露 字漪甫又字曉葛號藕村肄業庠生係掌書子生清仁宗嘉慶戊寅卒年四十四

藕村集

二十四世

燦 字蘭谷又字逢泉國學生清贈直隸州知州加二級誥封中憲大夫係梁少子生清宣宗道光丁亥壽六十歲

杏林雜誌　小林詩集

釗 字勖旃號幼迂咸豐辛酉科選拔貢生歷任鳳陽府學教授世居錫之秦巷鎮曾祖鳳來隨大培公之盧州從歷任阜寧無爲州誌十字銜生清宣宗道光乙未

幼迂文集二卷　幼迂詩集八卷

廣高士傳三卷　鈍菴瑣錄二卷

日下紀游一卷

金應 一名顯祖字子楧國學生候補吉林府同知錫之秦巷鎮人生清宣宗道光丁未卒年三十八

困知記

二十五世

泰　字心一號時若江陰王莊人生清高宗乾隆乙卯壽六十
擊壤遺音二卷
文俊　字學藝江陰觀山鎮人生清宣宗道光癸未卒年三十
青山詩集
師吉　字希用號亦溪又號逍溪錫之鴛湖蕩口人生清宣宗道光丙申卒失考
逸溪詩鈔
城　字大成號哲大別號格非子附貢生直隸大名州知州二級銜授中憲大夫係燦長子生清文宗咸豐辛酉
自得小草文集二卷　自得小草詩集二卷
醒世典要二卷　蓉門逸韻四卷

石室精華二卷　古對類選二卷
學詩捷訣一卷
堯　字大章號景敷係燦次子生清穆宗同治甲子卒年四十七
決齋詩集二卷　解語羣花會二卷
四言藥性二卷　史略一卷
培　字希林號綠香係城從弟生清穆宗同治己巳
蓉湖吟稿
壁　字文明號煥東係燦少子附生生清德宗光緒丙子卒年三十
移花詩集

文奎　字硯蓀錫之坊前人諸生生清德宗光緒辛巳
高等小學校新算術
二十六世
寅科　字榜皮號芸程係泰子江邑廩生生清仁宗嘉慶戊寅壽六十四
古文精華
黄　字秋容號菊圃係城子生清德宗光緒丙戌卒年二十三
菊圃詩鈔
閨秀
二十世

素玉　字無瑕郡庠生倪之煃女錫城寅妻開縣令鄒儀母也生清聖祖康熙時卒年三十四
冰壺小草
二十四世
林氏　字友蘭貢生林開基女國學生倪燦妻直隸州知州加二級倪城母也生清宣宗道光庚寅壽六十四
閨中廿四要　綠窗吟稿
二十五世
鳳瀛　字侶梧太學生倪毅夔女貢生楊毅奎妻生清宣宗道光末年
紡餘吟草二卷　侶梧詩草

淸閟閣詩集序

東吳當元季割據之時智者獻其謀勇者効其力學者售其能惟恐其或後而有廿抱淸貞絶俗之態卒闕其用全其身而不失其所守者非篤於自信不能也錫山倪雲林先生是焉先生諱瓚字元鎭雲林其自號也家故饒於貲至先生始輕財好學嘗築淸閟閣蓄古書畫於中人罕跡其所愛寫溪山竹石攻詞翰皆極古意性甚狷介好潔絶類海岳翁然尤善自晦匿有若愚騃無似盡棄其所蓄如敝屣然卒之扁舟獨坐焚香弄翰以與漁夫野叟混跡於

五湖三泖間又類天隨子既而昭代御宇遂使六合一統底今且百年矣彼之倖功譽於一時者飆馳電迅泯無聲迹之可尋而獨先生詩畫流落於人世雖片紙不啻拱璧耽玩之際猶覺淸風灑然使人爲之興起噫謂非篤於自信者能然乎先生之詩嘗僅見於題詠近得常之荆溪蹇君朝陽彙梓五七言古律絶句總若干卷走書京師俾予評之以傳予謂其淸新典雅迥無一點塵俗氣固已類其爲人然置之陶韋岑劉間又孰古而孰今也邪太羹元酒不和而自腤朱絃疏越一唱而三嘆有遺音者矣朝陽讀書好義高先生之誼而重其才寶愛是集欲傳之無窮眞可謂深知夫詩而樂揚人之善者歟不然則是編也其不至於湮沒無聞者幾希故不辭而爲之序

天順四年歲舍庚辰菊月既望

翰林院侍讀學士奉直大夫直文華殿雲間錢溥書

清閟閣詩集序

倪先生當勝國之季潔身棲遁孤標特立照映巖谷可謂皭然不汚抗迹霞外者矣昔陶徵士書甲子不書元先生亦不書元故士誠據有江東以僞爵餌士士靡然從之先生竄蹟林莽不受其聘後士誠弟士德邂逅先生不勝憤榜笞之先生不吐一辭此其節類龔勝會元社將易海內逐鹿者四起先生恐懷璧爲罪盡散家財避之三泖五湖不及於難此其高又類鴟夷子皮今世最重先生畫次重其詩又次乃重其人是以詩掩詩以畫掩世所最重者

特先生末技耳先生詩風調閒逸材情秀朗若秋河曳天春霞染岫望若可採就若可餐而終不可求之於聲色臭象之間雖虞楊范揭諸公登詞壇執牛耳非不稱盟主矣然比於先生猶垂棘夜光之視水碧金膏也先生詩有二刻一爲江陰孫大雅序一爲華亭錢學士序皆歲久剝裂不堪吟諷讀者病其豕魚其八世孫理慨風雅之失傳悼祖德之無述捐鏹授鋟煥然復新於是先生之詩家披戸覽想像其人若登雲林窺清閟彷彿見其寒松幽壑之姿也刻成問序於不肖不肖益重其詩畫而又最重其人惜乎生晚不能爲之執鞭竊幸序先生詩獲附於孫錢二君之後豈非東郭先生所云竽濫者耶先生世家梁溪之祗陀村子孫迄今不徙號爲名宗理尤好禮多長者之游門其王父文潤而下世以文學相禪宗人推爲門眉嗚呼先生之高風宜其華胄遥遥哉

萬歷辛卯春正月廿五日　王穉登序

清閟閣詩集序

世之人沒齒無聞者蓋多矣然有以道德著功名顯文章鳴挺然出於類者焉道德尚矣未易及也功名則隨於世用詩律亦文章流進不遇於時退而因其才之高下或績文或綴詩或攻詞翰樂畫雖不逮建功業皆足以有稱於世漢唐宋之偉人碩士不暇及若前元雲林倪先生瓚遺世之季知其不可爲也因放跡於山水寓於詩畫才高一代人皆知重之今其殁且百年遺墨之或存者咸膾炙於人口金玉於當世功名似未多讓視沒世無聞者蓋倍蓰

無算矣予曾大父西溪翁至正間與同里彝齋王先生鶴溪張先生齊稱於時雲林恒往來荆溪交誼既洽題詠最多彝齋之季文靜號梅西舊藏雲林集其孫景昇近出而輯之予得覽焉不勝追歎然慮膽積久將愈譌而廢因命工鳩梓用壽其傳且求詞林宿學詩壇宗盟序其首而贊其末庶乎先生之名於是益著云

樂正老人荆南蹇曦朝陽識

清閟閣詩集序

天下亂甚濁運將返則必有神聖之主芟除掃蕩於其上又必有特異之士激烈震動於其下蓋其功相成而不可相無云是故周馬不叩神農虞夏沒矣宿春不耕東京節義微矣夫惟一夫踔厲足以感發人心初非凡情故態之所得睹驟而嘗之適與靡靡之運爲眩瞑之藥然後一激而返人心變焉風俗移焉蓋天以偏至之性付之豪傑而與大亂相值必非苟焉已也余讀雲林先生遺事多潔癖多傲迹合之中正怪其不符徐而詮今鼎古度以其時先

生實有關於天下非吾錫一邑之士也高皇龍飛淮甸賢哲景從天地重開日星再朗士於其間固多風雲變態草野流光交相應和以更世道而以奇鋒怪鍔砭肌入骨痛刮積穢則先生一人是已說者謂高皇末年誅鋤功臣宿將不可勝數故先生匿迹韜光甯沉淵洗耳於笠澤之濱較然當先生之世未嘗殺元勳一人而獨不及攀龍附鳳其先見爲何如也愚竊惟當是時運籌帷幄則有若劉誠意李宣國諸公戰必勝攻必取則有若徐中山常開平諸公制禮作樂潤色皇猷則有若宋文獻陶姑孰諸公假令

清閟閣詩集序

今天下學者好稱説中行夫道中焉止矣中行豈不貴然徐而覈之往往敗裂名檢者多出好爲中行之士何居孔子時中之聖孟氏曰吾所願則學孔子也至其舉聖人百世師則曰伯夷柳下惠何以故豈非以孔子中和之極如天地渾然無迹而高蹈絶迹嶒然塵滓之外者能令人欣慕愛悦油然興起而不自覺也夫吾少則愛慕古之隱君子如逸民之倫尚矣至沮溺丈人於陵仲子未嘗不賞其獨往之趣以爲其人縱不得附中庸之義不有聚斂之冉

求壟斷之叔疑乎何可令諸賢見耶俯仰千載而吾鄉有倪雲林先生聞嘗誦其詩想見其人如在雲霄之表願爲執鞭而不可得會其裔孫理將重刊先生詩集請余不可無一言篇端余謂之曰詩也者先生之所以傳也先生也者詩之所以傳也後之人誦其詩不論其世可乎先生生元末當天下大亂張氏雄據江左一時才名之士無不匍匐其門竊其餘潤先生知不足與有爲鴻飛冥冥不可榮以祿當是時先生詩若畫名滿人寰鄉翁市豎扣無不得而獨不可張氏至麾其造廬之幣先生以是幾不免殺身

先生進而與之翺翔於其間陳一技效一職其何能有加於諸公之上若乃不臣不友獨往獨來奇節殊采使聞之者且駭且愕且震且悚頑夫廉懦夫立一洗喪亂之餘習即諸公且退然兄事先生由前則功在社稷山河由後則功在人心風俗由前則其爲用也顯惠濟梓桑由後則其爲用也隱泥塗軒冕然則當其際高皇之所以用先生與先生之所以爲高皇用兩相默契蓋皆得之牝牡驪黄之外有不可以常情測者故曰天以偏至之性付之豪傑而與大亂相值必非苟焉已也先生晝跡流寶人間雖好事

者不能盡有而獨其詩故幸無恙於是八世孫理將重梓而新之屬其子錦問序於余輒爲之志斯語於簡端讀者由先生之詩而得先生之心鋭然爲世道擔一寄焉其亦可以登先生之清閟矣

明神宗萬歷庚子五月一日　邑人顧憲成拜撰

成仁不悔也易不云乎履道坦坦幽人貞吉又曰鴻漸於逵其羽可用為儀幽人而可用為儀也先生有焉詩不云乎皎皎白駒在彼空谷生芻一束其人如玉又曰所謂伊人在水一方溯洄從之道阻且長其人如玉可望而不可即也先生有焉此先生所以成為逸民而先生之詩所以成為逸品也先生嘗曰吾所謂畫逸筆耳聊以自娛不求形似吾於先生之詩亦云如是以其詩而論高者固不能出唐人然以淺近求之貌乎觀先生矣夫舉世混濁清士乃見當勝國之季天下浸淫已極先生生其間如清風澄

露滌濯寰宇以開盛代清明之治將見廉頑立懦自有鼓厲一世之作用焉惜天下既定先生已老不及風雲之會而先生亦得遂其肥遯之志是其長往固與沮溺丈人翟殊科迄於今故老陳說其遺事猶能使人欣慕愛樂自拔其沉酣流俗之氣則先生之風所磨礪者遠矣吾惡夫鄉原鄙夫接迹天下而漫言中行故於先生特表而出之以附於孟氏之義云

同邑後學高攀龍拜撰

清閟閣詩集序

語有之依世則廢道違俗則危殆君子而逢季代惟有隱跡衡門韜光悶谷超纓黻以鴻高借詞章而吐氣斯亦足以成名立品激厲頹風非得已也然而抱樸含眞德藝兼著與夫樵牧之倫亦奚擇焉倪雲林處士篤學好修敦尚孝弟觀其溯洄禮樂探索制度殆亦詠帝王之經修實拯之業矣而覩元室將亂斥散家財浩然遐舉同時留禍者靡不以先見歸之是時士誠起姑蘇折節下士處士斥其幣交不屑一盼者非徒遁往之氣難於維縶而已太白昧

永王之無成右丞絓羯胡之僞秩以昔方今處士之識遠矣自是一邱一壑亦玄亦史雖其篇章清潤繪事精絕人爭寶之非處士意也久之眞主出干戈盛世路方夷而處士則既老矣嗟乎角里不以時清而輟茹芝嚴陵不以亂定而薄垂釣亦各言其志也已矣於處士奚疑焉集若干卷嘗行於世裔孫錦更輯而廣之間屬為序余病世以曲藝掩其大節也輒推之如此若定處士之生平則諸鄉先生之言具矣

萬歷辛丑秋八月上澣　己丑狀元焦竑拜撰

清閟閣詩集序

昔泰伯仲雍文身斷髮奔荆蠻荆蠻義之從而歸者千餘家其後吴立季札季札棄其室而耕乃舍之已封於延陵雲林倪先生自稱倪迂又稱懶瓚又稱荆蠻民荆蠻者延陵之故鄉而先生之所居也先生癖人也而潔爲甚吴之潔者自泰伯仲雍季札而後梅福潔於市梁鴻潔於傭而指屈倪先生矣高臥清閟閣洗拭梧竹摩挲鼎彝此豈爲古者能跡之誰能於元兵未動先散家人產乎能見張士誠兄弟噤不發一語乎能避俗士如恐浼乎能畫如董巨

詩如陶韋王孟不帶一點縱橫習氣乎余讀先生之集所謂其文約其辭微其志潔其行廉其稱文小而其指極大獨先生足以當之蓋先生先見類梅福孤寄類梁鴻悉散家財贈之親故有荆蠻延陵之風月清則華水清則澄雲鮮則露生焉下此雖金碧丹青滓焉而已何堪與先生並先生殘編斷簡江東之家以有無爲清俗豈惟張吾吴勁節置先生於孔廡間度無愧色或曰倪先生癖人也似未聞道余笑曰否否聖人之行不同也歸潔其身而已矣

萬歷辛亥八月望日　雲間陳繼儒拜撰

題雲林詩集

句曲外史 張雨 伯雨

臞公有名言魚鳥託棲止而其遺子孫亦安在而已予有邱壑趣文弱與時背蝨豪方蛇吞食鱷亦虎噬何以犯多難適爲田業累深泥没老象自拔須男志連環將誰解山暮迭興廢所以明哲徒置身興廢外賢哉遠伯玉知非復何悔

韓奕 公望

達人抗高志清時樂其閒棄彼千金產俗事非所關遣佚方外士勝日相徉還放舟五湖上策杖遊名山百年見遺

跡清風灑人間豈若鄙夫輩狥物遭時艱斯世與斯人邈兮不可攀

張子宜

亂離見說長爲客客裡清幽近又誰夕宿只歸書畫舫朝飡仍對鷺鷗羣潔身穢跡緣時晦寫竹題詩任夜分寂寞江郊春去後相思日暮隔重雲

吴寬 匏菴

高人自號雲林子獨住雲林歲月深足底千峯幾兩屐八間六印一鉤金華陀無術醫清癖蘇晉長齋養素心寂寞

小蓬湖上路百年陳迹莫追尋

阮籍疎狂甘自放清風高臥酒杯深池塘夢去忽生草邛竺移來不換金脫帽竹間朝沐髮焚香花底夜清心祇陀舊宅風烟古一片五湖何處尋

戶部郎中卞榮

天河之水清且漪雲林泚筆寫新詩當時碌碌者餘子上與陶謝同襟期騷壇荒去遺編在海底珊瑚發光彩商彝周鼎三千年制度天全人莫改春林啾啾喧百禽而獨重此瑤華音瑤華歌徹恐難續老我臨風試一吟

雲林先生倪瓚　元詩選

瓚字元鎮無錫州人其先世以貲雄一郡元鎮不事生產強學好修刻意文史所居有雲林堂蕭閒館清閟閣諸勝饒介之稱其閣如方塔三層疏窗四眺遠浦遥巒雲霞變幻彈指萬狀窗外巉巖怪石皆大湖靈璧之奇高于樓堞松篁蘭菊龍葱交翠風枝搖曳凉陰滿苔閣中藏書數千卷手自勘定三代鼎彝名琴古玉分列左右時與二三好友嘯咏其間性好潔見俗士避去如恐浼盥頮易水振拂巾服日以數十計居前後樹石頻令洗拭書畫蕭踈秀挺稱其為人至正初天下無事一旦盡斥賣其田產得錢以與貧交踈族或竊笑之及兵興富家多被剽掠元鎮扁舟箬笠往來湖泖間人乃服其前識明洪武七年始還鄉里時年七十有四矣寄居其姻鄒惟高家竟卒於鄒氏嘗自謂嬾瓚亦曰倪迂長樂王賓志其旅葬吳人周南老志其墓皆曰元處士雲林先生句曲張雨錢塘俞和嘗繕寫其稾藏之論者謂如白雲流天殘雪在地楊鐵厓曰元鎮詩才力似腐而風致特為近古吳匏菴曰倪高士詩能脫去元人之穠麗而得陶柳恬澹之情百年之下試歌一二篇猶堪振動林木也

倪高士瓚　梁溪詩鈔

倪高士瓚字元鎮號雲林性狷介好潔營築清閟閣蓄古書畫於中人罕跡其所愛寫溪山竹石攻詞翰家故饒於貲先生輕財好俠盡棄其所蓄扁舟五湖三泖間混跡漁父野叟人比之海岳翁天隨子顧端文公謂先生實有關於天下非吾錫一邑之士也高忠憲公謂先生之風所磨礪者遠矣陳眉公曰吳之潔者自泰伯仲雍季札而後梅福潔於市梁鴻潔於傭而指屈倪先生矣余讀先生之集

所謂其文約其辭微其志潔其行廉其稱文小而其指極
大

節錄清閟閣詩

素衣 有序

素衣內自省也督輸官租羈縶憂憤思棄田廬斂
裳宵逝焉 至正乙未

素衣涅兮在彼公庭載傷迫阨中心怔營彼苛者虎胡恤
爾氓視氓如豨寧辟尤訴禮以自持省焉內疚雖曰先業
念毋遜失守而不遷致此幽鬱身辱親殆孝逆義屈爵苟

荒途行邁靡涸靡鳴鳳世莫之逢夕風凄薄曷其有旦
吁嗟民生實罹百患先師遺訓豈或敢忘簞瓢稱賢樂道
無殃予獨何爲悽其悲傷空谷有芝窈窕且廓爰宅希靜
菽水和樂載戈載釣我心不怍安以致養痼瘝忘憂修我
初服息焉優游

答徐良夫 有序

八月七日偕耕雲叟訪耕魚(漁)隱者風雨寂寥中爲
留三日有圖書筆硯之樂九日耕漁賦詩見贈次
韻奉答

雲卧雨聲集庭樹颯以秋身同孤飛鶴心若不繫舟燕処
登松菌魏尋蘚礀流蘭芳日彫悴吾生行歸休不作螻蟻
夢遊神鳳麟洲青山澹相對白髮忽滿頭仙去行冉冉風
鳴竹修修諒哉伐木詩鳥嚶尚相求居吳二十載未及玆
山遊君才如鮑謝摛詞亦云優歎然敬愛客能不爲爾留
桑土夙所徹戶牖何綢繆地無車馬塵路轉巖穴幽旣晴
引飛屬回望林間樓

送呂養浩之紹興

賀監宅前路荷花今亦無空餘湖上月照見水中蒲送爾

作官幽絕處錢塘江頭飛柳絮聽事臨隄滿夕嵐時有沙
鷗自來去

六月六日盧氏客樓對雨呈維寅

無家隨地客小閣看雲眠涉夏雨寒甚似秋風颯然舞鸞
悲鏡影飛鴈落箏絃好轉船頭去江湖萬里天

自題清閟閣

眼見篠梢已過牆手拈書卷復堆床閒臨水檻親魚鳥欲
出柴門畏虎狼冠製不嫌龜殼小衣裾新翦鶴翎長從來
任拙惟疏懶一月秋陰(坐)不下堂

聽秋軒 有序

軒在祇陀寺之西係余堂兄思誠所築去清閟閣數十武清幽敞麗外有兩水廻環清瑩秀澈水聲潺湲前對高岡植梧數千株望若碧天名曰梧岡與寺中古木修篁相爲蔭翳及秋冬之際微風吹動淅瀝蕭颯韻和波濤余嘗偕句曲張伯雨吳中周南老諸友酬詠唱和其中留連竟夕偶賦長句

聽秋軒裏聽秋雨定起山僧坐翠微隱隱煙濤摇夜席濛濛花雨著人衣驟如崖瀑衝雲落宛似湘靈鼓瑟希六月

塵根今已淨松篁陰下共香霏

竹石圖

雨過黄陵廟風生湘水波當時御帆處苔石倚喬柯

題畫

雁畫溪頭喚渡銅官山下尋僧水榭汀橋曲曲風林雲磴層層

蘇臺懷古

望中烟草古長洲不見當時麋鹿游滿目越來溪上水流將春夢過杭州

倪都諫峻

梁溪詩鈔

倪都諫峻字克明一字維岳號靜寄道人出元儒陸士弘之門中明洪武庚午舉人署教鄭城知泗水沙縣以禮讓爲治修了齋豫章二先生祠擢兵科給事中時成祖好佛上疏極諫忤旨左遷行人司行人遣使外國後先浮海垂十乚年初占城國王欲召見之持不可俾郊迎而後宣詔歸過沙縣父老擁車拜泣留七日乃得去終都給事中俸餘以分親舊既艾歸老家食不給焉西神叢語靜寄生下八使海國凡八往八反選困於洪濤巨波中者共十有九年年亦已老矣始得放歸其目擊身上之奇不可指計作海籌漫錄稱司海舶者爲那嗟赊指南車者爲移晷器用鏞術諸物者爲押工觀星斗者爲亞班其言海外風俗云瀰羅國王頭戴北謂金冠足穿金鞋坐牙床如塔畜下名至門十川則跨之羅錦花被鳥野隆起牛另片引守國人皆黑面獨官女内如玉蚊大如蜂有尊占城人皆叢衣廬衣摩鞨提以爲藥染齒如漆黑交趾居有覆髻文者一角有金安息國火珠大如鴨卵高百國青稍光耀人日西洋有最霸而輕三門文重五六兩那蠲國以菱織蓆有五色者有百花者西罷喪國產火鼠食火牛羊犬馬等獸火浣布乃其下物所織黑馬尤貴骨擲火鼠雀各一火雀死火鼠猶織中不以火浴之則病病則偶術於上坑中放鼠出浴然戎旺踞火息復貼遂乾貼國以獸毛織五色花鞋單花慢辛物仔年了受都讌國取獸毛之最纖者織衣服可鐵頓一衣可信五世頗色如新鏽陀國以天鵝毳茸織巾幘名曰鐵蛤蜊儻作國出白鑞可以浣衣汚垢盡脫安息樹名久則沙貼如松靉天下名香此爲第一中國所可有

訊集一

節錄靜寄軒詩

懷黃致遠給諫使西域

星軺西上路漫漫雲暗驚沙玉帳寒使節慣聞能自重君恩深沐肯辭難山連積石黃河遠馬出陽關紫塞寬威德誕敷羌虜悦歸來依舊侍金鑾

別占城

奉使占城四月留今朝策馬欲登舟風傳鼓角殘雲捲日映旌旗宿霧收馬援不來人盡仰張騫歸去若爲儔明年金闕朝元日還造鵷行拜冕旒

送王汝翼歸晉陵

官路雨新晴都門柳堪折送子歸故鄉情深詎能別驪駒歌又歌酒酣耳極熱悵望不可攀徘徊竚江月

秋日即事

遠客傷秋思虛堂獨掩扉蟋蟀鳴落葉窗隙漏斜暉感物題新句尋人補舊衣因思蘧伯玉點檢昔年非

閩中懷古

閩岳佳山水春來一往還忽驚黃髮暮却羨白鷗閒草綠韓公宅花深越王壇登臨重感慨落日斷雲間

題畫

水落平湖玉鏡開亂山飛影入蓬萊幽居那得涼如許雨後清風樹裡來

松竹圖

古木幽篁最可人一拳白石又相親夜深月到寒峯上影落平湖認不眞

送沈員外還京

粵江風急片帆輕一曲驪歌動別情君着錦衣歸故國我持玉節下占城船離瘴海潮初急馬過楳關雪正晴若見

南京舊知問爲言終不負平生

倪侍御敬 梁溪詩鈔

倪侍御敬字汝敬號月樓峻之孫明英宗正統戊辰進士官河南道監察御史景泰初畿輔饑乞蠲田租再疏得請巡按山西奏罷入眾補官令移按福建未行時議將役銀冶抗論寢之既至鎮疏內臣戴細保貪橫狀帝爲召還治其黨六年以時多災異偕同官六人上疏極論諫官[illegible]典史英宗復辟起知祥符安遠侯柳溥西征器之請以自隨改都督府都事師還卒 明史倪敬傳載敬偕同官起至皆謫爲典史止備錄明史故不登

節錄月樓詩

黃鶴樓

黃鶴高樓今尚在黃鶴高飛幾千載黃鶴仙人不復回空餘江水東流海誰能搥碎黃鶴樓誰能踢翻鸚鵡洲詩人吾已輕崔灝明月清風且放舟

采石月下懷李白 梁溪詩鈔

金龜來換江南酒采石磯頭月如畫明月還如昨夜圓夜深風挾長鯨走長鯨走亂濤喧酒寒何處與招魂太白樓高一千尺長留明月照天門

采石月下懷李白 舊譜

金鑾殿上揮毫手金龜來換江南酒酒酣夜着錦袍遊采石磯頭月如畫一自騎鯨飛上天元音寥落幾經年長江不盡東流水明月還如昨夜圓沈香亭畔花開處繁華已逐浮雲去夜深風捲亂濤喧彷彿詩成泣神鬼世事無端古又今我來懷古不勝情文章萬丈光華在化作銀河一帶橫

宋太祖蹴踘圖

小苑垂楊弄晴碧萬幾餘暇同歡集錦毬交蹴往來頻落花流水春無迹君王奮袂張蚪鬚宛似驪龍夜戲月貴嬪

侍臣都邸立一揮手仰拋紅日團圓直上青雲衛宮靴撲簌騰香霧紫鳳翻身彩鸞舞星移斗轉夜將午回首月華過十五

竹邊白菊圖

一雁拖秋過雲谷冷風吹破幽叢玉白鷺飛下廣寒宮老桂無香怨秋綠微霜初日融冷光石烟貼虛秋夢長彩雲感夢過湘渚湘絃五十鳴清商雲母小窗調舞鶴羅衫織翠鸞寒薄玉尊麟髓盪清光坐對南山高興作

過洞庭思范文正公岳陽樓記

長驅百里乘風舉巨浪茫茫滿荆楚自從混沌剖裂時勢與乾坤互吞吐孤城遥見是巴陵城上危樓獨數層江山都在闌干角懷古情深不忍登昔賢扛鼎龍文筆倒捲銀河劉几席先憂後樂此時心萬古中天懸白日我亦江湖作遠遊寸心長繫百年憂三湘南去弔虞舜蒼梧月落雲悠悠平洲芳草齊如剗長唫不作騷人怨一聲風笛雁茫茫回首君山烟際遠

送過庭章茂才

奉君蓬池之玉鑰郢水之香醪百金盤龍之寶劒五花翔鸞之翠袍男兒拂衣出門去壯氣上薄青旻高幾年讀書向林壑養成大器直欲用世如夔皋故人天上遠知已屹看鶚薦登清朝屹看鶚薦登清朝山中蘿月春寥寥

題竹

鵓鴣喚斷雨毿毿獨倚蓬窗酒半酣威鳳不來秋已老拜雲凝碧暗湘南

雨雨風風歲月深石邊老節尚含青憑誰截作高樓笛吹落秋空數點星

古北口 景泰元年二月

虎豹森嚴雉堞牢亂山如戟入雲高驅車直上西岡頂沙漠依稀見白旄

惠山泉

噴壑西來起白虹奔衝勢欲倒危峯雙池涵空浴兩龍一氣化雲從九龍香帶落花紅滾滾細穿修竹綠潺潺一瓢會入調羹鼎未必中泠世所宗

南遊懷張九方進士錢惟心尚古

去去復去去湘西路八千殷勤別時淚點點落燈前

題牧牛圖

既飽原頭草還驅飲磵潯翻嫌子民志不似牧童心

節錄久齋詩稿　　信祚

拜新月

堦前拜新月纖纖月初出拜罷復禱祈細語只自知淸影向人如有意佳人徘徊竟忘寐焚香深夜問君天玉魄何時得再圓

秋孟社會於崇安寶華堂

新秋適已至涼飈墜庭梧禪堂展淸醮冠蓋集羣儒盤桓促小席高歌當吳歈偕遊一日樂無慚山澤臞

鴛鴦篇

羨爾雙鴛鴦相依復相逐晴湖一水平細草孤汀綠羽翮錦離褷沿流日遶遮煙昏晚飛去兩兩相追隨山空孤鶴怨夜半隻雞啼梧岡鳳獨宿誰似汝雙棲

對萱

蕭蕭毛髮踈冉冉歲華老不見北堂人忍對宜男草

甘露寺多景樓送張推府月林

遠別在俄頃停橈共倚樓雲山連北固江水自東流雁去暮天碧鐘鳴古樹秋盃深君莫厭塞月照離憂

容兒入監觀兒送之

兩子出門去一心縈慮來山川宦道險京國士風頹貧賤誰能守別離何足哀淸秋茆屋下獨坐啜茶盃

次施靜觀韻

鳥去鳥來天遠花開花落春閒者個吟身何處白雲堆裏青山

倪刺史容　　梁溪詩鈔

倪刺史容字正伯號方泉侍御汝敬之孫明正德丁卯舉人官漢州知州邑志稱其廉潔自好詩古文亦秉榘度云

節錄方泉詩

落鳳坡

先主何心襲益州士元抵死設奇謀秋原依舊平於掌落鳳坡前鳥雀愁

談笑隆中起臥龍地圖先已出張松中山帝胄安天下誰遣將軍觸箭鋒

題畫

吾友竹沙先生移居九龍峯作圖賦詩爲贈暑月病懷不足以發山居況味也一笑擲之

吸茗焚香晝掩門春遊車馬不聞喧巷深徑曲無人到時有幽禽囀竹園

滿卷詩篇一局棋客來不覺坐移時春山寂寂泉流遠境入忘言只自知

葡萄畫

老龍偃蹇卧清秋珠帳高懸夜不收幾度醉中思剪下金刀無處借并州

寒食郊行次徐納齋

江村微雨餘風物似韋曲文魚泳清波好鳥鳴林木識游侶歡愛此芳草綠昔人豈不謬積金更堆粟峩峩北邙墳蓬蒿總迷目四明有賀狂令人想遐躅我是逍以捷我髮黔以沃行樂不及時塵世空馳逐

桃花斑鳩圖

紅噴桃花夾竹枝雙鳩棲並錦離褷金丸不到山深處嚶盡東風日落時

寒鴉藂棘圖

畫師飽閱人間世物意凄涼水墨中金谷園荒歌舞歇亂鴉藂棘自秋風

山水畫

烟霞重護石臺陰繡嶺禪扉似少林夢落江湖歸未得小山紅葉又秋深

感興

楚天雲影碧嵯峨貧賤逢時感慨多七國謀成眞戲爾九齡老去又如何哀鴻渺渺思中澤落葉蕭蕭戀故柯宿酒

未醒動長嘯夜寒高閣看星河

風沙

百丈牽船苦不禁長河白日忽生陰風沙偏阻南歸客霄漢空懸北向心花事幾番多夢破故人相對各愁深寂寥何物能消遣草綠荒屯酒似金

讀黃武選聲陸車駕震圖治奏疏

鐵甲雕弓侍武皇殿前誰解抗封章曲江先識知天寶槐里孤忠借上方赤仗偶分人鬼路青編齊落姓名香雪冤節惠饒恩渥多少奸諛政汗惶

寄南湖草堂

落日照湖水茆堂深入花地偏春寂寞心曠趣幽遐別渚集飛鷺青林凝紫霞時聞湫水調隔屋是漁家

題畫

青山郭外隱君家流水柴門帶落花幾度我來尋舊隱歲寒墻角有梅花

節錄文石詩　劉應徵

贈鄒吹之六十

鳳華列落膾驪裘逸宕湖山六十秋氣逼劍霜詩骨冷韻標花社墨香浮仙源路近桃千樹塵世氛銷茗一甌自是此中堪久視何須海外覓丹邱

贈侍仙姪

世德深培已百年夢夔時欲問蒼天圖南未落孫山後奏賦應居元白先驛路驚花江令筆山城風景祖生鞭袁宗物望全憑汝珍重毋教老眼穿

口號樵雲

南山有雲北山有雲北山雲白南山青吾先樵青後樵白北山雲沸南山冥隨向南山揮白雲青雲浸滅樵無門回頭重理躡雲展再欲搜出青雲根雲根愈深入地肺忽向前山別攔去乘龍布雨寂不聞空使蒼生日含涕吁嗟青雲太荒忽孤負南山好山背吾棄南山入北山北山雲態亦空凡入林不解爲蒼狗返壑偏能煉大還北山山僻樵亦穩斧子丁丁半含憤山中樵侶問何爲揮淚狂呼山欲頹遊贈太乙山頭氣紅雲一片擁爲誰

雨窗春仲哀桃吟

主人山圃十畝苔百花未發桃花開桃花輕狂顏色好春來不耐含霜胎陽和吹暄無十日天妍滿眼留人懷蜂來蝶往接不暇里兒諛媚稱奇材春光未足風雨惡洗脂屑粉飄塵埃花容憔悴慘欲死爭妍遲遲且待花時來花時來人意好攜尊挈伴眠芳艸歡謌笑舞醉斜陽大地愁城花壓倒人恰賞花花倍妍花陣娛人人不老花開功德滿乾坤花謝蹉跎枉煩惱君不見荼蘼香盡菡萏紅鞠華霜繼木樨風亭亭獨有寒梅在冰雪雖侵骨不同

魚鼓兒

金閶樓頭漏正遲淵淵伐鼓魚舟兒一聲兩聲敲入夢爲言賣魚復賣魚我聞此聲卧不穩閉將心事緣聲捫神皇御宇恩澤深江湖何處無游鱗漁師鼾眠日高起畢網繳鐵魚如屯魚錢滿盎神亦暇嘉魚逌主眞成價老迂貴目不貴錢豈甘尤物掄下祇今東海陽侯泣桑田未改洪濤渴魴魚聚族悲尾赬呴濡能得幾生活漁師夜半已鳴榔長絛罟盡短絛亡履霜躡冰指欲墮欸乃一聲欲斷腸

龍哀吟

龍濟中淵狎鮒鯢志懸霄漢誰能知龍抱玄珠深鼾唾濟昧有待風雲會風雲在握胡不行濟時無奈時未亨躍淵在田恆惕若遵養用晦延遲升西江曾吸澤將布陽侯東海無端怒頭角虺隤不敢橫幽懷欲向瑤京訴帝傍僉曰吁咈哉爾龍困阨運厘該哉鱗馴性愼矜守會聽九地轟春雷胡期妖蝸吐蠻霧何草不黃歸朽腐陰昏未卜何年開一望酸悽邪可覩龍識愈深骨愈堅笑觀滄海爲桑田旺衰世事等棊局自甘處鈍由人先蜿蜒邱壑志足適萬態傷心中自懌海天吞吐亦尋常善卷風雲藏鼻息斂人

揶揄亦何用屈伸妙理吾誰共蛻遺猶可療蒼生還笑帝天殊夢夢

偶咏

原憲與端木貧富淵與天千秋列賢品不聞賜居前

病中遣興

病中檢點舊青囊慣着芒鞋未忍藏采藥山中忘歷日秋風細細逐滄浪

歌姬怨　筆十之四

紅裙逐隊強追懽無那韶光帶淚看恨煞夕陽歌舞罷翠

徑深鎖凭闌干
冰紈初試且盤桓島瘦郊寒衣帶寬詞咽春風愁咽曲風
塵若箇解辛酸
子規啼罷月三更歌遏行雲字字清河滿一聲雙淚落青
衫溼盡為卿卿
羞向人間唱後庭夜深羅襪苦跉屏兩孃步繞身先死亭
畔於今喚欲醒

幽居

半晦茅茨千卷書數竿修竹蔭階除月將素影供清夜鳥

送新音伴索居藝藥治畦花胃艸揩匠覓句蝶翻裙幽閒
閒到無聊處漫學相如賦子虛

寄沈學博

阜比纔擁播仁風造就羣賢等化工佻達盡如刀得礪圭
璋還幸石為攻一庭書帶康成宅半畝陽春茂叔宮自昔
沐恩慚稱報只將三祀效華封

梅花凍

憔悴難舒膩粉容胎仙元自蕊珠宮冰魂獨領羅浮月玉
骨偏禁姑射風春入瘦枝葩尙合香流疎箔雪猶封歲寒

孤况年年耐不羨輕狂陌上紅

七十自言

七十年來贍此身物情閱盡且忻忻滄桑幻局碁頻換暄
覺黃粱味始真大夢主人誰喚醒小窗日課獨評論春光
不棄貧家屋艸色庭前又一新

春閨詞 鷓鴣天

春鳥枝頭弄好音安排春夢了春心夢來剛得春心事鳥
又驚回難復尋雲倦挽粉慵勻梅花窗外送香魂採花
嚼雪醫春病無那花香祇自聞

汝遷公法戒錄自序　倪永建

夫人無所慕而爲善無所畏而不爲惡一二僅見而已有所慕而安於不爲善有所畏而敢於爲惡則自暴自棄而已士君子爲人心計未嘗以一二僅見概望衆人亦豈猥以自暴自棄菲薄賢不肖凡示之以可慕激發其安於不爲善之意而勉其爲善予之以可畏禁止其敢於爲惡之意而求其不爲惡皆有必不容已者位在任權而刑賞磨其鈍位不在論道而是非核其實胥此志也顧一刑一賞一是一非亦旣數數然善惡乃愈不勝盡刑賞是非徒能

施諸其所及不能施諸其所不及將權與道有時而窮而作善作惡之報昭布森列於古今者不係刑賞不參是非常若助其所不及濟權與道於不窮佛氏乃緣而闡明因果以教天下所從來久矣向者吾嘗不信其說謂人苟爲於自信但當如古所云勿以善小而弗爲勿以惡小而爲之初不圖必獲善報而從善初不患不免惡報而去惡也且善亦幸而得善報惡亦不幸而得惡報耳借使幸不幸俱未可知將善顧可以弗爲乎而惡顧可以爲之乎其後讀顏壯其先生所著廸吉錄與李小有先生所著擴仁品竊見兩家臚陳善惡率皆明徵其報歷歷不爽或幸或不幸於此無容復置其議焉然後知佛氏所謂因果不過即禍福自求影響相從之理固不得而不信也昌黎公平生攘斥釋老不遺餘力及其告孟尚書旣云立身有常度仰不愧天俯不愧人內不愧心而卒謂積善積惡殃慶各以類至蓋雖不言因果早已不出其範圍矣乃不揣固陋取兩家所載善備惡極因果尤彰彰者按部就班各輯數條已復網羅放廢補綴闕略彙而成編區別而例附之名之曰法戒豈妄自詡立一家言或亦即顏先生六祝中所云

重傳流願增補之意乎況余以菲德一生罪愆實多兼以踈懶教子尤無良法亦藉此稍自湔洗并誨吾後嗣云有疑者曰當世數數然刑賞是非善惡猶且不勝盡況欲以數條盡善惡而遽謂法戒在此亦何足以爲法何足以爲戒吾聞東坡志林有云讀春秋以後史自齊桓公而下得七人焉皆可爲萬世法自漢景帝而下得八人焉皆可爲萬世戒人亦視知所法戒何如耳彼行盛德事者七人相反者八人而可以垂法戒于萬世則類乎善惡各輯數條而曰法戒在此焉又何爲而不足法又何爲而不足戒

康熙壬寅轉

又遺訓二則

小心謹慎保守遺業毋迷棋酒而廢讀書毋習驕奢而忘勤儉毋親便佞而遠正人毋起猜疑而離骨肉諸惡莫作是善須行

蹈矩循規安常守分或螢窗雪案苦志潛修或織婢耕奴勤儉生理做好人行好事兄弟叔姪相對怡怡錢財相讓患難相扶毋交匪類毋即慆淫最可恨者酗酒敗家也借晉人以是文謂之曠達賭錢邪行也流時習而不恥名曰馬弔是又下流之輩必然玷辱家聲非吾子孫也宜切戒之

節錄緒萬堂詩　　倪亮采

春夕

傷幸西湖觀燈應制

雕欄繡幰襯瑤臺絕勝蜃樓海市開月照龍旂隨輦駐風吹雉尾破濤來爐煙凝碧浮仙珮銀炬搖紅映壽盃此夕宸遊全盛世歌聲兩岸共徘徊

春曉

傷幸龍峯應制

唱徹雞聲欲曙天龍舸已駐畫樓前星橋綵映垂鞭袖火樹光搖載酒船曉岸花迎金輦軸春堤柳裊玉爐烟名泉此日重題品恣麓爭看御筆鮮

仲春之日

傷幸龍峯春望應制

綺羅搖曳綵橋邊處處鶯啼雜管絃鳳仗雲移山色爽龍旂風捲杏花前偏宜柳拂遮金輦最喜泉飛響御筵此日來遊民共樂恩波無限滿心田

雪月爭輝

漠漠遙空接遠川雪光月影畫雲烟凝輝琪樹爭春夜濯魄冰壺欲曙天佩玉仙郎姿弈弈洗妝西子色娟娟庭前鶴放渾無迹江店迷離隱釣船

雙河晚眺

垂楊風捲亂藏鴉綠樹重遮一兩家落日千峯山色遠平沙十里雁行斜斷橋濺濺聞流水曲徑紛紛襯碧霞踏月歸來鐘已動柴扉半掩露牆花

村居即事

溪邊綠樹暗迴廊隔浦漁翁掉短航有味村醪消寂寞多情欸鳥故悠揚亂蜂初出攢花急小燕新來拂柳忙檢點殘編詩思苦翻宜閒夢到瀟湘

雨窗

煙霧微侵積翠屏捲簾陰薄最多情風吹梧竹和琴韻雨灑芭蕉伴劍鳴苔淨幾忘三徑淫窗虛倍覺五更清殘燈挑盡鐘聲動偏向梅花紙帳驚

客窗卧病

卧病幽窗客思長厭看蜂蝶故飛忙春寒料峭侵書幌夜色荒涼怨海棠但覺夢魂縈一枕那堪風雨伴孤牀清狂

幾日能重試獨對銀釭枉斷腸

春日即景

杏花零落半侵溪無事凭欄日已西佳句漫成欹白雪濁醪未舉笑黃雞偎云嫩綠蒼苔遍試看微紅積翠齊更訝小園多逸致春風冉冉亂鶯啼

垂絲海棠

露泣芳叢怨海棠曉寒無力試霞裳紫煙縷縷生羅袂紅雨絲絲墮粉妝春睡未醒妃子夢嬌癡欲斷美人腸隔溪新柳千條弱應妒垂垂舞態狂

其二

一株淡豔裊垂絲縷縷輕狂不自持春醉乍醒嬌欲語曉妝半卸睡初時朱顏帶雨凝殊色紅袖迎風舞麗姿爲問玉人何悵怏慵慵無力畫屏欹

歲暮毘陵早發

遠寺鐘敲夢半殘數聲雞促上征鞍烟迷古渡霞光亂月照微霜曙色漫羨被夜來還似鐵晏裘早試尙嫌寒隔溪漁唱偏難聽喚起行人旅思酸

丹陽道中感懷

嗟君何事逐風塵行路悠悠涉遠津慨然男兒旅欲者悲
夫遊子未逢辰不堪淚眼看山色忍把愁懷問水濱依栖
壯心今已矣願甘藜藿豈嫌貧

金陵立春日寄懷

金陵西望翠浮烟樓閣參差出樹邊淑氣乍回新帝闕物
華初換沐堯天頭凝淚眼看歌舞忍委愁腸聽管絃殘臘
梅花應不瘦片飄歸去已新年

晚步柏成塔院

偶出柴扉已夕陽綠荷遍覆浸池塘空門寂寂孤庭冷芳

艸萋萋三徑荒幾樹垂楊籬外邊半渠流水院邊香最憐
古柏風霜老猶是森森倚碧蒼

落梅

昨夜風吹珠樹頭仙姿搖落杳難留空攜謝朓尋芳展漫
繫林逋放鶴舟片片香飄高士夢枝枝魂斷美人愁宵來
明月還相照虛擬瑤臺續舊遊

其二

曉風斜捲玉山頭零落冰魂黯黯愁冷豔漫隨流水遠晴
香還傍小枝留空餘紙帳驚幽夢贏有雲窗伴寫斤一自
笛聲吹斷後揚州不復許重遊

新柳

枝垂嬌怯遶溪旁無力腰肢欲斷腸嫩綠乍分西子黛輕
黃初試美人妝纖纖烟外愁應重裊裊風前舞欲狂惹得
畫樓多少恨不堪鶯語弄新簧

其二

風捲輕絲拂短亭嫩芽初茁露華零綺筵低映樽中綠畫
閣斜看陌上青帶雨浮來芳草色倚風牽動落花聲漢宮
春黛描難似幾憶章臺夢未醒

其三

翠雲夾岸傍溪橫嚦嚦新鶯弄幾聲描就半彎宮黛淺捻
成一束楚腰輕曉烟若爲籠愁態暮雨應憐惜別情最是
陌頭春色好風吹裊裊拂行旌

退密軒遺稿序　　吴之枚

靜存錄一卷，亡友倪子奎光之所劄記也。奎光負儁才，少讀書，富詞華，二十後痛自韜晦，悼末學之支離，思前人之純修，務刊落譁言，積習余丱角識君，歲戊寅余下榻君叔氏家，君益暱就余，寒窗一燈，相對太息，余每斂衽推君，君不爲空言，雋意刮磨，不幸年三十死矣。余病夫世未知學，一二依末光者，未窺聖學藩籬，輒開口別白朱陸，立門戶，而分同異，此直爲前人作吠犬耳，爲世所詬病，奚怪也。今讀君劄記，如抱病者之呻吟脈候，自知於他人何與？顧君

亦不以示諸人也。余少而失學，壯始知悔，今以及艾之年，幸後君死，而愆過日積，視君之所督望者有餘恧焉，展玩是編，泫然流涕，因徇君之子之請而書之。

節錄退密軒詩　　倪之雉

靜觀堂閒詠

朝來聯目向簷前，絕却塵囂便灑然。弱息調融渾似水，靈臺瑩淨碧於天。丹黄未識元牝竅，淨土誰參般若詮。只此便饒千載業，豈須龜鶴祝長年。

出入無蹤半晦宮，北窗高枕碧梧風。閒來有意探奇秘，靜裏無心識化工。意氣不隨名利盡，孤懷應少俗人同。山林事業誠非易，長老衡門豈數窮。

了當諸緣屏俗塵，鍵關常自臥兼旬。遵生安川餐霞術，達

命何妨疏水貧。意盡萬緣皆足樂，機忘無事不由人。殘更立雪當時願，益覺年來此味眞。

瀟灑孤懷盡日安，心期不負舊儒冠。餘糧爲黍常充腹，敝絮成襦亦耐寒。病懶自知生計拙，心閒轉覺世途寬。家庭事事堪隨分，不向人間覓所歡。

一榻蕭疏絕點塵，喜無拘束任吾眞。瓶花漾影皆良友，明月穿窗亦比鄰。落拓生涯忘老壯，清幽池館得閒身。寰中自有逃名處，不必桃源始避秦。

貪閒非敢曰疏狂，爲愛空齋學坐忘。身世半隨孤榻冷，冰

心虛激玉壺光詎因枯坐名禪定何必山居始退藏寄語
塵寰勞攘客廿年何事不滄桑

日逗柴扉晝倚闌土人終日絕無愁朝迎旭彩來東廨暮
愛清暉上小樓半榻生涯雙舞蝶百年天地一蜉蝣秋來
點檢閒持課聖解賢詮事事休

自甘卑賤老巖阿隨分生涯任意過漫謂黠狂惟自得縱
無顏爭且高歌人爭眼底浮名幻我會閒中靜理多局外
等閒看世險相看何地不風波

爲笑風塵徒自忙扃扉聊復擬羲皇翻經好鳥來新韻靜

坐花陰落小窗半世耽閒緣病懶一身長技豈能忘年來
萬慮關心少好護閒雲伴艸堂

長門無事即山阿如駛流光靜裡過曉鳥暗窺禪客定飛
花輕點白雲窩空齋影落天機寂孤館燈寒夜漏多此際
幽情誰共語可無呼酒一高歌

不須彈鋏賦歸來盡日耽書萬慮灰斗室最宜山客靜荊
扉惟爲故人開翛然自得春風點樂矣無憂陋巷回堪笑
疏狂劉阮輩忘機何必待啣杯

倪秀才龍鏡　　梁溪詩鈔

倪秀才龍鏡字時行亦曰茹衡諸生與浦觀芊蕩枝山往
來唱和著有舫亭小草

節錄舫亭小草詩

巴陵懷古

笛聲吹滿洞庭秋常遣烟波撼岳州惆悵投書人不見依
稀鼓瑟踏何修長風一舸天難問落日三湘客自愁仁者
樂從天下後可能爛醉倚層樓

新秋同雪村

我亦悲秋者秋風爾許長遙村鳴杵臼中夜亂螢螢花下
草堂開燈前書傳香呼童掃籬落高韻拓清光

野老

野老胸無事新詩落酒瓢生平渡揚子對客話金焦

中西星要序

余同硯友倪月培少精敏善讀書年十六郎補弟子員尤嗜陰陽術數之學凡天文地理奇門六壬星命選擇諸術靡不究其蘊奥更通曉西洋三角弧推算五星之法是法也較之中法爲尤精中法星盤上下四刻無以殊一十八省無以異西法則每四分而易一命度一時之中分爲三十種命其各省星盤皆準北極出地之高卑而隨在不同以之占天則盈虚消息可以推以之言命則窮通禍福可以定以之選日則吉凶晴雨可以必西人祕之莫能窺其

蘊也迨明季懷宗朝徵西士湯若□入系而其法漸章我朝靈臺之設專用西人穆氏西法推算之學直接容成遠超守敬而中出之得其傳者首推□□梅定九攷則北海薛鳳祚青邑楊學山其較著也學山生於康熙雍正之間與梅公家友善著有江南省西法命度立成表傳之邑人青田韓公錫祚韓公傳之華鳴岡鳴岡傳之月培後月培學益深更推而廣之著有西法十八省命繪圖說又輯談天選日推命等書之精要者並付諸梓余適宦歸清敘於余家知是書一出爲地學中特開生面共傳世行遠當不

在學與諸事下也是爲序時

嘉慶八年癸亥九秋同硯弟顧畢拜撰

節錄靜齋詩　倪銓

謁顯公墓有感　墓在牙山南大港邊

星流邁萬家羅隴聳千尺鬱鬱松楸陰槩然春一碧緊我
祖顯公此間安兆宅溯惟委化年霜露歷三百授受詒孫
謀雲礽綿先澤風流蹟渚傳音塵梅里隔杯土條而今芳
華宛在昔春秋一盂飯蘋蘩後人責或擷芹藻香或薦
鷺翩良由公所庇非第地有脈佳城蘼蘚晴荒徑蓬蒿夕
悠悠水木思共此感無極

輓從叔元雄公

念祖千金義纔成創建功爭傳碑與碣歷盡雨和風鼎力
誰云最輕財亦足雄匠心無小大古有相名工

過從伯元瓏公舊宅有感

懷葛風猶在高情此結廬服田三世後享壽八旬餘富貴
渾成夢樓臺半是墟讓他茅不剪瓜瓞尚安居

過從伯麟書公舊宅有感

先子諸兄弟惟公宿典型倫文推老輩養志祀遐齡生欣
孫山恨終艱伯道丁壯懷未中壽此地詎堪經

丁內艱終喪傷懷作

哀哀烏烏私秋風傷桂枝三載前此度我母永訣時痛父
歷迍邅家道母相之父名力促就父業肩操持予幼出就
傅母嫌歸來遲夜讀守更餘紡績一絲絲慨爲蕩家子痛
懲屢鞭笞一霎一返顧潸然淚垂垂母氏三槐系素志獨
瑰奇望我題雁塔迫我飛鳳池歷延名西席同學颯爽
姿每日苦供億厨下自聲師已未援芹藻母喜復且悲其
昔收夏楚勸覺成矩規父聞亦欷歔昂云勖經遺冊此拾
青紫不愧充家兒忽忽困白下抑鬱獨詰誰恨無李白劍
空剩蘇秦錐癸亥病累月人輒謂我癡賴母刻調愈病由
母深知姊弟共予五一一被覆慈婚嫁各就緒劬勞槩如
斯東西卜其吉左右孚厥基父喜實友至典釧爲酒資歲
暮羅米者母憐情艱危米羅錢返諸若饑猶已饑一切母
行事累幅難終詞畧舉母一二失聲不成詩不敢增父傷
忍淚几杖隨悔予擲少壯昔未苦下帷母望竟成虛不獲
超雲逵此後郎昂首母見已無期八月十四午天驚商飆
吹猶記前一夕囑勿苦父衰忽欲語不語凄凄長別離兮
意諸後事點首方無疑一慟已千古無力回蒼祇登浙兮
何處縹緲兮焉追泣血兮我痛招魂兮我思北萱不再兮

儉三年於茲

壽叔母陳孺人七十

曉月高懸寡覆依依猶子恩銜幼孀爱吾母如兄弟孀慈
吾嬉等侍姆教誨提攜兼賴之稍長感能分句讀令憐怙
恃不可再仰瞻吾孀容如舊三十餘歲燈影孤於今七十
獨成宿統膝兒孫燦成行長兄辛苦功名就堂前挂杖不
倚杖腰脚健能隨意走矯矯修竹莫受暑磊磊長松彌鬱
茂水遠山遥不計年精神自壽宜爲壽

靖邑支譜告成偶作

一譜成適決一科一科難決漫高歌到門秋水清如許入
抱春風暢若何幾度秦淮忙裏赴百回燕趙夢中過毋愧
射策勵經事耽耽常將鐵硯磨

闈中每有清暢等評故賦到門秋水二句

極探星宿出銀河支派同歸一太和五十世餘遺澤厚百
千年上古人多梓桑尚未忘恭敬栝棬猶難釋應摩况是
淵源天際合力窮瀛島幾搜羅

編成家世懼參商戒我宗支示不忘每有角弓纔刲竹保亦
毋燃豆泣成章連枝內患非他患一本中傷心雨傷此話
此情銘座右可當金鑽固蕭牆

南山佳處藹重陽勸飲東籬合舉觴早晚竹林通北道風
流池草夢西堂一門俊秀原推謝九世雍容最憶張更擬
玉溪書一卷續編花萼譜羣芳

又作

巍然天下泰山巔昔人手贊封禪篇太初一脈開千古淵
源遥溯秦漢前漢後世代數更易入宋派出汴梁問汴梁
河道通江淛瀠洄一氣來盤旋曾回錢塘滬姑蘇澤流吴
中遍桑田桑田父老送一棹欵乃又出太湖邊太湖三萬

六千頃氣脉遠與錫山連錫山屹峙惠山左中通天下第
二泉泉達大江入蟹江儉有突兀一峯堅左右襟帶水衛
激浩蕩容與得其全登彼孤山眺錫山兩山遥距幾山川
獨不見長江浩浩千里以奔洪萬派同歸以朝宗江帆齊
出如弩發幾輩有志乘長風更如吴門飛匹鍊不出泰岱
一望中又獨不見仙槎渺渺上與銀漢通探源直達牛斗
宮登天折桂稱觀止此際大本天下同太和元氣渾太極
不辨南北與西東

玄竅神方自序

梁以祖業岐黃少習盧扁青囊秘術雖潛心未究其精龍府仙方縱竭力難窮其妙間有平常藥品立建奇功豈非秘密丹方獨收神效五十年來却有許多奇驗三百里內居然不少虛名近以日迫桑榆未免腐同草木爰憶生平所經驗者二百餘方彙成一卷標其額曰玄竅神方俾後世之二三小子誠心修合療此人民非敢謂濟世良方聊以便僻鄉諸病云爾同治甲子十一月庚申錫山倪梁自序

節錄次雅堂詩集　倪梁

謁雲林公祠即題

絳霄小謫少微星白帽風流似管甯至死不書明甲子遺廬香篆有餘青

首夏村庄即事

斷虹殘雨夕陽斜麥隴初除好種瓜小立溪邊無箇事微風吹笠落桐花

寫懷

猖狂不覺入春深辜負流光空自吟壯志已虛殘夜夢新詩時寫故人心偶探山水閒搜古悔逐風塵誤到今潦倒此生供一笑神仙功業兩難尋

重九

菊酒飲方醺登高欲卧雲避災桓處士落帽孟參軍老眼悲秋景衰顏逐夕曛茱萸花未插爲悵雁離羣

悼亡

流水飛花太不情何堪回首到平生夢温四十三年事獨聽寒宵夜雨聲

臨江閑眺

金焦兩點大江嵌渾似驪珠頷下銜古渡徑通南北驛長風折送往來帆漁舟笛韻諧流水鳧渚波光耀翠巖妙理若參川上歎自強不息便超凡

述懷

家世業岐黃廬名大雅堂神方玄竅軸余輯玄竅中方一卷曾經驗頗詳譽陡門揚盧谿竟揚一三百里事事居人下年年空自忙不堪臨鏡照兩鬢已如霜

節錄藕村集

題蘋香錫麓新阡記　倪呈露 號甫

脈分錫麓勢崔嵬个字金星兩障開福地原從心地得鴻基合自德基培青囊濟世人皆仰慧眼成先孝共推箴語留教垂奕禩佇看蓉鏡兆將來

杏林雜誌序

昔范文正公云不爲良相願爲良醫甚矣醫道可通於相業分途不同道則一也倪蘭谷先生諱燦係元高士雲林先生之後以救人爲業以救世爲心悉取古人之至理名言序爲定本題曰杏林雜誌絕不言治病之方用藥之要與近世之醫家得一解半知即立說著書分門別戶互相攻擊者有霄壤之殊猶韓卜者不談易善將者不言兵精於此而不言乎此蓋以見積學之深也溯自神農之後草木記載汗牛充棟不能僕數而獨於治心之要闕無聞焉

先生有感於此謂治病易治心難治未死之心易治已死之心難三皇五帝以及伊尹太公各享壽百餘年操何術哉曰仁者壽耳雖回短蹠長不無物議然俎豆千秋與偉兒一日者豈可同年而語哉近世用藥日繁享年愈促豈之藥石之攻參苓之補而卒無效者往往歸咎於庸醫之誤猛劑之投殊不知已得不起之疾即偏請名醫以求偷生於旦夕雖扁鵲終不許也思信不道口之病也戲規不納耳之病也黑白不分目之病也薰猶不判鼻之病也晏安之懷流連之樂四肢之病也陰謀暗算爭名奪利則又

心之病也受病益劇用藥益雜夭之道也雖今之庸醫拘於藥書之成說而不知變通亦足令生者死然亦因己之得病深故過醫之用藥謬而專歸咎於醫者抑亦不知反本者矣倘能修身養性則心廣體胖氣足神充而外感何由而入先生洞悉其弊不論治病先論治心誠濟世之鍼砭救時之藥石也雖今之時世宗尚西學不啻舉國若狂謂素問一經不如耶穌一部即被其易齒而死截足而亡而終不悟者豈非其愚不可及耶蓋因其非聖謗賢畔經離道爲天地所不容故特假手於洋匪而誅之歟倘能熟

讀此書庶幾恍然於醫且不可專信藥且不可妄投而況洋匪以邀利爲心以殺人爲事豈可受其愚哉是其勢可不戢而自消此書若行不僅可以拯民物之悖迷抑且可以救國家之體亂其有益於世也豈不偉哉後世聖人有作定當留其手澤也已

光緒甲申正月甲戌日　癸酉拔貢直隸州州判世愚弟侯映奎拜撰

杏林雜誌跋

洪範載五福一曰壽六極二曰疾人有壽而後能享諸福人有疾雖有諸福不能享也故欲得壽考必先去病源然壽考之得病源之去專恃補劑之術庸有益乎余友倪君哲夫家藏尊甫蘭谷先生所輯杏林雜誌一卷而其治病之術有無需藥石之投者余嘗欲見其書而未覩也今秋得見之其書以持躬節慾爲本而輔以導引諸術皆切合古人之旨嘗爲論撰書成編使不善衛生者披覽之餘可以發聾振聵豁然而知晏安爲酖毒之媒蓋壽係於天而

保之者在人人苟得是編而反覆思之庶不致以疾戕壽也已末附醫家陰騭數則可以治人之病并可以治人之心嗚呼不愧爲壽世之文矣

光緒癸卯年九月甲午日　世愚姪蔡養默謹跋

簡錄小林詩集　　倪燦

謁雲林公祠即題

不是元朝不是明羲皇以上一先生芝蘇高閣今何在終古空留清閟名

清高孤介世無傳豈獨丹青第一流百尺梧桐攀不易大名參廊動千秋

著

土飯塵羹足作吾榮根滋味意同孤聞君也作朱門客酸辛苦鹹得辨無

詠雪

飛霰紛紛集西風冷趁人漫天雲似玉匝地樹成銀皎潔應無匹飄揚莫療貧不騎驢子背詩思亦清新

同內賞中秋

一輪明月照金盤今夕飛觴酒斗寬爲惜姮娥太清寂幾人相對話團圞

和內游惠山

春風同試二泉茶沁鼻香生隔澗花竹几籐牀清且雅果然勝地不繁華

梁溪倪氏宗譜　誦芬錄卷三　詩集　丰　帶經堂

籟爛堂上賦新詩士女春游欲去時好鳥留賓花索笑岩情未許俗人知

述懷

大雅曾傳玄竅方（大雅堂玄竅神方一卷先父所輯）吾家遺業有青囊逢人敢謂回春手先澤波流自在長

次韻和內避亂

烽火連天動九秋赤眉聞說躪常州家山迢遞長年別骨肉分離處處愁豎子剖符游釜底庸臣持節飲刀頭牛衣空作憂時語回首關河涕泗流

舟泊崇明

萬馬奔騰江海弁中流一嶼鎖崇明羨他地僻民風古世亂桃源自太平

詠懷

雲林世澤幾流傳出徙蓉門別派延大雅（先文著大雅堂詩集）堪承清閟集（雲林公著清閟閣詩集）新詩難繼後溪編（七世祖芸著後溪詩鈔）庭徵他日芝蘭盛縣結前生道韞賢自是區區己過分敢望富貴且登仙

梁溪倪氏宗譜　誦芬錄卷三　詩集　卆　帶經堂

幼迂詩鈔序

倪君幼迂爲梁溪舊族其先世宦游廬郡愛無爲山水之勝遂家焉同治初元華陽穆海航先生以名孝廉來牧吾邑物色得幼迂拔冠曹偶許以國士而昆武唐鶴九太守餘姚朱久香少宗伯爲當代衡文巨眼得君文輒擊節歎賞自童子軍迄拔萃科從無出其右者於是舉業家得君片楮寶如吉金樂石迨後應京兆試留居輦下與海內魁儒傑士角逐文壇互執牛耳余舉課藝中鏤刻其文風行天下而君之文名以制藝傳君之學行轉以制藝掩矣余

與幼迂交最久得悉幼迂之學以主敬存誠爲宗出致知力行爲要而詩古文詞兼擅其美詩尤其風好也光緒戊子君自東城解組歸余以省試南旋出澳門勘界詩囑爲正君乃走筆和之因索觀其全稿皆以和平中正之音寫溫文爾雅之度即偶涉憂時憤俗亦未嘗以噍殺出之足徵君之學養矣別後數載君則徜徉山中余則驅馳海外辛卯秋余自天津旋里門從行篋中探得吉林朝鮮紀游諸作與商可否其中釜山望日本有一陣鶴鵝橫浪起天風吹變海雲黃之句君與司徒芝仙威稱之今海東沸不幸而余讖適應君等論詩知言非三折肱能如是耶時當新秋夜雨初霽君邇芝仙至齋中剪燭敲詩余接踵至見君舊稿中膾炙人口者强半飄零即余纂家乘時所採其詩之關涉程氏者梓入徵文錄今繙閱其稿亦爲雖蠹所蝕蓋君性謙謹刪者什佰自以爲不足存其鉤勒而僅存者釐爲四集祕之枕中不欲舉以問世余因慫恿其取付手民公諸同好庶幾游履所歷宦轍所經登高懷古之情撫時感事之作略存梗概於萬一云

光緒二十年歲在閼逢敦牂相月穀旦

同里愚弟程佐衡拜撰

節録幼迂詩鈔　　倪釗

詠古一首

我愛文中子孤標淩蒼天獻策一不用歸卧汾水煙房杜走千里親受王道篇佐國幾刑措薪盡火乃傳李唐終祚崇慨想羲與軒董常苟不死禮樂其興焉動爲天下可法作山中泉後世論風節高並龍門巔

張節婦歌 節婦姓翁氏爲才叔翔生之家婦夫殁乃子隨神氏子爲斷嬰觀亡出再嫁而將獨撫王自勝投繯以死

妾恨不作十五誠前交頸之雙鴛乃作十五誠後斷腸之

孤鸞忽死撫孤音在耳二曜三光實鑒此事濟則惟我之靈不濟終當繼以死兩孤先後赴黃泉妾對君靈顏有愧鞠前再拜裂紅羅乃是當時合歡綺持此以結不解緣妾心耿耿古井水井石上鐫白圭篇千載直令荀息起吁嗟乎一女子

謁京都謝文節公祠

文山去後疊山死磷磷大節光青史三朝社屋幾經年連天祠宇都門峙我來展拜正清秋髣髴掀髯抵玉几驚鶴庳臂戟丈莘銅駝閲世過星紀公昔賣卜建陽市麻衣草屨無名字傳車强送至元都水漿不進方寸乜惘忠寺淚灑南雲因風遠寄匡山溪望帝魂靈夜半歸可能鑒此孤臣意無名轉使大名垂簡編百代光猶起不食歸令血食延煌煌俎豆縣千祀果然死日猶生年華表還題朱處士墜乎夢炎之骨朽多時委身更有趙承旨麒麟三丈護墓門至今埋没荒煙裏

東城懷古二首

斗大東城劫歷史漆園遺址尚縱横三公不使碑留字一史能教地得名道德五千宗老子寓言十九出先生遺蹤

蜨影今都化秋水猶餘不斷聲 漆園在今定遠縣東三十里莊周作吏處

石馬縱横繞闕宫沐王遺冢隱蒿蓬百蠻風土誰開闢一代河山並始終鈎黨不摧涼國獄分藩欲嫁漢宗功豪梁咫尺園陵在地下猶輸拱衛忠 黔寧王墳在今定遠西城外五里許

過明故宫

五龍橋北舊明宮禾黍離離夕照中階下御溝溝下水年年嗚咽向東風

讀血瘢碑 瘢字見佛書今改作瘢

熱血斑斑漬碧苔丹誠金石竟能開燕王心事應匪石志

使先生轉不來

謁四君子祠

酒風殘照故明宮彼黍離離彼苗蓬當時黃瓦無一見冏
君子字蠹其中孔門鐸響振周末節義乃興東漢東宋儒
講學席飆起君子陵雄明初鍾方正學酒讀書種傳節文
文誰與同靖難師起獨仗義熱血一噴揮不紅十族可浮
詔不草萬古獄嶽鳴孤忠鐵公姓與骨俱鐵砥柱濟南當
賊衝逑至殿廷不一顧鼎鑊濺起慨猶雄景君文曲化宗
座緋衣外襲麻衣裏帶劍欲擊苦不中與猶為厲聲隆呼

子寧縛至語不遜猶子大亨同罹凶金川不守獨守詳
然正氣如長虹四子高名並河嶽巋然上繼三仁蹤傳皆
百年風未沫七君子猶東林遂鼎遷社屋河山易獨與皆
坤共始終

登九華山放歌

謫個一去千餘載擲下九朵蓮花今尚在蓮花世界別有
天有儒有佛有眞仙眞仙何人供奉是九華名字從公始
謝句膾炙欲問天帝座呼吸通尺咫更有金剛不壞身遁
羅太子曾來此煙霞伴侶闃無人一撒袈裟四十里駐錫
傳自武德年至今香火仍無比我道世外有傳衣何如一
貫留眞唯濂希憲受孔子戒吾道干城更誰寄我讀陽明
書來謁陽明祠當時忠泰肆讒嫉威武將軍皆不知先生
來此獨宴坐良知二字沁人心與脾遂使四十八峰之煙
雲直與龍場瘴癘俱掃無留遺

瀑布

縱橫怪石鎖崩洪（形家以石脈穿澗為崩洪）積雨初晴震耳聾五百
龍齊出峽吟聲直與水俱東

廣高士傳序

晉皇甫士安撰高士傳上自唐堯下迄曹魏共得九十餘人自嵇以下雖有高雲客續高士傳而其書不傳亦憾事也我外祖倪公幼迂博覽羣書搜羅遺佚本士安之遺著而斷者使續補雲客之遺亡而缺者使完不知幾經蒐討始成此上中下三册先君守中州時久欲登諸梨棗乃有志未逮以致吉金樂石不早播於人間得無憾乎紹功旅次中江閲尋篋衍得先君所藏外祖廣高士傳三卷展而讀之見其體例謹嚴采擇精當足以表前賢之風節示後人以步趨慨然曰是先君志也亦小子責也敢或忘諸然外祖雅不欲從事剞劂以博虛名同人謂先生學有根柢筆具陽秋有功於世道人心不淺若竟聽其湮沒不大可惜乎外祖重違其意繼彭因出貲以成之年輕學淺何敢妄贊一辭祗以此書之成幾費心血雖不敢上比士安之高古然其表揚先哲維持風教之心則一也刊既成因誌數言以敍叙所緣起云爾甲寅孟夏外孫劉繼彭謹撰

梁溪倪氏宗譜　譜芬錄卷三　序　老　衍經堂

節錄自得小草文集　倪城

蓉門倪氏重建宗祠記

禹貢云嶓冢導漾東流為漢又云岷山導江東別為沱書漢即漾之支派沱即江之支流也吾錫山雲林公專祠追祀周小邾子郳公犁來漢御史大夫兒公寬唐戶部侍郎倪公若水於後堂猶漾必溯源於嶓冢江必溯源於岷山也今蓉門支祠添祀明處士蓉門始祖慕竹公及蓉芬公於左右猶漾之流而為漢江之別而為沱其源亦在嶓冢與岷山焉於以知錫山之祠統族之宗祠蓉門之祠吾文之宗祠一而二二而一也是祠係先祖艮勳公於道光戊申以號字二百八十四五兩號京糧五分一釐九毫助作祠基糾合族人集捐擬建雖制度未備而祖宗之靈爽可憑焉咸豐庚申燬於兵燹克復後無力重建公乃倡立公項以權子母同治乙丑公卒時囑付先父開容公及族伯蔚興公二公同心經理二十年間積款甚鉅光緒丙戌蘭谷公卒萬興公與[illegible]竭力紀綱徵集公項重建是祠己丑落成即奉艮勳公神位配享上祖酌定祭儀祝文等制敬具牲醴庶羞之奠分派執事昭告先靈祭畢合食祭餘即

梁溪倪氏宗譜　譜芬錄卷三　集　癸　衍經堂

以所餘公項另立議單仍權子母以備歲修之資嗚呼禮儀備矣章程善矣回憶萬興公於本房所爲公項竭力代償鳩工庀材心力交瘁其有功於是祠也大矣歲甲午公卒　乃奉公神位入祠配享合族允從公嗣秉乾又認助銀蚨廿枚并願添助裝修可謂無忝所生者矣　竊世之忽於支祠故云漢水無異漾水沱水無異江水其源必溯之嶓冢與岷山以例支祠無異宗祠其本亦必追之所自出之祖焉庶幾遠族之人來是祠者無不肅然起敬也已爰以是祠之神位與重建之原委悉勒諸碣

自得小草詩集序

書言詩言志歌永言爲千古言詩之祖降及後世毛詩三百篇古詩十九首皆擅一時之勝初不尚排對之工句調之麗也魏晉以降敲金戛玉競尚紛華翦翠剪紅惟知艷麗求其粹然一出於正也尠矣斯謂亂世之音也洎乎有唐八文蔚起李杜掃八代之糟糠一出於正故後世之作詩者必以李杜爲指歸倪君哲夫與余交好迨二十年雅知其爲詩也宜雅宜風亦莊亦麗而未嘗見其定本也庚子歲天子蒙塵神州板蕩與倪君縱談天下事慨然嗟桑之變作七律數首以責當時之秉國鈞者倪君拍案驚奇以爲得風人之雅旨并出其所著自得小草屬余爲序余備練揣摩知君雖不尚風花月露然隨題立法開闔頓寫情足令老嫗都解不特明唐人之格抑且得唐人之髓余珍玩數月殊不能釋愧不能續貂然君之不諧於俗略見一斑矣蓋吾邑名公鉅卿十年以前僅從事於制藝十年以後更從事於洋務而於詩律一事能三折肱者鮮矣間有從事於此者亦有肉無骨國家之不競良有以也嗟哉倪君於舉世披靡之會能是古非今爲不磨之作以繼往

開來豈非鐵中錚錚乎曠觀斯世取高第博巍科令其寫古詩一律即抗顏相辭或曰吾第工於制藝或曰吾僅識於洋務於斯道無與也豈知制藝洋務均不足以壽世惟詩自虞至今雖屢遭兵燹巋然獨存甚矣詩之足以壽世也倪君有鑒於此故不學今人之陋而學古人之詩其殆與我同心歟爰不揣固陋作序一則願爲驥尾之附焉

光緒辛丑陬月丙子世愚弟侯鎮拜撰

謫餘自得小草詩集　　倪城 晉大

江行雜詠

順風船下水片帆飛似離弦矢逆水打頭風兩艣搖如醉

酒翁寄語登舟客隨遇安順逆原上草榮枯天中月明闕

循環天道有至理人事一瞬幾變易

晚坐偶成

日落江天暮餘輝澹晚霞閒階花弄影明月上窗紗

謁雲林公祠即題

乾坤何處避塵汙小隱扁舟入太湖百世聞風頑亦奮孤

芳能並百夷無

苟全亂世道終窮心事元明興替中遺構今無清閟閣千

秋搖落古梧桐

題張睢陽廟

斗大孤城眾寇環乞師空見霧雲還力當賊勢江淮上誓

植人倫天地間殺妾當年犒士卒衣忠今日泣愚頑李唐

社稷終成夢古廟秋風宿草斑

虎邱題壁

西風落日劍池秋說法臺空水自流惟有真孃墳畔柳長

條猶似舞腰柔

秋憶

金颷秋風離人感不窮逝知癡女小指甲染新紅

崔烈婦詞

吁嗟崔烈婦東魯閨中秀淑質尚待年吉士誘未就吾皇

秦旭山踴躍荒災救崔公大其器六禮成婚媾纔挽鹿車

甫君子痁疾遘王事勞賢勞人意邀天佑天道乃難測降

禱終虛謬秋雨攪愁腸人比黃花瘦病根日以深喘絲斷

風悲哉訣別時血淚沾紅袖哀態筆難描哀思筆能透

上無堂上尊下無懷中幼死也得其所誓不戀棧豆親戚

勸多方水漿延宵晝踰月瘞玉期不食仍如舊飛雪竄牀

頭攫取枯腸漱月色冷空房起向靈前叩一慟天地昏魂

魄從夫後古來烈女多斯人實未覯郡縣共風聞合表金

門奏中朝旌其烈芳名亘宇宙

感懷

慚愧無功業乾坤一蠹魚盛衰潮漲落興廢月盈虛身命

臨風燭光陰下坂車垂名青簡者今古事何如

清興

秋來心緒付斜陽閒煮新茶滌肺腸文勢峭如山勢險琴聲清若水聲涼韻拈酒後詩還醉墨潑花間字亦香笑看風塵名利客個中滋味有誰嘗

秋望

疏雨蕭江樓長天共水流山銜紅日晚風捲白雲秋落照眩衰眼殘霞入遠眸不堪蕭瑟裡異地一身留

漫興

秋涼人爽豁意境入清虛踏葉行隨鹿臨淵樂羨魚寸心惟日向短髮任風梳閒坐溪橋上披觀兩漢書

雨夜

日來雨況暗晝極東風吹送濕雲行燈殘斗室昏無倦展過長街靜有聲人替花愁魂欲斷漏隨簷滴響同清一腔心事如流水擾得終宵夢不成

醒世典要序

從來世道之隆汙係乎人心人心之善惡關乎風教欲維風教先正人心人心正而世道乃有隆而無汙夫人自有生之初性本皆善特至習染久而善惡分世道因之不振焉夫善惡之報如響斯應古昔聖賢屢啟其端彰彰可考曾子云十目所視十手所指大易云積善之家必有餘慶積不善之家必有餘殃與左傳禍福無門惟人自召之語互相表裏豈特道家之言修鍊釋氏之言佈施哉今人無法無天言報應則曰迷信遇雷擊則曰觸電無怪超乎

名教綱常之外而慢神虐民也衣冠乎禽獸耳銘閣哲夫宗叔手輯醒世典要而重有幸焉宗叔出門德門并與孝厚稟性樸純讀書論文學養兼深屢試而未能見售納粟而舉爲刺史視富貴如浮雲而諄諄以培植人材爲素願以世道人心漸即頹陵將思有以補救之乃於課徒之暇潛心典籍博覽夫嘉言懿行有合於人心世道欲轉移風俗於六經之外兼取釋老之言以明作善作不善之感應或寓規勸或寓懲創會其詞撮其旨采而錄之俾愚夫愚婦可以一覽而無餘皆夫儒者未必信乎釋老也因鄉人

原目諸而窃識約釋言慈其老言道德今之誦聖賢之書者轉爲無法無天之事而鄉人之自愛者尚不敢蕩檢踰閑無他恐報施之不爽耳於是引其勢而利導之集輯成編名曰醒世典要蓋欲以醒當世之不孝不弟不仁不義以及溺於聲色貨利之中者作爲晨鐘暮鼓焉庶幾挽頹風而拯末俗於人心世道之本原則固大有裨矣讀既竟亟付梓爰書以誌景仰云爾

光緒甲辰孟春之吉宗姪祖銘拜撰

決齋詩集序

王錫璠

聖明之世朝多君子衰亂之代野有遺賢國家之隆替在乎臣亦在乎其君國君好賢則賢臣進國君好佞則佞臣用有清季年賄賂公行仕途岐異一二賢人君子皆跡烟霞嘯歌山水其所用者多佞臣之臣此清之所以亡也吾數倪先生與余相隔一里余少在塾中先生師事世父鐵三公筆削詩文思精筆銳鐵三公目爲偉器既而鐵三公卒予負笈於先生之兄哲夫師門下故予知先生尤悉先生醫謂世家小試屢列前茅不獲雋遂鍾情於泉石問渴

風清月白之時歷山巔水涯之地聽魚蟲草木有觸於心發爲詠歌皆成天籟平生喜押窄韵而舒展自如新穎如庾開府清逸如李謫仙人皆寶之而先生不甚愛惜往往塗於墻壁間而人鈔錄者寔繁有徒求其詩稿則早付丙融故其詞章留於世者甚屬寥寥也即其醫道雖工踵門而至者必擇其人可以去則去苟非其人雖圓宮擁多金一再求之終不往也故雖精岐黄之業務班馬之才竟家仍不免於貧吾鄉關學李公秋亭夙知先生之賢守吉於時欲羅先生於幕下以親老辭後往漢河開礦知先生詩

旨誰謝溪河瘴癘地非良醫不可治復以幣聘先生終不肯一往也其品行高潔有雲林先生之遺風焉從此投老於衡門之下其爲詩也如怨如慕如泣如訴其家有斗室名曰決齋後人留其吉光片羽因以名篇蓋其肥遯之志堅而決烈之情著豈非當世之隱君子耶先生遭時不遇未獲躬逢夫明盛樂天知命抱璞守貞非特其詩可傳卽其品亦可傳也而素絲良馬不聞枉顧於草廬嗚呼覘國運之盛衰在此觀先生之人品亦在此

蘭蓀決齋詩集　　倪堯景敷

春夜偶成

兒何苦吟時小牕春月上吹燈空籟靜花影留人賞

扁舟訪友圖

扁舟一棹載琴書日暮來尋處士居行過青山紅樹外斷崖深處見茅廬

菊

不逐群芳爭雨露傲霜獨自開秋華堪歎金剛不壞王（濟異會方名金剛不壞王）亦欲寄人籬下住

雪

世路崎嶇造物偏不平曾有憾於天而今一色都無異盡忍人間缺陷填

別從弟綠薌

北方秋雁至相聚白雲中一夜霜風急吹開西與東

悼亡

六年短夢等黃粱月暗雲昏秋夜長泉下幽魂燈下淚可堪兩地共淒涼

見來燕有感

憐偏舊巢九已微笙簫小憩整烏衣明朝非主難忘許怎
奈無棲且暫依對許畫樑誰領解銜花深巷自高飛不如
片鳥存身易地闊天空任意歸

惠山竹枝詞

結伴春游興自濃風和芳徑去從容叮嚀小婢扶持好要
上三茅第一峯

暖日融融作時春泥軟潤繡鞋輕行來絶似潘妃步朶
朶蓮花貼地生

佛殿心香一瓣拈最憐玉手指纖纖低頭拜起顏微笑求
得簡中大吉籤

一輪紅日隱山隈繡馬香車迨還來儂白過橋閒處立碧
桃花下看人回

對鏡見白髮愴然感賦

卅年辛苦爲誰忙一事無成兩鬢霜良友難逢恩舊飽賜
兒空贅恨丹商予四顧篤藥果甚消磨壯志人將老擾亂今懷硯
久荒最是阮囊羞澀甚療貧何處覓奇方

節錄蒋湖吟稿　倪培

梅花

清標何地託孤根常傍青溪白屋村漏洩一枝春有跡迷
離幾樹雪無痕月移花影斜橫檻風送寒香直到門別後
美人芳訊杳最銷魂處是黃昏

暮春話別

從來知己難爲別況值韶華正暮春花落子規啼不住半
天風雨送行人

登小金山有感

十年常作客今日一登樓惠麓人家晚蓉湖燈火秋青山
琴劍夢紅粉管絃愁四海無知己音書何處投

秦淮秋感

畫舫笙歌唱晚秋何堪回首帝王州恨他淮水東邊月照
盡興亡不解愁

山居即事

小徑通花隖閒門傍竹籬月明鄰犬吠山客夜歸時

節錄秋花詩集　倪　壁

咏白菊

老圃秋容栗里栽東籬本色傲霜開孤芳邀得誰人賞解組陶公歸去來

惠泉

一勺清溪自古傳品題宜向竹爐煎中泠浪得虛名去珍重人間第二泉

蟹

橋香稽黃取次新江鄉風味菊花辰持螯左手傳佳話畢卓當年亦可人

蘆花

蓼渚西風九月秋叢蘆招雁下汀洲漁歌唱晚人何處烟水茫茫古渡頭

菊圃詩鈔序

先生姓倪氏諱黃菊圃其號也爲人孝恭篤實不沾時習氣習父哲夫先生詩才卓犖著有自得小草先生學有淵源清詞麗句出口便佳年十六即設帳授徒課餘之下手不釋卷性謹飭不妄交游不慕榮利鄉先達俱以大器目之不意於光緒丙午十一月納徵伉儷甚篤能先意承旨越一年繼母亡先生哀毁骨立逮爾染恙猶坐擁皐比伊唔不輟家貧難得參苓病日增以嚴君鬢白不能終養爲憾遂於病懷其純孝蓋天性也彌留數月而卒無論知與不知莫不失聲長歎余從先生受業深佩其提撕之力故知先生尤悉嗟乎回短跖長古今同慨天道其有知耶其無知耶如先生之純粹偏嗟不壽直謂其無知也可先生生於光緒丙戌九月朔日卒於戊申十二月二十日年僅二十三歲配過孺人生女一遺詩五十三首編爲一册顔曰菊圃詩鈔雖不甚高超而温厚和平恍得三百篇之遺古蓋其家學淵源傳經數世故年雖不永而斐然成章讀其遺稿可以想見其人嗚呼先生去矣而先生之品與先生之詩必能傳於後則雖死猶生也彼百年空過生無益

於時死無補於世不如先生多友敬序其事以誌吾之言
痛知其嘉言懿行與炎論鉅章定能不朽焉已
宣統己酉暮春之吉門人吳肄業百拜謹撰

簡錄菊圃詩鈔　　倪黃

雜

自掌司晨職朝朝報曉鳴為嫌高處險不與鳥同行

暮春游惠山

桃花始放杏花飛山色湖光接翠微試向春風挹一酌泉香酒冽笋初肥

早起

殘夢斷還被閒門望碧霄參參星可數淡淡月難描紅滴花間露光生日下潮是誰先犯曉人迹印霜橋

笋

修竹被雷驚龍孫拔地生有禪參玉版多味入尊羹春致抽苞力風傳解籜聲凌霄他日望高節壓群英

晚歸野望

落日遠山銜歸舟風滿帆橋平通驛路寺古隱松杉樵子穿岡徑孤僧度翠巖故鄉回首處詩境自超凡

螢

隨風飛閃爍小扇撲初停傍水分漁火凌空亂眾星光看今夜赤迹記往生青誰肯師車胤囊來讀五經

閨秀

倪素玉　　梁溪詩鈔

倪素玉字無瑕郡庠生之燁之女之燁與吳卜臣振講性命之學素玉素嫻女訓歸鄒雲城年三十四卒著有冰壺小草清封宜人開縣令鄒儀之母也

節錄冰壺小草　　倪素玉

雷峰夕照

峰巒洞處夕陽紅古塔巍巍倚遠空一縷香煙晴靄裏數聲清磬暮雲中懸巖瀑布流霞彩夾寺松濤[illegible]漸風應是

化人居接近層層金碧映殘虹

九日金粟嶺登高

家園金粟繞層邱滿苑清光淡欲浮籬畔黃花開舊節嶺前紅葉襯深秋一行歸雁連雲際數點棲鴉古樹頭漫說孟嘉多勝事龍山未比小山幽

題山人隱居

幽室築山巔危峰列檻前鳥銜庭果去鶴帶嶺雲眠石壁流寒玉風簾織野煙叩門誰見訪應是採芝仙

江亭野望

閒眺江亭上清光滿目前遠帆晴靄裏歸雁夕陽邊雲擁寒巖樹風迴野寺煙蘆灘雜釣艇漁父枕蓑眠

暮春

片片殘紅漾碧溪捲簾人立小窗西無情最是枝頭鳥啼盡春花只管啼

秋日

清光如拭綠筠窗天氣新涼透薄羅門外秋風落桐葉夕陽影裏雁行多

題宋徽宗畫半開梅

墨澤飄香不為風一枝纔放勝天工曾經御筆親摹寫千載猶含半面紅

閨中廿四要序

慨自世風不古姆教日衰劉子政作列女傳備述古今賢妃淑媛之事雖足楷模乎閨闈然於修齊敦睦任恤教育諸大端未能條理詳明閨中小兒女豈能一覽無餘示爲烱戒也如後世閨門女訓之類俗不可耐置諸勿論可也余從哲夫倪君游迨三十年雖樽酒論文習爲常事未嘗自述其先人之盛德於光緒二十七年值世風大變衮衮諸公立經脚會更立女學校所講者非虛無之事卽牀第之言只爲風俗人心之累也深矣自以爲得風氣之先藉

爲利藪而男女混雜不計也余先聲長歎謂誤盡天下者必此人也哲夫亦鄙之嘗之置酒相勸且出其先慈林太恭人所著閨中廿四要者亦莊亦雅宜古宜今竊以爲關雎之什內則之篇不能過也急勸哲夫付梓不僅可以表揚先人抑且可以挽回風氣嘗論歷代名媛優於才者未必優於德優於德者未必優於才若恭人者可謂才德俱優矣蓋無道韞之才不能作此無敬姜之德亦不能道此此可爲救時之鍼砭俾閨閣有所率從與其藏於家何如公於世胡可使之湮沒不彰也哲夫亦不以爲非囑余爲序余不敏不能存先人之手澤又爲他人作嫁衣未免撫躬自愧耳然哲夫與余旣稱莫逆所謂誼不容辭爰不揣固陋作序一則以俟大雅斧政焉光緒甲辰九月丙子世愚姪侯鎭拜序

閨中廿四要序

嘗讀列女傳見其有優於德者而未必其優於才見其有優於才者而未必其優於德求其優於德而并優於才者蓋僅僅焉歲甲午僕館梁溪倪君哲夫攜其先慈太恭人林太恭人所著閨中廿四要囑序余讀一過無一不鍼砭時弊極盡苦口婆心洵楷模閨閣之善本也又著錚然吟稿中有若夢行戒世詞等篇情眞語摯愷切詳明因繹繹久之而喟然曰此殆所謂優於德而并優於才者耶且其德其大才而其才本於德者耶遂急勸付梓以公諸世俾

村學嬌娃以作女訓讀未始非太恭人之遺澤孔長也已

光緒甲辰八月己巳世愚姪澄江薛家鳳拜序

閨中廿四要序

倪太師母林太恭人西河淑媛千乘佳婦敦詩說禮家學淵源璞玉渾金閨門雅範幼承庭訓十三經一覽無餘長適名門廿四要千秋不朽夭桃宜室堪媲美於關雎詠絮多才克並稱夫道韞不僅相夫挽鹿克顯門楣豈徒教子丸熊得綿世澤而已觀其言皆有物知古知今語不離宗亦風[illegible]雅悵浮生若夢莫羨黃粱恨醒世無人自投黑獄本經術而施慧舌勸世人而發婆心庶幾頑石點頭不陷於法網老嫗解意克嗣其徽音矣嘗考琁室名媛非無著

述玉臺麗質亦有謳吟然累牘連篇不少風雲之態吟詞作賦偏多花月之形操白頭之吟何關德性題紅葉之句浪費才華此則才不勝德者也亦有姆教素嫻閨儀足式宋伯姬火來不戒待姆而亡楚王妃水至不遷待符而死雖循規蹈矩視死如歸然守經達權返躬未逮淑身不能淑世誰識觀型正已不克正人猶形固陋此則德不勝才者也若恭人者論其才則畫荻課兒豈徒詩回文之綺論其德則斷機教子不僅見湘竹之斑德不足而才有餘者誰與頡頏德有餘而才不足者敢拜下風矣迄今舉世滔

涓藏是喪心之輩諸公衮衮僅奏纏脚之條參西學之規模男女不妨混雜壞中邦之名教夫婦有乖倡隨閨闈之中莫識睢麟之治邦畿之內尚懷鶯鴿之悲四大五常冬烘誰訓九貞三烈夏楚莫施矣倘能熟讀是篇令閨閣不敢造次揣摩此訓使嬌娃有所折衷筆下珠璣無非勸人爲善胸羅錦繡的是與世無爭不淺不深悉本詩書之旨有典有則不求詞藻之工適時與國若在未必尊爲球璧他日聖王有作定當寘之石渠也矣光緒甲辰九月庚寅

小門人王錫璠頓首拜序

閨中廿四要　林恭人

第一要守貞潔七年內外須分别姑婆稚莫親淫蕩人宜絶强慕乘機立志堅千金身骨毋汙衊

第二要謹言語搖脣鼓舌人將拒規勸並宜殷咒歌均不許怒毋亂詈笑毋聲詭譎誇譏須悉去

第三要端容貌曉起梳妝貴清妙金珠引盜媒脂粉誨淫料褒食云爲以禮防上交毋諂下毋傲

第四要勤女功出游入晏敗門風身家宜整潔蠶織勿閒空吏有蘋蘩中饋事當豐當儉亦須同

第五要敬天地覆載之恩誰不被暘雨致休徵田園資美利或遇災荒勿怨讟清香日謝神祇庇

第六要報君王古來王化起閨房文明棠帝德安樂藉皇綱出則盡忠居守法相夫教子兩毋忘

第七要奉祖先歲時祭祀要誠虔枝繁念根本流遠溯源泉祖德宗功無忘邦自然養得子孫賢

第八要孝父母或親或繼恩同受在家訓勿違出閣規常守一有貽羞逆女論歸甯之禮終毋苟

第九要恭哥嫂情同姊妹相和好琴瑟爲調和貨財毋秘

寶在家日短出時長何必較量尋氣惱
第十要愛弟妹方名數日循循誨飲食莫貪爭勤勞毋怨
慼不幸慈親或早亡代親顧復如親在
十一要事翁姑問安視膳謹隨夫侍疾心宜盡承歡意欲
爭無論嫡繼終當孝吾孝翁姑婦孝吾
十二要順夫君如賓相敬要情般貧富皆由命賢愚是夙
因過規善勉終成德切勿輕欺乖大倫
十三要和妯娌恕彼無知嚴責己情若鄭徐敦德如鍾郝
美或逢命短有遺嬰格外慈祈亡者喜

十四要禮姑叔平時相敬毋相瀆有過婉言規不情和氣
睦堂上如無舅與姑爲他竭力求佳淑
十五要厚親戚遠近瓜葛同休感施惠莫矜持受恩須感
激若有孤貧青眼看勿因鄙陋便疏逖
十六要睦鄰鄉扶危濟急莫辭貧甯可人負我不可我負
人風化攸關勤勸戒善揚惡隱自相親
十七要待賓客豐薄由夫無或逆茶湯備火鑪酒食陳筵
席雖勞出語莫高聲勿致堂前賓不懌
十八要憐婢妾常宜恩致毋威懾不妬嗣終延及時嫁無

怨絲毫賞罰要分明務使中心誠服帖
十九要訓子女古來蒙養須循序勞則愛斯深吝之害乃
巨嬰孩教誡既諄諄猶恐他年忘我語
二十要慎婚姻門戶相當貧富均媳毋輕毋族女教盡人
倫堂前嬌吝言須謹既屬姻親莫怨瞋
廿一要善媳婦初來規矩教毋苟愛則與兒同待則比女
厚勿以裝奩有重輕遂分憎愛亂賢否
廿二要娛孫曾不可偏私分愛憎弟兄爭即解父母責
矜癡聾明察俱當理自得家和萬事興

廿三要絕僧尼託說昇天悟者稀罪非徒懺釋福豈必經
祈修身利物神明敬莫惑斯人誑語欺
廿四要勵苦節不幸鴛鴦悲永訣力行孝與慈志耐霜和
雪一邀旌表永流芳俯仰無慚方可烈

節錄綠窗吟稿　　倪恭人

布

絲絲力入扣經緯便交加織就天孫錦牽來越女紗既成春日服還記昔時花機杼非凡品自成一大家

貓

為君不茹素日日辦魚羹捕鼠功勲大跳梁伎倆精鳥圓傳美與鼎食憶前生最愛時辰表分明在眼睛

牡丹

顏分五色試新妝自起樓臺占上方姿態雖妍無子結緣何千古頌花王

麻姑

玉鱗脯擘蔡經筵指爪尖長卻可憐底事妄萌搔背想止人畢竟負神仙

何仙

零陵女子市人家何幸蟠桃駐歲華八洞仙班難次第風流法號書荷花

同外游惠山

扁舟春向惠山來嵐翠湖光入鏡臺最好試泉亭下坐千

紅萬紫一齊開

水綠山青迥絕塵無邊花鳥二泉春看他士女多游興能紀新詩有幾人

元旦

漏盡江城曉經冬況復春端開今歲事壽益昨宵人旭日千門暖光天萬象新也從風俗飲椒酒佐盤辛

紡餘吟草　倪鳳瀛

殘夏納凉

暑氣逼殘夏招凉心自清疎簾入螢火高樹歇蟬聲夜靜
葛衫薄風微蒲扇輕半窗明月色伴我坐深更

啖鮮荔枝偶詠

關山一騎走紅塵曾進唐宮奉太眞此日也將珠顆啖依
嗤餘唾拾佳人

讀孟光傳

舉案齊眉世共稱瀾陵偕隱肯趨時釵荆裙布遺風在我

願平生奉作師

寄蝸廬對雪

風閃一疏簾開簾夜色清乾坤同浩蕩雪月共分明高樹
鳥初宿比鄰雞未鳴早梅舒綠蕚香氣浸庭楹

送外赴南京秋闈

秋風乍起鹿鳴時曲唱驪駒酒兩巵滿腹文章應有價一
身書劍別無隨家中薪水煩儂計路上寒暄要自知鏖戰
棘闈須努力期君高折桂林枝

勗兒讀書

萬卷圖書列家貲盡在茲汝期名下士我愧女中師里幸
居三讓堂還榜四知花香聯桂杏勿負少年時

清閟閣懷先雲林公

灌木叢篁綠野居清高仰慕祖風餘落花滿徑聞啼鳥種
盆池見躍魚詩酒放懷天地濶湖山浪迹水雲虛當年
潔癖超塵俗洗馬猶留一小渠

十九夜對月

昨宵微雨晴今夕月輪明庭院西風入星河北斗橫銀蟾
催鵲起鐵馬和蛩鳴簾箔蝦鬚捲詩懷如水清

和外楓橋夜泊

繫艇丹楓岸吟詩倒酒瓢半艙凉月白秋思動今宵

秋閨

意緒罕人知停鍼不語時秋棠開屋角紅折兩三枝

送八姑于歸

閨闈相依十六年一朝分袂小春天在家能習虀鹽苦出
閣何論綺縠全媵乏都因兄不富奩輕怎奈嫂無錢勸勞
小事休忘我臨嫁裙衫代製鮮

暑夜聞笛

斜月挂窗白微風拂戶涼誰家一聲笛驚破夢黃粱

倪氏宗譜誦芬錄卷四

史記御史大夫寬公原傳

伏生教濟南張生及歐陽生歐陽生教千乘兒寬兒寬既通尚書以文學應郡舉詣博士受業受業孔安國兒寬貧無資用常爲弟子都養及時時間行傭賃以給衣食行常帶經止息則誦習之以試第次補廷尉史是時張湯方鄉學以爲奏讞掾以古法議決疑大獄而愛幸寬寬爲人温良有廉智自持而善著書書奏敏于文口不能發明也湯以爲長者數稱譽之及湯爲御史大夫以兒寬爲掾薦之

天子天子見問說之張湯死後六年兒寬位至御史大夫九年而以官卒寬在三公位以和良承意從容得久然無有所匡諫於官官屬易之不爲盡力張生亦爲博士而伏生孫以治尚書徵不能明也

漢書御史大夫寬公原傳

兒寬千乘人也治尚書事歐陽生以郡國選詣博士受業孔安國貧無資用嘗爲弟子都養時行賃作帶經而鉏休息輒讀誦其精勤如此以射策爲掌故功次補廷尉文學卒史寬爲人溫良有廉知自持善屬文然懦於武口弗能發明也時張湯爲廷尉廷尉府盡用文史法律之吏而寬以儒生在其間見謂不習事不署曹除爲從史之北地視畜數年還至府上畜簿會廷尉時有疑奏已再見卻矣掾史莫知所爲寬爲言其意掾史因使寬爲奏奏成讀之皆

服以白廷尉湯湯大驚召寬與語乃奇其材以爲掾上寬所作奏即時得可異日湯見上問曰前奏非俗吏所及誰爲之者湯言兒寬上曰吾固聞之久矣湯由是鄉學以寬爲奏讞掾以古法義決疑獄甚重之及湯爲御史大夫以寬爲掾舉侍御史見上語經學上說之從問尚書一篇擢爲中大夫遷左內史寬既治民勸農業緩刑罰理獄訟卑體下士務在於得人心擇用仁厚士推情與下不求名聲吏民大信愛之寬表奏開六輔渠定水令以廣溉田收租稅時裁闊狹與民相假貸以故租多不入後有軍發左內史以負租課殿當免民聞當免皆恐失之大家牛車小家擔負輸租繈屬不絕課更以最上由此愈奇寬及議欲放古巡狩封禪之事諸儒對者五十餘人未能有所定先是司馬相如病死有遺書頌功德言符瑞足以封泰山上奇其書以問寬寬對曰陛下躬發聖德統輯羣元宗祀天地薦禮百神精神所鄉徵兆必報天地並應符瑞昭明其封泰山禪梁父昭姓考瑞帝王之盛節也然享薦之義不著於經以爲封禪告成合祛於天地神祇祇戒精專以接神明總百官之職各稱事宜而爲之節文唯聖主所由制定

其當非羣臣之所能列今將舉大事優游數年使羣臣得人自盡終莫能成唯天子建中和之極兼總條貫金聲而玉振之以順成天慶垂萬世之基上然之乃自制儀采儒術以文焉既成將用事拜寬爲御史大夫從東封泰山還登明堂寬上壽曰臣聞三代改制屬象相因間者聖統廢絕陛下發憤合指天地祖立明堂辟雍宗祀泰一六律五聲幽贊聖意神樂四合各有方象以丞嘉祀爲萬世則天下幸甚將建大元本瑞登告岱宗發祉闓門以候景至癸亥宗祀日宣重光上元甲子肅邕永亨光輝充塞天文粲

然充象日昭報降符應臣奉觴再拜上千萬歲壽制曰儆
皋君之觴後太史令司馬遷等言歷紀壞廢漢興未改正
朔宜可正上乃詔寬與遷等共定漢太初歷語在律歷志
初梁相褚大夫通五經爲博士時寬爲弟子及御史大夫
缺徵褚大夫自以爲得御史大夫至洛陽聞兒寬爲之褚
大笑及至與寬議封禪於上前大不能及退而服曰上誠
知人寬爲御史大夫以稱意任職故久無有所匡諫於上
官屬易之居位九歲以官卒

贊曰公孫宏卜式兒寬皆以鴻漸之翼困於燕爵遠迹羊
豕之間非遇其時焉能致此位乎是時漢興六十餘載海
內乂安府庫充實而四夷未賓制度多闕上方欲用文武
求之如弗及始以蒲輪迎枚生見主父而歎息羣士慕嚮
異人並出卜式拔於芻牧弘羊擢於賈豎衛青奮於奴僕
日磾出於降虜斯亦曩時版築飯牛之朋已漢之得人於
茲爲盛儒雅則公孫宏董仲舒兒寬篤行則石建石慶質
直則汲黯卜式推賢則韓安國鄭當時定令則趙禹張湯
文章則司馬遷相如滑稽則東方朔枚皋應對則嚴助朱
買臣歷數則唐都洛下閎奉使則張騫蘇武將帥則衛青
霍去病受遺則霍光金日磾是以興造功業制度遺文後
世莫及孝宣承統纂修洪業亦講論六藝招選茂異而蕭
望之梁邱賀夏侯勝韋元成嚴彭祖尹更始以儒術進劉
向王褒以文章顯將相則張安世趙充國魏相丙吉于定
國杜延年治民則黃霸王成龔遂鄭宏召信臣韓延壽尹
翁歸趙廣漢嚴延年張敞之屬皆有功績見述于世參其
名臣亦其次也

漢太初元年夏五月造太初歷以正月爲歲首

大中大夫公孫卿壺遂太史令司馬遷等言歷紀壞廢宜
改正朔兒寬議以爲宜用夏正乃詔卿等造太初歷以正
月爲歲首色尚黃數用五定官名協音律定宗廟百官之
儀以爲典常垂之後世光祿勳大鴻臚大司農執金吾京
兆尹左馮翊右扶風皆是歲所改也

註聖門四代禮樂必以夏時爲先此固百世不易之法
也自秦人始用十月漢興因而不改甚失建正之義至
是始以正月爲歲首百年之謬一旦始革後此魏主獻

建丑漢後主不十三年而復唐武后建子中宗十一年而
復肅宗建子不一年而復行夏之時萬世無能改者矣
特書造善之也終綱目書歷之變十有九共書造者二
漢太初唐大衍書作者一周欽天

唐書戶部侍郎子泉公原傳

倪若水字子泉恆州藁城人擢進士第累遷右臺監察御
史黜陟劍南道繩舉嚴允課第一開元初爲中書舍人尚
書右丞出爲汴州刺史政清淨增修孔子廟興州縣學廬
勸生徒身爲教誨風化興行元宗遣中人捕鵁鶄鸂鶒南
方若水上言農方田婦方蠶以此時捕奇禽怪羽爲園圃
之玩自江嶺達京師水舟陸齎所飼魚蟲稻粱道路之言
皆以爲賤人貴鳥望陛下察之帝手詔褒答悉放所玩譴
使人過取罪而賜若水帛四十段時天下久平朝廷尊榮
人皆重內任雖自冗官擢方面皆自謂下遷班景倩自揚
州採訪使入爲大理少卿過州若水餞於郊顧左右曰班
生此行何異登仙未幾入爲戶部侍郎復拜左丞卒

宋史禮部尚書文節公原傳

倪思字正父湖州歸安人乾道二年進士中博學宏詞科
累遷秘書郎除著作郎兼翰林權直光宗即位典册與尤
袤對掌故事行三制並宣學士上欲試思能否一夕併草
除公師四制訓辭精敏在廷誦歎權侍立修注官直前奏
陛下方受禪金主亦新立欲制其命必每事有以勝之彼
奢則以儉勝之彼暴則以仁勝之彼怠惰則以憂勤勝之
又請增置諫官專責以諫事又乞召內外諸將訪問以知
其才否遷將作少監兼權直學士院兼權中書舍人升中

書舍人兼直學士院同修國史尋兼侍講初孝宗以户部經費之餘則於三省置封樁庫以待軍用至紹興移用始頻會有詔發緡錢五十萬入内帑備犒軍思謂實給他費請毋發且曰往歲所入約四百六十四萬緡所出之錢不及二萬非痛加撙節則封樁自此無儲遂定議犒軍歲以四十萬緡爲額由是費用有節又言唐制使諫官隨宰相入閣今諫官月一對耳乞許同宰執宣引庶得從容論奏上稱善除禮部侍郎上久不過重華宫思疏十上言多痛切會上召嘉王思言壽皇欲見陛下亦猶陛下之於嘉王

也上爲動容時李皇后寖預政思進講姜氏會齊侯於濼因奏人主治國必自齊家始家之不能齊者不能防其漸也始於褻狎終於恣横卒至於陰陽易位内外無别甚則離間父子漢之呂氏唐之武韋幾至亂亡不但魯莊公也上悚然趙汝愚同侍經筵退語人曰講官如此吾黨不逮也兼權吏部侍郎出知紹興府寧宗即位改婺州未上提舉太平興國宫召除吏部侍郎兼直學士院御史姚愈劾思出知太平州歷知泉州建甯府皆以言者論去久之召還試禮部侍郎兼直學士院韓侂胄以書致殷勤曰國事

如此一世人望豈宜專以潔己爲賢哉思報曰但恐方拙不能徇時好耳時赴召者未引對先謁侂胄或謝用近例思曰私門不可登矧未見君乎逮入見首論言路不通自呂祖儉謫徙而朝士不敢輪忠自呂祖泰編竄而布衣不敢極說膠庠之士欲有吐露恐之以去籍論之以呈稿誰肯披肝瀝膽觸冒威尊近者北伐之舉僅有一二人言其不可如使未舉之前相繼力爭之更加詳審不致輕動又言蘇師旦贓以巨萬計胡不黥戮以謝三軍皇甫斌喪師襄漢李爽敗績淮甸秦世輔潰散蜀道皆罪大罰輕又言

士大夫寡廉鮮恥列拜於勢要之門甚者匍匐門竇稱門生不足稱恩座恩主甚之於恩父者諛文豐賂又在所不論也侂胄聞之大怒思既退謂侂胄曰公明有餘而聰不足堂中剖决如流此明有餘爲蘇師旦蒙蔽此聰不足也周筠與師旦並爲姦利師旦已敗筠尚在人言平章騎虎不下之勢此李林甫楊國忠晚節也侂胄悚然曰聞所未聞司諫毛憲劾思予祠侂胄殛復召首對乞用淳熙例令太子開議事堂閑習機政又言侂胄擅命凡事取内批特旨當以爲戒除權兵部尚書兼侍讀求對言大權方歸所

當防微一有干預端倪必且仍蹈覆轍厥今有更化之名無更化之實今侂胄既誅而國人之言猶有未靖者蓋以樞臣猶兼宮賓不時宣召宰執當同班同對樞臣亦當遠權以息外議樞臣謂史彌遠也金人求侂胄函首命廷臣集議思謂有傷國體從禮部尚書史彌遠擬除兩從官參政錢象祖不與聞思言奏擬除目宰執當同進比專聽侂胄權有所偏覆轍可鑒既而史彌遠上章自辨思求去上留之思乞對言前日論樞臣獨班恐蹈往轍宗社堪再壞耶宜親擢臺諫以革權臣之弊並任宰輔以鑒專擅之失

彌遠懷恚思請去益力以寶謨閣直學士知鎮江府移福州彌遠拜右丞相陳晦草制用昆命元龜語思嘆曰董賢爲大司馬冊文有允執厥中一言蕭咸以爲堯禪舜之文長老見之莫不心懼今制詞所引此舜禹揖遜也天下有如蕭咸者讀之得不大駭乎乃上省牘請貼改麻制詔下分析彌遠遂除晦殿中侍御史劾思藩臣僭論麻制鐫職而罷自是不復起矣久之除寶文閣學士提舉嵩山崇福宮嘉定十三年卒謚文節

司勳員外郎九思公宗譜傳 北宋第一世

公諱壽一字百齡號九思誠樸不事修飾好讀書處心積慮務以忠厚待人生宋藝祖龍興之歲景運昇平官司勳員外郎卒年八十有三子一處仁

明善公宗譜傳 二世

公諱處仁字文伯一字明善九思公長子坦易寬和精於易學際眞宗天禧至仁宗嘉祐正宋德隆盛汴梁豐樂之時既席世業兼善生殖家益富饒歲收租二十萬斛時有倪陶朱之稱子一允清

樞密院使可珍公宗譜傳 三世

公諱允清字觀瀾號可珍明善公長子丰姿清灑生長富室謙謹不驕能刮磨豪習恂恂儒雅以文學擅名於時有孝行仁宗慶歷四年應舉官樞密院使子一景祥

靖明公宗譜傳 四世

公諱景祥字國麟號靖明可珍公長子性質直溫厚抱材不仕哲宗紹聖間以學行薦於朝三詔不起後被金人擾汴棄家轉徙迄無定居囊橐蕭條燬於兵燹子一師道

宣撫使怡然公宗譜傳 南渡第一世

公諱師道字上誠號怡然靖明公長子靖康元年拜宣撫使時兵革縱橫士民之播遷者多流散失所公按部駐節多被撫恤後從高宗南渡居杭州以不附和議被斥子二子雲子虹

杭州路總管雪松公宗譜傳 二世

公諱子雲字時濟號雪松怡然公長子賦性伉直負奇氣磬欬迥異凡俗致詩說禮好結納名人豪士聲譽四播海內咸稱之爲杭州路總管兼勸農事後爲吳縣監丞隆興二年自杭州徙居吳縣再徙無錫梅李鄉之祇陀里遂占籍焉是爲錫邑始遷祖於嘉定間爲世系圖幷志世系表說子一伋

貞固公宗譜傳

公諱子虹字時霽號貞固怡然公次子敦厚謹愼事親孝待兄友勤儉治家田產日闢好文尙古蔚然詩禮家風子一起淵

百萬中郎桂月公宗譜傳

公諱伋字起源號桂月雪松公長子秉性方嚴事親愉婉以孝行著稱族黨間時家業方隆誡子弟勿以富驕人惟務爲德於鄉受其澤者每扶攜踵謝常滿戶庭焉子一淞

千七承事郎九五公宗譜傳 四世

公諱淞字壽元號九五桂月公子壯年任俠負氣才識過人游都下理宗朝擢承事郎歷官懋著勳績致仕後所交多名士時以修身讀書勤學勵後人謂必如此庶不愧爲清白吏子孫云子三萬一萬四萬八

萬一公宗譜傳 五世

公諱椿字彌昌又字文潤號友梅九五公長子身魁貌古
威儀整肅見者起敬而談笑藹如先世積累之業至公益
盛家聲赫奕未嘗自滿身不衣羅綺食不求珍饈處事必
審量而後行終身未嘗有過舉矜孤恤寡遇饑寒者給之
衣食積德累仁而壽踰大耋蓋陰隲存乎其間矣子二重
一重二

承事郎萬四公宗譜傳

萬四字彌遠號雲畊九五公次子持身清約謹奉禮法家
業雖素裕不肯擁財自封常切濟貧恤患矜憐孤寡之念
遠近稱之如出一口年三十四辟爲奉直承事郎未三載
即引疾歸日與故舊閒談嘯傲優游於林壑之間湛然也
子一重四

典簿萬八公宗譜傳

萬八字彌大號介軒九五公三子官典簿性慈惠力行一
切利濟事務師重友敬宗收族各盡其誠至篤學好儒志
行卓絶尤可師法子一重六

萬九公宗譜傳

萬九字彌顯號理齋士元公子天資純粹履行誠篤凡所
未見書必借閱或抄錄不憚博通經史潛心理學集先儒
書易經解羽翼傳註遠近宗之子一仁

錫山舊志堯章公原傳 六世

煥字堯章亦字振初號冰祥處士萬一公長子其先夏國
人宋景祐間有倪翰林碩夏主秉常遣使如宋留而不返
遂家於汴梁高宗南渡碩五世孫師道扈蹕移居杭州師
道子子雲爲吳縣監丞始遷無錫梅里之祇陀堯章公其
玄孫也積學多文砥節礪行襟懷灑落細務不以屑意平
居研究經史手不定披飭紀敦倫尤重一本之誼宋末元
初山河破碎譜牒散逸親往汴梁訪舊譜於宗人元億家
留宿經月得宗譜以歸厥後元兵南下主帥辟爲桂陽主

簿不就優游巖穴以終修元仁宗皇慶元年宗譜皆公之
力也

錫山舊志仲文公原傳

炳字仲文又字尙一號冰蘗處士萬一公次子煥之弟也
性清約養志邱園不求仕進尙氣節重信義鄉里有不平
事片言立折莫不心服終身不一謁權貴半耕半讀富甲
一鄉仗義疏財灑然於聲色貨利之中綠影滿窗香雲繞
几終日讀書養氣晏如也卒能教子成名生員逸雲林兩
公並樹清修立高節所謂明德後必有達人也

壽翁公宗譜傳 六世

公諱仁字壽翁萬九公子弱冠卽通諸經長益淬厲文章
力追西漢宋亡家居著述絕意進取方嚴有守不苟取一
介所著有帶經集子一普

明二公宗譜傳 七世

公諱珽字思誠號聽秋重一公長子丰姿瀟灑才識敏達
事親孝教子嚴處事循理好施予告以窮困指囷無吝色
故親朋里黨素重而悅服之子六剛中元鼎景徐太傅文
樸弘遠

明三公宗譜傳

明三公諱珏字元佩號雲山重一公次子讀書窮理孝友
閨門循禮度而躬行忠信輕財貨而惠被鄉閭篤行君子
也尤工詩按懶拙子序高士集云雲林先生詩刻於義興
蹇氏凡古今體共數百首亦云富矣雲山詩流落人間者
多余隨見而錄之積之旣久亦得二百餘首將爲斯集之
補遺公子四伯洪仲宏叔敬季敏

邑志眞逸公原傳

倪文光字昭奎處士瓚之兄生時夜有光出屋上稍長學通儒釋輿地象胥之說無不精究夫爲黃冠師作元文館於弓河之上以祀老子有薦之者署州道判會蝗文光祝之悉入具區於是州上其事賜號元素神應崇道法師又賜元中文節貞白眞人嘗築淸微館于惠山重九日登山絕頂下睨五湖揮手謝別越明日卒

謹按公又號眞逸元成宗貞元初以薦起家爲吳郡學道書院教授秩滿應遷修眞不出從茅山道士學仙術

深得老氏元祕仁宗皇慶年間出粟三千餘石賑濟饑貧辟爲黃州府判陞州正俱辭不受轉錫道籙仁宗延祐元年勅提點常州路道教兼提點杭州路開元宮事明年賜眞人號文宗天歷元年九月十四日沐浴焚香而逝翰林學士虞集爲誌銘

邑志道觀考

元元萬壽宮在城中第六箭河之上元文節貞白眞人倪文光建文光高士雲林先生之兄也有詩名去爲黃冠師初祀老子於此名元文館門列古木池跨二橋壇殿講堂齋館各有位置元統間賜今額趙承旨孟頫書其碑後廢爲鄒氏曹氏別業主經屢易無復遺蹟

淸微精舍在錫山之陰元延祐間邑人倪文光先生嘗築隄遏澗爲水簾潺湲之聲晝夜不絕倪雲林張伯雨皆有淸微精舍詩又小蓬萊亭海天亭棲神偉觀樓仰觀九龍

絕頂俯臨黃公澗眞奇境也皆爲文光所築

按元文館舊址在六箭河崇甯橋之東淸微精舍即淸微宮一名來淸宮在錫山之陰今張中丞新廟即其舊地也

明史雲生先生原傳

倪瓚字元鎮無錫人也家雄於貲工詩善書畫四方名士日至其門所居有閣曰清閟幽迥絕塵藏書數千卷皆手自勘定古鼎法書名琴奇畫陳列左右四時卉木縈繞其外高木修篁蔚然深秀故自號雲林居士時與客觴咏其中爲人有潔癖盥濯不離手俗客造廬比去必洗滌其處求縑素者踵至瓚亦時應之至正初海內無事忽散其貲給親故人咸怪之未幾兵興富家悉被禍而瓚扁舟箬笠往來震澤三泖間獨不罹患張士誠累欲鈎致之逃漁舟以免其弟士信以幣乞畫瓚又斥去士信恚他日從賓客遊湖上聞異香出葭葦間疑爲瓚也物色漁舟中果得之抶幾斃終無一言左右力救得釋及吳平瓚年老矣黃冠野服混迹編氓洪武七年卒年七十四

無錫志雲林先生原傳 節明史擬稿

倪瓚字元鎮居梅里之祗陀村林木深蒨窅然若山谷有閣名清閟藏書及古彝鼎書畫甚富性好潔盥頮常數易水時時振拂衣冠雖竹樹之屬日必洗拭至正初天下無事瓚忽自賣田產得錢以與親舊一日張伯雨至會有錢千百緡悉舉贈之如是人莫知其意未幾兵起吳豪家富人剽掠無餘瓚獨乘扁舟往來震澤三泖之間未嘗定居張士誠欲禮致之不可其弟士信乞畫又不與士信恚欲辱之嘗從賓客游湖上忽聞異香出葭葦中以爲必瓚也物色漁舟中果得之抶幾斃左右力救得釋瓚詩不事刻畫自然清遠書本古隸畫居逸品深自矜惜不欲爲俗所賞瓚名至聞於外國使有過者操沉香百斤爲贄求一至清閟閣不許乃向閣再拜而去瓚自署名曰嬾瓚號幼霞又變姓名曰奚元朗或曰元映又號荆蠻民淨名居士朱陽館主蕭閒仙卿而雲林多以題書畫故最著

晉陵崇祀先賢傳

元處士倪雲林先生名瓚字元鎮無錫人清姿玉立好讀書禮樂制度靡不究索爲詩雅淡日坐清閟閣不涉世故家故饒貲知天下將亂一日棄田宅去孤舟簑笠載竹床茶竈往來五湖三泖間多居琳宮梵宇人望之若古仙異人僞吳張士誠招之不往其弟士信致幣及絹百匹冀得一畫先生裂其絹而立返其幣一日士信偕諸文士遊湖聞異香縷縷出自菰蘆中搜得先生箠之幾死終不開口一時文士在士信左右者力救得免人問何以無一言曰

開口便俗從此超然遠遁無定居亂平還里隱居不仕并日而食有富人厚爲餽遺徐出扇索書艴然曰吾書何可貨取也富人慙而退則亟以所遺散諸客晚益喜作詩評者謂在陶韋岑劉之間

論曰處士棄田宅近俠裂絹近節自全近智亂平不仕近獨行要自天性伉爽出之非有貴於俠節智與獨行而爲之者也

清賢雲林倪先生傳　大學士朱平涵

先生名瓚字元鎮無錫人父炳勤於治生貲雄一郡母蔣氏側嚴生瓚天姿俊爽稍長强學好修敦行孝弟重義輕財田廬生產託子弟各有程度事母孝母疾延吳門葛可久治療以最愛水晶駒迎之可久知其好潔故以泥污馬直抵其家元鎮志在活母忍之奪自洗而不較其師王文友年老無子生爲之養沒爲之葬始終不懈所居清閟閣藏書數千卷悉手自勘定鼎彝名琴法書奇畫陳列左右松桂蘭菊蔭翳芊綿週植碧梧修竹蔚然深秀故自號雲

林所交皆一時名卿碩彥隱逸高人相與往還酬唱留連竟夕乃已見俗士若將浼焉嘗有外國貢夷慕清閟閣名以沉香百斤爲贄欲一登焉不果其人望閣再拜而去先生畫居逸品書法秀勁尤長於詩與歐虞范揭先先輩埒至正初天下無事忽鬻其田產得錢盡推與其知舊人皆竊笑之及兵起富室盡被剽掠獨先生不罹其患人始服其高見僞吳張士誠與弟士信欲鉤致之逃泖湖以免邏者於葭葦中聞異香曰此必倪處士也跡得之將縛以獻給以計逸去同時有張介福亦力拒不應人並高之晚益

雲林倪先生墓表

張端

倪雲林先生諱瓚字元鎭淸姿玉立沖澹醕雅得之天然多讀書禮樂制度靡不究索所作畫自成一家溪山小景人得之如拱璧詩與歐虞范揭相埒至正間聯屬姓名板行於世日晏坐淸閟閣於世泊如也有潔癖所建雲林堂蕭閒仙亭朱陽賓館雪鶴洞海岳翁書畫軒竝植花卉下以白乳甃其隙時加汎濯花葉墜下則以長竿黐取之恐人足侵汙也淸閟閣藉以靑氈設紵履百兩客至易之始入雪鶴洞以白氈鋪之几案則覆以碧雲箋見俗士索

錢則置錢於遠所索者自取之恐觸其衣也一盥頮易水數十次冠服數十次振拂出入則以書畫舫筆牀茶竈自隨一日棄田宅曰天下多事矣吾將遨遊以玩世自是往來五湖三泖間二十餘年多居琳宮梵宇人望之猶古仙異人後歸鬻田產厚葬從學師王文友所交張伯雨後至其家念老不再至千百緡推與之不留一緡其輕財慨量如此生元大德壬寅三月三日卒明洪武乙卯十月十六日壽七十四權厝江陰習禮後遷葬無錫芙蓉山娶蔣氏子二長孟羽次季民

務恬退屏處釋累黃冠野服遨遊湖山多寓琳宮梵宇一住必兼旬篝燈木榻蕭然晏坐嘗於吳下疊石爲山鑿地爲池崢嶸峯犖巧於位置每雨止風收夕陽佳月偕良朋勝友或藉茵而唱和或據石以淸談逍遙容與以娛其老洪武七年始還鄉里寓姻鄒惟高家時年七十有四遂卒焉所著有集即以號名句曲張伯雨錢塘俞和繕寫其稿藏於家長樂王賓志其旅葬吳人周南老志其墓皆曰元處士雲林先生云

雲林先生墓誌銘　王賓

雲林先生姓倪諱瓚字元鎮所居有雲林堂因號雲林先生居常州無錫家甚富至正初鬻其田產以贍貧窮人竊笑其所爲及兵動諸富家咸被剽掠人始服其先見性好潔盥頮易水數十次冠服着時振拂數十次齋閣前後樹石常洗拭見俗士避去如恐浼從王文友讀書文友死殮葬不計所費友張伯雨至其家會鬻田產得錢千百緡念伯雨老不再至推與不留一緡盛年詩名在館閣晚當至正末家室流離作詩益自喜其詩信口與唐人詩合壽七十四卒葬江陰習禮人惜其詩散逸無全稿

銘曰獨所優心何求吁嗟乎其爲安所由身何投吁嗟乎其時獨所修名何留吁嗟乎其詩

雲林先生遷葬墓誌銘　拙逸老人周南老

雲林倪瓚字元鎮元處士也處士之志業未及展於時而有可以傳於世誦其詩知其爲處士而已蓋自詩法既變而以清新尙莫克究古雅處士之詩不求工而自理致冲澹蕭散尤負氣節見於國朝風雅而與虞范輩埒今板行於世故弟翰若處士之世系固不可無述也按倪氏之先漢御史寬之裔也十世祖碩仕西夏宋景祐使中朝留不遣從居淮甸占籍汴梁爲時著姓建炎初五世祖益挈其家渡江而南至常州無錫梅里之祇陀爰其地勝俗淳遂

定居焉厥後族屬寖盛貲雄於鄉高祖伋曾大父淞皆厚德長者隱而弗耀大父椿父炳勤於治生不墜咎隆母蔣氏而處士嚴出也生而俊爽稍長强學好修性雅潔敦行孝弟而克恭於兄相其樹立率子弟以田廬生產悉有程度有餘財未嘗資以爲俚俗紛華事其師輩呂王仁輔老而無嗣奉養以終其身沒爲制服執喪而葬焉若宦游其鄉客死不能歸櫬者則割山地以安厝之見義則爲不以見婦人語解尊官顯人樂與之交於宗族故舊煦煦有恩尤喜周人之急神情朗朗如秋月之瑩意氣藹藹如春陽

之和刮磨豪習未嘗爲紈絝子弟態辨論絶人亹亹不倦
好客之名聞於四方名傳碩師方外大老咸知愛重所居
有閑名清閟幽迴絶塵中有書數千卷悉手所校定經史
諸子釋老岐黄紀勝之書盡日成誦古鼎彜名琴陳列左
右松桂蘭竹香菊之屬敷紆繚繞其外則高木修篁蔚然
深秀故自號雲林每雨止風收杖履自隨逍遥容與詠歌
以娱望之者識其爲世外人客至輒笑語留連竟夕乃已
平生無他玩好惟蓄古法書名畫持以售者歸其直累百
金無所靳雅趣吟興每發揮於縑素間蒼勁妍潤尤得清

致奉幣贄求之者無虚日晩益務恬退棄散無所積屏慮
釋累黄冠野服浮游湖山間以遜肥遯氣禾愈高不爲諂
曲以事上官足跡不涉貴人之門與世浮沉恥於衒暴清
而不汙將依隱焉世氛頗淨復往來城市混跡編氓沉晦
免禍介石之操皦然不渝年既老而耳益聰目益明飲啖
步履不異壯時氣貌充然其所養可知已處士所著有稿
句曲張伯雨錢塘俞和愛之爲書成帙藏於家洪武甲寅
十一月十一日甲子以疾卒享年七十有四娶蔣氏先處
士七年卒子二長諒羽孟字也次季民號耕逸女三長適

徐瑗次適陸匠幼爲母舅蔣氏女孫男女若干人既以某
年某月某日奉柩遷葬於無錫芙蓉山之次而刻石識歲
月且遵治命來徵銘余辱遊於處士甚久處士來吳嘗主
余家山肴野蔌促席道故間規其所偏未嘗慍見或吟詩
作畫終歲徜徉今年秋仲留詩爲别而孰知遂成永訣乎
余少處士七歲而將衰行將與草木俱腐何足以任其託
乎雖然詎可恝然亡言乎輒舉其概爲銘以畀之聊以紓
余哀云爾
銘曰受才之美有其時曷賈弗售卒不施依隱玩世與時

違安常處順全吾歸奮不使祿昌載詩寫言歌之共聲希
沒而不朽惟在兹

題雲林先生像

顧正誼 號亭 仲方

元鎮高潔士世外托幽襟棄捐千金產獨抱五湖心笑傲
烟霞際逍遙松桂陰峩峩清閟閣古鼎燦成林沐頭荷鼎
尺窗下孫登琴好潔終成癖耽書自爲滔剪桐洒唾渠洗
馬爲泥傻畫竹寫逸氣冷然冠古今予意在山水蹤跡每
相尋異代堪同調與爾結知音

題雲林墓

韓奕 公望

一壟與田平青青薺麥生耕犁他日慮挂劍故人情書畫
名空在山林夢亦清不堪寒食節落日杜鵑聲

雲林遺事

成弘間李布衣舜明輯錫志作宋元遺逸傳屈指五百年
僅得五人而已而祇陀倪氏與者三人焉堯章公煥章文
公炳及雲林先生也先生降生臘月河水皆凝而古華山
下泉三日三湧噴地之朝一鶴飛來時時唳於喬松之上
驅之不去及彌月剃髮中堂鶴翩躚舞堂下先生亦踴躍
於乳嫗懷中若相應和者自後避世澄江鶴亦翔澄江之
上避亂華亭鶴亦翔華亭之墟相依竟世未嘗須臾去耳
目也

桐江以莊陵重谷口以鄭眞重鹿門以龐公重清溪以元
結重句吳之祇陀藉雲林先生而輝張後世地不依山而
在在有魁邱靈樹紫陌玄塘遥睇青葱間碧甍鱗鱗翬飛
翼翼爲祇陀世廬入門有堂曰清淮不忘所自也燕居爲
蕭閒館淨名菴雪鶴洞水竹居朱陽館雲林堂莫不閎深
爽塏規制精華龍槐鳳竹蔭映翳然秀色潤氣變幻不常
盎縷胥次富有邱壑故其葺築超出蹊徑之外堂中几案
皆襯碧箋東設金石刻古玉器右布博山鬲釜敦彝尊罍
法帖丹青名卷遊者如入貝闕而登神山耳目改易心神

飛揚嘗有大食國貢夷傾慕先生名輸誠獻琛捧龍涎爲贄凡三及門左右訶詰驅之最後一啟雲林堂與觀貢夷咋指吐舌以爲花邦蓮國也胡舞膜拜而去清閟閣更鉅麗而虛朗幽邃而軒豁峭峯攢簇巧過雕鏤秀木濃冶晴陰各態四城皆蘭奇芬廣發真寰中希有非龍沙雅儁不得引入閣中青絨毯設五雲履數十輛客易履始登閣外碧梧百樹日驅平頭三時洗濯苔蘚盈庭渾如綠罽金風乍張梧葉零墮以鍼綴杖頭徐挑出之不使點壞從閣脇而右爲蘭問館雄敞而幽靚庭下巨松高可百尺亭亭干

雲三人接臂而圍之猶然未竟託根磐石石下有井清甘泱泱客坐石撫松卷葉酌水北牖最勝臨廣沼沼水澄壖透底秀石牙距石間橘核枇杷橙柿各八九樹皆江左奇果也每夏秋之交翠芬映水金丸懸戶風來飛舞令人戀戀不忍去陳子貞題清閟閣二詩云門前灌木春啼鳥屋畔長松夜宿雲劇得蕭苗青似髮燒殘香篆白成文偶同杜老吟佳句遂訝顏淵不茹葷境勝固應天所惜品題瀟灑最憐君湘簾半捲雲當戶野鶴一聲風滿林纔立簟紋波細細又疑牆影雪陰陰竹搖棐几常開帙花落梨牀獨抱琴不謂世間能得此恍然飛屬駐仙岑劉邦輔雲林堂詩云永和遺墨付行雲天地逍遙七十春惟有雲林舊時月至今猶照昔人心

雲林有清閟閣雲林堂清閟閣尤勝客非佳流不得入嘗有夷人道經無錫聞瓚名欲見之以沉香百斤爲贄紿云適往惠山翼日載至又云出探梅花夷人以傾慕不得一見徘徊其家瓚密令人開雲林堂使登焉堂前植碧梧四周列奇石東設古玉器西設古鼎尊罍法書名畫夷人方驚顧間謂其家人曰聞有清閟閣能一觀否家人曰此閣

非人所易入且吾主已出不可得也其人望閣再拜而去玄山羽士張伯雨時來謁舟甫至聞報即使二童子邀於水次及中途又遣二童子迎候及門又遣二童子出肅雲林久之始出禮意甚恭伯雨以其久不出有難色詢知沐浴更衣爲敬已設遂與定交

雲林高士雅好音樂更醉心七絃每於松間水湄一奏而松濤和波流寂再奏而元雲爲之開白鳥爲之舞即未盡得伯牙之元珠當已入中散之秘藏及避兵三泖與焦尾同命臥起相依贈詩有花落梨牀獨抱琴布袍芒履挾琴

遊之句當是時洳上三寓公楊東維之鐵笛王元陵之玉
簫卉雲林之焦尾為三絕云
夫拔山扛鼎之氣耗於虞姬吞氈嚙雪之雄消於胡婦何
怪隋唐眛主之纖軀而捐萬乘耶間有不為所眛者安可
不闡其懿以覺後眛乎鐙嘗遊武夷九華過白門邂逅湯
若士於清涼山中各徵異聞若士述我雲林先生婉拒小
璚英之高節坐懷不亂千古一人有我雲林柳下不能專
美得不嘉異而欽衹耶慮有遺亡燒焯疏之當至正中維
揚樂家有大小兩璚英比古二喬大璚流譽禁掖馳詔巳

徵侍椒闈寵澤隆異同七貴矣龍瑞嬌程一甯戈小娥張阿元祁氏英英凝香兒七人號為七貴位在皇后下權在后上當是小璚猶未上鬟也臉敵朝霞髮鑒
夕鶱肌理柔膩目波澄鮮一時樂女如張怡雲郭順卿輩
妖姿婀娜光豔爍人自謂傾國望見小璚駭心羞匿不敢
御視特性僻潔燕室庭除無可着塵容悴且矜椒塗附綵
重難其出郎國戚肖子縮項不敢潛闞會江浙路袁中丞
少公子五舍者來遊維揚賓朋赫奕彩繪廿車青驪百駟
若頭小髻多於輪蹄有意訪杜樊川之餘夢賂一尼雛而
見小璚公子風流蘊藉神彩發越私願一時兩愜矣共婉

未深也每臨賞會慘惋悽咽妝沐漸疏語及晏狎輒以月
脈流丹為解公子委宛詢之再四曰我慕王四孃冀託名
杜少陵而不泯耳公子問今之為工部者何在璚曰無錫
倪雲林也夢契魂交已非一日儻接清揚郎以部顏稱商
殉黃土無恨公子知其欲展夙昔心無有微密念遂集諸
客駕樓船具古珍新玩小璚亦飾蘭檻部署青衣直齎六
七載積貲欲浪洗於倪門於是介賽天香相攜偕來天香
者雲林賞其潔而善書嘗令洗硯伸箋者也雲林聞天香
再至設綺羅絃管以召之并召公子小璚小璚既接雲林

顏色無異驚鴻翩翩雲漢涸鮮洋洋巨區且晚捧觴佐酒
所以要雲林懽者一日萬狀逞妖綺之容盡滑稽之妙羣
賓無不屬目而雲林泊如也尋發抗墜之音破喉芬襲微
風振簫羣賓魄軼而雲林泊如也輕彈綠腰甫運撥而風
雨來既攏撚而方響躍羣賓無不側耳而雲林泊如也於
是撥箏拊琴撾鼓吹笙窮懽竭藝於浹辰之間不能博雲
林一盼時正清和風輕日燠請舞涼州隨脫巾髻而換纏
頭解純緵而存錦抹年少血瑩全體無瑕三尺之臂五寸
之指刻玉雕脂輝射四座蔓延登壇姿姿垂手蹁躚驚鴻

躑躅氣燕風態變化光彩豔麗羣賓氣呀汗洽神索色沮而雲林不異弄金距於雞場玩傀儡於玲盤也小瑤覘知其意退而飲泣曰無可奈何矣由是顏色憔變言語支離雲林大憐之立綴柳梢青詞一小瑤奉詞詠之而貌舒態逸九叩席下曰妮子遭遇過王四孃遠矣公子天香皆爲贊嘆於是設祖席於湖上酒行數周公子引琴而鼓雲林寫古石長楊贈之訣別之際情各不勝小瑤事公子不終後爲山後劉駙馬仲勇脅重十餘年而歿於劉柳梢青詞眞蹟今在楊石淙家其詞曰樓上玉笙吹徹白露冷飛瓊佩玦黛淺含顰香殘棲夢子規啼月 揚州往事荒涼有多少愁縈思結燕語空梁鷗盟寒渚畫闌飄雪

張九四踞有江名南北雖名詘細媾而實嬰視元主其弟士信意極志蕩自謂孫臏穰苴不能過一切否憲臣叱而奴之獨能闖戟延見技士諸技士庭謁無不蛇行膝請不敢仰視迺浮慕先生名辟爲建章文幬中客三以沉痼辭乃遣使進異錦寶瓶乞先生點染縑素先生大怒曰吾豈王門畫師耶裂其縑而揮其饋久而士信遊震澤忽聞奇香起葦洲士信曰此百濯香也歷年彌盛百浣不散者安

得有之必倪迂矣跡訪得之而甘心焉肆其搘擊睿皆毛骨顫眩先生歛躬閉目不吐一詞同遊賓侶力解而脫巽日問何以一聲不發曰出聲便俗

雲林遺像在人間者甚多大抵皆形似上有張伯雨題讚兩臣瘦削秀骨如青崖古衣冠坐一胡牀據梧几握筆伸紙搜吟於景象之外几上設酒尊一硯山香鼎各一牀倚畫屏藉以錦茵置詩卷盈束一童子持長柄麈拂立几側一侍姬左持古銅洗右持斛水器及巾帨之具

何柘湖曰王叔明畫雲林像上作層巒疎木木下一人趺坐神意殊遠眞妙品也上有顧謹中鍾鼎篆贊四句

元順帝極汰窮奢開漾碧池建三浮橋於池上分列九洞洞頂結綵爲飛樓掄巨楠爲橋質錦綺飾之癸巳秋頒龍箋二十翻於江南選詞法古名士賦飛樓行樂詞與選者捧箋鶩喜若波東趨泚筆惟恐少後箋至錫山倪仲子端委而三辭焉使者曰長者之名無意勒螭龍之鼎乎豈薄李供奉而欲凌其上耶江南故多才長者首司旂鼓今龍毫不濡是江以南無士矣先生曰白唐臣也酣酒而媚玉環瓚性不嗜酒安能奉元詔綴豔詞以媚七貴戲

開元寺僧方崖志慕雲林而未遘恥借客面乃寫疊蘭於扇持以爲贄雲林倒屣迎之郎夕賦詩蘭上曰蕭散重居寺春風蕙草生幽林着蘚地綠葉暗瑶莖早悟文思入終山幻化成虛空描不盡明日照敷榮旦起亦畫蘭以詒謫行復助修佛寺銀五十兩方崖用以造一精舍以待雲林之來雲林至吳郎以爲居停所見陸治包山漫記

世獨尚士夫畫不知士氣畫迺士林中氣運生動不求物趣以得天趣爲高觀其曰寫而不曰畫者但一時寄興欲脫畫工俗氣耳如元四大家及錢舜舉倪雲林趙仲穆輩

形神俱妙絕無邪學可垂久不磨此眞士氣畫也雖宋人復起亦甘心服其天趣見屠隆考槃餘事

元鎭寄松江府判官張德常詩後題云陰陽冥隲宜少留意閑居尚可爲之况身有職任而値饑者易爲食乎仙官外置洞宮亦如世間局任者矣吾德常兄固知之也此皆盛德之言見陳眉公巖棲幽事

王維雪蕉曾在清閟閣楊廉夫題以短歌

小米雲山卷藏項希憲家後有素心道人及沂陽董復二跋雲林止題四字云倪瓚曾覽

洗馬池去郭東北十里而遥去倪廬數十弓而近始爲高原峻穿而窪久之而淵然泓然雲林有支公王武子之好所畜神駿爲葛可久所汚濯之斯水故名先生事後母孝母疾求療於可久可久不喜雲林之潔所迎騎乃最愛水晶駒也故驅入汙池俾霜鬃雪鬣鉤轡障泥悉染垢穢先生孝在活母吞愛茹忿而甘之甯自洗而不較此池由斯而得名池上列丈圍之柏尺圍之篁浪紊樹影竹翠水光侵肌撲面魚鳥飛躍鳧鷗泳游夕陽佳月設色娛人雲林嘗借勝朋韻友據樹根而酣笑坐芳草以清言亦一幽奇

怪偉之境也

光福徐達左搆養賢樓於鄧尉山中一時名士多集於此雲林爲游數焉嘗使童子入山擔七寶泉以前桶煎茶後桶濯足人不解其意或問之曰前者無觸故用煎茶後者或爲泄氣所穢故以爲濯足之用

元鎭嘗入城訪周南老必先使人投刺南老禮遇特厚凡燕室柱礎之間必先洗滌然後延坐

雲林子當元末不與陳敬初輩食張氏祿避地雲間以全其身益鴻飛冥冥不麗於魚網者也此竹石圖作於亂定

倪雲林十萬圖記　　侯方域

壬辰過陽羡之亳村定道人出所藏雲林十萬圖相示皆有雲林自跋首幅臨顧虎頭虎頭爲長康畫家以顧陸張吳爲四祖畫斷有云顧愷之迹不逮意聲過其實故跋中亦言其用墨多幽暗少開遠而自喜深秀過之是爲萬笏朝天圖萬竿烟雨圖則彷彿郭河陽河陽名熙世傳其瀟湘圖最精此蓋借意成之而墨法在有無之間居然蒼潤按畫家分南北二宗摩詰爲南宗剏始荆浩踵之後則董巨二米子久松雪雲林北則爲馬遠夏珪戴文進輩世不

能無異議矣荆浩一稱洪谷子關同嘗北面者也故世稱荆關董宗伯畫旨云雲林畫早歲學北苑在勝國時可稱逸品昔人以逸品置神品之上元人多從陶鑄而來大癡王蒙僧存蹊徑獨雲林古淡天然米襄陽後一人也即雲林自題獅子林圖予此畫眞得荆關遺意非王蒙輩所能夢見此圖內幅一小跋云荆浩臨泉清賞卷是其得意之作此圖倣之而爲萬丈空流圖雖出摹想亦不多遜胸次可知矣又賞同其妾輕雲放舟錫山而寫萬壑爭流圖今對之猶似水聲入耳波光滿虛使人惝恍莫知所適但跋之後乃國朝建元洪武之歲而雲林爲書甲子其意欲效陶靖節耶然不知雲林出處與靖節同否范齋先生俾予題識因以質之弘治四年七月廿五日延陵吳寬書

雲林與潘仁仲至交嘗乞仁仲活一病比邱周旋於山水者月餘問其法號曰我蛾眉山上人未嘗有號遂稱蛾眉僧將別去殷勤脅懷以一寸小木筩餽雲林中藏藥二丸曰有急曰含此餓而遭士信之難含一丸而解及患痢劇啟筩取丸已失去遂卒

踪跡多在松陵笠澤間陸莊有蝸牛廬則其嘗棲止處荆

溪善權離墨銅官其遊甚數嘗避兵泖上有出泖詩老年遊歷江湖多寓琳宮梵刹有懷歸詩云他鄉未若還家樂緑樹年年叫杜鵑洪武甲寅還鄉時已無家寓姻親鄒惟高家是歲中秋鄒氏開宴賞月元鎮以脾疾戒飲凄然不樂迺賦詩有云紅蠶捲碧應無分白髮悲秋不自支之句不久竟以是疾卒於鄒氏

字筆法稍失結構宗伯嘗云雲林畫江東以有無論清俗其韻致超絕當在子久山樵之上沈石田一日作雲林畫其師趙同魯見郎呼曰又過矣又過矣蓋雲林妙處實不可學啟南力勝於韻故相去猶隔一杪顧謹中題雲林畫云初以董源爲宗及乎晚年乃益精而書法漫矣蓋雲林書本工得大令法晚年乃失之而殫精於畫一變古法以天真幽淡爲宗要亦所謂漸老漸熟者莫雲卿畫苑云縱橫習氣郎黃子久未斷幽淡兩言則趙吳興猶遜雲林神會自別其氣韻包舉爲諸家所推重如此後人用筆不原

其變化生動之妙每得其一木一石便自高詡今見是圖足令邢夫人無色也王元美謂雲林生平不易作青綠山水僅二幅留江南圖內淡墨渲繪各半其萬壑爭流萬丈空流之謂乎見癡翁寫九峯雪霽而作萬峯飛雪圖自許爲峯巒多勝之癡翁郎黃氏子久名公望其萬卷詩樓圖殊有高簡詩人意趣倣洪谷子荆浩者也王維詩端括不出戶秋原人外閑斯人在焉呼之欲出自跋萬林秋色圖曰前段者筆令酉方完速者仍拙遲亦不能巧也是夕秋潭同觀嗚呼巧拙自在遲速之外蓋所謂百年智巧消磨

欲盡而後意動天機神合自然難爲粉墨者道也萬松疊翠萬枝香雪二圖寄龍設色并極神秀萬松尤有勢蓋雲林畫多得之氣象蕭疏林烟清曠此獨峯巒渾厚勢狀雄强其皴擦勾斫分披糾合之法無一不備神至之筆豈可以一律論耶若夫輕烟遠翠掩映迷絡斷續之際津涯窅然者萬點靑蓮圖也自跋云夜來同惟寅羽士張伯雨方壺子論右丞詩中畫畫中詩快然曠達乃倣爲此由今觀之此與萬卷詩樓圖眞不愧右丞也以上十萬圖迺雲林爲陶九成作者嘗考雲林倪瓚自稱懶迂又稱荆蠻民又

自號滄浪漫士又號淨名菴主數與九成共宿漢里經月忘返九成郎陶南村所著輟耕錄者也跋內所引諸人如羽士惟寅陳姓元高士倪集中有詩贈之張伯雨菩詩及書別號句曲外史方壺子名從義貴溪道士與伯雨齊名秋潭者想亦緇流元時世亂高人多托而逃也其款署至正癸丑乃其晚年筆元亡於丙辰逾癸丑止三年耳明太祖定鼎金陵建元于戊申至癸丑蓋莫已六易矣雲林爲吳人尚仍至正甲子其不忘所自如此定道人出此圖相示且歷元而明以至今日又四百餘年矣道人名貞慧

明少保陳公于廷之子自乙酉金陵變後絶迹不入城市吏命其二子棄去諸生其亦雲林不忘至正之意耶嗚呼凡山水樓閣之在天地間無論眞幻皆有人司之今眞者頫易主而幻者乃託於雲林之畫歷久彌新孰謂一技之精不通於神明也哉

畫論　王世貞

元鎮好僧寺一住必旬日篝燈木榻蕭然晏坐時操紙筆作竹石小景客求必與一時好事者購之價值兼金壯年有巨幅雅宜山圖甚爲當世所珍元鎮又有雅宜山竹枝

詩二首雅宜山舊名娜如山雅宜盖虞道園命名也然未若娜如之名近古

趙松雪孟頫梅道人吳鎮仲圭大癡老人黄公望子久黄鶴山樵王蒙叔明元四大家也高彦敬倪元鎮方方壺品之逸者也盛懋錢選其次也松雪尚工人物樓臺花樹描寫精絶至彦敬等直寫意取氣韻而已今時人極重之宋體爲之一變彦敬似老米父子而別有韻子久師董源晩稍變之最爲清遠叔明師王維穠郁深至元鎮極簡雅似嫩而蒼或謂宋人易摹元人難摹元人猶可學獨元鎮不可學也

竹枝跋　僧道衍　獨菴

倪瓚字元鎮號雲林常之錫山人也性迂疎而雅潔酷嗜詩畫居處事物一務清致綽然有宋米南宮之風名動湖海間人莫不畏而愛之至正甲午避亂寓於笠澤扁舟往來時入城府多託宿於仙佛之廬城南開元寺方厓禪師亦甚好清玩故多館穀焉余故得與雲林長共游息嘗寫竹枝與余而詩於上曰秋水汀洲飛鸜鵒揚颿倚棹一題詩問師唱得誰家曲嫋嫋西風動竹枝世變後天各一方

不得相會者五七年未嘗不想其風度也雲林於洪武辛亥卒於錫山之故里今已廿餘年方厓亦相繼圓寂矛客燕山不知老之將至興懷至此曷勝悵然近因友人知余性愛竹乃以雲林寫贈一菴長老竹稍見惠目觀嗟歎之不暇故道雲林與余平昔交接之好如此云

妮古錄　祝允明　枝山

雲林平生不畫人物惟龍門生一幅有之不用印章有一方曰荆蠻民而已

元鎮書如金錢野菊別存風韻

錫山倪雲林先生祠堂記

余自少即聞無錫有倪雲林先生高風絕世足令人頑廉懦立心竊景仰之關中去東吳數千里而遙顧名賢清操峻節照耀塵寰者不以道里隔也中年以後應常郡守駱侯之聘詣毘陵遂至無錫祇謁東林先賢因以其暇過惠山酌二泉之水得於山麓瞻仰倪高士祠低徊祠下不勝伊人空谷之思旋返故鄉猶耿耿寤寐旣而知吾郡武功宰倪侯嶧山爲雲林先生十一世文孫也會代篆來滋盩匡顧士室病夫久不接縣大夫風采乃倪侯一日致書以

雲林先生祠堂記請顧不能文文亦無足重先生祠倪侯固請不已乃泚筆應之予惟先生生元之季世抗迹林泉蟬蛻濁穢識天下將亂盡散去其先世家財巨萬潔身避之五湖三泖僞吳張士誠與其弟士信迫求之卒不能溷及明太祖定天下先生已老乃以處士完節終易遯之上九肥遯無不利先生則其人歟王輔嗣注所謂超然絕去心無疑顧憂患不能累矰繳不能及者驗之先生一一而信至詩畫流傳人間重於商彝周鼎此乃先生餘事詩畫以先生重先生不以詩畫重也余故不論特論其平生大

容膝軒潘仁仲燕居室廣袤不踰尋丈席門垩壁中横一榻榻前設烏木几鑿小牕牕外短牆牆下立孤石修竹脩然塵外倪元鎮嘗止是軒圖左右二壁而題詩其上

節如此祠成於康熙辛未前此故無專祠其得請於中丞鄭公而搆堂錫山之趾者倪侯昆弟實承父志爲之夫祠堂之有無曾何損益於先生顧淸風峻節如先生而瓣香無所徵獨倪氏後人之遺憾亦凡海內景仰者之所缺然於心也而能報本追遠如倪侯父子兄弟者拓不可謂非先生之象賢故於其請也而樂爲之說庶附名祠下顒亦與有幸焉

時

康熙歲次丁丑秋日　關中李顒中孚記

新修雲林公祠堂記

吾祖雲林公久俎豆於學宮鄉賢祠惠麓十賢祠王父汝遷府君以專祠未建每蹙然曰吾後人責也王父殁伯父廸儀公首倡之諸伯父與吾父雲峯府君左右之康熙辛未請於中丞鄭公建祠錫山之麓有司歲以春秋修祀事中堂四楹以奉祀雲林公其西夾室則附祭宋宣撫怡然公總管雪松公明廸功郎竹溪公而以贈公汝遷府君祀享烝嘗報祖德昭先志也堂之前有屋四楹爲享餕之所顏曰思敬於以肅我族人堂左爲雪渚齋循廊而北則鶴悟樓窗疎四闢錫山逼簷楹西望九龍若屏障樓之下有池沼池疊石遶以桂樹秋日晏坐風飄金粟門廡之曠室廬之奧泉石竹樹之幽凡以妥先靈希陟降焉顧自康熙辛未迄乾隆甲子屈指已五十餘年而不修且壞此事勢之固然者秋戊祭既享餕從兄其焜暨諸姪欲及其未大壞也而修之縉深以爲然遷延荏苒又一載而其焜兄已有劍南之行大培姪亟請捐貲葺治姪垂憲等亦踴躍贊襄乃庀材鳩工命男大竑董其事始乙丑秋越明年丙寅春告訖夫祠宇廢興成毀固如晝夜循環而在繼志述事者

續修祠堂記

吾倪氏南渡以來宣撫公由杭遷錫居梅里之祗陀七世而雲林公挺生焉抗不仕之勁節挽已敝之頹風在前明已崇祀鄉賢惠麓十賢等祠固已光昭泉壤輝映名山而彰其隱德矣迄國朝康熙辛未永建公復擬專祠於錫麓請於中丞鄭公有司春秋致祭誠盛典也竊思布衣而俎豆千秋重邀國家祀典者俯仰千百年間僅吾祖一人而已凡我雲礽似續得以瞻廟貌之尊嚴妥先靈之精爽賴有斯祠也則祠之所係不綦重哉自乾隆甲子潔軒公葺治之後屈指八十餘年屢經風雨之飄搖第見蓬蒿之滿目棟折榱崩岌乎殆矣於茲而不亟謀新之過之者幾歎而爲墟矣遂於道光壬辰春仲駿奔撤饌之餘聚族以謀爰舉伯父溯源公宗海公暨先父伯瑛公三人董其事醵金修葺協力經營以冀恢拓前制詎知年比不登僅繕治廳樓諸室而已耗已錢三百餘緡是以門廡之重建中輟焉越三年丙申再謀舉行先父適抱漏恙常在牀蓐不能勝任而二公亦景迫桑榆非復前時之精力矣其事遂寢然先父平居未嘗一日忘斯祠也每諄諄戒縉而言曰宗

則不可誘之氣數且既傾圮而積治之則難爲力未頹敝而完葺之則易爲功後之人思其難而圖其易斯祠乃百世而如新也是爲記

十二世孫世縉謹識

雲林公祠堂詩

江南邵中丞觀風兩江以倪雲林祠命題桐城貢生孫宏詩云玉山池館已荒烟清閟祠堂尚儼然破產放情多難日無家投老太平年碧梧修竹騷人節遠岫平林水墨仙應與所南同俎豆遺民心事畫中傳

宗祠門廡以五楹之屋仗一木之支若不急爲重建祇宗之德刱造之艱不幾泯乎如任其寖廢吾不能無遺憾矣汝其識之露之聆斯訓也不勝感慨即有踴躍敢爲之志詎因年未弱冠尚在塾中故朝夕冀父病之痊以竟其志詎知韶光荏苒延至甲辰竟以是病而終嗚呼痛哉露雖謹識遺訓未嘗不欲繼父之志而力未逮也迨乙巳春祭適見門廡傾圮墻垣坍塌愕然悚然歸而謀諸叔父棲梧叔曰汝能續承先志吾將玉汝於成露亦欣然樂從即日捐貲購料鳩工庀材自春及秋規模麤就明年丙午始克告竣焉語有之莫爲之前雖美弗彰莫爲之後雖盛弗傳蓋前之刱者因後之葺而益彰後之葺者更因後之葺而愈傳雖千載如一日也百世如一堂也露不揣蕪陋援筆以記其事因以鼓後之同志者嗣露於無窮庶斯祠與葺斯祠者並垂不朽矣

十六世孫呈露謹識

重修惠麓雲林公祠堂記

國朝康熙辛未廸儀公刱建雲林公專祠於惠山之麓迄今已一百八十餘年矣中間迭加修葺或及其未壞而潤色之或見其既壞而鼎新之各記其事於譜以示後人欲後之人敬承斯志緜是祠於弗替也咸豐庚申粵逆自金陵下竄烽烟滿目人各奔避倉皇及同治甲子始行克復五年之間兵荒疾疫人不聊生其得以旋定安集者僅什之三四耳惠麓當粵逆出入之衝祠廟之被燬折者不知凡幾吾祖雲林公專祠幸賴先靈庇蔭得以巋然獨存但門窗盡失神龕祭器蕩然一空墻壁傾頹屋瓦碎裂已不克蔽風雨材謁祠見之不勝低徊太息恨力不迨耳庚午冬仲聚族議修咸踴躍樂從乃與族弟椿堂族姪韞珊徧歷各支捐丁集貲辛未春日鳩工庀材雖酷暑嚴寒必親自監督腐者新之缺者補之傾欹者扶直之自春徂冬始克就緒於是春秋祭日族人瞻拜於堂下者咸嘖嘖謂不料今日重覩舊日規模噫材本庸懦何敢出膺斯任但族之有力者恐耗己貲而不願出族之無力者雖出而不見信於人終無以集事材一寒畯耳而奔走四告咸樂輸捐

卒能墻垣重整黝堊一新藉非諸族人慷慨急公椿堂龍珊勤慎襄事曷克臻此爰記之以告族之後起者

十六世裔孫材謹識

同治壬申秋祭日

倪氏宗譜繡芬錄卷五

甘齋公宗譜傳八世

公諱元鼎字大用號甘齋明二公次子識量過人遇事有幹濟以才德著聞于時洪武初累徵不應淡於仕進甘守田廬居家推孝養之心以和于諸昆弟鄉里稱爲吉士

棣三公宗譜傳

公諱景徐號棣三明二公第三子言詞温厚氣度安舒樂易君子也居恒雅好修飾坐列圖史雜陳鼎彝並列焚香默坐蕭然有塵外致

樂樵公宗譜傳

公諱安字仲靈號樂樵雲山公次子胥次磊落吐詞風雅治家有法度而操之以儉勤業因此倍蓰於前自公傳十餘世凡祇陀堠陽坊前子孫勤耕讀樂業安居莫非公之餘蔭也

孟羽公宗譜傳

公諱誅字孟羽又字騰霄號碧落雲林公長子眞逸公嗣子也資性穎異絶人自經史及諸子百家過目輒能成誦亦善書筆意清遠時人稱爲小雲林

畊逸公宗譜傳

公諱季民字國珍號畊逸又號逢居雲林公次子敦重有識量生長富室謙謹樸素絕遠紈綺氣習當革代時雲林公潔身遠避岌岌乎有破巢毀卵之勢公幾經險阻恬不爲慮所至輒與賢士講論經史竟日不倦其遠性逸情疏財嗜義爲族黨所瞻仰者深也晚年輯傳芳錄甫成而卒

千乘自著墓誌

余姓倪氏父諱普字德甫母范孺人生子四人予行四名繼宗字文斯所知號予曰千乘生平行事在家在鄉無一可稱述但俯仰無甚愧怍足跡不至公庭鄉黨目爲善人如斯而已壽過六十配薛氏生三子二女長子峻洪武庚午科舉人婦張氏次子誠婦吳氏三子端婦吳氏長女適張嚴次女適陳擴孫男忱恂愉恒俱峻出繼宗生元至元二年八月十六日今治壙於惠山之桃花澗宗恐卒後吾子請銘未免過情故自述爲誌

養浩公宗譜傳 九世

公諱子猷字道大號養浩甘齋公長子簡重寡言才高識廣持身接物事事皆以誠意行之故能振起先緒垂裕後昆孝友無間於里閭而德義可風乎世俗矣人共目爲鄉祭酒云

養素公宗譜傳

公諱峻字克明號養素樂樵公子有智計處事適宜奉親視膳必豐腆賓至則出嘉肴旨酒留連盡歡而散自奉甚儉終身不服羅綺里有不平事得片言若冰見日須臾立判尤好行其德逋不能償者焚其券戚族待哺者恒解囊與之人咸感公公無德色恢恢乎有長者之量焉

朝奉郎竹泉公宗譜傳

公諱儆字友恭號竹泉雲林公孫也長軀玉立美鬚髯初以才德著聲見徵於朝不就隱處於澄江之劉橋避孽盡委之族人後卒就徵以出使稱職拜進義校尉尋爲朝奉郎奉命偷西軍卒於驛館

郡志靜寄公原傳

倪峻字維岳洪武二十三年庚午舉人任河南郾城縣學教諭陞福建沙縣知縣擢兵科給事中進都給事中永樂初釋教漸長公再上疏切詆之物論以比佛骨表於是有三使占城之命蓋當道忌其才雖陽爲之薦而陰實排之也公益自淬礪不爲盤錯所損知直道難行遂致仕居鄉倡明道學啟廸後進若憲副張恩安方伯殷序輩皆出其門爲子恂不仕孫敬正統戊辰進士拜監察御史亦以忠諫知名

邑志靜寄公原傳

倪峻字克明洪武二十三年舉人授郾城教諭歷泗水沙縣知縣擢兵科給事中時文皇帝好佛峻上疏極諫忤旨遣使占城後先浮海垂十二年初占城國王欲召見峻峻力折之俾郊迎而後宣詔終都給事中

萬姓統譜

倪峻字維岳洪武末知沙縣廉靜寡慾禁淫祠興學校屏宇壇壝與不一新先是郡五邑秋糧悉轉輸鎮東衞山民不諳海道舟多覆溺輒責使賠償民苦之峻爲疏具狀於朝遂改輸福州衞及延平衞民感其德不忘

洛閩源流錄

倪峻字克明一字維岳江蘇無錫人生元至元庚子少遊邑儒陸士宏之門登蔡氏晉傳學識醇正及應洪武庚午鄉舉遂魁其經署教鄆城訓諸生先德行而後文藝居八年中州俊秀負笈從遊者千人擢令泗水永樂初改沙縣專以禮讓爲治修起了齋豫章二先生祠爲之記講學於其中閩士雲集親自飭勵誘進之以政最召爲兵科給事中尋掌共科廉正守道上書諫佛事時人擬諸韓表文廟怒左遷行人司行人遣使外國以折之後先浮海者垂十

二年初占城王欲召見與之辨賓主正君臣力折驕王俾損萬乘郊迎而後宣詔王聽令惟謹凡三至占城而執禮彌堅訖正天朝使臣之禮歸過沙縣父老擁車拜泣扳留百端七日不得去歷三十載得俸盡以分親族貧交既艾請老家食不給日與弟子講伊洛之學於東林性好鼓瑟咏詩優遊十餘年卒葢錫山東林有宋五賢而後明初當絶續之介其得中延一綫者非無繇也所著有靜寄集行於世子恂以孝友著孫敬字汝敬中進士官御史亦以諫顯於正統景泰間有月樓文集

梁溪記事

倪大諫靜寄先生數上封事迕上旨故困之汪洋巨浸者後先十有九年先生目覩海上之奇悉載海蓬漫稿先生六世孫約菴君寶藏賜書家籍無異隋珠和璧嘗授經嚴柱史塾予獲結納就其塾錄之其駭俗目者不敢及也

凡入使海國司海船者稱哪嗹執指南者稱夥長管船中器用篷索者稱押工觀星斗者稱亞班公八往八還所經歷諸國並記於後

占城國 安息國 甘胡庶國

西洋國 暹羅國 摩竭提國

交趾國 羅灣國 鄯善國

高石國 伽倂國 那竭國

揵陀國 乾歸國

凡十四國悉遵海篷漫稿

文林郎兵科都給事中靜寄先生倪公墓誌銘

雲南左布政 門人殷 序

永樂壬寅四月三日靜寄先生倪公卒於家越五日上舍陳好義述先生行狀來屬余曰昔直與公同受業於先生之門今先生歿惟公自受業至從官於先生會聚於南北兩京最久而其行實尤知其詳宜爲銘以彰先生之德以慰先生之靈予義不克辭故忘鄙陋以述其槩嗚呼惜哉先生善人吾不得見之矣先生藥石之訓吾復不得聞之矣按狀先生諱峻字維岳別號靜寄道人世居毘陵之錫

山爲邑著姓曾祖壽翁祖德甫父文斯皆隱德勿耀母薛氏先生生而秀異聰明篤於孝友好讀書雖家故多事暇輒披覽未幾子史羣書莫不旁搜遠探時翰林學士王耐軒司訓邑庠聞其賢薦爲弟子員不三載厥學用成中洪武庚午鄉試明年會試南宮授河南郾城縣教諭既至顧學廟頹敝生徒少循學規於是節己俸以整之嚴條約以訓之故學者莫不翕然從教由茲科貢得人士仰其德遠而就學者鱗集在學八年當路者薦知山東泗水縣將之官丁外艱守制于家邑之士子踵門求授經業先生爲之講明治心修身之要而後教以詞章經義若僉憲張公與某某輩登科第者皆由先生造就焉服闋改知福建延平沙縣下車之初詢風俗問疾苦舉賢能勸强梗示之以廉恥尙之以德遜暇則勸課學校諸生久之民悉遵化咸相戒勿犯其治積尤著者如置義塚窮民得以葬其喪辨疑獄良善得以雪其寃究邪蠱禁淫巫使之莫敢肆其惡修了齋豫章二先生祠以勸士若此之類不可殫記歷一考將獻績于天官而攀轅卧轍之人走保藩憲願借冠君彼私莫遂厥聞愈彰天官嘉其績奏選兵科給事中克勤於

職不數月陞本科都給事中而其政事文章德行播揚中外故朝之公卿大夫咸以先生稱之幾三考選爲大行人三使占城國宣揚天朝德化其王初欲召見先生先生却之爲之辨君臣之禮明華夏之義終致郊迎且修方物遣其孫入貢功亦偉矣時道經沙邑父老指謂幼稚曰此吾故侯也相與羅拜馬首擁道莫前先生攖疾衆爲請醫日夕侍側不啻孝子之奉慈父非德治于民心安能使之久而不忘也永樂辛丑援例回家日與親朋子姪講論經史居官治家之法間又鼓琴或設具以娛樂雖家無儲積其

意豁如也嗟乎先生德行文章歘歷中外三十餘年及至歸老于家廩無餘粟庫無餘財廉潔之操蓋無愧於古之清白吏矣先生生于故元至正庚子十月十二日終於永樂壬寅四月三日享年六十有三配張氏生子男六曰恍曰恂曰愉曰恒曰悅曰懌咸娶大族女一適上舍許端孫男一汝敬孫女四俱幼恂以是年閏十二月七日葬于惠山之陽從先塋也先生所著有靜寄集潑陽集紀行稿天南稿若干卷藏於家嗚呼先生雖歿而有不歿者存

銘曰學成于己德備于身政教于官澤加于民國人矜式

學者儀型嗚呼先生善始令終顯道降祥庶幾昭融仁者有後諸子玉立俾熾而昌惠山之陽鬱鬱佳城刻銘立石永翼幽靈

黃門像贊　張九方

天挺之資淵源之學事君以忠持身以恪蜚英桂籍掌教芹宮牛刀小試百里春風出入禁闈補過拾遺恩光烜赫榮褒螭墀奏[illegible][illegible]闈口銜天憲宣諭遐方不辱君命使節煌煌上疏引年迴翔鄉邑造就後進布列庶職可見者像可聞者名九京永隔吁嗟先生

倪靜寄先生像贊　江陰卞榮

嗚呼此黃門倪先生之像風流儒雅一代人望白雪陽春東南絕唱拾遺補闕思日贊贊皇華奉使星槎天漢是宜其餘烈休光垂于其永而無畔岸也

蒲州知州養齋公宗譜傳 十世

公諱公艮字文善號養齋養浩公子夙負才德元末抗志不仕戢影邱園洪武間辟蒲州牧蒞政以勤敏聞後遷郡司馬致政還鄉扃戶著述蟬蛻塵外識者謂有合於古君子出處之義

怡軒公宗譜傳 十一世

公諱公廸號怡軒養素公三子敦尚詩禮辭氣雋雅庭宇幽潔往來無白丁每於西齋前廣植佳葩異卉邀名人爲圖畫焚香弄翰以詩酒相歡洽嘗留十咏以示後人惜散軼無可考

雲溪公宗譜傳 十一世

公諱正字公遂號雲溪竹泉公長子丰姿閒爽識量寬宏輕財好義不惜傾囊指囷濟人緩急居常不問家事過客輒喜豪飲有北海遺風

萬安縣令仲輝倪公傳 十世 尤鏜 伯聲

公諱瑛字仲圭又號仲輝克敏公次子縣學生永樂十六年歲貢廷對後領萬安縣事公穎慧夙成而精嚴練事發奸隱如神初秋勘荒停輿招提有兩民赤體卧簷下醒起爭衣向公跪訴公命取交刀剪此衣以分給之私覘兩人顏色一則椎胸拍膈一則色泰眉舒公遂以衣還椎胸者而杖色泰者一時翕然手額頌神明焉大都公之聽訟善於察微觀色而得其情居官六年以冤獄事忤御史遂解綬歸四明建祠尸祝樹聞千秋矣特共宦橐如洗不能少

蔭後人耳

濟軒公宗譜傳 十一世

公諱博字思勉號濟軒養齋公子養齋知蒲州倅金所餘公力請分以贍族迨父歸田膳飲親調色養備至時招賓友爲割鮮浮白以承懽于詩酒談笑之間嘗緬懷從祖雲林公高風而雲林堂已廢乃即故址建堂作記以標之永樂壬寅纂修宗譜以遺後人先烈勿墜公之力爲多

叔祥公宗譜傳 十一世

公諱禎字叔祥公度公次子平生梗直意有不可口必吐之口既吐心亦不復留貯遇事果敢不肯朒縮退避而必循禮義行之故終身鮮過舉

東稼公宗譜傳 十一世

公諱僎字叔誠號東稼怡軒公長子識量寬大丰神倜儻明信義重然諾行事質直有古人風鄉黨咸推重之

耕樂公宗譜傳 十一世

公諱倫字叔彝號耕樂怡軒公次子容貌清古言語舒遲勤儉治家義方訓子性不嗜酒惟文學士至則引觴酬酢竟日忘倦急公輸稅爲鄉里先有司重之辟爲耆士

樂菴公宗譜傳 十二世

公諱愷字民瞻號樂菴雲溪公長子性度寬舒氣宇魁岸喜接嘉賓勝友相與劄鮮浮白吟風弄月後徙居常熟之石𥔵澤被鄉里人咸德之以視儻推高曠者又異矣

思雲公宗譜傳 十二世

公諱愼字民則號思雲雲溪公季子賦性敦重以義主事以禮制心其雅尚高潔彷彿雲林過豪邁士淡漠處之見仁人長者則忻然與遊幼孤贅于尚湖張正菴家成化甲午重輯世譜

明史侍御公原傳 十一世

倪敬字汝敬無錫人正統十三年進士擢御史景泰初畿輔饑命出視請蠲田租戶部持不可再疏爭竟得請巡按山西時有入粟補官令敬奏罷之戍將請餉者悉按治豪猾斂迹再按福建時議將復銀冶敬未行抗疏論得寢既至奏罷諸司器物濫取於民者鎮守內臣戴細保貪橫敬列其罪以聞帝召細保還命敬捕治其黨吏民相慶代還留家四川逮治尋復職六年七月以時多災異偕同官吳江盛景江陰杜宥蕪湖黃讓安福羅俊固始汪清上言府

庫之財不宜無故而予遊觀之事不宜非時而行囊以濟
倚緩出帑金易米不知櫛風沐雨之邊卒趨事急公之貧
民又何以濟之近聞造龍舟作燕室營繕日增嬉遊不少
非所以養聖躬也章綸鍾同直言見忤幽錮踰年非所以
昭聖德也願罷桑門之供輟宴戲之娛止興作之役寬直
臣之囚帝得疏不懌下之吏部部臣稱其忠愛帝聞報然
意終不釋未幾詔都御史蕭維楨考察其屬論令去之御
史罷黜者十六人而敬等預焉皆謫爲典史敬以廣西宜
山英宗復辟詔皆授知縣乃以敬知祥符安遠侯柳溥帥

敬西征請以自隨改都督府都事踰年師還卒士類惜之

邑志侍御公忠節傳

倪敬字汝敬峻之孫少孤力學正統十三年進士授監察
御史負敢言之節巡按福建時議開銀礦敬抗疏引唐德
宗爲言事得寢景泰末朝政多闕災異迭見敬與同官杜
宥等陳敬天修德六事謫宜山典史英宗復辟以都督府
都事從安遠侯柳溥西征師還卒敬善飲能詩從子祚工
草隸祚子容舉鄉薦官至漢州守以廉名詩文亦有法

侍御汝敬倪公傳　　壽府長史 楊 文

倪敬字汝敬兵科都諫公峻之孫也少聰穎特達讀書過
目成誦凡所著作唾口而成文不加點由儒士舉正統戊
辰進士高第拜監察御史知無不言遇事不避時屬歲饑
設内尤甚公奉命綏輯之請貸民今年田租地官不可下
州縣征科愈急公卒奏罷之民賴全活者以億萬計比巡
按山西福建劾去中貴剪削土豪氣槩所加動搖山岳故
諺有之曰鐵鋼口倪敬手稱爲眞御史景泰末言路不通
公獨草疏上敬天修德六事詞甚剴切待罪六日不報以

告都御史王竑竑曰君爲國忘身倘得貶竄含笑而去脫
有不測吾當伏闕救汝七日旨下擊去上爵兩牙謫廣西
宜山縣典史先是徒以言罪公不欲顯置之法陰戒都御
史蕭維楨以考察去公公知之即登臺自劾曰敬無知冒
詆時諱固當去請無煩就考蕭甚愧之於是有宜山之竄
天順改元稍遷河南祥符知縣進右軍都督府都事從安
遠侯柳溥征羌師還歿於邸翰林學士柯公潛特著辭悼
惜天下傳之

右軍都督府都事倪君墓碣銘　　左春坊左庶子　王　偁

君諱敬字汝敬姓倪氏常州無錫人曾祖繼宗祖峻永樂間累官兵科都給事中父恂以君貴贈文林郎河南道監察御史母孟氏封孺人君弱冠喪父家無饒貲營甘旨以養母而勤不廢學正統甲子以壁經領鄉薦戊辰登進士第拜河南道監察御史三載授敕命進階贈封其父母妻景泰末坐言事左遷廣西宜山縣典史英宗復位詔雪冤滯還君七品官吏部奏移君善地授河南祥符知縣君適從八桂來賀皇太子千秋節以素受知安遠侯柳公溥請

於上以君從討西羌改右軍都督府都事居幕下比還士方賴君柄用而君已屬疾天順三年六月十七日卒於寓館君自爲御史知無不言遇事敢爲無顧忌時屬歲凶饑內尤甚民弱者爲餓殍強者去而爲盜君奏上命綏輯之請貸民今年田租地官卿不可移文督州縣征輸愈急而君卒奏罷之民賴全活者以億萬計山西戍將扣軍餉事覺朝廷命君以廉問君歷宣府大同諸邊城悉左驗責償無逋幕府充牣景泰壬申敕御史公正者十人協同總戎占數兵伍慮部曲有慵隸有發無以應詔君首預焉事竣

巡按八閩閩地舊多銀礦啟閉不常時言者謂寶之足以潤國下地官議君按節未行命疏引唐德宗故事且言其地方殘於寇其完者疲於供億是瘡痍未瘳之民也不宜重困事遂寢守土內臣藏姓者畜蒼頭挾勢恣橫以陷民財藩臬諸君患苦之而莫敢誰何君再上章卒召藏還且命治橫暴者民相慶於道形諸歌謠甲戌大水乙亥旱疫災異迭見然方興土木樂遊畋靡大司農錢穀以崇事佛徒朝政多闕失君率同官伏闕陳敬天修德六事疏入忤旨擊去上齶兩牙謫尉宜山先是徒以言責公不欲顯寘

之法陰戒都御史蕭維楨以考去察君君登臺自劾曰敬無知冒詆時諱固當去請無煩就考蕭公默然良久曰第爲之無損爾名於是有宜山之命君即日上道過家辭老母以行意氣慷慨雖蒙瘴癘死萬里外不惜也議者韙之幸而公道在延君方自外而內而遽奪其算以不克永終嗚呼惜哉君負器識自少以經濟自許僅小試之其所建白已昭昭在人耳目其可紀者概如此使天假之以年都高位受天下重寄其功烈又何如炳灼耶君性好飲酒雖多而不廢事然尤喜吟咏酒酣縱筆五七言長歌短行立

就評者謂其得溫李體及遺擯斥其發於詩歌尤多託辭比事以攄忠愛之心無哀怨之音也君生於永樂丙申春秋四十有四娶彭氏封孺人子一祚君卒之先十日其外甥彭姓自蘇郡來遂殯殮君櫬以歸以某月某日葬君粲山先塋泣謂倪曰汝敬平日所與遊而最厚者宜莫如君君可銘之嗚呼余之言誠如是也君性狷介喜自負澗視一世人莫有當其意者然予獨幸以道義相從終始如一日君還自廣西留予所最久其疾至病也予數候之亦頗以後事爲託非余爲銘其誰爲銘

銘曰玉琢於璞劍發於硎維士之良猶器之成易毀者瑜易刲者鍔器厄於用亦士之苦嗚呼汝敬其用幾何韞而藏之存者寶多孰豐其才孰嗇其壽天實爲之吾將焉咎粲山之陽歸藏於斯有欲知君視此銘詩

哀倪汝敬辭

嗟君之學兮海涌川行嗟君之才兮電掣雷轟嗟君之志兮星暉月明嗟君之操兮玉潔冰清悃悃兮大廷之諍臺臺兮臺中之評謂尸祿兮可恥何逆鱗兮難攖下霄漢兮驅馳嶺海謝鴛鷺兮委命鯤鯨抱金玉之粹兮遭烈焰而愈固標松柏之節兮抱風霜而益貞幸聖主之復辟兮搜遺才于荒遠遂離幽以依光兮叩閶闔而輸誠將大有厥施兮昭功勳于寓宇豈期二豎之爲祟兮竟忽赴于九京雖修短之有數兮何怨何咸顧有母之衰莫兮甯不鍾情

嗚呼天兮何冥冥亂日荃蘅消歇兮灌莽敷榮鳳麟遠逝兮甝甝嗥鳴遡悲風兮咽無聲招君來歸兮我心惸

景泰辛未狀元翰林院學士　柯潛拜撰

祭倪侍御文

維天順三年歲次己卯六月辛亥朔越二十有五日乙亥尙寳司少卿兼翰林院修撰柯潛翰林院編修王㑥徐溥郞中卞榮主事苗灝楊琮進士楊士悰錦衣衞指揮胡儺經歷季灝義官朱惟吉等謹以牲醴致祭於故友前監察御史倪公之靈嗚呼入仕十餘年而屢改其職時之使然耶命之使然耶名不珍於屢改之際道恒存於多蹇之鄉非見禮之明行義之篤而能若是耶登進士無愧於龍虎榜人物擢御史眞足以使山岳動搖直言無避爲衆人所

難剪惡樹善有功於國家此則屬董狐之筆以示後世非余鄕人所敢私爲定論也他如長詩古賦提筆千百言不敢誇多鬬靡而已悉有理致寓焉其未達時春風化雨薫及於門人小子而賴其造就者亦多矣凡此孰非善之不可泯者乎自憲臺而出作微員曾未幾何召入拜符百里之任又承命拜都督府都事方從總戎殺虜凱還茲於京邃爾疾作竟不一用而卒嗚呼使同鄕並仕者孰儀型而孰依尙哉一觴致奠惟靈歆之尙　饗

倪侍御畫像跋　　柯潛

汝敬爲御史崛強有大節景泰末以言諫斥嶺南孤身遠寓摧困幾危於生不悔比荷聖皇賜還之恩遽以病死惜哉

侍御倪先生像贊　　學士 馬世奇 文肅

此像者誰侍御倪公是耶非耶小子之生也晚孰從識認其丰容第讀先生之章奏拜先生之遺像而因髣髴先生於丹青之中所可見者貌之俊雅而端莊所不可見而實可想見者立朝之正色而公忠慨當天下之多事而庸庸者之多福也安得起先生於泉壤以挽乎頹風

奏疏

河南道監察御史臣倪敬謹

題爲陳言恤民事景泰六年四月初四日節該欽奉

敕諭凡軍民間自景泰六年三月終以前所有孳生馬驢等畜倒死長生羊毛及會奏報水旱災傷之處糧草已經巡撫巡按等官踏勘得實該部仍追徵者與凡一切不急之務除軍需緊要外勒書到日悉皆停免不許追徵以紓民困此外凡有軍民急切患害朕所未及知者爾等逐一條陳具來聞處置欽此欽遵臣伏讀之餘有

以知

皇上憂民之深恤民之至必欲化災傷爲豐稔易飢寒爲溫飽置斯世斯民於雍熙泰和是誠天地之德堯舜之仁爲臣下者敢不仰體

聖心以圖報稱於萬一臣切照蘇常揚州等府縣連年水旱人民缺食流移餓死有司賑濟多有不敷

朝廷明知其故將先年拖欠糧料俱各停徵見徵在官秋糧多不起運所以寬恤貧民惟恐不及看得戶部原委徵收船料鈔貫官員即今仍前在彼徵收於緊關河路置柵拘集各船凡遇一船往來不分二次三次揚州地方俱揀收好鈔蘇常地方俱折鈔納米自一斗至八斗以上淋尖量納日逐一所收既無定數下人易於作弊收鈔者雖欲鈔法通行其實無補於事收米者雖稱可以備荒其實無救民患蓋緣災傷去處米價湧貴人民不得已撑使船隻備辦些小本錢往來逐末於溪河蕩撈捕魚蝦辛苦經營苟延性命且本處地方水居爲多難乘驢馬惟仗船出入今則動輒令其辦納鈔米人民無從措置不敢使船往來愈加貧困無聊其蘇常二府

除緊關收料河路外其餘鄉村人民出入必由一應河港處恐船隻透去又用木樁釘斷不開以致小民裝載器物到田耕種及里老人等赴城應役納糧俱被阻碍方當困苦貧難之時復有此不急擾害之務臣生居其地深知其患不敢不言切惟

皇上深仁厚澤周恤民艱于彼處糧草之大已賜寬免而此船料之徵尚爾病民如蒙乞

敕多官計議將前項災傷饑荒去處徵收船料鈔米或暫且停止候豐年再行定奪或止令收納別府不係災傷

去處外往來客商船隻鈔料但係前項各府被災人民
大小一應船隻俱各暫免收納及將各鄉村釘斷河港
悉令開通以便往來如有奸詐之徒仍前生事阻當擲
揹要本處人民船隻鈔米入己者聽巡按御史糾察拏
問應奏請者奏請施行仍出榜文沿河收料去處常川
張挂禁約實爲被災人民之幸及臣又看得各府州縣
衛所衙門收貯贓罰折糧等項金銀銅錢布帛等物在
官中間有等不才官吏庫子人等往往隱瞞侵尅抵換
將文券藏匿并洗補改換歲終造繳實徵文册徒爲虛

文事發追問累累不絕又有巧于掩飾事不發覺者不
知其幾合無今後在外府縣等衙門收過贓罰等項一
應貨物務要逐一備開數目成色并追罰人姓名印信
手本按日申呈巡撫巡按官處明立文簿附記使不動
移則官有儲積凡遇人民缺食糧米賑濟不敷者量取
前項貨物兼買米糧荳物賑濟則不惟足以利民而又
不至于妨民矣緣係陳言卹民事理未敢擅便謹題請
旨
景泰六年五月　日河南道監察御史臣倪敬題

河南道監察御史倪敬謹
題爲陳言修德敬
天等事臣敬伏聞自古有聖賢之君必有忠諫之臣有忠
諫之臣斯能成德業之大而致治之道隆矣洪惟
皇上中興大業光纘鴻圖踐位之初六氣協和百穀成遂
萬民樂業四夷咸賓奈何天時近年失調災異迭見今
年閏六月間雨水霖霪動經半月傾頹墻屋壓死人民
淹沒禾稼萬民生理不勝艱難愁嘆之聲盈于道路臣
等切思天時之不調由人事之不修也使君臣上下相

與畏懼警省修德行政惟恐不及改過自省莫敢怠遑
不徒托諸空言務求見諸實事如此則人事修于下而
天心應於上矣近該各部都察院等衙門累陳減省等事
中間舉行者少不行者多是以迨至今天時尚未開霽
人心猶未釋然臣等猥以凡庸叨居言路目覩民艱不
敢患得患失緘默不言以辜
陛下任用之意謹直陳所見開具
上聞伏望
皇上鑒臣等愚衷宥臣等狂妄召公正大臣議其可行者

振奮果斷舉而行之仍將各衙門所奏事件中間有可行者一體舉行無安于故常而憚于難爲則所以修省感天者有其實將見天心感而天時順五穀熟而人民育鴻業益盛而治道益隆太平之效可永久而勿替矣臣謹昧死以

聞

一府藏之財皆取于民不宜濫于遊觀之事理財治道不可無節曩因齋僧累出內藏之銀令縣官買米供給緣京師米價湧貴不免靠舖戶僧人異端惑衆之徒非直能興禍作福況且不耕而食不蠶而衣既無征科又無差役顧乃厚之如此則遐陬遠漠櫛風沐雨之窮軍荒年歉歲趨事服役之饑民又將何以濟之乎近聞內間起造未央宮燕室龍船遊宴之事頗多木植金翠米糧之費不少聲妓遊晏歡樂人主爲之似不爲過但非所以保養聖躬隆盛聖德之道臣等拳拳犬馬之誠伏

望

皇上罷齋僧之費節遊晏之樂凡一應無用土木工作悉皆停止上念祖宗創立之難下思小民饑寒之苦則聖

德日新聖躬萬福

一刑獄者民命所係天心所關誠不可不致其欽卹尤不容不遍于欽卹苟或一刑之未當一夫之有枉亦足以傷天地之和召水旱之災古之人有釋一夫而弭六月飛霜之災者有辨一婦而解三年亢旱之患者以此故耳照得在京兩法司監問罪囚累蒙聖慮親遣內臣會同法司審錄及南北直隸各布政司亦分差御史等官會審中間有冤枉者俱獲伸理於錦衣衛鎮撫司亦係監問罪囚未經會官審錄縱有冤抑何由自明如蒙乞一敕內外大臣會同本衛官將監問罪囚從公詳審細究事情輕重大小開具奏聞

陛下澄心定思詳究其果無重情大故者從而開釋之則

皇恩廣大天下稱仁而天心亦可回矣

一百官俸祿皆小民膏脂即日江南等處累歲不登在京各倉糧儲數少奈何有等非賢無用之徒不學無術之輩或權門子弟或市井富兒或工匠賤役有以習書作畫而進者有因一工一技而入者濫居主事監事序班署丞等官於翰林院鴻臚寺等衙門正額之外帶俸

歲支俸米不可計數及在京各衛都指揮千百戶等官雖在京營帶操緣一官止可比一軍之役而月關俸級等項不知幾倍此等官員率係冗食之徒如蒙乞　敕該部查照將帶俸支職量事存留外其多餘無用者皆寄名放回聽候取用帶俸武職比照甘肅大同事例將老疾罷軟并戶無襲替者派送有糧衛所帶俸隨操庶可以省冗食而寬民力

一為政者非正賦而取民則民貧非急務而勞民則民怨切見南直隸并浙江福建等處人民先因官給食鹽出鈔納官卽今官鹽一向無支而每戶見丁納鈔如故貧難人戶借債賠納里甲人等生事多科人民窮困日甚及自通州至南京沿河一帶州縣人民近因修築河道等項固已疲於應役矣又遇遞送馬驛快船絡繹不絕縣官日起人夫三四百名遠近供應前船未過後船復來風雨晝夜不得暫停父母妻子不暇顧念疾病饑寒或死水中或斃岸側其起夫之時里老夫甲得錢買放不依次序城市鄉村呻吟嗟嘆誠為可憫且馬驛快船每船可容百人裝載方物官員儘有寬餘却又倚外

起船糧隨使船之人潛載客商逃犯得錢肥己多餘人夫一體得錢買放如蒙乞　敕各處巡撫巡按并布政司遍行該管府州縣將不曾關與食鹽該徵鹽鈔俱各停徵及　敕南京都察院六科凡遇各處進貢方物要行起船裝載各委官一員公同勘驗其方物可載一船者止起一船必得兩船者方起兩船差遣官員就於官艙安歇不許另外多起船隻沿途擾害違者聽從具奏拏問庶幾科差減省而民生少遂

一北虜之情貪暴狡猾今因其國有難牽制不暇他謀一旦事平難息將無日不窺伺我疆場所以預防之道正在今日若事已急而後圖之抑已晚矣且正統末年韃賊入境大同宣府等處軍馬錢糧器仗俱各短少邊將之能者止於攖城固守其次俱被挫衄賴
皇上聖德如天中國生靈幸有今日今也先殄滅邊情頗緩而上下相安遂謂無事殊不知也先雖死設有他賊之黠驁者鼓衆而來未審果有十全捍禦之法否乎且今之各邊不審比之曩時軍士之增衆者幾何戰馬之增多者幾何器仗之增修者幾何錢糧可彀幾年支用

將帥在邊設何計策何以能使賊不入境何以能使民皆安堵凡思患預防之道皆不可不計如蒙乞　勑各邊總兵并提督軍務都御史等官從實明白查勘如果軍馬錢糧等項完整固可保全若其如前乏少臨時未免缺乏之亦要預先計會設法措置務在事出萬全勿使患生不測及照在京各營及各邊管軍頭目官員虛誇狡詐者多忠厚勇智者少亦有曾經領兵出征喪師辱國一時經赦復職管事此等之徒尤不宜託以軍務及各邊衛所多有狡猾官旗畏避備邊艱難假託跟隨總

兵等官名色朦朧來京延住以致在邊官旗互相倣傚全無固志乞　勑總兵總督等官公同巡按一查照其曾經領兵失機軍職止令隨操聽調勿遣統衆行師仍簡任篤實有爲之官責以禦侮克敵之效其邊衛朦朧來京跟官官旗悉發回籍各還職役以守邊方庶幾兵政益修而邊備永固矣

一養兵國家之大事而糧賞養兵之要務切照在京各衛各營兵士每月關支糧米并馬糧管軍頭目并旗吏人等那移尅減其弊萬端法司問理絡繹不絕中間寡弱守分之徒被害不能自陳者不知其幾以致軍士貧難馬匹瘦損令今後凡遇支放糧料令巡倉巡城等項御史親詣該倉監放遇有一應弊病就便擒拿情輕者責罰情重者送問明白枷號示衆庶幾奸弊可革則軍食不虧而兵氣自倍矣

景泰六年七月　　日河南道監察御史臣倪敬題

樂耕公宗譜傳 十二世

公諱宗奭號樂耕東稼公長子心地寬仁容止嚴重不喜奢靡布衣大帶秩秩楚楚自然見者起敬勤治生能恢宏先人堂構

思耕公宗譜傳 十二世

公諱宗純號思耕東稼公次子性度灑落德量淵涵愛重文士往來多一時名流敦倫睦族智圓行方士林重之

存耕公宗譜傳 十二世

公諱宗善號存耕東稼公第三子秉性仁厚篤手足之誼故伯仲間公尤以友愛著持身耿介易直待人克紹先業鄉里稱爲長者

怡耕公宗譜傳 十二世

公諱宗美字怡耕東稼公四子樸實詳慎厚重寡言性敏慧應酬裕如世鮮知其才學之非淺也

廸功郎竹溪公宗譜傳 十二世

公諱宗實號竹溪東稼公第五子好善樂施務親吉人遠俗士意所不可不妄接談性不肯矯揉亦不受人機械雖強禦亦不畏也正德戊辰歲饑奉詔出粟助賑優敘授廸功郎從居坊前恢拓先業子孫號素封自公始

竹溪公墓永禁侵葬公呈奉邑侯章公勒石饗室

呈爲公懇立碑永禁子孫侵葬事 生 倪檄倪魯倪穗等七世祖廸公郎諱宗實墳塋一所坐落景雲鄉坊前地方今糧六畝兩朝繼續七葉緜延子孫幾及千丁青松翠柏秀接雲林帶水環沙脉通龍岫世世遵奉世世護持從無侵犯子孫既多賢愚不等不思另營吉壤止圖現在佳城託言有分侵葬無休設此不禁必至斬斷龍脈紊亂昭穆死者無隙地棺上加棺生者起爭端罪中獲罪爰集同宗明彰禁約自今以後有照分納辦之糧杜各分偷葬之弊

或旁穴無碍風水亦不得再上先墳或奇窮無力營地斷難容強求附葬貧富貴賤畫一强弱長幼均守有渝此禁羣起共攻告以大逆治以不孝但家法必奉官法方嚴紙言必得石言方久爲此公叩天臺俯從倪氏爲錫邑望族保墓爲民生切計恩加嚴飭永奉遵依勒石饗堂祭告泉臺庶幾祖墓與綠水青山並垂不朽矣

康熙五十八年三月

思誠公宗譜傳 十二世

公諱宗憲字思誠耕樂長子敦厚樸素遇事必再思而後行不貽後悔然亦未嘗稽緩善理家政產逾中人而善樂好施有先哲之遺風焉

存德公宗譜傳 十二世

公諱守字存德樂菴次子性耿介於非義一毫不苟而叉曠達好施兮事父母克盡其孝思至於冠婚喪祭俱守禮節尤有古人風

鄉飲大賓倪久齋先生傳 十二世 俞禮官保 邵寶

久齋字相承久齋其別號也姓倪氏倪爲族以儒望於錫其顯者曰都給事中峻字維岳號靜寄以鄉貢起家在太宗朝嘗上書諫佛事忤上旨遠使占城更稱得體晚歸教授後進多出其門文孫監察御史敬字汝敬號月樓以進士起家在景泰間亦以直言不諱遠謫典史而聲名益振卒官後軍都督府都事久齋給事公曾孫也甫十一齡而孤其母錢守節自誓親教之學時家貧甚至手爲履以易筆劄久齋幼敏而勤每夜讀母辟纑相之嘗舉給事御史二公事以望焉久齋益自力弱冠而書史通子弟推以爲師學成而仕者多有之久齋曰吾家世以經學取科第舍是則罔克繼前人業乃從蕭菴俞先生學尚書未幾舉業就緒試有司一再不遇輒棄去不事仕進益肆力斅學其爲文婉而成章出入南宋諸大家詩宗唐法尤長於律眞行書逼沈宋體間出所業於鄉先生鄉先生輒歎絶不已至忘年爲友於是母氏春秋高矣乃築室學宮南涯日夕左右母悅則喜慍則懼誨則拜受責則跽謝得盡子道久之母歿哀毀不自勝自殮及葬無違禮至功衰猶戚子

倪久齋先生傳　　刑部侍郎　盛顒

先生姓倪氏諱祚字相承久齋其別號也世居錫城虹橋河涘黌宮之南爲人謹慤端詳儀度修整凡事皆無所苟生十年失怙家素貧恃母以養以冠以婚迄乎成童始學時母鬻屨俾纏以資習誦雖在艱難而日進無疆亂至通經治史識達古今善吟咏工楷行草書聿有聲望大姓爭聘爲塾賓周旋鄒氏等家殆四十年青氈不改舘穀之資半以供母母甚甘焉及壽終喪之盡禮咸稱爲孝焉初先生之設教也視人之子猶己之子傳以書法使必成習

授以章句使必成誦弗如所教則弗措焉以故高士多出其門上焉者登科第其次焉者亦恂恂君子於交誼尤重然諾久要不忘非義之得一毫不取非力之食一飯不加前輩詩人若推官張公應阜庠彥錢公章靖秦封君景暘李隱君舜明陳高士公懋皆一時耆德嘗論碧山吟社曰此會非久齋不可蓋其見重斯文每每如此弘治正德改元使下郡國修憲宗孝宗二帝實錄有司兩舉先生秉筆記載詳明尤愜輿議年六十邑宰聶侯延鄉飲賓力以否德辭既而復舉一與焉晚好遊所至探幽攬勝窮日之力

容中鄉舉賀客在堂久齋呼而戒曰科以世重世以德重不然何賀之敢聞容拜受教令譽亦日起人謂善訓所著詩文稿若干卷藏於家平生之交長老而忘年者若王文肅與盛刑侍顒卞戶部榮張府推九方秦封君旭李絅菴庶錢希齋文凡若干人文肅嘗賓于塾修敬爲碧山社會久齋還自舘必共偕餘皆有倡和其年儕而望者自莫部曰艮而下又凡若干人素重公府之謁憲宗孝宗二帝實錄之修也以有司聘與執事歲鄉飲以賓請辭再請赴焉卒辭之年六十六病卒明年葬某山之原壽府長史楊

宗周銘之

論曰久齋之稱士也宜哉初久齋博學待試甚將進效于時衆方奔鶩萬冀一得若壟斷者比比乃獨委命靜俟翻然自止爲名師儒益自重者如是故嘗就倪之世論之出則爲靜寄爲月樓處則爲久齋其趣一也稱士於國殆無愧焉況一鄉乎知德君子將無改乎吾之言矣

而後已無何疾革言不及後事沐浴更衣就寢而卒非有得於中而于全歸之際其能脫然若是乎今先生往矣先生之學與志後嗣能繼之其生平之行誼無一不類于古君子者有如此嗚呼若先生者可以風矣

書倪氏三先生文集後　刑部郎中 華雲

天下之士通經學古之謂高救時行道之謂賢犯顏諫諍之謂忠士之道備矣人鮮能兼之而况世濟其美如倪氏者哉倪自國朝靜寄先生月樓先生祖孫繼起輝映臺諫蓋天下士也論世者多歸之詩若干卷文若干卷藏於家實久齋先生輯成帙以授其子德符君者君秉清白之遺盡梓未能也刻其詩文三之一附久齋詩文十之一以傳間示予爲序予三肅而復之曰昔左太沖三都賦以序而重夫集也必傳矧吾師泉翁先生序至矣雲惡乎序君又謂月樓集余所校也宜有言且屬弟德孚屢以爲言君博雅好古志在天下蓋無負於三先生者矣凡所以世其家者又勤懇多類是觀君者於是乎徵若夫仕學自强力追前聞人稱天下之士以副世家之實則將有不能自已者矣君行且仕附此義於簡末友道也序則烏乎敢

養樸公宗譜傳　十三世

公諱範號養樸文衍公之玄孫也稟樸實之資負率直之氣少能食貧長能知足老而壽考康甯年至九十六卒而步履飲食未嘗衰減眞得氣之厚而能歸眞反璞者其號養樸義固有取乎爾矣

順樂公宗譜傳　十三世

公諱常字以恒號順樂宗爽公三子岸然道貌倜儻風流遇貧悉加賑䘏見賢以敬相交平居閑雅弄月吟風飲酒歡歌自樂其樂有詩人忠厚之風焉

舜漁公宗譜傳　十三世

公諱益字民彝號舜漁思耕公長子剛方正直不肯容人過失有不直者則面斥之令人頰赤汗下無顧避受者莫不心服退無後言

守溪公宗譜傳　十三世

公諱澤字文潤號守溪竹溪公長子好讀書性明敏才識練達治家務總大綱壯植門戶晚怡園林佳日則招良朋勝友樽酒歡娛信宿不倦獨不喜樗蒲陸博諸嬉事盍守成而兼創業云爾

守溪倪翁像贊　壽府長史華滋

有崧竹溪古貌古心惟翁守之嗣其徽音學禮學詩肯堂肯構卓矣心田仁耕義耨就實斂華養晦韜眞角巾野服花溪釣綸彼瞻翁之像者允稱其爲雲林之後人也邪

又

想像斯人宛然如在謦欬不聞或可招徠存順歿寧挽頹俗乎千載於戲若翁者樹家聲於後昆歆芳名于搢紳寵辱不知韋布自如固云雲林之遠市朝實我皇明盛世之逸民也歟

贊翁未盡復補餘意以闡親契之至情

思竹公宗譜傳 十三世

公諱澣字文海號思竹竹溪公次子襟度坦夷胸無城府勤儉率其家人厥緊華崇樸素布衣糲食廿之若文繡膏粱暇則寄情詩酒或寓意博弈以自消遣又具雅人深致

漢州知州方泉倪君墓誌銘 十三世 刑部郎中 華雲

嗚呼吾友方泉倪君正伯古所謂克世其家可以淸白遺子孫者乎天順成化間邑之族以儒望而世繼廉隅光暎士林者必曰學橋倪氏靜寄先生諱峻者君之高祖也成祖朝以都給事諫事佛久之 上意弗懌三使占城備嘗艱阻晚歸教授鄉閭學者翕然師之月樓先生諱敬者君之伯祖也景泰間以監察御史上敬天修德六事忤旨謫宜山縣典史聲動天下至今稱倪御史云君之考曰火齋諱祚博學勵行為名師儒又世有節婦曰某氏某氏

凡五人一門之內臣忠婦節蟬聯輩出二百年舊廬人望之清風凜凜君是以自幼卽絜其私印曰淸白吏子孫感慨欲自奮拔以不忝前聞人而卒能亢厥宗者固若是也嘉靖甲寅九月二十三日以疾終於里第享年七十有二出其橐得銀幾星幾無以為殮可謂約矣邑之士大夫奔走哭弔皆曰善人亡矣其子行復等將以十一月十七日甲寅葬於惠山祖塋之旁從治命也持其叔氏觀所為狀偕來請銘予與君交最早同研席前後凡數載知君最深予仲與其兄義兼師友言皆可信乃參之君所自為生壙

記及門人黃憲副訓所爲小傳爲序而銘之都諫公配張
氏封孺人曾祖悅配周祖忠配錢久齋翁配毛繼莫莫感
巽夢生君君諱容字德符更字正伯號小泉居士晚更方
泉又稱慧東外史幼穎異不凡髫年隨久齋肄業外塾每
雞鳴蹶起誦讀成童從庠彥秦君成君及定齋施先生游
習伏氏經業十八入庠校二十二應南畿試二十三臺試
居首二十五膺丁卯鄉薦明年會試下第入業南雍大司
成歷城王公敕藁城石公瑤試輒高等名動搢紳晉都中
官劉勢焰薰灼慕其名延之家塾不赴司成公强之君毅

然曰縱不自愛如二祖何懇辭之而尋館於大司馬新昌
何公名益重壬申遭久齋翁之喪己卯喪母皆竭力醫禱
葬皆以禮今所居郎二先生第值宗祊彫謝將屬他姓君
篤志恢復人以爲知所重也數學大姓館穀之資悉歸二
親不爲私藏戊辰以來凡九試春官不第惟戊戌之試有
司以額請於上定三百二十名而君之名二十一竟不果
錄諸老閱其文咸惜之可見主司品藻未嘗失人君之文
未爲不遇而士之得喪則有命焉餘皆不足論也己亥就
選吏部得湖廣之彬州彬州爲劇郡適鎮將南幸上官撽

督馬餉君請入銀僱役便從之旣而報罷民用不擾好事
者議開銀礦及採木造磚郴民洶洶君郎上書白其事極
力排阻議雖寢而齟齬始矣辛丑入覲遂被論調漢陽漢
陽當蜀道水陸之衝送往來勞不遑啟處上官或遣所親
吏來察挾勢陵侮君不爲禮由是又得罪癸卯秋勒致仕
去矣旣歸澹泊無他嗜好老不廢學惟鄉曲賡吟之會時
一赴焉君爲人豪俊落魄不事生業自束髮郎砥礪名檢
而二忠五節之烈尤惓惓焉年二十獨處鄉館夜有私奔
者峻拒之厥明遂徙而之他未嘗以語人也平生廉潔自

好於貨賄瑣屑事嶄然不以動心非其義一介不取角巾
布袍白髮徒步而忘其貧且老焉其視世之富貴爲何如
耶而浮俗薄惡强暴恣睢蹙頞久矣君爲文法韓柳務去
陳言性喜吟咏好觀唐人詩善師其意而不迹其詞書法
蔡邕暮年猶喜作小楷平生好著述晚益勤勵所撰次有
皇朝大事記皇明名臣言行錄名臣續贊周易圖註律呂
圖解郴漢二志錫山續志策府懷瑛華山野錄建官諸志
方泉集吟花木集等書大事記將脫稿名臣錄失而復完
余蓋多所商確者也其詩集屬施子羽及余長子初校定

未刻君病脾久至今年夏海寇深入城中恐恐攜疾入山久之而還疾轉劇余往候榻前猶披衣端坐亹亹論時事既別賦長詩贈余音節鏗然未幾竟不起悲哉臨終執孚仲手而與之訣且曰後人吾無所遺惟先世手帙而已二百年門墻尤惓惓焉所望於諸子者深矣君生於成化癸卯三月二十一日配邵先卒余誌其墓今合葬子男三皆邑庠生安貧好學有時譽長卽行復娶吳氏泰和丞貴女次大行師娶鄒氏昌齡女次行可娶華氏志學女女一適鄒貢士華電而早寡能守志電余從弟也孫男四彙吉引吉馨吉復出逢吉師出孫女三俱幼

銘曰孰不顯庸曰惟道尊君遇不達而以軌存清白世貽聿銘諸心雙忠五節有昭自今郴山峩峩遺愛不匱漢水湯湯於我無愧我臬我石咏斯遊斯先生之心匪余孰知鬱哉龍谷諫臣之兆其永從焉百世有耀

庠彥匝齋倪君墓誌銘　十三世　秦瀚

嘉靖歲辛酉九月二十六日匝齋倪君卒於家子重念其家貧子幼治喪維艱方切哀之既而其孤行巽持其所自爲狀問銘於孚乃知君卒之明日諸門下走書奔告爭相爲之賻奠不日而斂衾材木悉具焉且存其餘以圖窆而銘石之刻亦賴焉嗚呼非君敷教入人之深曷有是哉是可以銘矣且孚與君三世通家友也曩嘗與其伯兄正伯相繼館於予者踰十年先是二年君年七十餘矣又執筆爲余曾大父書修敬詩稿歷閱寒暑不以倦帙浩繁辭余之德君何如而忍辭銘哉按君姓倪氏諱觀字德孚更字孚仲自號敏齋更號匝齋倪之先隱德勿耀入我朝永樂景泰間君之高祖靜寄公伯祖月樓公相繼以臺諫顯且爲時名臣故倪氏世承先烈曾祖悅祖忠咸以詩書行誼重於鄉至君之父久齋翁尤篤學勵行以克振家聲自期先娶毛氏繼莫氏生君與正伯伯爲之長翁親爲訓廸又遣就正名師厚屬望焉而正伯果以明經發科爲漢州刺史君亦弱冠游邑庠方有志進取夫何以家累輟舉子業於時翁且物故矣嘗自語曰吾既不克承先人之志可使

沒世不稱乎遂博覽羣籍潛心字學久之篇章翰墨出必爲人許可下逮醫卜修煉之術亦每究心不啻領畧其槩然不屑藉此以規利也每歲必爲大姓延主家塾君率盡心指授期必有成故出其門下者多發迹甲科蜚聲場屋不可指屈數記君志趣澹泊課讀之暇鳴琴一曲隱几長吟興到則手摹雲林小幅人得之傳玩不置又烏可槩以塾師論之哉君事父母極孝家雖貧偕正伯竭力經紀養必豐葬祭必以禮毫髮無遺憾也君與正伯少則自相師友逮老異居省候無虛日正伯亦甚友愛焉先娶李氏無

子繼梅氏早年亦不育嘗子梅氏弟之子名行泰娶劉氏先君數月天喚生一子即行巽君視二子無間焉行巽未聘而君卒女一壻厲鏞懷堂別駕之姪也君生弘治己酉二月二十五日享年七十有三葬以卒之年十月十七日銘曰人之施我實視我施匪曰相報德感如馳君卒家貧篋無餘遺門士奔走殯葬維期視此門士知君爲師

輓匠齋先生　　唐 詩

匠齋先生少余一歲相知最蚤白頭如新今遽觀化繼同補菴故交殆盡重爲傷感賦四短章以哭靈几

憶昔相知日俱爲弱冠年大名君擅美齒序我居先麗澤金蘭契賡酬月露篇今來兩行淚痛隔九重泉

望重承家學仍爲席上珍高懷久遺世素業足謀身共惜伏生老誰憐原憲貧古今師道在慟哭重王臣

傳得還丹術嘗懷出世心五禽時作戲二豎忽相侵揷架

有千卷留囊無一金平生邱壑趣筆妙本雲林

去歲秋光暮同悲華部郎豈堪當此景又復哭君亡吾道時將喪交情重可傷劇憐考終命適類孔宣王（與補菴皆七十三歲）

倪氏宗譜誦芬錄卷六

邑增生滌梧公宗譜傳 十四世

公諱奉字師原號滌梧舜漁公長子幼穎悟好學不倦及長蜚聲黌序益刻勵文行陳言務去試輒高等每一藝出爭錄傳誦名噪一時凡經史子集悉刊定手校以訓子弟藏書最富人目爲鄴架曹倉曾箋註吳俶事類賦甫梓梨棗儒塾爭售紙貴洛陽尤善詩歌古賦無不綺麗瀏亮與毘陵薛方山同邑華補菴輩酬酢唱和爲文字交後以秋試棘闈卷極滿志放榜仍落孫山抱憤得疾未幾而卒

滌梧倪先生像贊 華之充 中完

贊曰直而不峻簡而無傲鄉黨稱弟宗族稱孝無忝儒林著聲黌校宜爾子孫箕裘克紹不愧雲林之後裔而爲閭里之坊表

北樓公宗譜傳 十四世

公諱桂字廷秀號北樓守溪公長子言温氣和天性慈祥愷悌人也不趨炎勢不近匪類襟情恬曠每於風花雪月之晨潔肴饌集佳客追歡忘倦生平無疾言遽色一鄉之善士也

南樓公宗譜傳 十四世

公諱柏字廷威號南樓守溪公次子性度豁達善治生業慨祖父之遺產至什百于前居鄉好行其德掌鄉賦任全役俾各小戸概免差累遇凶荒寛貸佃鄰出粟不糶一方多藉以舉火晚年被仇家誣訟甚困迫人多危之公獨坦然曰有命在讐亦竟不能陷太常陳鈞堂先生嘗稱南樓翁有肆應通才有千頃汪度卓然人傑誠足槩其生平

東橋公宗譜傳 十四世

公諱楠字廷材號東橋守溪公第三子剛果有斷遇事直前不畏强禦志畧率高人一等忘己徇物費出無經士君子或惜其過侈而交遊咸感其慷慨不吝

以誠倪公傳 十四世 乙丑進士 胡 淳 敷水

人不瑣尾流離不知坐享太平之福則心性不堅人不艱難跋涉不知家居樂業之安則精神不奮蓋境遇之困頓世路之坎坷庸流處之以爲變豪傑處之則以爲常非天之阨庸流而寬豪傑也惟豪傑善處其變也予於以誠倪公見之矣按公姓倪氏諱景明字以誠行二厥先由杭遷錫居梅里之祇陀四傳至太五公轉徙揚明之劉巷又八傳至宗源公諱澄澄生良佐是爲公父公生有至性幼失怙恃哀毀骨立幾滅性時兄景昭尚未冠二弟甫離襁褓

零丁孱稚狽狽相依又值歲比不登家遂中落癸酉秋倭寇深入擄掠人情洶洶兄弟四人隨偕鄉里避難入陽羨銅棺山中又爲土匪所掠各鳥獸散行囊告匱資用乏絕公遂號泣一晝夜尋覓數十里不獲一人途中乏食幾仆路者數矣齧草根樹皮和河水咽之再行尋訪遇一孫姓者仁厚長者也詢顛末告以故憐之慨然留之家食之酒窺其誠實俾司會計公竭誠盡瘁日夜操勞孫公益喜居二載倭寇已平辭之歸不許公泣訴兄弟離散情形孫公惻然厚贈之因擱貲徧訪俱無着比至家田園廬舍悉已煨燼公乃椎心泣血搶地呼天幾斃道中傳聞兄景昭已入贅上水瀆尤氏藎自幼結褵一經倭冦蹂躪岳家知其無着而甥館之也時公適上先人之邱墓兄亦來省祖塋見猶疑夢相抱大哭淚畢班荊道故訴從前拋撇之苦衷則淒然隕涕幸今日壚麓之依舊則甑然揚眉同歸尤家居匝旬公思非久遠計遂寓圩田置田耕種暇則貿易凡粟米麻絲無不買無不利緣是築室成家娶丁氏有內助相與謹身節用黽勉拮据業隆隆起深念少孤祿養不逮歲時祭祀每嗚嗚泣下也鄂韡凄凉佳日良辰聚飲一堂

又怦怦作楚也兄弟雖析居兩地此往彼來終身未嘗少懈若維桑與梓必恭敬止至於矜孤寡瘞骼胔甃崎嶇諸善舉力所不逮必率里人以行之役臧獲使傭工必以身先之故無敢惰窳辛苦艱難可謂備嘗之矣初公之歸也無立錐地無擔石儲洎乎晚節倉箱盈堂構隆介妻偕老兄弟友恭子女如蘭茁孫曾如峯列非五福完人乎非心性堅精神奮曷能若此乎孟子云生於憂患死於安樂徵之公益信矣吾願世之困頓無聊者奮袂而起也吾願世之宴安酖毒者垂涕而醒也故爲之傳

慕竹公宗譜傳 十五世

公諱天秩字慕竹後齋公孫也父諱銓早卒家貧廢學無所依蕩析離居者十餘年險阻艱難備嘗之矣後業賈於常郡某鉅家相得甚歡挈其老母妻子僑居於東門之倉橋務節儉家少阜稍有儲積郎自懋遷於外一日道經五瀉河泊舟蓉門欵接二三父老如舊相識且愛其地僻而俗朋公乃翻然曰昔季雅百萬買宅千萬買鄰今吾卜宅兼卜鄰矣遂家焉棄賈業耕不辭胼胝教子以勤率婦以儉家道益隆公遇事精明待人寬厚鄰里告貸慨然周之無所吝有紛爭者力為排解使各釋然凡遇治道成梁之事公必樂為贊襄里人目為厚德長者迄今子孫蕃衍孝弟力田皆公之積厚而流光也

怡園公宗譜傳 十五世

公諱扶字守愚號怡園東園公次子服田力穡胼胝任勞曳杖啄歌逍遙自得教子若孫惟耕讀二事丈石公見其諸孫森立嘗嘆云此善人之克昌厥後者

雲堂公宗譜傳 十五世

公諱招字士旂號雲堂滌梧公長子少負穎貧讀書過目了義痛父不利場屋竟不赴試而于遺經不廢傳習對客揮毫吐論傾四座縉紳諸老如孫伯潭侯少芝顧涇陽輩皆推重之萬歷辛丑續纂宗譜涇陽為之序時年已八十有三邑侯謂有齒德上之郡守樊公給冠帶焉

士望公宗譜傳 十五世

公諱拯字士望滌梧公次子髫齡慧悟胸無芥蔕篤志縹緗黄卷繼晷焚膏無怠無荒年弱冠應試有司屢列前茅但體質柔脆後抱沉痾拋撇丹鉛灰冷壯志遂視功名如泡影棄富貴如浮雲葛巾布袍散步閒唫人望之若蓬島神仙惜未中壽而卒

一愚公宗譜傳 十五世

公諱揆號一愚古衢公子質直古樸不識世間有機械常恐墜先業耤族兄景南公左右之專意課孫每聽書聲輒喜曰書香一脈在此子矣後孫應徵廪于庠

邑志艮玉公原傳 十五世

倪理字艮玉作苦立家幾與安鄒埒而馴謹過之兩弟皆早世諸治辦先兩家而後己萬歷戊子歲祲出千石米備賑仍爲糜飼其里人邑當編役出一身以脫諸貧下邑長加禮則曰往役庶人分也恭而不伐人尤難之

明處士景南倪公傳 十五世 國子監助教 薛敷教

公諱理字艮玉別號景南其先臨安人徙無錫之祗陀至雲林公瓚高不仕元之節放浪五湖三泖間人至今重之兄元偁公珏好修嗜古入國朝五傳有廸功郎宗實迺徙坊前再傳至南樓翁柏娶張孺人是爲公父母公生而滈樸不與羣兒嬉媟稍長弈弈有文會南樓翁家政旁午公代綜汚邪踐更諸役丙夜淬不休移花種竹爲翁娛老投閒之計出則觸扁舟載酒攜二三知己與翁款洽翁病公迎醫禱祠無虛日張孺人病亦如之歿而哀毀歲時念嬪

與孺人輒泣下兩弟年少爲之讓肥產撫存其遺孤不啻己出每晨興必先過兩孤家料理然後及已邑有重役身肩之不以累諸姪諸姪有過立庭下誚譴不少恕兩家孤忘其非公出邑中第知有景南公不知有兩家孤延師教諸子性最嚴肅無躁進意與人交率性坦夷有蓄必洩而後已里中寃苦爲之輸力輸財以杜其釁爭相率取平邑長編役問公某某應若何公對答如響無所回互且強半爲之祈脫邑長問數不滿役奈何公輒以身任之不稍累諸貧困者郡縣有事必躬往賦必先納曰我編氓也敢不

供給萬歷戊子歲大祲出千斛粟以備賑仍爲糜以食諸困人鄉里中周䘏贍乏無所不至人有不能償債者原之反詬詈者謝之斗斛秤衡較若畫一遇善果多割厚貲以從凡津梁利涉與夫浮屠創建不可枚數修惠山尊賢祠刻雲林遺集行於世訓諸子愼毋擇味毋棄餘殘縷必拾遺羹必啜舉步不知其遠近每布衣菅屨以爲常人遇之不知其爲素封之子見家人勤於耕讀輒悅否則不怡姪有以非意罹於法者公不能援顧甚恨對子姓輒涕洟當誕日家人競舉觴爲壽公止之曰兒輩爲老人觴老人不能舉一觴以觴吾姪倘兒欲壽我但使吾姪在左右吾壽多矣玆然者久之病革謂諸子吾一生心事無不可對人言獨不能脫而弟於厄死無以見先人於地下乃卒卒之日爲萬歷甲辰蜡月二日距其生嘉靖庚寅十月九日年七十五葬以次年乙巳二月十六日在蘇園橋祖塋公豐眉廣額巨目隆準吐聲如洪鐘兀坐如山峙入市未嘗一轉側人以爲磊犖孝慈勤儉顯名郡邑間豈可謂非難乎公初配張氏繼吳氏有子五人孫男八人曾孫男一人婚媾俱士族長壻華晴宇士標刑部主事余同年爲公狀最

懇切可垂不朽語云人貌榮名豈有既乎景南倪公近之矣

倪翁景南墓表 十五世

都察院左都御史 高攀龍

倪翁者名理字艮玉其父南樓公故又號曰景南高士雲林先生之後也家故饒至翁益大翁治生不務倖心奇計第以纖悉筋力家內外田廬邇遹一切躬親之寸縷必惜曰尋常所由也粒糝必惜曰倉箱所由也肥甘絕於口綺絕於體曰是膏之火而雪之晛也博弈絕於手侏儒俳優絕於門曰是稼之蟊賊而河堤之蟻竇也能與鄉人通有無而不重取息凶歲寬假之豐則取盈其所寬者曰倪翁活我人人德倪翁至其取盈皆曰當如是矣卒無有怨

翁者南樓公生三子其仲季皆早世諸孤孱然翁視之一如己子田工興晨星未稀翁已躉躉至兩家督力作者既具乃歸自治辦即大風雨未嘗委僕曰委僕不如勤己諸孤有過翁誨之長跽之或夏楚之必改乃已有役翁供之有訟翁理之皁衣吏持符下鄉未嘗一至諸孤門翁詣官府胥卒冀得翁錢爭窘辱之翁嘆曰此吾廉人分吾甘是若輩奈我何癸卯仲弟孤鏳以事繫獄捐金祈白之曰鏳而白如吾再舉子耳而鏳未得白翁忽忽如借鏳繫降嶽之晨舉酒翁悲曰傷哉乎鏳我奈何樂斯命寵之諸子勸翁勿悲翁曰休矣鏳何在而曹獨觴我乎終不飲卒以是病病而竟死甲辰十二月二十也翁死而高攀龍表其墓曰嗟乎當雲林先生念天下將大亂多財為害棄其萬金貲如糞壤飄飄於五湖三泖間卒以其贏留於太空冥冥之中其後人至今富不絕豈非天哉豈非天哉倪翁諸治生狀皆素封翁所能不足多至其待兩亡弟幾於古人所難矣吾一妹適於翁季弟之孤鑰知之眞故表而著之夫表也者標也以示法也若倪翁於人倫間雖師表一世可矣

處士景南倪公墓誌銘 十五世 吏部侍郎 顧憲成

昔司馬子長著貨殖傳談文者以爲千古絕調予特嘉其取善之周不擇巨細乃世人卒諱言富即爲子若孫者闡揚先懿亦惟恐以富掩也相習而爲諱夫此何足諱也富而好禮可以禔躬富而好行其德可與澤物顧人之用之何如耳吾錫故有東湖鄒公堅桂坡安公國其人皆翩翩豪舉其名與貲俱傾一時本之各有所長非苟而已也予以爲國家得若人而用之必有裨於會計即不然而一鄉有若人可備一鄉緩急一方有若人可備一方緩急作史

者倣子長遺指採而列之貨殖附於陶白諸人之後豈爲過哉屬景南倪公卒孤鎬等持晴宇華比部所爲狀乞誌銘於予予忽忽心動跡公勉勉拮据其產非能與鄒安兩公相伯仲要其布衣起家遵用繩墨尺寸不苟有足多者竊謂兩公倜儻而近狂公敦慤而近狷未可槩以蓬蓽之操擯之也因按狀而誌銘曰公諱珵字艮玉漢御史大夫寬之裔也唐宋間代有顯人至吳縣監丞子雲始居吾邑之祇陀五傳爲元鎮公瓚世稱爲雲林先生其兄元佩公珏嗜古好修五傳爲廸功郎竹溪公宗實始居坊前是生守溪公澤澤生南樓公柏配張孺人舉三子而景南公爲長公生有異徵稍長誦經生言神奕奕旺會南樓公家政旁午兼以豪右齮齕之者衆公憤然頓足而起曰彼以我爲非夫也耶且男兒何必朱輪赤紱乃稱豪哉遂請於南樓公願代理家政南樓公壯而許之無何家隆隆起里中見之皆驚服相戒無犯公復念南樓公春秋高爲栽花累石徵其生平往來故知相與烹醪煮茗徜徉名勝以娛其老南樓公大喜曰吾今而知爲人父之樂也已而南樓公病篤天請代比卒柴毀骨立幾以身殉族屬莫不嗟異曰

是所謂五十而慕非耶先是南樓公欲析箸公愀然不自得南樓公曰此莫非吾事汝獨賢勞也強之公乃盡摘其甲產讓兩弟未幾兩弟俱蚤世所以鎮撫其遺孤甚於己子每日必先過兩家擘畫畢然後退而爲家計兩家事稍有不當於意必召諸孤而誨之叮嚀諄切涕淚交下諸孤感激競奮卓有成立而重役至則公又獨肩之至今邑人知有景南公不知有兩家以皆在公卵翼中也公治生無他奇惟勤儉是務每旦雞鳴而興出內斠閱曉織聲則喜過書齋見就明而讀則喜出田間見披蓑而耕則又喜大

小臧獲量材授役朝有課夕有程無敢以鹵莽報生平不爲侏儒俳優之樂不爲陸博圍碁之娛宴客有節不爲流連長夜之飲曰是誤已且誤人不可以訓其自奉也蔬水適於膏粱韋布適於紈綺徒步適於車騎卒然遇者不知其爲公也與人交推心置腹不設城府有負公者亦夷然任之終身未嘗先訟一人郎里有不平事就公質務百方曉譬以解甚而除割已貲從中調護期於兩釋而後快縣官編役知公長者輒問公云何如公具以對多所縱舍及役不滿數又不難以身任環公居數十里間飢者待食寒

者待衣有叩必應或不能償置不問歲戊子道殣相望公惻然憫之捐粟千石廳募退復私爲粥以活老稚者無算其能爲人分憂恤患類如此而尤篤於水木本源之思修尊賢祠謂是雲林公所俎豆也刻雲林遺集謂是倪氏文獻所徵也輯家乘謂是祖宗脈絡所係也晚而猶子鎗罹不測坐圜扉公日抱鬱鬱竟以成疾至屬纊猶泣謂渚子曰向者爾大父與仲叔季叔受誣我老人力爭得白乃今何以下見爾大父及兩叔也言終而卒嗟乎此可以觀公矣公生於嘉靖庚寅十月初九日卒於萬歷甲辰十二月初二日享年七十有五以卒之明年乙巳二月十六日葬於蘇園橋祖塋之昭配張孺人先公三十三年卒繼配吳孺人子五鎬鋼張出錦側室虞出鉉側室談出銓側室胡出余惟鄒安兩公之於貨殖也以畧公之於貨殖也以纖以畧者聚之易散之亦易宜乎一擲千金了無怪色以纖者聚之難散之亦難於是殘縷必拾遺瀋必啗何能遽忘積累之自乎哉乃公所重在祖功宗烈則見此之爲輕所先在父子兄弟則見此之爲後所急在姻戚井里則見此之爲緩自少而壯而老秉執一意始終不遷可謂識其大

矣是爲銘銘曰以義詘利以利詘義離而相傾抗爲兩敵以義主利以利佐義合而相成通爲一脈人覩其離翁覩其合此上士之所不能遵而下士之所不能測也會何愧乎名鄉碩人之烈

庠彦紹南公宗譜傳 十五世

公諱瑔字汝玉號紹南南樓公次子邑庠生幼孤力學長於詩古文詞尤工制藝著聲黌序屢試棘闈不售益自淬厲讀書日以寸計設天假之年當大器晚成以振先緒竟以攻苦致勞瘵不起卒年五十有二所著有四書講義約編錫山名人錄舒嘯樓制義

履南公宗譜傳 十五世

公諱璿號履南南樓公三子性沉靜讀書研究精微持身尤端謹一言一動咸合矩度足跡不入公庭族黨有訟端必力爲之解人共目爲藹藹吉人

思溪公宗譜傳 十五世

公諱文相號思溪泰嶽公次子長身古貌儉樸端靜受人侮不與校有唾面自乾之風至周人之困拯人之危及甃道路橋梁出己錙無吝色鄉里推長者必首公焉所著有國朝巽人傳忠清齋詩稿

後溪公宗譜傳 十六世

公諱芸號後溪少溪公子性瀟落不附炎勢不趨嗜好坐擁琴書嘯歌自樂尤精數學凡星歷爻象諸書悉窮其奧旨所著有後溪玉鑑錄

慕椿公宗譜傳 十六世

公諱友義字宜之號慕椿士望公次子性淳謹而多才幹練達人情急公好義雖幼失怙無敢狎侮之及長襟懷恬淡緘默寡言自奉儉約縕袍蔾藿居恒不厭待客恭敬山肴埜蔌信宿無倦卒能服先人之畎畮事母孝溫凊不失時洗腆必竭誠痛父早背思慕不已因自號曰慕椿壽踰大耋沒世後孝行溢於閭里至今耆老稱述其事以爲後人警戒云

詔旌善士茂山倪公傳 十六世 乙丑會榜詹事府少詹 華琪芳

今夫特立獨行之士往往出於讀書談道之中爲善於鄉好行其德不必以巉險奇絶爲高也然風俗澆漓世之人乾餱且有失德矣若茂山倪公能不以封殖自私拯困扶危備一鄉一邑之緩急所以士大夫有足取焉奏之朝廷特旌爲善士也按公諱士昌茂山其號也世居錫邑之祗陀至隱山公愛陽羨之溪山時與隱君子徜徉肆志遨遊其間遂卜居城北之蔣濆里代傳清德世有令聞數傳至公能繩祖武而振家聲由是倪氏始大公自幼穎敏好讀

書口授即能成誦及長習舉子業下筆灑灑洋洋不拘繩尺卓然有大家風數試不售及見魏璫竊柄禍延正人乃翻然曰世路巇軻時事不可爲矣大丈夫不能效龍之伸寧甘爲蠖之屈安能局促如轅下駒哉遂視功名如泡幻孜孜焉日以樂善好施爲事會庚子大水江北災民流離漂泊者以萬計邑侯勸郵衆皆難之公曰救災恤鄰道也慨然日以粟百石散給如是者月餘得保災民無恙宜邑設立善堂公倡捐田五百畝佐成善舉至今經費稱如者公之力也他如建橋梁甃道路矜孤寡拯貧乏諸善事不勝枚舉噫如公之孳孳爲善惟日不足奚可以富人目之哉由是士大夫環叩當道請旌於朝給帑建坊以厲澆風以振末俗可謂榮矣彼世之擁厚貲享肥甘偶見鳩形鵠面之徒視若無覩者皆公之罪人也予恐公之行誼歲久湮沒因撮其大畧而爲之傳彼世之堅慳囊封倉廩而不散者其亦可少媿矣

論曰仗義疎財公之稱善士也宜哉吾邑有艮玉倪公者公之同堂叔也敦行孝弟樂善不倦士大夫禮公如重賓顧涇陽先生嘗銘之以義主利以利佐義迄今炳熲史册

今核之於公一則稱善於錫一則稱善於宜何其遥遥相應若斯也豈聞風而興者乎詩云高山仰止景行行之共兩公之謂矣

處士倪仲怡墓誌銘　十六世　戶部主事　侯鼎鉉

處士姓倪氏諱友志字尙之號仲怡南渡始祖宣撫使諱道子子雲勸農於吳始卜築祇陀因世亂累世不仕六傳至元佩與道鑅雲林號爲高節又七傳至東園公禎禎生怡園公扶處士父也處士生而沉靜端默齠及角丱儼若老成人讀書明大義見忠孝諸事則津津飫心必以步武古人爲嚮慕帖括飣餖語僅以博榮進者曰是有命焉非所惝惝也念父怡園翁老蹙然曰吾奈何以荏苒吚唔貽堂上困憊乎即棄弗事事服田然苦質脆汗滴膏禾則念曰

吾以養吾親共吾職彼旻天竭力何人哉事父怡園翁委曲承旨問安視膳朝夕皇皇翁於含哺之餘輒得角巾曳杖縱步徜徉有餘樂也事母錢孺人寒爐夏扇孺慕依依小恙卽籲天戚呼願減祘以益堂上手調藥餌不解衣帶怡園翁八十有四錢孺人八十有一捐館舍處士哀毀於草土中不欲生也既而營墓舉喪傾囊不計兄心怡欲均任之則婉謝曰弟知有親他曷計焉事兄心怡每事推讓諸姪授之讀數年不言倦凡諸孝友未易數也配華孺人中道棄背或勸以續膠曰吾糟糠半世河水明心故劍繫思絃琴爲痛念言甫及雙袖淚濕矣君勿齒也徬閭里族黨一推以誠勞不居功施不責報或有訴誶輒戒以平心負氣而來飲醋而去其訓子弟必以敦本爲先曰做好人行好事力學力田乃正業也見匪類輒目去之有干名教者終不交一言一二善人延見恐後焚香煮茗契語刺刺不休嫉惡好善類如此性嗜禪悅日談無生論少時卽不茹葷惟虔奉佛布衣薄澣勸之縠紈則曰不有中宵號寒者乎蔬糲爲甘勸之嚮肉則曰不有中澤啼饑者乎嘗貸鄰人金居亡何病仆後及期袖子母金償伊子不知也告

之故駭曰固有不愧屋漏如君子者乎曰吾不欲居負之一字也且而父存日而負負顯而父沒而負負冥冥更不可追也居恆庭訓必問今日何所爲儻一事習非卽鬱鬱不樂古人所以夜而計過無憾卽安也兩嗣君唯唯受教處士一生鄉黨油如也宗族藹如也昆弟怡如也見一匪人聞一媟語則疑如也長齋學道三十年未嘗作一非分事吐一不情語人望之畏挹之和平生參究每以大事未徹爲憾卒之日延族弟鉢雲僧念佛沐浴焚香翛然端逝瞑三日已而肌生檀欒氣顏皙如生溽暑不蒸人咸謂爲

善之驗也處士生萬歷丙子二月初一日卒崇禎甲戌五月十四日享年五十有九其孤應瑗應璉卜吉於癸未十二月二十四日甲申扶柩安葬於漆塘山謝家塢之新阡敬華孺人兆合焉爲之銘

銘曰士而農詩書畝宮以樂王風農而士耒耜禮義以淑厥裔惟倪貽謀世允臧式穀受祐天降祥蟬蛻濁汙仙骨香漆塘吉藏後永昌

述先父肖愚府君先母華孺人畧 十六世 男 應徵

少時狂心妄想思掇高第立殊節可不朽吾父母甫爲弟子員恨墨紳魚肉吾族奮螳臂當之縣官溺紳言不肖遂擲衣冠薙髮歸墨東林諸君子高忠憲安光祿陳太常劉光祿輩併心持公墨紳挂議龕於訟閱六星霜暨事辯復甫二年吾父肖愚府君背捐又二年吾元配葉棄我又二年繼祖母余孺人謝世又三年吾母華孺人背捐棘人攣如者殆十年所也年且四十矣子女婚嫁無虛歲鉛槧久拋壯心灰冷吾父母遽艱瓶無遺粒草草營葬不克徵大儒鴻文以志不朽所藉以報劬勞惟十斛淚耳吾父諱友才字達之別號肖愚甫六齡王母王孺人棄世王父一愚公不任生事寄養伯氏家弱不好弄惟好讀三四過輒能誦十二解屬文十三居址爲鄰家築室蠶食過半擲去管曰吾安能坐視侵我疆乎輒治木營室王父聞而館歸視已巋然矣因棄讀習貿貿布貿粟無不貿無不起亦無不落延師課不肖經歲半在外供具修脯悉吾母華孺人力支一卮一饘皆本十指迨不肖知制義吾父母百千荼苦矣冀不肖樹立最苦見不肖龕於訟困於貧又最悲鬱鬱

而病病而死矣時年僅五十有三吾母六十有一生我劬勞盡人子類然獨不肖父母又倍之嗚呼痛忍言哉念吾父母之事親孝御下慈恤嫺睦族範俗持身立教垂訓俱可爲後世法不肖兢兢受持七十年罔敢隕越故論樹行則言物行恆屋漏無慚而鄉閭允愜雖古君子不多遜也顧不肖素守長貧賤無能乞鴻文以光泉壤終天悲恨可勝言哉可勝言哉

躍衢公宗譜傳 十六世

公諱一龍字起潛號躍衢繼雲公子廿守淸素教子義方其垂訓後人以天倫爲重以安命爲先或耕或讀不忮不求惟務盡其分以葆其眞以所爲格言正論永可爲子孫法守

儒士子明公宗譜傳 十六世

公諱揚名字子明號楚田東泉公次子禮部儒士濟泊寧靜雅好幽潔築室數楹前後疊石浚池竹梧交映花香不斷坐臥其間日擁琴書寄趣塵埃之外灑如也

明郡邑鄉飲介賓念萱倪公傳 十六世 鄒期楨

念萱倪公錫之梅里人也諱鎬字宗之號念萱公具隱德望實孚於鄉邦衿紳月旦欲賓公於三老之堂以爲郡邑重公固不應强而屈介位以成公讓德之雅然非其好也父景南翁好行仁義具顧端文公傳中其上世有倪元鎮者海内所號雲林先生也公宅衷長厚性度廓落大有雲林遺韻而好行仁義一似景南翁嘗有商人市米於公直入而米未出數日後直頓昂商人至私心以爲公必權時直以相償公笑曰何待我之戔戔也我豈悋錙銖之益不

令梯航至者稍獲贏利以慰其家人父子之望乎商人喜出意外拜謝而去四方聞之額手稱公爲長者名滿江南北矣俗之澆也損人益己即價定而貨昂尚不免有出入之吝况價未定而貨頓貴儘可爲譸張之幻乃甯損己以益人沾公惠者無不人人喜有餘也每歲除親友無依者虚館迎之相慰曰椒盤柏酒人有同情不腆春卮可以卒歲何靳數夕之需不令窮交一破顔乎迨别輒攜金納之曰此爲新春壽願歲以爲常勿以菲薄斥也少陵云安得廣厦千萬間大庇天下寒士皆歡顔眞公之謂矣乃若孝弟也者論語以爲做人根本讀詩至鶺鴒在原兄弟急難之什輒喟然嘆曰此詩之善言兄弟也因呼諸子謂曰凡人孝事父母者多有之獨兄弟間每每肙角弓之刺不知兄弟父母分體也不能恭於兄友於弟又何以慰其父母古人燃豆之咏折矢之喻良可念也兒曹識之公與仲偁萱公同爲張太孺人出次中翰公字和次鼎和又次衡甫則公最幼弟也齒且三十以長公每於歲時朔望入謁諸母則抱其第寘懷中而咻噢之惓惓問寒暄問飲食靡所不至且朞望其成立如農夫之望歲迨中翰公翩翩鳳池

邀封誥以爲父母光寵而季卓然自樹壎篪唱和一堂而公乃大愉快事母張太孺人及繼母吳太孺人委曲盡禮張太孺人早世每春秋修祀事淚蔌蔌下吳太孺人性稍卞婉承之無弗當意推恩外家厚加周邺以及遠近中表無人不到蓋有他人所不敢啟齒而公已默會之預迎之曲曲意得而去不惟公忘其孚而不任德即人亦忘其受而不任感夫余嘗謂砥品行者莫先於孝弟孝弟中斷無僞士壞品行者莫甚於貪悋貪悋中定少端人公所輕若彼所重若此其品行寍在古人下哉

贊曰余於倪公僅一交晉望其狀貌豐碩不凡吐聲若洪鐘心甚奇之昔者吾友許君環海孝友廉讓不妄許可每謂余誦公篤孳之行不啻口出今以諸孤所敘次核之平日所聞言言皆合信公之爲隱君子也今當吾世而有如公其人者數輩在一鄉則德一鄉在一郡則德一郡在天下則德於天下於以起敝俗振頹風登叔世於大道惟公任之不爲難也

明邵邑鄉飲介賓念萱倪公墓誌銘　十六世

按察司僉事　王思任

鎬字宗之別號念萱痛母張孺人早世也其先居梅里之祇陀倪元鎮先生清閟閣址在焉又數傳爲宗實號竹溪竹溪生守溪澤守溪生南樓柏慷慨好義有古俠烈風是爲公王父公父則贈公景南翁也按公一生懿行不勝書獨以布衣聲稱於郡邑一時賢令俱折節禮之賓筵夫布衣行不越鄉閭郎好施稱長厚頎安得通都人士咸共推獎而無間言者此可卜公之行眞大厭服矣公事景南翁惕息無敢懈事繼母吳孺人益謹愼惟恐失懽以率先諸弟也念母張孺人背捐早不克躬養輒又含涕嗚嗚幾無生人趣也可不謂孝哉景南翁以猶子寃鬱疾不起公能左右之出金半千不少倦色公兄弟五季最幼公代綜家政季得一意讀書後因公所綜遂饒於貲最後景南翁遺藐孤五齡耳公體景南翁意分予貲產如翁手授諸所經紀悉有荷不令孤有失怙悲待諸妹如弟諸甥如姪數贈遺歷久不衰垂涕訓諸子曰吾愛弟妹念先人愛子女也友郎是孝此語尤屬至性好賓客履嘗滿戶親知過從輒

作數日留坐花醉月逐勝尋芳客或抱膝高吟或分曹角勝則怡然神賞諸食技術自遠方來者公延納之經歲解推諸遊客稱居停賢主課諸子讀待師友嚴重有加三黨子弟質美無力令就家塾學教養培植不遺餘力後生藉公有成未易更僕所謂成人之美者非與濟人急難若痌瘝乃身生者藉以舉火死者藉以含殮庶幾胞民與物以爲襟度又非止好行其德已也他如解金代役止訟還劵彰彰足述者他人則爲絕德以論公爲牛毛龍蠖矣大抵公之孝友自關性眞人卽能讀書了義理負慚天親往往

不少如公以毀瘠事死以愉婉事生念鞠子哀以敦同氣推一本誼以恤同枝我國家設賓筵崇齒德煌煌大典何容濫厠必若公者斯可無負矣蹟其行事矢口則忠信處躬則醇謹願類萬石君結客養士烹肥給鮮稍似田公子排難解紛不避愉惡則又魯連先生之遺風也公配凡三先後五舉丈夫子兄弟英英繼起皆足以振公之緒非久跼蹐轅下者將以己卯嘉平之八日葬公於蘇園橋祖塋之穆敬掇其槩而系之銘

銘曰東鄰藏金盜睨其陰西鄰樹德天賀其積誰縮誰贏達心則明昭昭未判冥冥握算吾何以卜公之全生有永終之譽而歿貽百世以安

念萱倪翁像贊　　大理寺寺丞 張瑋

有美一人錫之東麓藹藹其容便便其腹惠和孔嘉爲善不足卽爾遺像溫其如玉百爾君子莫不式穀

歲癸丑獲交念萱倪親臺坦衷澗度與物無忤蓋得之天植絕不類浮薄也旣而交漸深挹翁之行誼漸熟益信翁植之天者甚厚卽古所稱敦篤好義勇於爲善不多遜焉嘗過翁家見夫親知滿座歡洽浹旬

皆食公之德者也翁故饒於資藏獲千指家政一本於寬不吐一鍥薄語不行一殘忍事獨處于于與人油油誠樂天有道之君子也又二十七年翁長君伯雨出翁小像索余題語因思肖翁貌易肖翁神難若翁以有道稱非僅摭拾膚語可以宛似亦世尊所云汝得吾骨未得吾眞也聊綴一言用酬兩世交誼云

佩萱倪公墓誌銘 十六世

大理寺寺丞 張瑋

余於惠山之麓識佩萱倪公，輒走舸邀余留連數日。長君亥君及諸孫侍酒，闇闇起立，頫仰悉有度，余郎此已知公家政。後仕於都，亥公弟宇和內翰爲余言：吾官數千里外，微仲兄誰釋吾內顧憂。先是析箸時，贈公憐吾孱，命仲兄筦出入。仲兄之庇吾豬也，實於自豬，比婚冠豬且倍溢，悉委之，不手一文。贈公色喜。余聞之，益欽公友愛，因悉公事贈公時，深維服之義，中輟伊唔，一切男耕婦織、轉輸踐更，不以詒老人。勤昧旦起櫛，励勤內外，酬接賓客，咸井井當

贈公意，念張孺人早世，忌辰嗚咽，不異嬰慕，涓陽展愛曰：如見母也。惠及中表，煦育備至。事吳孺人，沒齒愉婉，秉養之日，戚之如失張孺人時，愈以知公篤孝，纘承不獨鼎養之爲隆也已。余姪女適公孫茂植，每歸必向余述公閨門之內，肅如朝典，童婢罔敢出聲，然甘苦與共，非苛細爲嗃嗃，而子姓厥愛惟均，如鳲鳩之下上。自訓長君輩以及諸孫，購書延師，歲費中人產無所惜，身浣衣，口蔬飯，戒子孫毋侈靡。門外有長者車，則擊鮮釃酒，惟恐不當賓意。有女適鄭，笄而天，憐鄭孤無依，返其幣，仍撫一戚女，女之卹愛視諸子。一女適潘，夫婦相繼歿，藐焉二息，哺乳婚嫁，視諸孫。公之篤厚，大率如是。歲苦重徭，同里有力不任者，公挺身代之。里有爭，爲剖曲直。昏夜以緩急告，必應，或不酬則焚券曰：債了矣。以此雖布衣，而同邑顧端文、高忠憲諸君子壯之，如重實。仲君避庠，公不色喜；諸子姓困童子試，公不色慍。每曰：吾不願汝曹富貴，但願汝曹知禮義，稱鄉國善士，無忝家風。斯言也，仁人君子亟首肯之。公豁達無城府，年逾甲子，氣色昌盛，私喜公壽未央。迨余自江右歸，而公訃至矣。公孝友植於性，行誼孚於里，詩書留於後，聰明

堅毅之氣，至歿不衰，天壽有終，眞性不毀，夫又何憾。公父景南公理，以宇和貴，贈徵仕郎中書舍人。元配張，贈孺人，實生公。公諱鋼，字成之，佩萱其別號也。生嘉靖癸亥十一月初一日，卒崇禎辛未三月廿三日。配浦孺人，文學少陵公女。子七人，孫男十人。茲卜壬申年十二月廿三日安葬於唐公橋之新阡，因屬誌，并系之銘。

銘曰：雲林冥冥，白駒不逝。有暐大節，昭茲來系。公起作求，匪斷匪劇。勤則上勤，澤惟下逮。何有何無，則揭則厲。公樹者玆，嗣武勿替。鑱茲瑱石，以告世世。

隱君佩萱倪公墓表 十六世　　宮保戸部尚書張有譽

隱君有心計負濟世才屈於親而不得仕故稱隱君云隱君殁之明年冢嗣德淸謀諸母及弟筮日月獲吉將扶柩葬於唐公橋之原業請憲副張二無年兄誌銘匃屬不佞有譽表其墓按狀隱君諱鋼字成之號佩萱厥先出東海郳城後占籍梁溪梅里之祇陀君高祖廸功郎宗實徙坊前生守溪公澤澤生南樓公柏柏生贈中翰景南公理配張贈孺人舉五子隱君其仲也生而質樸凝重處兄曹中如野鶴雞羣弱冠文名籍甚師事龔方伯穀所友事周京

兆蓮峯兩公一時名實交許庶幾頡頏青雲之望會景南公春秋高公私裨益君喟然曰吾安忍徹一日之遇而貽吾親百年之勤耶遂謝佔俾代綜家政獨力仔肩於是景南公色喜既而析爨時叔季並在髫稺公以季產屬伯子以叔產屬君各代生息既冠婚君舉產歸之視昔輒倍景南公病迎醫藥禱神祇皇皇如不欲生迨捐館哀毀骨立追痛張孺人早世事繼母吳孺人如事張待諸兄若弟益友恭念幼弟弱小倍力㖃掖外侮之偶至繇役之叠與挺身代之謂德淸輩曰此吾同身而異頭面者其可分爾我歧畛域以厪地下憂耶從弟以無妄久繫景南公存日急欲脫之而未得其會君卒脫之曰此吾父志也至若五服之親中表之戚卹厥緼椒遺賷於塗入西君不問親疏璧枯植仆割甘分腴務俾人人厭意姊妹氏親所鍾愛厥饍珠琲元黄筐篚不遺餘力長女適潘不久俱殞攜所生子女歸卵翼教誨無介失所次適鄭不祿君不忍失怙增撫女以配敦伐木而篤蔦蘿肫肫倫理大率類此與配浦孺人内首相莊襉帷之内臧獲温温不聞嘻嗃訓諸子先品行而後文藝曰吾非以富貴望子弟也仲子德滄蜚聲膠

庠餘並玉立芝秀燕燕未艾天之報施豈或爽哉年薄古稀狀貌魁梧法當上壽忽一日赴西山歸舟中欬唉如故乃以偶觸風露臥六日竟不起時辛未季春二十三日也君一生孝友天植慷慨任事人有以緩急告未嘗辭或匄貸之卒不問所償性好客客至倒屣下榻信宿無厭怠自治甚菲日不知山海之錯身不挂綺縠之華及見古彝尊法書名繪之屬復不惜捐鏹以貿里中或琳宮圮壞或津梁傾圮有以來告又未嘗不鳩工庀材鮮其丹碧更其朽折多善果云嗚呼若公者可以表矣

絅之倪公墓表　十六世

戶部主事　侯鼎鉉

嗚呼此倪迂高士賢子孫之墓夫絅之讀中秘書駸駸四牡歌皇華者三出入承明盧滿九載考加秩員外郎邀綸綍贈父若母如其官此之迂翁傲睨軒冕高隱不仕毋乃顯晦異轍余曷不題曰秘書公之墓乃題曰迂高士賢子孫之墓有說乎蓋倪氏世敦愿樸誦讀耕穫世濟其美若夫襟期清曠弈弈風華可紹迂翁之清尚者則絅之堪後先輝映也絅之父爲景南翁實稱吾邑素封所授產半爲家奴所耗絅之急親知之厄蘇姊妹之窘粥饑者梓死

者焚逋劵貲圯橋類迂高士之不屑阿堵也素悟無生皈雲棲參學遇招題蘭若每捐金布施類迂高士之誠感蒼穹也猾奴侵蝕以數千計或盜所藏珍寶至不貲事露俱置不問曰吾奈何以筐篚易人性命乎雲林先生有清閟閣遺稿不忍散逸也鐫之成帙騷壇韻士獲如拱璧於宅旁築一圃花石位置俱入畫譜建一樓顏曰帶經藏所鐫清閟遺稿及古法書名畫宅週皆植松桂梧竹蔭映蔚葱何啻三徑之蔣五柳之陶幾幾乎與當年十里桐蔭差堪髣髴矣絅之坐卧其中蕭然靜遠會心獨往陶陶然樂栩栩然適也每風清日煦好月佳花與一二三寶朋盤礴笑傲或詩筒酒政或琴韻棋聲夫俗之惑溺名利而不知返者相萬也余故曰迂高士賢子孫也若絅之胸無機滓故視業之殖落如潮汐倏移卽其寄迹金馬亦僅爲泉下光耳詎以一綬爲腐鼠乎故其仕也亦吏隱也絜之傲睨軒冕高隱不仕謂祖孫同轍奚不可也余故表之曰倪迂高士賢子孫之墓也雖然吏隱有說乎曰有絅之在長安時丰姿玉立福清相國以下如平華林老師同生許文[illegible]俱推如衛洗馬絅之絕不爲意侍御李公宦冷曹絅之多所綏

急及李視學江南或以竿牘請絅之笑却之曰是市道也寧豈望報而加之意乎其衷慎尤可想見於以稱倪迂子孫清尚誠何忝焉余故表而著之以愧夫齷齪之子據褒踏爲蜣丸而以市道終者

明工部員外郎兼武英殿中書邵欽大賓字和倪公
墓誌銘　十六世　山東右布政　邵名世
曩者福清相國秉人倫鑒從禁中特隆禮公稱爲秘書
翹楚先是平林翁師與名世從公游早識公於章縫間謂
金情玉貌表裡俱徹異日當以碩德著後公官秘書歸郡
大夫稔公賢借以光賓筵盛典於是公碩德重望遂爲吾
郡山斗云辛巳夏余從七閩歸見公鶴髮童顏精神矍鑠
甲申秋余銜命東還聞公困二豎今年冬訃至爲愴然久
之一日公之長君駿衰絰匍匐手一編且拜且泣欲以墓

中石托也顧余方跧伏苫蓋爲固辭者再而長君固請者
亦再余又何敢辭公諱欽字綱之別號宇和漢御史大夫
寬裔也唐宋間代有名臣至廸功郎竹溪公宗實始從祗
陀徙坊前生守溪公澤澤生南樓公栢栢生贈徵仕郎中
書舍人景南翁珵珵生丈夫子五人公其三也生而韶秀
慧朗贈公愛之甚以亢宗期之垂髫補博士弟子員郡人
士嘖嘖嘆盂犇焉贈公性嚴偘稍不當輒加切責公能宛
轉當之丙夜伊哦燕爾勿輟體贈公意盼公能讀也父兩
兄子兩弟有急難則以身翊蔽體贈公意茂庭荆而棠棣

夢也同堂弟有厄無妄者有苦多病者有雀角累歲幾欲
罷其子帖括者公引爲疴癢鞅掌任勞炙艾分痛或開家
塾延經師鑄就之體贈公意奇愛猶子并奇愛猶子之子
也誕公者爲虞孺人有賢德弗克享壽考公能曲承其意
飲杯棬常思慕云公性好華整至歲時享祀尤備極豐潔
氍毹之上凝神默思忽忽若有見者念雲林先生爲千秋
偉人梓其遺稿公諸海內咸珍拱璧先生用以不沒後有
盜其坏土者公爲嚴創之高賢潔壤乃不爲非種所擲戚
屬有壻公者有壻於公者公一以父事之一以子視之終

其身如一日官都下時嘗念昔年師友落落晨星長翰兼
金歲歲候起居弗絕蓋道盟在臆千里如几席間匪第分
噢咻寒而已至於利益之事行之惟恐不及橋圮則曰惟
我贄之祠圮則曰惟我鼎之病且死者則曰惟我槥之死
而不能竁穸則曰惟我殯之負租負金者指不勝屈則曰
此歲不登也貧無奈也惟我獨免之乃至捧綸於役席嘗
不煖亦必乘機行搆屋貯骨齋僧度亡及飛蚨施乞等事
而利益之最大者則爲刲施教典壽以青梨普及大衆樂
只君子福履綏之未必不由於此公折肱舉子業不下二

十年終不欲借暗中線索梯航雲漢一日喟然曰進賢可
勿冠也爲人子而可弗以尺一之綸榮先人泉壤哉且恩
勤育我者虞孺人之德與天無極庶幾彤管徽音可報萬
一乎亟引漢長卿故事得出入承明稱玉皇香案吏一時
譏公者身依黼黻凝在大羅縹緲間而公固泊然不有恭
貌怡聲一如雞窗相對時人以是益多公謂公瑾醇醪復
來吉人也憲皇時朝儀希舉同官集累恩者未免作翱翔
態公獨跼蹐有加同官爲斂容天顏近咫尺矣洎哲皇時
海內諸正人多以逮繫死公必偕同志奠生芻及吾鄉高

忠憲公效靈均遺跡公欷歔久之有人之云亡邦國殄瘁
之憂焉此皆公嚴氣正性不能與泛鳧上下者也惟是將
母之念夢寐不諼拜官之後即乞假歸見虞孺人有晬色
且善飯公喜不自持委佩堂下無殊月地雲堦拜蕊宮仙
媛也後公以九載考得封贈如制而虞孺人亦並邀恩典
焉至是而絡秀之賢果得方幅齒遇矣方盍喜不自持謂
今而後虞孺人之德可報萬分之一吾其以耄耋老乎日
與諸友生婆娑花樹下鳥影既盡蘭膏繼之我不欲眠君
亦不必去蓋公之善養歡喜神如此養生家謂性情歡喜

者壽可百歲而甲申正月公乃爲痰所苦越四年竟不起
矣聞公在床褥時嘗語兩孤曰人有三不朽雲林先生乃
兼備之可謂法施於後矣而惠麓賢祠之外未有專祠此
大缺陷事又墓在芙蓉山足嚮背鬱葱浮氣矣迺斧斤之
後繼以牛羊未有護持復故者此又一大缺陷事此二事
者朝夕耿於懷竟以平生未了留與後人并以俟同宗之
敦本者意良苦矣公卒於順治丁亥十二月初三日距其
生故明隆慶辛未六月廿八日享年七十有七元配敕贈
薛孺人先公三十年卒繼配敕封安孺人子二擇吉戊子

歲正月初八日甲辰扶柩安葬於坊前梅里之新阡從虞
孺人之昭穆薛孺人兆合焉余惟公之行大約孝友睦婣
任恤可謂兼之夫士備六行者法當升之司馬入俊造之
選而公幾以鹽車老夷然無戚戚容及其侍森嚴備法從
邀天子曠蕩之恩貢及泉臺光騰珂里亦既大酬厥志矣
而公無赫赫容若公者豈非足於內無待於外豐於道無
繫於世者耶宜乎碩膚賢相下几几之舄而賢邑侯寵之
以月旦賢郡大夫重之以笙簧也是宜銘
銘曰阨於始贍裵無年侶蓬蒿之子亨於終日月在近親

黼黻之容帝懋乃德絲言奕奕五花誕膺九京以懌懿美
既備鄉邦允式是名不匱之孝爾類爾錫宜與鶴歸泉涌
之雲林同樹孝思之維則

太學鼎和公傳 十六世

姪應徵

鑑字珍之別號宁春後更鉝別號鼎和父爲贈中翰景南
翁舉丈夫子五嫡張太孺人出者二側出者三公生母則
談孺人也景南翁繼配吳太孺人談孺人奉之惟謹公周
旋兩孺人間俱得其歡心故吳太孺人之愛公忘其非已
出也公爲文深湛多思勃崒理窟入成均爲祭酒先生賞
識而内疲索賦外困諸役分身酬應不遑事吚唔其事景
南翁也與其弟銓皆稱孱稺一切從三兄後弗棐見至侍
嫡母吳太孺人生事死葬雖有諸兄獨以身荷不令瘁也

事諸兄則莊敬惟謹雖當燕笑絶無怠容諸兄憐其莊敬
亦畏其端慎待諸中表及外戚恩禮交至賴以無饑寒者
指不勝屈也不事浮屠言每曰吾儒之道廣大精微親親
仁民愛物士大夫竭蹶不逮安用六度梵行爲性好施與
如句讀師存竹華公鉛槧師實海許公贍其生前恤其身
後其子孫至今德之以至遠方遊客淪落來歸終歲款留
畧無厭怠去則贈之厚遺雖當業落時弗恡也浙楚間有
佩德而踵謝者公德可知矣歲大水窪岸苦涉或顛溺死
公惻之爲割百金築以石蜿蜒坦蕩人人歌誦焉他如建

圯橋㧞仄路身所歷必爲爲必果臧獲千指一待以恕有胠篋者有乾沒者至漏巵無算悉以不較心之寬性之厚類如此業擅素封不事齷齪居恆結趣閒適以花石臺榭自娛匠心位置一一可人亦因邱壑在心不禁騁宕也歲辛未有偷兒居人戶公怒而鳴之官會彼同姓有倖捷者聚族而謀誣公以法遂傾公貲然公卒得白而攫金者無不駢死嗟乎疇謂天道無知哉家以誣落爲公扼腕公坦不爲意花晨月夕興復不減親朋三四命酒歡對灑如也暇則陳篋中書研朱讐校至老不衰尤雅嗜云壬辰上巳

設奠於芙蓉山墓歸舟適觸危梁石隕舟覆竟罹於難意外殊厄異哉公生於萬歷辛巳十二月十六日卒於己丑三月十五日配華孺人先卒子七以某年月日葬芙蓉山之新阡啟華孺人兆合焉

野史氏曰太史公作伯夷傳以回夭蹠壽致疑彼蒼夢夢誠不可問也公好行其德他不具論卽所經見遇深厲淺揭輒不勝胥溺之悲不靳捐金出之阽危噫可謂仁矣乃公卒遭陽侯之毒天之報施何如哉雖然死生幻也顧中所自全者謂何耳古來積德者不於其身必於其後是正不足爲吉士病也於公乎何憾焉

節錄瑣敘存眞 十六世 姪允超

存眞者何爲從叔褎劬翁作也翁古貌古心識者謂羲皇上人可以砭末俗之澆漓人盡如翁天下都無事然則翁之生翁之死甚足有無於世不得不取其眞而敘之瑣者何踏拖雜出罔有倫脊雖事無關嬾蹟語無關彝訓亦絜絜而筆及焉翁生而善讀鄒魯微言外東西京諸史昌黎眉山諸大家俱膏沐不倦不意癸卯二月驟罹非常之禍郡邑兩侯過於繩富深於引嫌臚高將尺率無平反纆絏數年義僕張耀自任首禍翁後輕擬後邀 神廟欽恤之恩始得從容家食而翁之橐罄矣翁前生寡緣七頭之毒爭欲以翁試濡縷賴仲叔念劬翁思緯沉密未雨先桑故終翁世長鯨短狐翕然革面翁亦自謂嚮後餘生皆天幸耳遂放意麯蘖花之朝月之夕從無有寂度者翁平生無匿意稍有怒聲色俱厲及怒平後又春風著人任世幾八十年世情世相都無一曉人以肝膈披翁以肝膈應即以城府禦翁亦以肝膈應斯民三代翁之胸中實有此境界或語余曰子之瑣敘以存眞也眞存矣瑣奈何余漫無以應

公僕張耀字秋岩邑之城北人也萬歷癸卯二月夜賊盜公池魚諸僕擒毆公聞驚起已斃一時按擬罪坐家長前毆賊時耀適他往至是云耀受主恩圖報在此遂自首堅稱賊實吾毆與主何涉反覆鞫訊竟無異詞後斃於獄公始得釋

倪長者別傳 十六世 監察御史 秦鏞

丁酉之冬堠里倪氏余姻友康侯建侯謀爲其尊甫念劬翁謀宅兆將葬有日矣於是婣婭故舊相與執筆摛詞或誌幽宮之石或書麗牲之碑言人人殊客有問於余曰子非操觚者流耶可無一言而處此余曰固也客問倪公何如人余不對又問曰其在隱逸義俠貨殖三傳之間乎客憫然而退余乃按狀併以所聞於父老者爲作傳曰吳俗惡樸而喜文恥賤而慕貴以故閭閻子弟稍具饘粥率不甘以布衣老其大者借聲市交通賂遺爲貪緣稍炫赫矣

次亦章甫縫掖爲儒衣冠以號於鄉里否者齒成均遂謁典銓稱官人方公之時殿直中翰之班光祿上林之秩何纍纍也卽公家亦有褎褎然冠庭揖上官者公不爲色動布袍芒履游行田間晏如也卒遇田夫野老卽與話桑麻晴雨爲狎望之疑爲沮溺丈人之流其視瑣瑣膴仕爲何等哉故曰隱也凡世人爲身家計者多縮頸避事遇人有急難雖閉戶可也奚問同室至其度事出費不妄損一介以爲能守此挈瓶之智耳公於其兄慕劬翁之繫獄也無風雨寒暑匍匐往救至不惜以身逮繫同其患難方其呼籲於顯者之門奚啻秦庭之哭必出之然後已急病吏讓不當如是耶歲饑道殣相望邑有平糶之令諸富人皆愕然公首發粟數千石列於四衢是後歲屢飢賚糜活餓者無算其不嗇於所當爲類此夫其不避焦爛以脫人於厄與捐千石之儲而色不恡者非駿烈慕義之士誰爲之故曰俠也公幼時一孱孤耳六齡喪其父紹南公十二喪其母朱孺人方是時幾無中人產久之范孺人來歸相與節縮衣食積纖累銖修業而息之其所留於爐餘盜餘者蓋無幾矣然試問其有呼盧喝雉吹竹彈絲長夜之飲乎無

也試問其有履絲曳縞衣帛之妾文繡被牆屋者乎無也朝而卽事以耕織問奴婢暮而計功以誦讀課子孫自壯迄老更事歷故不見異物而遷焉頃者桑田之變指屈一二閭家多飄風滅沒供人悼嘆而公獨穰穰滿篝田廬無恙豈亦所謂不受命者耶雖然治生之道有二端焉豪者不能隱也嗇者不能俠也公於二者旣兼之矣則亦無乃未可以此槩之與或又告余公始生與臨逝時多吉祥異徵果爾則公殆不昧因果者其亦給孤長者之流與於是作倪長者傳長者諱鉽字振之念劬其號年七十八卒他

懿行悉誌狀中不具書
秦子曰倪於邑爲著姓考譜牒出元處士瓚之後迺余少時則聞有景南公云景南公紹南公並出南樓公紹南公遷堠腸而不祿伯子慕劬翁翁久困閭閻坐廢不振故堠腸之倪至公始大與景南埒微公其不爲南北院者鮮矣然景南公處盛世歌咏太平遇歲時伏臘與二三父老酌酒公堂而已爾公生也晚俗益偷生事稍具輒耽耽睨之乃者大凶薦至大兵如焚吏猛於虎盜憎主人公於其間卒克自奮立蘊崇綿延聲施後嗣不亦偉哉豈非所謂賢豪間者耶

處士念劬倪公墓表 十六世　黄家舒

嗚呼是惟雲林先生後隱君子念劬公之墓蓋余表公墓而歎隱難言也士不得志動云泉石膏肓此在投紱解組肥遯遺榮者或可藉口焉苟上昔不收資身無策風雲徑絕蓬頭歷齒槁項黃馘分固應爾何得以貧賤驕人若夫智略絕人奮身艱難上比秦封能已見於天下矣出其緒餘坐致通顯直俯仰事也猶然守邱園之節被褐懷玉終始不渝束帛之戔戔鴻飛之冥冥其在斯人乎其在斯人乎盍予表公墓而歎公之不可及也公六歲而喪父紹南

公十二喪母朱孺人伶仃寠薄汚萊不數頃屋不數椽惟與配范孺人黽勉有無及其漸登豐裕則又尼於火尼於盜尼於令甲之徵求封使君之羅織足以耗公帑危公家者數矣公不驚不撓談笑應之奴耕婢織畫地程功不改其度卒之倉箱無恙堂構歸然此其識量有度越尋常者顧不以此沾沾自豪屏居深念早孤多傷於先人之手澤遺蹤故墟舊物耳目聞見所及未嘗不欷歔太息低徊感愴於春秋之祀薦新宴賓之奠未嘗不捧卮愾息如聞如見於壽觴之御絲竹鐘鼓之奏未嘗不惻惻心動潸然泣

下也伯兄慕劬公羅於肺石徒跣告哀傾囊佐費退而經紀其家無纖悉遺姊之歸盧歸許歸華者衣食婚嫁嗣續皆公肩之與人交記德忘怨牙角刀俎不難唾而忍之飄瓦置之嚴師良友正人莊士苟訂蘭籍推心久敬不知世有炎涼翻覆態卽朱陳姻婭之好多世交素族且有以儒林祭酒授經公家才其孫而以女孫字者嗟乎此道今人棄如土矣自奉非薄蔬食草履義方之訓期以遠大楸枰偶試卽予杖重懲大約以絶奢麗禁遊閒謹身惜福爲主惟事關桑梓慷慨捐助饑而施糜荒而發粟皆以千計修

梁治道爲德於里中甚力里人迄今誦義不衰然則世有錐刀細人僥倖封殖一旦趾高視翔交關津要睚眦必報以鳴得意爲鄉黨所患苦敗亦隨之者此詎可令公見哉夫公固雲林九世從孫也雲林芥視金玉塵視軒冕一切夷然不屑自放於山水筆墨而公爲高曾計箕裘爲子孫持門戶尺尺寸寸惟恐失之疑相去逕庭雖然公用世才也使肯鼓篋游雍入貲拜秩盌渠不向長安道上紆朱拖紫揚揚作車上儛又不然以輸粟受旌門之典以三老登賓筵之席平揖守令頡頏公卿亦流俗所爭豔公獨白首

壹意不以冠裳易我韋素不以城市易我桑麻達觀元覽振衣若浼豈非清閟之流風餘韻猶有存焉者乎及觀公之生也當里中律僧示寂而來其歿也门誦萬德洪名而去宜其視五濁世區區雞肋盡付夢幻泡影也公伯子鳳木啣悲屬余表公新阡碣余特槩公孝友克家急難好施諸懿行歸之一隱夫山澤之癯隱易易耳以布衣之雄隱其才於竹頭木屑隱其德於賑窮周乏幷隱其名於逸民野老舉世莫能測焉倘所云善藏其用非耶如念劬公者稱雲林先生後不媿矣

處士念劬倪公墓誌銘　十六世 山東右布政　邵名世

顧端文先生誌倪處士景南翁墓稱其以布衣起家心計才力可備一方一鄉緩急至欲倣司馬子長采其行事著爲列傳肫肫有餘慕焉後數十年而有翁之猶子念劬公固翁所卵翼於少孤以至成立者也業雖小不逮翁務本力穡敦倫好施大畧與翁同而顯榮壽考亦復方軌並駕今且沒而葬矣子文學康侯建侯以貞珉屬予予非端文何足稱公有道之中郎顧余與景南翁子中翰君夙講姻媾嘗操筆而書其麗牲之石公有殤兒又辱通媒妁於余

女孫重以康侯昆仲孔李通家之誼郁穆欵洽義不得辭按狀倪之先出春秋郳國後其支子分封於郳邸之千乘則得姓所繇也自漢唐宋來代有顯人自杭而蘇而錫錫之祇陀清閟雲林先生實生焉先生兄雲山公五傳爲廸功公又二傳而爲公祖南樓公以任俠豪里中子爲諸生紹南公績學負場屋聲不屑問家人產遂坐中落配朱孺人生公公甫六齡紹南公[illegible]焉朝露朱孺人以孤嫠攜藐孤帷燈慘澹母子相弔已而朱孺人亦逝則公僅十二齡公兄慕劬公亦未授室外侮狎至賴伯景南翁提攜訓廸

不遺餘力又五年公配范孺人始來歸遂與慕劬公析箸而居南畝所入不給饘粥於是孺人脫簪珥環釧公戮力經營然不能逐魚鹽之利又非能南走胡北走越徵貴徵賤與時上下惟是較晴量雨仰取俯拾此外則謹身節用食無貳簋衣必三浣以期尺寸之積而已會有天幸殖隆隆起乃公雖耑精持籌內行淳備至性過人既早失怙恃每以養不逮親爲深痛歲時伏臘烝嘗饗奠必誠必敬或良辰嘉客杯觴小集亦必先薦寢廟而後從事曰吾呼盧浮白而忍令親寂然享室耶遇花甲古稀子姓萊舞堦前

則潸然泣下至聞鐘鼓絲竹聲怦怦作楚自言吾繇少迄老傷心事多故不樂聞此蓋風木之懷終身弗替矣親朋故舊有談紹南公遺事者注耳傾聽移時不去或桑栢餘陰邱隴片地爲紹南公憩息處輒低徊久之德伯父景南翁每追憶其生前隻字必奉爲韋絃之佩拜像則俯仰諦視謁墓則從容匍伏雖顧復之戀不啻焉伯兄慕劬公以雀角鼠牙陷身狴犴公爲哀訴於端文先生歲暮風狂撼樹拔屋葉舟絕跡重趼累繭疾走七十里雖左足用傷不悔慕劬公除夕卧獄公於爆竹聲中達旦不寐元日辨色

而起卽匍匐赴城爲奔走左右傾囊倒篋以資訟費又爲
之綜理家政外則禦侮内則課讀縱米鹽瑣屑必代爲擘
畫者二十年晚而白首婆娑雁行聯影出入必偕嘗與子
姓集南枝花下念兄方拘攣床褥停杯悽惻亟昇致同飲
盡醉極歡而後快其訓兩文學也慈而嚴訓諸孫則嚴而
慈見文學敝衣縕袍食草具甘蔬水出入不避風雨則欣
然解頤見文學偶博則索杖痛戒見文學偶弈則投子於
河嚴比匪絶嬉戲無歌舞之歡無游閒之賓無鮮衣怒馬
之子弟流水游龍之僕從秩秩如也肅肅如也待師友以

敬鄉𡢃戚以原處井里以和以忍絳帳之選有至三十七
年又延其子十三年者有以中表館穀終身爲葬其三喪
者有感其急難周旋因結朱陳者諸姉之字許字盧宇華
皆爲周其衣食肴其婚喪謀其嗣續而葺橋梁修道路尤
孜孜焉壬午平糴每門千石辛卯施粥每日千人易簀遺
言命諸孫勤讀書多行善親益朋遠損友無忘累世艱難
蓋肯者端文先生之論景南翁也曰積而能散且謂重在
祖宗則財輕先在父子兄弟則財後急在姻戚鄉黨則財
緩公實與前後濟美獨是景南翁生居隆萬盛時如在漢

文景唐貞觀開元間時和年豐牧守循良賦輕訟簡太平
休養易爲滋息公身涉末流運逢陵谷囹圄之阪築軍興
之儲胥尚衣之供奉勛虐之徵求皆於公是問加以壬午
夏虎而冠者助歲爲虐以搜粟爲兵端以素封爲奇貨羅
鉗吉網公父子幾陷不測搶地呼天進退維谷而又三被
綠林四遭回祿槖中之藏所存餘幾其攢眉嘔血羊腸鳥
道視景南翁幾百倍之而依然好行其德昏暮叩門不以
親疏爲解不以瓶罄罍恥爲辭高義視景南翁尤數倍之
公之殁也無罣礙無恐怖惟令閨室誦佛號語文學吾見

空中千佛旋遠當卽隨之而去人咸謂公母胎誕育實在
里中律僧示寂之辰再來示現明有徵驗予則謂公吉祥
善逝皆公約己利物功行圓滿所致故綜景南翁與公生
平論世折衷記其大畧以附於龍門氏合傳之旨而於公
西歸之瑞孝子文孫之報詳述其事俾世知罪福因果天
人感應昭昭不爽善人勸焉凶人懼焉或可以廣端文先
生所未盡乎公生卒享年子姓嫁娶具載行述中其葬在
蘇團之新阡蓋公葬范孺人所卜吉也因爲之銘
銘曰老氏三寶曰儉曰慈又曰不敢惟公克持肯堂肯構

是畲是菑不知者曰殘縷遺穗之蓄共知者曰操心慮患
之貽言物行恆可以匡俗急病讓夷可以濟時潛德不耀
子孫是宜億萬斯年視此豐碑

念劬倪老先生像贊 十六世

非葛天氏之純樸與而乃太邱生之舉止非綺里公之儀
表與而乃圯上之芒屨非萬石君之遺範與而乃鹿門之
徒倚非季布朱家之風格與而乃漆園氏之自矢非南陽
草廬之退矚與而乃安期羨門之邨聽而返觀叉奚惑乎
世以爲文殊之化身而余以爲展也懶仙之奚似

崇禎庚辰科進士修武知縣　濬思華廷獻拜撰

庠彥象巖公宗譜傳 十六世

尙志字象巖邑庠生思溪公子幼受業於忠憲高公之門
生平不發一妄語不起一溢念誠心質行鄉閭信之於世
緣甚澹讀書之外不一及家人生產計有非意加者輒怡
然受之故與之接者穆然如坐春風中七八棘闈數奇不
遇鼎革後不與試事一觴一咏泊如也

學古公傳　繆濂

嘗謂源遠者流長本深者末茂物有然人亦何獨不然況盛德之君子積厚流光有不寖熾寖昌子孫蕃衍者哉濂嘗買棹赴澄由焦溪舍舟登陸道經四河口便訪親家盈疇倪君即濂女孫之翁也長於文墨有幹濟才而尤勤於宗事在書齋情話時見案頭置家史一編即君所手輯初稿展玩之下因詢及宗派答言學古公諱端英元高士雲林公十世孫爲疇之六世祖前明萬歷間自姑熟石埭里遷宜復由宜來遷爲四河口倪氏始遷祖濂以是知公之

由來矣公秉性樸誠晦蹟田園躬耕之暇或樵於山或釣於水有古隱遺風勤慎持家而自奉儉約晏如也逍氏孺人公之德配也出自望族歸公後敬承夫志襄理內政馴謹有餘公善解推孺人亦好周邮一鄉稱善人焉擧丈夫子一名本仁此倪君爲濂述公之遺蹟欲句濂一言不朽於譜濂嘉倪族自公至君凡六傳行見後起振振秀者讀樸者耕繩繩繩繩非公之盛德所由培植也夫爰濡筆而爲之傳

倪氏宗譜譜芬錄卷七

奉溪公宗譜傳　十七世

公諱鼎號奉溪後溪公長子方嚴有守當甚暑時雖子弟未嘗不衣冠相見人咸敬憚之雅好讀書至夜分不輟多通古文詞自奉恆約至周人之急傾橐無吝色每論子弟曰積財不如積德豐資厚蓄可常恃乎聞者欽爲格言

光祖公宗譜傳　十七世

公諱恢字宇光祖蓉芬公長子少穎敏及長孝友並著性倜儻作事善斷克勤克儉雖事耕讀家漸裕崇禎甲申協修大統宗譜議建雲林公專祠於惠山以聯宗族時當鼎革不果及清聖祖登極屢次提議集捐請建自謂蓉門一支願助木料不意事尚未定而公壽終年已七十二矣卒時猶諄諄子姪輩赴各支倡捐以續前議嗚呼雲林公專祠雖係鳳來等請旨剏建我公實發起人也聊贅數語以表公功

祇里倪隱君傳　十七世

翰林院庶吉士　史陸輿

雲林先生在元末家錫祇陀里當時所謂清閟閣朱陽館郎其處子孫遷析雖屢要不出其鄉族既蕃嘗夾興塘河而居故有河南河北之稱其家風大抵以孝弟力田恭儉樸茂爲之本至隱君去雲林十世矣大父怡園公飭躬正已里人方之萬石君父仲怡公攻苦下帷講學不輟東林先賢多稱之以教育後生爲已任其栽桃李不異其藝芝蘭也後得隱君資敏學博文筆斐然則督望尤厚然隱君少有大志會世多故中道棄儒退而修其經鋤世業以博

二老歡每先意承旨孝道懋焉母華孺人多病輒呼天籲代已而愈得晚年强健實天佑之也及兩親相繼逝力行喪禮哀毁骨立爲末俗谷音人以爲難能由是移其愛於稚弟撫誨至成立授室營居咸損己貲用以賦事施及其子復恩禮有加友道著焉推而援族叔賻母黨聯宗人惠中表往往好行其德未嘗以空橐爲辭里有貧人鬻妻遠方以圖苟活者聞之乃往正言諫止即厚給衣食且爲區處日用其人得完聚如初他如減租賑饑築橋治路歸櫬施櫘賑孤矜寡拯困扶危諸善事到處行之人皆曰此有道仁人也蓋隱君雖未絹半綸沾寸祿而抱負非凡雅以古人自期待既修孝友爲政於家又好行仁義爲善於鄉稍露一班有如此居恒親賢樂善恒若不及方二子肆力文章爲之擇師及友皆一時名流儀物從腆無倦色亦無德色尤好結老成善岐黃賚其藥石活人無算錫中有緣維揚樂振之闕唯魯三先輩隱君子也相友善而頗忤時尚落落寡合隱君既兄事之且諭二子皆以師禮事之朝夕則效亦步亦趨諸先輩亦感其意樂爲之盡二子日受其益吾聞雲林先生嘗友楊廉夫張居貞周南老顧阿瑛

諸名士各有唱和具集中今隱君亦有諸賢偕隱可謂高士有孫矣隱君訓子夙嚴課藝之暇教以義方不憚勞或一言一動偶詭於正必動色相誡稱先德述故事耳提而面命之當壬子秋仲子捷書至賀客在堂隱君獨愀然有憂色戒仲子勿與外事勿收僮僕仲子拜受敎迄今垂十五六年恪守如一日聞者稱是父是子焉又嘗榜於柱曰將就着衣吃飯須記邨窮秀才一片苦心思量生事害人要認得真孝廉三箇字義斯言也其有爲言之乎隱君之尙德善教有如此與元配錢太君一德相莊七旬偕老始

終無一違言無忝梁孟太君名家女自歸倪相夫起家訖翼子成名宗黨莫不頌之雖曰天作之合亦由隱君之刑于也可謂兩賢矣隱君諱應瑗字伯玉生萬歷甲辰卒康熙甲寅享年七十有一子二伯懋仁仲金書並有文行仲郎京武以鄉舉謁選得大令將抒先人未竟之業人謂隱君前屈後伸受貤贈非無故也

候贈伯玉倪公暨錢孺人墓表　十七世

余忝倪氏館甥過外家相與握手交歡者不少伯玉公余從舅也余執甥禮惟謹而公謙讓未遑若不欲遽以尊輩自居者蓋雅度沖襟春風在坐而古貌古心動言典則尤令人心儀焉自是歲時過從久而益親比余滯跡都門每以音問相郵致癸丑春公仲子京武以計偕來詢公起居無恙且喜仲子善承父志行且光大其先猷爲公顯揚地也乃甲寅夏杪忽聞公訃越丁巳錢孺人又相繼辭世者成彫謝之感今且十載餘矣而仲子致書介伯子所具兩尊人狀來請墓表於余余雖無中郎之筆公則無慚郭有道碑也是安可以不表按公諱應瑗字伯玉系出高士雲林先生後公父仲怡公攻苦下帷能文章乃數奇不偶遂以教育後生爲己任其力不能執贄者公亦不爲之較析疑辨難有古君子教思無窮之意焉公生而穎慧智識過人長就外傅讀書輒數行下宗黨器重之然值明季兵荒多故仲怡公又立品端方不阿於俗且素有大志不屑事家人生產以故捐館之日一經而外無可遺者公遂於舉業寢廢一切門戶主持喪葬冠婚諸事悉萃一身自公

勤以治家儉以居心堂構之業遂得隆隆而起蓋從飄搖風雨拮据垮荼以來公亦幾歷艱辛矣上事父母下友昆弟撫其子撫其弟之子迄於贍宗黨之無告者周里人之窮乏者求師必當代之知名交友必可親而可宗周旋中外莫不殫心竭力以爲之非具經濟才烏能勝此若夫然諾不欺見得不苟慷慨尚義疎財好施解紛排難濟困扶危盛德之事未易枚舉嗚呼公固有道長者而又卓然人傑也當錢孺人之來歸也仲怡公方主家政門以內無嘻嘻無嗃嗃孺人雞鳴盥漱執婦禮懼或不飭椎髻布帬井

臼操作無敢刻怠以平日之事父母者事堂上翁姑養志承歡兢兢惟恐或墜公之不愧爲孝子孺人之不愧爲孝婦是能佐公以克盡子職者孺人也公友愛同氣無幾微間舉所遺産悉以讓其弟爲猶子婚娶與己子無異視於女弟也節物饋遺之外恒時其有無以左右之孺人黽勉待命有呼輒應無後時無靳色公之恩施一本孺人之善全妯娌婣姑是能佐公之篤於友愛者孺人也公固好義凡緩急於公者必諾以語孺人不惟不以爲難且自出其紡績之資以佐公所不逮公御下以寬臧獲婢僕間有拂

公意者孺人輒力爲勸慰慈愛恩勤之意視公有加焉公之不失爲仁人君子孺人之不失爲淑媛是能佐公之長厚以[illegible]惠稱者孺人也公延師課子且樂與先輩儀型長夕酬酢孺人必盛供具厚禮節以爲尊師敬傅講學勸業之資比仲子報捷諄諄以勿滿假勿侈大相誡公之不忝爲嚴父孺人之不忝爲賢母是能佐公之訓子於有成者孺人也易言坤厚載物而代有終又曰無攸遂在中饋貞吉孺人有焉余侍公之邑矣有年公大德至誼習見而熟誌之況係內戚孺人之懿行有不一一稔知者乎於是書

之以遺京武昆弟使鐫諸墓上其子姓婚嫁與生卒年月具於誌石例不復載表之曰

吾翁伉儷萬古斯宅先民典型布衣之則徽音可嗣遺範足式白鶴飛翔龍岡崒嵂久而不刊有如此石

康熙甲辰探花侍講學士　　眷甥周宏拜撰

候贈伯玉倪先生暨配錢太毋合葬墓誌銘　十七卅

定求自壬子附倪仲子南榜錫中諸同年爲道年伯伯玉先生賢縷舉盛德懿行相與佩服不已遂移棹入鄉拜謁堂下仰見先生衣冠言動穆如藹如洵學者師型乃別去二年遽傳謝世余以浮沉金馬忽忽廿載刕奐闕然念之每痗𡚒衷比居雍署承仲子書來介伯子所具行狀言兩大人合窆有期屬余志墓中石余雖不文夙自附於譜末猶子之誼何敢辭謹按狀合所聞爲識其大者如左先生姓倪氏諱應瑗字伯玉常之無錫祗陀里人雲林先生第

十世孫高祖曰順樂公諱常曾祖曰東園公諱禎王父曰怡圃公諱扶並高蹈邱園挫名毓德考曰仲怡公諱友志妣曰華孺人生二子先生其孟也仲怡公多讀書勤講學而數奇不售迺移事於樂育羣才家居教授不受脯贄尤喜培植寒畯來學者積數百人往往成名入仕詳具孫文介公墓文中先生之少也負英姿工舉業可一飛翀霄矣値明季兵荒多故先生世村居謀保聚不暇蚤謝有司試專修內行篤盡人倫天性至孝色養二親志物兼備逮於親亡殯期勿悔祭必如存而咸要於古禮致孺慕終其身友愛幼弟殷美公爲延師授室既成立後猶教養不怠務慰親心於地下嘗曰世間易得者田地難得者兄弟凡有無緩急一體均之推及其子復勤恤之不啻如已子爲其游鄉黨間方正飭躬忠厚接物遇横逆不與較被誣抑弗自言有告必應也有負不問也畧不以人我異視歲大饑里有寠人子陶姓者鬻妻於遠方以圖活聞之正色止之厚給衣食日用俾完聚如初族叔祖故素封適遘非常之禍好事者搆釁生波家且垂罄爲之竭力解紛或捍其外或弭其內竟免其子於阨諸如減租賑粟育嬰澤枯一切

義舉靡不曲盡其心先生之於民物幾無遺恩焉初與元配一德同心雞旦交警繼得二子肯堂肯構視聽默孚則又先生之道行妻子而周於修德也非篤行君子其孰能之先生嘗自歎曰吾所憾者廢舉子業不及從詩書中出一頭地耳若生平所爲不愧衾影不慚屋漏可自信也故嘗屬意後人冀酬夙志謂教子必先尊師取友以求實益行修供帳之外饋問頻殷風雨弗替諸名宿前後在西塾者亦皆心感之用能玉成二子皆善屬文擅譽壇坫居恒督課最嚴螢窗雪案不容稍輟及仲子捷秋闈無喜色謂

仲子曰寸進之榮實由先德孺子其無自矜繼自今勿收新僕一人勿與戶外一事又手揭聯於庭曰將就者衣喫飯須記却窮秀才一片苦心思量生事害人要認得眞孝廉三箇字義堅乎義方如是未仕教忠其識量豈僅加於人一等耶昔高忠憲公題清閟閣詩集曰張氏雄據江左一時才名之士無不匍匐其門竊其餘潤雲林先生知不足與有爲鴻飛冥冥不可榮以祿至麾其造廬之幣以是幾不免易曰幽人貞吉又曰其羽可用爲儀幽人也而可用爲儀雲林有焉竊謂吾儕能以生事害人爲戒便能以

强仁濟物爲功如先生之裎身教子亦足庶幾也已再按年伯母錢太君處士純隱公女自幼賦淑德靜正端恪不苟笑言及笄適先生則孝恭事長勤嗇治家一若夙練者然既而饋客供賓所以掖二子於學問而勉其進取者嘗不惜脫簪典服以爲之機杼之下變不廢勞焉至待媳之仁慈命女之敬戒及御下之和惠又無一不當理也其生少先生一歲沒後二歲齊眉致敬者垂五十餘年謂非梁孟遺風乎有二令子爲之式訓雖不及祿養已用善養矣白首同歸藍田遺廕不極嘉哉先生生於萬歷甲辰閏九月初一日卒於康熙甲辰五月十八日享壽七十有一太母生於萬歷乙巳八月十一日卒於康熙丁巳五月初八日享壽七十有三子姓嫁娶詳狀中今卜吉康熙丁卯十一月廿七壬寅合葬先生太母於鴨城橋之新阡癸山丁向去家祇陀二里而近是宜銘

銘曰大隱躬耕眞儒遯名是有鳳德曷歸鴨城於焉藏蜕於焉儲精用啟佑爾後百世之英生也如賓沒則共域在要離墓側伯鸞增色有車轔轔過必式敬孝教廉烈祠同風望芙蓉片峯千載雲封徛嶐迂兮疇與從

康熙丙辰會狀翰林院侍講年家眷姪彭定求拜撰

耆士畏亹倪公傳　十七世

己亥榜眼侍講學士　華亦祥

歲在重光協洽孟春之望予於邑之鄉校邂逅一耆士驟而接其丰容皓首龐眉精神矍鑠聆其言語謦欬若洪鐘觀其舉止起屹如山峙心甚詫之徐而與之坐談議論風生亹亹不倦爰考其氏族則曰雲林之後裔也詢其里居則曰清闕之故址也問其年則曰己歷五百五十有九甲子矣既而款洽至家津津自道其平生絕無目眩口渴之象予雖傾蓋片時懽然如故遂訂交焉顧此耄年飲食步履不減壯時竊喜其壽正未央也詎知纔周首夏遽以無

病而終惜哉越歲玄黓涒灘其孤中瑚懇以傳請予因誼篤金蘭義堅膠漆不辭而為之標列焉按公諱應陞字上卿畏亹其別號也角丱喜讀書過目輒了誦纔弁文采翩襬下筆千言立就倜儻自豪視青紫如拾芥及見魏璫勢焰正人被逮鹿逐蠶起虎踞鴟張遂翻然改曰世路城坷時事不可為矣何事咿唔不輟以貽堂上憂勤哉乃焚其筆硯而代父慕椿翁綜理家政事無大小悉遵翁之槼議焉至其事父母也溫凊有度洗腆用申懽意承顏未有不逮問安視膳未嘗少懈親沒喪葬萃諸一巳周旋庭內父事兄子視弟爪果均勻枕被共寢幾幾乎姜肱家風矣所以誦詩至蓼莪鴟鴞諸什未嘗不廢書而三歎也迺知公之於倫理可俯仰無愧矣他如飢者食之寒者衣之昏暮有叩求者無弗與姻婭有告貸者無弗周一切治道成梁拯困扶危急公好義未易枚舉姑不具論予特嘉其年之高德之邵焉迨其析箸二子營數椽別墅嘯咏其中髣髴摩詰之輞川樊川之水榭與至則扶笻亍亍散步行唫歸則妻子話燈前諸孫環膝下自樂桑榆眞行地之仙也猗歟休哉蓋聞天子視學設三老五更及羣老席位尊之以

親饋親酳具有明文齒之於人不綦重哉况齒居達德之一壽列五福之先余之傳公厚德懿行而并傳其耆碩者殆亦取乎尚年尊齒之意云爾

明卿公宗譜傳 十七世

公諱應陟字明卿慕椿公季子質直好義貌古瑰瑋好讀書而尙氣節雖時貴勢豪言不衕理必面折之無顧避里有鬻生雀角者必力爲排解有告以饑寒者必厚加憫恤人受其惠事親孝養必酒肉而已饗麤糲衣必文繡而自適敝縕兄弟間雖雁行居末卒能恭敬諸兄終其身無鬩牆之隙時人以玉昆金友擬之並享大年

邑庠生鄉飲賓若雨公宗譜傳 十七世

公諱永超字汝昌號若雨邑庠生鄉飲賓躍衢公次子幼善屬文萬歷戊午受知於文宗駱公食餼前後試輒高等崇禎庚午秋闈擬元因策犯時諱仍被斥晚年自咏有十載芹香藻煖何殊一枕黃粱之句自此絕意功名隱居教授子金甌亦庠於庠

庠彥倪我望先生傳 十七世 顧青岳

先生姓倪氏諱應徵字召卿號我望別號丈石雲林先生第十世孫也世居雲林先生故里後遷景雲鄉之堠陽村父友才字肖愚母華氏先生生而穎異絕倫受業伯父雲堂先生窮極古今包羅天地研精性命合朱程左史爲一家雲堂先生以第一人目之故命號曰我望先生固偉丈夫也讀古人書至古人忠孝節義事往往奮袂而起慨然以天下爲已任堅不與童子試人勸之輒曰丈夫當自立庸庸學使足相天下士耶至熊廷弼督學江南先生始躍然起曰熊君英傑也必能知我進院日熊君奇先生狀貌立試千言大快遂獲雋時先生年已三十先生平生理學則師事高忠憲經濟則友事顧子方且念木本水源以續修譜牒爲己任丹黃後先釐剔眞僞於崇禎甲申間告厥成焉噫可以知先生矣七試棘闈不售會鼎革棄去懷才不遇惜哉先生舉丈夫子二長補雲能文章入郡庠有聲士林次聯雲磊落率直如先生少多病棄儒而以藥囊濟世補雲生二子一有孖無孫一出家爲黃冠聯雲又無出幸先生季女適江邑季昌之昌之舉次子聯雲蓼先生諭

撫爲子八朔血抱命名大由字從先殆取從夢中先人之言故也先生居鄉與子言孝與父言慈奬善規過真懇爽直磊磊落落不讓古人胸羅萬卷筆下千言未嘗起稿以故生平著作甚富絕無遺篇從先於殘編斷簡抄集韻言百首殆片羽吉光也先君子與先生同居涵家叔好從先又予親授業者因想見先生音容笑貌襟期學問泚筆草此

贈文林郎叔贊公宗譜傳 十七世

公諱治字叔贊景南公孫念萱公第三子邑庠生文行並勵脅師重[illegible]不遺餘力以子金馬贈文林郎浙江紹興府新昌縣知縣信食報不爽

庠彥寄隱公宗譜傳 十七世

公諱梅原名海字寄隱鼎和公第四子邑庠生孝友慈和喜周人急解囊有不敷轉貸復與有弗償不問也志期遠大屢試弗售彌自淬厲手錄名墨百篇方揣摩元燈一席忽誤奏銷雖竹逕花間棋聲琴韻時自排遣而卒罹心疾亦其感憤鬱結有未盡化者也

忍仙公宗譜傳　十七世

公諱貞祚字君遴號忍仙茂山公長子也秉性豪邁豁達大度少負才學矢志青雲策名於郡之簡書中憲大夫趙公愛其才誘掖提撕視如已子公力學勵行卑以自牧業日進望日隆當世之名公巨卿未有不親之如兄弟重之如師傅者公益謙謹始終如一大易所謂撝謙無不利其在斯人與至治家之嚴肅取友之謹慎皆可法焉延師教子歲費中人產無所惜是以喆嗣道春化春均童年入泮非公培植之力烏能若此

君淑公宗譜傳　十七世

公諱嘉祚字君淑又字德朝幼失怙恃家業蕭條伶仃孤苦而公志卓然不肯趨附比長好遊俠遠服賈仗義執言遇事敢爲尤喜周人之急救人之厄康熙間疫大起比戶傳染公親齎湯藥救治活者不可勝計病已來謝公不爲意晚年生子敷春教以義方不假辭色曰承先啓後在此子矣其可以姑息爲哉配王孺人治家有法洽比其鄰欒善好施與公同志鄉里咸稱爲積善之家云

亦萫倪公傳　十七世　許獻

昔南豐曾氏作洪渥傳取人人所易到者載之而病世之務摭奇以動俗或事高而不可爲繼者無當於輔教警世誠古今評論人法以余所聞亦萫倪公之行誼蓋人人所易到亦人人所不易到也何待高奇庶可以傳乎公名沂字亦萫邑梅里鄉祇陀里人明敕贈徵仕郎中書舍人景南公理之孫國學生銓之子也兄弟六人居幼倪氏自元末雲林先生著聲祇陀里其南向有高士坊遂世居坊前家故饒裕諸兄年長既有室早各分授田廬既而以戶有重役且食指日繁竟耗其所存產公父遂欲酌劑有無剗取諸子所分以授公公知之即止其父毋庸以此失諸兄意貧富有命業可自致父首肯曰汝能如是乎因但授以城中寓舍數楹瘠田數畝公忻然安之失怙後思城居難以治生售其屋直與兄願割兄之側屋數椽以居公之孝友即此一節可以推見其生平矣公娶於費有內德蚤夜紡織佐公經畫儲蓄凡勤儉苦刻者積二十餘年而租入盈千業果隆隆起爰買基築室於祖居之西堂宇宏敞不陋月落成治家嚴明役使羣衆井然有條理而勤身率先之

每日黎明集衆受指各任樂盡其力無敢惰窳小僮幼婢亦不使習成嬾惰恐其致他日饑寒凡事必先時定計思患預防得失利害一決以理無不洞若觀火不佞佛不瀆神鬼不信陰陽家言蓋才識過人遠矣公長身豐軀坐立屹然肩背聳直而和易近人胸無町畦每夏秋之交蔭大樹納涼雖田夫牧豎之往來阡陌者引與閒談襍坐甚諧以誠信處已以誠信待人秉公持正鄉里間遇不平之事必訴之公爲剖分其曲直調劑其柔剛皆帖服去房族子姓有爭端疑事者得公一言而定終公之世足不涉訟庭

與人言必以訟則終凶爲戒所置產汙萊不等歲收高下不齊若會屬畝而覘者租入時諸佃無能欺以盈歉使五尺童子入城市百物無以低僞應者則誠信中寓精明也有負債累年子本相侔不能償請以其女充婢使公問汝別有所急需乎曰他尚可緩曰然則此數金離散汝家毋子乎卽注劵鐲息待有力時償本可耳有數十年老鄰貧窘將賣屋他徙聞之惻然貸以廿金不責償得復其業其寬厚又如此草樓許子曰難得者兄弟易得者田地斯言也於公乎乃信吾聞景南公之葬也顧涇陽先生實銘其墓稱其不以富掩者所先在父子兄弟間見此之爲後公其無忝厥祖矣彼夫輕倫常重貲財爭一壟一椽致兄弟鬩牆不恤及纖嗇自封卒以多財歛怨召禍而兩失之者聞公行誼得不有愧歟

沾甫公宗譜傳 十七世

公諱德沾字沾甫慕劬公次子丰姿部秀文藻陸離少與琴川拂水諸名士游一時推爲翹楚落筆紙貴猝爲萋菲所中因此屏跡深山耽情詩酒齎志早卒良可惋惜

庠彦貞侯公宗譜傳 十七世

公諱元起字貞侯慕劬公三子性孝友方九齡適父遘難郎搥胸號咷長走南北都白父寃兄沾甫早世視遺姪如己子以養以教兩孤能文章得成立咸賴栽成卵翼公早歲遊庠有文譽試高等一時名宿器重特甚兼長詩賦所著有遺愁集四卷

文長公宗譜傳 十七世

公諱元開字文長自署曰最樂主人慕劬公幼子奉祀生律身以嚴與人以恕樂施予通緩急雅好吟咏興會所至揮毫立就晚輯陰行小史以勸世年五十二卒同邑潘汝麟黄一泓爲之傳

文林郎康侯公宗譜傳 十七世

公諱永康字康侯念劬公長子長洲縣庠生貢入太學以子楨貴贈文林郎廣東吳川縣知縣華才駿發智慮深沉承累世素封之後而又工計然之策經營創造富甲一邑平生吟咏最多惜遺稿不存僅傳堂聯兩律一云浩樂嘯歌呼子和娑娑醉舞倩孫扶一云鳥經陰雨綱新戶花歷繁霜苞故枝其後聯則寓意微矣

梁溪貢士汝遷倪公墓表　十七世　韓洽

梁溪汝遷倪公諱永建字建侯行二生而岐嶷頭角嶄然不樂嬉戲童年即具至性母范孺人之喪年始十一哀號辟踊幾至滅性長而補弟子員刻學勵行屢試南宮不售當時公父念劬翁已老家政一聽於伯兄公奉父鄉居內而家庭雍睦孝友堪風外而賓客周旋謙和可貴鄉黨咸稱公父子兄弟爲不可及云未幾而鼎革兵燹之餘江南向所稱爲故家舊俗者或沉或浮而公獨保全無恙蓋公之仁厚有餘而濟之以才智也庚寅歲有大盜入室公拒

之寢門外比公父覺而盜已驚退矣或疑公一人安能與盜鬭不知公所居去城數十里南塘一出如戴征西者輒復不少特無陸平原勉之以義耳公所施設皆平時思慮預防而又剛毅果斷敢於任事卒使七十五歲老人無萑苻之警豈非公之才智獨全歟明年念劬翁抱疾久弗愈公進湯藥滌廁腧如是者三年弗懈及居喪葬祭皆如禮伯兄卒諸子以嫡庶鬩牆公力爲勸解待諸姊及幼妹嫁皆曲體先公之志恩禮有加性好施與恤孤嫠賑貧乏有緩急相告者悉不遺餘力遇歲凶輒出數十百斛煮粥以

救饑民凡施捨棺藥修治橋梁一切有利於人行之不倦尤喜行陰德雖家人弗豫聞嘗走閩浙數百里代贖婦女之被掠者還其家又嘗歲暮入城見繫械纍纍公立爲代完積逋不告姓名而去嗚呼公之德於是乎不可及已夫人歷豐履盛亭宮室服御之美左燕姬而右趙女吹絲竹陳珍錯奢靡相競甚至有一下箸費錢百萬者豪則豪矣而於世無益也鄉黨宗族饑寒無告者皆於吾身有桑梓關切之誼問誰能捐子敬之藏囷推文正之麥舟乎世路險巇人情叵測反覆手爲雲雨者往往而有若公之待親

及受業師何如也爲之生養死葬及公之病篤猶手授故人醫藥資使其人終身感泣尤近世之所難也大抵跡公之平生恭儉敦樸仁恕寬厚教子弟以禮待奴僕以寬以故公之後人實濟濟多賢能克保其家世居恒歲時伏臘烹羔設酒招致內外親戚必腆必誠其自奉菲薄有貧士所不堪者然自其先世已目爲素封而里中巨猾遂日夜媒孽方視爲奇貨可居故有乙卯年飛陷洋船一事是役也公從容鎮定不露聲色使人欵待巨猾而身走白當事卒雪其冤且重抵其人以罪至匿影不敢復出是又所謂

繞指柔反成百鍊鋼也末年公以好施故囊無餘財謂諸子曰吾家外强中乾非田廬盡廢誰肯信之者然恤災救急卒未嘗少懈嘗輯古今善惡事爲法戒錄自號知非居士時壬寅歲年四十有九矣是年夢神人語之曰君何不速成是書壽止餘一歲有半耳公訝其速神曰吾言一歲者一紀也蓋歲星一周天爲一紀故云及後果驗嗚呼天人道異其感應理當若不爽以公之積德累行宜壽不止於此然考終之期已符於夢寐使天假之年世之受其福澤者正未有艾人之云亡老成凋謝是則可哀也已謹按

墓表皆表其人之實以垂示後世公之行事皆可傳者合於古人之法故不辭而書之

貢士汝遷倪君墓誌銘 十七世

魏禧

君諱承建字建侯號汝遷無錫之倪氏也系出漢御史大夫寬唐汴州刺史若水後歷宋元以來代有達人皆著名史冊君高祖爲守溪公慷慨好施里人德之曾祖爲南樓公祖爲紹南公父念劬公篤行誼有古俠烈風君行二爲人好仁義有智畧年十一遭母范喪哀禮如成人家政悉聽伯兄主之勤學自勵年十八補弟子員家多外侮幾覆巢君悉力支吾卒賴以定父病凡三年君躬親湯藥不懈既没葬祭無慾禮事伯兄猶父及兄卒諸子以嫡庶鬩於

牆君涕泣解之調護不遺餘力君自奉約無妾媵聲妓之娛罌玩博弈宴游之好於姻族吉凶禮及緩急相告者咸厚答之君病篤猶手授故人醫藥資故人不覺流涕而於平生受業師情禮尤篤養生送死之節每身任焉歲荒輒出米數十百石作粥以賑至扶病親行籌不敢言勞親知貧者饋米其家閩浙之亂婦女被俘掠君獨身詣浙陰攜三百金助贖諸婦女雖家人僮僕弗知也歲暮每行縣治有貧民逋賦械繫不得釋者輒捐數十金代輸箬庫者聞之相顧歎息亦復不取耗釋械者將叩君姓氏君揮手謂

同行不得與言竟去其他施藥及棺治橋路襄育嬰會皆稱力爲之獨不喜施僧道曰有用之財不當於無用處用之諸僕有不法乾沒君貲者君多優容人以爲有壯士之風焉君既厭困場屋己亥援例貢北雍壬子季子仁勇中武鄉試其餘諸子或貢太學或有聲庠序君既華孫人適六十明年君六十子孫内外數十人跪而進觴遠近知戚祝釐盈門庭人以爲君厚德所致君蹙然退讓曰此吾先世之餘慶也吾何德以堪之初君年四十九梓古今善惡報應爲法戒錄未成夜夢神人告之曰汝壽一歲半耳何

不速成此書君驚曰吾歲半乃死耶神人曰吾云歲半乃紀半也君亟急謀刻布之君卒庚申之閏八月其生在甲寅之七月享年六十有七蓋與神人紀半語適符云君於世凡數變生長萬泰承平之時壯遭變革天下多故既而海内無事者幾三十年及東南大亂旋以休寧君獲考於正寢其間内難外侮猝至不常君本仁厚以爲質而輔之以沉毅勇幹之才是以克濟於險保全其家而享有令譽予聞君奉父鄉居時父年七十有五夜大盗入室環父房君從夢中起立結束率僮奴十餘人禦羣盗褫門外羣盗散走父以得全里有大猾能飛空啗人背以逼泮事誣害羣走詣藩司白其狀罪幾死復全其生鬱鬱伏村落間不敢出與人事邑人之幸免於禍者皆誦君能除害也君子六人女三孫男十二孫女九曾孫男四曾孫女一其嗣臬等奉狀來乞銘君墓予嘉君之智力足以濟其仁義也而非銘之曰

仁者愛人懦而容奸不足以爲仁義者輕利好作無益不足以爲義智者善謀計反仁畔義不足以爲智背之者生而屍居合之者死且久視君之魄藏於地維君令名揚於

世

貢士汝遷倪公新阡記　十七世　徐枋

梁溪倪高士雲林有裔孫永建號汝遷蓋仁義君子而能實行其德者也其生於故明之甲寅卒於今代之庚申葬於丁卯年十二月庚午日而爲之誌者虔南寍都魏叔子禧也余不佞投老空山竊慕雲林先生高蹤雅尙雖地之相去百里而近弗克扁舟溯洄一訪清閟故事不勝佇止之思焉二十年來託跡天平之南曰磵上草堂者輒與高平文正公諸孫聚廬相間錯而汝遷公乃范出也狀稱其年甫十一遭母范喪哀禮如成人者是也倪氏於范有渭

陽之誼或歲時過從瞻仰清節遺祠徘徊嘆息與其族黨遊處因過敝廬屬余比鄰范君豊輿爲介請余記其新阡夫新阡之有記非古也人之子孫一欲褒揚其親銘以納諸幽宮表以樹諸隧道亦云備矣何取乎有記爲范君述汝遷公次君鳳來之言曰記體之作義近乎史非若先生之蓄道德而能文章者不足爲先人光寵故不憚造廬請伏至再至三且如魏君之誌煌煌千餘言槩以好仁義有智畧而誌中於斫盜伏猾二事尤加意點染如龍門之傳游俠者若浙閩之亂婦女被俘掠君獨身詣浙陰攜三百金助贖諸婦女邑有貧民逋賦被械繫輒捐金代輸釋械即叩君姓名不答而去此皆施德於不報之地非僅輕財好施者比俾我先人不與草木同腐賴有此耳惟是新阡之去邑幾何所以卜佳城定兆域者何故某村某里畧而未書故願先生爲之記余無以拒乃叩其詳則曰新阡者去錫邑二十里地名花園浜其地近於祗陀里即雲林高士舊居也山水環映林木鬱森其脈伏而深長其氣隂而煥發青烏家極言此地爲靈壤者也汝遷公之託體魄於此不亦宜乎若夫浸昌浸識積厚流光瑞協乎天休符乎

地此又人事之必然者矣因次第其言於簡俾歸諸倪氏至其前之世次後之繼承與凡婚嫁之門閥概無及焉以是爲非記之所職詳云爾

存省公宗譜傳 十七世

公諱善述字爾事號存省觀省公次子生而神氣明粹長而風骨凝重成童即工舉子業晨夕研求於無字句處傳神要以古文爲程式或數日不得一義或一日而得數義恥作箇中語恥拾人牙慧推敲一字恆累萬思體故羸弱行文不屑隨時故不得受知當世鬱鬱齎志以歿年僅二十七耳嗚呼惜哉

庠彥歇菴公宗譜傳 十七世

公諱頫選字蕙宮號浣心晚號歇菴象巖公子穎敏過人十歲能文章羣經子史一過目即不忘順治辛卯以七義遊庠督學李公京佩數以奇才目之嗣後文日工數不偶迄不能取一第人皆爲公惜而公宴如也性好讀書窮年著述見聞所及無不注錄善書法楷宗元章草法長史各臻其妙求之者屨滿戶外性喜飲終身不見酒過喜交遊每客至即呼酒以佐歡笑家貧甁無儲粟意氣不衰所歷升沉炎涼之態不啻雲翻雨覆恬不屑意所著有崇養正宗學業正宗書法詩法歷朝詩選歷朝詞選歇菴文集歇菴雜記家訓涉世津梁

廷輔公宗譜傳 十八世

公諱守仁字廷輔奉溪公長子平生寡嗜慾謹言笑產不過中人而介介自如其性然也嘗過吳門見遺百金跡側即覓失金者還之其人願割半以酬却弗受一時見者俱嘖嘖稱道其他忘己徇人厚德高風類如此

寍遠令瞻菉倪君傳　十八世

翰林院編修 秦靖然

君諱金書字京武別號瞻菉系出漢循吏倪寬元高士雲林後裔世居邑之祇陀寺旁祖仲怡公友志父伯玉公應瑗母錢孺人生子二長吉甫君懋仁次卽君自高士數傳業耕讀恬於進取君六歲輒露機穎讀書如夙習伯玉公奇之命長子曰若勤治生以成弟志可也吉甫君謹受命君得肆力於學康熙壬子登賢書連丁外內艱服闋再上春官不第遂就選丙子授湖南永州府寍遠縣令寍遠爲楚極南境崇山峻嶺綿亘兩粵俗頑獷好鬭前令率鄙夷

共民君至務以德化修學校禮師儒民有犯當刑惻怛之意見於顏面土豪張唐二族世相讐殺令莫敢詰何君乃椎牛釃酒召其黨各數百人列於庭諭之曰明有國法幽有鬼神戕人父兄人亦戕而父兄屠人妻子人亦屠而妻子徧環復報安有已時我爲天子命吏寍不據理執法輕則誅戮重則剿除但念爲民父母不忍使兵連禍結兩敗俱傷今日爲爾衆平心和解願共飲此酒盡釋前忿宐爾父母樂爾妻孥嬉遊化日光天與魂驚挺刃之下膽落桎梏之前孰苦孰樂幸三思之語未竟皆叩頭泣下誓不相侵犯累世之怨悉平弓兵黑夜被殺莫知賊主名君齋宿神廟冥冥中若有啟告者旦果得其人一訊立伏人謂至誠所感邑美賦常溢正供民不能輸逋欠歲積君汰其什之七而以其三補欠額不足則取之俸歷年逋額一清而民不苦重斂九嶷山有虞帝陵在焉朝廷三年一遣官祭例賦民供億三千金君核減二千佐貳皆持不可君曰過在令諸君無預焉是歲丁丑詔遣滿漢大臣至君躬親執事自迎牲薦幣罔敢弗肅來往宴勞有加上下胥悅以去私鹽法綦嚴獲者立置重典君廉犯者多貧難細民擔負

自活與私商巨販不同爲按律貰之所全活無算涖邑二年拊循噢咻民親之如家人父子而君遽以疾卒時戊寅正月年五十有七先是令解官民羣赴訴詈至列炬持兵環擁舍館不使出境上官檄弁丁護之始免君之卒也民哀痛如失父母喪有賻行有驢白衣冠涕泣而送者不絕於路見者咸謂前此未嘗有也君至性過人父母疾扶持抑搔中宵廁牏手自滌治旦夕不離左右既仕以祿不逮養思慕終其身事吉甫君如父赴官後馳札戒諸子日饋肉月饋藥必爛蒸必上品他所需稱是子孫藏其札爲家

泆焉書言孝友施于有政君無愧矣宜乎德政在人沒世不忘也年不配德厥施未竟君子惜之配鬫孺人繼華孺人並以賢稱子宏祚振祚隆祚昌祚興祚謙祚隆祚予壻也故予知君爲詳按其事狀爲之傳

史氏曰永於古爲蠻徼地惟遷謫人居之今除吏視中華矣夫吏無善治即神皋化爲伏莽於僻遠何有焉君雖莅事未久觀其設施與世之秦越其民者異甚庶幾古循吏之風杜甫論元道州曰今天下得結輩十數公參錯爲邦伯萬物吐氣嗟夫予因寍遠君之事而追憶甫言蓋不特爲君惜也已

十八世

寍遠令瞻蓁倪君偕配鬫孺人華孺人墓誌銘

余於康熙壬子秋識梁溪同年倪君望其容貌溫艮莊敬信爲篤厚君子也每當計偕至燕臺必與聚處歡洽乃君竟不獲一第筮仕荒邑政聲方起遽焉捐館迄今迢迢二十年所介予宏祚踵門來告乞爲銘詞余按行略中繫君之嘉言懿蹟實詳且核謹直敘之曰君諱金書字京武號瞻蓁自西漢御史大夫寬以經術顯代有名臣南宋吳郡監丞子雲始遷於錫元末高士雲林先生數傳至怡圃公諱扶爲君曾祖是生仲怡公諱友志爲君祖學行卓越載

在孫文介公所撰墓誌君父伯玉公諱應瑗母錢孺人出吳越武肅王裔伯玉公紹承世德隱居高士故里祇陀村力田讀書守眞抱樸生二子君居次會家道中落命伯子服勉治生以君資稟明敏克興儒業延禮名師講藝勤劬君奮志揣摩爲文日工鄉薦時伯玉公見之喜慰其夙願也君事父母至孝晨昏定省靡不先意承志癸丑下第歸伯玉公已病君竭力調治嚐指剜肉卒弗救苦由中毀瘠幾殆錢孺人相繼成病君晝夜不離牀褥閱二載如一日佈終襄事咸易兼備事伯兄亦洗腆致敬謂非兄獨任家

政何能自力於學至若任恤宗族孚信友朋凡遇利濟鄉里之事樂施不吝余同門雲翎馬君樂善最篤每稱君爲同志焉君初試南宮卷爲本房深賞旣薦復落服闋後遄赴公車不售丙子就選湖廣永州寧遠知縣時君年已踰艾不得已而一行作吏人皆以小試惜之寧遠山區險峻土瘠民悍夙號難治君甫蒞任知前此徵收錢糧私耗幾與正供等故懸欠纍纍因減去十之七即以補耗之三完抵逋賴民如獲更生矣學宮荒廢亟捐俸金修葺殿廡時集士子品題甲乙雍雍然教化興起更慮俗多嚚訟勸戒

諄篤不忍輕加鞭撲山中有張唐二姓族衆丁强結黨成讐告訐毒害無虛日君思積誠以感動之乃爲椎牛釃酒召兩姓數百人至堂下泣涕婉諭曰明有刑罰幽有果報與其兩敗俱傷何若聽官長言消釋宿釁今日此舉正吾一片苦心語未竟衆皆泚然汗下擊顙瀝誓而去邑中凶慾殺人官不窮治每至漏網時有九疑司防兵夤夜被殺不得賊名君曰若是何以報寃魂哉奸慝耶因齋宿城隍廟祈示感應果獲劉榮一訊服辜虞舜陵在寍界內每遇朝廷遣官修祭例派民間公費三千兩苛擾滋困君曰毋庸止派一千兩足矣衆咸惴惴竟得節縮竣事使臣始知瘠地亦無呵譴永州緝獲私鹽即援奸商私販重律實係貧民迫於饑寒擔負營生耳君凡遇拏解槩行責放全活甚夥於是民皆樂得賢父母無何以病卒於署閭巷環泣哀聲載路不斬賵賻以資歸櫬白衣冠走送者百里不絕嗚呼非君之爲政恩義交盡烏能感格民心如此君卒於康熙戊寅正月二十三日年五十有七配闕孺人庠彥楚培公女幼侍父母以孝稱于歸後善事舅姑贊助耕織躬親拮据不以纖毫俗務分夫子下帷志睦妯娌恤臧獲內

外無不宜之及其視疾堂上服三年喪尤極勞瘁卒於康熙乙丑六月初十日年四十有二繼配華孺人文學子先宓女才識明達撫前室子女均如己出經營婚嫁殫心盡力其從任寧遠也苦守齏鹽相成廉介君歿而補苴緒項典棄釵鈿銜痛歸里重理故產綢繆戶牖漸得寍居皆其勤儉所致尤爲閨閫所難卒於康熙辛卯十二月十二日年四十有八男子六女子二孫男五孫女十三婚娶皆望族康熙丁酉十二月十六日宏祚等奉君與兩孺人柩合葬於芙蓉山之新阡與高士墓麓相望云余維晚近以來

儒行浮夸吏道厖雜往古仁人長者之概不可多覯矣如君之修於家則敦孝友居於官則懋循良而位與年俱不得厚膺其報可勝慨哉然嗇於身者終必豐於後即今之先疇無改舊德猶存克家之子將廓此未竟之緒而足增光九京者固可劵也

銘曰孝廉作宰迫滇風政事文章淑厥躬天不慭遺世所恫歲時宿草滿堂封白雲靄靄卑芙蓉水匯峯環形勢雄有兩淑媛相與從永綏奕祀祚光融鹿鳴舊會我曾同徵信詞藏石室中

康熙丙辰會狀侍講學士　年家眷弟彭定求拜撰

子殷公宗譜傳　十八世

公諱中璉字子殷畏庵公次子甫觽韘喜讀書輒三四行下及弁能文章閉戶自精涉獵經史握管不拘繩尺文體踔駁行以漢魏盤礴之氣不事風雲月露世鮮知音是以躓於場屋不獲一售悶成心疾性至孝父嘗隆冬患痢晝夜親取中帬廁牏滌冰皸兩手皸瘃不委奴婢延醫嘗藥呼天籲代厥疾果瘳宗族稱孝焉然自抱瘵疾日以不克終親爲患丁卯周甲之春一日疾作呼諸子謂之曰我死喪葬毋盡禮以夭者視我言之之暮而卒

對君公宗譜傳　十八世

公諱中璋字對君明卿公次子自幼緘默不妄發一言及長不踰閑不蕩檢能守先人之榘矱雖有齟齬之者忍耐處之悉不與較蓋逆來順受有唾面自乾之風惟事父母以孝孺慕終身待兄弟以誠友恭一體每逢月夕花晨挈壺沽酒聚飲一堂翛然自得於世累泊如也雖年至九十一未嘗與一外事人以守分目之

伯甫吉甫兩公合傳　十八世　李應昇

人不艱難困苦則畢生之筋力不堅人不轉徙流離則同氣之性情不摯吾於伯甫倪公昆弟見之矣公系出錫邑梅里諱士禎字伯甫弟諱士祥字吉甫少孤苦稍長變易家產服賈燕京閱數載資本虧折旅況蕭然自念異鄉漂泊何以俾立室家弱弟寡兄相持涕泣秋風颯颯歸思縈懷矣適江邑周商駕車旋里因得附載同行周見其兄友弟恭端嚴誠謹知非終於淪落者詢其故土田廬悉已售去無所歸著慨然貸資置田宅郎家於江邑黃莊公有兼

人勇辛苦耕耨以償之每當操作之餘念羈旅於從前則悽然隕涕幸塤箎之依舊則甎然揚眉親愛之情倍於曩昔嗣以似續計各有室而舊宅湫隘不可以居乃爲弟卜宅於黃莊之東南相距二三里雖析居兩地而往來無間晤對仍如一室焉噫公以少年奔走風塵托足數千里外當是時窮途落魄亦自分無完聚日矣乃挈弟偕還復上先人邱墓卒能開族江鄉綿延瓜瓞非筋力之堅性情之摯而能若是乎非艱難困苦轉徙流離而後筋力益堅性情益摯乎余與公同里見其行足以風世故傳之

邑庠生香巖公宗譜傳

公諱金甌字國如號香巖若甫公子邑庠生試輒高等名譟一時縉紳爭延課子教先德行而後文藝如族弟新昌君松屺盜遠君瞻葵咸賴其裁成他如秦翰苑對巖侯禮部霓峯施孝廉七揚輩俱出其門而性復耿介不苟諸弟子多在仕籍或勸其出遊枯囊可以藉潤公謂若然彼必有枉法以狥者是造孽也吾決不爲性孝友修脯所入設兼味具旨酒侍兩親徜徉花陰竹逕間後以父喪哀毀形神俱瘁弟雲芳自幼式好兼相琢磨以質弱早世營其葬

情其餐無悋色姊適華貧不能存體母意養終身而且夫爲之葬子爲之娶女爲之嫁孝友可稱無愧奈數奇九試棘闈不遇年例當貢忽以別戸牽入奏銷乃寄情吟咏更參求大乘法西竺經典靡不披閱年五十八卒幼抱秦封君以新庶子慧航爲嗣

新昌縣令松屺公宗譜傳　十八世

公諱金馬字侍仙號松屺叔贊公長子由邑庠生中順治戊子順天鄉試副榜廷對掌院張公九徵拔置超等擬授節推公志期遠大不赴部三試北闈不遇遲十年就選改授浙江紹興府新昌縣知縣因罣誤左遷四川順慶府經歷年五十四卒於官舍其於新昌有惠政士民多惜其鐫級去云

已生公宗譜傳　十八世

公諱嘉杞字已生季樹公長子喜讀書天姿敏捷識論出人意表家止中人產而自奉清約持家撙節常留所餘為放生施棺等用誠孳孳為善之吉人歟

庠彥兼三公宗譜傳　十八世

公諱道春字兼三忍仙公長子姿性敏慧篤志好學年十八遊郡庠習伏氏經所作文稿不下數十百首悉簡潔明淨如精金百鍊以公之積學宏博一旦奮志三場於以取科名登榜第如拾芥耳乃值明季遭時不偶隱居不仕教授生徒卒以青衿終其身

庠彥合三公宗譜傳　十八世

公諱化春字合三忍仙公次子年十七補弟子員性坦蕩喜讀書徙居和橋鎮閉戶自精足跡不入城市為文氣勢浩瀚如長江大河一氣貫注與兄兼三互相砥礪故家大姓爭延之塾誨子弟循循善誘因材授學一時俊彥皆出其門屢試棘闈數奇不偶為人和而能介有柳下之風焉

庠彥俾昌公宗譜傳　十八世

公諱金印，字俾昌，寄隱公長子，邑諸生英姿卓犖文筆高古喜摩天崇諸大家爲文獨開生面不落蹊徑秋闈屢膺鶚薦奈數奇不偶遂潛心理學好讀朱子綱目性理大全諸書旁通諸子百家評論古今人物往往出人意表暇則與弟俾穀講論性命闡發幽深互相師友壎篪唱和怡然藹然事父寄隱公繼母王孺人備極洗腆而自甘麤糲時富家大姓有延之者念二老年高恐失定省之禮不忍遠遊辭迨棄養之日哀毀骨立幾不欲生蓋其孝友之性出自天然一日信其終身人無間言至於持身之謹慎治家之嚴肅接物之謙和皆足爲鄉里式晚年詩酒陶情恬然自適每遇花朝月夕或古歌或填詞父子昆弟酬唱一堂著有寄寂齋詩鈔惜散軼無考壽六十四卒時人咸爲之流涕曰善人亡矣嗚呼非其涵養功深有得於學問者烏能感人若此

禹三公宗譜傳　十八世

公諱敷春，字禹三，嘉祚公子性喜讀書尤惜字紙每出必佩囊見隻字輒拾之以歸敬焚之日斷簡殘編聖賢典籍所係也可不敬哉家徒壁立惟以詩書課子爲訓剛正不阿有氣節而持身接物一歸忠厚不侮鰥寡不畏強禦有古人風子鍾苦志力學庠校蜚聲餘俱有文譽語云種蘭得香種粟得粟公種福於前子孫食報於後天之報施善人信不爽矣

庠彥書臣公宗譜傳　十八世

公諱維字書臣沾甫公長子長洲縣庠生自少勤敏學問擅文譽尚名節鼎革後謝去儒業往來三峯袁臺間與諸宿參究義諦晚而三逕歸來一樓坐臥靡靜自持不棄禮法人惜其高才自廢公正不負所學焉

庠彥燕臣公宗譜傳　十八世

公諱愷字燕臣貞侯公長子幼敏慧弱冠爲邑名諸生業授經修脯所入供兩親甘旨父沒哀毀骨立戚易兼至母沒亦如之授徒三十餘年長者端其模範幼者調其性情不僅於章句文義間講習及門諸弟取巍科登仕版者不可僕數公獨躓場屋坦然無怨尤達人知命公之謂歟

吳川令琢菴公宗譜傳　十八世

公諱楨字聖生號琢菴康侯公季子幼穎悟由邑諸生貢入太學例授湖廣應山知縣多政績邑有猛虎爲民患公檄告山神虎遠遁民貧逋欠官餉流亡接踵追逋累及親黨公惻然每歲捐俸代民銷奏上官嘖嘖稱仁再知廣東吳川民益貧俗多悍吏治稱難公持法寬平獨豪强毫無假貸民皆帖懾越二載解組攀轅者以千計其清操惠政咸孚有素焉公本素封兩莅邊徼恒產一空比歸林泉重葺三徑徘徊松菊間時與農夫樵叟閒談風月蕭然高寄

人忘其登仕版者其與齷齪俗吏浚竭民膏肥擁宦橐歸里矜驕鄉黨奚啻相懸天壤哉殆陶靖節之流亞歟公生崇禎甲申卒康熙戊子授文林郎年六十五卒

吳川令琢菴倪公傳

十八世 內閣中書 張光第

余養拙家居於世事一無所預然聞賢士大夫立功於國施德於民未嘗不心焉慕之以爲服官如此庶幾不負所學若無錫琢菴倪公兩蒞劇邑民患以去民困以蘇格物感神與古之循吏爭烈讀驅虎文輒想見其爲人既而訂爲婚姻交君南文幼而負笈長而館甥益悉公之治行有聞輒記積而成帙因以爲傳焉公諱楨字聖生號琢菴漢循吏寬之後少而英敏父康侯期望甚切訓課甚嚴公讀書過目成誦爲文專務實學不事綺靡入邑庠爲諸名宿

推重既而貢入太學出知湖廣應山縣時多異政邑麗山有虎患公爲文告於城隍之神夜烈風大作虎皆遠遁秋成之時飛蝗入境復告於神蝗集山麓食草盡而去鄰邑信陽州告災獨應邑無恙上官聞之皆歎異儒學周焞記其事於堂之碑公爲治務以實心行實政每朔望必宣講聖諭凡民訟徑決於前小過輒訓戒遣去遇命案單騎親臨立時剖決吏無從爲奸治賭博竊盜嚴而有法博徒負者許自首宥之而追給其值於是博者不禁自罷民有竊盜薄予之儆而厚懸其賞首者賞之獲者倍之匿而縱之與盜同罪令下而盜屏跡其於貧民體恤甚至凡民逋欠錢糧三錢以下者每歲代爲奏銷給之以串一切編審稅契諸陋規嚴革淨盡平市價撫流民寬刑罰省徭役諸善政不勝舉再知廣東吳川縣即以前政施之邑多悍吏把持官府武斷鄉曲歷任因循不可除治公至以法裁之數月革去強半唯存老成忠謹者民賴以安公持法寬平獨豪猾無所假貸久之皆帖服寒者衣之饑者食之災傷者情之公無禁利邑無困人桁楊廢弛囹圄空虛越二載解組歸民遮道攀轅涕泣不能去者以千計公本素封再任

疲難賠補賙䘏恒產一空比歸薄田廬以供衣食足跡不入城府著述而外唯與農夫野老課蠶禽計豐歉優游卒歲而已嗟乎人皆因官而富公獨因官而貧然舊業雖空而德之在人者洪溥至今兩邑之民歲時尸祝久而彌虔公之所得亦夥矣何謂貧哉余幸附姻末得以時親道範謹述所知以貽後之學古入官者

驅虎告廟文　　倪楨

康熙辛未四月之朔知應山縣事倪楨謹以羊一豕一致祭於本邑城隍之神曰維神享祀不忒蔭庇下民爲一方保障凡山林澤藪毒蛇猛獸之爲害者應力除之如典籍所稱有功於民則祀之神之謂也楨承乏茲土不克修德惟是鞠躬盡瘁仰冀靈光默佑陰相用匡不逮何迺時當初夏農務方殷而環山郊郭之間風生虎嘯斯民扶老攜幼來告曰夕陽西下山徑難行紅樹芳菲斑文暗匿綠陰叢密白額深藏緣崖以撲樵夫越澗而傷汲婦牛羊頓盡

太豕一空楨聞此言不覺撫膺太息嗟嗟我民何不幸而罹此阨耶夫虎渡宏農古稱善治豈楨也不才上干天怒以致羣虎之入境耶夫楨果猥瑣無狀貪暴凶殘即以不職之愆投畀豺虎亦所甘心何令我民驚心怖膽朝趨夕避棄田疇而曠生業其不幸而受傷者魂魄何所依歸吾神聰明正直安忍膜視務必亟爲翦除掃清疆宇敬涓吉日致祭以請倘仍縱之擾害生靈負職甚矣夫有違典籍神亦與有咎焉楨不憚親率猛士操强弓毒矢以從事期盡殺而後已謹告

敬跋

邑侯倪琢菴驅虎文　　應山　閔衍

倪父臺愷悌慈祥神明果斷其爲治也明於賞罰賞善罰惡摘伏發奸盜逃不敢入境遇命案單騎臨驗辨明冤抑至囹圄空虛民懷吏畏編審公平陋規盡革種種異政指不勝屈更不可及者窮民舊逋自三錢以內悉與蠲除給之以劵恨逭關編戶四十八家忽被火焚即捐俸濟之復建更新倣古𡨚吏何多讓焉捧讀斯文情詞愷切曷勝手額

應山　盧均

敝邑層巒疊嶂余月虎發倪父臺義勇絕倫欲盡殲之齋告之日其夜忽發烈風飛砂走石達旦搜山虎無蹤影神之靈歟抑公愛民之誠有以感之也闔境之民執香叩謝敬錄告廟之文付梓梨棗以誌不朽云

驅虎記

應山縣儒學 周焞

應山之置邑也居萬山之中田廬與岡阜相綺錯民窮俗樸耕植以自力辛未春虎患大作民倉皇奔告邑父母倪公公瞿然起曰有是哉令之不德其貽厲吾民誓將窮搜山谷以盡殲厥類然土祀有神實與予共蒞斯民也維神其匡予不逮爰先一夕告於城隍之神告畢薄暮烈風大振呼㴚推蕩竟夜飛砂走石明日虎無蹤影邑民大駭異率婦子執香走謁庭下崩角稽首以謝請公告廟文泐諸貞珉以誌不朽而屬予記其異於碑之後予嘗考驅虎渡

河著漢史循吏爲治徵故從來聖天子馭宇必有良有司以佐之今覩倪公之驅虎蓋見前吏之非誣也雖然何以致是公莅應山教化撫恤一以實心爲主凡民訟曲直徑決於前若小過輒誨諭遣去每遇朔望必宣揚聖訓以導民於善窮民逋欠舊糧三錢以下者槩與蠲除給之以券其編審稅契各項諸陋規嚴革殆盡薪水日用所需現給平價境內有偷竊者薄予之儆而厚懸其賞諭之曰嗣有逃盜入境首於公者賞如數獲者倍之匿而縱之與盜同罪法立而盜屏跡博徒負者許自首宥之而追給其值於是博者不禁而自罷其或以命案控者即單騎親臨立時剖決民無所冤是以囹圄空虛浸淫多蔓草焉恨道闔編戶不戒於火延燒四十八家啼號露處公按戶給錢米復爲經營樞戶使有寧處至若恤孤寡施棺櫬賑行人禁重債美政不可悉數要之立法善而法行用德深而德溥有宰如此其不感神格物如響應者豈理也哉猶之劉琨韓愈言出神欽意舉物感不待驅除也是歲之秋又有飛蝗入境公設香案虔祝蝗集山麓食草盡而去鄰邑信陽州告災獨應邑無恙人益歎告神驅虎之非偶然云爾予備

述顛末以誌我熙朝之盛事千百禩而下讀公之文如覩公之爲人將以文求公而公之文之德並爲不朽矣是爲記

丙子康熙甲子春寓居蘇郡光福山樓以痰疾陡發卒年
四十九

世父綵霞公傳　十八世　姪之熺

伯父諱臬字廸樹號綵霞之熺本生父也廪貢生候選州同知自幼穎異爲王父念劬公所鍾愛弱冠遊庠鋭意進取貢太學歷試棘闈丙午秋赴舉順天爲本房首薦因策犯時諱名落孫山遺卷爲相國魏公貞菴所惜諄諄慰留北雍伯父念王父母春秋高不忍久離膝下決賦歸來隱居隆亭列架牙籤萬軸時與文士弄月吟風所著有東皋遺草識者謂歌長於詩詞長於歌不減宋人風致制藝有存稿百餘首詞華俊逸今猶弈弈動人事親色養兼盡教

子慈嚴並濟治家整齊肅穆接物和易温恭凡濟困扶危指不勝屈客舉一二如新安孫君六馭流寓吾鄉素未謀面聞其無辜繫獄慨以廿金出之後孫結生死交孝廉施公省闈未遇時因同硯誼斆授餐贈金施公解組歸言語所知荆溪湯先生秋若別已有年失館來遊欵留下榻如修脯以贈祖母舅光正華公以化甲避賀至捐館舍代慶椒筵旋資喪葬無倦色自奉簡約齋期茹蔬茱荒欹雜麤糲素無紛華靡麗之習時屢席豐履盛之憂嘗曰日中則昃月滿則虧可常恃乎畢生兢兢業業無時豫怠生崇禎

廸儀府君述略 十八世 男之熺

府君諱鳳來字廸儀王父汝遷次子邑庠生性質直溫和不設城府康熙己未庚申水旱薦臻道殣相望奉王父命賑饑出粟責糜竭力籌畫王父歿府君偕伯叔父承志建高士專祠於惠麓卜基創造身肩其役祖塋墻圍傾圯復倡始修葺時當酷暑督工於烈日之下經匝月不敢言瘁宗族蕃衍譜系久缺偕族姪仁宣共理惜未脫稿即世至若敦倫飭紀排難解紛嫌怨勿避報施不望僕衆如侵漁租賦乾沒質錢悉爲勾薄甚有憐其貧乏資以生計而後遣者厚德類如此襟懷曠達座客常滿樽酒不空有孔北海之遺風焉生崇禎丁丑卒康熙乙亥年五十九配吾母侯孺人賢順勤勞相府君以德合葬青山子一之熺

增廣生廸修公宗譜傳 十八世

公諱秉字廸修汝遷公第三子行四邑增廣生性豪邁有智畧居梅里鄉之堠陽里故多豪强每齮齕良善公聯之以義懾之以威卒無不帖服遭家多故汝遷府君嘗爲羣棍以通洋事啗時功令森嚴舉家風鶴公急代父走南畿控憲其事得以立白邑復有大猾能張羅設穽飛空害人百計串奸徒翟姓等囑盗扳誣公又往訴臬察發黑衣役廿八縛大猾及諸奴於酒肆間而重案亦即冰釋其人至死不敢復出爲惡於鄉里其應變禦侮之才誠有過人者後以下帷攻苦漸成羸疾而卒澄江陳介夫徵詩文輓之蓋深惜其勤學而賫志以終也

武舉繼石公宗譜傳　十八世

公諱仁勇字廸毅號繼石汝遷公四子行六武庠生中康熙壬子順天鄉試公壯歲兩耳即掩其聰以故不謁選終老邸園居閒喜以翰墨自娛哦詩填詞以消永日兼善丹青時作溪山小景悃愊無華不爲崖岸葢天性質直爾也鄉評月旦一時無間識與不識咸稱爲長者云

陸涼州知州嶧山公宗譜傳　十八世

公諱雝梧字廸高號嶧山汝遷公五子歲貢生任安徽寧國府太平縣教諭秩滿陞陝西西安府武功縣知縣康熙丁丑覃恩授文林郎丁丙艱服闋補授陝西漢中府西鄉縣考績稱卓異旋轉雲南曲靖府陸涼州知州康熙癸巳萬壽覃恩晉階奉直大夫公慈惠爲心平恕爲政自學博除授三歷州縣始終以廉節自持故車轍所至士民愛戴初知武功緝獲逃匿內監上聞仰邀溫旨特奬并命嚴查逃監經過府州縣凡變通往來不即舉發者降奪有差時咸謂公幹練能察奸當有不次擢而公謂藉人命博顯榮心何忍且因此優敘凡隱匿處甕罪已多利己損人莫此爲甚願照舊供職上官聞之益重公爲長者通籍廿年涖政臨民事事勤慎無纖芥之失惟軍需賠墊致家業盡廢非冰蘗其操不至此所著有課士仙原草所刻有司牧寶鑑一書書係關中李徵君中孚輯公代篆盩厔識其品學堪爲模範故特爲刊布壽六十三卒雲南陸涼州署中

恩貢士授理藩院知事改授知縣雲峯倪翁墓誌銘　十八世　文華殿大學士嵇曾筠

雲峯倪翁吾鄉之醇德君子也卒於康熙己丑四月二十一日其孤以卜吉壤故越二十餘年始得葬翁於新安鄉之新阡余時方以河務駐淮南孤世縉具狀來請銘余懼無以發闡潛德顧追念夙素時得習於翁今雖音容杳不可接而其平生坊表爲余所心儀者猶歷歷可紀也曷敢辭按狀翁姓倪氏諱亮釆字廸庸雲峯其號也先世自漢內史寬後代有聞人至高士雲林公始著聲於錫之祗陀

里五世爲廸功郎竹溪公徙坊前至翁之曾祖瑛再徙堠賜瑛生鉽鉽二子其季永建晉贈奉直大夫者翁考也篤學敦行嘗手輯洪戒錄行世娶華宜人舉丈夫子六人翁最幼穎異特甚丱角時鄉先達見者已器重之及長事父母色養兼至父没哭踊幾絶附身附槨必誠必信躬治兆域必崇閎高敞姑母喪已年垂五十哀毁如喪父時尤敦予足誼事無纖悉不稟兄命不行待諸姪如子族固繁衍不足者恒待翁舉火有族某素貧翁介司質庫虧蝕數百餘金僅存房產契以償翁愀然曰是區區者爲吾弟較耶亟還之堠賜宅傍向有圜亭之勝翁夘居於此未葺治念古君子將營宮室宗廟爲先贈公嘗有志建高士祠未遂因請憲建祠奉贈公配享自此蒸嘗百世翁力爲多平生不干謁有司至義所得爲輒慷慨自任康熙丁亥聖駕南廵時猾胥紛紛借端雜派邑侯李公素才翁敦請籌畫翁捐己貲佐之以杜弊端是歲大旱翁出所藏粟六百餘石半價平糶廿里內外賴以不饑戊子邑又薦饑邑侯復任翁賑事翁於官帑外出米協濟凡搭廠增竈執爨散粥一一躬親監視者累月未嘗告瘁然竟以此致疾其他樂善

好施類如此而其大者尤在篤倫理敦氣誼和光高致比跡古人匪直好行其德云翁資性過人讀書數行俱下支遊皆一時名宿所作制藝數百篇炳炳烺烺原本經術尤留心詩學著有繡萬堂集自貢入太學七試南北闈不售例授理藩院知事改內閣中書尋改授知縣余方謂翁之懿德懋行克享遐齡他日退老歸田得與翁徜徉吳山越水之間尙可追耆英會而翁則竟長逝矣悲夫翁生於順治甲午九月初七日距其卒得年五十有六配薛氏例贈孺人子二長世縉次啟燕女四人孫男三人孫女四人其

石溪公宗譜傳　十八世

公諱嗣晟字君美號石溪存省公子生九月而孤母葉撫
孤厲節公幼穎悟異常稍長研求制義下筆千言立就時
爲先輩所驚詫每遇試卒不售人多惜之公曰得失命也
吾何尤焉居常講學食貧無戚戚意惟不得顯揚母節時
以爲恨母既歿晨夕哀毁凡七年而卒年五十有七門下
士爲詩文哭之

葬以雍正己酉十月十一日銘曰
至德遺墟風高清閟千乘之支載德弈世垂裕後昆羽儀
王國彼君子兮昔我能卽鏃礪文行鍛羽青冥掄才虎觀
黄綬其承不靳倉庾兆愛藏鏹任恤以之公事鞅掌未青
厥世壽命自天凡厥正人不朽匪年吉卜之從兆此新岡
利其嗣人俾熾而昌

倪氏宗譜誦芬錄卷八

梅友公宗譜傳 十九世

公諱栻字我宜號梅友塈甫公長子務耕讀崇節儉持身處世爲鄉里矜式世居祗陀精閣遺址在焉公首倡郎其地建雲林高士祠以倣惠山之祠族舊衍譜牒年久不修公勸族中輯譜牒慨然以爲已任惜俱爲未遂之志雍正六年卒壽七十有六

溥泉倪公傳 十九世

倪君諱宏祚字錫蕃號溥泉余生平益友也康熙戊寅秋余以青衿避家患入京師相識甚篤困厄旅舍計無所出適見倪君一訴衷情遂慨然無爾我歡如故交朝夕與其講貫古今學業由此益進己卯天下大比君以歲貢得與北闈余乃常郡諸生例不能應試君代余經營納粟亦得入闈出榜時余幸中式君薦而不售至癸未科余又得第欽點主事君亦以內廷教習期滿選湖廣鄖陽府房縣令有惠政屢加級陞直隸廣平府同知值籍年龔兗家君隨

大弁幹辦明敏事竣紀功一次余時陞轉兵部尚書奉上諭總督直隸等處地方事君與余因有上下司別嶲然終未嘗以私事來謁君固避嫌而實見耿介之節也後委署府印繼又委署按察使司印凡案牘至前一一理治無不悉當忽值省中被水災委辦荒政幾晝夜在水中來往遂受溼成腳疾醫治不效因告回籍委員看驗遲久尤其解任回籍不料竟以此卒於家嗚呼傷哉君之先君子諱金書字京武號贍菉康熙壬子科舉人作湖廣宜遠縣令挈寡妻幼子赴任未及二載疾卒署中時君以長子留治家

事因思省親赴廣至則父歿纔二日但見署中紛擾母與諸弟皆痛哭幾死諸幕友俱結束行裝將去君未暇哀慟先令禁閉宅門不許諸人亂動稽查署中庶務知父在時辦荒政給饑民虧帑銀二千兩并有未結盜案君乃啣哀奔走各上官處了結諸事遣家丁速回變產償補國帑先扶靈柩遣諸弟奉母還鄉獨以一身留廣料理諸務歲餘始得妥然以歸爾時廣省諸員見君者罔不嘆曰倪君有令子死無餘憾矣君歸家後事母孝訓諸弟勤讀爲諸妹擇配宗族鄉黨莫不稱其賢此未仕時事也嗚呼君懷大

器未得一第仕亦未膺顯秩余每言念及此不勝嘆息其子士械請余爲傳余思倪君非尋常友朋比也敢不一一道其生平因竭鄙誠爲之傳云

賜進士出身直隸總督年通家弟毘陵唐執玉拜撰

實蕃倪公傳 十九世

公諱沅字實蕃號坦齋邑庠生雲林先生第十二世孫也父諱金書號瞻蓀康熙壬子科舉人授湖廣永州府寧遠縣令瞻蓀公生六子公居第五爲人忠厚寡言資稟聰明好讀書不留心家務持躬以禮待人以和終其身未嘗疾言厲色人或有欺之者或告曰某欺子子知乎公曰某與予素相善也必無是事其以君子之心置人之腹者如是伯兄宏祚以歲貢生考試教習授湖廣隕陽府房縣令旋陞直隸廣平府同知委署府印又署按察使司印後世宗

朝告疾歸家清風兩袖宦橐蕭然逾數載卒公爲之設法治喪營葬井井有條雖有賴於賢昆季之力而公之力居多焉每逢歲祲疾疫公輒盤辟一室夜禱於天恒以力不能拯爲憾其存心厚道類如此嗚呼以公之居心使其得膺一命必能爲聖朝廣宣德化教育黎民奈運蹇數奇竟不得一第而以諸生終亦可傷矣公生於康熙三十二年六月廿五日卒於乾隆十九年六月廿六日享年六十有一配黃氏斗南公元孫女也先公二十餘年卒子一名元標女二一適太學生秦銘一適庠生高其位元標爲予妹

倩先君子逸溪府君深器之年二十與予同補弟子員屢
試棘闈不售壯年喪偶終不再娶醇謹篤厚頗能守父風
鄉里中咸稱讀書長者云
賜進士出身戶科給事中授陝西山東道監察御史廵視
中城誥授奉直大夫　姻世姪鄒夢皐頓首拜撰

鏡澄公宗譜傳 十九世

公諱武清字永發號鏡澄子殷公季子子殷公晚歲生公
嶄然頭角五齡而孤有至性過人遭父喪即知辟踊號慟
甫六齡已知讀書大父畏厓公矍鑠在堂提撕訓誨冀其
成立詎意十齡而又見背焉幸母氏高煢煢子立晝荻丸
熊以教以養嘗夜剔銀釭鍼黹伴讀無間寒暑比十二始
就師塾以女紅之餘給供脯膳未嘗致嫌苜蓿十五能文
章窸窣理家須錙銖千百而成一藝然累試不利及長不
省所怙因泫然泣下曰父兮生我欲報之德昊天罔極瞻

望母兮慭遺一老服勞奉養未足爲孝依依孺慕寸心庶
表吾何可妄希榮進以貽堂上憂耶遂拋撇緗帷而勤奉
菽帷舉凡冬温夏清昏定晨省靡不先意承志而曲盡子
職焉每屆春秋忌祭匍匐父塋輒咽嗚悲鳴泣下數行歸
雖與諸兄聚飲一堂猶然食不下咽者公之至性然也嗚
呼年踰強仕蘧召修文欲酬鞠育之恩徒遺終天之恨惜
哉所以臨逝之頃猶三復蓼莪之什也廼知公之事母至
死不渝可謂孝矣

尙榮公宗譜傳 十九世

公諱武任字尙榮嘉珍公長子對君公嗣子也生而岐嶷髫髻凝重醇厚過人質魯鈍而好學孜孜不倦時對君公有人倫鑑見而摩頂奇之曰此兒寍馨恢拓先業充吾門閭者必此子也遂撫之爲已子以教以養公亦勤于攻苦負笈從師年弱冠研思制藝摹倣隆萬人手筆每高自期許輒謂取功名如拾芥後蹶於累試而對君公已景迫桑榆精力就衰公乃翻然代綜家政勤服先疇不辭胼胝卒隆堂構焉其事對君公也五十異粻非帛不煖七十非肉

不飽八十嘗珍曲體親心未嘗少懈而對君公視之亦推心置腹無爾我之嫌至其待人也恆以忠厚爲懷濟人之急拯人之危鄰里有告貸者無不周鄉黨有虧蝕者不責償雖背小鄙夫狎侮焉公則忍耐之齮齕焉公則化導之一切橫逆悉置之度外而不與較恪守父風公固能以厚德懿行世其家者里人感其德至今稱述不衰云

雪田公宗譜傳 十九世

公諱耿字覲公號雪田景南公元孫性耿介避俗人若浼喜讀書雖凍餒頤踣不輟業尤工古篆金邑志云倪雪田居堠山善篆印章甚珍權貴慕其名以厚幣求一石不可得過知己輒贈之志行亦絕有異人處

文纚公邑志原傳 十九世

倪坊字文纚吳庠生六歲盡讀四子書十歲盡五經旁通綱目近思錄後益縱力於註疏班范諸書家久銷落君克勤克儉家道日隆隆起遂構堂娛親嘗高祖祠圮周貧乏振寡孤每日高車問字者甚廣其爲教曰學者當先治心心境清則理境清理境清則文境清其所得者如此

庠彥臧三倪君墓誌銘 十九世 高愈

君諱坊字文繩號臧三霞章公子汝霖公孫君生有異資六歲入家塾讀四子書幾盡十歲盡讀五經旁通綱目性理諸書而霞章公教嚴課不輟五更起讀三更始就枕十一歲學文時制科新改策論公下筆如泉湧老師宿儒爲咋舌十七就試縣府試屢拔前茅院試卒以小疵被黜遂遊吳泮後公以力學太銳得心腎不交疾養痾僧舍八年始痊則益肆力於經史古學經必旁參註疏及宋儒語錄史以温公紫陽爲主而并及班范諸家下至稗官野乘無不

擷摭務令義核事當而後止後又潛心易理象爻變化吉凶消長探賾索隱孜孜不倦公生平爲人重名節敦行誼不敢ㄙ置身於苟且事其兩尊人無不曲意承志霞章公病間有他故出雖中夜必速抵家霞章公苦所居湫隘君卽日締造堂構落成扶公觀玩病乃艮已霞章公亡君號慟如不欲生後當忌祭君淚潸潸下終日不怡高祖祠將圮君獨力繕治不煩同堂費裹族有甚貧者必令得舉火無業者必爲謀生計鬭爭者必力爲排解後君行日高學益粹名藉里中從遊者日益衆公悉隨其高下成就之每謂諸子曰爲學當先治心心境清則理境清理境清則文境清觀此而公之所得可知矣然終無所遇竟忽忽以諸生終噫予觀漢書御史大夫倪公傳貧無資常帶經而鋤休息輒誦讀其後以謙延奏請漢武奇其才遂任用遷左內史後爲御史大夫古人誦讀取高名如此今觀君博覽經史研心理窟與寬之勤力何異而古也赫如今也寂如何古今人相違戾若斯也君生於順治辛卯年八月二十九日卒於康熙戊寅年八月初十日享年四十八歲娶吳孺人繼娶曹孺人子二乾振祖埴俱曹出余寡交於世

未嘗識倪君乾振謂余言不妄後乃造余求銘求之力余不獲辭乃爲銘

銘曰維倪之先肇於內史帶經而鋤味其旨美至於雲林清閟流芬白雪比潔明霞方鮮縣縣百世更產偉士履蹈仁義沉浸經史其德則粹其命不猶坎壈毋嘆古豈無儔景雲之鄉于焉卜宅永啟其後繁昌千億

庠彥穎若公宗譜傳 十九世

公諱倘皦字穎若偉昌公長子遐天資之敏悟承家學之淵源年甫弱冠補弟子員丰容秀美儒雅風流文思敏捷見地高明下筆千言立就諸名宿見者爲之咋舌嗣後試輒前茅屢居高等緣家值中落恐無以供甘旨所得修脯悉以奉兩親長兩弟不私一文襟懷曠達不設城府雖家無長物宴如也內而家庭雍睦孝友堪師外而應接交遊溫良兼盡時銳意進取課徒之暇研求制藝往往徹夜不寐堂兄鳳彩嘗戒之曰吾弟羸弱或苦如此不幾貽堂上

憂耶公曰正因堂上年高希博一第以顯吾親教子之勤坐守青氊非吾素志癸酉秋與族兄佑文奎光堂姪懷岡等南闈赴試偶感風寒病作僵臥抵家延醫診視云心腎不交盜汗不止無能爲役已因囑兩弟曰不能終養二親吾之罪也汝等善事父母勤苦讀書死無遺憾矣言訖而卒時八月十三日也噫嘻未登強仕之年竟赴玉樓之召痛忍言哉痛忍言哉

太學密齋倪君小傳 十九世　　高 愈

世間一切功名富貴過眼皆成夢幻惟眞性不壞則死而不亡一息可以千古窮達壽夭不論也太學倪君奎光爲高士雲林先生裔其家爲素封宜有紈綺習乃君爲人則大異年甫弱冠卽向往先儒語錄而尤服膺先叔祖忠憲公遺書立家居課程著靜存錄其居家也必強勉早起恐失平旦清明氣氣也其靜存也以育中不挂一絲爲主以性上原來無一物也而尤貴整齊嚴肅欲內直外方表裏交持令此心無纖毫滲漏也凡所錄先儒要語雖不一要於

忠憲遺書爲多而與其好友吳君卜臣力行之吳君固深於靜功者嘗偕余與學者山中趺坐徹旦不寐而明日精神益竦健倪君故樂以爲砥礪書札往來至數十論工夫覩氣象發大勇猛務徹入生而靜以上而後止孰知年僅三十而君已歿視顏子之年更促其二焉噫天之欲促夫人年也則不必令之知好學既知好學矣乃復促其年如是嗚呼此亦聖人所謂吾見其進未見其止堪爲咨嗟悼惜者也倪君雖喜靜學更善吟咏其詩清新俊逸有鮑庾風曾記其詞云爲譜世間事何者不應休又云寄語塵寰

勞攘寄廿年何事不滄桑余初讀之以爲君烏衣少年何遽作此語疑其不祥爲詩讖繼又思君此言其寄託遠矣夫蘭亭金谷瞬息烟塵麟閣凌烟終同泡影具此達觀亦何不自得耶雖然此特自其變易者觀之也大化浩浩變而有不變者存焉不聞夫有物先天地乎無聲也無臭也視之不見也聽之不聞也此固息息變究億萬年而不變者也靜存者期於存此而已存此者將入水不溺入火不燒金刃不能傷暴客不能害歸無窮之門而遊無何有之鄉視彭搏猶殤子也百年猶且暮也斯不亦樂乎故曰惟眞性不壞則死而不亡一息可以千古也九原可作吾將以是遺倪君而告之

貢士敬亭倪翁傳　十九世　己未探花陝西按察使司　秦勇均

翁姓倪氏諱之煒字希曾號敬亭勇均姑丈也翁本生父綵霞公與先王父筠連府君誼屬同襟先妣王太恭人又綵霞公之自出翁幼時岐嶷不凡筠連公奇之字以先姑母爲翁大宗後出繼小宗與先姑母事諸親長先意承志視聽無形居喪咸易交盡祭掃必敬必誠事兄文標公如父嚴君見背事必稟命而行康熙己卯遭弟密齋公變形影自傷撫遺孤象壎如己出課其經業勵其德性諸伯叔兄弟是非得失知無不言言無不盡嗚呼其厚於一本者耶又憶至戚某兄弟素不恆兄歿修怨於姪唆其庶祖母控嗣孫不孝另嗣伊子族多左袒會邀翁公議翁毅然云服斬六年指爲不孝嗣產盡奪豈一日不服斬竟享其田宅乎若服斬未聞去世廿載追行三年喪者滿座傾聽咸稱破的其議遂寢翁素閉戶不涉公庭雍正癸卯山右逸溪武公蒞邑延紳士直陳利弊翁特呈端士習正民風理詞訟省浮費禁賭博弭盜賊清火耗數條武公次第舉行成賴翁之力焉翁膂勁骨天性所成他事類此翁生而穎異年甫舞勺補博士弟子員下帷攻苦後援例貢入太學

試南北闈屢躓場屋知得失有數遂絕意進取寄興昆歌短賦五七言近體著泠香齋詩稿數卷清新俊逸具庾鮑致晚年注意家乘續修宗譜小傳擬稿藏諸笥篋大抵翁之一生信心而言信心而行持己以正燮人以德溫厚嚴凝之氣兼得之懷才不遇其命也夫舅均三世葭莩素悉翁生平乾隆丁卯仲秋表兄垂紳垂綸郵遞所條述畧諄諄以翁之傳請不揣蕪陋謹書其大者世系生卒另詳茲不贅

赤樓倪君小傳 十九世

翰林院侍講學士　顧仔

君諱之煜字依玉赤樓其自號也君有至性幼失恃事繼母能得其歡心待諸異母弟篤友愛每述古語云難得者兄弟易求者錢財家庭間以財致爭是猶一人之身不惜手足而惜涕唾有志之士當力矯之弱冠遊太學所交皆賢士大夫君祖汝遷公欲爲捐貲授官君力辭曰丈夫當自立耳累試不售晚以詩酒自娛戶外事一切謝不與鄉里稱爲長者年六十有六卒先是倪氏族方盛多散處譜久不修君曰是吾責也徧歷遠近釐整訛失輯宗譜若干

卷未及梓而歿歿後二十餘年君從弟潔軒始克成之然經始其事者實君也嗚呼其所見遠矣君元配薛孝廉九徵公女將婚外父歿於公車王父以田五十畝代女孫匳具君慨然曰吾幸有餘粟外母孀居賴此以供膳養吾何忍焉遂籍其田以歸外母終身不復齒及薛君歿再續事外母禮意不衰余忝僚壻而生後於君十餘年不及知君之詳書其可記者如此亦足以知君之爲人矣世系生卒詳譜中茲不書

子超公宗譜傳 十九世

公諱燿字子超履南公元孫仲勝公子也渾厚誠樸言動不踰矩則尤注意先世祠墓康熙庚午風暴南樓府君墓木仆公謀諸叔氏雲峯售樹嚮田爲久遠計迄今享祀裕如子孫世守公實始基之年六十有六卒配華氏無子葬蘇團橋祖塋之東

候選縣佐子貽倪君小傳 十九世甲辰進士 灤縣知縣 秦伯龍

君姓倪諱啟燕字子貽曾祖鉽祖永建考雲峯公亮采並有碩德雲峯公娶薛氏副室曹舉二子君其季也君生而美丰儀資極慧讀書不再過輒成誦九歲而孤事嫡母薛孺人以孝聞尤恭厥兄事無巨細必稟而後行授室後奉母命析箸君按籍視所假貸不能償者焚其劵鄉姻黨宗孤寡親朋中有以急告者不惜傾囊拯之不省察一切家事時與二三交知載酒彈箏徜徉於九峯五湖間視世之齷齪小夫孜孜以纖嗇爲業者夷然弗屑也年二十八太學一試不利尋援例投縣佐將謁選疾卒年止二十有四遺一子大培三歲矣

論曰子貽君余女弟夫也余每見其尚義好施未嘗不嘆其有古人風使得永年必有所表見而不幸早世悲夫然余聞君歿時親戚交遊皆爲流涕君何以得此哉語云德則能興不於其身必於其子孫其在此呱呱者歟

翰周府君述畧 十九世

府君諱德基字翰周王父雲章公舉四子長府君次子藩三純周四載周王父少時家計頗饒好讀書不求聞達一切治生之計俱置不問長益縱情山水偕魏淞漁先生扁舟簪笠遍歷吳越諸名勝與深山禪客訂世外交人咸稱有雲林高士風年逾三十家日索而與翁豪雖家無擔石之儲而疏食飲水歌詠之聲若出金石大母虞太孺人系出光福望族事舅姑以孝相夫子以順親操井臼勉力撐持釜無粟爨無薪而羣兒嗷嗷牽衣呼飯每以鍼黹之勤

常至龜手謂府君曰讀書固佳謀生亦急汝兩弟尚幼汝與汝兄當謀薪水之計是時府君年十六叔父子藩公年十三弟兄并力經營備嘗艱苦所入悉以奉父母不數年便克成立年二十二遭王父喪盡禮盡哀必誠必敬府君性爽直與人交不設城府遇人有非理事輒面斥不諱訓不肖等以義方愛諸弟以篤厚勤於治生居恒五鼓起二鼓始息食不兼味一縕袍數十年每膳兄弟四人同席食如一人出未歸三人不先食遵虞太孺人之訓也府君稍有贏餘即置田產恆與叔父子藩公各出所蓄以置之嗚呼人情於昆仲間往往樂於分析甚至斗粟貽譏角弓致誚彼此不相通有無不相濟而府君敦手足之誼諸弟咸賴其裁成年三十一遭王母喪哀毀辟踊幾以身殉遇歲時祭祀每稱道王母之劬勞婚男嫁女心力俱枯而經理家政瑣屑必親拮据荈茶無間寒暑言念及此淚潸潸下府君孺慕之忱至老不衰如此乾隆七年偶有感冒寒熱交作越數日稍愈忽有外侮至以致怒氣傷肝病入膏肓醫藥罔效延至十一月廿五日卒享年六十有四適母吳孺人先府君二十七年卒生母姚孺人子四長即不肖次

闓錀三純錫四維鏞女三俱適望族不肖玉銑謹述

倪遠度先生傳 十九世　太子太傅 楊名時

先生名嵫字遠度無錫君美倪公長君也先世自元高士雲林公以下皆隱居不仕先生少讀書敏慧絶倫稍長試郡縣輒拔前茅後卒無所遇遂棄舉子業隱居教授性愷悌終身未嘗與物忤故無少長咸得其歡心及遇不肖則面叱之無所容以故人樂其和而憚其嚴旣絶意進取閉戶不與軒冕交有先達某延先生於東林講學謝弗往蓋以好名爲戒也家故貧乂君美公遺產甚薄平居敝衣糲食而慷慨好施赴人之急如恐不及每受脯資推以贍姻

黨及里中貧乏先生不求人德人知先無生亦者元配葉孺人卒於惠麓得薛姓壤啟壙有棺薛欲遷去先生持不可封如故乃葬於旁咸歎爲盛德事焉嗚呼世之狐介絶俗者往往失之谿刻其或忠厚慈惠不爲矯激則於剛正之操又多不足若先生之介以持己仁以及物而且自晦其名卽求之古人中可多得哉

處士九範倪公傳 十九世　葉騰海

公諱士模字九範生而岐嶷莊重乂百祥公豪於貲因好俠仗義不事生產故家業中落而慷慨好施如故族中艱於婚嫁及喪葬或衣食不給者公經理推解之里有僧菴以濟冬夏茶湯歲久幾廢公捐田倡葺使之復興其好義若此剛果善斷不畏强暴遇不平事立剖是非咸斂息聽命公嘗謂人世壯者逞血氣老者恃年高富者挾財賄貧者忘廉恥故所爲於理不合反是卽得矣聞者莫不以爲至言晚歲徜徉詩酒教授里中子弟以終老焉

庠彥時鳴公宗譜傳 十九世

公諱鍾字起鳳自號時鳴禹三公三子也質魯鈍而好學穎默寡言年十七就外傅習制舉業文體駁雜且遲於結搆因困童子試公不以質魯而廢學每螢窗雪案篝燈一室日夜辛勤卒抵純粹丁未歲遂遊邑庠後益淬厲文行五試棘闈三膺鶚薦卒不售竟不復試存心水木之思與兄鷺湖公創修譜牒至今宜邑倪氏可溯木本水源者公之力也晚年坐臥斗室詩酒爲樂與物無忤壽享耄耋非公之養性功深曷克臻此

朝佐公宗譜傳 十九世

公諱士榮字朝佐貞侯公子性凝重操履謹嚴言行必循規矩事父母養致敬喪致哀曲盡子道里中有倪孝子之稱待兄弟若一體無爾我之嫌撫遺姪以至誠如卵翼之覆凡親族中幼無依長無娶生養死葬無貲者必竭力賙恤或有齟齬之者爲之開陳大義無不冰釋悅服遇外侮逆來順受不與之競年登八十精神矍鑠當事題請給八品冠帶以醇德膺曠典焉

君亮公宗譜傳 十九世

公諱士能字君亮敬承公長子髫年敬承公疾晨夕嗚嗚籲天願減已算以益父壽及父卒哀毀骨立每遇歲時伏臘悲泣若新喪時奉母委曲盡孝卒後喪葬亦無缺禮兩弟尙幼公多方教育之嘗撫弟而言曰囊空瓶罄舍力田無以治生也胼胝拮据偕弟耕穫家得稍裕旣授室以所有均分錙銖不私爲人率直胸無機械或紿公及犯公者後遇之如初

文公公宗譜傳 十九世

公諱士昌字文公敬承公幼子父歿時尙在襁褓與仲兄君理同育於伯兄君亮終身以事父者事之奉母尤盡子職嘗喟然曰我生不辰賴慈母伯兄生長六尺軀雖不知有父之樂亦不知無父之苦公器宇軒豁忠厚朴實以勤儉治家家由是稀而於義理之辨甚明急公好施不惜傾囊晚年兀坐斗室不與外事日與二三知己暨宗英雪巖輩評論古今觴咏爲樂

子榮公宗譜傳 十九世

公諱仁亶字子榮期成公子也篤志攻書不求聞達坐守青氊處約不苟與物無忤廸儀公續輯宗譜延之城南別墅囑共校讐所擬凡例數條立意謹嚴能補前人未備業雖未竟而其功績不可沒已

敕授文林郎雷州府經歷潔軒公宗譜傳 十九世

公諱繼籀字長輝號潔軒雲峯公子也博學好問涉獵經史搦筆爲文千言立就早遊黌序以歲貢入成均授翰林院待詔性狷介不苟阿有拂上官尋改雷州府經歷後丁父艱解組歸田隱居不仕乾隆甲子倡葺惠麓宗祠工竣續輯宗譜繕寫校正無間寒暑至戊辰甫告厥成乃謂其子弟曰吾無憾矣遂於堠山之陽別築園亭疊石浚泉蒔花種竹時與二三知己開瓊筵飛羽觴唱和其中留連竟夕以娛晚景焉

世功倪公暨配方孺人傳 十九世 後學 [illegible]府 方洵

公諱廷弼字世功系出錫山高士雲林先生後六世祖隱山公始遷於邑之蔣濆里父合三公復徙居和橋舉丈夫子三公其季也七齡失怙賴母氏李教養成立既而外侮疊至雀角頻興公與兄世勳等百計圖維竭力調劑雖事得釋而家業半耗矣事母至孝色養兼備病則侍奉湯藥沒則經營喪葬俱一身肩之無怨心亦無吝色處兄弟備極友愛長兄晚景多艱公迎養惟謹撫孤姪幼而提攜長而婚娶公之篤天親也如此生平尚氣義重然諾樸實謹

愼爲人所倚重至如施棺木濟困窮建橋梁葺廟宇諸善事樂善好施至老勿替其貽謀有足多者配方孺人予幼姑也生而沉靜舉止安閒笑言不苟卓然自立無趨炎慕勢心王父忠文公鍾愛之年十七歸於公敬翁姑和妯娌待伯如父撫姪如子工針黹勤操作公經紀於外孺人佐理於內卒之吉人天相家業日隆晚景恬愉白首相莊齊眉致敬者垂六十年可謂兩賢矣戊戌冬卜吉於黃農石橋之新阡子維周維揚乞余言以誌公之行並余忝列戚誼安敢以不文辭爰泚筆而爲之傳以貽後世云爾

孝艮倪公傳 二十世

公姓倪氏諱福字洪德孝艮其號也父芬侯公早世賴母氏秦守節教養至於成立比長勤學好問練達世故遇事敢爲不侮鰥寡不畏强禦蓋其剛方正直之氣與仁慈惻怛之心實相輔而行然此不足以論公也綜其生平嘖嘖人口者有四謹序之如左公髫年失怙歲時享祀豐潔必嗚嗚悽愴泣下沾襟事母秦孺人色養弗至終身不懈疾則迎醫禱神侍奉湯藥日不離側沒則哀慟過人形消骨立及時喪葬公之孝養厥母者如此事兄孝安公莊敬盡禮遇外侮則身先禦之有緩急則曲意周之有爲必助有求必應塤篪唱和痛癢相關公之克恭於兄者如此嘗經五瀉河風勁天寒忽見一舟覆溺公大聲疾呼欲往拯之同人有難色公曰視死不救有是理哉遂奮勇直前撈救五人內一人垂斃公即灌以薑湯覆以被囊踰時而蘇送至其家而返是公之存心以仁也少時出外樾還泊舟河干見遺金一錠公拾而候焉同舟笑其迂公曰我失之人得之我心不懟人失之我得之我心何忍儻此金利害攸關變生不測奈何須臾有人皇遽而來搜尋求評舉動失

措公詢得其實還之其人拜謝而去是公之見得思義也噫嘻公之行誼如此宜其天錫純嘏誕膺多福恭逢清高宗南巡公以耆年迎駕恩賜八品頂帶甚曠典也壽九十一而卒天之報施亦厚矣

贊曰仁基式廓德性堅凝有荷彝常恭兄順親振振君子還金活人俾耆而艾天錫遐齡貽謀勿替佑啟雲礽風徽贍仰爲世典型

嘉慶壬申八月錫山教諭澄江程嶺梅庚南氏謹撰

從弟學瀍傳　二十世　兄體恒

從弟體明字黃吉號學瀍叔父成章公次子事父成章公母林孺人篤孺子慕雍正辛亥壬子成章公與林孺人相繼卽世居喪盡哀死而蘇者再既殯不忍離以未酬罔極恩廬墓左集童子六七授業其中研窮經史咿唔與哭泣聲相間嘗夜被竊歸取斂衣敗絮蔽體仍往宿忍饑寒冒風雨不改越兩稔染病有鬼手拍其肩似欲捉之去者弟堅守如故病日深子坊強負歸稍愈曰違親已幾日矣可少留乎復往髮垂肩若瞽瞀依荒壟者三年志喜探濂洛關閩之旨乾隆戊午九月入城赴其學山居復七會扶病回一臥不起至十一月廿五日卒距其生之年康熙甲戌四十有五學瀍以從弟幼受業於余知之故深尤痛惜之先是劒光華先生欲白諸當事旌其孝不果修無錫志乃採入孝友傳

無錫志黃吉公原傳　二十世

倪體明字黃吉執喪不欲生者再爲妻子抱持得免親既葬廬於墓側去家里許四無人居布被縕袍爲偷兒取去乃編稻草爲困寢處其中狐嗥魅嘯與悲號聲相間也其妻紡織自活不能治飯以糜雜馬蘭蘩莧炊之既熟令其子餉之子坊幼遇雨徑滑失足糜傾體明適聞號聲知今日不得食矣握草根和溪水咽之如是者不一次然竟不死除喪數年而卒猶未五十云

文杞倪公傳　二十世

公諱彥功字文杞世居邑之祗陀里父振祚公襟懷高曠詩酒自娛母秦孺人精於會計勤於操作公生而岐嶷始就傅即知以聖賢爲法歸輒與家人講論年十七覩母氏勤苦即辭學佐母以故家日隆起旣而喟然曰財貴能聚尤貴能散於是務爲博施宗親鄉里凡貧窘者悉設法以周之族人不能自存甚有棄室以居授田以食者姊嫁侯氏夫婦早世公撫其遺孤代爲婚娶二男六女德配張孺人嘉善縣令鏞公女鏞公沒後家甚貧公視諸內姪與子

姪同更有張涇橋溫王兩姓北門外康姓諸人見其無本經營悉贈銀以資貿易其他扶危濟困不可殫述遇凶歲賑濟尤勤設粥給米事必躬親務使人沾實惠乾隆四十六年恩賜銀牌粟帛以奬其功公沒遠近來弔者輒慟哭不能去其德入人之深如此嗟乎儒生立志每期康濟斯民然皓首窮經不克自見即幸而擢巍科登膴仕則又逐於權利毫無建立不特膜視斯民即宗族交遊且有棄之如遺者求如公之爲善於鄉豈可得哉公之生卒子女幾人葬於某所具載表誌乎嘉公之足以爲後世法也故不辭而爲之傳

賜進士出身歷任廣東鹽運使司鹽運使

愚表再姪秦鑛拜撰

庠彥蕤佩公宗譜傳　二十世

公諱芬蘭字蕤佩性聰敏精書法通文章尤長於詩賦當時名師如顧星五鄒晳唯輩皆深器之以爲江文通李長吉復生矣年弱冠即補弟子員第一自後科歲試輒前茅屢居優等然終蹇於命不能登一第怏怏不樂遂以詩酒自娛未滿五十而赴玉樓之召嗚呼傷哉

賡廷倪公傳　二十世

乙丑進士 桑植知縣 顧奎光

余自桑植解組歸家居養拙不紛心於世務者蓂莢已三易矣乙酉九月日有款扉聲甚急啟戶視之則投刺者接而讀之乃賡廷倪公之訃也不禁潸然淚下曰噫休矣善人吾不得而見之矣即具芻奠造門弔唁作歌輓之觴奠畢即欲返棹其兩孤懃懃懇懇哭以傳請因思予與倪孔李之誼朱陳之好也予雖不文義不容辭爰敘其大略焉

按公諱起選字朝隆號賡廷鏡澄公子也生而明敏過人甫齠齔知讀書舉目成誦舞勺習舉子業與予同學於秦

維生先生之門日就觀摩互相砥礪共期一舉擷菁詎意年十九即遭父喪羈絆家務遂謝呫嗶焉業有膏腴數頃親自課農責償一日見夏畦者胼胝作苦因憫然垂憐曰秋成一粒米農夫一點血吾何忍妄希望斷哉爰歲收冬租減米二斗鄉里業田者遵其規式耕者銘心鏤骨焉乾隆戊辰續輯宗譜公爲參校至竣不怠里有祇陀寺坍塌失修癸酉春僧智能募公爲董公慨然倡助設法醵金庀材鳩工竟得重新殿廡二百餘楹乙亥歲饑倡捐賑贍施廉平糶得幸桑梓無恙者皆公之力也嫡母錢姑媳孀居苦志堅守貧乏不能自存公給以衣食堅其冰蘗之操丁丑歲爲之請旌於朝流芳彤管施及其子恩禮有加里人韙之治家嚴肅秩然有序事親孝祭祀誠御下寬教子嚴不待言矣他如飢者推食食之寒者解衣衣之好生雀鼠者化導多方禍咯犴者救援必力舉凡治道成梁矜孤恤寡餽遺施棺諸善事到處行之洵一鄉之善士也蓋公雖未縮尺寸之綬未食斗升之祿而抱負非凡每以古人自許施濟爲懷豈僅修孝友爲政于家行仁義爲善於鄉而已哉嗚呼公之年未周花甲即主蓉城惜哉今綜其生

平核其行略予固不難枚舉而詳言之也誠恐嘉言溢美諛墓過情爲世所譏茲特舉數端有足稱述於世者用彰厥美以誌不朽云

兼三倪公傳 二十世

候選儒學 過承鶴

公諱企文字兼三號孔傳佾棠公長子性好施與獨不佞佛嘗曰佛主濟人人能以濟人爲事是即善遵佛教者若有罪而藉經典以消之是庇惡也必無是佛與其剝人而奉佛何如舍己以利人故一切祈禱之事不爲所惑原配過孺人繼配許孺人皆與公同德相莊治家整齊嚴肅教其子各專所業不得嬉戲游閒公少時家無擔石之儲躬親拮据力穡服田又得兩孺人後先相助爲理至四十田疇日闢財貨充盈皆自勤苦中來也然不肯蘊利生孳必

以分人胞弟企昇早世遺孤孝思方六月公卵翼如己子教養成立爲之授室而後己族中有告乏者必量其所需以施之無吝色乾隆乙亥戊子兩遇飢饉盡力賑濟有司獎賞給以匾額凡遇橋梁傾圮道路崎嶇者必倡舉修建曰此佛教所重也嗟乎世之奉佛者徒知持齋戒殺面壁誦經而於族黨利濟之事往往漠不關心是佛教之罪人也聞公之風可以少愧矣公卒之日沐浴更衣子女畢集頷首而逝非公之善果所積何以得此哉壽七十有七子女生卒另詳世表中茲不贅

緒生公宗譜傳 二十世

公諱宏培字緒生鍾撖公次子偉昌公嗣子也自幼沉默寡言持重不苟比長事嗣母以孝聞念嗣父早背每逢歲時饗祭必誠必敬泣下烏烏拜像則俯仰諦視謁墓則趨蹌匍匐資稍鈍好讀書勤勤懇懇夜以繼日工詩善書爲文深刻不近時趨郡縣試輒列前茅然不利於院試屢躓風簷堂兄恢岡爲選時藝百篇日揣摩此種取青紫如拾芥耳遂下帷攻苦寢食俱廢竟致咯血而殂嗚呼惜哉

庠彥遵路公宗譜傳 二十世

公諱洪字遵路長兄遵義仲兄遵道均列庠序公爲人醇謹篤實博學好文宗族鄉里咸稱爲長者自幼試輒冠軍遊庠後利於科歲試而不利於棘闈晚年愈力學不倦乎摘經史教授生徒出其門者類多正直端方飛聲蕐序之上可見公之教導有方不比章句之儒本之則無有也逢國大慶屢邀恩賚粟帛龐眉皓首杖履逍遙賦詩飲酒以樂天年誠陸地神仙也享年九十歲無疾而終

望莪公暨配侯孺人傳　二十世　曾姪孫廷極

予少時讀福善禍淫之書而於善惡之報信其有及觀顏夭跖壽之事而於善惡之報又疑其無所謂天道杳冥誠不可知者耶一日家庭襍坐偶談族承祖公之行髣起家先府君聞而告之曰汝等知承祖公起家之事而不知起家之由實先世望莪公種德之報也吾爲汝等詳言之公諱璋字望莪太學生天曙公子生八歲而孤號泣擗踊已若成人賴母侯太孺人以養以教至於成立及長事母盡孝痛父之不逮養也每歲時祭獻必嗚嗚泣下食不下咽

者終日讀詩至蓼莪之篇又涔涔淚下食不下咽者終日因字望莪以誌感云公稟性仁厚樂善好施乾隆乙酉歲大祲饑民載道則曰惟我食之餓殍相望則曰惟我槥之疫癘徧野則曰惟我醫藥之他如修葺廟宇創建橋梁周濟貧乏矜恤孤寡鄉黨故舊待公舉火者指不勝屈至里有紛爭必爲之明斷曲直剖決是非事干雀角必爲委曲調停暗中補綴歲暮入城見桁楊滿道詢之曰負租某某爰爲之代償其租俾室家完聚而後已公之陰行其德類如此以故家本素裕不數年間囊橐爲之一空及公之卒也孺人踵而行之不少替按孺人系出侯氏志亮公女姿性敏惠才識練達及歸望莪公事姑以孝相夫以順教子以嚴御下以寬精於治家而尤好施濟凡公有所爲必踴躍贊成之宗族姻黨有不平事得孺人一言即如冰消日見是故長幼無不畏敬殆巾幗中丈夫也噫公之夫婦孳孳爲善惟日不足可謂積善之家矣易曰積善之家必有餘慶積不善之家必有餘殃吾見世之積善者往往不於其身必於其子孫而興也勃焉世之積不善者亦不於其身必於其子孫而廢也忽焉善惡之報絲毫不爽天未嘗

容心顧視其善惡之大小何如耳望莪公種德於前而承祖公獲報於後理固然也汝等又何疑於天道之杳冥哉極於是恍然悟渙然釋因援筆而爲之傳以示後世之作善作惡者

望莪倪公行畧　二十世　華端翼 桐山

歐陽文忠公曰爲善無不報而遲速有時此理之常無足怪者望莪倪公古之善人也讀書懷獨行君子之德不苟合於當世年四十齎志以沒其子承祖以醫起家能續其緒余先塋在延祥鄉春秋兩過梅里鄉人每爲予述其先世隱德謂公少孤力學坐臥一室不與戶外事人以急難告則傾囊篋以與之歲除焚其書劵公無厚資遂因此告匱公之考天敘公甫離繦褓即見背妣侯太孺人苦志守節氣憤成異疾時一發勺水不入口公無所控告與仲姊

乎疏籲天乞以身代太孺人不食者月餘矣一夕聞異香遍室勿藥而瘳其族龍鏡作孝感記蓋實錄也數十年來其子名舉日隆田圓日廓且能孜孜樂善以嗣以續源遠流長正未艾矣余聞而嘆曰公純孝若此而又讀書好古積善成德宜享其隆乃不克有於其躬是豈豐其德而嗇其遇者耶抑天之報施善人固有時耶嗟乎世之耗廢遺業不顧父母養者固不足道若夫醇謹有餘所割僅銖兩輒有難色比比皆是以視公之立心制行其亦聞風而少愧哉余故傳其梗概以勸世

贈四川雅州府知府蓼亭倪公傳　二十世

公諱大培字天植號蓼亭少有至性早失怙歲時致奠常歆泣不輟事母秦先意承志惟恐不得母氏歡稍長擇師受業文行交修爲鄉先輩所器重然不利考試遂遵新江例捐授安徽廬州府經歷廬州衝繁要道官雖偪佐幾務紛紜公材本卓犖而又洞達時務凡所經畫上官悉稱善之乾隆丁丑南巡奉檄辦差親率僚吏上自清涼山下至元墓經營部署無不極遊觀之勝然不苛徒役不擾民居道路歡呼人無謗讟莅盛平景象固如是也而公之善體

物情亦於是乎見矣方是時制軍高公方伯許公以公夙著勞績首列循卓引見後即攝廬州府別駕篆署點巢合肥霍山等縣車轍所至政聲卓然乙酉三月奉委查辦無爲州水災歷災區稽核戶口凡四十晝夜眠食塗泥漬涼間而州民得以沾實惠吾爲計此四十晝夜中寒濕侵肌膚涉履勞筋骨辛苦之狀必有不可勝言者而公處之恬如也嗟乎今世之士冒榮利巧逢迎苟得一官即悉權自恣如虎而翼其能悉心民瘼者寡矣間有稍知自愛弋取虛名者則擇較然易爲之事補苴粉飾以收名譽而於民

之顚連困苦待援望救無可如何之時則又佯爲不知焉盡心不存於撫字其施爲倘可問哉若公者僅一時之委寄耳而視民之疾苦如已之疾苦古來循吏何以加之雖然公亦由此致病矣勘災告竣猝發痰疾醫治鮮效告病旋里懨懨數載卒於家假使以公之材竟公之志無疾病困其身而又有大有力者擢之上位使得展布四體以爲治則其實心實政必能上成輔理之功下盡教養之道乃僅以官卑祿薄抱病不復起用惜哉公之治行當時意必有採而錄之者然公歷官十九年攝篆爲多宦跡無定恐

紀事者未必錄錄亦未必詳且盡故謹卽其事而傳之公生於康熙壬寅卒於乾隆己丑紀年四十有八配秦恭人雍正甲辰進士山東濰縣知縣伯龍公女恭儉有禮懿行可師子二長鼎銓次鼎銑鼎銑援例入成均鼎銓以乾隆乙酉科舉順天鄉試大挑一等分發四川歷任州縣陞授四川雅州府知府遇覃恩貤封三代故又贈公如其官

誥授通奉大夫四川布政使司布政使姻再姪楊揆拜撰

文學雪巖倪君傳

二十世　臨川姻姪　奚又灝

君諱廷珪字玉英號雪巖又灝伯父聖治公壻也生稟醕厚孝友性成甫三歲母葉孺人卒六歲而繼母吳孺人又見背哀之如所生父遠度公每謂君有異稟知識大異凡兒後事繼母顧孺人融融洩洩愛敬交至顧孺人撫育恩勤無殊已出康熙己亥遠度公有疾多方醫禱寢食俱廢後竟不起君恐傷母心吞聲飲泣自此竟日之誠益切每晨諷誦經典爲繼母祈年而顧孺人患痢劇甚君朝夕稽顙籲天封臂肉和藥以進幸得霍然癸卯秋顧孺人沒戚

易兼盡不以貧故殺禮春秋祭掃必致誠敬君少能文章工詩詞援筆立就後家道中落恐無以供甘旨因專意治生然未嘗廢詩書也胸襟灑落與人交不設城府生平寡嗜好獨喜引翹生爲友至於濟困扶危雖無力亦委曲圖之訓子以語言躁率舉止輕佻爲戒朝夕督課期望甚切暇則評騭今古人物聽者忘倦獨不談閨閫事不交邪辟人常曰馬援誡兄子此千古至言也當共遵守之座右錄功過格勸善等書且以示後進倪氏自存省公遷居石幢爲善於鄉代多隱德及君而以前子之孝致後母之歡尤

世所罕覯識者謂先澤將自此而復振也爰爲之傳

維周倪公傳 二十世

陽羨城北之三十里曰鷺洲昔王逸少之別墅也山陰道士籠鵞換字即其處由是名之後建和合二橋俗人遂名其地曰和橋代多隱逸高人寤歌龍畝托足其間至老而名不傳者指不勝屈矣若維周倪公者亦鷺洲之隱君子也始隱於儒繼隱於市終其身隱於詩酒者也按公諱祖達字維周世功公子元高士雲林先生十三世孫也少讀書目數行下及弁不事制舉業專工五七言句信口吟成別饒風韻人以杜樊川目之後效陶朱公之貨殖服賈曹

橋因築別墅園亭翬飛鳥革四圍繞以竹梧時與二三知已或琴韻碁聲以消長晝或割鮮淨白拇戰歡呼暢飲共中無不留連竟夕蓋胸無穢滓其視家業之雍落如潮汐之倏移焉一日忽慨然曰蕭散疎狂運遭坎坷未得尺寸之緩光寵先人虛擲半生矣遂培植祖塋爲先靈體魄所藏也剏修宗譜爲子孫脈絡所係也公以一身任之不藉同堂贊助乃知公之承先啟後之心有足嘉者至其事父母則油油如也待鄉黨則恂恂如也接宗族則藹藹如也處兄弟則怡怡如也一切非禮之言弗覩於耳非禮之色

弗寓於目治家嚴肅秩然不紊教子義方衎然有序綜公生平之行誼無不可爲鄉里表式焉設也小試牛刀必有裨益於世者何期始終以隱見哉是以謝金圃先生視學江南遴拔眞材或勸其試公應之曰是市道也吾今坐臥一室陶陶然樂栩栩然適會心不遠矣予登望身遊黌宮名登虎榜哉噫公懷經濟才不獲少舒其抱負而鬱鬱不平之氣未嘗見諸吟咏之間與世之惑溺名利而不知返者相懸奚啻千萬也絜之塵視珠玉傲睨軒冕之迂高士幾幾乎後先同一揆矣吾故爲之傳以志不朽彼世之據

褒蹄爲蟯九市道矣終其身者讀鷺洲隱君子之傳當退避三舍矣

道光龍飛歲次辛巳春王之吉敕授儒林郎安徽泗洲天長縣儒學正堂

姻眷姪俞鯨源頓首拜撰

維禮倪公傳 二十一世

人之資性過人者不能蜚聲翰院朝野崇庥必能振業鄉鄉親鄰被澤蓄其雄才大器奮發有爲有不待遇藉而然者不因不遇於時而遂湮沒無聞也不見夫維禮倪公乎公諱鐘宇天旭一字維禮梅城公次子也系出邑之梅里自十五世祖慕竹公徙居蓉門稱世爲蓉門倪氏公生而岐嶷骨秀神清幼失怙朝夕哭泣哀慟感人及長家政悉稟兄命事兄嫂如事父母乾隆乙亥歲大侵道殣相望公與兄維義公惻然憫之施濟貧乏全活無數遂致家道漸

落維義公恐資產盡耗無以對公即與公析著公念兄食指多分則益不足將產盡讓兄奉後母鄧別居一宅是時公尙未有室也孝養高堂備極洗腆居無何母羅疾苦常在牀蓐公乃搜集方書徹夜攻習洞悉母病但由按治即愈由是名敷遐邇踵門求治者無虛日歙邑星若汪公旅居於錫知公名即來就診見公精明醫理品格亦磊落不凡遂以女妻之於是得內助買業日隆起拓基創宅於道生浜之東因性愛山水於軒外鑿地爲池疊石爲山又環植松竹暇則與騷人詞客彈琴吟咏於其間公生平重義

輕財以爲財也者須以才善用之方合古聖人制字之意故其于汪公夫婦之垂老也迎養于家數年不倦歿則擇地營葬歲時致祭至今猶世守之維義公晚運蹇屯凡婚喪諸事公出己槖代爲經理其篤天倫厚姻戚慷慨有如是者且夫公亦一寒畯耳生於僻壤未嘗有名宿陶鑄其躬卒能淹通經史兼擅岐黄普濟生靈功同良相使單寒之門第歸然崇宏嗚呼公亦人傑矣哉

姻愚姪林堂頓首拜撰

倪公棲霞家傳 二十一世

公諱鳳來字棲霞倪氏遷濡之始祖也性沉厚躭內典茹蔬素樂善好施世居無錫北鄉之秦巷乾隆四十七年

純皇帝南巡尊甫孝貝公以年逾八旬例得恭迎

聖駕於惠山寺蹕觀

天顏當時蒙

恩優賚者四人而尊公與焉時棲霞公已棄儒而賈復多窶無以爲親歡因與仲弟棲梧謀曰書云純其藝黍稷奔走事厥考厥長又曰肇牽車牛遠服賈用孝養厥父母一

居一行各事其事我兩人分任可也值族伯大培之廬州經歷任因挈二子友龍瑞龍隨之往道出廬屬之無爲愛其山水之勝與民風之樸因徙而家焉業醯醫及來其之屬爲堂上謀甘旨亦孝子不得已之爲詡鴇羽之詩能勿撫卷而三歎乎後尊公棄人事殯葬如儀公亦旋赴道山子孫遂爲無爲州人公行詳廬州郡志流寓類後之述祖德者可以見淵源矣公生雍正丙午卒乾隆丙午葬無爲北郊麒麟山道光辛卯長子友龍啟公墓負骸歸葬無錫配吳太孺人生雍正己酉卒乾隆壬申亦附葬其側今皆

無考子二長友龍亥則幼迂之王父瑞龍公也余與幼迂莫逆而兼姻好垂五十年因獲聞其先德縷縷而論次之

侯選訓導姻家後進程凱勳拜撰

庠彥逸園倪君傳　二十一世

道光辛巳予再往京師恭賀聖駕龍飛逸園倪君與予餞別各以老邁龍鍾不克繼見爲慮長亭折柳黯然魂銷不忍言別抵京之後滯跡都門越明年返而倪君已作古人矣不覺淚涔涔下撫膺太息者久之具奠往弔其孤承泰泣訢易簀情形予亦感慨係之因見門人故舊輓誄祭文寄懸靈右而予獨闕如因思葭莩之誼親若同胞奚無一言以述公情有所弗慊爰泚筆而綜敘其生平按公諱駿字亮采一字照乘自號逸園其父景南公予之姑丈也舉

四子君行一角丱好讀書年十五已破萬卷下筆如有神與余同負笈於震滄江公之門江公曾青眼顧之壬午歲青田韓侯甄拔以冠多士遂偕余遊泮互相砥礪思掇高第壬辰余倖中式春官君猶未離席帽發憤下帷於祇陀寺之灑石居刻苦力學幾忘寢饋丁酉膺鶚薦因射策誤誣時諱仍落孫山竟不復試余視學江西邀君署中同衡文藝余之遴選得人者君之力也及瓜陞授吏部往京君以纂修家乘告歸款留再三言旋已決握手依依天涯地角悵然一別者十餘年迄甲戌余乞骨骸歸休始得一堂

話舊歎若平生君即以所輯譜牒就正余捧讀其擬稿數十篇文藻彪炳烺若日星例言二十餘條立意謹嚴悉補前人所未逮蓋以倪君富有之才華積十數載之辛勤篝燈雞唱螢窗雪案未嘗少閒君之用心不可謂不至矣烏可湮沒無聞哉

論曰逸園倪公傑士也亦端人也行誼著於鄉閭文譽表於庠序懷經濟才不獲吐氣揚眉少展其抱負宜有鬱鬱不平者乃怡然自得隨遇而安黔婁有言不戚戚於貧賤不汲汲於富貴其言茲若人之儔乎

賜進士出身吏部尚書倉場總督協辦大學士

表弟鄒炳泰頓首拜撰

天祚倪公傳

二十一世　丙辰進士貴州道御史　蔡維鈺

昔東坡蘇公銘王晉公之三槐堂嘗以賢者之後仁者之壽謂天之可必不可必取衷於申包胥人定勝天之說吾始猶疑之今見天祚倪公而恍然於斯言矣按公諱岐周天祚其字也少有智慧不喜讀書倜儻尚氣節比弱冠痛父朝陽公見背三年無改父道後克樹立力田節儉家稍阜即好施與會乙巳歲饑邑紳秦公與弟瞻岵公爲董一堂商確欲施平糶公慨然曰窮民無以買之奈何因商施廉衆難費鉅公倡行之惇獨悉保無恙其地高卑不一高者水流迢遞小旱輒禾稿公爲開濬卑者夏雨過多水漲即被淹亦爲築堤數千畝桔槔無阻農民無水旱之患鄰里有紛爭者得公一言如冰見日逋糧械繫者必爲納逋使室家完聚凡遇郵貧乏瞻孤寡治道成梁施棺掩骼諸善事力所未逮必率宗人以行之書云吉人爲善惟日不足易曰積善之家必有餘慶公之謂矣宜其享大年膺多福麟趾振振螽斯蟄蟄固人定勝天之明證也吾故傳之世之人亦可曉然於禍福相因人所自召矣夫復奚疑天道之茫茫哉

禹範倪公傳　二十一世

客有問於主人曰世之貪緣名利者足趦趄於形勢之途口囁嚅於豪權之側袖金暮夜一旦得志於時羅旗旄策駟馬當時則榮沒則已焉更有一室閭修之士斂跡韜聲名未題於雁塔身不遊於鳳池兢兢乎入孝出弟及身後幽光潛德炳如日星吾不能置喙其間矣請以質諸主人道爾以應之曰嘻二人之區別在庸德庸行間也蓋一生事業爛如一二事有垂言行遂不可傳一生聲施聞如一二事流露性天遂不可不傳子獨不見夫禹範倪公乎公

諱彝倫字寶彝禹範其號也偉貌長髯聲欬如洪鐘幼穎悟有至性不好弄而好涉獵經史及弁能文文采騁襮睥睨一切好摹艾千子一派出筆多拗故坎壈於鎖院試及父賡廷公卒迺覃心柳柳州集駸駸乎不懈而及於古尤苛慝古執一派父疾每夜禱北斗願輸己壽益父壽及喪柴毀骨立同弟瞻岵公寢苦枕凷伴柩三年卜兆後廬墓匝月朔望必詣拜母喪亦如之母手皸瘃兄弟爭滌泳罅懽甘則兄左弟右趾步不離居恒侍養必親食而後食親睡而後安未嘗少懈凡分析田產兄弟無不相讓卹事父母無不爭先他如乙巳癸亥之賑卹兄倡則弟隨之除道成梁諸善舉弟行則兄助之里有東西兩港歲旱輒築於車戽甲辰則偕弟疏濬又有東西兩圩水漲輒淹戊申亦偕弟築堤至今猶頌壎篪之同賡也蓋兄之視弟如右手弟之視兄如左手奚啻一身之毛裡手足坦適於浩蕩之宇是以楊公令貽顏公之堂曰既翕秦繼生先生顏其弟之堂曰其順可叶君子之攸芋也書云孝乎惟孝友于兄弟其公之謂乎吾今畧敘其行誼以爲之傳并囑其似琢文傳之家乘子可曉然於傳與不傳之故矣客乃怡然自

得曰僕黨清狂固所聞也鄙人固陋拘所見也今聆禹範倪公之行誼吾知勉矣子爲之傳信非子之阿所好也

丁未會元翰林院編修福建道監察御史

詹事府少詹世愚弟顧鈺頓首拜撰

鄉飲賓國學生瞻岵倪公傳　二十一世

予世居黃山三十六峯間束髮時即遊耳雲林先生之清風亮節景仰其爲人心䫉誌之及冠幸離席帽釋褐曲江鹿鹿車塵驅馳南北泛覽天下名山大川隱察岩穴畸人得與高士頡頏者卒罕見其人也壬申予以散館改授梁溪抱琴來守是邦民皆安居樂業會計暇附飛蝴蝶門冷於冰因策杖郊扃彳亍至九龍山下酌泉水而甘始知人傑必由地靈遂與邑之士大夫搜訪前朝遺碩乃知高士祗陀里人也越歲甲戌旱魃爲災予以撫䘏嗷鴻始履是

鄉見翠竹碧梧清香撲鼻爽氣迎人彩鸞珉環福地亭長告余曰此清閟之故址也曩在座之瞻岵先生者高士十四世孫也余瞿然思肅然敬具柬謁拜登其堂鼎彝尊扃位署攸宜叙坐茶畢羅陳殽蔌欵洽甚歡酒闌使其四子彬彬執弟子禮相見長君掌書記舉止端嚴尤爲馬氏曰眉予雖與先生傾盖片時觀其修眉長髯狀貌魁梧豐頤厚背凝重如山劇談古今成敗目光如炬娓娓不倦洵草茅中有經濟才者余欲敘奬其賑䘏事先生曰往役庶人分也功而不伐人尤難之因作哀鴻篇以贈詩載出山集

中回署記其生平藏諸笥篋按先生諱彝德字尊彝號禹疇賡廷公季子幼穎悟喜讀書經史子集過目了然出語已驚其長老咸謂倪氏家駒一騁千里者也有至性得果餌必遺親二老鍾愛之年十一遭父喪號慟過成人母氏周晝荻丸熊以教以養先生侍母霜幃三年不踰閾終喪後卜吉鳳凰山麓廬墓月餘墓距居二十里朔望必偕兄禹範公肅衣冠謁廬墓羅拜居恒以失怙爲憾因自號瞻岵以志感焉母性畏雷夏則轉輾北堂不離左右母手戰瘃冬則代滌洗鏘不委奴婢先生尤甚友愛雖瑣屑事必稟

兄命外侮至獨以身翼之有旨酒嘉殽必伺兄食而後下咽及折箸以沃壤讓兄兄歿諸姪爭產先生代爲分剖以已產予之弭鬩墻釁先生惠之也先生膂力過人智出中人上會東寇鴟張吼嶺西氣叉虎踞龍潭閭里苦之先生獨慨然曰生不用封萬戶侯爲民除害吾之願也因棄鉛槧習騎射結納一時豪俠一日寇猝至先生率壯士數千人持械截其中使之首尾不得應鼠竄奔逃各鳥獸散某欲悉擒爲快先生曰窮寇莫追聽其自逸未幾兩寇俱爲官兵勦滅閭里安堵如故人咸服其有膽識晚歲戢影下

帷督課諸子汲引後進其子弟皆誠樸無紈綺習不軌者面斥之無不服歲有贏分潤三黨無以謀生者稱貸之不取子錢其腐蝕者亦不責償嘗有黠兒自簷際驀至其家猝見之汗流浹背伏地叩免先生賜之酒食喻以大義唯唯而退狡僕閔某以盜物事洩匿諸井中幾溺矣先生佯爲不知得保毋恙嘗向劉某店中買物小夥錯付白紵一扛載回檢出先生竦然曰是有關係者乃約其值親自齎還至今猶頌德不衰先是乙巳旱災先生日偕兄平糶及丙午春更施糜癸亥水災設法締造使貧民佐工作以餬

口并給工值里不苦災是良法也甲戌之賑得先生之鼎力彌縫其闕匡救其災是以懷仁一鄉咸懷公之仁矣癸酉歲其兄逸園續修譜系時艱幾輟亦賴先生昆季各助米二十石始得蕆其事他如除道成梁饘䊦施櫬諸善舉縷覼不能枚記蓋其一生慷慨激昂仗義疏財有高士風余素所欽佩訂刎頸交或置酒論文或劇談世務時相過從及予陞授婁江驪駒一曲不見三年戊寅春予老病不能折腰伏闕上書乞骸骨歸田舟泊胥湖䙴斂又別後五年予愛陽羨溪山買宅鸞洲先生親臨燕賀重話舊雨淚酒龍鍾及折柳長亭不覺魂消黯然欲圖後會空深暮雲春樹之思矣歲乙未其孫呈露負笈從予遊并持先生行略乞予傳始知先生已於乙酉歸道山悵悵久之今之篋中所藏一一昭合爰攝其大畧而傳之

論曰瞻岵先生隱居求志者也使得尺寸柄必有功於民社惜屈於親不仕終老林泉然觀其爲善于鄉爲政于家已有功名教矣昔忠憲高公嘗謂聞高士風可廉頑立懦吾謂聞先生之行亦可薄寬鄙敦蓋古之稱碩輔者家食時便以天下爲己任原不分江湖廊廟也由此觀之瞻岵

先生非隱居求志者哉

誥授奉政大夫翰林院庶吉士太倉知州

前任金匱世愚弟齊彥槐拜撰

倪君盈嶠公傳　二十一世

君倪姓諱盈嶠字亮功觀山鎮河口人也公之次孫媳即予之孫女又嘗心契去申浦纔十數里互名人逸士皆與之遊公亦特加敬禮予廼宦遊京師秉鐸蘇閶而公已歿於乾隆之辛亥歲未獲一面其能無慨然耶公長君啟元爲言嘗囑予次第其行事予無以辭公秉性剛直接人寬和解紛爭濟困乏予不能殫記矣有錢某者其始鄉之莠也父母不可教里黨不能容攖其凶鋒輒爲昔辱卒乃順親睦鄰改除面目人性固本善歟非公誰與理論勢禁而

化導也一時黨其德者里號可封其好施而喜與非必嚢有餘貲焦溪奚日宗家極窘公由其次壻某陰資給焉實素未面後奚成進士詣公謝見所居陋隘巳貧又慮非公家問知益感服陳萬餘母子饑軀難度蘇石秦年老而貧宜若愚與公善稱老友而鰥寡無依公爲蘇陳兩家計授之田力不任耕給以資本有不挑足不健也量其所需月給錢米死而後已宣年八十欲邀歸與同寢食以宣堅辭不果時饋珍羞宣亦忘其貧且老矣餘則公亦不欲即一事以見德人亦不能即一事以德公公本貲饗人尋常耕作家獲漸豐將冥冥者之報公以成其志耶抑慳吝者不必富慷慨者不必貧耶公年十八失所怙德配徐氏能相夫事姑凡公所行克贊成之公四子長啟元次啟動次啟楨次啟龍孫兒繞膝家室雍和又可見公之善教家也敘以傳之用光家乘

乾隆歲次癸丑暮春之吉

誥授文林郎知蘇州府學事年家姻眷弟繆漾拜撰

維和倪公傳 二十一世　　程雲會

公諱元行字維和號時睦兼三公次子性至和與人無疾言遽色見橫逆者則避之溫良者則親之然於義利善惡之辨不肯稍爲寬假好讀史讀至忠臣良士輒歎欣羨慕不能自已至奸邪蠹國害民輒廢書三歎爲之不怡每舉以訓子姪曰勸戒之道莫備於史當以古爲鑑也最喜創修先聖先賢祠宇其所親建者祗里之關夫子廟張中丞行宮又欲於祇陀寺之東建文昌閣未果而卒卒年四十有八卒之日合里悲悼甚有歎息泣下者曰仁者必有壽

天之報施何如也其見重於人若此夫以公之仁而壽不滿五十天似不可必矣然子孫振振皆能繼公之志天之可必者固有在也公好施不倦遇人困厄不殊身受必多方拯救乾隆乙巳歲大饑公出粟以濟又勸有粟者共濟里無飢人公雖沒人頌公之德不衰天不壽其身而壽其名此又壽之一徵也彼夫恃富欺貧交尤誼訢雖克享大年終不得謂之壽生理已盡也人之不朽首在立德顏子早夭奔世稱仁由此觀之所謂壽者在此不在彼公之子五人思勤思儉思融思德思仁

仲聲倪公傳 二十一世

丙申之秋予歸自京師姻婭倪躍雲昆仲爲其尊甫仲聲公得吉壤於盤龍之涇屬予相其陰陽并以傳請予與公誼切葭莩安敢以不文辭憶昔戊午之春偕公初度拜謁堂下仰見公之詞色溫厚和氣迎人眞豈弟君子也乃別夫二年遽焉朝露嗚呼公其沒矣而公之孝弟忠信素孚於宗族鄉黨實有不沒者存焉爰舉其事親立身之大端識之如左按公姓倪氏諱鎣字仲聲雲林先生十四世孫也高祖寄隱公諱梅郡庠生曾祖偉昌公諱金印邑庠生

王父穎若公諱尙轍邑庠生考緒生公諱宏培妣華孺人舉二子公其次也甫十歲而孤與兄伯聲公煢煢孑立艱苦備嘗賴母氏以教以長年十五習賈陳氏竭力經紀孝養其母母嘗患頭風朝而往夕而返大風雨弗替侍奉湯藥洗滌穢器衣不解帶者五越月封股煎湯以進病賴以痊時兄伯聲公落拓不羈凡有所求公典衣貸錢靡不如志數泣諫之卒能感悟改行奉養華孺人四十餘年雖家無長物備極洗腆孺慕依依終身一日比卒辦棺衾營喪葬無不盡禮盡誠居恒處事接物易直溫良樂與正人君

子遊橫逆不較被誣不言其慈心於物尤有大過人者嘗夜經菱池頭數聞婦人號泣甚哀一日視之則見兩棺久暴屍骸隱隱旁一新棺詢其里人則一無主墳也久暴者翁姑新厝者媳也公惻然曰此孝婦也告其族人出錢瘞之哭聲遂絕乾隆乙巳歲大祲鮮食難糴公倡舉善會斂錢設法掩埋無算以其餘給諸餓者至於矜孤寡拯窮困不勝枚舉而尊師重傳培植子弟尤惓惓焉年六十二當臘臘之辰沐浴更衣無疾而終嗚呼公之處境常人之所難安而公能安之公之行事富人之所難能而公竟能之

非所謂好行其德者耶宜其子孫振振家業隆隆非公之善果所積而流與予五媳公之孫女也知之深故說之詳夫傳也者傳其事傳其人以示後世也若公之孝友立身洵可以傳矣

嘉慶十一年歲次丙寅菊月壬子副貢含山縣教諭姻眷

姪鄒蘭谷頓首拜撰

承祖倪公傳　二十一世

雲林先生吾鄉高士也倪君承祖名節鍾世居邑之梅里實爲先生後祖天敘公諱倫考望莪公諱琮皆有隱德君幼失怙家無擔石儲妣侯孺人以十指供衣食君以母氏勞苦惄焉難安年十四習醫思欲速成其業以遂反哺之私深自刻厲肱三折而業大精凡腫症潰症之難治者應手輒効一時奔走倩來門庭如市弟子從遊者日衆余解組歸田過君里每見清溪一曲扁舟雲集不遠數百里而至卑禮厚幣望君如神仙君蓋十全爲上而兼神聖工巧

者與數十年來生死而肉骨者蓋無算矣性慷慨心仁厚寒者衣之饑者食之貧而病者給藥石以治之無吝辭無德色是以聞望益著聲價益重而家業益豐天以活人之術假手於君君以括人之功邀福於天而活人之心惟日不足君方將捐義田置義莊以濟宗族之貧乏由是施於君之族君之鄉天又將報於君之子君之孫施無窮天亦以無窮報之報施之際幾莫能辨焉君事親孝養承意旨菽水必手進四十年如一日昆弟五人友愛無間言君年六十有四矣令妻偕老有子克家繞膝諸孫嶷嶷可喜君

精神矍鑠貌若少壯自早至暮診治無少息人以爲勞君則娓娓不倦習爲故常范文正公云不爲名相即爲名醫醫何以名以活人名也君之所以活人者豈徒以爲醫哉

賜進士出身
誥授朝議大夫

年家眷弟薛玉堂拜撰

松齡公與弟子興公合傳

二十一世 姚士清

君氏倪諱允和字樟發號松齡朝先公五子年纔八齡朝先公卒其弟子興諱允隆猶未離襁褓松齡天性伉爽讀書曉大義弱冠時便有老成氣度兼賫稟過人事之識無何家徒壁立無儋石儲母老無以養年十七赴粵東有戚黨素商於粵意欲投之爲謀生術冀得蠅頭以供菽水歡不幸未遇暫以筆耕餬其口由是艱苦備嘗而關山奔走往來江湖足跡幾半天下其間久歷者惟山左山右越中閩中居多奈時運乖蹇未獲贍甘旨時抱終天恨焉厥後游

囊稍有贏餘娶閩中浦城縣之羽林村毛氏遂卜居村西之石坡街道光癸巳旋里年已六旬有六與弟子興不相見者五十年於茲矣所謂見猶疑夢悲各問年其至性感傷眞有難以言喻者越十一年蓄儲益豊携歸給宗族之貧者無吝色并無德色子興公家居事孀母吳盡禮盡誠色養兼至苦守清貧不染俗弊克以勤謹自立娶張氏奉姑相夫先意承志今伊子承福能守而創家道隆隆日起松齡子謂賢亦能善承父志勤讀自愛殆天道好還困而通亨豈非二公積善之餘慶耶是爲傳

霞九倪公傳 二十一世

歲癸丑余寓居安陽山之新瀆橋護晤倪生蓉溪爲邑錢氏主計恂恂謹謹望而知爲禮法家子弟也會計之暇旁涉羣書好翰墨尤喜從余遊後余館於鵞湖相距五十餘里不見者二年今年春蓉溪手其所輯尊甫霞九府君行畧乞傳於余余不獲辭按行畧君諱文燦字霞九早失怙伯兄出後小宗而家適中落遂廢讀謀什一以養母夫人既依依孺慕不忍辛車牛遠服賈而又不屑效狙詐之術以罔市利故所居積多折閱或稍贏餘人幸其長者輒貰

夫不償家益貧遂憂思成疾時母夫人猶健在君恐詒親憂也則強言笑務早起宴寢以示無疾者用此益憔悴不支疾亟或有勸其索舊逋以自給者君喟然曰人豈好負我哉或力不能償也竟悉焚其券嗚呼世之所謂好行其德者大抵皆乘富厚之勢耳若焚券於貧之餘則求之古人不數數覯也臨歿囑諸子曰人有德於我不可忘也我有德於人願若曹之忘之也凡爲人存心忠厚待人平恕持己勤儉吾所望於若曹者如此而已若曹誌之君娶羅氏生三子蓉溪其仲也君本無震駭世俗之行而蓉溪性篤謹必不敢溢美以誣其先人則其言皆可信故稍刪取而還之俾載諸家乘以爲子孫矜式云

贊曰倪氏之先自宋宣撫使怡然公由杭遷錫世爲顯仕凡七傳至元處士文光先生始偕其弟雲林先生隱居不仕乃蕃衍兩世而明黃門先生即與其孫月樓先生先後以文章顯達烜赫邑中今君德雖不耀而所以訓其子孫與蓉溪兄弟之所以謹率先訓者如此則一再傳後宜有如黃門祖孫之大振家聲者可以理決也

咸豐丙辰春月 世愚弟鄒安鬯頓首拜撰

國學生錦茂倪公傳　二十一世

自古稱鄉祭酒沒而祭於社者備一鄉之緩急能以忠信化其鄉鄉人感其德而祭於社也若錦茂倪公固鶯洲鄉之祭酒也余與倪氏世爲秦晉余得忝附蔦蘿壬午春公之古稀壽辰也坐客如雲共觴柏酒而獻椒花余雖年卞弱冠亦幸預朞厄因得親承公之道範焉聆其言語謦欬若洪鐘觀其舉止屹如山立鶴髮童顏私喜其壽正未央也是歲春仲余以應試北闈拜別倪公公猶賦折柳以贈深以魁化爲望愧余未得速膺鶚薦滯跡都門迄甲辰

始離席帽返旆旋轅拜酬題塔之賀而公已駕鶴十餘年矣其孤濱舟姻叔也以作傳命余雖樗櫟庸材義不容辭爰撮其大略焉按公諱堯信字錦茂雜周公子茂山公之元孫也少好學喜讀子史綱目評論古今人物及弁不事考試居鄉有人倫鑑人以月旦推之衷懷長厚好行仁義有茂山公之遺風事父母彩舞萊衣見人不孝輒引蓼莪以警之待兄弟枕被共寢見人鬩牆輒引角弓以戒之暇則集古今忠孝事更端演說訓誡後進凡有紛爭得公片言無不悅服三黨子弟賢美無力令就家塾後生賴以造就者不遺餘力有急難求援者若痌瘝乃身不避鼎鑊生者待公舉火死者待公殯殮無不胞與爲懷非止好行其德已也世之以蠡測海者僅以矜孤恤寡餽羃施棺謂善事斷斷然論公之德是猶朝菌之不知晦朔蟪蛄之不知春秋也蓋綜其生平孝友植於家行誼著於族忠信行於鄉詩書留於後剛方正直之氣至老不衰信一鄉之祭酒也後之君子崇齒德配馨香煌煌鉅典可無濫厠之誚矣吾故傳其一生之梗概如此世系生卒不贅

論曰砥品行者莫先於孝弟孝弟中斷無僞士立名節者

莫甚於忠信忠信中不愧爲端人若錦茂倪公者真士也亦端人也孝友行於家庭忠信著於鄉里宜其壽享耄耆誕膺多福迄今子若孫食報於後皆公種德之明證也夫復奚疑

道光甲辰科順天舉人大挑一等即用知縣

姻再姪朱有鎔頓首拜撰

倪氏宗譜誦芬錄卷九

壽耆倪公步蟾家傳　二十二世

公諱瑞龍字步蟾少與其父棲霞公兄友龍公隨族祖大培公宦於廬遂家無爲棲霞公惠且慈遇人之急唯恐後公先意承志必委曲以順親心族兄弟有淩藉公者公避不與校且引以自咎曰兄弟之不咸必吾德之未至而敢少懟乎娶於秦生二子而旋卽世長天池次則太岳吉齋公也公以一男子撫兩嬰孩保抱攜持若慈母終其身不復言娶人皆以爲難其教二子也雖年已及壯猶不少假借稍不中度則夏楚隨之兩公亦敬謹受父命他子弟稍軼名檢輒曰毋使我公知其方嚴有如此者然於親舊中喪葬婚嫁有貧不能舉者慨助之而不少恡由是遠近翕然稱長者邑之五華山有延壽寺公先人習靜處也昔欲以白牌坊故宅捨之爲先人誌不忘時已轉典他人顧謂二子曰異時必贖而歸之後太岳吉齋公卒如其意以報三星宮亦公所莊嚴者亦推其意而落成之其他善行纍纍不勝舉卒年七十以高壽邀　恩如例晚自卜兆於王磨山之仙人手葬後六年而岳父生天之報施善人洵乎

其不爽已歲辛卯壽自津門奉諱歸倪氏適治宗乘岳父幼迂述其王父之行畧如此因次而歸之以爲傳

奏補河南開封府知府在任候升道　曾孫壻劉更壽謹撰

熙之倪公傳　二十二世

熙之倪公吾鄉之隱君子也諱見龍世居邑之青城鄉祖孝良公父鳳儀公傳家孝友世有隱德鳳儀公尤嚴毅剛方爲一方祭酒生二子公其長也幼讀書頗慧家貧不能卒業而能別四聲通小學大義了然爲塾師所器重性至孝鳳儀公患痢血時公方弱冠侍疾維謹延醫購藥典衣貸錢不顧人或慮之公泫然曰昊天罔極欲報難酬但得父病可痊吾即終身窮餓亦甘心焉何慮之有病經年不減禱求益切無何竟不起經營喪葬殫竭心力時孝良公

春秋高弟尚髫齔公上事下撫家累日重又恐孝良公悼傷每逢芳辰令節捧杖從遊强爲歡笑晚歸視弱弟煢煢相對淚未嘗不涔涔下也乾隆四十九年

南巡孝良公以年逾八旬例得恭迎

聖駕公以孫奉祖入惠山寺瞻覲

天顏呼嵩拜舞當時榮

恩優賚者與孝良公僅四人人咸羨老人之榮遇而益以賢公之能繩武也公素習計然術不較錙銖而性又習勤早起晏眠不敢暇逸與人交胸無城府有急而求無弗應鄉里有義舉必首倡尤喜施丹藥求者接踵雖煩苦不憚曰人命在呼吸間醫治稍緩恐不及其可少懈耶治家極儉內外肅然教子弟端嚴有範嘗集四書成語作戒賭文一時傳誦遇里中少年必以道學爲準勉其爲正人君子居恒喜古人書暇即手一編或摹古帖多書格言剛勁橫老有大家風曰此中有眞意在非玩物也以葬親擇地故疑風水言人人殊乃精參河洛識解超卓既得吉壤即不復究或應貧家請一茶而退不受謝其志節伉爽類如此公初不信釋家晚年偶閱金經注恍然有得遂持齋虔

誦一日命諸子曰吾爲汝輩辛勤半世今日稍可息肩汝輩能守勤儉家風自食力衣食勉爲善士不爲市井欺妄行有餘則推及孤苦無告以承先志吾願足矣天畀儻財貴能川尤貴善用吾無以貽子孫即此所以爲子孫立業耳汝輩好自爲之毋溷乃公爲也自是遂屏居龍峯石門僧舍日書華嚴經究心淨土寒暑無間如是三年更恍然曰在是矣仍避家坐臥斗室每五更起禮佛日誦彌陀不輟道光戊戌四月公示微疾謝醫藥曰吾當逝初七日命還正寢謂大士獨舟迎我宜整備俟諸人以明日保圓滿儀

期請再延一日公點首曰可至初九日易衣冠薰沐端坐子婦環集公命皆爲我念佛毋許哭泣顧謂諸子曰汝兄弟同氣連枝當思如何可以慰我我無他望礙矣言畢合掌念佛微笑而逝壽七十有七配王孺人繼配施孺人徐孺人皆賢淑多内助功徐孺人先公修淨業精進不倦生丈夫子五長圻先公卒次堃皆王孺人出三堯惟四垚五堅早世六增皆徐孺人出堯與增均能體公之志好善篤行以培植爲心距予居不十里常以善舉相往還稱莫逆故於公之行誼知之最悉堯尤篤信内典孜孜向往乙亥

冬以族修宗譜請作傳以垂後予愧荒率不文而義不可辭遂述公梗概如此嗚呼公聲始隱於市繼隱於禪而終其身隱德雖古之隱君子何多讓焉

咸豐五年冬仲　　愚姪余治頓首拜撰

熙之倪公贊

公諱見龍字步青號熙之青城鄉人也幼讀書家貧不能卒業及長家稍裕即好施予性尤嗜佛年七十餘築室惠山石門僧舍日書華嚴經無間寒暑三年後還家坐卧斗室日以彌陀爲事恍若有得至戊戌歲四月九日微示疾沐浴更衣誦彌陀含笑而卒壽七十有七爰爲之贊曰

二泉水秀伊人可慕大雅不羣春風和煦致力在倫常日用之間遊心在供養香花之處德以潛修道能進步譬若

海之慈航灑楊枝之甘露惟物我兮同觀故生心於無住一句彌陀言下頓悟石門壁立可徧尺度白首冥鴻紅塵脱免生也有自來死也有自去九品蓮臺七重寶樹留餘蔭兮重重想怡神於太素嗚呼倪公庶幾不昧乎本來而克全其天賦

咸豐六年歲次丙辰夏五月　　愚姪華鏞拜草

恩賜八品克峻倪公傳　二十二世

世之蚩蚩者讀漢葫蘆眞本每鰓鰓焉衛長平起於牧羝班定遠始自傭書予嘗引孟子舜發於畎畝一章爲解謂苦心志勞筋骨天之所以淘鍊夫人也魚鹽版築未始非英雄藏拙地也而蚩蚩者又復鰓鰓焉予因作克峻倪公傳爲蚩蚩者進一解按公諱明德字克峻天階公四子出繼小宗後生而岐嶷五齡知讀書家貧無以供修脯遂廢學每采薪以供炊暇輒向村塾凝神注讀凡經史子集一寓目即能解一入耳即能誦是以頗知義理年十二傭於

冶家以工值供堂上并供本生二老每遇歲時伏臘輒咽嗚悲鳴主解其意必遣歸聚始快是時顧響泉秦旦初兩先生俱設帷冶家曾青睞之一經指授了然心目逾弱冠薦於孫廉訪家爲習會計孫公奇其人知非久寄於籬下者慨然貸之資使習懋遷於外一日道經崑山白塔曾見塔中一道者修眉長髯飄飄若神仙中人心甚詫之公謂是塔非飛仙不得登而造極者遂捨舟登岸伏於塔下叩以前程道者指塔而謂之曰在是矣欲再叩已不及見公恍然大悟自後貿布貿米貿花無不貿無不利獲數倍如半涇灣虹橋鎮諸處銜行與公貿易者無不獲利凡昆弟有告貸者慨然予之族黨有支絀者不俟告貸必私濟之里有死無以殮者餽之棺喪無以葬者助之貲一切解衣推食矜孤恤寡無吝色亦無德色焉噫公以少年奔走風塵鹿鹿崐山自分無完聚日矣何意三十而始娶韓氏無所出又納篴何氏生綱紀經綸四子皆琳瑯器及七十後已得孫曾十餘人羅立階下年逾杖朝秩膺八品蓋公處境之奇有如啖蔗到老而漸入佳境矣余與公未覿一面甲辰余幸帖報泥金迨乙巳始持紅綾餅假歸是時公猶

作客婁江因見其面赬長髯鶴髮童顏余疑其南極之精謫下紅塵者揖而問其年曰已八十矣因作駢體壽文爲公侑觴遂爲忘年友相聚浹月公以居奇歸錫余亦再往都門天涯地角爲之悵然迄壬子春余乞假旋里其長君維綱持公行畧乞傳於余余喜其起自庸微而誕膺多福者可爲蚩蚩者進一解焉非余之強作解人也是爲傳

咸豐壬子春三月上澣

翰林院庶吉士婁江陳壽圖拜撰

國學生湧源公傳　二十二世

湧源倪公諱秉智號玉田雲鵬公之子也幼穎敏出語已驚其長老甫弱冠淹貫經史咸目爲千里駒會其尊人謝世即棄舉子業綜理家政遂援例入成均事值疑難剖析明決居鄉排難解紛無不貼服治家嚴肅田功婦功各有程度家業日隆隆起嘉慶甲戌族修宗譜公竭力贊襄不辭嫌怨譜卒賴公以成道光壬辰族議修葺惠麓宗祠推公董其事公先捐爲合族倡詣惠麓庀材鳩工族之人陸續輸捐不朞年輪奐改觀祠宇一新式廓人以此益重公之才其他惠鄉閭恤親戚無德色亦無倦心嗚呼若公者庶可以傳矣爰敘其數大端列於家乘以垂示後之人

咸豐丁巳春正月　姻眷弟沈雲逵頓首拜撰

庠彦倪礪菴先生傳　二十二世　庚午舉人顧瀚

從來礪晚節者前愆可葢礪初心者業抵純全砥礪之功亦綦重矣玉非礪不粹金非礪不精物亦以礪而成何況於人葢吾人礪乎學則知礪乎行則仁礪乎耻則勇礪之功大矣哉今見礪菴先生礪菴銘而恍然於其爲人矣先生諱承泰號礪菴逸園公之子篤行君子也質魯鈍好學不倦得力於自礪晚歲補博士弟子員不涉紛華不務繁麗以實心行實事專於治已漸冀及人有志古人自礪之功命名見志因自號曰礪菴自題其讀書處亦曰礪菴嘗作礪菴銘書之座右奉爲圭臬如戒如箴不啻顓孫氏書紳之意焉孔子曰戒慎乎其所不睹恐懼乎其所不聞自礪之功吾儒首重顏淵如愚而獨見明睿曾子質魯而獨傳道統大約得力於礪者居多毖心非礪則易放嚴則必誠行非礪則易疎歛則能立自古皆然智愚賢不肖從未有不勞而[illegible]不爲而成者如晝之所爲夜必焚香以告此物此志也然靈修蹇蹇又在礪以默契之也使先生大竟其學不難爲社稷生民之用得危微精一之傳惜僅以諸生終予恐其用心於礪之苦衷莫與傳也故傳之

恩給九品厥德倪君傳　二十二世

丙辰夏有倪姓昆季翩翩而來具言其叔母與余爲中表兄妹因述其先世厥德公有淳古之行今其族中將修輯家乘思所以傳諸後者屬余書其梗概而傳之按倪氏爲元高士雲林先生後十四傳至天承公者濟德弗耀天承公生子四人公其季也自幼時天承公即謝世公孤露且貧然有至性事母孝事兄謹羣兒有以遊戲邀公者公弗往稍長知家道貧窘惟以治生爲急遂舍經生家言一意務農手胼足胝其惡衣菲食有人所弗能堪者由是業稍

裕遇鄉黨宗族有貧乏者必周之不以自奉菲薄故吝於推解也吾吳中有浮薄之行當其窶也往往不甘粗糲稍貸而盜之及至家業稍盈則吝嗇較錙銖親族中有踵門以困乏告者輒多方以拒之曾不出升斗以相佽助豈其自奉者厚故待人不得不薄耶至若履厚席豐承祖宗之遺緒或慷慨自鳴好施雖不可謂不賢要其所爲亦豪舉耳若公之以艱苦積貲財而又能急人之困可謂加人一等矣公諱有福享年七十有六娶錢孺人有懿行生子四人女二人

賜進士出身

誥授承德郎

例晉奉直大夫刑部主事江西司行走加一級姻家姪顧

鳳儀頓首拜撰

處士琢文倪公傳　二十二世

處士姓倪氏諱玉書字商盤號琢文邑之祗陀里人也其上世清風亮節照耀寰海內稱雲林先生者處士十五世祖也傳至賡廷公諱起選生禹範公諱彝倫配錢孺人舉四子處士居長生而聰穎特達喜讀書弱冠能文試有司輒列前茅聲震士林益篤學勵行以振家聲自期奈禹範公年高多病遂輟業代綜家政一切男耕女織收租納課獨力仔肩未嘗言瘁業益隆起蓋守而能創者事父母先意承志禮物兼備待諸弟分甘割愛益凜友恭至若族黨姻戚無論親疏遠近噓枯植仆推食解衣務俾人饜而後已性渾厚愿慤不識世間機械與人交推心置腹一秉以誠能與人通有無而不重取息有不能償者原之租欠纍纍則曰歲不登也逋券重重則曰貧無奈也或有詬詈之者則平心開導委曲周旋未見疾言遽色有婁公唾面自乾之風每訓子弟曰謹慎持身平恕待人臨財能寬一分則人受一分之惠臨事讓人一步則我有無窮之益凡事以忍爲先以和爲貴昔曾子云夫子之道忠恕而已但願汝曹亦以忠恕二字或銘之器或書之紳欽佩終身斯

已矣斯言也仁人之言也非宅心仁厚至誠惻怛者烏能若此綜之處士一生孝友得之天賦肫誠出於至性未嘗出一辭刻語作一不情事天眞爛熳純乎無僞非得天獨厚者與詩云不識不知順帝之則其處士之謂乎處士生乾隆乙酉十月十五卒嘉慶戊寅七月廿九配馮孺人子二女三孫男二

論曰近世人心不古鍥薄成風見一忠厚之士即目爲無之用徒不知西伯忠厚開八百年之王業今處士之守身只此忠厚二字故得麟趾振振於庭下螽斯蟄蟄於階前蓋積之厚者流自光也使天下之人盡如處士之坦衷潤度與物無忤幾相安於渾渾噩噩之天同遊於熙熙皞皞之域矣豈不猗歟休哉

賜進士出身太子太師
誥授金紫光祿大夫兵部尚書署理福建將軍
恩加振威將軍統屬文武
賞戴雙眼花翎閩浙總督世愚弟孫爾準拜撰

恩賜九品赤文倪公傳　二十二世　丁酉解元　鄭經　守庭

嗚呼赤文倪公胡爲乎傳耶宅非五畝田不數頃富既不足傳也爵僅九品貴又不足傳也工詩豪酒詩吟天籟酒飲天眞嗚呼赤文倪公胡爲乎傳耶說者謂張旭三杯傳草聖書以酒傳李白一斗百篇詩以酒傳是赤文倪公亦以詩酒傳也然公之寄興詩酒也既不左浮邱右洪崖又不前羊仲後裘仲未嘗觴流曲水未嘗雅集名園朝則蓬戶常閉湘簾半開花間一壺獨酌無猜夜則獨飲醺醺與月徘徊此酬彼酢一杯一杯長歌短詠優哉游哉陶然而

醉何時有不速之客來於此乎赤文倪公胡爲乎傳耶過之者或問所好曰無好問所能曰無能每遇月夕花晨僅與二三父老把酒話桑麻醉則長嘯醒則微吟詩外酒酒外詩足了一生矣故人稱之曰酒仙亦自號酒仙其胸襟固高人一等矣蓋自得於天者全藉詩以抒胸中之鬱結乎自葆於性者深藉酒以澆胸中之磈礌乎抑惡世態之齷齪而寄託詩酒與吾故不傳公之孝於親弟於兄爲善於鄉而第傳其詩酒後之讀斯傳者幸勿爲酒仙記而媸笑存之按公諱璽書字商序號赤文祇陀里人也

伯瑛倪公傳　二十二世　監察御史　安詩

伯瑛倪公予之中表兄也讀書懷獨行君子之德以孝友見重於人不苟合於時工詩善篆詩學陶韋篆得斯籀奧窔作文门期漢魏務汰渣滓獨契溟涬與予論文則具隻眼有温郭苔岑之契居又密邇故春秋佳日時置酒招自予釋褐後滯跡燕京睽隔十餘年甲午旋里重話舊雨公以所著篆體歌訣乞予弁言予披覽數四信可津梁後學樂爲序之越歲予任山西天涯地角同爲悵悵也匆匆癸卯其嗣呈露郵寄公行畧乞傳予捧讀之不覺臨風隕涕

因撮大畧系以東粵付之郵筒按公諱掌書字文博伯瑛晚篆也父瞻岵公祖賡廷公皆潛德勿彰耕讀世其家公夙慧凝厚沉默寡嘗笑角丱若成人及弁代綜家政暇輒涉獵羣書尤喜究訂桑經酈注公蔭藉先貲食不二簋衣不重裘寸縷必拾粒糝必斂曰衣食之源也摴蒲絕於手曰膏之火雪之晛也姑婆屏於門曰蠹之蠹木之蛀也故業益隆事父母洗腆用申父沒遺命葬鳳凰山祖塋青烏家言不利公曰吾從治命非徼福也經營喪葬一身肩荷之幼弟性饕餮拙於治生父母愛憐之比析箸公以甲產

讓之晚年凉倒日給米一升歲衣衣一襲撫諸姪如己出終身不倦惠𦶜宗祠坍塌已丑與溯源公董爲醵金修葺慨然解囊蚨三百金竟得重新殿廡十餘楹己亥庚子疊遭凶祲公兩倡賑廪皆百餘石里無駢首溝壑者壬寅英夷猖獗人心惶惶公爲編戶保甲桑梓之地皆安堵無恙猾吏施提田飛洒事覺陶公幾陷狴犴公力爲調處乃得釋本邑利弊甚夥業田者十甲輪役甲中以田多充正役甚有籍沒身家公憫然憐之雖抱病尙命子呈露鳩集紳士上控請革輪役永爲十甲經造業戶惠之新塘塘圯

崎嶇如蜀道行者苦之亦命其子奉檄儤功他如鄰里飢分食寒分衣急相扶難相救不待言矣惜年未周甲而卒配錢孺人有懿德善相夫子子三女二

論曰修塘西門豹之政也團練文信公之義也發賑革弊汲內史之節也公能兼之猶兢兢入孝出弟孜孜樂善不倦較世之攘袞蠅營爲蟻丸市道以終者倪公如臥百尺樓不啻上下牀之別然觀其積善纍仁有惟恐人知者老子所謂良賈深藏若虛君子容貌盛德若愚斯言可移贈矣

棲梧倪公傳　二十二世

壬子經魁薛壽

梅里祗陀清閟閣之故址也其地幽秀其人清儁而文鮮廛俗氣於以見雲林先生之流風餘韻猶有存者要未有若棲梧倪公其風韻之逼肖乎雲林先生也公諱鳳書字文耀棲梧其號也幼穎敏目數行下甫成童即工制舉業詩學盛唐淵雅名儁然不喜考試祇以筆墨自娛間有閒情逸興寫淡墨山水超逸有致人購求之輒摒絶不與其高介有如此家臨洗馬池不甚華好而明窗淨几不染纖塵庭蒔異卉奇花清香撲鼻舍南舍北遶以楸梧登其堂

者擬之雪鶴洞朱陽仙館云公財不豐稱而癖好書畫有以名人墨跡求售者割膏腴產以易之人謂之迂公笑而不荅公兄伯瑛公倡葺雲林先生祠公蹶然起曰吾固願之久矣不可以不贊成之爾乃傾囊捐助親往督工神瘁力疲弗顧也余生也晚不獲覩先生之高行而傳聞逸事故老猶能稱道之今按之於公何其一一脗合如此也詩云高山仰止景行行之公於雲林先生可無愧焉

秉禮府君錫麓新阡記　二十二世　男 淪

吾倪系自漢內史公迄宋怡然公扈駕南渡由汴居杭二世雪松公勸農於吳始居梅里之祗陀迨雲林公高不仕之節月樓公彰直諫之風隱德宦方後先輝映其間品高望重者悉誌家乘無庸贅述慨自南渡迄今族已蕃衍榮枯奚啻天淵淪也不才空懷報本自嘆衰微徒增感慨耳未嘗不思紹先人而隆堂構奈蕭散疏狂運遭坎坷不能自振痛先父秉禮公與先母華孺人相繼謝世未得吉兆並相權厝旦夕焦思欲扶柩於雞坑山祖塋奈跨太湖慮

遭風雨帆檣阻行屢商於弟淵洽無如兩弟有志力薄彼此拮据以致遷延歲月罪孽靡涯痛忍言哉今春毗陵劉君文衡者余之老友也精堪輿術為人古樸留心為我擇地謂余曰錫麓龍脈蜿蜒去年章姓一地契立與周周嫌狹隘轉售於許而許猶未結搆莫非天留與君先大人之福兆也詎知無力猝辦即為友人吳君所得越數月又為余擇一地焉與吳墓界相近也勢相等也價相若也劉君欣然曰不積宿緣世無奇遇而今天作之合不負君託矣審斯兆之龍脈自舜柯山而來舜柯山伏而起龍山龍山伏而起錫山錫山伏而開金星兩障昔劉青田鈐記云前六六後六六七二星辰齊擁簇萬頃波濤一川吞主出蛾眉食天祿蜘絲形馬脊樣个字金星開兩障今審吉兆深符此形莫非天從人願淪思舍此別圖何日得妥先靈於地下乎故百計籌畫又賴親友玉成之即於是歲卜吉以葬爰泚筆記之吾今得以見先人於九原矣後之瞻斯墓者不失春秋祭掃庶幾諒我之苦心焉

題蘋香錫麓新阡記　弟 呈露

脈分錫麓勢崔嵬个字金星兩障開福地原從心地得鴻

基合自德基培青囊濟世人皆仰慧眼承先孝共推箴語留教垂奕禩佗看春鏡兆將來

又　侯棠 海巢

邁德欽承克仔肩尤宜吉壤種心田堂培丹桂調元氣室湧青蓮契夙緣棣萼含風眞富貴蘭芽茁雨兢英賢蓼莪忍廢終篇讀兆寄滕公惜遇慳

脈分錫麓障金星馬脊蜘絲鑑寓形雪水遠盤龍尾碧雲峯近案佛頭青符鈐玉笥仙留慧券判銀鉤主乞靈鶴耤鍼城青烏客佳哉欣契畫圖經

慧眼憑君妙啟予鴻基慎選願非虛梓鄉澤孕班鷟近萬里陵開下馬徐蔭結靈椿神返魄秀聯新筍光充閭休光還燭微靈閟遊客將迴攬勝車

祖德深慚默語頻箕裘業紹祝成人爭看碧漢翔威鳳忍使青山冷石麟志廣才高千載業神清骨健百年身詒孫翼子添珍重爲愛瓦言慎佩紳

過楚辰

昔聞委溝壑又聞覆夏屋奢儉殊不倫曷以伸水木阡表讀瀧岡曰吉原預卜剏恨青烏家向背論紛逐龍脈非精

探瞎與詳起伏君才擅異能君友真心腹晉染堪輿論精理堪輿燕偶來錫山巔重迴繞山麓金星兩障開前後云六六馬脊與蜘絲形勢都寓目人棄還我取得秘堪稱獨心田奔禩培福地由來祝晉國三槐榮燕山五桂馥持此聊贈君響纓應世祿

恩賜九品秉禮倪公傳　二十二世

昔范睢拉脅折齒卒爲應侯蘇秦羸縢履蹻終佩相印彈鋏之馮諼脫穎之毛遂投筆之班超牧豕爲大將豢豕號通儒此其人皆懷抑塞磊磈之奇才當困頓無聊若將終身焉者一旦揚鬐鯉門刷翮鳳沼往往庸夫愚婦奔走駭汗悔罪於車塵馬足之間求之史册比比然矣不獨秉禮倪公有特達之榮也蓋天之生豪傑也必曲就其材以堅忍其志故始困之終成之始困之則其材鍊終成之則其志堅是其人之否泰皆天也若秉禮倪公者不世之才足

爲世用而世不用者久之及至耋年遂知遇之隆有司每諮詢政事上其事於朝遂顯功名於當世則公之遇合有不同於古人者公諱思儉字秉禮號徽齋惟和公次子初公之生也穎異不凡端慤如成人先輩咸器之謂倪氏家駒定如驊騮之開道天衢者髫年知讀書巍弁文筆排奡有解衣磅礴之概試有司輒冠其曹日與兄懋齋公互相觀摩砥礪思掇巍科不意兄弟俱遺額溢遂焚筆硯而淡視功名家臨洗馬池明窗淨几天然可愛古鼎法書位置攸宜宅東有岡綴梧竹千百本相間成林行吟其上微風

颯至屑玉篩金猝來風雨砰湃奔騰鏦鏦錚錚有如金鐵之鳴月夕佳辰則與兄懋齋弟劉齋把酒論文劇談古今成敗娓娓至二三鼓不倦客至呼紅友垂綸釣水觥酬交錯鞠賡弈韓投壺拇戰竟夕留連乃已其胸襟固高人一等矣以不羈之才嘯歌一室若將終身焉乃一旦騶命來觸書至公則若固有之不色喜偶聞誹謗聲亦不色慍其周恤三黨爲善一鄉未嘗有德色亦未嘗有吝色蓋公之心地光明見解卓越故能不以知遇之榮辱形一喜一慍於面也公眞卓然人傑矣哉公生乾隆壬午八月初一卒

道光癸巳正月二十壽七十二配華孺人子五女三長子淇力學早世次子滄主兄懋齋後與余文字交故能知之悉戊戌滄爲公卜吉錫麓封竁後是時予適解組一見公行略乞予傳與予先君墓如左右鄰有洽比之情不獲辭爰敘其厓畧而爲之傳

已巳進士翰林院編修世愚姪俞肯堂拜撰

庠彦月培公宗譜傳　二十二世

公諱榮桂字月培號霽軒性沉靜姿極慧讀書數行下十歲能文章年十三即受知於大宗師彭公內衙覆試名噪一時及長天眞爛熳不識世間機械事富家大姓爭延之塾訓蒙童以古法不近時趨因累試棘闈不售遂潛心於陰陽地輿諸書五星推測之法人試其術往往奇驗晚著中西星要四卷行世壽八十一子一廷楨字立範亦早歲遊庠能承其家學云

登仕郎晴川公宗譜傳　二十二世

公諱文漣字晴川仲聲公幼子儀容修整丰度翩翩賦性敏悟喜讀綱目史記諸書列論古今人物動中竅會見文人韻士輒結納爲客至則割鮮浮白備極豐腆信宿留連無倦色性本仁慈惜孤寡周貧乏無虛日人以緩急告傾囊不惜居恒不喜談人過失鄉里咸稱長者年四十七而卒幼撫兄宗海三子朝榮爲嗣朱子云仁則生生則吉祥在其中矣而公之孝友性成慈良爲本宜享大耋之年天既靳其後矣何以又促其年天之報施善人爲何如哉

國學生宗海倪君傳　二十二世　張印綬

自來作善降祥之說常人疑之君子信焉蓋爲善無不報而遲速有時疑之者近囿於目前信之者遠見於身後也嘗於國學生倪君見之矣君姓倪氏諱文瀾字宗海系出宋宣撫使怡然公諱師道後元高士雲林先生其十五世祖也六世祖諱梅郡庠生高祖諱金印曾祖諱尙徽俱邑庠生祖諱宏培考諱鏊世有隱德君昆弟六人行居其四天性伉爽遇事敢爲事父母養致敬喪致哀處兄弟只論情不論理待人以仁接物以義凡所表見具載於述畧中予少壯時久耳之君有丈夫子五道光初君幼子廷極負笈從先君子遊刻苦力學後又受業於予歲戊戌受知於相國祁春浦先生補博士弟子員諸子皆克紹其業孫曾輩亦嶄然見頭角識者謂厥後之克昌正未艾焉乃益信積厚流光天之報施善人不爽也廷極因輯其宗譜乞傳於予爲撮其大畧如此君生於乾隆乙未二月初一日卒於道光辛丑十二月十二日配蔡孺人生於乾隆戊戌十二月二十五日卒於道光癸卯八月十七日合葬於六國橋之新阡子五人女三人孫男八曾孫四

論曰吾邑華氏有孝友傳家坊表其姓名爲邑人矜式予過之每低徊不能去聞君之疾亟也其子廷極刲股以進及按其行狀乃知君之事親繞膝承顏曲有恩意善作於前所以善述於後也書曰惟孝友於兄弟如君之家教華氏不得專美於前矣

先考宗海府君暨妣蔡孺人述略　二十二世

府君諱文瀾字宗海號麗齋國學生先大父仲聲公舉丈夫子五府君其四也生而頭角崢嶸目光如炬聲若洪鐘爲人慷慨激昂質直好義立志高遠遇事敢爲因先王父仲聲公年老倦勤[illegible]迎奉家居竭力孝養志物兼備王母張孺人性卞急府君愉色婉容先意承志能得歡心迨棄養之日呼天號泣自殯及葬罔不盡禮盡哀待兄弟備極友恭時仲兄季弟早卒與伯父躍雲公協力同心勤儉刻苦業益隆隆起壎箎間一堂唱和華鄂相輝自幼至老人無

梁溪倪氏宗譜　〈訓芬錄卷九　毛　帶經堂

間言嘉慶丙寅三伯父逸羣公患疔瘡府君迎醫禱神不計所費垂危泣告府君曰我病亟矣撇下子女八人奈何府君流淚曰有弟在兄勿慮也喪葬畢養寡嫂撫孤姪以長以教男爲之婚女爲之嫁無異己出比析箸以自置田百畝分授弟姪里人交頌爲人所難能至于葺祖宗之祠宇甃道路之津梁息閭里之爭訟周親族之貧乏尤傾囷倒廩無悋色施不責報惠豈忘酬生平之厚德類如此甲戌旱災邑有平糶之令府君惻然曰飢民無現錢奈何於是核其減價之值備米給之遠近聞之莫不歎服給畢復

捐縉以賑自造册至給發胥府君一人董其事蠹保猾吏無從舞弊癸未水災亦如之不避嫌怨不畏彊禦蓋其剛方之氣有以懾人人亦無可怨之者治家嚴肅見一匪人則斥之聞一嫚語則怒之至摴蒱陸博之嬉尤痛絕之終身布衣蔬食不近綺紈而延師課子供帳修脯歲費中人產無所惜教子孫以勤儉持身沉靜讀書尤拳拳焉先妣蔡孺人自幼沉默溫惠慈和言笑不苟年十七于歸荊釵布裙躬操井臼勤樸杼善烹飪一如夙鍊事舅姑曲意將順相夫子柔嘉維則待妯娌以和御臧獲以寬享祭祀豐

梁溪倪氏宗譜　〈訓芬錄卷九　[illegible]　帶經堂

而誠供塾師腆而潔周人之急拯人之難與府君一德相莊齊眉致敬者五十年府君生乾隆乙未二月初一卒道光辛丑十二月十二享年六十有七孺人生乾隆戊戌十二月廿五卒道光癸卯八月十七享年六十有六子五女三孫男八曾孫四合葬於六國橋之新阡嗚呼極等樗櫟庸材不能榮膺一命以祿養終身罔極之恩終無以報恐吾父母之嘉言懿行湮沒無聞也幸當世之尊長採擇焉或賜鴻文梓諸梨棗或書豐跡勒諸貞珉以光泉壤庶先靈少慰云

男廷極百拜述

國學生藍田倪君像贊

二十二世　華國琛筠如

君諱學海字如崧號藍田系出元高士雲林先生後十四傳而至承祖先生諱節鐘以治瘍爲名醫舉丈夫子二君居長幼有異稟不屑事舉子業以醫世其家趨庭之暇既盡讀父書復遍訪名師窮究內經之蘊吳中自葉天士薛生白數先生後蹶起者首推曹氏仁伯君因負笈從遊三載學成而歸聲效大著求診者舟車輻輳門庭如市家道日隆而承祖公有子服勞既得頤養天年凡義日施貧活族志焉而未行行焉而未徧與夫邑中水旱之災捐輸平糶諸善舉胥於是乎賴君善承親志爲之不倦其孝尤足稱也獨醫術云乎哉卒年四十有八配楊氏子五次幼嗣弟雨田後女三長子文欄以余知君奉像求題爰撮大畧并贊之曰

陰陽燮理良相之功醫體厥旨亦號良工君世其業箕裘是紹濟世存心非求溫飽吳門負笈豈厭家雞傳彼衣缽終勝庸醫功效既敷推以睦族上也承志下焉式穀胡天不弔耄耋未登大啟爾宇行俟孫曾

國學生倪雨田先生傳

二十二世

予自解組歸田杜門謝客優游靜攝以盡餘年殆二十年於茲矣道光已酉春偶得軟腳病往往而劇僉曰是疾也非倪雨田先生不能治矣於是具剌延之交接之下相見恨晚予覘其狀貌厚背豐頤神情朗朗聽其議論茹古涵今風生習習洵偉人也診治數次而病即霍然吾知先生之家學爲有本原矣遂與之訂交遊時來往稱莫逆焉乙卯秋聞先生患脾疾乃不數月而訃至矣時方深壁悼令子文柟文枋踵門匍匐持狀請傳予雖蕪陋安敢以不文辭按狀先生姓倪氏諱玉海字如榮號雨田系出漢內史公寬後元高士雲林先生十五世孫也父承祖公諱節鐘以瘍醫名世舉丈夫子二先生其仲也幼而岐嶷沈默寡言與兄藍田同讀父書習瘍科儲藥石集驗方廣施約取業益進效益著求治者舟車輻輳門庭如市一如好學讀書之日不暇給也不索謝不圖報貧病者反給錢俾市藥嘗爲邑侯桐門高公治病應手輒愈高公贈額榮之先生不色喜間有齟齬之者亦不色慍其襟懷曠達類如此先生生長富室無躭紈袴氣習性節儉勤於治家凡吉凶慶弔務從

樸素而不肯靡費至施貧活族治道成梁一切利濟事又極慷慨不吝里中有義舉未嘗不首倡或以緩急告無不應己酉大水壞堤岸傾仄難行先生獨費二百金甃以石至今坦夷行者頌德每歲終必攜錢出行覘困苦無告者私濟之不道姓氏承父兄之志於析箸時提腴田千畝以贍貧族雖未咨部給帖而族中之沾惠已有年矣又念世譜久不修輯慨然倡捐延族姪廷極等妥議章程設局統修惜此二者先生均未覩厥成而沒也噫先生沒矣其聲譽聞於遐邇行誼著於鄉邦宜家業隆隆子孫蟄蟄吾知

先生之家學正未艾也昔范文正公云不爲良相當作良醫以其均有濟世利民之術也體此旨以行醫者其惟先生乎爰攝大畧而爲之傳并贊之曰

謝氏階庭芝蘭並秀王氏家祥宇偕次珊堪風出瑜布雖曰家學一門受授而各奏能不甘人後矧君少時良弓久藏兄終弟及一軍獨張馳驅冠蓋攬轡名揚於戲雨田收族心殷亟纂世譜剞劂告成君已莫覩故告昔嗣頌揚先烈以光銘誌

賜進士出身福建省淡水軍民同知

誥授奉政大夫軍功隨帶加三級杜紹祁頓首拜撰

誦艮倪先生傳　二十二世

先生姓倪氏諱思德字誦艮雲林先生十五世孫惟和先生四子也性明敏有智畧遇事敢爲不受人狎侮間有齟齬之者出奇計以懾服之人咸爲色沮且幼秉家訓激烈成風念胞與同懷無吝膜視里閭有不協輒以身調劑其間必解而後止蓋自其大父以來以忍律身以誠接物以剛馭衆以義制紛睦族恤鄰拔良鋤暴有由然也咸周某攘人財將實諸理捕家鬨而欲甘心焉先生力爲保全事釋而家以保萬姓媳弱質也痛命不猶捐生雉經一時愚

耳而訛言蠭起挾詐者以爲奇貨可居萬𢇁傾家先生出而呵之反金乃已甲戌旱災哀鴻遍野賑銀所以濟貧也里長沈某染指焉澤不下逮先生益勃然怒曰是不治而又將誰治乎聲其罪而責之嚴行罰鍰剛强正直世所謂好行其德者非耶然而公不自慊也晚登肆力於醫究軒岐素難之旨儲藥驗方廣施約取過實人子且傾囊與之無吝色同術吳某老而病刳不敢有妄覬也先生哀而憐之曰生於我乎養死於我乎葬老母弱息於我乎賙恤而依歸終其身無不得所之患嗟乎世之小有才者多矣試

二十二世

庠彥省齋倪公傳

倪君省齋諱貫一字會傳篤行君子也生而岐嶷好讀書方髫稚時聽講經書即能知大畧一日偶至鄉塾塾師問其幼慧戲以周朝何姓爲問對曰姓姬師問何出答以曾見詩經注周王之女姬姓是以知之其穎悟早見一斑矣家貧不能卒業父命之耕又令之賈而君夙根有定矢志不移每見書卷横陳心竊艷之不啻渴者之思飲遊者之思歸也年弱冠爲童子師發憤自勵精研經義旁及他書悉得其肯綮始學爲詩即得樵唱牛肩月漁炊一艇烟之句爲从所傳誦又踰年學爲制舉業温厚爾雅動合自然古文書法無不各臻妙境年三十四始受知於謝金圃先生拔古學第一遂遊庠其後屢試棘闈薦而未售所著有易經註略雜跖集自怡集等書藏於家性孝友逮事王父母即能得其歡心後以家計日落隨父流離播遷備嘗艱苦而經營百計菽水承歡未嘗缺乏其奉侍晨昏也凡事必躬必親藹然孺慕疾則湯藥親嘗没則喪葬盡禮以故州閭鄉黨無不稱其孝者君有弟心傳授室後父母主令分居牟耕爲業旋值歲歉日不給時君稍可措持遂邀還

梁溪倪氏宗譜　綸芬錄卷九　三二　帶經堂

斷鄉曲好魚肉其里閭卽幸附君子之名迂拘庸懦自保其身而虎而翼者終莫敢攖其鋒以致肆其狂噬而不知救斯世亦曷賴有是人哉惟先生知無不言行無不當正氣足奪奸雄之膽慈心可安柔懦之士不激不隨无私无枉初不以才炫而才足[illegible]應而無窮先生没矣鄉人猶道之弗忘余有田在祇陀間往輒與父老稽談逸事藉香名彥又與余爲莫逆交盍稔先生之素行非他小有才者比而主義立誠胥由中道故爲述其梗概以見先生之爲人卓然不朽者固自有在

賜進士出身

誥授奉政大夫福建溪水軍民同知眷弟杜紹祁拜撰

梁溪倪氏宗譜　綸芬錄卷九　三五　帶經堂

家聚天倫樂博堂上歡一時有荆樹重榮之譽共後心傳
遵父命竟自別居君强之不可而友愛惓惓兩家仍如一
體也年三十而有室聘人顧氏有賢聲能相夫子以成其
德故相敬如賓人稱梁孟云至於處世之和平與人之質
直臨財不苟見義必爲雖家無長物而好賓客樂施與無
倦容亦無德色其他排難解紛成全人美往往有人所不
知者故其爲言曰爲人不可以自欺尤不可以自傲爲學
不可以自是亦不可以自畫又曰處世不越情理二字以
情通理則事事無礙讀書之法須將古人言行一一反求

諸已方能有得否則徒紙上空言耳凡舉以教人者如箴
如銘悉類是不備載要其所以自命者概可知矣夫學莫
先於立志而人所恃者有爲如君之貪貧而輟學脫令悠
悠忽忽頹廢自甘其不至淪爲農夫販豎者幾希矣而君
發憤爲雄克自樹立於一無憑藉之中得自底於精能之
域辛致文成行立卓然表著於君子之林其亦足以風矣
予於乾隆癸卯始過君於璜溪一見如舊識遂訂交焉厥
後別遠會稀而神交益固迨予宦遊閩嶠不相見者十餘
年歸田以後一遇君於江城前年己卯君翩然來舍暢敘

別悰竟日不倦雖意氣不減少年時而君年六十有八且
得疾深以不能繼見爲戾也今年辛巳嗣君鳳梧奉其尊
人行畧請傳於予始知君已於去年捐館舍矣憫乏生芻
空悲宿草非予言之足以傳君實君有可傳者在也而敢
以不文謝乎哉

蘭皋氏曰嗚呼倪君之志窮而益堅者也倪君之遇困而
不失其亨者也方壬子秋與曹价城沈麗川諸公同試金
陵覆舟燕子磯漂流四十餘里其時之不死者間不容髮
乃幸而獲全全而又三十年遂使學益醕行益修身世之

間兩無遺憾自非天之默相曷克至是歟抑君之動心忍
性有以善全其天者歟

敕授文林郎甲寅恩科舉人大挑一等歷任福建武平浦
城縣知縣充甲子科同考試官同學弟黃恬拜撰

庠彥梅仙倪公傳　二十二世

君姓倪氏諱志清號梅仙余季舅父錫藩公次子也由問字以及游庠俱於予受業焉自幼沉靜寡言篤志於學爲文章輒驚其前輩早年入泮摹李石臺稿故多驚才絶豔之作遊學清江時白敬菴先生以耆宿掌教是邦李太史汝蟜方以拔貢生秉鐸茲土均極器重焉然卒未能拔爾抑塞磊落之奇材也滯跡清江凡十年賦閒者三載無所遇歸里門窮益甚居鄉黨落落寡交無聊則入城訪予晤對一堂泊如也亦晏如也或月一二至比年予館於外則與兒輩衡文話舊以爲歡去臘予與同卧一室夜過半輒咳逆勸之藥笑曰無暇及此今春九日來坐氣吁吁作嗽面有瘵色予曰病深矣急服藥曰諾詎知去後數日遂卧病奄奄月餘竟以是終嗚呼傷哉或謂梅仙之羸神寒骨寂寞無歡非祿壽相而余謂不然蓋有命焉命當亨則人之得春夏氣者發人之得秋冬氣者亦發特不識造物之作人常豐其才而嗇其遇是誠何心哉抑或者別有所以厚之與梅仙生於乾隆辛亥三月初二日卒於道光癸卯二月二十五日享年五十有三

論曰不孝者三無後爲大猗與梅僊得五子慶其壽昌其後理之常也吾不能無望於其胄有子克家考无咎

道光二十三年秋　愚表兄華蔡照頓首拜撰

庠彦宇瀓公宗譜傳　二十二世

公諱康海宇宁瀓號雨城別號弱生元高士雲林公十五世孫也天姿英敏賦性仁厚幼失怙恃哀毁骨立不啻成人長受業於進士華蔭南先生即公之姑丈也耽經史明易理屬文敏捷如宿構常篝燈而得稿數篇工詩善楷尤精鐵筆芸窗益友皆一時名彦試輒高等邑侯韓公晉首拔之以冠多士遂補弟子員三試棘闈不遇公坦然曰有命在天不可強也遂絶意進取閉戶吟詩澆花種竹爲樂居恒整齊嚴肅坐一室左右圖書法帖秩然有序治家寬

猛相濟不聞有嘻嗃聲常置建侯公法戒錄於案頭反覆解說以警子姪承先啟後之心至沒不衰奉繼母夏孺人色養兼致無異所生及卒喪葬盡禮道光庚寅請
旌從祀惠麓貞節祠自奉儉約歲時享祀豐潔而性尤好施予惜乎囊橐無餘不能盡其志也

陽羨倪隱君傳　二十二世　恩進士 寶承燁 僎 三

士君子投紱解組談云泉石膏肓烟霞痼疾一旦鶴書驅命仵來而怦怦已動其心者昔人嘗作文以譏之況上書不通風雲徑絶動以貧賤驕人哉若吾邑雲林先生芥千金而不盼棄萬鍾而不顧麾張士誠造廬之幣斯不負爲隱君子矣是以李綱菴先生作隱逸傳謂倪氏代多隱德今見陽羨濆舟倪翁益信斯言爲不誣矣翁名謙乾宇瑞暘濆舟其號也幼讀書過目了然十二能文章倚馬萬言十七應試以額滿見遺送院肄業遂淡功名而輕富貴保

赤爲懷究心軒岐貫通靈素難經諸書錯綜變化能用古而不泥於古所投無不效驗尤急貧人貧以藥餌不索酬秉性抗直事親以孝待人以誠治家井井有條教子循循有序雖年近古稀猶然精神矍鑠謙讓未遑入其室如挹芝蘭領其教如坐春風知翁之學養爲有原矣設以翁之抱負干雲直上置身金馬度無愧色何爲被褐懷玉矢志邱園始終不渝束帛之戔戔鴻飛之冥冥哉信高士之遺香餘韻猶有存焉者爰敘其梗概如此子一臨承能讀父書而紹箕裘行將光大其先猷克家之肖子也

德芳倪公暨配宗孺人傳　二十二世

宗子霖　雨亭

公諱茂乾字德芳敬時公次子敬伊公嗣子也系出錫山望族九世祖隱山公諱奎蓂陽羨溪山之勝始卜居吾宜之蔣瀆橋五世祖合山公諱化春早歲避庠復徙於鍾溪鎮至今爲祖居云公生而凝重稟性溫良不識世間有機械事親孝待兄友克勤於家克儉於身配深瀆宗孺人學博深菴公女儒士古愚公妹於霖爲從姑也孺人在家幼嫻壼範言笑不苟及笄歸於公上事翁姑曲循婦道家故不豐公經營在外孺人獨操家枋晝理米鹽夜課紡績齎

十指所出能佐公所不逮性好施濟尤篤於親故辛巳秋疫大起遠近負公財者悉無以償公憂形於色孺人慰之曰今歲櫟時疾而亡者甚衆吾家幸得無恙諺云財去人安殆謂是矣公渙然冰釋後以節縮漸致贏餘時翁姑即世者母尚在孺人時備珍羞以遺之有弟不能自存孺人給之資本以爲生計迨孺人沒有孫某齎錢一貫撫棺而泣曰我食孺人厚德誼不忍忘今所持錢特以報孺人於地下耳子永興堅郤不受孫不得已乃以其錢付之寒衣局內告曰書倪門宗孺人輸也當事者不解所謂詢之孫某乃以昔年母死貧無以殮孺人嘗解衣以贈職是故也孺人之樂善好施類如此至其生平不佞佛不入寺觀尤巾幗中所難非識見高人一等者曷克臻此公生於乾隆丙午卒於道光辛卯享年四十有六孺人生於乾隆辛亥卒於道光丁未享年五十有七其嗣永興能繼父風家業隆起可謂有子矣

倪隱君乾亨兄弟傳　二十二世

從來五福以壽爲先三祝亦以壽爲貴壽之於人尙矣世之克臻上壽爲難上壽而萃於一門爲尤難吾於乾亨兄弟有感焉按君姓倪氏系出元高士雲林先生後十一世祖樂葊公自錫徙姑孰之石靖里六世祖鳴英公又徙吾邑之丁谷山遂佔籍焉祖宗旦公耕讀傳家世有隱德父盈疇公母徐孺人舉丈夫子四孟曰乾亨諱樹元仲曰陽谷諱啓勲俱生而岐嶷頭角崢嶸長而渾厚樸實孝友性成叔泰溪諱敬楨爲人伉爽直道而行博學好古談道讀

書尤精於堪輿凡青烏玉髓金鎖諸書無不索究爲人相度地形罔不盡心竭力不索酬不伐善由是縉紳先生咸推重之郡尊胡公亦屢邀獎賞名噪一時至若好行其德至今嘖嘖人口尤爲馬氏白眉者則季君震時也諱啓龍身長玉立狀貌魁奇聲若洪鐘性敏悟讀書見解明徹文思英鋭筆氣淋漓事父母盡禮盡誠待兄弟克恭克讓勤操作善貿易漸有贏餘即分潤親族鄉黨每臘月視鰥寡孤獨貧而無告者或給錢米或施綿衣不論親疎不計遠近敦行不怠時年四十尙未育男適在申浦收債閒報弄璋之信喜極有零逋二百餘緡悉焚券而歸人人頌德念湯姓壻之貧乏爲之納粟令其赴試憐繆姓甥之孤苦幼而教養長而婚娶終爲之築室置田俾二姓安居樂業忘其貧苦者皆公之力也至若捨藥施棺成梁除道一切善舉指不勝屈居恆敝衣蔬食客至則烹羊炰羔備極豐潔延師課子歲費中人產無所惜方公之幼時躬耕作息艱苦備嘗洎乎晚景田園日闢堂構巍峩與叔兄同居一第孟與仲亦一第昆季四人俱龐眉皓首杖屨追遊一堂唱和華鄂相輝洵行地神仙也長君壽八十七次七十九三

八十四季八十九一姊二妹俱九十餘

贊曰古之德劭年高者如商山竹溪諸老耆岑輿咏皆以異姓而等於同胞者也然則同胞而具享高年吾見亦罕矣倪君乾亨昆弟遯迹衡茅隱德弗耀而仁厚之積俱得壽康人第見其伯仲翺翔精神矍鑠彷彿古來隱逸之叟孰知其遠過於古人者尤在同胞也哉

咸豐丁巳冬至前三日

誥授朝議大夫浙江候補知府姻再姪繆步瀛拜撰

洪培倪公傳　二十二世

丙辰歲葭月朔道經圩田曾見行人魚貫詢之咸曰至倪氏家赴券者因造耕德兄家見其權子母井井有條償債者紛紛如市迄午方休作而告余曰此先父洪培府君所立之章程也始則粟米貢利一年一償以子錢備歉歲濟貧乏以所入給所出沛然有餘而無窮言訖淚涔涔下長跪而請曰子盍爲之傳以傳之可乎余曰唯唯是善舉也烏可不傳爰泚筆而記其生平按君諱朝森字德林洪培其號也系出宋宣撫使怡然公後雲林先生十五世孫也

幼穎慧好讀書比長性情豪邁立品端嚴遇事敢爲事父母以孝聞待族黨以弟稱里中有不平事得公片言力解父順賢公疾每夜禱北斗願以已算益親算誠之所感勿藥有喜卒與金張孺人俱享大耋七世祖塋在金城灣地久被人占族中無有知者君日夜思維曰墳墓祖宗體魄之所藏也關係甚鉅烏可數典而忘之哉况有櫬安得無地耶爰覓墟形稽册籍遍詢里閭父老果得塋之所在於是率族人剷荊棘刈穢草立界碑封爲護春秋祭掃不失其時迄今不穴藏狐貉與鼪鼬并不令牧童樵叟歌吟而上下者君之力也揚明一支年久失修嘉慶癸酉族中修輯譜系公欣然捐貲纂入至今繼繼承承瞭如指掌者咸賴公不憚星霜幾經跋涉親爲探訪之苦心焉噫君乃一農家者流耳而能孝親敬宗爲善若此此其性天有過人者使讀書以擴其胸襟談道以佐其聞見其設施又曷可量也宜其享大年邀天貺孫曾林立家業隆隆天之報施善人信不爽也余與公誼切葭莩素欽公之行事恐其湮沒不彰也因不揣蕪陋而爲之傳并囑其子耕德載之家乘以示後之讀斯傳者

癸卯科舉人姻侄何學鴻拜撰

承福公傳 二十二世

公諱承福字福山允隆公之子也幼甚貧未多讀及成人理商務娶金氏有淑德黽勉同心公營謀於外孺人經理於中不數年間而業以饒裕生一子延師訓誨待先生甚忠敬公嘗謂積金以貽子孫子孫不過豐衣足食積書以貽子孫子孫方可耀祖榮宗也所以一身都爲培植後人計生平老成樸實不喜浮華內則法立教嚴家人不憂夫嗃嗃外則揚清激濁閭里自戢夫詐虞而準情酌理唯諾不輕也仗義疎財取予必慎也公慷慨好施不拘小節又

多幹濟才遇紛爭事必爲排解遇緩急事必爲調劑即或兩爭不釋雖傾囊相助不計也故閭里有雀角事經公調釋者不少公之論事明決爲鄉黨所矜式者如此然此皆少壯時事猶憶咸豐六年旱荒米珠薪桂嗷嗷待市者遍道塗公目擊心傷捐銀兩以賑濟貧民近者既蒙其惠遠者亦被其恩愈信公之樂善好施老而不衰矣易曰積善之家必有餘慶可於公之行決之也公生嘉慶丁卯歿同治壬戌享年五十有六歲配金孺人系出名門知大義人咸稱之舉一子名金鑑克守先業焉今歲錫山倪氏宗族續修譜牒公之孫企然以傳見屬得知公之行略故願從其說而爲之傳非不自慚荒謬聊以誌不忘云爾

時維

民國三年歲次甲寅重九日

武進蕭毓邃拜撰

清授六品軍功鄉飲賓贈直隸州知州加二級誥封

中憲大夫艮勳倪先生傳 二十三世　蕭奎耀

古之學者務經濟今之學者務詞章苟由詞章以究心經濟豈遂出古人下若略經濟而專事詞章誠不若略詞章而專事經濟者猶不失古人爲學之旨也艮勳倪先生諱梁字艮勳又字寶山系出雲林先生十六世孫八世祖慕竹公始徙蓉門遂世爲蓉門人卽陡門里少失怙事母至孝性穎敏讀書輒了大義惟耽吟哢不事制藝嘗謂聖賢之學必見諸施濟實事非徒託空言也若呫嗶不輟摘藻摘華

豈足盡學者之能事乎先生年旣壯事孀母婉容愉色極得其懽里黨有爭鬬力爲排解無不怗然服見庸醫悞人疾苦莫拯先生究靈素之精探岐黄之秘製方治病無不著手成春嗚呼先生留心民瘼奔走風塵於詞章之學雖僅畧見一斑而見之事爲者何一非經濟之學也所著大雅堂詩兩卷因情寫景不倚月露風雲又輯玄繳神方一編刻意濟時爾取山花野草觀其詩閱其方亦可想見其爲人計先生一生嘉慶癸酉修輯宗譜咸豐丁巳重加纂訂道光戊午慨助糧基擬建本支祠宇先生之尊祖敬宗有如此至若保嬰鄭醟捐貲首倡手定章程務使均沾實惠先生之疏財仗義又如此識者謂先生之經濟所以不克推而廣之擴而充之者以其不務詞章難膺科第耳抑知詞章之彥有虛名無實際天下事多被若輩所誤咸豐庚申粤匪南竄無錫陷先生與從弟俊山結集義士慷慨解囊身先士卒力遏凶鋒俊山死焉克復後詔給先生六品軍功延爲鄉飲賓年高德劭學士大夫莫不矜式嗚呼先生非無詞章也特爲經濟所掩耳先生雖不得志於時而孫以孫城貴光緒甲辰得膺封典豈非盛德之報歟先生於平日冬一裘夏一葛不戚戚於貧賤不汲汲於富貴安貧樂道著書自娛吾知先生非今之學者實古之學者也

貤贈修職郎年伯倪公吉齋家傳　二十三世

倪公吉齋步蟾公之仲子又迂同年之贈公也性樸誠胸
無城府早年失恃賴尊公以長以教而待之則蕘巖公先
意承志凡尊公所欲資給與欲止而觴之者無不如其意
以報尊公中年病膈長粒食公躉小臼擣米屑調羹置室
中煨以爐火夜分屏息伺窗外聞謦欬聲斆四然後退竟
夜無閒則憂形於色其遺臼則今猶存也衣物澣濯公與
孺人任其役臧獲請代不許如是者數十年殁之日殯斂
如儀葬於濡南王磨山之仙臥手磴道棠紆柩不可上公

獨肩巨畚鳩工葦石磯硐以平並造橋以便往來行者德
之復遵遺命贖白牌坊宅捨於五華山之延壽寺今碑記
猶存跻側先是公娶於趙勤中饋以瘵生而亡遺女二人
皆幼稚繼娶謝太孺人撫之如己出長適道光甲辰舉人
齊諱來沛次適何諱傳鑫凡公所以事步蟾公者太孺人
悉有以佐之道光甲午公赴無錫領宗譜攖足疾以歸困
牀蓐者彌年幾不起太孺人刲股以進始漸瘳明年幼迂
生後五載公復咯血逝享年四十有七公行誼廬州郡志
孝友類當是時幼迂甫五齡弟雁賓周晬歲復屢祲逋負
七百金有奇太孺人際此大喪殯斂畢即典鬻而次第償
之歲乙巳附葬公於王磨山步蟾公墓下繼念二子不可
以失教迺延師授句讀兼示大義夜歸詢所業少不中度
則呵撻隨之未幾而雁賓復折太孺人悲不自勝喜幼迂
學漸有成得應童子試而學氛則又不靖矣太孺人挈幼
迂走山中猶以學行相敦勉時賊掠辰塘河難民數百口
毋鬻簪珥遺贖若干名其他濟困扶危多類此同治甲子
江南反正幼迂出應有司試受知姚江少宗伯朱久香先
生旋以最優等補辛酉萃科太孺人聞之加餐飯廬州太

守唐公錫九賜額曰德紹安康蓋以歐母比兼爲幼迂勖
今母又告終矣幼迂痛罔極之未酬冀一言以垂永久乙
亥秋與余相見於都門過從之暇述公與謝太孺人之懿
行甚悉余於公爲年家子有闡揚世德之責何敢以不文
辭因次其先後以著於篇云

兵部主事年家子霍邱張瑞墀拜撰

勵菴倪公墓碣銘　二十三世

予久耳倪公勵菴之名而相違十餘里未嘗謀面也咸豐癸丑春粵逆逼金陵葛葆之先生徙居吾鄉而公偕同人謁葛君因始識焉今公歸道山十載矣同治己巳予就館蓉門李太守秋亭家得悉亥君顯祖亦蓮村師門下士相往還訂忘年交時述公生平行誼并傳諸父老者而審其詳焉公姓倪氏爲雲林先生後諱景堯號勵菴熙之公三子也生秉至性事親以孝人無間言好讀書明大義雖隱於闤闠而經紀

之暇尤喜購各種善書讀之寒暑無少間謂心地不打掃則不乾净性光不拂拭則不靈明開卷有益豈虛語哉母徐太孺人長齋繡佛不數年命公亦持齋戒殺而於淨土諸經兼留意焉公之持躬尚儉約布衣蔬食不肯稍涉繁華然於利物濟人諸善端未嘗退然以不能謝道光己酉霪雨成災哀鴻遍野公倡爲粥廠減價售賣而又恐阮囊之多澀羞也密察其極貧者給票隱以施之一時全活甚眾咸豐丙辰苦亢旱飛蝗蔽天公議捕蝗之法較他邑爲精田禾保

穫民賴以安既又以微俗多溺女風與李公梧軒各捐千餘金建保嬰堂一所法良意美咸頌功德不衰癸亥之春慘遭焚掠各鄉流離顛沛貿然避地者多公目擊心傷百計援救必盡乎力所能至而後已公嘗語人曰吾自勉力施與而統計所入之贏餘每浮於所出歲無不然蓋天嘉其爲善而默相之耳他如全人之名成人之美不勝枚舉姑從其略焉嗟乎世俗之偷也行一善而登門以求每牢守慳囊一錢不擲及其聲色之奉狗馬之好以至梯榮捷徑即揮金

亦在所不吝聞公之風亦當廢然返矣公生於嘉慶七年七月二十三日卒於同治二年十二月十三日春秋六十有一配蔣孺人與公齊德子三長金聲早卒次金品殤三顯祖國學生女三長適俞次守貞奉旨旌表三適狄公墓在犁頭下祖塋之昭時季君顯祖碣墓請銘予誼不敢固辭爰書其碣曰

龍峯九疊南斗旁蓉門一水淸且長秀雲薈萃毓善良小隱闤闠貞含章好施樂義非尋常行可爲表言可坊嗟公騎箕白雲鄉追隨鸞鳳飛翱翔我銘有道

奚慙惶慕門書石流芬芳佳城鬱鬱卜熾昌能看山
邑清谿光

同治歲在癸酉孟春之吉

著里愚姪華雲駿拜撰

國學生倪君勵菴傳 二十三世

予嘗歷游大江南北聞有好善之士輒心嚮往之欲以一見爲快然求其專心致志力行不倦始終不懈者不可多覯後乃於同鄉友倪君勵菴得之君長予七歲居同井里閈相望未嘗謀面也既而予至吳門於三徑堂善書局屢見君手札購善書幷淨土諸經主人謂此君同鄉善士君識之否予因心誌之回里後即訪君一見如故傾談竟日樸誠懇至肫肫然古之遺愛也自是以善舉相往還深情厚誼遂成莫逆凡惜字惜穀保嬰恤嫠濟荒放生諸事宜

隨時商辦君必首先爲倡一時善士如李翁梧軒秦君慧養小篔沈君光裕汪君伯筠方外友悟泉皆實心實力相與有成故吾邑善舉以秦巷爲最不幸粵氛肆擾吾郡大遭蹂躪同鄉親友遷徙無定予避地江北而君亦輾轉至上洋患難中尙刻刻以拯救難民爲念不一年君歸道山予時尙未回南不及親臨叩奠悵然若失迄於今宿草新矣君逝世時在大兵克復之年迄今又八九年矣喆嗣顯祖持君行畧請作傳謂先君行誼惟先生知之最悉故敢以請請予爲此予分內事何可以不文辭因舉其大畧傳

之按君諱景堯號厮菴系出元高士雲林公後父熙之公母徐太孺人幼嶠重不苟言笑有至性能以色笑博堂上歡讀書通大義以家政仔肩爲奉養計從事貿易然身居闤闠而心存質直不肯一涉欺僞人皆以君爲拙而君晏然也居家崇儉一文不敢浪費而見人急難則解衣推食無少吝凡孤寡之來告者往往陰與周之不以告人也道光二十九年吾邑大水爲災民生無聊鴻嗷遍野君目擊不忍乃首倡捐資設粥廠請善士翕然從之君晨夕從公寢不安席全活數千人邑中士大夫皆賢之咸豐六年邑

大旱君又續前議仍設粥以濟飛蝗徧野君倡議捕捉給錢代賑害遂絶其避地上洋也同鄉避難男婦絡繹而至流離顛沛無以爲活君又與諸善友設粥以濟並製紡車分給得免溝壑之患以徐太孺人長齋君遵母命亦持長齋篤信淨土謂節嗇然滌心慮超凡入聖惟此爲最知其得力於此者深矣居恆好道經營之暇手不釋卷徧覽各種善書長齋繡佛不以事物攖心又好道人善遇有談人過者輒以他詞掩之忽一日櫃內失去洋一百元寶銀五十兩既而知爲夥友某所取衆聳君發其事君蹙然曰我

失銀事小彼終身名節事大何忍以身外區區小事而害彼終身大事耶卒不言吾鄉素多溺女風君見予所定保嬰局規條而善之立即照辦凡貧戶生育女孩立議承禁無許淹溺准月給米一斗錢二百文以半年爲率偕弟若泉力肩其任全活無數既又以地方善舉不可無堂以統之遂議建保嬰堂前後三進君與李翕梧軒之力爲多郎於其中辦理保嬰恤嫠助喪掩埋恤寒放生築圩開河種種善舉君見無不爲爲無不勇一方頌德人無間言如君者非眞實好善古君子耶君生於嘉慶七年七月二十三

日卒於同治二年十二月十三日配蔣氏性賢淑多內助功君勉力爲善孺人往往竭力贊成一心一德有梁孟風生子三長金聲早卒次金品殤三郎顯祖女三長適俞次守貞養志三適狄顯祖好讀書能承先志君雖不克大展其志而有子克家仍孜孜好善從事於諸善人之後無少推諉且嘗以舉業遊予門予嘉其苦志勤劬日有進益異日必能大有成就爲門戶光者洵乎爲善無不報君亦可含笑西歸也顯祖勉乎哉

同治十年夏五月　　同里愚弟余治拜撰

處士相於倪公傳　二十三世

相於倪公沒後十有三年其子雪溪鶴梅以家乘告成乞標一言爲公傳而序列焉噫公之敦行力學好善不倦著於鄉邑久矣其奚取於標之文然標自維平生所心折而悅服者惟公爲最公今逝矣而眷念疇昔拳拳景仰於公之意至今弗釋則固不可無一言以傳公也公姓倪氏諱善字楚寶號相於系出漢內史公諱寬宋南渡後由杭遷錫世居錫之祗陀代有隱德曾祖國學生晉公公諱文梓妣鮑氏繼鄒氏祖邑庠生虞廷公諱雲龍妣葛氏父藹若

公諱秉仁早逝母華氏例　旌節孝公生四歲而孤家計中落外侮迭至母氏華攜公遷徙蕩口角上依舅氏以居公至性過人痛父之早背事母婉言愉色終身如一日母有疾衣不解帶食不甘味喪葬擗踊盡哀有古孝子風從舅父習舉子業公之舅父標之先祖棣軒公也先祖教人先德行而後文藝公稟承彝訓非禮之色弗寓於目非禮之言弗納於耳平居以道義自重而與人交接怡然藹然油油然若不見其性之介而守之嚴者其發爲文章沖淡夷猶歸於雅正前後應試廿餘年邑之人皆知爲名宿然數奇不偶幾得復失終不獲售公亦無慍色曰吾自盡吾事耳得失命也吾何知焉其爲詩澹宕有逸致得陶元亮王輞川之遺韻少時喜習武技兼通岐黃晚更泛覽於經緯之學天文度數無不周知而公粥粥若無能初不以此自炫也公固寒士家無長物專賴館資以自給然里中有善舉必爲之倡雖缾之罄弗惜也猶憶甲午歲江北災民流寓錫邑之惠山公聞之曰此等難民朝不保夕救災恤鄰道也遂集百緡罄所有以贍鄰之人聞其風而慕其義者踴躍樂輸至數千緡而弗能已非公爲之倡能若是乎又

嘗與同人集善會以次遞舉歲得百緡備救荒之用公沒後數年邑遇大水公之子遂舉公所儲會資以濟災民亦猶行公之志也其他隱行善事久不及知所共知者如此噫如公者可謂今之完人矣彼世之據高爵擁厚貲者何地蔑有而如公之敦行力學好善不倦能幾人哉能幾人哉此標所心折焉而景仰於公者也公生於乾隆四十三年四月十四日巳時卒於道光二十年十二月初二日午時配華氏孺人檜舫公長女事姑克盡婦道夫婦相敬如賓生於乾隆三十九年九月二十一日寅時卒於道光二

十七年正月二十三日辰時合葬於角上樂稼橋西之新
阡子二長俊汝靖俱業儒孫四人震吉師吉履吉俱俊出
謙吉靖出孫女三人曾孫一人
贊曰公孝友於家爲善於鄉使操尺寸柄以臨民其設施
有遠過人者惜乎屈於有司使公隱遁以終老豈修德者
不蒦報歟天殆將以嗇其躬者豐其後也易曰積善之家
必有餘慶今公之子若孫守其家風奮志勵學孜孜不已
必有能發潛德之幽光者蓋公積累者厚而其流澤也長
矣夫何憾焉

賜進士出身
敕授文林郎前任四川平武縣知縣充甲午科四川鄉試
同考官愚丧姪華廷標頓首拜撰

堯階倪公傳

二十三世

倪公諱愷字達善號堯階世爲無錫人代有隱德守貞不
仕公生有大志髫齡就傅卽不屑爲章句儒曰讀書以明
體達用而已矣事伊唔以壘守陳義爲哉比長以失怙依
母鄒孺人以居撙節持家業隆隆起良田華屋比歲日增
然志薄守錢虜僅擁貲爲己有故舉凡族黨之貧無告者
婚嫁無資者喪葬無藉者道路之窪而不整者溝渠之決
而不理者咸取給焉而公倡捐無吝色鄉里以善人目之
公亦不以爲樂也惠麓雲林公祠春秋例祭省牲備物必

愼必虔其他先人塋兆歲時祭掃周視松楸率子弟跪拜
如禮且時述先人嘉行懿德以勗其後人俾子孫有所效
法元配過孺人賢內助也罔論主持中饋孝養厥姑恪恭
婦道且能以奩資助公周急甘以澹泊自居而公亦賴以
樂施無吝甲戌癸未兩遇奇荒庚子又稱歉歲世固有按
田課人喋喋不休樂以斂取盈而勸輸則掉頭不顧者矣
乃公不獨以租讓佃也且出貲以佐賑澤被其鄉人而公
始謂用財得其宜怡然自慰丈夫子六元配生者三簉室
生者三婚配皆名族公體素充碩其沒也以冒寒解糧遺

疾甚亟乃執母手而嗚咽曰兒不幸遘疾不獲奉母以樂全其天母無以兒故戚戚則兒侍父於九原亦得瞑目矣回顧家人語無他囑卒之日鄰里咸哭失聲非遺愛在人者曷能若是

論曰余居震澤去無錫百里而遥耳舟行過惠麓時展拜雲林先生祠下企慕高風追主講東林益悉先生後裔代有聞人適有倪生道生從余肄業詢知爲祗陀村人居傍雲林之廬今持其父行狀來請願得言以垂不朽余卽此以慕雲林先生者信晃階爰泚筆而爲之傳

賜進士出身

誥授奉直大夫安徽池州府教授加一級世愚弟震澤青厓汪鶴壽拜撰

二十三世

國學生廸初倪公傳

從來尊祖敬宗之謂孝除暴安良之謂才士君子懷瑾握瑜上之不能身膺民社戮力王家功紀旂常名垂竹帛下之亦當宗族稱孝鄉黨稱悌仁足以澤物義足以鋤奸令人可欣可羡没世不忘者庶不愧爲士矣予於廸初倪公有感焉公姓倪氏諱肇興字見田廸初其號也系出漢御史後元高士雲林先生之裔也祖禹範公諱彝倫父琢文公諱玉書忠厚傳家世有隱德公生而岐嶷有大志喜讀書甫齠齔見解甚明角丱能文章才思敏捷筆氣淋漓試輒前茅嘉慶戊寅丁外艱公哀毁骨立喪葬盡禮遂棄筆硯持家政時弟蓮塘穉總角耳公上事孀母下撫弱弟極盡孝友人無間言居恒自奉菲薄而客至則割鮮浮白酬連竟夕無倦容勤於治生日出而作日入而息内外悉有程度業倍蓰於前比析箸知母之屬意於弟也遂讓田産與弟以順親心雲林公惠麓專祠素無公項佽祭艱難公倡捐田二十餘畝以抵春秋祭掃通族公議敦請公祖父神主入祠從祀右廡又捐貲修葺至今祭掃稱如者公之力也道光壬寅英夷肆虐竄入上海人情洶洶土匪結黨

擄掠一時響應公即散家貲招鄉勇防禦卒擒其魁而置之法境內以安凡遇水旱災祲靡不出粟賑濟又儲米百石散給貧族他如除道成梁周䘏贈乏諸善事無不傾囊樂助爲鄉里倡其度量恢擴類如此噫世之小有才者吾知之矣宴居無事輒武斷鄉曲偶遇艱難即畏葸不前於祖宗祠墓漠不關心較之公奚啻千萬哉昔顧端文公之銘倪景南翁也云所重在祖功宗烈則見此之爲輕所先在父子兄弟則見此之爲後所急在親族井里則見此之爲緩今公之行詣若此可謂審輕重先後緩急者矣豈聞

風而興者與抑出自性天莫之爲而爲之者與何其後先同一轍也雖爲之執鞭所欣慕焉予生也晚於公未會謀面歲丙辰予館於梁溪錢氏得與公令子位陽遊悉公之巔末適倪氏續修家乘告成乞予爲傳因敘其大畧而爲之傳以傳之生卒子女例載墓誌茲不贅

賜進士出身

誥授通奉大夫天津兵備道世愚弟呂耀斗拜撰

蓮塘倪君傳　二十三世

鴨城橋北獅吼山西蔚然有村厥名祗楊水瀠洄而迤邐山崱屴而崟崎唐李公紳之別墅元迂高士之舊居也雪海連天爲梅花古里陰翳蔽地有梧葉高岡代多隱逸者流寓歌龍畝徜徉肆志韜晦其間者何可勝道哉若蓮塘倪君亦是鄉之隱君子也諱肇貴字龍田號蓮塘冢文公少子蔭藉先貲代綿宿澤穎悟夙成英妙閒出質儷乎琥璜材兼乎杗桷擩染翰墨之場寢饋縹緗之府得有師資荒警不殖曉諷宵吟日新月盛譎語游詞聞則掩耳嘉規

懿訓見必銘心委雖越乎倫萃氣不涉於矜夸以子文之利錐尙形口給視陸璣之覆局猶覺兒嬉知識不凡端緒可見言乎至性循厥幼儀承色養之歡必謹咳唾念服勞之義不假臧獲鯉庭奉對誦所習而不遺龍席侍病待有瘳而復故兄曰見田同氣之愛因心則友寒暄共被笑語聯牀家督比之家嚴相友更能相愛年纔弱冠遽遭父喪躃踊盡哀呼天飲泣寢苦九九之日伴柩七七之辰歲在癸未母氏設帨誕辰鞠曆則珠履盈庭頌禱則錦屏張壁駢陳嘉果味逈美於劉芹羅列殊珍報更深於范研含飴

之望斯慰夘廿之昚蒲隆惜膽梓里慶溢萱閨愚孫罔極子職無忝不嘲野鶩素號家駒古人所謂賢子百不爲多一不爲少其君之謂與乃以豫章七年遽診萌芽驥麒千里莫騁趾步惜哉道光己丑正月十四日以微疾竟赴蓉城年僅廿七配錢孺人楚南公三女素嫻内則夙秉名言出自名門緇歸望族痛夫道伯道之傷以姪主盧公之後畫荻同乎歐母莪蘗範以敬姜心堅金石志矢冰霜宜守土者請於朝節節矢青年名揚彤管異日冀花封之卜當時邀綽楔之榮允叶柏舟芳流汗簡紀茲二人成爲兩美孰

其匡翯屬爲製詞欲存清節宜彙解籍列女之書藉慰故人再續劉勰雕龍之傳

丙辰進士翰林院庶吉士世愚弟秦賡彤拜撰

二十三世

頤畊倪公傳

世之重賴有斯人者以其出爲碩輔搢笏竭切佐元首廻天心爲一國之棟梁處爲碩彥林泉蠖屈鋤莠民安良善爲一鄉之柱石要不甘麀鹿熊熊無所表見於一世長爲農夫以沒世已也然此非徒恃有才亦恃有德或江湖而廊廟之則君國生民之計獨操全算鼎鐘給之矣但抱鄉長吟便以天下爲己任又何必以窮達分故今日嘯歌即明日颺拜之地夙塵早有位置矣若頤畊倪公之爲政一鄉一鄉推爲祭酒已可見一斑矣按公諱肇熙字惜田頤

畊其號也赤文公舉四子公行一有至性八齡遭母諸孺人喪辟踊哀慟已若成人歲時伏臘泣下嗚嗚父赤文公豪於飲公必饌以旨酒嘉肴事後母蔣溫凊視膳沒齒無愆撫諸弟職盡家督恆以燃萁之咏嗃矢之喻爲戒未嘗致刺角弓性尤好義急公有蠹猾者魚肉其族甚至齮齕成訟慨然奮螳臂當之事得辯壬寅英夷爲寇土匪乘機刦奪公倡爲團練率壯士數十人獲其首送官抶而撲之里中安堵如故己酉歲歉公竭力輸捐減價平糶挨戸造冊不狗絲毫情及春暮里民猶有菜色公憫然垂憐曰楞

腹何能胼胝更爲醵金買米給之得保無恙寺涇久淤水流迤邐公爲濬渫至今治畦者惠之公祠祭田親爲催租納課一稔則逐一開明細賬粘之祠內一絲不苟三黨有不軌子弟必面斥之落魄無生計者必貸之資以謀生窘於誅求者代爲籌策鬻生雀鼠者不吝已資爲之剖晰禍昭狴犴者雖赴湯蹈火拯之不辭道橫械繫者爲之納逋不使罹肘若悍吏來鄉叫囂乎東西鄰隳突乎南北舍能以身翼之如鳥之覆卵焉故凡受其惠者莫不鏤骨銘心綜其一生敦孝弟懷任恤大公無我之心類如此洵一鄉

之柱石也其他恤貧乏施棺槨葺寺廟治津梁不能枚述是以鄉之人咸敬服之傳爲美談凡有所矜式必曰如頤晰公之遺範也嗚呼信一鄉之祭酒矣蓋公有任天下之才容天下之德貶而爲里黨楷模未免狹隘之矣昔昌黎云沒而祭於社者其頤晰公之謂乎然公雖沒而其才其德固不可沒也故傳之兄予與公誼同盧李久爲葭莩之庇親若同胞其少君豹棻又爲予之妹倩也重乘葭莩故不揣荆棘叢生妄爲之傳

咸豐乙卯丑月穀生明　眷弟過達辰頓首拜撰

二十三世

倪生藕村公宗譜傳

公諱呈露字曉專號藕村伯瑛公長子也幼機警出語輒中竅要讀書洞澈義理偶一疑難閉目端坐凝思終夜不寐非明澈不止及長從齊梅麓先生遊益精深宏博朋輩莫不敬而畏之奈數奇竟不獲售惠麓宗祠前屋就傾醵金倡修軒昂合度咸豐丁巳助會亭纂修宗譜屢易寒暑而後竣中間或芟或潤其手筆尤多著有藕村集

蘋香倪君傳 二十三世

邑東十五里祇陀村有隱君子焉曰蘋香倪先生者清癯鶴立望而知爲有道之士徵其學則術善養生暇則以此濟世活人不勝指屈緣所得於天者全故能清矯拔俗迥異恆蹊余幼時即耳熟先生名得邀青睞於齊梅麓使君有國士之目逮庚子歲假館倪氏時相過從無挾旬不晤無晤不移晷彌悉先生之行結契頁深稽先生家乘知系出漢御史後君諱滄字清纓一字宏度號超然蘋香其晚號也序爲秉禮公仲子因念伯兄惇敘公乏嗣命先生主之

家固貧也然歲以修脯所入具膳必豐且時引古今孝義事更端演說彩舞萊衣致堂上二老忘失明之慽疊遭歉歲艱遇重喪竭力經營初未以貧廢禮此非天性惇固曷能致此推其餘緒完季弟鼎謙之姻亦所以綿先人嗣續計而家門以內數米而炊計日而食初未有訴誶聲出於閭外則德配過孺人之賢相夫以免內顧憂者此耳倪氏家乘歲久未修癸酉歲先生叔祖逸圃公主稿倡修旁搜博采隨事贊襄克成告竣先生之力居多先生資性英異幼誼郎巽常兒握筆爲文洋洋纚纚千言立就老宿亦驚異之惜李廣數奇懷才未遇僅以此化其鄉名家爭延課業古詩寄意陶謝爲鄰楷法唐碑隸摹漢壁晚歲蒔花栽竹自娛一室怡然自樂初未嘗以貧窶易心允宜享大年臻上壽迺偶感時症自製輓聯啜茶以清腸胃留治命而歸眞年六十有一抑何天報善人豐其才而嗇其遇也元配過孺人有壼德先公十二年卒年四十有八子三女一孫男二孫女二

論曰世風不古且有以貧而斁其天性者矣詎能事親孝與人和克己律躬始終無間令人羨爲貞性不渝者歟聞

先生之行其亦可以少媿矣若先生者誠不失爲君子歟

咸豐三年歲次癸丑冬十一月世愚弟侯棠頓首拜撰

題蘋香倪先生玉照 節錄　　過逢辰 蘅香

天鍾靈秀祇陀旁高人挺生彼一方鳳逸龍蟠誰領袖風傳徽號稱蘋香蘋香家學有源本雲林譜牒流派長縹緗萬帙藏腹笥刻翠雕紅等閒事柴濡大筆何淋漓米蔡蘇黃任探秘升堂入室俱絕倫漢唐八分更奇異識君書法知君心唾壺擊節彌相欽景行却在仰山外登蚪踞虎徙情深清風明月思惠我流光荏苒殊不禁生涯同此寄硯田壬寅恰得萬壽附絳帳高懸咫尺間過從揮麈時把臂胄羅星宿足驚人樓成五鳳才不數偶出佳圖一示予道子寫眞神恰如鬚眉絲拂个字裡脫巾嘯傲風吹餘龍鱗斑剝尤勁直青映古榻瑯環書埃塵不染眭盱脫墨花直是心花活拈毫細寫箇中情襟懷梁逸韻雲凝遏江郎彩筆君取攜引領疇能望巔末題襟名彥興並酣志和音雅律胥諳遺貌取神工刻劃其妙幾令窮幽探更有吟壇眞健將中軍擊鼓舞兩驂君之溫恭洵如玉不鄙襪線題高躅琳瑯滿目詎足誇糊令枯腸搜委曲禿管明知大雅嗤漫將俚句來貂續

國學生蘋和倪公傳　二十三世

從來特立獨行之士抱濟世之才往往托迹衡門匿名愚谷其志趣固超然塵埃之表矣在遯之九五曰嘉遯貞吉在蠱之上九曰不事王侯高尚其事惟其當方亨之世能正其志而不苟合而後可以為世則法問嘗執此以衡當世士晩近不少概見獨予姑丈蘋和倪公見之按公諱爾梅字蘋和雲林先生十六世孫也祖金聲公諱永錫父博如公諱溥孝友傳家世有隱德公生而沉默天姿敏慧好讀書口授即能成誦及弁能文章筆氣浩瀚不拘繩尺尤喜長歌短詠工書畫兼精鐵筆蒼勁可愛然此不足以盡公之所長也更喜拳勇習劍術長槍棍潑水不得入能以泥丸彈飛鳥左右翅百不失一人服其精性狷介非義不取非道不與自二三知己外不妄交見有不平事必為之辯是非剖曲直里有爭訟得公片言渙然冰釋族有無賴子弟素桀驁欲砍祖塋蔭樹盜賣肥己莫敢誰何公曰幽宅祖宗體魄所藏也烏可不懲卒鳴之官而治其罪嘉慶癸酉族修宗譜公任採訪倍謹嚴遇有跡涉疑似者寍闕不錄或餌之利公艴然曰敬宗收族盛事也曷可貨取乎至如

矜孤恤寡治道成梁捨藥施棺諸善事無不傾囊樂助詩
其剛方正直之氣與仁慈惻怛之心相輔而行詩所云不
侮鰥寡不畏彊禦者其公之謂乎乾隆丙午科舉人華渭
煐先生公之舅也深器重之嘗勗以功名公囅然曰非
不知軒冕之榮奈堂上之奉養無人何且聖人云施于有
政是亦爲政奚必拖青紆紫而後快哉勸之不從遂爲之
援例入成均噫公之容貌瑰奇多材多藝俾展其才伸其
志何不可掇巍科躋顯秩乃蹈晦邱園甘心隴畝寧爲蠖
之屈不願龍之飛非中有所得而自全其天者烏能若此

彼世之沉溺名利患得患失老死不悔者奚可與公同日
而語哉公元配鄒孺人予之姑也貞淑閒靜善相夫子惜
年未三十而卒兩繼南沙俞孺人又繼楊孺人俱無出以
從姪燿爲嗣歲丁巳予自靖州解組僑寓長沙公嗣孫孳
樓以族譜告成郵書乞傳予與公誼切葭莩自幼素悉公
之行詣因不揣蕪陋畧序梗概付之郵筒聊以塞責云爾
咸豐七年歲次丁巳仲春之望
誥授奉政大夫前任湖南靖州知州內姪鄒蔭楠拜撰

誥封奉直大夫直隸州知州康甫倪君五十壽序　二十三冊

封翁康甫系出梁溪倪氏自十五世祖始徙宜興之蔣瀆
里至二十一世轉徙宜邑之和橋累代素封以讀書世其
業君幼時讀書目數行下穎敏不凡甫弱冠經史羅胷下
筆千言立就旁參靈素青囊書尤得其要領以爲良相良醫
濟世則一大丈夫即不登魏闕豈容坐視民瘼而不救乎
乃出其緒餘徧拯疾苦有來而就診者有往而投藥者終
日紛紜每夜分猶不得休息數十里間人無夭札之患者
君之力也咸豐庚申粵逆由京口下竄常郡百姓奔走流

離觸風雨犯寒暑貧而病者相枕藉君隨處以法救之無
不立效癸亥春日賊氛掃盡大營駐溧陽軍中多疫主將
傳檄募醫君適路過溧陽識君者以君應募因病立方病
者皆起由是君僑寓溧陽聲名益盛喉滋任茲土甫下車
即耳倪君名既接溧陽紳士言倪君不獨精於醫術其
心術更有不可及者兵燹初平斷簡殘編泥塗拋擲倪君
催工收拾悉付洪爐其惜字之心足取也凶荒甫過無衣
無褐卒歲寔難倪君倡設綿衣局使貧民均得挾纊其救
災之心足取也疫癘徧延委壑填溝尸骸遍野倪君倡設

義材局使死者均得斂形丼澤枯之心足取也畯聆斯論謹誌之不敢忘越數日老母氣體不和請君診視始識君見其衣冠華整舉止謙和有舊家風範益信諸紳士之言不謬繼相接益頻相契亦益密君之醫術心術益深信而無所疑同治甲戌陽月值君五十壽辰溧之紳士各抽秘騁妍進華章祝君壽考畯學交君久自愧不文竊思君之起沉疴除痼疾壽人者無不自壽也且衣被孤寒斂藏骸骼閭閻無不祝長生冥漠正可錫純嘏也由是而六十而七十而八十九十不可以是而操券得之哉遂書此以爲倪君壽

同治甲戌小春之吉　知溧陽縣事眷弟朱畯頓首拜撰

眞修倪君傳

胡光煥

蘭陵郡惟陽羨最爲近古士君子之巷處者往往作息田間咿唔不輟其風俗有自來矣若眞修倪公者非獨風俗之漸摩也亦經鋤之世澤隱有以佑啟之焉公諱德誠字眞修蔚巖公子也幼讀書資性穎悟出語已驚其長老及長支持家事兼理農業而負耒之下常自橫經其孜孜不倦甚如此事父母色養交盡能得父母歡課子姪督婦女一以嚴謹爲主其家絃誦聲與機杼聲相和恆夜半不休公自奉極儉約至鄰里有急則周之無所吝凡恤孤寡拯貧乏之事指不勝屈聞其風者無不稱公之盛德被其澤者無不祝公以遐齡也乃行年五十得疾竟不起惜哉公沒之日遠近聞之莫不悲悼假使以公之行得享大年以竟其志雖學古入官主持風教者無以過之豈田間野老所能髣髴其萬一哉予與倪公交最久故知之最深謹詮次其梗概而言之語不文不遑恤矣

庠彥會亭公宗譜傳　二十三世

公諱廷極原名朝楷字建五會亭其別號也宗海公第五子幼敏慧甫入塾即能辨四聲稍長丰姿儁雅文筆清新既冠即蜚聲黌序四壁琴書一廬風雨專攻舉業門外事概置不問三試秋闈不售灰志功名怡情詩酒祗父恭兄敘天倫樂事咸豐丁巳纂修大統宗譜涉大江南北勞苦不辭正舊譜亥豕魚瑕疵悉去洵有功於宗族不愧爲完人也已

隱逸倪漢昭直行兄弟合傳　優貢生　施建烈　叔愚

明成宏間李舜明先生輯隱逸傳謂屈指五百年廑廑得五人倪氏與者三人冰祥兄弟暨雲林高士也余弱冠浴佛佳辰偶至祇里訪清閟遺跡又得倪氏漢昭直行兄弟焉蓋世謂倪氏代多隱德信然漢昭諱倬直行諱侃黃門先生十四世孫也幼孤露性友愛好讀書互相勵曰映雪讀書拾柿學字古人有之吾何忍蹉跎歲月所居曰時敏齋藏書最富宋搨碑本元人縑素雖以彝鼎尊斝俱工詩善畫每四方名流過從置酒刻燭酬咏其間至忘日夜臨

別繪淡墨山水餞行必題句以記之且漢昭更善篆麟鳳穗文鐘鼎欵式無不蒼勁可愛動以古人自許落筆不苟憑眺之頃淋漓醒灑或書龍蛇鳥跡或寫淡竹疎蘭擱筆輒焚之不留點墨有投金幣購之者輒拂袖起勿顧也嘗曰丈夫要審所處曷可貨取乎一日停舸蓉湖聞笛聲幽雅乘興寫蓉湖圖且訪贈之吹笛者乃估客也客以紅氍氈賂請篆一幅漢昭艴然并索前畫裂之揮其餽節介如此並不喜時文出筆鑿幽縋險力追漢魏惜年未五十相繼而卒吁嘻其有隱德有清節可繼高士風故傳之

國學生賡三公宗譜傳　二十三世

賡三公諱贊堂馨仁公長子性慷慨量寬洪行不矯激容無忿戾事親孝能得繼母歡友愛諸弟雍容和睦爲人排難解紛傾囊不吝能文善書工吟咏避亂申浦與同邑諸紳富設法勸捐賑濟難民施給棺木並周邮寒士所全甚眾樂善之心老而彌篤厥後賢子賢孫相承勿替識者謂盛德之報云

倪君檢齋暨奚孺人傳

鄉飲賓倪君諱丕績字炳宸號檢齋邑西觀山四河口人也幼敏悟舉目輒數行弱冠成文章不屑屑於時藝每搆思必奇精采卓然以名大家爲宗選韻賦詩未嘗少輟不喜作皺眉語亦不喜作皺眉事應童子試屢列前茅乃阨於時命未獲一青其衿遂淡於進取喟然曰功名雖有定數然學力果純數何足限予之不售豈天心之弗福殆人力之未盡與其勇於自責如此家僅中人產常能以惠及人見鰥寡則恤之遇疾困則扶之樂善好施不少吝也居家尚節儉衣大布食麤食力勤操作無間寒暑常以處世之道訓子姪有不事生業者必厲聲正色以斥之有好勇鬬很者必和顏悅色以解之旋因日用浩繁恐無以爲繼復習陶朱業市肆經營俱獲有然之利稍有餘貲恒給於里黨之無所依賴者或有以節勞勸君君曰獨不聞惜陰運甓之事乎吾之業是聊以防逸耳初不知其勞也其畢生勤敏又如此君秉性温厚推誠待人幾不知人間復有機械而於諸父昆弟間則尤怡然藹然終身無間言以故頌君德者至今猶嘖嘖不衰云德配奚孺人企亮先生女

倪氏宗譜誦芬錄卷之十

清贈直隸州知州加二級誥封中憲大夫國學生蘭
谷倪先生暨德配林太恭人合傳 二十四世

吾邑以梁溪著名梁溪者漢隱士梁鴻寄寓於此因以名溪也顧梁鴻之事不概見惟與孟光舉案齊眉至今傳爲盛事妻綱之有益於夫綱豈不重歟故人樂得有賢內助也迄今幾二千年有蓉門倪先生之夫婦其德行際遇有同然者先生諱燦字蘭谷一字達泉係元高士雲林先生之裔至慕竹公始徙蓉門遂世居焉曾祖維禮公後世擅

岐黃之業先生幼而穎悟目數行下及長工制藝應試輒列前茅然性耽山水喜吟咏自奉極儉而施與不吝尊甫艮勳公謂曰兒有隱逸之志當專心醫理以世吾家亦不失施濟之權也先生唯唯而退不數年卽精乎其技先生宅心仁厚富者不計其財帛貧者輒施以藥靡故雖門庭如市而家仍絀於財著有杏林雜誌悉取古人治心之要謹身之道勒爲成書絕不言治病之術用藥之方蓋精乎醫而超出乎醫者光緒丙子修輯宗譜譜竣卽奉遷祖慕竹公曾祖維禮公祖乾九公嗣祖乾道公父艮勳公配享

也相夫教子內助攸資哲嗣長楚軒次觀山三千山四北俊均樸誠儒雅北俊嗣堂兄丕祖後君以誦讀始以貿易終不知者以爲謀利其知者以爲崇德蓋君之一身固經財好施公所有於人不私所有於已者也然則君之秉儒習賈爲人乎爲已乎後世必有辨之者

癸巳恩科舉人張男寅撰

雲林先生專祠并助祭田以贍春秋二祭之用蓉門支祠遺氏費刦集資以權子母經理二十餘年款甚鉅方議重建而先生卒矣配林恭人係庠彦孳南公女亦工吟咏年二十三歸先生貞靜幽閒才高學博著有閨中廿四要皆修身接物愛國治家之道洵有關世教之文可垂範百世與晚近女學校體操唱歌諸末藝有霄壤之殊先生之遂其施濟得內助之力居多諸哲嗣之學有淵源得賢母之教尤鉅也嗚呼當世女學校林立稍通翰墨者輒作教師畧識之無者已儕閨秀其宗旨皆離經畔道嫁娶可以自

由離合可以自主至有效湯武之革命者矣此皆恭人之罪人也與先生唱和詩甚夥先生之小林詩集恭人之綠窗吟稾合訂一編而綠窗吟稾中有若夢行一篇戒世詞四首尤爲巾幗中之冠冕如宜人之德絕無僅有其殆曹大家之流亞歟先生精於醫不假草木之功恭人富於才不尙香奩之習今庸醫之悞人性命女校之亂我綱常正可爲救世之鍼砭屢勸哲嗣哲夫鐫其遺稿以救世道人心之變哲夫與余爲莫逆交卽付梓人以彰先德邑中諸君子莫不以先覩爲快焉哲夫志潔行方博聞强記有父母風欲發泉下之幽光屢蹶於場屋幾疑天道之無知矣尋以海禁大開制藝已廢乃納粟輸邊得旨加四品銜授直隸州知州先生夫婦之得膺封典實基於此噫嘻先生夫婦之品學可以醫國并可以淑世乃棄而不用僅以國學生終可謂數奇不偶矣雖然其德行與梁孟同其際遇與梁孟亦同天教與伯鸞德耀並垂不朽云爾民國甲寅孟春世愚姪侯鎮頓首拜撰

處士萬與倪公傳 二十四世

侯鎮 泰初

萬與者諱雷字孝昌無錫蓉門鄉人也雲林公十七世孫聖祥公仲子性敦樸世以耕讀爲業敬以持己恕以待人與族弟蘭谷相友善蘭谷奉父命因本支宗祠燬於兵燹急欲締造然蓉門土瘠民貧捐歛實難擬將公欵撥入以鳩工庀材經營伊始而蘭谷易簀其子哲夫恪承遺命與公慘澹經營不遺餘力時公欵公與蘭谷經理盡爲本房所蝕公在崇明經商往返十餘次任怨任勞與哲夫同追夙負先爲墳欵以給工匠之餼廩無吝色亦無怨言自丁亥經始迄己丑落成

再罹寒暑纔能闕事事竣涓滴無私所撥用公欵子母悉還迄今沛然有餘仿惠山宗祠之制子孫振振衣冠蹌蹌春秋二祭規模粗具皆公之力也公之懿行碩德美不勝收此則有益於本支略誌其事以爲後嗣勸公歿後哲夫奉公神位附艮勳公配享本支宗祠崇德報功也甲寅哲夫重修宗譜其子星橋相助爲理余主筆墨事與星橋朝夕相親故知公尤悉爰爲之詮次嘉其爲公益之事也

敕授修職郎倪公幼迂事畧 二十四世

公名釗字勖旃一字鈍庵號幼迂原名子億字引之祖籍江蘇無錫縣高祖孝艮 純皇帝南廵時惠山迎駕者也曾祖棲霞隨伯高祖大培廬州經歷任愛無爲山水之勝徙而家焉者也祖步蟾以高壽邀 恩如例公五齡而贈公吉齋歿患腹瘍者彌年醫謂鬱結所致云其事母謝太孺人也嘗割肉以療篤疾左腕瘢痕老猶在六歲就外傳太孺人給錢市餅餌輒留之以施丐者錫人販滸薦宜窑至此心憫懃有加禮迎書於族之長老性好學尤嗜程朱

及諸先儒語錄年十四業師姊丈齊鏡芙孝廉避水僦公屋命公言志以顏子四勿對深器之孝廉方正朱梅溪徵君四川制府劉仲艮宮保謚文莊錫邑明經龔伯芳上舍張衡堦午亭諸先生皆許以遠到十七應童試學使李公鐵梅已甄錄以額滿見遺同治初元華陽穆海航先生以名孝廉來牧無爲得公文期以國士而臨武唐鶴九太守姚江朱久香少宗伯皆拔冠曹偶自童子軍既游庠食餼登拔萃科無出其右者當此之時文名藉甚聞者皆謂取青紫猶拾芥詎省試者九卓薦者三而席帽依然不得已

爲改轅而北之計時游太學應京兆試者無慮數千人率
皆爭名與修聲氣公居輦下三年日與古人相晤對一燈
熒然左右圖史泊如也李文忠徐頌閣兩相國聞公名皆
以禮聘公以勢位懸絕謝不往雖金臺刻課藝謄錄試高
等簽分史館例得府倅而公則不以屑意選廣文得定遠
自分將以苜蓿老獨何心哉既抵任迺進多士而教之高
者語性理次亦譚經學訓課一如家子弟其與縣令相處
也有公見而無私謁縣亦敬之而不敢玩之每上丁釋菜
滌器芟蕪與諸生均勞苦齋斗不得與其中論者比之賀

應城云貞節請婦例邀　旌表定邑書吏以抑勒而致擱
壓不下數百名公不假吏胥手藉以達大府而積壓之弊
清丙戌歲試劣廩王藎臣與武庠相角洶洶有械鬬意公
理諭勢禁百方化之乃得已又宦裔附生方鉴有庶母與
婦勃谿而仰藥者諸豪右將鬻分其室而以重罪科其子
公力爲營脫不使成大獄其保全該生者不少他如倡修
明倫堂以修金作移建名宦祠公欵尤不一而足時公爲
司諭而司訓則六安鄧公子艮諱爾保定人有倪德鄧才
之目信不虛也成實巖太守將舉公卓異有尼之者而遂

中止聞者惜之在任凡三遇　覃恩貤封考妣如其官予
戊子凡十易寒暑弟子著錄者皆先後博青衿擢巍科以
去公曰吾亦欲歸耳安能鬱鬱久居此筮易得遯之九五
曰嘉遯貞吉遂以重聽報大府得請挈兩公子及諸高足
以歸定人士餞諸郊外送數里乃還引退後以著述自娛
問業者復屨滿戶外州人士延主緇溪書院講席公婉辭
以謝宣統初元詔舉孝廉方正州廩生范則堯等請於提
學使者行州及學取公事實清册州學正程公學農復來
書勸駕公賦七律一章峻卻之三年辛亥州紳高慕堯盧

樂山等以明年爲公入學之六十年例可重游泮水由學
詳報巡撫朱公經田預賜重游泮沼匾額屆期率後進祇
謁文廟行釋奠禮繼以光復不果行著有廣高士傳二卷
幼迂正續詩集八卷文集二卷鈍庵瑣錄四卷日下紀游
一卷原聘朱女未婚卒葬朱家莊西畔繼配沈孺人少公
一歲性嚴明持家有法度里鄰賢之享年七十有二葬祈
雨山之陽何氏古碶左斜上子三長曜淮次耀漢又次耀
洛女四長適五品銜外甥齊銓英次適盧江刑部郎中簡
放河南陳州府知府奏補開封府知府在任候升道附貢

劉更壽四適邑庠生盧藻華 清 鄉里後進侍公者久又與
定邑爲比鄰得諸彼都人士之傳聞者甚悉故詳哉言之
如此

署南宣威州知州 受業合肥黃乾濟謹撰

姻世伯倪幼迂先生八秩壽文 二十四世

昔桐城海峰劉先生躋大耋之年惜抱姚氏爲文稱其崛起布衣以文章鳴海內實應山川之淑無愧古作者之林爲方侍郎後一人蓋清初古文之學未興倡之始於侍郎海峰承之學者翕然從風時有天下文章出於桐城之言而桐城派遂爲世所宗尙海峰先生亦自此不朽矣姚氏覼縷海峰之門得識其學之本末備述之以致頌禱非溢美也先生爲今之海峰年四十以拔萃游京師留居數年名噪輦下其未及海峰者獨少侍郎國士之知宰相明經之薦耳而博士一官晚而落拓何相若耶先生少學爲科舉之文小試其技一歲之間輒由童子軍驟登拔萃及廷試而復被黜焉由是屢困場屋不得志甚矣知己之難也然先生不以學與時戾而改絃易轍以苟徇俗好者則亦海峰之志也海峰愈窮而文愈昌爲一代宗匠名滿天下世不以其試鴻博未售而少之蓋國家全盛之日文運方隆羽翼之者衆雖卿相亦皆心折師儒之道益尊先生生當叔季斯道之不講久矣益以學堂科學之繁與六經文字爲世詬病卽起海峰於今日詎復有從之遊者而先生

獨居斗室伏首几案間日手一編講習不輟不自知其耄將至斯又海峯後之一人也已海峰嘗先生之年猶以足疾而出必曳杖先生步履強健無異少壯時則又海峯所未逮也明未冠時服膺先生之試藝書法竊心企之及應童子試與令嗣君倬雲同補博士弟子員益信淵源有自倬雲聰明倜儻世其家學能傳先生之衣鉢者不幸爲天所靳惜哉數有前定雖父子不得而相假也先生詩鈔深得風人之旨然不過全豹一斑蓋天靳先生以遐天特假先生以年成其不朽之業故人爲先生壽者[illegible]吟而[illegible]之

壽先生者在千載已今夏六月下澣先生八十初度邑人咸欲稱觴爲先生之第而先生拒不受明以桑梓後生又忝葭末欲出一言以祝先生竊思先生齒德不愧古人明之謭陋名不出里閈何足以重先生惟是陵谷變遷[illegible]川有滄桑之感獨行君子尙留松柏孤標自全於歲寒之日則乾坤間氣所遺也是不可不書之以爲吾黨幸且使鄉之後進聞而興起焉謹序

民國三年歲次甲寅季夏月下澣

姻世姪蔣聲明頓首拜撰 命子再姪其坦學書

雲書倪君傳 二十四世

倪君雲書諱延佐里之練達老成人也性謹厚有猷略排難解紛不煩言而人已服里之人咸重之君系出梅里十八世祖伯甫公來從江邑素貧窶及君之尊人秩如公家少阜然樸陋不文不見重於閭黨是時君方總角慨然有志於讀書未卒業會尊人沒卽操家務耕耨之下嘗撫諸弱弟而泫然曰吾不能讀書以光顯前人吾滋戚矣諸弟其勉之嗚呼君田家子乃覆棖甫離卽以讀書爲念雖不能得之於身不能得之於弟而終得之於子非所謂有志竟成者耶君子一號晴佳有文名爲邑諸生從余遊人謂晴佳之飛聲黌序晴佳之刻苦所致也而余謂晴佳之飛聲黌序實君之精誠所感也

道光丙申重陽前五日翰林院庶吉士安徽鳳臺縣知縣兼理壽州知州李兆洛謹撰

雲谷倪公暨奚孺人傳 二十四世

學也者學爲孝焉弟焉而已耳然有學焉而未必爲孝者弟者矣有孝焉弟焉而未必爲學者矣於以知未學之學與學如未學者其相懸奚啻萬萬哉雲谷倪公秩如公之第三子也少孤嘗出繼錫邑某鉅家鉅家得之如護拱璧愛養惟恐不當其意而公常蹙然問之則曰吾念母與諸兄耳百方慰解之終無豫色怏悒成疾鉅家恐遣歸歸則悲喜交集疾竟漸平其少時之至性已如此方是時鄰里群敍誦聲所延師類非名宿習句讀而已數載遽擲學業

未成遂操耕作代兄勞凡事一稟兄命事母王太孺人溫清定省之節較兄尤周公配奚孺人于歸後屏鉛華勤紡績事姑一如公公之既析箸也善治產不妄費又得孺人內助賢家益阜而伯兄雲書頗於應酬仲兄雲衢季弟雲岩絀於經理家俱中落凡諸兄弟之告貸於公者公慨然予之有時併不俟其告貸而先接濟之是以昆弟間終公之身無一日之間焉公自奉約奉母則極洗腆母年八十餘食公膳之日居多母喪費貲二百公獨肩之不與諸兄弟較公之伯兄性素嚴約束諸弟不少寬假而獨愛公公不以其愛也而狎視之年雖老見兄猶肅然鵠立無惰容由是觀之若雲谷倪公者非所謂孝弟之士乎哉而何得以未學少之哉今世學士文人號稱淹貫才者求其家庭之際往往鍥薄寡恩令人髮指乃倪公以未經陶鑄之躬率其天良恪循子弟之分深有裨於世道人心則彼徒務乎學之名者且不足以當公之一盼雖曰未學吾必謂之學矣

道光己亥科舉人即選儒學教諭姻眷姪陳鉞頓首拜撰

太學生錫銘倪君六十壽序　二十四世

陽羨之南閎陵起伏林木葱蘢生其間者類多敦樸厚重安素佁而享大年若太學錫銘倪君亦其間之翹楚也君早失怙家不及中人產孀母徐茹蘗含荼撫君成立君幼時即不喜戲遊依依膝下佐母營生計及受室益自刻苦德配卜孺人亦善治生代姑作苦徐太孺人始得優游晚景含飴弄孫人羨徐太孺人之福者莫不稱徐太孺人之子婦俱賢也君年壯業日隆起居家服布素無羅綺之華食麤糲無珍錯之奉惟事母徐太孺人則衣必輕煖食必

洗腆所與交皆老成耆舊門無徵逐遊戲之費救災黎贍貧族不恡指囷贈而摴蒱陸博之戲從不浪使一錢若君者非所謂敦樸厚重者乎丁丑之春倪君週甲華誕階前萊彩並晉霞觴伉儷齊眉孫曾繞膝誠德門之盛事也易曰積善之家必有餘慶倪君積善於躬安其敦朴厚重之素而太和之氣翔洽於門庭其大壽正未可限量也謹即餘慶之說爲倪君侑進一觴

壬子科亞元儀徵縣學教諭郎補內閣中書

世愚弟薛蠡頓首拜撰

儒士倪契山暨配　詔旌烈婦華氏小傳　二十四世

自古首重儒行而立志之士視死如歸惜輓近不少槩見廼婦人則從一之義恆慷慨捐軀不畏夜臺之黑此國家所以特重褒烈之典也余於契山之配而有感焉契山姓倪氏名道生一名端堯階先生叔子母過孺人弱不好弄六齡就塾受章句即探問義之所在人咸異之不以常兒目稍長搦管爲文知自刻苦期有就以博堂上歡庚子歲堯階延余課之時契山與仲兄硯漁同塾課藝即能時出新意善中窾竅試列前茅淬厲彌力且肆力於唐宋

諸大家以擴其識力余亦以大器目之比堯階先生沒硯漁以綜理家政廢學余亦徙硯入城契山獨下帷攻苦藝日益進比華氏來歸亦不以燕好荒課己酉歲院試入彀復以額溢見遺僅取中送學肄業人僉爲契山扼腕乃益自勵晝夜績學以致得疾不起遽赴玉樓而其配華氏自契山之疾也籲天請代憤不欲生比卒拊棺擗踊血與淚俱誓以身殉回念己生二女夫未有嗣請命於姑撫硯漁之子兆駿爲子乃節哀強制摒擋己奩撥留若干以備二女之嫁餘悉交硯漁爲夫喪葬暨撫孤費遂託疾臥牀絕

粒待斃雖孀姑及娣姒輩交相勸慰陽順而志不移計其絕命僅隔契山之死二十餘日耳族黨咸曰是節而烈者也理宜請

旌乃呈學牒縣詳大部請咨樹綽楔如制華固邑中巨族也氏幼嫻閨訓於節烈事欽佩勿諼若其志有先定者而卒能践之洵可以風世矣忍令其湮沒無傳乎此乙卯冬倪氏輯譜將竣而余樂爲之傳也兆駿勉乎哉矢志青雲以慰嗣父之靈而烈婦有知亦含笑於九原矣是爲傳

咸豐歲在乙卯辜月初吉友生海巢氏侯棠撰

晴川倪公傳　二十四世

晴川公諱溁世居邑之石皮街是余大伯清溪公諱汝金之堂親臺也髫年岐嶷就塾讀書師傅目爲偉器初掌管志欲抗席燕許故所作文皆發於至性崇論宏議而無晚近浮習家故貧又文章數憎命達遂息圖名念日待給於十脡之納而株守青氈仰事俯育兒痒集諸一身飭紀敦倫行誼昭於同室一庭之上怡然藹然性喜述果報醒訴迷惘暇必操斗酒挈徒侶盤桓於濟闕之遺址以咄嗶自娛此其知命樂天之大較也晚年涵養醇粹反增矍鑠所

倡義舉便鄉里皆推陳出新經畫悉當享年六十有七以壽終公配陳氏繼胡氏子二長廷桂次廷椿俱承父志友愛可風長媳畢氏亦極孝順孫績熙器宇英偉自是後來之秀德門衍慶正未可量聖人云十室之邑必有忠信如晴川公者非世之所謂隱君子乎今倪氏續纂家乘將刊芳躅余不揣譾陋述其梗概非敢詡闡揚潛德聊備異日採風者之選擇云爾

光緒二年歲次丙子天貺節　姻愚姪錢炳奎謹撰

國學生岳父燚堂倪公傳 東亭支二十四世 楊殿奎 叔賡

從來貽孫謀者莫善於立箴繩祖武者莫先於遵訓昔貢士倪公建侯力學敦行治家有法度嘗手輯法戒錄以自警又著箴言二則以訓示子孫其詞有曰小心謹慎保守遺業毋習驕奢而忘勤儉旨哉斯言眞得創業治家之要肫肫然有餘思焉後百餘年而有吾岳父燮堂公出即公之八世孫以布衣起家克儉克勤聿隆堂構洵可謂善承先志而無忝厥祖矣岳父倪姓諱敦復字堯章號燚堂國學生系出元高士雲林先生後祖士達諱宏德父玉培諱

廷材俱隱市廛而篤行誼生子僅一公公秉資聰穎少有壯志家苦貧讀書二三載即出塾而能別四聲識字毋文札往來振筆疾書不假他人手人以此傾慕之會失怙恃悲痛號泣性出至誠當是時內無兄弟助外無親戚依孤苦零丁因竭力治生業黎明而起夜分始息黽勉經營歷寒暑不稍輟業蒸蒸日起以致囊橐充田園擴廬宅輿然猶自奉儉約肥甘不入於口羅綺不彰於身樗蒲雙陸之具不戲於手或有勸其自娛者公曰驕奢淫佚累人之端況吾祖所戒吾弗爲也弗之聽公尤重本末之誼祖墓有

失修者輒修之族人有乞貸者輒貸之鄉里遇水旱災者輒捐輸而發濟之一切損已利人事知無不行行無不勉力居恒教子甚嚴待人甚恕未嘗作一不情事未嘗出一無稽言夙夜黽皇惟以紹箕裘培蘭玉爲先務盡勤儉如公幾幾乎近世不概見奎忝半子之誼又主塾其家幸得日覘風采而聆訓誨而薽益良多歲丁卯公適抱恙偃臥床褥間醫藥調治無一克効奎時時問視言論間猶以瞻族未置田畝不能仰承先志爲憾未幾病革易簀時子巳亡慮媳寡孫幼家政治理乏人呼紙筆作札囑奎贊襄並

囑爲其孫輩啟蒙書訖擲筆而逝時奎赴秋試放棹白下道途遼隔訃音莫通迨試罷旋里而公歸道山已數日奎一登堂淚涔涔下深恨付託不能面承含殮不能親視撫衷抱歉痛何可言今已巳春奎與尤子秉均同佐事其家尤子以公之創業艱難勤儉足以風世乞敘一言以光倪氏家乘奎曰是吾責也公刻苦終身積數十年之心血恢廓先人舊業以留貽子孫倘湮沒不彰將嘉言懿行後之人莫由聞見而則傚之奎何忍乎爰不揣固陋而爲之傳

論曰古來士君子之得名者大都皆創業之人業而大者

得大名業而小者得小名名有小大而創業無分乎小大大者固創而小者不可謂之不創也孔子云若子疾没世而名不稱吾知岳父其能免於此歟

同治八年歲次己巳春三月旣望

清封奉政大夫鄉飲正賓倪公曉山傳 二十四世

歲甲寅倪氏彙修家乘延余爲主筆始得覽諸君子之列傳焉其官階科第雖不數多覯而清風亮節味道含經不以簪紱爲榮而憂人之憂樂人之樂者不能以恆河沙計也蓋雲林公之遺澤遠且長矣余友賦平與余同司譜事爲余述其先哲之遺事綦詳公諱錫祉字曉山雲林公之十七世孫也好讀書幼而岐嶷能明大義有志於騰達雲霄年十七厥考聽秋公捐館舍終鮮兄弟不能遂行其志遂棄儒業商執掌簿書力行不倦家道日隆隆起性尤

慷慨好施予道光己酉大水咸豐丙辰大旱公毁家紓難爲饘粥以賑饑民財不足更勸邑中殷實者解囊相助活人無算至今南里之人尚稱其盛德勿衰大吏上其事於朝屢邀恩典由國子監生洊縣丞庚申粤匪陷無錫擕戚族中貧乏者五六家衣食之需使無缺乏家遂中落始避難於盛家橋繼遷居於江北三四年間干戈擾攘而骨肉團圞豈非盛德之報歟同治癸亥城復旋里後故宫禾黍片瓦無存公獨力經營重構舊宇復修前業勤儉彌加明年即爲海平授室賦平等年均弱冠依次婚嫁連年耗數

家道益容然好善樂施依然如故嗣後海平賦平相繼貴顯邑紳舉公爲鄉飲正賓嗚呼我國家賓筵之設所以式髦耋崇碩德煌煌鉅典何容濫厠公實至名歸可無愧矣今蹟其行事矢口則忠信處事則和平持躬則謹慎有萬石君之遺風焉古人云明德之後必有達人觀公之後嗣英賢繼起均足以繩其祖武古人之言洵不誣也元配江繼室江女兄弟也先後舉男子五人長永清議敘縣佐次誠清殤次詠清花翎同知鄉飲大賓次維清早卒次翼清五品藍翎候選縣佐工醫女二長早卒幼適運同銜候選

同知陳廷鑣孫八長庭槐議敘縣佐南洋考取優等醫士次廷春國學生次廷容工畫次廷直初等畢業生次福祥福基福南湘南曾孫祖德士熊俱能循規蹈矩恪守典型後嗣之振興未有艾也公生於道光五年二月廿七卒於光緒十八年十月初八年六十八歲茲不揣固陋敬掇其槩云爾

贊曰遺子以金盜覘其隙遺子以德天賀之積誰縮誰贏達心則明昭昭未刊冥冥握箕公之遺德憂鄰里寒公之傳報俾子孫安看蘭玉之盈階砌兮在九原有餘歡

民國三年三月下澣　世愚姪候選訓導侯鎮謹撰

芝田倪君歸田記

二十四世 侯鎮 泰亭

吾邑以布衣起家標信史膺祀典者倪雲林先生一人而已問其何以致此則以清廉著名然同一清廉也富而清廉與貧而清廉清廉同而處境則異貧而不甚而清廉與貧而已甚而復清廉清廉同而立品更高吾友芝泉倪君雲林先生之裔也曾游越林觀察少筠聘爲記室君孤芳自賞修脯之外一介不取林君嘉其清廉出國學生舉爲五品職銜後林君因捐欵不符被議君告誡不從遂歸旋里初高士祠堂有坊前祭田二十五畝爲蒸嘗之費被族

蠹攫去質錢春秋兩祭費無所出時君賦閒在家與族中有志者賦平哲夫等各出數緡合成一會而得田者堅不肯還君再三開諭幾致舌敝脣焦始得祭田十七畝反迫其餘八畝已經絶賣不能回贖矣祭遂不敷哲夫設計介族中願爲其祖考入祠者各捐田若干各支踊躍輸將不數年間有田七十畝祭費遂充迄今享祀無忒皆君之力也嗣後賦平又歸祠堂基糧單一畝有零而祭田始備紅羊刦後祠宇棟折榱崩牆坍壁倒君觸目驚心乃謀諸族中殷實者俾得集腋成裘用以修葺不辭辛苦往返數百里募捐數十家任怨任勞於川資之外涓滴無私至今樓房池沼煥然一新垂二十年無罅漏之患者雖得哲夫相助爲理而君之力尤多君年益老而景益窘聞林公子虎侯在萍鄉開礦往倚焉惟好古與維新齟齬不合數月未得一當君辭歸虎侯饋贐五十兩君以無功受祿麾之去徒步歸家簞瓢屢空一日到蘇訪友晨起於道旁得皮袋一只内貯銀百兩君穆然思慨然念曰此雖天授設人命相關適以造孽俟一日其人至即如數還之其人分以十兩壽君君笑曰我不卹百兩何愛十兩耶是以市井待我也

其人拜謝而去歸則室人交謫君晏然也噫今之富者肱囊探篋肥己瘠人比比然矣君窘迫如此乃天予不取其無懷氏之民歟抑葛天氏之民歟嗚呼不愧爲雲林公之子孫矣余與君交游數十年知君最悉爰記其實事以風世之貪悋無厭者其生年殁日有世系在無容贅述焉

倪孟侯公暨劉孺人傳　二十四世　胡景堂

公諱孟侯字雲朝青山里人也父丕烈以力穡起家公少穎悟年甫冠博通經史嘗語人曰士無足重所足重者器識耳公好施與恆罄其財以周貧乏道光癸未後疊遇水災饑民嗷嗷公慨然出倉粟濟之復倡議捐資設局施粥饑民賴以活者嘖嘖稱公德勿衰里中故有石梁爲往來行人孔道歟議建修而絀於費公署捐爲工不踰月而告蕆焉公家故富有而自奉綦約夏不衣葛冬不衣裘有山樞蟋蟀意行其庭令人想唐魏風庚申之變公挈眷北遷驥沙旋以墓舍在南復歸故里無何寇氛漸逼賊脅公公厲聲叱賊曰余輩良民肯從賊耶罵益甚賊怒遂遇害時同治二年二月二十一日也郡垣復後大令採之　旌入忠義祠德配劉孺人上實女也少嫻閨訓有淑女聲擇聘者恆少可上實耳公名遂受禽焉比出閣黽勉相夫妯娌相處無異言孺人亦好施與恆以針黹贏餘濟里中困乏里黨受其惠者至今猶稱道之孺人經紀家政操作不輟未嘗言瘁里中懶婦聞之共相私語曰倪家婦勤勞若此余輩愧死矣由是惰者悉化爲勤延師課子修脯必豐每

誡其子曰而父好讀書兒輩當效之切勿游蕩廢讀也以故文達文俊俱通文墨人謂得孺人之內訓云歲乙亥公與孺人歿已有年矣其孫惟善因纂修家乘請傳於余余爲之點次其事如此

倪用和先生家傳　二十四世　甲午舉人 俞復

先生姓倪諱燕字用和於復爲舅氏實先妣之從弟而奉嗣爲外祖後者也先世居無錫之陡門鄉祖藍田徙居邑之北栅口爲邑名醫藍田配吳氏生子四長岐山次鳳山三鳴山四山俱嗣父業岐山配朱氏繼周氏生女一卽先妣也鳳山配張氏生子四先生居長應奉嗣岐山後先生少聰穎性孝友有潔癖祖父等衣冠杖履勤爲拂拭復少時先生館於某鄉假時恆寓復家親見先生每晨拂拭衣履至再至三几案等亦屢經　拭而後凭坐蓋生性之好

潔如此方前清咸豐甲寅先生年十七叔父鳴山卒叔母祝氏哀毀逾節先生跪告曰今叔父既逝膝下無嗣姪事叔母如母茍得自立誓爲請旌表以慰苦節幸毋傷慘先生世其家業年少卽精醫理乙卯八月父鳳山得偃蹇疾家事不能省理先生卽以術問世時岐山鳴山俱先卒峻山好習拳勇不事家人生產家事先生一人任之九月嗣母周氏卒先生侍疾奉喪各盡其禮十二月祖母吳氏卒鳳山力疾居喪病轉劇先生事親訓弟內外井然鳳山以其年少任重心憂之甚先生百計勸解延至丙辰五月而病卒不起先生躃踊哭泣居喪營葬各如禮至戊午正月父喪未除而母張氏又病歿自父鳳山嬰疾三年之中死亡相藉外營生事內理死喪弱冠之年丁此叢厄負此鉅任脫非才識素裕曷克當此迄庚申四月紅羊刧起先生奉叔母及弟輩徙避雪堰峻山出任團練保衞鄉里繼又投入淮軍至癸亥歿於戰事先生跋涉山川舁屍歸葬先是先生亦被擄役作苦工一日正工作間忽奉酋命召還同役者均爲先生慮不測先生坦然曰死命也既召安所避及還則酋以抱病屢藥不愈或言先生精於醫故召

之乃一藥而愈酋自是甚矜重之得免苦力先生頗念家屬乘間卒得脫歸軍事稍定諸弟漸長各事其業先生始以教讀兼醫既因仲弟會文就婚於雪堰先生以前曾徙居在彼鄉之人咸知其能醫遂往居焉踵門求治者日益衆周圍數十里以生命寄先生先生不計醫金遇貧者并贈之藥無何而家宅遇火盡喪其貲仲弟會文以驚致疾逾年而死先生爲諸姪營教養閱數年叔母祝氏卒時先生年已五十有二猶復哭踊悲傷如喪慈母先生前既爲叔峻山請以殉難卹贈復爲叔母祝氏請得旌表苦節以踐

前言先生終身未聘娶仲弟會文有子四人例以長子培爲嗣先生卒年五十有八嗣子及諸姪已成長矣先生季弟兆祥少以羅難投身釋氏法名在賓字曰靜安於僧衆中綽有聲譽宗教推爲會長雖歸方外亦頗篤念其昆季今值倪氏家乘之修𢿍特函示同邑庠彦秦世鎵所著長舅畧節命復爲之傳復夙承舅氏之篤愛且知之悉不敢以不文辭敬詮次爲之傳云

俞復曰吾國社會以婚娶爲終身大事苟非至無能至無依賴必有家室先生自弱冠即負家庭至劇之責終其身

未能一日弛而獨未爲已謀婚娶蓋先生壯歲所遇皆極困難之境以全力顧其家恐猶不給故未遑以家室自累蓋先生篤其愛於父母伯叔昆季不忍以一已情好之私而薄其愛於所親或謂先生好潔擇偶苛故不娶夫苟以好潔而屏人欲之常則其人必乖僻而違於常情安能顧念其父母伯叔昆季哉先生篤於愛而不亟亟謀家室蓋將以厲夫末俗之重婚娶而薄於其父母伯叔昆季者

偉章倪君暨節母杜孺人合傳

君諱世雲字偉章係出雲林先生後世居無錫𡋯門之秦巷尊甫若泉公生子三君列其次庚申之變髮逆騷擾吾邑時君方十二歲隨若泉公避難於江北癸亥始平靖旋里猥𡋯蕭然未幾父母相繼溘逝君年未弱冠遭此𡤖凶遂弃學就商君家本小康田有數百畝廬有二十餘楹時君有長兄持家事數奇不偶產遂中落君坦然處之不以爲意君之敬兄有如此德配節母杜孺人春霖公之女也幼嫻禮訓言笑不苟于歸後生丈夫子二克勤克儉宜室

宜家賢聲久著於梓里夫何偉章捐舘舍時節母年方三十有三終日哀毀思以身殉顧念夫已早亡子尚稚幼一家重務誰肩任之乃節哀順變茹苦含辛全恃針黹以撫育遺孤十餘年後兩孤漸成立均爲授室子復生孫私衷稍慰詎意仲子浩延夫婦並亡遺子三亦先後夭折傷心慘目有如是耶幸長君松年百方勸勉母憂始釋繞膝諸孫率皆聰慧融融洩洩和氣致祥迄今節母年逾花甲而康健如常蓋節母以劬勞撫子孫賢子賢孫即以孝養事節母彼蒼者天其報施豈有爽歟

清贈中憲大夫直隸州州同倪海洲先生傳 二十四傳

先生諱銳先世雲林公裔長吉公游幕浙江寄籍上虞付孫式璐蒞任無錫縣縣丞復歸故里先生其來孫也父春帆母氏孫先生生七歲而洪楊事起隨父母避亂邑之東鄉父猝罹難傷足而歿亂離之中倏遭大故哀傷哭泣逾於成人蓋先生年雖幼而孝思不匱矣殯葬甫畢銜痛方深赭冠又麕集母夫人携子女以出倉皇奔竄適與羅卒遇母姊已被擄矣先生大號出珊瑚佩獻之曰勿傷我母願以此爲壽冠得此珍置母姊而去母夫人臨行時防冠

搜羅以先生年幼不料其身藏珍物故納之懷中以期勿失也喪亂既平廬井蕩然煢煢母子賃居陋巷中教養之職母夫人以一身任之先生父在時薄有田產至變悉爲人僭佔訟不得直母心是鬱鬱先生慰之曰丈夫貴自立兒自有志此區區者烏足與較也平居節衣縮食所以奉母者維謹至匱乏之時或典衣以供甘旨嘗語人曰我不幸早孤又值喪亂至今日而幸賴瓦全皆我母一人之力也然母之力自是痛矣我何以慰我母心耶聞者咸其眞先生尤熱心公益光緒年間祠中祭田爲族蠹所蝕先生與其宗英任怨任勞澈底清查歛欵贖回至於修宗譜繕祠堂必踴躍從事眞先祖之功臣也先生年日長業日進方思報親有日而母夫人遽卒茹痛於心思慕之誠歷終身如一日攻業日勤名譽日廣邑令王公知其名羅致之使佐理政務佐幕多年爲人排難解紛不能侯數厥後年漸高世益亂遂屏事家居民國元年六月二十二日卒於里第年六十配潘恭人先卒子二長國樑次灝森並有聲於時先生好施與遇事敢爲家居時鄰里族黨有困乏者輒周給之有不平事則代雪之殯之日有哭而拜者曰我非

先生之力不及此今奈何死也及其葬拜哭如前

論曰行不求其苟難倫常之地無憾斯難觀於先生事不足震駭耳目然求之士大夫往往難之所謂庸德庸言者非耶嗚呼先生不可及矣

民國乙卯秋七月　　世愚姪雲間胡常謹撰

仲義倪君傳

君諱萬鑑一名錫璣字子均仲義其號也同治間議敘從九世居錫之陡門里其尊甫燮禮公剛方正直爲一鄉柱石舉丈夫子四君其次也生而雋異讀書輒了大義性靈敏因尊甫年高不能獨任其艱遂棄學就商佐理家政事親至孝承顔順志曲盡其誠尊甫有疾侍奉湯藥衣不解帶日夜不倦既歿凡附於身及附於棺者悉中乎禮里人嘖嘖稱義厥後每逢祭祀誠敬勿衰待昆季友愛備至患難相顧疴癢相關有奚家同被之風尋與人交喜相慶患

相邺見病扶之見爭解之或以非禮相欺則一笑置之而一不與較以故人多親愛焉配顧孺人生子三均能恪循規矩克丕家聲民國甲寅倪氏續修家乘丐余爲傳余與君里閈相望知君最悉君一生行事雖無過人處然庸德之行庸言之謹人所不足者君能率履而行之洵爲和易之君子安可湮沒無聞哉烈雖不文與君有通家之誼謹爲之傳以冀不朽云爾

民國甲寅季秋吉日通家教姪秦建烈拜撰

倪君子安六十壽序

余嘗讀韓昌黎原道篇以博愛之爲仁仁爲元善之長豈易造其極哉能造其極則福壽康甯可操券也試觀實家五桂王氏之三槐無不由仁而致乃龍峯之下蓉湖之側有隱君子焉產不逾中人而仁心仁聞播於鄉里平生謹慎不好弄不苟笑不妄語凡膏粱文繡泊然無所動其心葆其淡定之天宅其慈祥之氣而福壽康寍不期而會非爲善最樂何以致此光緒季年比歲不登斗米千緡嗷鴻遍野君獨任平糶之責涓滴無私科聚嘅慶兒童爲呫嗶

之學不能上進君擬集貲立倪氏小學堂以栽培後進樂育英才他如掩骼埋胔築隄防以拯水旱節衣食以惠梓鄉種種善舉不能僂數是豈老氏之撫煦爲仁可以同日語哉歲庚戌君登六十壽後輩稱觴君蹙然曰余之壽未易致也少時丁洪楊之亂蹂躪一鄉雖不遇暴客然疲於奔命矣一傷也中年任羈旅之勞飽歷風霜又多採薪之憂雖得占勿藥之喜然元氣未復二傷也洎乎晚節尚奔走於風塵棲遲於中露勞其筋骨餓其體膚雖僅立門戶然精神日耗三傷也有此三傷得見爾曹成立余始願固

不及此雖及此豈非荷天之庥歟抑一布衣耳而作事與古人相合故得壽亦與古人相符焕不才忝與君有瓜葛之誼尋爲孔李之交知君尤悉囑余爲序余見君之行誼洵一鄉之善士也因不揣固陋謹述其梗概是爲序

宣統庚戌春王月

姻愚弟附貢生劉乃煥頓首拜撰

倪君楚軒暨劉孺人傳

從來地之靈者人必傑德之高者望必重江陽兩界之地秦𪩘崇隆舜山崔嵬古多隱君子居焉明初焦先生斌隱焦溪熙乾之間朱先生蘭谷隱舜山蓋有樂乎山水之勝也四河口倪楚軒先生性情高潔配劉孺人庠彥錦亭先生女溫恭淑慎伉儷克諧有梁鴻孟德耀風先生幼業儒讀書敏慧屢試不售乃喟然歎曰大丈夫不能得志於時立濟世之功亦當學爲良醫以救治民病於是習岐黃精推拿術專診幼科四方赤子全活甚衆先生之居環堵一室潔淨無塵俗氣室之中牙籤滿架積人間有用之書小几上置古硯一墨一筆筒一鋟刻精緻又古銅瓶一中貯清水水浸石卵晶瑩可愛造其廬者想見南陽諸葛廬焉座之旁懸名人聯句題爲此地好山好水其人非佛非仙中懸采藥圖佈置清妙先生閒居耽玩俛仰其間饒有宗少文卧游之樂至淑配劉孺人其閫範更足表見者先生別搆寢室置有紅泥小火爐更長讀罷孺人必爲之爇以榾柮烹茶煖酒爲樂已則篝燈紡績先生勿寢勿告勞也家屢空自甘糠糲勿貽先生內顧憂奉侍之暇謹有如此

晚年艱於子嗣勸先生納妾不許遂撫夫弟之子月芬先生爲嗣教誨如己出月芬先生卒能蜚聲黌序名列成均孺人之力也今月芬先生哲嗣爾熙囑爲先生合傳欒不敢以不文辭因樂爲之傳聊寄後生之欣慕云爾

光緒二十一年小陽月陽湖後學承嘉欒拜撰

倪君駕山暨張孺人傳　　順天舉人吳聲倬

吁嗟乎倪君駕山之仙遊轉瞬間已卅年矣昔人云莫爲之前雖美弗彰莫爲之後雖盛弗傳君之善行固已卓卓於生前矣倬又恐其積久而漸沒也爰述所見聞以誌其行誼君諱守之字仲鰲號駕山倬之內舅也自幼豁達壯則彌甚不沾沾於生計而家道自隆不戀戀於貲財而利源不竭與富貴遇無逢迎意與貧賤遇無驕矜意嘗謂人曰人世無多求存心宜忠厚錙銖必較守錢奴耳庚申之變攜眷北居雖時旅況淒涼朔風戰慄辛苦亦備嘗矣

然猶樂善好施慨然慕范公仲淹之爲人或有自南來者告之曰無衣君輒爲之衣告之曰無食君輒爲之食囊空空如室懸懸如弗計也變逆漸平僱舟南渡見有流離失所者靡不力爲周旋時有暇與二三老成論爲人之道必誠一樸純諒諒然以禮節爲度偶與諸儒遊則又舉止端莊言詞風雅無些子塵俗氣人由是益重君德配張孺人太學生佩堂先生女候選布政司理問爵廷先生胞姊也溫愼賢淑德與君齊君有善舉賴孺人之玉成者居多焉舉丈夫子二長葆光由恩貢生就職教諭次葆明入國子

監俱能光耀前人塈乎君之淡名利敦氣節常人已覺難之而避亂之際復能力行善事始終無倦容如君云非所謂薄於己而厚於人哉嗚呼可以傳矣

壽榮叔祖壽序

壽敦有可必乎每或多蹇不可必獨至存心忠厚不可必而終歸於可必余於族叔祖必之叔祖名壽榮玉餘公四世孫丕敘公之仲子也生而樸實不讀書能識大義與人交往然諾不欺恂恂如也幼隨父兄力田昕夕操作不辭勞苦旋以疊逢歲歉家計難支即行傭以供菽水父母喪葬盡禮盡誠雖有兄及弟曾未枝也光緒丙子惠麓彙修宗譜適偕族人倡議捐貲以贍經費逮舊冬又以宗事自維謂前修之譜似謙簡略意欲纂修支譜細加釐訂而後可以傳示後人故集議於甲午冬蕆稿於乙未秋梓刻成帙告竣於仲冬然則是舉也雖不率丁科泉而發公儲以蕆厥事者半由叔祖之心力擘畫焉今叔祖年將周甲矣而猶能勤宗事如此者則斯譜之可以壽世亦可以壽人即叔祖之壽將於是乎永焉

光緒歲次乙未仲冬之吉族再姪祖銘拜撰

晉恭倪先生傳 二十四世

甲午舉人 俞 復 仲還

先生姓倪諱燚昭字晉恭邑之梅里人也始祖雲林先生十二世祖竹溪公以富豪雄於一邑有田數十頃宅延五六畝先生所居爾係其遺宅之故址也祖文瀾國學生父延極邑庠生力學篤行緯有時譽咸豐丁巳彙修宗譜實主其事生子三人先生其季也生有至性當仲兄殤亡時先生年甫八齡已知傷悼至十二歲歲大饑凍餒者不可勝數先生外家沈氏姨母惠氏俱挾重貲先生造門請賬郵焉無有應者乃出其餅餌之資時時以給衣食之不周

者雖捋袖告空無怨也庚申無錫陷先生年十七與其父兄同被擄先生哀懇於其酋至再至三行至丹陽道中酋鑒其誠釋其父若兄而留先生於營中其至江寧江甯爲洪氏僞都需才甚亟先生長書算頗膺任用時城中設女禁所擧所被擄婦女悉禁其中以千百計一以軍法部勒之其什伍千百之長皆以女子充之惟內外承接所則有男子參與之先生年未弱冠俾充其職雖婦女滿前絕無顧盼者同事中有無賴之徒必誡之曰同居患難中祇可相卹豈可相狎耶先生居僞都中最久及洪氏覆敗之際

昇以北門管鑰時城中缺食咸欲脫離苦海復我邦家陰護出之有勸以同行者先生曰吾在此司啟閉可活多人姑待之迨官軍圍城急始逃歸而城外官軍屯紮無隙地乃繞道西行出皖浙間走十數日資糧已竭行待斃矣過一村有老嫗守宅先生求宿焉老嫗爲治糒飯夜半其子歸貌甚凶獰時兵荒之後往往有截人以果腹者輾轉不寐至天明始告歸老嫗復以餅餌數枚贈之以爲行路之糧將抵常州遇有餓垂斃者探懷中餘二餅悉與之已則憊甚不能行遇有舟子操鄉音者求附登舟始能抵宅歸

則其父病久相遇之際悲喜交集不數日其父易簀僉謂孝思所感云先生哀毀骨立雖貧無以爲殮而哭泣盡哀殯葬盡禮戚黨無間言克復後族中死亡藉甚浮厝者甚多先生於數年間掩骼埋胔始終不倦中年處境頗艱兒女成行數奇長歎賴德配楊孺人佐理內政以十指之勞供三餐之養暑則汗流脊背寒則指瘃裂膚以教以養勗諸子以讀書立業諸子亦能曲體親心誦聲朗朗與機聲軋軋晰夜無間然傲骨天生雖屢空與嗟終不肯乞憐於親族者洎乎晚節諸子冬才始克享寬裕之境而周人之

倪宏燮先生家傳 二十四世

先生姓倪氏諱炳德宏燮其字也世居江蘇無錫之坊前爲元高士雲林先生後裔曾祖鑑祖澳父爾棖妣程氏仍世業農隱德不曜先生生而岐嶷讀書能通大義不屑屑爲章句學性端謹沈默寡言不以才智高人閒閈俗子莫省其志意之所屬兢兢以不慧目之先生皇然置之不一校家本中人產幼失怙事母以孝閒所入不足充溫飽爰棄舉子業一意務農精心研究督率工役日夕勤劬不少懈怠家業遂隆隆起暇輒手一編咿唔不輟尤專工朱五子

書躬行實踐不爲聲色仕宦之圖樂道自得泊如也有以儉嗇譏者先生笑應之曰嘻是烏足以知我心哉盈虛倚伏之機講之有素甯肯以阿堵物貽孫子累耶所以積而未散者蓋留以有待耳君等既喋喋又何必儲之以歛怨乎繇是慷慨樂施地方公益事恆以一身肩之水旱賑卹捐輸恐後如是者凡二十年衢之騰謗致譏者迺恍然知先生之設施迥越尋常也於虖可謂難矣先生以宣統二年四月十八日卒距生於道光三十年七月十六日享春秋六十有一配周氏荊布佐家淑愼慈惠倡隨卌載梁孟

急濟人之難爲善益力鄉里有紛爭者必力爲排解而鼠牙雀角以片語而平者不能僕數卒能見長子殿奎成名次子文奎入泮享林泉之樂臻耆耋之年豈非積善之餘慶歟嗚呼先生生今之世行古之道一鄉皆稱爲善人及其殁也無論親疏遠近咸歎息不止而被其惠者尤踵門號泣焉先生卒於宣統己酉十二月十四日年六十六歲配陽猾人有淑德子四長殿奎清國學生襄哲夫纂修宗譜次文奎優附生江蘇高等師範畢業生三兆芝早卒四兆奎業儒孫四文奎述先生之行略丏復爲之傳復不敏爲之詮次云爾

不翅也子三人長宗煒次宗鑑三宗彝均能繼承父志稱克家子孫五人建德建章建業建極建康

論曰昔顧亭林先生負用世之畧不得一遂徧遊四方輒小試於墾田度地累致千金洎卜宅華陰置田五十畝以供晨夕而雁門代北開墾之所入使門人司之別貯焉以俻有事此以見君子不得志於時之所爲雖墾田度地何往非經綸之所寓若倪先生者倘亦無所展其才隱忍優容而一寓於殖貨墾田間乎舉顧公之事以相況抑何其神似也彼庸耳俗目斤斤爲目前尺寸之計烏足以測其毫末哉

世晚嚴懋功

清同知銜候選州同國學生履安宗弟序

木茂者根必深流長者源必遠雨露雷霆彼蒼之用所以砥礪人材吾於履安益信君生於雲林公故里祇陀寺旁祖維綸公父仁山公母周孺人積德累世而生履安履安幼而端重長而謹慎家本素封工計然業然數奇不偶王父與先哲相繼溘逝君哭泣盡哀如成人禮年十八時周孺人棄養越五年王祖母諸孺人亦卒頻遭大故而殯葬之禮無間人言非棒節自持何以遭大故而不懼君原配吳宜人生一子四女僅留次女而卒繼配諸宜人生一子母子俱亡再繼顧宜人生一女又卒蝶夢頻占悼亡屢賦莫不代君傷感君亦唏噓不置余勸履安更續鵾絃以綿宗嗣君不以爲非更娶榮宜人盍存心爲善君年逾五十初生一女時余主修譜事賴履安相助爲理譜事將竣忽舉丈夫子一賀者盈門豈非盛德之報歟履安所居穢宅數百家皆同姓推履安爲經董族中有爭端必竭力排解强者抑之弱者扶之梗頑者化導之有鷸蚌相持不能釋者君雖任怨任勞不計也數十年來免鼠牙雀角之爭者不能僂數於祠中公事尤爲踴躍輸將奉其祖維綸公父

仁山公入祠配享雲林公撥田四畝以贍祭費誠盛事也前清援例補國學生加同知銜候選州同迄今與弟晉壎經營商務家道日隆隆起可爲先憂後樂始知天道之有憑人事之可定也異日芝蘭玉樹生於階庭正未有艾根深蔕固源遠流長可操券也履冰霜而不變履險阻而如夷卒能履道坦坦厄於前而亨於後非兢兢業業臨深履薄何以隨遇而安也君之遇與君之字不相謀而適相介人曰天定可以勝人余曰人定可以勝天矣

民國甲寅冬十月

清授中憲大夫直隸州知州加二級奉祀生宗弟城撰

晴佳倪君傳

二十五世

晴佳倪君諱沛然字雨亭吾鄉之名士也家甚貧取給於館穀課徒之暇深自鼓勵誦讀往往達旦故胸羅經籍同人有經笥之目其爲文力追江右諸先輩取境幽深不蹈恒蹊暨陽書院山長李申耆先生賞識之屢列前茅聲名籍籍每一藝出人爭錄之咸以爲工夫至此取青紫如拾芥耳然數奇試輒以小疵見斥年四十始得一巾後常鬱鬱不得志竟以此終噫天既嗇其遇矣何必豐其才天既豐其才矣何竟嗇其遇設使倪君以專精之學攀桂宮蹐杏苑扶搖直上則吾鄉之後生小子皆知堅苦卓絶之詣無不食其報而踴躍從事矣仍倪公以有才不遇若此豈不沮學者攻苦之心哉雖然士患無才耳遇不遇非所計也今倪君以未能顯達有不遇之悲而其文卓卓可傳數百載後猶有稱其才而低徊不置者斯即不遇之遇不可謂天之眞嗇其遇也書此以慰倪君之靈并以勵吾鄉之後生小子焉

道光著雍涒灘歲進士候選儒學訓導九十叟薛獻可謹撰

時若倪公傳 二十五世

時若倪公諱泰字心一幼卽沉默不與羣兒嬉戲父老咸異之及長工制舉業然不利小試屢蹶風簷遂棄去專肆力於詩古文詞雖不得志於時而辭氣恬濟絕無牢騷不平之意其學養醇矣公生平不事生產閉戶課兒暇則博覽羣書卽醫卜星命之學無所不通晚益好讀手不停披猶能書蠅頭楷日十數紙里之人媚笑之曰頭白叟久不與試何自苦爲公應之曰讀書不爲功名吾樂此不疲不知其苦也公長子芸程英年食餼聲名籍籍且得力於庭

訓者居多公遇事無機心有凌侮之者輒退避不校鄉黨目之爲善士所著有擊壤遺音兩卷振雅集四卷余交芸程久因知公最悉芸程屬余爲公傳不敢以荒蕪辭略述其梗概如此

咸豐五年歲在旃蒙單閼天中節教姪張元灝拜撰

會一倪君傳 二十五世

倪君會一諱濟雲谷公仲子也少敏慧偕其兄心一同事一師讀數行下年十五兄雲谷公獨任田家苦每不自安蚤晚自塾出卽分任其勞雲谷公顧而樂之曰吾家故經鋤世業也一讀一耕亦無不可遂凡課用功由是耕益深耨益易穎栗倍收業日隆隆起暇則奉甘旨躬親色養務得歡心其孝敬有如此者方君之功耕以起家也其兄心一把卷案頭咿唔不輟試費紙筆費每歲不下十餘金兼以兒女多食指浩繁無一能自食其力者君悉置不較弱

弟純一荒於嬉君誘掖之獎勸之家庭之間雍雍如也其友恭有如此者迨其後舉丈夫子四或業讀或業耕曰吾耕讀家風不可偏廢也督責勸勉務底於成以無廢先人業推之諸姪亦然卽鄉人之子弟亦無不然其慈愛有如此者及髮逆犯境擾害里黨君操刃先驅奮勇保衛卒受瘡痍溘然竟逝其行義有如此者夫君業於農者耳而乃能孝友能慈愛能行義如此噫可以傳矣

旹

同治辛未腊月 姻姪王粹頓首拜撰

會一府君述畧　二十五世　男寅亮

府君諱濟字會一幼穎敏讀書輒了大義年十三見先大父耕作苦即出佐之遂棄館就耕督率傭旅早作晏息家業日隆隆起先大父所赴之功府君無不赴之先大父所未赴之功府君早已赴之先大父中年後稍能休息得府君之力居多雖然府君不獨以力佐先大父也爲不孝等課讀則勉力支修脯爲不孝等授室則勉力營聘幣家不及中人產不孝亮又極窮鈍每試必預籌考費亮屢躓屢屋案發被黜府君咨嗟歎息輒達旦不寐道光戊戌爲下

孝亮完姻費及三百緡歲辛丑爲不孝生娶孝廉陳鉞女費及三四百及丁未爲不孝慶娶敘職葉浩女費又三百斯時及咸豐癸丑爲不孝山娶龐氏女費極省亦二百緡府君一亮妻沈卒又謀膠續爲娶敘職王兩暹胞妹費又二三百生筋力始疲於佐先大父者繼又疲於爲不孝等矣府君有才幹爲里黨排難解紛歉歲賑饑必捐貲倡助咸豐庚申髮逆東竄里中團集義勇爲保衛計府君年已老猶操刃先驅踴躍赴鬭而卒受殘於逆餘嗚呼痛哉克復後亮受知於文宗鮑差足以慰府君之志而尤痛府君之不及

見也述府君一生略迹伏冀

大人先生賜之銘讚以垂不朽歿存均感

同治十一年歲在壬申孟夏之月上澣

修職郎倪君厚基像讚 二十五世 楊文堉 業仁

粵稽望族倪最得名勦經而讀寬業耕耘緒延若水偉烈宏勳師道崛起累葉簪纓雲林尙志操守冰清月樓抗節面折廷爭箴垂永建法戒詳明千秋百世祖德維馨謀貽燕翼君乃挺生能遵古訓無忝家聲有爲有守克儉克勤高曾五代一線雲礽胡天不吊遽召修文追思舊誼涕淚霑襟蕪詞題軸我表微忱

季卿倪公傳 二十五世

昔讀歐陽文忠公瀧岡阡表曰爲善無不報而遲速有時此理之常無足怪者吾於外祖季卿公始信焉公姓倪氏諱廷法係雲林先生之苗裔也世有隱德公父九裕公生四子公其季也幼聰穎讀書輒明大義未弱冠而父母相繼即世長兄亦早亡公主事葬祭始終盡禮事兩兄未嘗稍拂一言及長娶外祖母顧孺人亦以賢聞公承父業弃詩書工商賈居崇明南滙等縣億則屢中家道遂隆所與交游俱當世名士雖託跡闤闠然言行卓識超出尋常一

時名公鉅卿皆器重之庚申髮逆陷無錫公購米一舟與親隣中之無力避難者悉載之江北而居焉公三兄廷富遇賊不屈死公亦被虜然賊重公之材嘉公之智不忍殺而勸降公固却之賊怒囚之至金陵公以計脫歸時賊營屢集被虜數次終以奇計免其識略可想而知矣同治癸亥東南底定然水旱交作斗米千錢貧戶不勝其苦公與同志者施衣賑食全括甚衆凡遇除夕發粟數十斛以贍貧民始終不倦親朋有求者如響斯應無吝容亦無德色凡遇砌路成梁諸善舉莫不解囊相助里中有福林菴古

錦文公傳

倪公錦文諱履燦江陰觀山鄉四河口人也父榮星公生子四公爲冢君性聰敏入塾未多年頗能通曉大義惜家窘未能卒業嘗引爲終身憾事隨父力田兼營貨殖以佐家政治生之暇即手執一卷雖遇寒暑不釋也精子平詹尹術凡與人推命及決疑靡不奇中又長於言語滔滔清辯口若懸河聽者罔不折服此雖小道可想見公之爲人同治甲子公父棄養值亂離之際勉力籌措喪葬仍能盡禮時諸弟尚幼耕耘之勞以身先之諸弟咸兄之教均能

勤儉自持以隆家業由是諸弟克自樹立母謂之曰吾家自爾父歿後爾輩能不墜先人志未亡人之期望足矣至張家百忍陳氏義門吾德薄難希冀也不若乘我在使兒輩各持門戶爭趨人前公遵母命凡先人遺產一如漢薛包之待弟者待諸弟焉光緒戊寅母疾卒衣衾棺槨稍豐於父非前後喪之相踰實顛沛承平時勢不同也倪氏源出梁溪光緒丙子彙修宗譜四河口支稿本爲月芬先生編輯公實左右以襄其事閱二十年四河口支又有纂修支譜之議公即會同壽榮文瀾楚珍諸族彥籌商壹是至

爲賊所燬公倡捐造屋兩進六間貲不足公解其橐畫共事始得規模完備輪奐一新鄉人有雀角相爭者公不憚再三排解人咸重公之爲人得一言而息爭端者無算年四十三忽逢鼓盆之戚外祖母顧孺人生四女無子而卒公因無嗣撫榮榮爲義子繼配張孺人生一子一女公年已四十七矣豈非盛德之報歟迄今子復生孫均能繼公之業亭亭玉立異日之振興未有艾也公生於道光二年壬午二月二十三日卒於光緒八年壬午九月十九日享年六十有一葬上蘆樑家蕩公之次女故余之知公尤悉

惟愧無完相之才然不免爲之纘述恐外祖之懿行碩德無以昭茲來許故略序其梗概以冀繼繼繩繩相承勿替云爾

民國三年甲寅夏至前一日外孫王錫璵謹撰於梁溪書塾

冬成帙賴公之力居多倪氏自錫遷江以來子姓日繁使非有儲蓄金何能剏辦公益事公念及此卽解囊爲宗族倡昔之輯支譜及今歲續修宗譜等費皆取給於此焉月芬先生曾董鄉事所辦地方公益如濬河築隄建橋惜字諸端皆得公指臂之助至今鄉人猶稱道勿衰享壽七十有二子五人長不祿次濟坤三濟宏四濟明五濟同均皆農商兼習以充閭閻甲寅秋錫山倪氏續修宗譜公之哲嗣濟宏同欲不朽其先人狀公生平行誼丐傳於同同忝屬通家義不獲辭爰詮次數語附諸簡端垂示公之後起云爾

民國三年歲在甲寅菊秋月　武進詠衣氏仇與同謹撰

誥封奉政大夫倪公達夫傳　乙酉舉人　陸紹雲藹如

人才之短長視乎遭遇之豐嗇遇豐而才足展舒則偉烈豐功足潤史書之色遇嗇而才多限制則規行矩步亦僅家乘之光衡才者不觀其遭遇第論其短長賢懷才者之不幸也凡一鄉一邑聞其過人之才卒湮沒不彰者豈少也哉吾鄉倪公諱憲章字達夫世居新安之嘉禾與余同里閈年相若情甚洽自幼業儒雖境遇不足年弱冠頗刻勵負笈從師勿少怠及壯授室子女累重始經營家計恪守先賢勤儉持家心計工而不流慳吝操術密而不涉刻苛十數年間家稍稍裕二子亦漸長長曰翔青次曰軼羣具中人資禀公以不遂己志者勉力栽培之鄉曲少名師不惜重資出就外傳錫邑蘇垣勿少間斷及長君遊庠猶歉然曰區區者未足補吾未竟志也仍諄諄助以進取及科舉罷尙秉鐸於丹徒宜興等邑次軼羣余學徒也飭隨其外舅唐君襄辦賑務會之晉之豫之皖道路崎嶇不稍姑息因科第廢無從進身冀以賑功獲獎其垂訓家庭者如此其嚴策勵後進者如彼其切與世之舍本逐末者異矣若而人者苟畀以一邑一官之任安必不勝艱鉅奏術

良家有賢嗣而家道昌國有良臣而國勢盛古之大臣往往數十年繫其身爲安危者固賴有大過人之才實賴有大過人之識耳且過苟豈才亦因之漸擴若終身不過雖有過人之才奚能展其尺寸耶公年將邁遂置良田除兩股分撥外另提詩讚等字立高士祠祭田六畝及達祭公田數畝分任管理祗收租採息不准變賣並交易曰好爲之此吾平生銖積寸累所致苟藉此擴充之俾得建庄贍族尤吾所有志未逮者也其貽謀之遠屬望之深無念不臻於善故公沒將十載而翔青昆季卒不改其父之行厥

孫五均業儒栽培之力一如先君子之志其淵源蓋有自來也雖僻處鄉隅少卓卓可傳之行而聖賢取人恆以器本爲主家治則本立與世之逐末忘本者相去幾何矣時族人重修譜牒其長君囑余述其大略因念同里有傳人而弗爲之傳後死者之咎也爰仿史家據事直書體例毋溢美毋過諛立傳以存其實

清授奉政大夫花翎同知鄉飲大賓太學生倪君賦平六旬壽序　二十五世

吾邑多隱君子流如仲雍逃於荆蠻虞山以名著梁鴻棲於海曲溪水以姓傳人傑地靈不在功名之赫奕而在節概之清標也晚近以來士大夫梯榮慕勢趨附於歐羅巴人以遁世鳴高者謂不識時務殆未嘗過清閟之閣登雲林之堂也吾友清授奉政大夫直隸廳同知倪君賦平則異是君係元高士元鎮先生之後先德曉山公母江太宜人世有隱德道光二十九年吾邑大水曉山公毀家紓難

活饑民無算恩賞九品頂戴後舉爲鄉飲正賓生子五君其中子也幼有異稟目數行下粤匪之亂從父母避難於鄉舉遷於江北雖瑣尾流離而咿唔不輟城復後從余族叔祖石琴先生學書八法俱臻鐵畫銀鉤髣髴與石琴相頡年未弱冠求書者接踵而至未幾椿萱俱謝君迫於家務不能一意攻書年二十一始授室原配汪宜人繼室張宜人皆能淑慎其身和於妯娌生三子二女亦能伯歌季舞克勤克儉丕振家聲同治十年黔省籌軍餉君納粟輸邊得旨加同知銜賞孔雀翎得顯揚於鶴表亦盛事也君

尊祖敬宗尤篤於內行伯兄仲兄相繼卽世推恩於寡嫂
孤姪一視同仁逾於己出季弟贊平精醫術工書法與君
名重一時不啻眉山昆仲也兵燹後雲林之苗裔散布四
方廟貌亦乏人修理日就頹圮君與族弟哲夫合謀始葺
祠堂繼修家乘擇族中之强而有力者俾出貲以贓其事
始得木本水源一堂俱集左昭右穆百世不遺皆君之力
也祠中祭田有爲族人侵蝕者未免蒸嘗不給君與芝泉
哲夫等竭意振刷任怨任勞追其契券至今祭祀有資修
葺有資亦君之力也南門耕讀橋爲太湖水陸往來之要

道數百年修葺乏人邑紳王君仲華屬君捐募涓滴無私
改作時君董其事與工匠同甘勞苦再罹寒暑規模宏遠
基礎聿新僉曰微吾之力不及此庚子團匪亂作翠華西
幸軍餉不給大吏檄州縣捐殷實家以紓國難仲華委君
董其事君婉言勸導南里雖窮僻之鄉感君忠義咸樂輸
將得數千緡大吏知君才可大用擬舉爲州縣君力辭乃
錫其長君堯年爲國子生員君之急公競義類如此親族
以急難相求者君隨其力以扶持之不苟取不妄交不役
役於功名不汲汲於富貴有高士之遺風焉春王月令上

龍飛之歲值君嶽降之辰覃恩延爲鄉飲大賓君生三子
長堯年次子政少慕魚女二孫一丙吉皆彬彬儒雅綽有
君風余與君爲莫逆交知君尤悉君沈靜寡言語曰仁者
靜又曰仁者壽以靜爲致壽之本卽以仁爲得壽之徵君
靜而仁故年周花甲而精神矍鑠步履康强無異少壯時
他日門開閬閱壽享期頤可操券也壽域將開堯年等乞
余序其事余不敏不敢率爾操瓢顧與君累世通家有誼
不容辭之責爰不揣固陋畧舉其大概以博名公鉅卿一
粲云爾是爲序宣統元年正月吉日世愚弟侯鎮拜撰

清封奉直大夫候選縣丞倪公素卿傳 二十五世

公諱位行字素卿世居無錫東鄉長大厦爲元高士雲林公後邑中望族嵇秦鄒華數姓外推倪爲右姓代有聞人公父廸初先生因弟蓮塘無出以公嗣焉自幼聰慧異於常童入塾讀書即知大義天性孝友倫常之地悉無間言弱冠能文長老目爲令器出就有司之試悉列前茅會粵寇弄兵潢池邑城陷四鄉雲擾荼毒生靈公挈眷播遷避兵於外者數載而長大厦歷蹦尤慘室家灰燼屢遭寇刼得不死眞吉人天相也迨大難削平歸即經營規畫再造

室宇重整田園公性喜讀書終日手不釋卷然數奇不偶終不獲售公玉貌藹然德性湛然產不逾中人性尤慷慨兵燹後惠山宗祠亦被寇踞悉燬戸牖僅存環堵公觸目傷心修理門造一進及側廂三間與兄月樓庀材合貲藉以落成始得聚宗族於斯誠偉績也然春秋兩祭費無所出公助良田二十二畝進先祖神位二座俾吉酒嘉殽一無所缺人爭慕之各捐田助享迄今祭費稍如皆公之力也凡邑中鄖寡振窮修橋砌路之事無不慨解仁囊先爲之倡鄉人感之至今稱爲鄉祭酒焉平生教訓子弟暇則飲酒賦詩陶然自樂晚歲幅巾藜杖俯仰林泉望之如神仙中人昔馬少游居鄉乘下澤車騎欵段馬稱鄉里善人公則知命樂天型家澤物豈不可以媲美前賢垂型後世者乎公生於道光庚寅卒於光緒乙未享年六十有六子二揚鑣候選縣丞廷鑣國學生女四長適候選縣丞華豫吉次適國學生過德豐三未字早卒四守貞不字待旌四品銜華袞有傳袞少讀書於鄉與公猶子保滋同學有年故公之懿行嘉言知之較詳備云

華袞曰雲林高士之裔皆以清德令名著稱鄉里公翛然

絶俗抱道在躬白鶴朱霞高風景仰辜世涼薄砥柱中流聞公之風可以興矣

甲寅年冬月　清四品銜江西候補知州華袞拜譔

清中憲大夫候選同知倪君保滋序

余征車遠出數十年癸丑歲金陵被兵避亂還里菰蘆伏處默數昔年舊侶類皆白髮蕭颯頹然衰老年華如駛自弱冠以迄今覺一彈指頃回憶吾同學友倪君保滋老健多福長子孫談風月脩然絕俗望之若神仙中人蓋君守清閟之風高雲林之節譽華福澤絕勝常人此固造物者之位置賢豪而才品之優長實足光前而裕後君名文煒字保滋爲元高士雲林先生後祖居無錫祇陀里世有隂德爲時聞人君髫角之年隨公月樓見背賴母夫人教養

至於成人自幼穎異絕倫有神童之目英華駿發如祥麐威鳳早著輝光操管爲文數百言立就蘭苕翡翠秀氣天成長老歎爲夙慧出就有司之試輒冠曹耦文譽日張丁年補博士弟子員註籍黌宮益礪鏃根柢之學於文章詞賦考核源流咀嚼六經底究羣典凡斑馬屈宋之著作江鮑徐庾之篇章簡練揣摩寒暑罔間室中祥圖瑞史焜燿無窮萬軸牙籤因風成韵不啻入瑯環之境覽宛委之藏焉由是下筆成文日臻工麗珠零錦粲華藻雲飛文名雷動湖海交多望丰采者輒深擁帚掃門之慕而君閉戶自

精以謙抑自居然雖抱沈博飽艷之才嘗終買櫝學之歲偷鋭志進取角逐名場則步金門入玉堂上第巍科不難弋獲乃會丁未造國家變更祖制科舉驟停於是設學堂教後進非所夙好也特以後生小子舍此無以飛黃騰達然終身不問學堂之可否竊歎中國數千年經術文章弃如弁髦遇有好古之士輒拍案篤奇豈非信道之篤耶偉識鴻材終不肯下喬入谷稍貶風節以博名譽然志在顯揚遂效卜式納粟輸邊以娛老母循例報捐同知歸部銓選行將天衢奮翼雲路聯鑣爲儒林吐氣不圖陽九百六

周鼎驟移滄海以還守采薇之節幅巾林下惟以詩酒自娛母夫人九十餘齡侍奉慈幃不問世事鄉里推爲高尚羣尊禮之如君度越尋常足以譜風詩勒彝鼎也已余憶昔年隨業師錢仲眉先生遊負笈君家於時余年十七君少余三歲兩人者日共几硯晚則一燈相對同理詩文得意高吟聲出金石春秋佳日余喜翺翔郊野君獨肖掉小艇放浪於風清月白之間日晷還齋相與大笑其樂何極洎余奔走衣食薄遊大梁遂與君別前塵昔夢忽忽數十年酒後追維時懸心目今者遭逢易代君閉門養晦志樂

岩阿而余則跧伏衡茅與白鶴青猿爲侶安得與君同擾白髮追敘舊歡不負雞黍之約昔王子猷訪戴安道於剡溪一艇煙波快談世事乃室邇人遠如隔蒹葭少陵詩云何時一樽酒重與細論文此則旦暮殷殷所低徊不置者也

民國甲寅九月

清四品銜江西候補知州世愚弟華袞拜撰

邑庠倪倬雲家傳

倪君倬雲諱耀漢號星槎以丙子弟而爲莫逆交者也年少雋才稟承庭訓總角時詩文字賦已見賞於宗工童子軍屢列前茅不獲售迨丁亥以州試第一人補邑博士弟子明年試省闈受知同考官虞公玉輝門下以額滿見遺戚黨交譽之曰英才若此將大過於乃翁諺云青出於藍而勝於藍其爲吾倬雲言乎乃天不假年歿於光緒庚寅中秋後七日年裁二十有五理耶數耶共可知耶其不可知耶嘗舉其生平大畧言之尊公幼迂岳父司諭東城攜

君之任所定省之暇力學不倦間一歸省事岳母沈太孺人維謹南北奔馳數百里祁寒暑雨不少辭每祭先洞洞屬屬進反周旋如見其祖若宗者質在旁而臨在上其誠敬有非他人能及者性簡傲遇勢位之出己右者落落然有難合之概而其處世則以和御下則以寬戚鄰無告之人盡力周之罔或吝岳父解組後家事悉委於君秋穫時家租農家堂上必命曰吾家少一分則人受一分之賜爾其體吾意毋忽君去一帷堂上命是聽歿之日臧獲下人以至佃種之家無不淚涔涔下者先七日寓書津屏猶以

問學相切劘重九前展誦一周方謂天涯如接席嗚呼孰
知竟成永訣耶與君姊悽然者數日纔聞秋節時君舉一
子又不覺轉憂爲喜謂善人之果有後也明年余自津門
奉諱歸倪氏適治宗乘因爲叙其生平以昭來許云

姻世愚弟劉更壽拜撰

清直隸州知州加二級誥授中憲大夫奉祀生哲夫

倪君六十壽序　二十五世　侯　鎮　泰和

蓋聞大德之人必得其壽恆春之樹必渥其根畢念慈祥萃休徵於一室潛心玄默躭寢饋於六經恆施化雨於生徒門多桃李不慕澆風於晚近文掃秕糠待寒畯以丹心不負雞黍之約治家庭以素履堪詒燕翼之謀故能履險如夷漸進者英之會就衰轉少無須金石之方也辰維我碩兄哲夫先生西庚仙嶠南極星輝效先哲之鋤經朔行夏正守前朝之法物節施雲林早歲趨庭鯉對凜嚴君之訓髫齡入塾熊丸勤賢母之勤未弱冠鏖戰棘闈詞壇爭霸已成童蜚聲梓里文陣稱雄是不難問鼎於瓊林採花於杏苑奈迺何宗師眯目空上季子之書執事喪心莫辨卞和之璧焉唐卅年而不擢李廣百戰而不侯誰識叔夜之琴莫倒中郎之屐加以長君早世頓失石麟嘉耦悼亡屢歌別鵠命也如此人何以堪爲之友者能不拍案驚奇臨觴太息耶而君潛心學古卒能闡發夫聖賢射策明經終克顯揚於父母緬鄉梓來之祀典飲水思源修元高士之祠堂報功崇德傷家乘之失所釐定亥豕魯魚訪宗族

之播遷不遠吳江越水數千家支分派別可溯淵源數百里碁布星羅可葬秩序得蕃收族敬宗之效永推旁搜遠採之功余與君意氣相投數奇同慨豺狼當道甯赴東海之波麟鳳潛蹤詎饗西山之蕨然而用夷變夏覺羅之昆弟何愚肥已瘠人革命之頭顱奚恤以暴易暴欲亡即亡不如理亂不聞衰世結芝蘭之契嘐唔不輟艮時開蒲筍之筵搔首問蒼天仁者之年必永解憂彈絲綺士人之學非迂惟是抱璞守貞長歌短詠茲值履端之始獻歲之期甲籙之六十初週靈椿之八千未艾栽培既切純嘏爾長

纂修 久被春風同嗟秋士雲璈隊裏謬稱莫逆之交阜比座中當亭無量之福志新朝之甲子絳老同情留故國之衣冠青天不老士窮節乃見常添海屋之籌人靜壽偏長常進華封之祝已是爲序

倪君文達傳　徐謙

君諱文達字子上元季倪雲林先生之後即謙之姑丈也性孝友事尊甫孟侯先生能以色養終其身愉愉然無少忤仲弟文俊早卒撫孤姪如己子諄諄戒勅令人想刻鵠諸言也嘗業農謹慎勤儉能耐勞勩偶行阡陌間見茶蓼之屬雖莖許必攜歸蓋糞以糞其田無纖悉遺而尤善栽桑蒔蘺掩映牆下幾無隙地家居儉約有山樞蟋蟀風不華服不美食自奉之約性實使然然仁厚好施與嗇於待己而豐於待人嘗語人曰人能約己濟人邑邑爲貧人算

計則去無用可成大用積小惠可成大德嗚呼君非一鄉之善人歟不然何其謹慎如諸葛勤儉如陶公後先如出一轍哉乙未愁倪氏纂修宗譜君之三子惟德樸誠勤慎酷肖於君數以傳請謙不獲辭爰次其事如此

贊曰君心無我君志希賢蒼古其貌渾噩其天犁雲鋤雨越陌度阡既推誠於梓里復盡瘁於桑田無矯情以自適無俗態之拘牽宜其子孫緜延爲之裕後而光前

文俊倪君傳　　胡政

歲乙亥倪氏彙修家乘是秋政下第歸適伊族惟善袖父行實匄政不朽於譜政與惟善素稱莫逆交且心儀君之爲人遂勉爲其略曰君姓倪氏諱文俊靑山里人也少英敏篤學不倦每下筆千言立就父孟侯以家駒目之君爲人瀟灑工詩詞興之所至輒與二三知已互相酬答飄飄然出驚人句旋以食指浩繁棄儒業農竭胼胝力業隆隆日起先是孟侯先生生三子曰文達曰文俊曰文增君與文達俱慷慨好施凡遇辦理善舉咸以爭先爲快咸豐二

年君遘心疾知不起泣告父曰不肖兒死無可恨所恨者春暉寸草之心未酬高厚耳言訖長嘆數聲而逝君著有詩稿以庚申之變燬於兵火君卒於咸豐二年壬子五月二十二日距生於道光三年癸未十月十八日年三十附葬陶灣龍稍窪王家山祖塋丙山壬向

先考文俊府君暨先妣劉孺人述略

府君諱文俊字治穀爲大父孟侯公仲子胞叔祖孟邦乏嗣府君承祭祀焉生而穎悟資性過人幼卽爲里族所善視王父及王母咸愛憐之比入塾器識遠邁同學攻習書史輒能過目成誦通曉大義旋以家道艱鉅輟讀業耕暇則猶事披吟手不釋卷時或篝燈夜讀王父覺竊以火蔽囊中求免呵斥也里中有茂才承子艮者焦溪人也僑寓鄰右府君時就之折疑問難漸解韻學嗜吟咏曾著詩稿惜遇兵刧無傳府君賦性仁慈居家勤儉惟樂善好施有

足見其慷慨遇親鄰之貧苦者恆周邺之有死而無殮殮而無葬者恐爲伯父文達知陰贈以衣與錢米因伯父亦好施咸以爭先爲快然遇善舉間有有志而力不逮者尤得先妣之內助焉先妣劉孺人出自舊家陶灣紹岐劉公長女也幼嫻閨訓習女紅溫慈惠和凝重端嚴有大家風度二十二歸府君荆釵布裙勤愼持家性好施予凡府君行陰騭事必竭力贊成貲不足或典質衣飾或以機杼餘佐之越九年而府君見棄後王母劉太孺人卒年甫二周時方八齡弟惟忠及妹尙在襁褓孺人事翁撫孤子道

父道兩無所歉延師課子必誠必敬以善稍長孺人督責倍嚴清夜平旦恆籍鍼黹伴讀不容稍懈蓋欲冀善能成立以光泉壤以慰苦衷也咸豐庚申粵逆東擾孺人欽貲治裝挈眷避驥沙冠平旋里未得甯居王父及弟相繼卒孺人先後營葬益自悲苦支持數年子女婚嫁畢苦心稍慰然猶刻厲自奮並誡善以勿惰惰則恐居人後貽先祖羞其持已與教子蓋如此光緒丙子惠麓宗祠彙修家乘焦溪廩貢生胡政與善誼聯蘭譜特爲先考補傳并爲先妣敘苦節紀畧附列譜芬越一年丁丑江陰纂修縣志

上官采訪編入類志彙旌節孝祠歲庚辰孺人年幾周甲蒙諸紳士彙請旌表江蘇學政夏批題孝竹貞松匾額以表節孝府君卒於咸豐壬子生於道光癸未年三十孺人生於道光壬午卒於光緒壬辰壽七十有一苦節四十一年壁平府君與孺人倡隨未久而府君遽中道而殂遺子女爲孺人憂卒使孺人撫遺孤持家計獨瘁心力旋見一堂四代羅列膝前夫而後撒手西歸當由府君在天之靈默爲呵護以至於斯耶善不肖不克敬承先緒光耀前人誠爲祖宗一罪人也會乙未冬本支重修宗譜追憶生我劬勞春暉寸草之心難酬高厚因不揣蕪陋揮淚而謹述大略如此

文瀾族伯壽序

古有不朽者三曰立德立功立言尙矣夫不朽壽也德功言三者有一不朽亦壽也人生鄉里閒苟能存心忠厚幹事精明卓然有所樹立亦可以見壽世之概焉若吾族之文瀾伯有足擬焉者伯係孟式公子秉性肫誠不隨流俗居恆勤儉自持冬不必裘夏不必葛菜羹疏食以安厥常仍世業農躬耕之暇卽師貸殖由是家稱小康與人交言無躁妄行鮮輕佻人咸以老成目之雖未淹通書史而於人情世故都能練達排難解紛罔不盡心盡力善舉則慷

慨輸之要公則黽勉從之不辭勞瘁宅前之河曰黃昌東接運河西連舜水袤長一十八里陽江農田藉資灌溉旋因年久淤積水利不通棠邑憲示諭開挑伯身董其役任怨任勞悉心辦理閱數月而潮流暢達一方利賴之漕糧義圖向有定章伯爲圖董著令保甲依限收繳間有不足則暗爲補墊俾免胥吏追呼此伯以忠厚存心也伯之壽未始非由此而得今已年逾花甲矣尙見精神矍鑠課子力田或爲農或爲商動作操勞曾不知老之將至云爾去年冬本支建修譜之議伯爲分長率族之能事筆墨者纂輯譜系彙成稿若干卷至今冬梓刻自始至告成伯之力瘁矣然亦未嘗言瘁蓋欲成斯譜以壽後世也則譜與伯之壽不將並垂不朽哉玉不文聊賤其說爲異日稱觥者侑

光緒歲次乙未冬至前三日族姪玉襄拜撰

履燦族叔壽序

且人苟無過人之識無過人之行而欲妄加稱許則近於諛識者必從而笑之人既有過人之識有過人之行而不代爲揄揚則失之訥識者又從而惜之欲不近於諛不失之訥錦不知其若何而可惟不摭浮言以道人之實際已耳吾族履燦叔者字錦文生而英敏秉性剛直重交道不爽信得詩書氣毫無俗狀家素寒隨父力田兼習陶朱業父榮星公生四子長履燦次履達三履德四履泰叔少時公卽以器目之平生儉約自持事父母以孝待兄弟以和

同治初粵亂未平而榮星公見棄時三弟尚幼殯殮無措燦叔多方籌畫喪葬盡禮一肩任之事孀母丁孺人愈加孝敬以慰苦心旋因食指浩繁三弟亦漸成立遂議析箸所積薄產悉遵母命分撥曾不與弟昆校也光緒初母又棄養生事死葬一循禮制不愆德配周孺人早歿繼龔氏相敬如賓襄理家政克勤克儉內外無廢事漸至置產築室娶男嫁女如許事皆由謹身節用纍積而成也且處世尤見慷慨凡遇善舉無不踴躍樂從如惜字惜穀修隄開河建橋俱悉心辦理能任勞怨惟宗事尤不敢忽畧光緒丙子惠麓彙修宗譜燦叔曾襄其事迄今年過六旬而壯志未灰時以纂修支譜爲念是年秋會集族人秉公妥議發公儲輯正稿以壽棗梨自冬初開鋟月餘告蕆其間諸多周帀調劑得宜族皆允洽燦叔所以承先緒啟後昆行見繼繼繩繩三代同堂宜其三多共祝也

光緒歲次乙未冬至前二日族姪祖銘謹撰

月芬倪先生傳

月芬先生姓倪氏諱葆光字桊桂居四河口青山里幼讀書性穎悟中年游庠旋食廩餼補授恩貢生先生文章以聲調鳴鏗鏗鏘鏘如五莖六韺之齊奏不爲凡響斯殆山川磅礴之氣有以鍾於筆墨之間者矣由是遠方之人聞風興起登庠序列名儒類多願拜門牆者先生屢試棘闈不售遂日俛仰於秦峯舜麓間馱囊覓句飲酒賦詩行將終老是鄉焉而先生有練達才鄉之人推舉先生董鄉事先生固辭不獲數年間鴟張不起犴獄不興蓋有以致之者矣田家苦旱潦歲屢告災光緒庚辰先生倡議濬黃昌河以通水利指揮夫役勞勩不辭凡三閱月告成溉農田五百餘頃凡沾水利者咸稱先生之德宅西盆岸圩圩岸爲鄉民入市孔道陰雨泥濫先生苦之購巨石鋪砌袤長三里許化蠶叢爲康莊行旅稱便賭博爲蕩檢傾家惡習先生請之上官嚴爲厲禁早完國課免蠹役追呼先生立冬夏限踰期完納者罰不貸凡此猶先生之才之小試耳設乘時得志爲國宣勞達則兼善夫豈僅獨善其身澤及一鄉而已哉惜天不假年五十五而卒論者傷之歲乙未

倪氏續修家乘先生哲嗣爾熙同學於族叔蓉坡先生門兼以金石誼囑樂爲先生傳自維區區弱冠謭陋無才然竊念爾熙交誼之深義不可辭因爲之摭拾遺行爲當代采風者告

光緒二十一年小陽月後學承嘉樂拜撰

月芬倪先生傳　　順天舉人吳聲偉

夫人不能爲天下之善士一國之善士而爲一鄉之善士雖無名公巨卿交相譽美而行誼可以垂示後昆取法於人者洵不虛生矣若月芬先生者非其人歟先生諱葆光字榮桂號月芬余中表親也少明敏穎悟過人天性孝友而時露英氣鄉老咸以大器許之弱冠應試屢列前茅文名噪甚咸豐庚申遇變隨父從靖邑艱苦備嘗而誦讀不輟兵燹後卽遊庠食餼束身名教從可慰先人培植之苦心光緒壬午南闈薦卷不售遂不復赴試維時初舉鄉董

因黃昌河壅塞鄉民無以爲生計卽邀集鄉董倡議開挑如響斯應籌辦經費創設河局息心經理勞不居功農民爭先恐後不數月而告竣凡獲利於水道者至今頌先生之德嘖嘖不衰先生居鄉篤於親屬厚於鄰里遇有困苦無告者恒周卹之雀角相爭者必排解之至若開渠修道一切興廢舉墜事莫不身董之而量力以助焉乙未冬倪氏纂輯譜牒先生之胞姪麗甫幼沐提攜長蒙教育恐遺先澤用乞傳言余忝屬親誼知之最悉爰謹敘其大畧如此

倪君士芬家傳　　錫山鄧楫

友人倪崑甫修家乘狀其封君遺事揖余乞文余與崑甫作客金陵同館篠珊繆太史第交十餘年矣重以金石誼故不辭而爲之傳按君姓倪氏諱葆明號士芬江蘇江陰縣人系出東周郳武公封亥子友爲附庸居郳爲小邾國孫郳犁來始著姓於春秋子孫以國爲氏倪卽郳國之裔也厥後元高士雲林先生以隱逸詩畫高於時三尺童子咸知其名所居淸閟閣藏書富天下皆手自勘定以故倪氏多聞人君雲林先生十八世孫也少穎悟好讀書從其

鄉之賢豪長者游研論經史手一卷咿哦斗室自問樂也値歲大饑家日益落抑鬱不自得遂絕意進取販商吳門權子母以爲養然一以誠篤非分不多取一錢以是賈者咸敬信之卹事亦稍稍以資焉會庚申之變髮逆陷蘇常被執不屈誓以身殉矣念父母在堂無以爲人子徒死亦匹夫諒耳紿得賊軍中消息間出奇計脫之亟走官軍從戎橐餘得白主帥者而我軍大勝君無矜容閱數月假歸故里奉父母渡江北避居靖江茹荼鹽膽彌自刻厲而堂上甘旨不缺奔走江南北凡可以資生助養者無不屆意

爲之亂既平遂奉堂上歸僑居申浦朝夕奉事惟謹戚鄰皆竊竊稱倪氏有子時同治甲子歲也三月丁封君篤山先生憂六月母張孺人歿君憂憤不欲生孱孱骨立雖境遇厄塞疊遭風鶴憨凶嘗自解曰天之所困我者境也我之不可奪者志也益凝然自立不稍稍爲流俗移乃與故鄉名士傾襟開懷敦布衣昆弟之好間爲詩詞以抒其生平然不多作作輒自棄去其襟抱可想見矣君以淸光緒二十六年四月卒距生道光二十三年十二月春秋五十有八曾祖考雨田妣氏金氏陸氏顧祖考檢齋妣氏奚考

篤山妣氏張配黃氏子三長麗甫卒次崑甫三惟瑞殤女四長適夏港鎮先賢季子祠奉祀生吳淵號煥若次適申浦繆家村國學生繆黼廷三適焦溪鎮沈鳳岡四未字卒

鄧揖曰人往往有賈行而自命儒不恥視君之賈而儒行者其賢愚何如哉不屈於賊正也脫以奇計智也荷戈從戎忠也事父母惟謹孝也吁嗟倪君賈耶儒耶吾不得而知也願以質諸讀吾文者

壽明初宗兄七旬序

孔子曰大德之人必得其壽夫壽雖受命於天而不可必然曠觀斯世熟察其人苟能圖其三寶空其五蘊未有不壽者也雖同短蹶長殊不可解而流芳千古其壽世爲何如耶明初宗兄其得力於養生之道有自來矣先世占籍於延陵觀山鎮祖檢齋父午山世有隱德君生而岐嶷頭角嶄然識者已知其爲英物矣及其長也不慕榮利不畏強禦族中有公項數百緡半爲族人耗蝕君與族姪楚珍守先等赴惠山宗祠固請族尊調劑域與族尊同往旋得

破而復完失而復得於是即奉始遷祖學古公神位配享惠山雲林公專祠撥攝職兩字公田五畝以贍春秋祭費其尊祖有如此者民國甲寅續修大統宗譜丁捐悉藉公費補苴而族中之貧乏者得以省費其收族又如此君之功德豈不偉哉至於矜孤䘏寡砌路修橋其小焉者也持躬整飭接物肫誠老而彌篤年高德劭會人者英排難解紛息爭蠻觸洵一鄉之碩望豈徒爲吾族之表坊乎迄今年屆古稀尙精神矍鑠始知種德之基即爲得壽之符也歲乙卯詰嗣惟發爲君開七十壽筵丐域爲序域不敏不

敢率爾操觚顧君年臻大耋童顏鶴髮步履康強庭前玉樹森森皆能服勞奉養蘇子云仁者必得壽又云仁者必有後其言信而有徵也聊將禿筆繕寫序文以當華封人之三祝云爾

民國四年陬月之吉

清授中憲大夫直隸州知州加二級奉祀生宗弟城謹撰

芸程倪老夫子六十壽序　二十六世

蓋聞德邵者年自高心靜者壽必永舉念慈祥集休徵而益算飭躬舒泰葆眞氣以延齡不涉風波於仕宦行地神仙恒施雨化於生徒滿門桃李潛修日積厚祜天申風來瓊島香浮延壽之花日煖芝田瑞聚恒春之樹等服食乎還丹就衰轉少不消磨於浩刦履險如夷是以子舍騰歡進芳樽而欣祝孫枝競秀當佳節而齊賡也恭惟我

夫子西庚毓秀東壁誕英紹漢儒臣之世業刻苦橫經振元高士之家風清閟閟閣稚年穎敏稟嚴訓於鯉庭蚤歲英明播休聲於黌序廿三歲分餐餼廩文庫師雄十五回迭戰棘闈詞壇將老於是攬隱佚之腰帶息意驅馳嘆騎省之鬢毛無心仕進柯亭有笛敢邀子野之知囊下餘麥難入中郎之聽安之若素泊然寡營年經月緯沉湎在蟲魚細碎之中軒柳編蒲整齊於亥豕消訛之日何論杜癖詎數劉淫掘門寒畯導以程途委巷經師資之譚論班荆晤紵鹿車駢問字之人倒屣傾箱馬帳溢傳經之彥無何烽烟豈紫刼火宵紅肆其荼毒細民生萇楚之悲覆我室家故土抱黍離之痛　夫子則潛蹤寥寂蒙難堅貞或

藏於雲山縹緲之間或匿於煙水蒼茫之際滅跡銷聲豹藏黑霧埋頭縮項蟄屈靑泥既而天日重開鏡鉛盡掃再啟文明之運聿隆耆宿之稱朱顏綠鬢無須鴻烈仙方碧柰黃精不假喬松祕訣加以性術蕭疎不爲崖異胸惟坦率詎設畦町長日赴雞豚之會桐帽棕鞋莫春開櫻筝之筵長歌短詠然而貌雖和易心實剛方懲豪吏之誅求悶閭感激控竈差之索詐凶惡徒流搆釁尋仇一排解而冰釋宗祠族譜經綜理而玉成此又神其妙用知士人之學非迂亨此大年驗仁者之徵必壽也於是候届新春節逢

獻歲桃符三千之實酒傾八百之觴慶花甲之初週識椿齡之伊始 生等 室久坐風門嘗立雪雲瓶隊稚謬充逢島之賓畫錦堂中冀獻麥邱之祝屬有華軒之授簡悉懇綺席以抽毫殺黍折俎敢辭乘韋之先庭實加籩願附爆庖之末

受業門生祁保滋頓首拜撰

胡承烈

馬中驥

庠彥芸程公宗譜傳 二十六世

公諱寅科字榜虎號芸程廩貢生係心一公長子未弱冠即補博士弟子員後凡十上秋闈不售文名藉藉江錫之問負笈相從者以千計其間摘巍科登顯秩者指不勝屈著有古文選註四卷光緒丙子會修大統宗譜公爲主稿性謹慎或以瑣事告即斷以理欲請與其事則謝之雖年逾六旬手不釋卷一日約會親朋置酒談笑謝絶而卒生有自來徵公其誰與歸

楚珍公宗譜傳 二十六世

公係文俊公長子諱惟善後改祖銘字實先號楚珍世居江陰觀山鎮雲林公十九世孫少穎悟工制藝屢列前茅終不一售性謙和家居以排難解紛爲已任遇有雀角不憚煩勞務求兩釋而後已光緒乙未生修本支家譜歲癸卯雲林公官祭被裁會同族彥哲夫叩唐大宗師請復厥功甚偉故作宗譜小傳以示後人

錄譜傷懷自述　　寅亮

中庸言天下之達道五首曰君臣而次卽父子昆弟夫婦孟子之三樂則曰父母俱存兄弟無故爲吾則謂父子昆弟夫婦之聚順亦常事何足樂吾於諸弟中爲最長與吾親相處四十餘年愧無才不能取祿以備物養志而啜菽飲水几杖追隨亦平常事無所爲樂也諸弟皆勤儉持家忠謹接物推梨讓棗未嘗致愆於乾餱郎至分炊從容以片言析亦未競多寡爭肥瘠吾亦謂同腹共乳者之應爾無所爲樂也原娶沈氏自爲吾家婦操井臼勤紡績潔甘旨以奉高堂務得歡心本柔順以和妯娌並無遺議奈年三十而仙遊矣繼王氏以柔弱之質行勤儉之事代主中饋吾母樂得有賢婦无成有終吾身不知有家政篝燈伴讀刻刻以功名相期待此亦唱隨之常無所爲樂也孰意蠢爾小醜弄兵潢池始於南粤迄於東土至癸亥歲蔓延江滸遍地干戈仄身不戒失陷賊巢遂不能調護室家或屈抑於鋒鏑或憔悴於道路或殀札於他鄉化室廬爲瓦礫践隴畝爲坵墟四野蕭條俱遭蹂躪迨盪妖氛返故里高堂不聞謦欬之聲門內不聞撫篪之奏閨中不聞慰勉

之辭孑焉一身形單影隻孤苦之況有生以來所未嘗者況殘魂飄泊於何方剩骨埋藏於淺土重泉之寃憤莫伸弱息之團圞何日廻腸千結竟可如何以今日之苦而知向之未足樂者乃眞樂也以未足樂爲眞樂而知向之可樂者不再得也余不敏晚乃知孟子之所謂樂者乃情眞而味永也故敢述之以自愧幷自傷云

蘭亭倪君傳二十六世　　　　　　　　　姻晉生 張始升

嘗思名教之中多樂地彝倫之外少完人仕不必貴顯學不必淹通而能名教無憾彝倫無斁者茫茫世宙不可多覯乃不出於廟堂上而出於畎畝中蓋衮衮諸公不以名教彝倫爲重故投閒置散不能爲善於一國僅能化導於一鄉良可慨已吾鄉黃君楚珩一布衣耳其爲人也謹厚樸誠余愛之重之遂訂爲莫逆交以爲漢之黃叔度不是過也黃君囅然笑曰吾何足重吾之親家倪君蘭亭其人誠可敬也余請問其詳黃君述其遺事甚悉君姓倪氏諱松

字庚銘一字蘭亭係出梁溪元高士雲林公之後其先祖遷於延陵璜莊父大德公母張孺人值紅羊之劫咸豐季年張孺人遇賊不屈遂殉節焉未能得其骸骨君以爲終身之憾事亂後片瓦無存君隨父返里除荊棘披草萊搆草廬一椽以蔽風雨墾蕪田數畝以給饔飧同治庚午娶華孺人性行温和操作勤苦既得賢內助益自奮勉業隆隆起迨光緒初年已置田百餘畝稱小康焉方期孝養事親不意靈椿遽謝而辟踊之禮哭泣之哀至隣人爲之感動稱爲純孝焉繼念本支祠宇坍塌謀於宗族倡議修葺慨然解囊藉以蕆事光緒壬辰惠山修理宗祠捐輸巨款絕無慳吝可謂知所先務矣至其室家肇造則於光緒乙亥翻造前進戊子購買基地起造後進戊戌別建新宅六楹己酉復建新宅十餘楹比年增置田宅家給人足可云美備禮曰君子將營宮室宗廟爲先居室爲後君之經營締造不胥合於君子耶平生重睦鄰之義閭閻將啟訟端必力爲排解或曉喻以理或津貼以財莫不渙然冰解爲人息訟先後五度有人感君之德饋以一豚親者君怒斥之曰爾視我爲何如人得毋以律師視我耶急麾之去其

廉潔有如此者嗚呼君非廟堂中人亦非學校中人而於名教彝倫之內一無遺憾豈不可以風世歟故序而傳之君生於咸豐辛亥九月十九卒於民國甲寅閏五月十二享年六十有四生丈夫子五人季卽楚珩之快婿也女三人孫七人一門之內振振繩繩雍雍肅肅均能不改其前型家道之振興蓋未有艾也

倪公清芳傳　二十六世　薛榮袞

倪君善成與余爲莫逆交爲余述其先祖清芳公之軼事綦詳公世居江陰南鄙之黃莊村父艮富公母薛孺人幼而貧甚爲人搗米所得傭金悉以供甘旨不有私財紅羊之刼攜親避難枵腹飢腸與德配康孺人牛衣對泣不使高年有饑寒之迫同治癸亥東南底定亂離之後故宮爲墟家道益窘乃與康孺人謀曰家貧親老無濟變謀生之計將聽其坐以待斃耶不得已學計然之術貿絲抱布往返通靖之安漸致贏餘未幾艮富公與薛孺人相繼溘逝

公哀毀骨立生事葬祭悉本乎禮戚里之中莫不嘖嘖稱孝焉會鄰人有販米於錫者招公合夥以公誠實素著使主其事是日米艘麕集肆中主計者以算珠之誤多予公洋五十圓未之知也公返舟後覺之竟以原洋返璧由是肆家感甚以肝膽相託而懋遷有無莫不帆隨湘轉家道益隆隆起不數年間擴田園起第宅積聚數千斛稱小康焉教子有孫不遺餘力子孫亦亭亭玉立均可造之才遂納粟爲國子監生門楣頓顯然犁雲鋤雨望杏瞻蒲雖年逾耳順而胼手胝足依然如故也衣韋布之衣食粗糲之食謀農之暇即以經商日習爲常積錙累銖悉以勞苦得之古來創業承家者得之易而失之亦易得之難而失之亦難如公之勤儉質樸白手起家又能好施予振困窮積厚流光後嗣之振興未有艾也善成秀外慧中言坊行表有先祖風歲甲寅倪氏續修宗譜丐予爲其先祖作傳余不文與公有通家之誼不得以不文辭謹序其略公姓倪氏元高士雲林先生之裔也字蘭芬一字清芳生於道光辛丑正月初四日卒於民國壬子十二月十七日壽七十二卒之前猶諄諄以信義爲立身之本詔家人云

論曰今之學士大夫動輒以實業欺人詡不讀泰西之書即不能精乎其技公未嘗讀種藝之書貨殖之傳而動罔不臧不可謂之非實業也后稷所讀何書爲明農之祖今之工商取科第者殆五體不勤五穀不分之輩耳況乎服賈養親原金返璧尤駕乎學士大夫之上矣則今之以實業欺人者謂之讀書種子不可謂之名教罪人可也

壽守先宗姪六十序 二十六世

洪範載九五福一曰壽壽居五福之先或爲饑寒所迫或
爲子孫所累則有壽不如不壽之爲愈爾然富逝阡陌不
得其壽無以享其豪華德高顔冉不得其壽無以竟其學
問惟富與德非壽無以身名俱泰亦非壽無以學養兼深
也守先宗姪世居江陰觀山鎭祖雲朝父子上俱享壽考
守先生而穎異髫齡入塾過目成誦弱冠能文章定省重
闈敬謹勿失厥後世變滄桑遂棄舉子業兼習農商以資
孝養兩兄弟分爨事兼公私見義勇爲責無旁貸族中公

項至光緒壬寅爲族蠹呑蝕與叔明初兄楚珍赴錫山雲
林公專祠固請族尊調劑始得重整舊規爰撥公田五畝
卽奉始遷祖學古公神位入祠配享己亦助田二畝奉先
考子上公神位同進用贍祭費以垂永久其奉先思孝有
如此者族中擬將公項交守先管轄守先辭之不得遂職
司其事嫌怨不避涓滴無私歷數十年如一日非易事也
民國甲寅續修大統宗譜本支之稿及學古公祭田逐一
組織以送譜局丁捐等費均藉公項開支其敬宗收族又
如此茲當嶽降艮辰年週花甲或進詩詞或申盤祝僉以
余雖宗長不可無一言以佐壽觴余乃不揣固陋畧序梗
概而歌曰

雪飄飄兮嶽降神嶄然頭角兮德日新奉先思孝兮篤人
倫旣耕且讀兮樂天眞教其一本兮尊其親任怨任勞兮
不辭辛光前裕後兮賴斯人壽域宏開兮值艮辰星輝南
極兮屆六旬酒進長生兮祝千春忝居竹林兮飲清醇高
歌一曲兮酌嘉賓

誥授中憲大夫直隷州知州加二級奉祀生宗叔城哲夫
氏撰

倪氏宗譜謫芬錄卷十二

雲林公自題元配

寂照蔣孺人遺像 七世

君姓蔣氏諱圓明字寂照暨陽人也年二十一歸于我勤儉睦雍鄉里稱其孝敬歲癸巳奉姑挈家避地江渚又一年不事膏沐游心恬淡時年四十有七矣如是者十二年癸卯九月十五日微示疾十八日清晨倏然而逝甲辰正月二十四日題

幻形夢境是耶非耶縹緲風鬟雲霧衣一片松間秋月色夜深惟有鶴來歸

梅花夜月耿冰魂江竹秋風灑淚痕天外飛鸞惟見影忍教埋玉在荒村

倪母薛太孺人墓誌銘 八世 楊士奇

永樂十六年兵科都給事中倪峻奉 詔諭占城王還道聞其母薛太孺人卒未葬哀毀不自勝匍匐趨復 命北京遂奏乞歸葬求銘於余按孺人姓薛氏世家常州無錫父均序母吳氏孺人生元後至元丁丑四月二十三日既長父母賢之擇配以歸同里倪文斯敦行婦道生三男二女而文斯卒男峻誠端皆有立女皆有歸峻明經歷官鄖城教諭沙縣知縣兵科都給事中文行政治稱於時已而奉 命出使萬里外持其身皦然眾咸謂有孺人之爲母也孺人壽八十有二而享祿養幾三十年所得稱其所行宜哉其卒以二月二十一日葬以卒之歲十有一月某日墓在其邑開原鄉春申君里之原

銘曰坤道至柔靜以方有婉令人卒厥行繡帔珠翟居高常堂中鸞鵲五采章秉時翩翩當朝陽慈顏愉樂樂且康既壽考終卜斯藏山盤水迴土燥剛後百世祀益蕃昌

節母李孺人述畧 十世

曾姪孫濬

李氏者倪氏忱伯振之妻兵科都給事中靜寄府君峻之冢婦御史月樓公之伯母而容之曾伯祖母也邑望族女生十七年而歸伯振歸七月而伯振卒慟毀幾絕坐臥不離於棺夾舅姑以其年少而諸叔皆壯告其父母欲使歸寍李曰嫁而從父非禮也生爲倪氏婦死爲倪氏鬼矣竟不歸强之再三乃曰吾既無後於倪顧遺舅氏憂哉曹亡而令女㓮亦無不可者於是往每朔望必歸哭甚哀既葬及禫亦如之歲時伏臘必省舅姑躬執爨焉雖甚寒暑猶

事女紅所得甘旨奉父母外必附致舅姑若在侍然父母憐其少隂使人諷之冀其二志李不聽且刼之李紿曰俟吾守十年而嫁未晚也年且三十父母曰可矣李笑曰吾爲此言以寬父母憂耳若果欲爲盜至於今日乎苟弗吾從吾志決矣父母懼而止又三十年清標如一日月樓公將以聞於　朝而李氏卒惜哉容竊惧夫母之懿行久而泯没謹述所聞於故老者用告於　大人先生爲之闡揚以慰貞魂於泉下云

倪節母錢孺人墓誌銘 十一世

邵寶

倪母錢孺人以弘治己未十月四日卒越明年庚申三月日其孤祚葬孺人於惠山先塋其父務學府君之兆乃奉鄉進士莫君曰驯狀請予銘之予與祚交最久因獲聞孺人之賢最可稱者能左右務學又能教其孤祚是也始務學存時恒以學行主大姓家塾孺人事舅姑畢力備養如務學在侍家雖屢空裕如也葢如是者數年而務學卒年三十二孺人少三歲祚方襁褓誓死守節躬紡織針黹供衣食逮祚知學即以繼述爲訓嘗念古人三遷之說屢徙

厥居嚮展資貴辟纑伏勤卒致祚成立者孺人之力也故凡交祚者必知孺人無貴賤長幼皆曰倪母云此吾所謂最可稱者若其他裁製之精饋祀之謹承御酬應之敏惠皆可稱於戚可謂賢矣孺人諱玉姓錢氏系出吳越武肅王自武肅傳至鉛山州學正易象先生凡若干世又若干世至伯瑊爲孺人曾祖祖士安父景山景山娶於沈生孺人長歸務學務學諱忠忠父悅悅父峻峻累官兵科都給事中世居邑城西里以儒名家是以歸之孺人生宣德己酉十二月十六日壽七十年歸倪氏五十一年寡居四十

二年子一即祚娶毛氏繼莫氏孫男三準先天咨聘邵氏觀聘李氏

銘曰身可寡家可貧我勿子成如我良人何良人之藏安且固後四十年孺人祔塋從人兮永不負

慈節堂記

張九方

吾邑倪相承氏其奉母之堂曰慈節求記於余其辭曰相承不天先君子棄背太早家徒壁立生計蕭然時吾垂髫罔有知識賴吾母撫摩鞠育以抵於成人二十年於茲矣吾母確守敝廬茹荼嚙蘗貞操愈厲紡績織紝以營口食縫紉蠶桑以備衣服困苦萬狀有不忍言者吾母安之若有餘年幾六十垂白高堂在例宜得　旌表而吾藉鉛槧爲業力有所不能名斯堂以奉母而已敢請記之用以表吾母之節於悠久幸毋靳也予曰嗚呼賢哉倪母之爲婦也事天而不二其心仁哉倪母之爲心也守孤而至於成立守節於艱難饑餓之餘起家於貧困屢空之後自非心同鐵石志凜冰霜曷克臻於此夫自柏舟誓息除敎陵夷若倪母誠絶無而僅有者也是宜高其節義表厥宅里爲天下婦女勸惜乎壓於貧困不克　上聞遂使守節不二之人寂然殆盡於不吾不知承流宣化爲何如人也今觀相承念母之節而傷己之貧名堂以識其惓惓之私重可憫也雖然堂以慈節爲名近以顯母氏育已劬勞之恩遠以彰母氏持身貞烈之節一舉而兩得矣母賢子孝播之

聲詩昭昭在人耳目苟他日觀風之使採焉綴入國史貞節傳雖微旌自足以垂不朽也言既相承釋然起揖曰非吾志慮之所及也請書歸揭諸堂以爲記

慈節詩　封武昌知府 秦旭 景暘

孺人夫亡時捐身欲同穴念及乳下兒痛作生死別徬徨對孤燈雙淚迸淸血連理未生枝同心不成結撫兒漸長成骨相已超絕孺人平生心冰壺湛秋月當時不顧身一死亦英傑遺孤若淪亡倪氏亦殄滅今成大儒老氣宇魁先澤築室梁溪濱濱水繞澄澈堂前種萱花堂上匾慈節晨昏盡孝敬甘肯務豐潔孺人遠大志丈夫豈能越煌煌簪纓冑千載有光烈

又　福建布政司 陳賓 朝用

慈母存孤守節時門衰祚薄强支持教如孟母期無忝志比共姜誓不移　詔旨未由經宅里書香已覺耀門楣不須更問觀風使爲重民彝一賦詩

又　戶部郎中 卞榮 華伯

孟母三遷地共姜不二天無波生古井有玉出藍田冷落淸閨月康强白髮年古詩有三百獨愛柏舟篇

又　侯讓 政邦

倪冢母倪家母苦節能傳世稀有笄年擇配倪家郎辛苦入門操井臼四節堂中始事老白骨三年葬秋草所恨不

得奉廿旨將潔蒸嘗爲蘋藻艮人一朝身抱疾藥餌無微轉增劇夫亡不得隨夫亡重寄懷中遺一息懷中有息及四期宗祀不絕如一絲朝碑纏夜鳴機門衰祚薄身强支燈前形影自相弔老天知此天亦悲兒適垂髫身漸長一顆明珠擎在掌天祚倪氏艮不悪甫十歲兮知向學十五總角能文章斷機慈訓名益彰秋闈事業期獻納相門之業流餘芳兒今有室室有子周南振振詠麟趾獨守空閨三十年冰蘗家聲播閭里黃金不煤玉無瑕四節清風信能繼吾將慈節亥第陳詩成爲報觀風使

又　余　庠 庠民

阿母當年艾葵居歎此身爲憐方乳子廿作未亡人荆布宦廿惡齎鹽不厭貧禮閑柯斧峻詞矢柏舟新白璧瑩無玷黃金輕若塵遺孤懸一髮宗祀繫千鈞世業傳經史家聲播薦紳膽凡資誦讀手線賴縫紉雪案挑燈夜霜臺覽鏡晨奇材爭拔萃高節變超倫秉操心如鐵流年鬢似銀共美爲保母令女是軻親一飾能留客三遷慎擇鄰鵲巢聲籍籍麟趾德振振紀汗揮彤管陳情達紫宸觀風賢杙史𢦏傳重詞臣早被庭闈日光生里閈春弓生空孝慕仰止獨沾巾

又　御史 蔣　誼

白髮慈親坐北堂早年夫逝恨茫茫而今教子能成立他日相逢願已償

又　吳　卿 鵬皋

兒家母情最慈子生數歲失其父煦嫗覆育無停時倪家母尤苦節艮人一去三十年夜夜空閨守明月母慈人所重母節世亦稀賢哉倪家母慈節兩得之子今有室更有兒母垂白髮高堂居雖然日日享廿旨冰寒蘗苦無人知母慈子能孝母節子能表天當早晚　旌門楣更欲慈齡長不老

書慈節堂詩文册後　李庶

爲婦而不幸早寡弗二厥志其爲婦也可云節幸而有子教以成立其爲母也可云慈曰慈曰節而克全者千百而什一也倪氏自黃門公以德操負大名而不得庇其子子婦守節者四人相承之母錢乃其孫婦蓋聞而興起者歟初錢於夫之歿也年尙少艾家空業單而一意保孤之死靡他相承方在齔撫養備至洎有知恆進前而誨之曰爾其保父之遺務勤以立業修德以植身斯不辱於先矣二十年來相承果以儒名而錢之節愈固凜然如秋霜烈日雖未蒙　旌表然讀月林張君慈節堂記與士大夫之詠歌亦足以表於世而不朽矣

倪母毛孺人墓誌銘　十二世　闕名

成化己亥五月十日邑文外史倪君相承喪其內子毛旣殮予往弔之君出迓麻衣縞帶雖戚容滿匝頷而言笑自若也延坐未久聞內有作嬰兒泣者甚哀君急趨入少焉攜五歲兒出淸涕滿襟袖摩其頂曰此亡妻之遺息也老母見是悲其失恃太早而哭之哀吾亟入慰解而止別去越五年予過泰伯鄉承事以勤書館訪倪君君有他適戶啟有羈貫靑衫者趨揖甚恭舉止端雅占對不凡詢之卽向所見五歲兒也屈指甫十歲問其業則曰已習四書伏氏經矣叩其所業學爲唐人五七言絕句矣觀其字畫運筆輕捷駸駸逼乃翁蹊徑矣予爲之喜知其母之賢而有是子且慶倪君嗣續之有其人焉未幾復過之而此兒患滯下之疾常在牀蓐已幾月矣禱藥罔效一日忽告其翁曰吾人子也而勤吾父服勞調理是反常也疾已當整衣冠百拜以謝言訖奄然氣絕於懷抱中矣實成化九年七月四日也因循五年予復過鄒氏館倪君請曰吾室溘先朝露逾十稔吾兒準夭亦閱五寒暑吾每思其母之能子之秀耿耿於中欲煩執事丐一銘刻石納諸墓前以慰其

貞魂滯魄於九泉冥漠之中兒準行實得牽連書之則吾無窮之悲可釋使其母子有知亦無遺憾也豈不可乎余曰可哉昔歐陽文忠公父早卒作瀧岡阡表於三十年後人稱其孝亦不以爲遲也君能若是則是爲人所不能爲之事立士林之標準可謂之義夫慈父矣君喜出其袖中所述狀以請予乃爲按之而銘焉孺人姓毛諱某世居縣治西南隅爲邑名閥曾祖公昭大父宗孝父　俱隱德弗耀母彭氏孺人性端莊靜一有孝行笄年歸倪克事其姑甚得婦道良人處館而孺人事姑于家無間寒暑供甘

旨未嘗缺乏且多方致之以奉姑指使童僕親操井臼蠶桑紡績尤盡其心郎澣濯補綴不委他人也生平厄于疾症不離湯藥是歲忽遘傷寒六日不汗奄然而逝僅年二十九子一郎準後孺人五年卒高祖兵科都給事中曾祖悅號竹軒祖忠皆潛德勿仕準之性行備于乃翁所述且余目覩其詳茲不用贅也吁母賢子慧天奪其年此可銘也

銘曰母賢早亡子慧夭殁誰使之然歸之造物惠山之原倪氏之阡黃門高塚堂封巍焉敕封繡衣貞珉是勒恩榮煊赫以耀世德是母是子列葬其旁埋香瘞玉燦有輝光我作銘詩慰爾滯魄萬載千秋永無刓失

倪節母胡孺人墓誌銘 十五世 戶部郎中 秦墹

倪節母胡孺人者故贈中翰見南倪公之貳室衛甫倪君銓之母也先是甲戌家太宜人壽屆古稀持瓣香禮普陀大士邂逅母於航海舟中歸而娓娓倪母之賢曰吾望見母而得其恭儉徽懿之一班即以爲女憲母師何忝越七年而家太宜人見背又越五年爲今甲申而母亦謝世去矣一日衛甫手行略涕泣向予曰悲乎吾母苦節四十年而與帷燈俱晦凋草俱幽也因憶家太宜人之言不勝悽愴云孺人生而沈靜異凡女迨歸贈公柔嘉恭至事嫡吳

孺人曲意將順得其歡是小星之虔也贈公以甲辰謝世孺人出處一室坐多於行靜默少語庭除之外如割鴻溝夜入寢闈未嘗解帶是柏舟之貞也衛甫失怙時纔五齡煢煢孤嫠影形相弔暨稍長就外傅又以體羸不任督課有尼之者曰一子何過督乃爾孺人正色曰正惟一子當閑以嚴每見驕子墜宗蹶半釀於姑息可不懼哉是丸熊之意也生不耐逸手中一停拮据輒惘惘如有所失椎頭跣足躬手夜麻無間寒暑是雞鳴之勤也布素自安垢則手澣之敝則手紉之甚或綴上加綴形如累楮是椎髻之

樸也隆師尊友洗腆備隆有故老濡翁者延家塾歲久年邁撤氈掃室迎養終其天年曰此孺子師也忍慭遺諸是截髮剉薦之慷慨也歲比不登鳩形鵠面者趾錯戶外孺人迎而飽之一日之中爨烟不斷又命書黃涪翁戒殺偈於坐隅虔誦毋犯是仁民愛物之慈和也嗟乎孺人之備德而未克彰須子若孫奮身青雲疏其事於朝爲節母幽光生色耳母既長齋奉佛皈命樂國世間福固所弗問然吾以爲善種福無如母者則知天之福母正未有艾第爭棹楔之蚤晚乎哉母生於隆慶辛未十二月初七日卒

於崇禎甲申十月二十五日享年七十有四子銓奉其柩安厝於龍山之新阡是宜銘

銘曰佞佛徼福世俗常態惜福長齋母有別解佞佛雖同其旨則異徼者有心惜者無意徼則甚貪惜則本廉貪或招忌廉斯得全得全而昌億萬斯年餘慶聿鍾在其後賢

賢母紀畧 節錄十六世

從姪允超

從叔慕劬翁之配王孺人卓然賢母也平生懿行纍楮不盡其大者則在乎渾嫡庶而一視之絕不預以意也夫巾幗之性我相堅封往往於嫡孽間一則欲加諸膝一則欲擠諸淵卽彼亦不自知其何以故孺人有丈夫子九人嫡居七孽居二嫡前則曰吾子也孽前則亦曰吾子也均愛之間有所折衷惟揆以大義應以平情有時昂孽於嫡之上亦有時昂嫡於孽之上而孺人總無心於是孽嬉於母前不自知其爲孽也孽仰而侶其兄俯而侶其弟不自知

其爲孽也吾宗宜兄宜弟指不勝屈而世德堂中尤稱翹楚孰非孺人大公無我之懷實貽之休哉誰謂孺人非賢母之至極哉賢母往矣繼賢母而母者伐柯伐柯其則不遠

麟母傳 并敘

堆山道者

麟母傳者倪藎臣之妻麒仁之節母楊也節母何以得傳稱昔者倪子嘗名其子曰其仁其仁雖更名而有麒德龍麟被體紫烟繞節溯厥所自則楊節母往往夜闌飲泣投梭而起曷以先君子藎臣之恂恂欸欸也曰是其父仁其子亦宜仁麒仁之名從茲始倪子舞象工爲文辭徵露迂智節母訶責語極哀曰是蕘蕘者幾何而生高心不聞訖曰寡婦之子不有見不與友世將不置吾母子於人數而忍弗恪母爲華麓公女哭亡母孝事繼母亦孝華麓公擇

對而歸藎臣藎臣父母已亡母撫膺曰新婦幼無母長無舅姑何辜于天而罹此禍相夫勤儉而素操作過自勞苦夫慰止之輒曰畢門箕帚不爾後且不支夫爲悚然藎臣病醫禱百方不效號慟矢殉或諭以懷中呱呱始強起治家事每曰古人尙胎教矧敢弗端蒙養少年患暴戾損德宜名仁仁莫若麟不踐生草不履生蟲振振和詔百福是集故幼爲之畫荻長爲之延良師疾爲之致國手孤嚶婺泣倚閭投書日惘惘望四歲兒之攬轡盤辟一日千里庶幾捧綸軸拜藎臣君松柏歸娛壽母母告以克明汝敬二

先人之駿烈而旣傷失怙復殞孀慈勳閣未登北堂𦍒促
徵詞稠複用彰氷操睍𥌋四遐以及米子米子哀其志而
許之且夫倪氏固吾先師文正公之姓也當日京邸環侍
首揖楊子楊子姓叶節母而名𩯭髴佳兒以今母子溯昔
師生忝接蘭英觸緒悁悒且忠臣之與貞媛又盦有二哉
遂援筆倣陳鴻白居易例傳歘並作用揚厥美歌曰
清閟閣前萬頃綠別有幽蘭產窅谷昔爲國香今閨英兒
有孫枝繼芳躅孆娟少婦比翼年婉轉俄頃淚百斛挑燈
拭袖撫孤兒檢身砥志瑩於玉兒生雙瞳剪秋水彳亍慈
闈懷抱裡恆恐驚飈葉底催煽起狂瀾靡稚齒母腹枵然
兒飽時兒行半舍母千思旣虞比昵童心雜仍望觀摩名
譽馳夜闌刀尺慵無力絮語欲吞吞不得繭吐春蠶無限
絲碧蘭翡翠當時匹瑤璫夾耳捧書還猶見箴誠膏粱習
何日囊螢學業成嗁云寡婦無家則歌柳文章葢代驚德
門女士重摧裂一日巫陽捧檄來訣別孤兒赴同穴致令
滯魄嘯風濤散入文心結冰雪兒今雖未奮祖鞭姓名已
達搴公前偏徵隻字題黃絹佇待懷淸錫九天掄揚壼屬
嘘枯手賫絲下迄牛馬走觸緒俄興椒酒悲倪刖我師楊

我友鬚眉慘淡巾幗留婺宿光騰燭螭首若使身膺宗社
擔碧血淋殷亦何有熏風四月櫻桃紅洞庭歸棹蓮華峯
雨窗兀坐三太息是母是子皆英雄酌君二泉五湖之泓
渟挹君九龍嶂㗊之崢嶸他時機部星精冠百獸更頌璿
璣拜北亭

書倪節母楊孺人哀章後　失名

忠孝節烈爲立地立天鰲柱余嘗讀古至此輒肅然起敬如見其人不啻作紙上觀而已而婦節尤難易曰苦節不可貞上六於苦節則貞而仍凶之夫貞者必苦苦而能甘斯安矣何凶之有雖然難言也詩采二代十五國風紀婦節者一篇共伯美丱夫古之女士生于教明俗美之時而全乎此者不槩見甚矣節之難也則當今日而有操比冰霜心堅金石者何忍不爲之闡述乃使血濺清微消沉于荒烟野蔓如倪母楊孺人十九于歸五春分鏡正夭夭桃

李之年礪皎玉璜之節含涕屑藥以訓撫遺孤三冬五夜一燈清熒輒借機杼聲相爲伴讀郎今文名鵲起日選高枝埋豐䂙謂非醴原芝本母教所自乎乙未仲冬爲營葬事爲未亡仙逝之四年回首十六載苦節幽芬欲謀所以不朽聖善者向人輒烏烏孺子泣云而都人士僉曰有母如是足可以風矣予嘗太息夫全節之難感慨乎今世始終易節之往往然也因爽然深信曰有母如是是誠可以風矣聞倪之先有克明汝徵二公在永樂景泰間祖孫以直諫顯忠貞之後又得苦節婦人表儀當世所謂立地立天鰲柱茲萃一門矣宜都人士之交頌無已也昔趙孤之報嬰杵也一爲其易者一爲其難者嬰卒而武衰服三年夫報莫大之恩者僅三年耳亦惟是斧躬廸後以大酬孀志所以報也已吾且以將來子若孫之濟濟爲楊母分身符以集蓼莪茶之苦爲楊母仁者粟以都人士詩歌傳記之不朽爲楊母返魂香母死乎不死矣余故讀倪子述哀而肅然起敬如見其人不能言而不能已于言者有如此

輓倪節母方孺人　十七世　隴西 妤令　呂高培

嗚呼余悲從母之亡益悲從母之志也從母方孺人適汝霖倪先生三十二而寡六十二而終三黨姻親痛定思痛轉而爲祝謂往見西方聖人嗚呼何其謬也汝霖先生君子也從母爲君子妻豈不知西方聖人之爲誕妄者而乃爲此耶而所以爲此者三十年中撫孤支厦辛苦萬千以身之未可以卽死也而寄之禪以貞苦節日今諸孤成立歸報所天古所謂代終者非耶夫殉夫於未死之時與殉夫於立孤之後其志一也然而立孤者大矣詩以當哭情見乎辭

每過南村拜母姨訓言親切若家兒徽音忽向重泉逝轉憶當年事事悲

早歲姨夫赴玉樓諸兒弱小哭啾啾痛夫何惜一身死乎撫遺孤未忍投

母子零丁處極難更多外侮欲摧殘報夫地下談何易三十年來淚未乾

長齋繡佛自年年早夜孤闈梵貝傳不是淑媛偏佞佛痛

身聊爾學安禪

久謝鉛華作道妝音容彷彿在何方殘機落月聲歸寂素帳空烟夜獨長

香飯清齋奠未收繐幃風動一燈幽我來永訣含辛返舟泊東風瀉不流

倪母華太孺人墓誌銘　　李顒 中孚

孺人鵞湖華氏太學穀城公女歲貢進士贈翁建侯倪公之配知武功縣事雝梧與其兄臬鳳來秉仁舅弟亮采之母也生于萬歷壬子七月十五日卒于康熙戊寅七月二十一日享年八十有七以子貴封孺人其葬也以己卯年十二月十三丁丑日葬于其鄉花園浜之新阡與建侯公合兆焉而銘其竁者則關中李顒中孚也孺人生無錫顒秦人也何以銘孺人且顒素不敢一言銘當世士大夫孺人婦人于古又無銘禮而顒又何以銘孺人也葢顒少而

聞雲林先生之高風暨余以常州郡伯駱侯之聘一至無錫頗聞其子姓之風規而自後讀徐俟齋先生集則見其記建侯倪公之阡者有作更讀魏叔子先生集則見其誌建侯倪公之墓者有作因得心識無錫倪公爲仁義而能實行其德之君子而孺人季子雝梧宰吾郡武功與吾里接壤惠政頗聞余耳適者代篆予邑則又親目其惠愛之實而得其爲人之詳余既以徐魏二公言信建侯公之賢又因建侯公以信其內助之必賢且以雝梧之能爲循吏而心竊遥擬是子之有賢母也於雝梧再三之請可無一

言以誌孺人之墓歟且婦人古雖不銘而孺人女道婦道妻道母道之可風則夫禮以義起者是亦君子闡幽表微之不廢也乃按狀而序之婉娩柔順先意承志而事母僅病籲天祈代者孺人之爲女也事舅如事父甘旨之供必腆必潔出體舅心衣服賓客之饌具必盡其歡及舅病而佐夫醫藥飲食者無遺感是孺人之爲婦也夫勤于學則篝燈佐讀夫罹于禍則援古解寬夫喜于義則慫慂贊決是孺人之爲妻也教子以嚴不以姑息訓女以儉勤不令侈逸御諸婦以恩禮不以煩苛而至其有子而官則諄諄

教以清白惠愛而不欲以封靡玷其官箴家法者是孺人之爲母也嗚呼世俗每冒婦行止于閨門無奇可貴然使天下之爲女爲婦爲妻爲母者皆盡其分而不踰其規則所以慰解其父母之心而助成其夫與子之德義者所關豈其微哉此詩首關雎禮嚴婦道而大易家人一卦所以稱利女貞也然則如孺人者所爲盡其分而不踰其規者非耶傳曰有德者後今予觀狀孺人一身七十年內而子若孫若曾孫男女及外孫男女且百十人而未艾吾更以信孺人之德爲實德也乃若立身行道仕者皆心國心民

衕辰名母未仕者皆謹身積學隱居求志克砥大成以延
孺人之澤於無窮而揚名後世者又在倪氏之子孫矣乃
爲之銘

銘曰坤儀其詳兮壽考且康兮善氣餘慶宜其子孫之昌
兮夫倡婦隨死復於此而同穴藏兮日瞑靈妥知其子若
孫必且立德立業而親名於後世而揚兮

倪節母葉孺人傳

康熙壬辰進士 杜詔 字川

葉孺人者吾邑存貿葉公之女文學存肖倪公之淑配也
孺人稱未亡時年甫二十七厥孤君美生九月孺人呼天
誓殉自絕者屢賴翁姑力持得免君美三歲生痘幾危孺
人痛心疾首嗚嗚籲天隱若有冥護者幸無恙及長就外
傳則督課加嚴每夜從塾中歸一燈熒熒母織子讀庳間
寒聲機杼軋軋與伊唔相應不丙夜不休後君美能讀父
書有聲文社嚴課後嗣家聲不替非孺人孤幃弔影哺藐
孤於寒冰檗苦中四十八年之辛苦乎執節以從其夫守

道以教其子生有令名死而不朽復何憾焉孺人享年七
十有四雍正乙卯
旌表如例

雙節傳

昔吕黎與于襄陽者云莫爲之前雖美弗彰莫爲之後雖盛弗傳今見繡衣坊倪氏益信斯言爲不誣矣當有明太祖龍飛淮甸倪氏黄門祖孫應運而興以直諫見忠貞厥後又得守節婦人鵠起蟬聯如五星聚於一堂一時士大夫渤諸金石播諸聲詩羣以二忠五節爲美談迄我朝定鼎後有何孺人姑媳者承先啟後以雙節著焉是皆黄門先生默以佑啓之也吾故敘其懿行以傳之按姑氏何年十八于歸儁超公廟見後荆釵椎髻親挽鹿車提甕

出汲有桓少君遺風爲事舅姑愉色婉容先意承志閭里賢之舅姑亦樂道其賢生子二蘭文蕙文而夫疾孺人每夜禱北斗呼天願代寢不安席食不甘味者數越月儁超公尋以是疾卒時燕超公甫九齡孀姑白首在堂孺人經營棺槨哀禮兼至孺人幼讀書頗知大義紡織服賢以列女傳中可作師範者書之座右奉爲矜式故得食藥如疏茹茶如薺上事風木婦而代子下撫庭芝誓不忘慈內外之事萃諸一身備嘗數十年之辛苦艱難始得二子成立方期頤養天年不意長子蘭文拋撇紅顏相辭白首遽作地下修文孺人與子婦高號泣呼天哭聲震地聞者莫不爲之流涕慈遺姑媳二人形影相弔進退有如狼狽共矢柏舟矧蘭文公之没也高氏年甫二十痛夫不永誓以身殉勺水不入口者三日賴姑何孺人喻以存後之義始節哀順變昇進疏水念姑氏景迫桑榆未嘗頃刻離左右五夜三冬少爲飲泣不使姑知恐傷其心也後數年撫姪潮生爲嗣爲之入塾以鍼黹之値供修脯之資未嘗旨蓄惰之旨娶俾得成人事姑洗腆用申姑没喪葬盡禮三十年摒擋霜帷不事膏沐不踰戶限一如何孺人之守節者二

本何孺人之教也蓋以節礪節愈奇以節培節節自全姑作之於前婦述之於後可謂二難矣非黄門祖孫陰以開之卽前明五節默以佑之也余與倪居之近知之悉故傳之以備士人樂府之選詠庶蘿闈幽光矣至於旌門題墓以慰貞魂尚期守土者之留心也

乙未進上探花及第翰林院編修江西按察秦鉽拜撰

旌節繼祖妣鮑孺人傳 十八世

孫男垂憲

孺人姓鮑氏邑庠生子韶公女封文林郎嘉甫公孫女先王考邑增生廸修府君之繼配也年十八于歸十二載而寡守節四十九年壽七十有八先考亦樓府君常言予襁褓失恃稍長失怙繼母以養以教俾克成立繼母生弟妹五人慈愛均一以予失所生尤加憫焉王妣華太宜人壽逾八旬繼母奉事尉誠致敬王妣安之御臧獲恩意周浹治家井然纖悉有條理既諸叔與姑相繼婚嫁經營盡瘁而先考遺產不少虧損繼母一生内行淳備爲宗黨所推而予蔆落無成不獲仰酬罔極繼母苦節未邀旌典尤夙夜負疚無以自寧 憲生也晚未悉孺人懿行惟習聞先考言若此謹識之不敢忘雍正庚戌嘗事具孺人節行聞于朝例膺旌典濟德幽光庶幾獲闡而先考于泉下亦少慰焉

薛太孺人墓誌銘

康熙丁丑 長進士 杜詔

往余得交於雲峯倪翁卽知其有賢内助厥後翁之長君世縉世余玢兄同遊于庠時相過從往來益悉其母薛孺人坤德雍正甲寅秋七月孺人旣考終越二年丙辰孤世縉將以孺人之喪葬於新安鄉之新阡啟翁合兆焉而述其事行請余銘按孺人姓薛氏祖太學生廣東布政司經歷德卿父庠彥公覺母呂氏孺人生而端重寡言笑稍長能善事父母及歸于倪舅汝遷公姑華太宜人方持家雲舉有兄五人未析居孺人上孝奉舅姑下和諸妯娌佐家政無巨細皆有條序進退容止皆有度内外屬皆嚴重之以此得舅姑歡心逮舅没而姑之安其養者復二十餘年歲時薦享必極豐潔嘗曰吾儕養者饋食舅姑所慣不爾惻非所以事死如事生也顧無子旣而曹少君進舉世縉兄弟孺人愛之不異已出雖乳媪代哺而時其燥溼苦卄身親煦嘔之曹卒命兩孤喪服如其禮戊子秋翁以司賑事過勞得疾綿延至已寅夏孺人百方求藥餌療之至焚香禱天願以身代而卒不起是時兩孤長者年十有五幼者纔九齡耳孺人以一婦人撫兩弱離家政益斬斬訟役交

侵頤撼百出隻手支撐先業卒賴以不落蚤夜惟尊師教子爲念世縉兄弟俱就傅察有不中程必嗔呵輒令長跪甚則予杖實又重憐之卽投杖號泣每夜篝燈令從旁誦讀隆冬沍寒不少假直以慈母而兼嚴師迨兩孤成立婚嫁事已畢可稍自安矣無何啟燕夫婦相繼摧折呱呱弱孫嗁號左右重煩拊育至甲寅秋得疾自知不起顧謂世縉曰自汝父見背中更多難吾拮据卒瘏二十六年得無墜先人遺業汝等善承吾志則吾死無憾矣疾亟召戚族分釵鉺與訣且曰吾死毋遽哭我曰但化傾之而逝距其

生年順治癸巳十一月初七日得壽八十有二其葬以乾隆元年四月二十一日子二人世縉歲貢生啟燕國學生候選縣丞啟燕前卒女三人康熙辛卯舉人周宜穀貢生秦仁然太學生薛杏芳其壻也撫姪女一適山西汾州府通判黃大蘇孫三人大均大培大增曾孫一人林鐘曾孫女四人孺人自奉終身甘非薄祭先燕賓客則必腆內政明肅而慈仁好施與癸卯念饑民艱食出積粟賑之居常凡道路飢寒或與飲食或給錢米至婢僕皆馭以恩意巧針黹刀尺手製絕工妙接卑幼容必恭雖老不廢雖疾病未嘗有惰容噫婦德母儀若此其可以銘矣

銘曰樛木葛藟其風遠矣誰其似之標格女史于以求之于墢之陽宜室宜家則惟其常夫受以助子倚以成卓哉英媛世就與倫若脊者封有拱其木同穴而藏君子有穀

秦孺人傳 十九世 顧奎光

愚亭倪先生有賢配曰秦孺人系出學士秦淮海後爲太學生公盤公女太學生四十未有子孺人能得其父拊歎太學生歎曰恨若非男子然女也賢亦何渠遜男子也及歸于倪益修婦道謹嚴有禮妯娌視爲法愚亭以盛德厚道居鄉里不甚問家人生產孺人以爲婦人雖無外事然米鹽錢帛刀尺筐篋諸瑣屑務皆中饋職也不足以溷君子故最勞于治家以勤儉爲家人先上下肅謹無敢惰而嬉者紡織縫紉恆至中夜每量歲所常入以爲出凡義所

當爲者悉力佐愚亭爲之無所嗇縮然歲輒有羸餘業遂大起親友族黨有急來告必量力周之而櫬死喪施醫藥尤從臾愚亭爲小人所構訟事迍數歲得白孺人謂愚亭我緩急幸有倚特傷吾財耳不足結怨也太學生有一子而早沒議嗣未定諸姊妹或爭取所遺貲孺人往哭甚哀不取寸絲尺帛曰秦氏物也于已嫁女不應得且弟既亡先人無後顧忍以爲利乎其明于大義類若此教二子文杞文梓勗以勤儉曰二字終身可守也暇輒講說孝經女誡以訓諸女晚亦茹素奉佛而不與女尼往還曰此但家法而得入門孺人雖獨持家事而事愚亭以敬戒大小咸諮命而後行未嘗專主之然愚亭脫屣榮利恬然無求顧處者孺人力也年六十卒

贊曰余聞諸倪氏姻族間暨塈道孺人賢行然或嘉其能節嗇起家而已是未足以覽孺人嗣文杞持傳將來求余作家傳因著其可爲法者夫婦人惟識大體雖耳持牙籤算織悉而忘無攸遂之意于婦德曷當焉如世所稱健婦者固孺人之羞也

節母嵇孺人小傳　世縉

嵇孺人贈嚴州府推官諱岗公女族兄爾燿之配也爾燿
能文竟屯童子試年二十九羸疾卒孺人慟絶復蘇姑慰
諭始節哀事姑甚謹凡二十五年姑卒伯氏爾煇憐其榮
無子欲獨肩喪葬孺人曰夫雖死吾猶在也豈宜與伯氏
均孺人織紝劈纑無虛日過歲歉宗人有給粟者卻之餅
無宿儲弗語人也少爾燿一歲二十八而寡年逾七十而
卒守節四十餘年不膏不沐不踰戶限終身如一日

世廟祠

梁溪倪氏宗譜〈論芬錄卷十二 傳〉　毛　帶經堂

旌表如例庶慰貞魂于泉下云

媵許氏感其志節截髮不嫁今八十餘猶處子孺人没嗣爾煇次子城城死無嗣紹

烈苦節不傳略述數語俾後有徵焉

苦節傳　顧青岳

苦節婦吳孺人者閶江處士吳德音先生女也先生賢古
德高隱居樂志爲理學之宗與配蔣夫人舉案相莊有梁
孟風以故先生生孺人端莊靜一天性然也生九歲先生
捐館舍孺人哭盡哀絶勺水粒食者再而孺人始苦矣先
生少遺產蔣夫人煢煢嫠婦薪粒艱難孺人雖稚年獨能
竭勞瘁勷蔣夫人操作噫此孺人父没後無日不苦而成
孝女者也十九歲有梅里倪子爾燦者儒士也元配楊
孺人早世孀母華夫人因失奉養急求孝婦操井臼修廿

梁溪倪氏宗譜〈論芬錄卷十二 傳〉　美　帶經堂

旨聞孺人名求爲繼室蔣夫人曰吾聞倪子家世潔白詩
禮相守且聞其以養母故求賢婦孝子也失孝子可乎因
許諾廟見日拜姑嫜椎髻而前華夫人喜曰眞吾家婦也
兒得助矣爾燦生計艱拙讀書未遇無以供華夫人甘脆
孺人與叙梳佐匕箸必潔必豐悉當華夫人意而自飽麤
糲弗使華夫人知之二十一歲舉孤培基華夫人始得含
飴弄孫融融然有膝下樂然而孺人心力交瘁矣噫此孺
人于歸後無事不苦而成孝婦者也二十五歲爾燦厭塵
寰飄然遐舉時孤纔五齡耳孺人痛不欲生必欲相從地

下華夫人以孤爲勉始得蘇息殯殮爾燦哀禮兼至然可
室中已洗也孺人不以黜月掃風歛華夫人寂水孤年廡
人小學無以備修膳孺人毅然曰撫孤不教未亡人責也
吾盡減餐以供兒學於是日不重食體無完衣晝夜織紉
上供哀白之餐下供弱赤之饘冬不及爐夏不及扇孺人
誠苦矣華夫人疾革孺人早夜憂惶衣不解帶藥必親嘗
華夫人棄世孺人哭盡哀哀盡禮三年如一日也蔣夫人
病篤藥不效孺人中夜焚香告天割股以進越日瘳三年
後無疾終蔣夫人命嗣無力治窀穸孺人搜括奩篋以助

噫孺人以孝女出爲孝婦以孝婦卒成孝女兩無憾矣捧
遺經訓孤于凜凜義方今孤雖未顯榮然通經博古器格
端雅皆孺人嚴以成其慈也此孺人斬鋻後無歲不苦而
卒成孝婦孝女慈母者也綜孺人一生十指無停針五夜
無停梭生平溫飽之日屈指無多而節愈潔自五十九歲
終於內寢無論遠近親疏俱泣數行下稱孺人爲微笑寒
梅百煉純金嘻爾燦余硯友也何修得此婦哉抑又聞之
爾燦胞兄爾耀娶進士稽瀞園先生胞妹爾耀亦早沒稽
孺人年纔二十六歲亦苦守節堅强如吳孺人一門雙寡

苦節相同雖培重不能上進顯揚苦節而兩孺人之冰霜
操俱與日月爭光終必邀
錫命於異日
旌表於奕世也

倪節母楊孺人傳

禮部侍郎 鄒一桂

孺人楊氏，其先由維揚徙居無錫，父太學徵三公，諱溥力，學敦行。孺人稟家訓，甫勝衣，即言動有則。長歸庠彥密齋倪公之姪密齋公，潛心理學，年三十病沒。時密齋公父綵霞公已棄世，母胡孺人高年多疾，生母顧孺人亦逾艾，遺孤象墉僅六齡。孺人嘗此誓不欲生，胡孺人含悲勸曰：昔人言死易存孤難，汝爲其難者。孺人始節哀自是，飲血茹荼，以婦道兼子職，以慈母爲嚴父。其事胡孺人也，問寢視膳外，尤能先意承志，得其懽心。胡孺人卧病三十年，如密齋公左右之，不覺其子之亡也。事顧孺人亦如之。撫遺孤象墉，期以遠大，甫就塾，嚴立準繩，有弗率，涕泣教誨之。授室後，猶時察其勤惰，故象墉擅文譽，試高等，秋闈屢膺首薦。治家內外秩然，各畢其職，先婢僕而興，後婢僕而息。時其饑寒，均其勞逸，役于家者樂爲使令焉。倪故素封，孺人惜物力，崇節儉，至財所當用，無吝色。若齋產充公費，捐金輸族人官道，又爲人情之所難。孺人生康熙庚戌七月二十五日，卒乾隆丙寅正月十六日，壽七十有七，守節四十八年。雍正九年辛卯，邀

恩建坊

旌表。子一，象墉，國學生；女一，適余從子雲城，先卒。余以雲城耳熟孺人之懿行，以雲城亡婦之賢信孺人之閫教有原委，以孺人之玉成雲城者，知孺人生平諸事皆可風，不揣蕪陋，敘列之如此。

節母楊孺人輓詩　劉在楷

口窮婺女躔空谷積風雨松柏縱摧頹貞心自千古關西閨中賢懿行具堪譜少小禮法明娣姪奉儀矩長嫡高士門淑慎從梓俯竊比鏡長圓不謂釵折股捐軀婦願違甘荻母功溥經畬子業成萊綵共孫舞方幸蔗境甜易彼食蘖苦何期青鳥使遽速返崑圃哀哉孝子心期將白華補慚余昧聲詩率爾賦天

旌德教諭　華希閔

秋日未爲烈秋霜未爲潔節婦一寸心皎皎逾霜日系出

自關西甫操無異匹茹茶數十年婦道兼子職撫孤業有成得續清閟脈苦節達九重棹楔特旌恤天胡不假年淑魂歸冥宅繐帳空長懸悲風寒瑟瑟母儀不再留行路聞之泣哀輓多篇章揄揚賴椽筆雖死有餘榮千秋光簡策

江陰教授　王繩曾

竹列蓮彫色黯然璇閨懿範憶當年身完氷玉千秋節心了蘋蘩十載緣環珮聲遥歸月府綵綸光賁麗星躔卽看麟趾振振美應識恩勤母訓賢

華純曾

共欽閨範自關西高士門楣梁案齊牛道釵分鸞隻廿年機斷淚痕低能文蘭玉詩書紹苦節冰霜坊表題生也榮名死何愧爲傳芳馥耀簪笄

簫聲吹斷彩雲無仙侶長徂不可呼破鏡晨梳歌寡鵠空房夜績聽啼烏茹茶餐蓼廿如薺畫荻丸熊苦卒瘏廿載冰操何所似明珠澄貯水晶壺

楊孝元

繐帳飄蕭冷北堂孤鸞掩鏡竟倉茫關西譜在風規卓淸

閨書傳奕葉昌綸綍當年輝寶婺松筠此日泣秋霜辛勤七十成彈指留得貞心一片芳

禮部侍郎　鄒一桂

凜凜冰操五十年宏農華胄白光前身心已久拌同穴慈孝兼能代所天留得熊丸和節苦傳來鳳詔共芳鮮徽音百世堪儀則貞石無慚旌典鐫

節母王孺人傳

禮部侍郎 沈德潛

錫山倪遜甫妻王節母吾郡望族女也幼時端嚴持重動靜不苟旣嫁能婉娩事舅姑舅姑賢之生一子垂範而遜甫沒節母閉戶寂守雖家人罕覩其面歸寍母家輒攜其子留數十日即隔一日無或間其豐者子旣長訪名師教之倪固素封節母嫁時家已中落夫又久病醫禱費不貲旣寡而垂槖蕭然矣粥奩中物以給束脩而自饜麤糲艱苦備嘗者十餘年迨子娶婦始稍息有云節母雖一子而畜之以莊對子若婦不妄言笑子若婦嚴憚之至從兄弟

及內外兄弟有請見者則端行俯首揖而退不妄交接一言雖老猶弗變也子死復撫其孫師錫亦如教子法節母工於補有求者必倍他人之値以紿饔飧資其孫讀書費不匱節母二十七歲而寡守節三十四年而卒子垂範敏而能文惜其不及表揚母氏而先齎志以死幸

聖天子臨御專勵名節

詔旌于乾隆乙丑苦節食報信哉

孝感記 十九

族叔祖國學生天敍公諱綸年三十有二病咯血卒遺一子三女俱幼稚其配侯孺人砥節撫孤操家政鬻外傅量所入節所出壹教嚴肅偊偊如也其近屬類皆以豪侈廣產而節母獨以勤儉家得不落今孤瑋偉然成丈夫已抱三孫矣節母歷冰霜二十餘載力疲又感氣憤攖異疾時一發則不能飲食貌瘦癯身竹立辛巳秋疾革其子性孝平日諸所行悉稟母命是時見母之呻吟於牀蓐也皇皇若濡手足焦毛髮而求所控告不惜費延邑諸醫而負名

其疾投諸劑不效轉劇遂與仲姊朝夕籲天願以身代并虔禮魏元君斗科徹七夜乞將已壽移母壽出手疏哀告諸神不啻蓼莪之什時辛巳十月中旬也所供神前本命燈始暗而漸明人咸遍室有異香母不食者月餘矣忽一日進粥竟不服藥而疾瘳嵗一周不復發茲則健飯踰前矣孝之所感如是乎何其神速而至大也尤是其仲女之守貞而不字也幼痛母寡性厭鉛華每媒妁之求議姻者貞女周走而啼曰姊與妹宜出閣者則欲侍母氏終老寢門耳旣他年姊妹于歸弟亦娶婦母氏煢煢誰伴朝夕吾

其常如兒時在母懷中不至樂乎由是母亦憐之從其志不字居常撤環瑱服布素代母操井臼長齋繡佛六時持課法王家言親族罕識其面人咸謂之貞孝女云夫節母節而貞者也貞女孝而貞者也婦人以貞爲行節而貞完節也孝而貞純孝也宜其感諸天而天應叩諸神而神無弗佑也固可徵節母之所教矣節母又有夫兄天耀公之妾朱氏年三十外孀居家祇老屋兩間一無產業可恃取給於紡織朝夕惟相依兩棺節母賙卹之不使乏朱氏亦茹苦撫其兩孤安之無間歲時手百八珠誦彌陀若有所

自得者從不告貸於人是亦節母之所化也吾於節母家僅隔一堵墻嘗觀其母儀閫其家教皆信而有徵者節母方食報未有艾作孝感記俾族叔琫藏之以俟後日請旌焉

乾隆歲次乙酉季夏之月

姪孫龍鏡撰并書

詔旌貞節顧孺人傳

易曰苦節不可貞上六於苦節則貞而仍凶之夫節而能貞苦而能甘甘斯安矣何復言凶雖然難言也詩紀十五國風咏苦節者止以柏舟美共姜耳夫當風醇俗美之時猶不少概見至今日而茹蘗含冰心堅金石如倪母顧孺人者何忍碧血丹心銷沉於荒烟野蔓荊棘縱橫之地乎吾故敘其苦節爲傳以傳之按孺人氏顧幼字倪繼釋爲妻生長名門夙嫻詩禮年二十將于歸繼釋公尋病卒孺人聞訃至痛哭呼天誓以身殉死而蘇者再而三父母諭

之曰幼當從父未成婦無殉夫之理孺人含淚應之曰父已命爲倪氏婦當死爲倪氏鬼正所以從父命也父母不能強卒歸倪既廟見哭泣成禮屏鉛華終身不踰閾長齋奉佛上事孀姑以孝下撫嗣子以恩家故貧孺人勤紡績工裁制己饜糟糠洗腆川巾孝養姑沒衣衾棺槨經營備極勞瘁歲時祭祀必誠必敬哭聲動天地聞者莫不盡然流涕曰倪氏婦可以風矣當其培養嗣子延榮也延師入塾以十指所出供修脯夜必篝燈鍼黹伴讀無曠日有過輒令長跪不少假必改乃已既冠方謂有子克家稍可息

肩矣詎意廷榮夫婦又相繼摧折孺人號泣悲啼形單影隻艱難辛苦不可以言語罄述者賴從姪廷標相依以盡餘年享壽八十有九嘉慶丙辰顲于大吏請旌于朝崇祀惠旌貞節祠少慰貞魂於九京矣余恐其歲久而湮沒無聞也爰叙其懿行以傳之

論曰孺人之守節可謂苦矣孺人之苦節無愧乎貞矣夫貞者靜也孔子曰仁者靜又曰仁者壽孺人以靜守其貞故得成七十載之奇節享八十九年之大壽也吾聞倪之先黄門祖孫以直諫見忠貞十一傳又得孺人之貞節忠節萃一門矣宜彼都人士嘖嘖交頌也闡述之後益信孺人之集彖茹蓼爲難矣予雖不能言其能已於言乎

壬戌進士翰林院右春坊右贊善掌教紫正朱　拜撰

賢母朱孺人傳　二十世

嗚呼丈夫而巾幗者吾見之矣若夫巾幗中言行操守卓然可傳出語如先儒格言磊磊落落正大光明後人可奉爲持身寶訓此巾幗而丈夫者求之往古且不數見近世尤難其人也吾於賢母朱孺人見之矣母姓朱氏世居前旺里父諱　國學生代傳清德生有令聞幼閑姆訓長工女紅年十九歸倪君國柱諱廷棟時家已中落性復豪邁不事家人生產尤喜施予孺人黽勉有無十指所出佐以勤儉使國柱公無內顧憂至於敬事舅姑和諧妯娌自奉以約與人以豐閨門雍睦內外無間言國柱公中年謝世孺人籲天求代痛不欲生經營喪葬一切盡禮盡誠於是獨操家政兼撫遺孤布衣疏食安之若素嘗訓子文燦曰存心忠厚待人寬恕短長無所較貧賤不易守汝輩立身之道不外是矣不幸遭家多難文燦又復早卒遺維三五家徒壁立饔飧幾至不給孺人復主持門戶忍痛拮据集蓼茹荼備嘗艱苦撫諸孫輩以教以養毎戒之曰晝粥斷虀昔賢不免貧是儒者本色諸孫克自樹立不以貧故而墮其志此吾願也汝祖若父亦含笑於九京矣若屈辱求

溫飽雖日啇粱肉吾能下咽哉汝輩勿以不能孝養爲慽也時姪有欲售其舊宅者孺人曰先世創造艱難傳且數百年今子孫耕以庇風雨且所值幾何不可售也如勢不能止吾必鳴之官事遂寢孺人以乾隆三十一年十月十八日生以道光二十六年正月初十日卒享年八十有一卜吉葬崢嶸崗國柱公合兆焉子一文燦先卒孫三昱堂渠堂華堂俱恂恂儒雅能守孺人之教者也乙卯秋仲昱堂渠堂等以續修家乘請傳於余余與渠堂爲忘年交朝夕往還深悉孺人之懿範恐其泯沒而不傳也爰述其

大概如此俾世之丈夫而巾幗者觀之亦可以少愧矣

乙巳舉人何錫章拜撰

侯孺人傳

蔣錫孫 望庭

大凡有賢母而後有令子望莪倪公之配侯孺人誠賢母也望莪公好讀書家道中落孺人操持勤儉不以爲苦孺人之歸倪氏也翁天叙公早世姑侯太孺人攖異疾孺人衣不解帶晝夜承伺太孺人常謂之曰吾無以償汝願汝多賢子孫以報之聞者咸泣下太孺人既沒越七年而望莪公亦棄世五子尙幼孺人備嘗艱苦以養以教有小過呵斥不少貸蓋以慈母而兼嚴父者後其子皆能自立而承祖以醫名於世非孺人提攜訓誨不致此孺人善不

勝述而練才達識尤爲巾幗中丈夫戚黨有爭訟孺人具酒食邀至其家力爲排解各歡然散薰其德而善良一鄉皆親睦誠盛事也自適望莪公之喪長齋奉佛不御鉛華其沒也無不稱揚歎息爲之哭失聲孺人生於雍正乙卯卒於嘉慶甲子壽七十嗟乎孺人之沒廿有餘年矣人見其子之隆隆日起必追述孺人之德不衰何其賢也余少遊京師旣壯而歸與楊子浚甫交最久浚甫與孺人爲中表親每於譚次道孺人之嘉言懿行故得聞其大略而爲之傳

倪母吳孺人傳

孺人吳氏國綸公之女朝先公之繼室也公元配王生子三允智允仁允順未幾卽世繼孺人亦生三子允中允和允隆孺人幼端謹寡言笑動靜以禮父母愛重之年二十于歸倪奉姿姑婉娩溫恭潔饈䊢饎出盡婦職每以不逮事舅爲憾相夫子必敬必戒以順爲正不幸朝先公卒於乾隆甲午七月時家計蕭索孺人勉力營辦喪葬盡禮前出諸子尚未成立已出者俱屬髫年食指纍纍朝不謀夕孺人刻苦自勵晝夜紡績不以寒暑間至中饋操作及紉

織補綴之事不憚勤勞一以撫孤爲已任愛前室子飲食衣服不與己出內外嚴肅不許諸孤輕舉動時以勤儉料之不使染市井陋習故六子皆能自樹立惟允和遠出未歸餘皆爲之有室爲易曰妻道無成而代終孺人有之矣梁溪倪氏隸輯宗譜今春將竣其孫承福請傳於余余里居密邇素悉其事姑序梗概以俟採擇者孺人卒於嘉慶戊辰年七十有四

敕授儒林郎鄉飲大賓

誥封奉政大夫候選清軍分府同里姚信撰

學程倪公德配沈孺人傳 二十一頁

候補儒學訓導曹大綸

人不處極貧之境無以見其操不遇至艱之命無以明其用迨乎山苦得甘而天意聮然可見惟在夫人所受之耳予於學程倪公德配沈孺人而益信癸亥春倪君貫一惟一奉父命持其母沈孺人行實求余文以傳後孺人之行鄉里共稱何以文爲然總其終始非文無以行遠余與貫一交故久知孺人最悉誼不敢辭乃哀其事之難者孺人姓沈氏稼來公女爲學程倪公配離豪族而適寒門屏鉛華學椎結操織紝井臼之事夙興夜寐如素貧者每歸寧

諸姑伯姊共憫之孺人未嘗一言貧學程公館穀甚微粧奩典盡卒歲無資晏如也家無以產移家就館出青暘而青墩山青墩而文林由文林而城中復出城中而文林凡十三遷而至新莊其子始掛娶而定居焉其間與鄉者或一二年或三四年既無族類親故加以人情風土異宜家貧事事必求假於人相處有極難者而孺人不卑不亢所居而樂既去而思至今鄉里共舉爲法嗚呼難矣子二長貫一次惟一孺人教之嚴而有法能食教之惜食能言教之慎言就傳必敬必誠修飾必時且備子或怠惰必加笞

責不少貸稍長教以立身待人之法時述祖德以勗之曰倪氏之貧由來已久昔曾祖南文公由無錫樑陽入贅江陰青暘張氏典張屋以居曾祖母張孺人嘗至母家見庫樓板斷銀瀉滿地即告兄嫂料理而歸家人咎其何不持數錠以救貧曰他財莫儆也其臨財不苟如此祖天棟公入籍江邑棘闈屢薦不售而志不衰嘗醉吟云孤帆夜月金山寺雙槳寒潮燕子磯卒年七十八病已殆忽命其子扶起沐浴衣冠焚香自題其主題畢和衣睡而沒非有得於學焉能如此祖歿既葬諸人共爭家財什物汝父獨不

與爭諸人散後唯餘破書一架取而歸今汝等稍知文義破書之效也尚其及時務學以承前志長子賁一入泮屢試優等孺人勉之曰讀書在進德不在求名勿以一巾自畫也孺人享年七十有五先學程公沒臨沒唯以二子學未成爲慮無他語歷觀孺人行實其盡職相夫有桓少君之風其遷居教子有孟母之風始雖艱苦而其子進學襲儒家稍寬裕且奉

恩詔例贈孺人亦可見報施之不爽也故不辭而爲之傳以爲婦道母儀法

倪母周孺人墓誌銘

四川盛山縣知縣 鄒儀

乾隆癸卯五月長兄學曾省余於蜀之盛山官署述其岳母周孺人之卒也遺言以屬壙之文乞余爲之銘孺人爲余中表太學生倪君大音兄之配余少失恃依外氏與兄同塾者十四年親愛如同懷安敢以不文辭嘗孺人之于歸也歲在雍正乙卯時外大母楊氏在堂一見即喜曰新婦得人矣時一切家政母舅怙亭公主之公十應闈試屢薦不售性耽於學早夜吟諷手不停披不事家人生產以故家日中落乾隆癸亥余隨父任之直隸肥鄉丙寅三月

楊太孺人訃至辛未舅母秦孺人卒而家益窘嘗怙亭公盛時其宅廣廈百餘間圃亭竹木邱池擅一時之勝有惡鄰某竊而食之僅存數楹四壁蕭然不蔽風雨而饔飧之心未厭復以子母權之幾無容膝孺人愀然痛生者無以爲居先靈之神主無棲所百計圖維時方寒歲脫簪珥外又解衣質庫以償既復葺而居之至今子孫得少有甯宇者孺人力也辛巳怙亭沒孺人舉兩代喪皆措辦於十指間家雖窘延師課子不廢長子宗泰學業有成矣已亥四月大音兄病沒辛丑三月宗泰以毀亡而孺人亦於七月

五日卒矣嗚呼余少依外氏未四十年間哭其家祖孫父子四世每一念及感歎欷歔不自知其涕之零落兄孺人身當其阨宜其戚戚以終抱恨於九原也孺人生於康熙甲午六月四日享年六十有八於乾隆五十五年臘月葬東亭南宅之新阡子二人宗泰宗濂女三人長適太學生周際時次適余長兒學曾甲午舉人福建建安知縣次適邑庠生侯軒四庫館議叙主簿借補山西汾陽縣巡司自孺人沒後宗濂舉二子長廷榯爲宗泰後次廷槐皆嶄然見頭角易曰積善之家必有餘慶吾知天之報施善人未

有艾也

銘曰孺人已往衍慶蕃斯死而有知對此詵詵其又奚悲

倪氏貞孝女傳

尤堃

貞孝女者姓倪氏出自雲林先生後爲封翁元長次長女昌樂縣黼堂君姊也天姿穎悟至性過人於經史靡不條貫而內典尤爲精熟自未笄時温和柔順已能得大母暨父母之歡心迨黼堂遊學京都長君黻堂夙嬰疾病封翁衰老侍奉無人貞女慨然曰吾將爲不冠之男子矣於是立誓不嫁葷腥永絕布素長齋晨夜則誦梵言數千以祈三老人壽問安視膳罔有懈怠暇則以針黹教其妹以詩書教其姪經理家事以一女子而兼數人之事矣嗚呼彼

丈夫之冠者不孝不弟不友不慈聞貞女之風或亦可以少愧矣乎夫誠至者金石爲開孝深者穹蒼亦格貞女代供子職大母果享遐齡厥考亦登上壽當大母及考之終也黼堂遠宦粵東醫藥調治貞女以一身任之迨乎黼堂再起作令汾得山左因念母老家貧將盡室以行而貞女則曰老母有所倚予重負可釋喧囂之地非予所樂也謝不去其居心淡泊如此居未幾而貞女亦辭世矣貞女生乾隆卒嘉慶得年六十有奇貞女予妻之女兄也故能略道其概後之秉筆者欲表揚懿行庶於予言可徵信焉

詔旌節孝倪母錢孺人傳　二十二世

節孝倪母錢孺人吾邑大潮公之女乾九公之配也年十九歸公夫婦勤勞不啻昧旦相警未十載乾九公病篤牽帷涕泣顧孺人而謂曰吾門衰祚薄仲弟病亡弟媳事姑不敬出歸母家叔季兩弟又學習遷於外所最難瞑目者父母年高三子尙未成立彼蒼者天曷其有極汝能爲我上事高堂下撫弱息乎孺人含淚而應曰諾迨治喪畢引刀跪於靈前斷髮刺膚以自誓於是以婦代夫以母兼父益習勞苦勤紡織自則暗茹蘗糲惟奉堂上旨甘必精

潔豐腆諸子就塾則又厚修脯嚴督責夜則一燈熒熒介兒在旁誦讀未嘗少寬嗟乎孺人之節可謂苦矣乃艱險疊生姑任太孺人因頻年喪子鬱成痰症常發狂不省人事孺人維持調護時被毆傷血流遍體然十數年中絕無怨懟舅姑沒遂告知兩叔安葬祖塋自此奉佛持齋至古稀時人見傷痕細詢情狀孺人終不忍言也故今閭里中猶嘖嘖孺人之孝不衰先是壬辰歲余試春官旋里因事匯母家勸茝嗣請

旌當道孺人謝曰氏之守節事姑皆未亡人分內事也矧寒門德薄安敢顯揚惟望後人常守淸白無貽先人羞足矣幸道光十四年兩邑紳士將母生平事實與邑中諸貞節彙請於

朝共荷

恩綸以昭

寵錫伊子槃遂以傳請余謹輯其梗概如此俾深閨有所取法焉

野史氏曰吾聞從死易存孤難若孺人之全節盡孝備歷艱辛而弗懈以慰先夫於九原是又人情之甚難晩近所

罕覯者矣宜其邀曠典受報饗以垂千秋百世也哉

道光壬午科經魁揀選知縣授國子監學正秦熒拜撰

節母吳孺人傳

孺人姓吳氏暘湖宗海公女年十八歸江陰倪元範越四載而元範卒當是時懷中孤纔八月耳而堂上孀姑已垂老矣猝遭此變怜不欲生自經死救之得蘇姑慘然謂之曰吾子死所恃者惟此藐諸孤汝不爲門祚計而激烈輕生不將重吾戚耶乃恍然悟不復覓死元範家不中貲醫藥喪葬後家徒四壁孺人起而經理之勤紡織以供薪水機杼聲往往達旦自安麤糲奉姑必洗腆卽典質衣飾無所悋姑獨寢夜不寐必思子泣孺人移榻就姑所故作嬉

笑以解之姑甚適遂忘其喪子之悲既而姑老病孺人日侍湯藥斯須不去側病日殆度不可起悲泣不食者數日姑死喪葬盡禮無遺悔焉孺人教子嚴子質弱多疾疾則日夜焦勞自悔督責太過疾已仍不寬假卒能成立其子不墜厥緒吁節固難矣而孺人以孝慈成其節則難之尤難者也設使孺人自經之後竟不復蘇豈不烈烈然奇婦人哉然猶一時氣矜之隆他日元範之老母果得喪葬與否元範之遺息果得成立與否俱未可知也乃孺人歷千鍾百鍊茹蘗含荼使老者有所終幼孤得遂長然後怡然從元範於地下若孺人者可謂毫髮無遺憾矣孺人生康熙五十六年正月十五卒乾隆五十三年十二月二十七享年七十二守節五十一年略記其事以俟夫觀人風者得焉

嘉慶癸酉孟冬月

賜進士出身歷任福建松溪臺灣縣知縣陞任鹿港同知調任淡水同知

誥授奉政大夫薛志亮拜撰

嗣母范孺人行略

乾隆　年

詔旌節孝建坊立祠嗣母范孺人峻節懿行具詳宗親呈
詞各憲題語及江南通志無錫縣志固已垂範女宗聊茲
求許無庸贅述特念吾母艱苦備嘗不忖孤所目覩而心
識者呈詞不能詳憲語志書不及載而不忖孤學問淺陋
不能表揚萬一恐遂湮没適當同宗修譜謹述其略以備
立言君子採擇焉嗣母姓范氏廩生諱夢熊字渭占公女
渭占公即曾祖文杞公長壻也母以復盟秦晉年二十歸

嗣父萬均公慷慨有大志不幸二十四歲而卒母痛不欲
生念未有嗣幸姒氏及娠節哀以待越六日不忖生孺
人悲喜交集即撫爲嗣曰吾夫有後矣七歲請師課讀每
夕必叩所學如課則喜稍怠即悲泣以督責勸諭孺人
自奉極儉甘旨供師及兩代大人必豐腆夙興夜寐積月纍
霜寒暑未嘗間也不忖自幼多病九歲大病十歲又病
十一歲花症甚危母多方調治衣不解帶數十日而不忖
始痊數年之間嗣母之苦不可勝言矣十三歲始附學于
二母舅范日昇及邑庠生光祖大母舅光祖没復附學于
庠彥光宗三母舅修脯考費歷費多金屬望甚殷而不忖
質魯志荒無所成就罪何可逭哉十八歲娣適朱家廿一
歲不忖受室吾母雖了生平未志勞苦不忖方期長侍以
受教誨庶幾稍有成立詎料心血已盡竟成勞瘵而卒嗚
呼痛哉母卒年四十有九與萬均公合兆馬鞍塢瞻望松
楸傷慈萱茂吾母以婦職而代子職母道而兼父道罔無
愧於地下矣獨不忖負吾母教養之勞不克顯揚以光
泉壤何以爲心哉爰拭淚謹述惟冀家賢恕其不文加以
椽筆幸甚不忖百拜謹述

張太孺人像贊　二十一世

承祀倪先生之配張孺人暨田氏如松兩田氏如榮之母也壽八十有一子雍茂孫濟蹌盈列霞觴玉佩瑞靄充庭誠哉五福中完人矣當先生之初造家也困頓無聊所如坎坷孺人挽鹿而前親操井臼不厭糟糠有人所難堪者而仰事北堂必洗腆罔缺迨先生醫術大著日長炎炎漸以周族黨䘏貧乏凡諸善舉孺人必佐成之及先生捐館舍尤時時以持身勤儉居心仁厚爲兩子訓而綜理家政洪纖有節撫馭婢僕恩勸兼施猶其餘事也噫此其所以

能爲五福完人歟余嘗延兩田氏洽恙故知之詳因贈其遺像而爲之贊曰

造物將錫福於人必量其人之能載與否而卽淺深厚薄以相因詩言篤慶易曰安貞惟坤德之順承乃品物而咸亨　嗟乎孺人蘖茶非苦薑桂彌辛盤根錯節抱璞返眞其相夫子以隆基業兮而畢蔭乎長春

賜進士出身

誥授奉政大夫福建淡水軍民同知

年家眷侍杜紹祁拜題

楊孺人像贊

孺人姓楊氏太學生藍田倪君之配也楊於邑中爲望族世以詩禮傳孺人幼嫺姆教稟性和婉其待字閨中也事父母得其歡心處姑姊妹將以淑愼族黨稱其賢迨其于歸也奉舅姑如父母視娣姒如姑姊妹而且相夫以禮馭下以慈戚里稱其賢舅姑亦樂道其賢易家人之六二曰无攸遂在中饋貞吉孺人之謂歟卒年五十有四子五女三爰爲之贊曰

古稱淑女蕙心蘭質士也好逑終身齊一中饋修嚴內言不出翁媼承懽雞鳴盥櫛相夫教子宜其家室吁嗟孺人婉娩昏衎茲婦道德與古鄰繩繩蟄蟄允慶麟振

咸豐丙辰秋月

姻眷侍華國琛拜題

欽孺人像贊

孺人姓欽氏太學生雨田倪君之元配也年十七于歸和柔貞靜恪循婦道不十年而卒年二十六舅姑深惜之而奉倩神傷幾有佳人難再之歎生女一歸余長子金墉青年守志奉遺像請題遂爲之贊曰

士也罔極致歎紅顏孺人伉儷遂棄蒯菅生也不辰翁媼失怙孺人鍾愛天步匪艱胡爲乎晨霜朝露摧其玉而折其蘭此蓋有數存焉非人力之所干况復弱女伶仃𥅧結

孫生乃忽遭我以抱尸之痛而長俾之髮白而燈青初猶幸子復有子兮繼更悲孤也不孤嗟乎孺人生既棄女而去兮死轉偕女夫女子而同爲泉壤之行乎

咸豐乙卯秋九月上浣　姻眷侍楊煥拜題

蔡孺人像贊

孺人氏蔡太學生倪子文梅之室予舅氏供山先生之次女也幼賦蕙心長成蘭質十年不出姆教婉娩聽從一與之齊婦道德言功貌當夫待字長得親心詠菊頌椒厲行而隨伯姊佩環鳴玉鶺原無間諸晜早企列女之高蹤更習大家之遺範迨歸于乘益表三從雞初鳴而盥漱潔奉巾櫛𧏮將弋而翱翔靜揮琴瑟蔭北堂之萱草解頤觀及羹湯分東壁之燈光傾耳聲聽紆軸情聯姊娌和叶

摽旄方期隨唱齊眉相莊白首詎意支離病骨莫效青囊弱不禁秋豈果類芭蕉身世幻原是夢已早悟蝴蝶生涯繪像屬題率書成贊其辭曰

古有達觀生前誌壙妹也志古達觀是尚像繪病中影形相向持付倪子他日請念倪子謂余此情曷遣余訶昔人香可返魂矧妹一息今茲尚存丹田玉池養性葆眞林雲紫微光景常新

愚表兄鄒觀揚拜題

丙辰春既爲外妹題像望其轉危爲安豈知蘭玉之姿於焉摧折傷哉年僅廿八因囑倪子附載家乘

倪母程孺人像讚

華錫畿 贊邦

古郡梅李有美一人大家遺範道韞後身才稱程女賢助倪君蕙心蘭質裙布釵荆采蘋敏慧賦性温純幼隨杖履能孝其親長諧琴瑟梱範如賓習詩禮兮孺人之文嫻針黹兮孺人之神操井臼兮孺人之勤脱簪珥兮孺人之仁有斯懿範宜享遐齡詎意金花未錫而早見寶婺之光沉惟曰瑤臺仙子祇可速歸碧落而不當久謫乎紅塵

倪母李孺人像讚

楊聚奎 仲賢

此像爲誰人共識之非惟識之亦且惜之歎承燕寢定省切之風高鴻案敬戒得之箒燈一盞錦夜織之炊烟幾縷水朝汲之衣必三澣文繡絶之食無貳甞甘旨撤之和丸教子詞之習之具饌供客豐之潔之誠以接物親族洽之寬以馭下奴婢集之慈以拯困鄰里德之其爲人也如此安得不奉爲母儀而思憶之推爲閨範而矜式之

倪母張孺人像讚　尤秉昀 篤士

吾讀列傳而溯女兮惟重四德與三從曹昭續史而淹博兮奇才足號乎女宗君徽賦茗而聰慧兮佐話水著乎閨中逝迺千載而輝映兮伊誰能紹乎遺風吾今訪察而有得兮淑人匹耦乎倪公天生蘭質而蕙心兮凡委詎比乎花容明詩習禮而性柔兮儀度無戾乎厥躬親操井臼而贊襄兮鍼黹兼習乎女紅主持中饋而尚儉兮留實饋其乎溧豐惜年不永而仙逝兮妝鏡臺被乎塵封花折一枝而傷春兮嫦娥早返乎蟾宮詠絮才華而杳渺兮令人景仰乎無窮

倪母陳宜人傳

宜人姓陳氏同邑濟軒公之長姊也家世業儒宜人幼嫻詩禮明大義年二十歸候選州同倪公湘塘諱文枋雨田公之仲子也于歸時雨田公夫婦已捐館舍宜人恒以不逮事爲憾雨田公有側室邵孺人長宜人二十歲甚善宜人宜人亦待之維謹閨門之內雍睦無間閭閻皆嘖嘖稱羨之湘塘公元配王宜人無子宜人以繼室也相湘塘公克勤克儉家道日隆隆起湘塘公好讀書兼學岐黃之業顧其體素羸宜人恒勸其節讀湘塘公甚善之然已遘疾矣宜人寢饋不安省視無間日夕禱於神祇願以身代疾終罔效湘塘公遽赴玉樓宜人痛不欲生顧念後嗣未定無以慰夫於地下乃亟擇夫兄子榮珍承祧於是整理家政以義制事以禮制心平居自奉甚約而獨於周急濟貧惟恐不力凡宗族有以急難告者無不如其欲以去初雨田公有建莊之志未果而歿至同治季年宜人即承其志捐田五百畝建義莊以贍宗族邵孺人實贊成之有司上其事援例旌表額其堂曰貞表雙柯咸里榮之宜人常曰代間女子大抵喜作佛事而周親贍族之義往往責諸男

子我則責無旁貸又略以此意勗榮珍榮珍余姊丈也能體宜人之志施惠於宗族始終不倦今因纂修宗譜囑傳於余余不文謹述其大畧俾閨閣中奉爲圭臬焉

思玆日吾邑多節孝豈山川之秀鍾於女子者厚耶抑亦德耀之流風餘韻可以陳紀立綱耶然柏舟之操凡爲女子者類能勉而行之而敬宗收族毀家紓難則不遑問焉若宜人之於節與義一無遺憾求諸古人往往難得能不流連景慕令人歿世不念耶

民國四年春王月姻愚姪諸恩域敬撰

旌貞孝素清三祖姑五十壽序

素清三祖姑濟川公之三女也幼卽至性過人依依膝下不忍一刻離甫齠齔服勞鞠掌獨得父母歡有問名者輒向隅泣或問之對曰吾不願舍父母而他適也既及笄不事粧飾椎髻操作以供子職足不踰閫外問安視膳不躬親之心若有不慊者父母相與安之嘉其志不忍奪戒媒氏不復爲之議婚咸豐乙卯濟川公疾三祖姑晝夜奉湯藥衣不解帶目不交睫病益篤焚香籲天願減己算以壽父未幾濟川公溘然逝三祖姑號慟不欲生水漿不入口

者數日衣服衾枕一一手自裁製不貽毫髮憾庚申之變人皆驚竄舟張孺人老態龍鍾艱於步履三祖姑跬步不離隨處扶掖烽烟刼火之中張孺人得以保全性命重見承平者賴三祖姑之力尤多同治癸亥仲兄渭泉被擄三祖姑助嫂撫姪兵荒之際雖衣食拮据而茹茶含蘖不使骨肉離散其苦志爲獨堅甲子四月張孺人以積歲疲勞溘先朝露三祖姑當旋定安集之初四壁蕭然忽遭大故與長兄浚泉勉營喪葬苟非幼時立志之堅安能歷此困苦艱難曲盡其生養死葬之誠乎歲庚午大吏飭邑紳採

訪貞孝事蹟核實中詳
詔旌建坊入祀惠麓觀墩貞節祠又蒙　學憲彭給孝竹
貞松匾額以奬之苦極而亨流芳正靡有涯涘也　年
月爲三祖姑五十誕帨艮辰諸親族各進佳章祝純嘏
以揚彤管之輝寅科愧不文臚陳三祖姑之貞孝獨出於
艱苦其享壽正未艾也遂書此以祝百年之壽
歲進士候選訓導族姪孫寅科頓首拜撰

旌表節烈培芳公妻楊孺人殉難紀略

節烈楊孺人楊公諱大成女倪公諱培芳妻也培芳公少失怙恃於諸昆中最少獨具至性依兄嫂成立在螢窗時聞王宜人誦蓼莪事遂潸然泣下恨不克逮養晨昏乃以檀香刊父母像供淨室朝夕焚香羞蘋藻迨孺人來歸雞鳴盥漱奉盤匜進舅姑像前如夫禮則孺人之相夫有道事舅姑如生已足見至性之過人矣咸豐庚申培芳公以疾終時粵逆方了窺孺人攜五子一女奔避水火歲癸亥逆益四集如網知不免乃命子女數處匿避自赴水殉難

嗚呼士大夫歟世寵榮在浩劫中當死節者何可勝數乃逃脫危難終老牖下而區區繩樞巾幗能臨大節不奪視死如歸其嚴正激烈之氣豈可磨滅乎同治丁卯大吏列其事蹟請
旨旌表崇祀節烈祠隆鉅典以報幽魂洵足風勵斯世以增家乘光
光緒二年歲在丙子仲春之吉
姻愚姪蕭奎耀頓首拜撰

清封恭人錢太恭人家傳

余少時從先師錢仲眉先生遊時先生館於祗陀鄉倪氏其地爲元高士倪雲林先生故里環居者皆其雲礽合村二百餘家中無襍姓嘗過祗陀之古寺訪清閟之幽居風物清嘉氣象蕙藹知其間必有碩德幽貞奇節上壽之可傳者乃於吾同學友保滋司馬之賢母錢太恭人見之太恭人爲贈公倪月樓世大之配仲眉先生之姊也世有陰德誕生恭人自幼敏慧端莊戚里贊歎閨閣交稱幼年能博親歡於昆季之間尤友愛倍至年甫及笄嬪於清門逮

事尊長婉娩柔嘉盡滫瀡孝養之禮家業素封凡親友之乾餱儲備之饋食往來雜沓日無虛時而贈公方在英年奮志雲程下帷攻苦燈窗晨案日夕揣摩又體素清羸不耐煩擾故內外家政悉太恭人主之具羹湯以諸舅姑潔酒醴以肅賓客糈醪槃勺筬管鑿絲鉅細靡遺應手立辦先後兩遭舅姑之喪備物附身盡哀盡禮飭終之典上媲世家閨閫賢名播於遐邇未幾粵匪竊發東南陸沉庚申吾邑被兵人民四出避亂太恭人隨贈公流離瑣尾家室靡甯迨海宇清夷旋歸邦族雖田里無恙而室廬器物大半蕩爲烟塵太恭人鳩工庀材綢繆牖戸宏規茂矩與復舊觀以爲喪亂初平一家聚處人倫之慶爲日方長不圖贈公玉版書徵中道殂謝其時女公子長者未嫁次者幼者均未字人而吾友保滋司馬甫在髫齡太恭人以家室粗完遺孤大戚悲號辟踊蓄痛心傷然鋪絞紟備含玉悉衷乎禮與舅姑之喪無殊由是煢煢在疚砥柱清門外則檢校田園內則培養子女黽勉朝夕撐拄家庭變亂之餘歷數十年如一日迨女公子三人俱適世族郎君保滋司馬讀書成名註籍泮宮補博士弟子員文名鵲起掉鞅詞

壇遠近執贄幣登堂論文章問奇字者無虛日以學問之淵雅文字之炳麟角逐名場不難取青紫如拾芥會國家變更祖制停科舉設學堂命士習太東西之文字以求富強而鴻儒之有風節者皆以下喬入幽爲恥時保滋春秋方盛學宮才優廳竟先人未成之志會科舉已罷太恭人遂命納貲捐同知赴部銓選爲顯揚計行將見飛翔皇路昌大門閭不圖世際滄桑周鼎驟革改玉以後保滋紹雲林之跡不屑附攀鱗翼以贊新朝以周旋二姓殷勤教子孝養事親放浪煙波逍遙詩酒誠節義之上也昔陶元亮

處晋宋之年隱居栗里管幼安當漢季之際遁跡遼東節君祖雲林公值元明鼎革之秋亦寄寓於鄰家保滋閉門却軌上侍慈幃終歲不入城市莫不羨其高者不知皆秉太恭人之所教也今太恭人年逾九十金牙鐵齒神明不衰百歲期頤蔚爲人瑞岡由得天獨厚亦由恭儉仁愛之懿德有以致之史稱陶侃母湛氏歐陽母鄭氏得享洪祺景福皆由冰霜之節卓絕人寰而太恭人佑啟高門最成令器亦足嗣徽音而垂令範此豈尋常之巾幗所得儷歟嗚呼閨閫宗之矣

民國三年甲寅九月　世愚姪華袞拜手謹撰

節婦王孺人傳　二十四世　侯　鎮

節婦係楚桂原配富林王公之少女也年二十一來歸楚桂楚桂不事生業嗜好頗多姑沈氏青年守節撫楚桂以長節婦事姑惟謹家素貧衣不暖食不飽生子女八人幼殤者六節婦夙興夜寐勤紡織佐饔飧婦兼子職艱苦備嘗姑年六十爲設壽麵并爲之治壽具姑捐背飾終盡禮鄰里莫不稱孝由是家益窘覓草根以裹腹節婦爲鄰作傭得錢百文糴米二升爲夫瞥見攜之去思無以存活結而縊絕爲鄰所覺灌以廉湯逾時始蘇年三十九楚桂溘

逝竭力營喪規模粗具從此長齋繡佛賃傭於城北單姓一絲一粒不敢存私主人甚重之委以腹心因子承根早卒撫夫兄孫鴻貴爲嗣孫兩女出閣六禮俱備人皆以爲難宣統辛亥大吏爲之請旌於朝奉旨表揚入祀惠山觀墩節孝祠而節婦半生辛苦始得吐氣揚眉矣節婦性尤亢爽雖歷不堪之境不肯仰求於宗族所得傭金悉還其夫之宿逋曰予不忍令楚桂身後擔無賴之名也凡親族中之賢者莫不敬愛之其不賢者莫不畏懼之行芳名潔眞女中之鐵漢族中之賢婦也

倪文增聘妻徐貞女傳　　辛亥舉人承　越

從來丈夫之所重者忠孝婦女之所重者貞節然而節婦往往倍蓰於貞女者何也豈守節難而守貞尤爲不易歟蓋守節之道有二或在名門巨族限於地位而不得不守者或有一男半女牽於形勢而不能不守者至於未適人之女一朝遇變輒婦之喪偶究有別焉者乃能立志守貞之死靡他若徐貞女之事可異焉貞女者徐永康之女也賦性沉靜言笑不苟工鍼黹勤紡績自幼字倪雲翔次子文增文增年十八因讀書攻苦病咯血而死貞女聞訃卽

一號氣絕父母救之逾時而蘇卽欲乘肩輿歸倪視殮父母不許晝夜飲泣水漿不入於口者三日母氏錢暨諸親戚再四勸慰始食粥杯許由是懶於梳洗長齋奉佛年餘父母陰欲奪其志更以字人女知之謂母曰兒生爲倪氏婦死爲倪氏鬼其他不知也遂絕食而死時咸豐乙卯八月三十日也噫奇矣古來不少讀書女子求其品若貞珉名垂竹帛者有幾人哉若女之貞烈卽載之列女傳中有何愧焉予故序其顛末述其事以傳之以俟司土者之採訪焉

節母劉孺人苦節紀畧　　胡　政

孺人姓劉氏文俊先生德配也性溫柔夙嫻閨訓少喜聞古今節烈事至截耳毀容每私語人曰若此者可謂巾幗而有丈夫行矣年二十二賦摽梅伉儷甚篤孝事翁姑得堂上歡甫九年文俊先生謝世遺孤二其仲甫離襁也孺人欲以身殉水漿勺不入口二三日親長俱勸曰汝死誠是然天以兩孤畀汝是汝有可生之道也孺人由是雪涕營夫葬而水漿亦稍稍入口矣孺人撫養諸孤冰心鐵骨艱苦備嘗漏五下猶聞機聲軋軋也同治二年仲子惟忠

卒孺人撫尸大慟曰天乎天乎余向之不卽死者徒以兩孤未成立耳今馬齒加長而遽殂其一是何天之嗇余於前復嗇於余後也鄰里聞之莫不爲之泣下長子惟善穎悟異常弱冠工翰墨屢試不售孺人恐其懈怠慰之曰古人云不爲功名始讀書汝但刻勵前修仰承先志可已歲乙未孺人年已望六矣其子惟善因修家乘將闡揚其母之苦節囑筆於余余以婦人本無外稱第如孺人青年喪夫撫育遺孤雖至茹蘗飲冰卒無他志古所稱爲女丈夫者其在孺人歟其在孺人歟爰紀其略蹟以列於家乘

壽母張孺人序

武進候 廪貢生 奚殿璋 進卿

有德者必有後有仁者必有壽丈夫固然巾幗胡獨不然節母張孺人其明驗也孺人江邑張家圩景山公女系出農家頗嫻壺訓年十五迎歸倪君春甲家撫養時值粵逆蹂躪家計蕩然孺人事翁姑盡孝敬戚里皆稱未幾粘痾雅致攣瘂乃實命不猶閱五載而夫遘疾卒孺人年尚青子甫三齡伶仃孤苦痛不欲生存溝瀆見者數矣姑諭之曰婦人殉夫固甘之如飴然奈此呱呱者何且奚不爲翁姑地也由是飲冰茹蘗矢志靡他無大事足不輕踰閫限

惟日勤紡織機杼之聲恆達旦不已仰而事俯而畜一家中數口賴焉姑多病常在牀蓐孺人親侍湯藥服牀頭蹀躞之役歷久無倦容無何姑卒家無積儲孺人百計摒擋喪葬悉中禮方孺人之于歸也季叔初甲尚在髫年入門爲之縫紉衣履比長延師課讀俾克成人而曾不自恃撫育恩有事輒呼小叔而不敢名叔卒年四十三是時翁已殂謝孺人營齋營奠內外兼籌既無德色亦無怨言屈指四十年孑然一身迭遭大故卒能措置裕如豈非巾幗而丈夫者歟孺人劬勞十指家業漸恢子岐鐫服田而兼服賈喜操井作水上遊孺人戒之曰吾家世業農西疇有事足矣弗務廣也孺人備嘗艱苦推己及人鄰里稱貸無弗應處娣姒以和門以內無間言今且優游耆景繭玉盈階矣今而後益信有德者之必有後仁者之必有壽也甲寅歲倪氏續修家乘孺人年六十有六表兄岐鐫徵文於余余以世姻故不獲以不文辭且躬逢親朋之咸爲母壽也爰書此爲祝嘏者倘一觴云

倪貞女傳 二十五世　　華　袞 子一

貞女名廷英侯選縣丞倪公素卿之季女性甚敏捷自幼失母隨父從師能明大義孝經列女傳等書不僅能宣誦於口且能默識於心其父年老以家政付之治家井井有條俾其父得逍遥詩酒無内顧之憂將貞女殁若掌珍常語人曰此不櫛進士也惜未能易釵而冠耳甫及笄其父捐館令仲兩姊俱適名門長嫂亦逝遺四姪盡皆齠齔長兄省三鵰紘不績以諸子委諸於妹問煖視寒製衣納履悉由貞女任之撫諸姪寬嚴互用教育兼施必周必備俾

省三忘爲鰥之苦諸姪免失恃之悲家居鄉里春夏之際從事農桑浴蠶繅絲日無甯晷暇則任女紅刀尺之勞閨閒貞靜終身未嘗議納吉納徵事未幾省三赴玉樓貞女爲諸姪納婚爲諸姪攻書爲諸姪各付一業徵收納稅等事皆由貞女措持俾諸姪毋荒於嬉各安其業尋爲諸姪次第成婚始議分析年僅五十鬢已皤白矣豈非勞心所致耶嗚呼貞女守貞不字布淑含芳而聞貞女名者莫不肅然起敬其家知貞女數十年之辛苦更尊奉之不敢稍褻貞女之賢孝如此不如與古人昭合否昔趙威后之對齊使曰北宫之女嬰兒子無恙耶撤其環瑱至老不嫁以養其父母一不嫁之女子使國母存問至於傾慕非幽貞絕俗能如是乎惜乎芳名未布而周鼎已遷暫停旌表建坊之典然乾坤正氣鬱必大伸今已稍復舊規庶幾褒綽綽勒貞珉而賢孝之名當與河山並壽而貞女可無憾矣而閨秀可景仰矣

原配陳孺人哀辭　寅科

吁嗟乎百年伉儷時不分手一朝者乎數日衾裯詎無銷魂一旦者乎然必祈禱不效藥餌無功而後從事於窀穸此一朝之分手一旦之銷魂類無不然者也若我原配陳孺人者其卒吾不見其病其葬吾不見其埋非猶夫人之分手也非猶夫人之銷魂也一念及之肝腸寸裂尚忍言哉尚忍言哉然竟默默不言孺人數十年之茹苦含辛卒歸泯沒則更有不忍者孺人姓陳氏同里佩芳公女年二十一歸余是時余始入邑庠家中食指繁入不敷出余頻

年課徒於外以修脯資日用尚覺支絀孺人主持中饋上事翁姑以婦職兼子職能分翁姑憂每歲一孕育子女四五人一身鞠養之從不須婢媼且兒女衣著俱出自紉織機杼聲往往達旦後數年叔姒漸多中饋雖分任而塌閫之役較叔姒倍多諸叔猶嫌獨多細弱嘖有煩言孺人概置不較即余自館中歸歡然相接未嘗以諸叔爲言咸豐癸丑余以舊第湫隘卜宅於賜岐撑吉將從孺人眷戀翁姑依依不捨翁以並非遥隔時可往來等語促之使行然後就道既徙之後越三五日必以飲食饋問甲寅歲翁病館中孺人倩余攝館事邀翁歸日夜調治二十餘日始痊翁欲歸省舊第孺人再四慰留不可遂緩步歸越三日夜半扣門聲急孺人驚曰莫非翁有不測乎啓戶詢之果翁病革黑夜捷赴百方救解終不起孺人悲哀欲絶猶以聽其步歸不克慰留爲憾越三年姑病孺人往侍湯藥三日不解帶尋卒哭聲震地數月失音其至性有大過人者咸豐庚申四月粵匪擾江陰抄掠一過余獨以鄉僻倖全及癸亥三月賊逼處鄰近日肆擄掠孺人身被數刃血流遍體次子燃修被賊擄去孺人涕泣曰此不可居也我已垂

斃不待逃爾可携三子進修遠避苟得過江尚可存先人一脈余慘然不忍然無可如何遂帶進修日夜兼程從夏港口渡江斯時孺人尚有四歲兒梅修在乳創稍平復餓無食割田中麥充饑麥又搶去聞大兒聿修在錫邑劉潭橋匍匐甫行數日猝至方得休息然以飢虚之體日受彈熱熏灼旋發爲痢日僅啜粥飼數杯奄奄一息居無幾錫之賊將竄流民四散奔走聿修聞江邑已平挈家旋里出劉潭橋北里許孺人不能行走席地而臥曰我死於此爾等速行毋爲我累也余於靖邑得江陰克復信旋即渡江

而南詢知聿修孺人已於四五日前死矣欲覓屍骸而劉潭橋一帶正多兵燹卽江邑之塘頭橋尙有長髮竄至遂含淚渡江而北嗟乎一朝畏怯抱歉終身能不悲哉嗣後聞悉修死於賊營悔修杳無下落進修卒於靖邑之倪家埭聿修之妻呂氏與孫男女相繼病卒五內焚煎痛心欲絶陡發肝氣自念一身飄泊異鄉不知若何結束雖有諸族人相慰藉而酸聲嗚咽時發於魂夢之中不復有生人之趣矣玆幸賊氛殄滅天日重開聿修續娶孫枝再得當不作若敖之鬼而念及孺人猶不覺汗顏赤頸也光緒丙

子檢及增入新傳而忽有觸於孺人謹歷敘其事蹟非謂懿行之可傳聊以遂哀痛之情云爾

弟媳莊孺人節烈紀略 廿六世

孺人係璜溪莊家巷莊氏女五弟鼎分之淑配也幼卽端重不苟言笑事母極謹拂盥匜澣衣服母賴以恬適者七八年年二十來歸五弟事姑如事母其他宜室家勤組織於婦道無一缺者咸豐庚申四月粵逆自常郡順流下居民惶遽四散逃竄孺人念母老龍鍾憂懷莫釋遂抱未朞女奔赴母家母女相持慟哭正悲戚間粵逆已至窺孺人少艾欲污之孺人髮指目怒罵不絶口逆以白刃逼之孺人暗自思惟與其死於賊刃不若死於清流之爲潔也佯

謂賊曰爾毋躁姑俟我洗拭淚痕卽抱懷中女赴屋角河濱奮身一躍再四浮沉須臾氣絶嗟乎當日之忍辱含羞以偷生者多矣何孺人之能舍生也蓋其貞潔之性迥異恒流故臨危之際有甘爲玉碎而不願瓦全者如此而不爲之闡揚能無對貞魂而慙恧乎爰畧記其事蹟以列於家乘

同治辛未荷月下澣　夫兄寅科撰

倪氏宗譜綸芬錄卷十三

驥江支譜原序

今夫采風問俗守土者之司也事賢友仁居邦者之責也余自癸酉暮春抱琴適茲土前令李君湘浦告余曰邑之右族凡幾宗士之薦紳凡幾輩而經明行修年高德卲者秦欽倪徠齋先生蓋靖自高廟建元以來科名不振幾三十年至先生登乙酉賢書南闈始漸有接武者故邑中先達必首推先生云余下車得援光寵數月尋以奉諱旋里服闋仍補原缺會靖邑水

利失修士民呈請疏濬圖河余爲集董建議以各治本圖爲率東鄉則先生族姪心會茂才族孫秉鑑明經實襄其成又嘗以公事詣西鄉得知聯羣文學爲人醕謹善詩文多材技詢其譜系則於先生爲孫曾矣其諸父兄弟皆邑名諸生益信靖之稱故家者惟倪氏爲最久也越辛巳歸道山之明年余亦調任川沙聚散之感不勝慨然今其文孫景芳偕族人心會秉鑑聯羣諸君奉先生遺命纂修家乘景芳爲余門下士郵書屬余爲弁言余忝守此土辱在通家詎容以不文辭竊謂家之有乘猶邑之有志國之有史也圖系宗支譜書名氏傳載行事綱舉目張燦然備一家之文獻舉凡　國恩家範與夫祖德宗功及當代立言君子所爲闡幽表微者無不謹亥論述於其間從此循流溯源上自祖禰下逮雲來子子孫孫勿替引之皆曉然於尊祖敬宗收族之義雖子孫繁衍析箸分門而喜相慶憂相弔春秋展墓復相與講信修睦必不使一人之身分而至於塗人庶幾蘇氏作譜之遺意歟且族誼之惇厚係風俗之樸湻異日者撣人謌志太史采風未嘗不可以一家之言上備　朝廷掌故余因樂觀其成也是爲序

賜進士出身前知靖江縣事南匯縣知縣楊承湛撰

驥江支譜原序

譜之義近於史而較史爲難史自龍門扶風以下類皆以異代之人誌異代之事秉筆直書罔所忌諱是是非非俾後之覽者瞭然於披卷檢策之餘爾惜野乘流傳互異又時經兵燹殘缺頗多作者一意鋪張率嗇萃遺編以供其漁臘兼奉敕迫以時日或急不暇擇蕪穢失眞此自史記兩漢三國外惟盧陵五代較勝餘則非煩即簡矣譜乃一家之信史也前人有嘉言懿行流傳於數百年後而不忍忘者敬述之以示後人知法守其有傳疑而未信者姑闕

之要豈敢意爲潤色哉亦不敢誣吾祖宗不敢誣吾孫子并不誣吾合族長長幼幼之實云爾故曰較史爲難也余獲交靜齋久兒時朋試郡城即握手一笑爲歡已未倖同遊於乎寬夫先生之門交愈篤嗣相見每作竟日談嘗慨然爲余追溯其先世雲林公清風高節時時惝怳胸臆間雲林公姪曾孫受八公遷靖復十餘世矣滄桑既易文獻莫徵令祖逸亭公手創譜稿將付梓終寢令伯健齋先生遠宦未歸遲其歸而年又最高爲惘然久之意欲倩余揚帆東下曠覽長江濤湧一碧萬頃江上遠近隱見諸山一一可指數驥渚埯影枕江孤峯矗岸亦將藉以豁胸中宿障而爲余目中所未經見者并擬邀至其家爲編輯家乘計卒役役未果噫此甲子春夏間事耳秋闈後余倖魁其房乙丑捷南宮未幾出秉淮安鐸相隔一千里外各以事牽不能合併爲悵悵也不數年余解組歸即圖過靖以踐前約繼復滯迹廣陵而不得見者又數年已卯秋靜齋旋白下迂道來訪余又他往不得見迨余返而已飄然南歸矣余嘗積此宿歉耿耿寤寐私冀二十年不得見之舊友或肯復過我劇談也今秋適以書來辱以宗譜賜覽索序

且驚且愧回憶甲子闈中與包人百暨靜齋兩三人矮簷圍坐高歌縱酒隨意得月下幾章時夜過半月淡參橫但覺微雲片片露冷無聲猶慷慨論古今文利弊互爭得失各吐半生鬱勃淋漓之氣若不知科名爲何事棘闈又何地也此情此景猶如昨日往復留連不覺撫此譜而重有感於中也亟爲序而歸之

賜同進士出身

敕授文林郎原任淮安府教授同郡愚弟周濟拜撰

附錄驥江鍰公前修支譜原序

粤自鴻濛一開陰陽始判姓氏旣定宗派攸分予族始於西漢賜姓系出春秋閱數十傳至受八公始居靖江以上世遠風微槩難考錄只就所見聞及撮舉大凡繪具宗圖編成世系惟念苗幹發生何莕花果結聚何枝庶不致遺宗親而棄族詎余雖一介微寒六旬遲暮樓居元山團大覺鎮間架數椽茆屋靜養餘年幸不乏衣食資托庇祖宗晩得數子猛然感悟創立譜稿逐次搜羅書尊卑之名號序長幼之班行承先世之典型啟後人之奮發令其子子孫孫誦詩讀書務農桑節財用發名成業丕振家聲正在斯也信乎言語之無舛錯情緒之無虛誕者與恐有遺忘故筆之於書以示子姓輩知所法守勿視爲記載具文方不負予兢兢作譜之本意至由是而上溯淵源廣徵文獻更成詳盡規模則又未嘗非予之厚望也附跋

謹按前己亥譜稿相傳鍰公手創會等細查譜中逸其名並不詳世次即欲訪公之後人亦驟不可得心甚悵之豈公名不一另具名入譜耶抑將以字號入譜故與名不符耶不然則亦隱潛其名不願人知也或子孫轉

徙他鄉一時難以搜羅的實也姑列原序以俟後來確查增補云

族後裔倫敬跋

東分支譜原序一

事有創必有因創每勞而難備因或逸而易詳顧不創則無以爲因不因則轉忘其創憶先族伯健齋先生致仕自秦中歸每與先君子及從兄正心輩談及譜事嘗恨前人手創遺稿歷久未能編輯付梓兼悔早年倖中解額屢赴公車遊歷齊魯燕趙之墟間與當世賢士大夫交猥辱以譜牒屬序不覺敬宗收族之心生而重以一官匏繫轉徙萍蹤荏苒五十餘年而年已垂大耋矣先君子亦泫然出涕相與欷歔者久之丙子夏先君子病篤時命出譜稿二

本握會手而泣曰先世遺澤僅賴此耳汝善爲之無廢父命會泣受之不敢忘未幾健齋先生亦辭世會益歎宿幹頓凋後起罔所折衷也去秋健齋公孫希賢姪暨姪孫渠遠擕支譜相商榷會因出家藏舊册鄭重而証訂二子乃欣然各任西北南三分支考遍邑搜羅其東分較煩則會與皓姪兩人共任也期年而大畧粗就會思自錫遷靖時屆明初以受八公爲始祖迄會已十三世受八公即雲林公姪曾孫文彬公子也由文彬公而上溯之計九世由師道公而上溯之宋南渡前以濤一公爲始祖計五世由濤一公而上溯之三十二世以西漢內史寬公爲始祖系出春秋小邾子凡此皆會先大父逸亭公網羅放失走南北徵文獻歷半生辛苦而薈萃以筆之書者垂暮親授先君子會又泣受先君子所手授兢兢惴惴以藏諸家者也前已亥有鍰公草本頗詳遷靖後支派今所藉以搜遺補闕者胥於是乎在故曰會等宗譜之成因也非創也且以示後世子孫常因之而無廢也

道光甲申桂月　南渡二十二世孫會謹識

東分支譜原序二

人情有最不忍忘者不在譜而在德子孫而賢與覩前人之手澤而懍然思惕然懼卽片語單詞偶覓諸碑橫碣斷之餘珍若趙璧儆若顏戒此忘而不忘者也子孫而未賢與遺萬卷書而不能讀置萬頃田而不能耕非惟不能又將廢之展先世之衣冠如秦越揮先世之金玉如泥沙此不忘而忘者也審是則譜或可以已雖然譜亦曷可少哉吾倪氏之有譜由來舊矣惟自錫遷靖十餘世前己亥鋟公始基之從曾祖逸亭公彙纂之譜乃漸備令皓與從叔

會及族弟希賢族姪渠等搜輯遺缺釐然不紊勉付諸剞劂氏俾後人覽是譜而凜凜於某也忠某也孝某也節某也廉前人有不忘於後人者在是卽後人有不忘於前人者亦在是不忘而忘與忘而不忘後人當有讀斯語而汗出如漿者皓等兢兢參校之私苦搜力索以備詳於世次前後間將欲共綿祖澤於不忘者也遂謹序之以爲來者告

道光甲申仲秋　　二十三世皓謹序

西北分支譜原序

能繼固由能創善作尤在善承我倪氏自前明由錫遷靖迄今十有七世先世譜系之存其間沒於海潮滅於兵燹舉不可知欲問其事而遺老盡矣渠先伯祖建五公手輯稿本亦不過卽西北分支追錄十餘世其餘遷靖之始祖受八公中間尚有缺略未能聯屬投之先伯象謙暨先君子越世至景韓先兄手澤猶新渠抱遺書謹藏篋笥私爲一家作述蓋皆有志未逮往事難追辛巳春比鄰不戒於火延燒渠宅回祿爲災竟至一切藏書遺無隻字所幸景

韓處未盡斷滅亦非全豹此則渠之歎息痛恨者也豈創之易而繼之難歟抑本其廢興之故而皆自於人歟歲癸未族叔祖金蘭明照偶觸於他族齊輯紛紛纂修譜系不覺油然生孝弟之心與渠滄兄弟相商訂隨往邑城訪之族叔景芳詣東鄉詢之族叔祖靜齋叔秉鑑莫不鼓舞忻忭謂是爲善舉方欲買舟南往錫山擬探原於星宿而靜齋出先祖逸亭公所存譜稿倪氏自受姓之始更姓復姓之由歷漢宋元明遷錫遷靖靡不原原本本瞭如指掌渠授渠而歸告知合族令各支追原溯本薈萃成編付之棗梨

謹遵先人遺稿以東西南北爲四分仍恐一時草創不能搜羅詳盡至有舛錯罣漏之處願後之嗣修者能繼而善承之渠生也晚分居卑幼承族尊長命不敢憚勞操几杖具筆扎以相從有事與肩採訪編修之責書成亦將與有榮焉爲述其梗概如此

二十四世孫渠謹識

南分支譜原序

從來子孫不忘其祖宗者皆比於水木之有源本竊謂溯源以窮其本亦必循流以悉其支蓋以一人之身分而至於塗人且不知子孫之所由分又安知祖宗之所由合而由分得合惟譜可以聯之此先大父自歸田之後日與諸族人相商確而未遑竟其志者也先大父少穿於境所居不敝風雨至三十題名後復以橐筆燕京奇硯彭城假館延令久不葺先人之敝廬辛丑春官榜發被放還家橋寓於東雙港阿姊外宅會波臣作虐風伯爲災守器藏書盡

與洪濤巨浸相上下故高祖天成公所誌譜畧自此失傳而先大父每與世父輩及希賢兄弟言及此事未嘗不悔失先緒云吾宗與東西北分同祖受八公而南分分支則系出顯公第五子南東西北子姓繁衍食指較多南分苗裔或以譜牒無徵荒遠難據或以家業不振轉徙無常遂致戶口寥寥不堪縷指第事有闕疑言宜從質高忠憲公所謂譜其可知者如是而已至於名登仕籍品重鄉評其德行事業實有可傳必另立本傳亦史家列傳之體非敢有溢美也今春族叔靜齋與兄秉鑑姪連羣議修家乘招

希賢共襄其事希賢分卑年幼何敢與聞顧念安溪先生有云人能以父母之心爲心則天下無不友之兄弟以祖宗之心爲心則天下無不和之族人以天地之心爲心則天下無不愛之民物先大父屢誦此言以教子孫希賢敬陳祖訓弁諸簡端亦勿替先大父之志云爾若謂自附於立言則吾豈敢

二十三世孫希賢謹序

逸亭公支譜原序

予夙志高山流水每攜琴至窈冥浩渺之鄉將欲求古成迹移情所在且曠懷離騷招魂天問諸篇又欲求古屈大夫汨羅遺蹟暨賈長沙投書高致不覺歌哭無端翛然世外無復室家邦族之繫予心胷矣獨難忘予以四歲遺孤賴母氏守志歷盡迍邅以長以教俾至成人區區令伯烏鳥之私奈何並其祖塋蔭庇高厚而亦不推所自來哉嘗撫鋟公剏遺草譜頗載殳八公自錫遷靖後系竊以爲世世子孫宜永寶此爲一家史也惜其上闕有問焉因奮然有南北東西之志廣索名山異書擴我生見聞所未及益以殘碑記載故老流傳搜羅極數百里以外考証極數十代以前重賴神明降鑒得以尋端緒而溯淵源非得溯淵源所自出宛若望長江浩浩初不知其所終極一旦乘槎探河源極處乃恍然萬殊一本之歸藉是以告子孫俾知前人積累之深庶將有所法守而勃然興者不皆荏苒數十年間而予亦僕僕將衰且老也是以急切成編共詳世次未及付梓先爲誌之以爲後之數典而忘者戒

靖邑東分小引

倪氏自宋宣撫使怡然公由汴居杭二世雪松公由杭遷錫築室梅里之祇陀世爲梁溪倪氏至受八公轉徙靖邑始結廬驥渚東阜漸衍西北暨南三支爲三分其留處東阜者爲東分合爲四分惟本立公後五支最暸如指掌子孫瓜剖豆分只二三里間有遷移亦尠至遜遠無考特留誌之以爲東分起例云

謁雲林公祠　十八世孫濤

涉水登山路幾重同來祠宇仰儀容班分昭穆薰香蕊時值春秋祀事從守令竊族衍舊典矞孫雁序溯遺踪堂坳松柏饒佳趣酷似當年畫意濃

又　十八世孫淵

飄然塵味出雲龕廟貌嵯峨聳翠嵐自昔曾編高士傳於今咸沐　聖恩覃族綿驥渚文分北脉接龍山派衍南家世向承淸閟閣大江西指暮烟含

南分小引

郳之錫姓肇武公傳至春秋失楚弓去國去邑爲兒後兒艮猶得振衰宗世系一如覆幬同焚書禍烈遭祖龍欲考上世淼無踪泗上斬蛇炎帝功内史應運起家風帶經而鋤士而農太初定歷輔漢王傳至刺史佐興唐由來世世居汴梁有宋定鼎汴州地金寇蹂躪刼紅羊北宋五世生宣撫扈蹕南渡到餘杭二世子雲至蘇闔監丞吳縣司析楊一至梅里卜其宅梁溪之系自此昉梁溪之水何洋洋源自遠兮流自長高士濯纓當滄浪酌洗高梧白生凉錫山梧桐何菁菁枝枝葉葉各生香一枝繁衍到東鄉東鄉再衍西南北三枝譜牒有舊章惟我南枝數典忘並非先人無法則波臣作虐心何傷籍没蹶水水湯湯搜羅遺書考祖德盡爲江水洪濤没傳聞父老口中言溯源僅得百之一三十年前東水來已同族人立之則乙卯猶幸溪水迴衍流乃可一本分如今鉅典仍煌煌長歌短咏終難述聊綴數言紀其跡吾願子子孫孫兮世世守之永勿失

西分小引

㫋公生有明嘉靖時字堯惟生子三長世道次世經自東沙始遷西鄉水洞港西錢家灣三子世德徙居西北惟長次世居西鄉是爲西分

西鄉志始歌

所枕何必流所漱何必石隱者不受人促迫莫肯人間留𥨍踪巍巍錫山倪氏居並非蕭然空四壁先世移居馬沙東水溢斜橋波浪空白露蒼葭宛在中子孫繁衍綿瓜瓞公厥其紛不與同隱山無山可以徙西東遙遥四十里江潮江沙共此情不繫扁舟隨流水

北分小引

隱者受八公寄跡馬沙東厥子通海是嶽鍾遹孫顯翁與鎮翁鎮翁徙居鐵甕中顯翁六子皆英雄東西南北分四宗供爲西北兩支祖傳之㫋公派尙同㫋生長子爲世道次子世經與西逈北遷之祖世德公能以耕讀守家風居遜延令界結廬在其中食驥渚之魴鱮兮叶入夢之羆熊迺梁溪之流兮源自遠搊驥江之水兮洗修桐自天祐兮綿綿瓜瓞宜子孫兮蟄蟄斯螽

北徙志始歌　㫖璐

江水寒兮風蕭蕭梁溪驥渚路迢迢孤舟一繫市橋斜俾立室家嘆寂寥隔離呼飲陋巷瓢追陪月下梧桐彫但見在御琴瑟靜好調又見操觚歌吹雜鳳簫瓜瓞綿綿日豊饒厭其紛者志高超一徙錢氏之灣兮遠塵囂再徙隱山無山兮誰爲招春水去來通海潮此生踪跡托漁樵我公世德卜居僑北界延令又遷喬日見舟子與人揚颿擊轂暮暮與朝朝農夫桔槔歌且謠歌且謠桃源一避問何朝我且河上乎逍遥

遷靖始祖受八公傳 第十世 裔孫 會

天下之名達而傳不如窮而傳一人傳不如一家傳一世傳不如累世傳傳同而所以傳之難易不同何也乾坤秀淑之氣山川鍾毓之靈祖宗積累之久其萃之一人而止萃之數人而不卽止萃之一世而盡萃之數世而不卽盡付畀有豐嗇稟受有厚薄留遺有近遠故也有明婁水王氏自文肅下一家數世皆以達傳其窮而在下者莫如我始遷靖受八公上數人文肅以下若弇州若麟州若和石若緱山三世共五人烟客最後出受八公以上若堯章仲

文若雲林若耕逸亦三世共四人公最後出堯章仲文故昆弟仲文生雲林成宏時李舜明輯錫志采五百年間高逸者五人我堯章仲文雲林三公與焉雲林生耕逸明祖屢徵不起人呼爲小雲林與眞一爲服昆季眞一生文彬兄弟四人文彬生受八公夫吾受八公並堯章仲文耕逸三公或稍不若弇州緱山烟客之海內共聞而雲林公傲然一布衣嘯傲山林名滿天下聲稱後世雖文肅亦素所心折者是公以上耕逸數公之名未必不以雲林公而掩也公世居無錫梅里之祗陀梅里東南通大湖三萬六千頃西望九龍山北眺芙蓉山水蟠結秀絕寰區後同里又有顧端文公理學文章典型一代信夫人傑果由地靈與且夫鄭之刀宋之斤魯之削遷乎地而勿能爲良者也公抱不世出之姿來居茲土渡大江之漭瀁登元山之巘巢涉馬洲思赤烏之遺蹤過生祠弔武穆之忠烈去鵞湖而不顧棄梁谿以自如其抑塞磊落慷慨激昂不可一世之概固有大過人者而我子孫得以讀書世其家掇科名如拾芥綿綿延延至於今不替皆公有以開之也皆公以上雲林耕逸諸公有以開之也或曰烟客官太常晚年搆別

業於茜涇遂遷居焉茜涇故隸婁猶吾靖故毗錫則不第烟客在王氏爲後出公在家先世爲後出窮達雖殊其名足相埒其事又適相類云

受八公贊 陶嗣景 西崖

厭山之巓有錫絕蹟樂水之湄馬沙卜宅雲林高節祖武克繩乃祖眞一啟我後人靖邑之宗北江之祖百世本支萬年家譜爲族典型爲室棟梁清操介守久且益光嗟嗟我公望若可卽箕尾揚輝山川壯色

侍泉公建三義庵記　十六世　裔孫　侖

人非輕財之難而善用其財者難昔我侍泉公性豪爽家頗温飽視族黨間極貧乏者周之再四乞貸不少拒歲歉濟活尤衆無吝色無誇談人咸德之而公自若當時士論翕然公因勤且儉相傳衣食如寒士時時戒子孫無妄費晚乃家益豐一切有利於人者率樂爲之不倦居距斜橋鎮里許鎮固南北通衢因寡寺院過客艱棲止心惻焉遂慨然於鎮北獨建三義庵庀材鳩工力搆殿廡山門約共十餘間務極堅緻不加雕飾猶是崇儉黜奢之意也請於

縣延僧主之司其啓閉庶幾旦暮往來者或風雨不致露處歟計公去今二百餘年軼事不盡傳而流風遺韻猶在人心父老往往爭談之以爲快事載邑乘時歷滄桑是庵至今尚巍然獨存菴藏公主春秋致祭合族瞻拜惟嚴可見公之善用其財不欲私我後人而後人實賴公之覆庇以綿餘澤於將來會等勉葺之而謹爲記亦欲令後人詣是菴而遐想我公生氣如昨勃然有興起之思也夫

中亭公墓誌銘　十六世　裔孫　集

公諱大本字振元中亭其別號也係始徙西鄉世經公子初任湖廣靖州吏目遷福建大田縣尉邑志云才能倜儻度量軼羣人望著於鄉評宦聲傳於任所歸老於鄉距生於有明嘉靖甲子卒於崇禎甲申享年八十有一卜兆於隱山庵東倪支段下購田三畝以爲幽宅立內外圍城公居正穴次子時昌祔昭季男時行祔穆迄今幾二百載令後之子孫入禮神像冠烏紗服朝服凜凜有生氣出臨墳塚佳城鬱鬱芳草萋萋牧童樵叟莫不避焉息焉後裔因

追而誌焉銘曰

隱山之地美哉斯阡牛眠之下得吉壤焉公歸窀穸克全其大業而名蓋叔之象賢顯而庸少府之旬宣歸而隱世澤綿綿

中華公建如來菴記

十七世　孩且孫　晧

中華公諱允陞侍泉公長子也夙秉庭訓兢兢自閑於禮法父年邁助理家政督諸弟且耕且讀家業頗饒竊聞侍泉公之建三義菴也相陰陽培基址搆材木鳩工作一切經營措置父總其綱公時從旁調劑之無苦窘父則年菴始成而侍泉公故豪飲性好客稍暇則召賓朋娛好以佐餘歡侍泉公有疾則侍湯藥伺起居衣不解帶者累月迨侍泉公殁而銜哀盡禮尙思吾父生平未了事有待補於後人者將徐圖之以慰二人於地下每慨孝行之薄也父

慷慨而子稱喬有衰年反受制於其子而操縱不得由我者矣有父殁不待三年輒改父之所爲而封殖自固者矣非有漠視父手所創置而日就頃頹以漸忘其所自來者矣其能先意承志善紹遺澤以相繼續於無窮者可多得也哉今於公之建如來菴見之蓋如來菴卽侍泉公未成之志而公實黽勉以曲成之者也是不可以不記

祥之倪公祭田記

癸未進士十五世孫　史紹聞

公裔孫靜齋先生與余業師葉澥鄉先生爲至契嘗爲余言公抱奇才與能不出爲世用捐遺祭田爲合族春秋祀余聞而遂謹誌之

公氏倪諱尤吉字祥之侍泉公中子也貌英偉雄於力爲兒嬉戲嘗手格數十人性近俠好與閭里相徵逐侍泉公縱而勿問賢伯仲亦竊喜有不羈之才也稍長耕餘課讀受父兄教惟謹時屆明季盜賊四起邑濱大江倭寇不時至居民苦之一日公獨奮然起曰生不能封萬戶侯區區

小醜曾足污我梃哉會冠卒至乃率健僕某從容持械出冠衆蜂擁而來玩不爲意公截其中而恕擊之首尾不能應各鳥獸散某欲悉擒以爲快公憫餘冠皆窮民也喻以歸農勿遠追遂逸自此永無冠患矣後竟折節讀書得大意兼精堪輿家言遍走大江南北曠覽山川形勝觸胸中奇趣倦遊歸卽爲祖父卜吉於某地并自爲擇兆於某地捐置祭田廿餘畝俾後人世世無廢血食也獨念公夙抱經濟才負豪俠氣遭時不偶鬱鬱終其身嘗多故老流傳公年登大耋猶慷慨論兵間呼酒召諸子弟孫曾環立堂

下痛談古今得失及家國興敗存亡之由手指口畫血隨淚灑娓娓至二三鼓不倦嗚呼三代下安得此有用才而顧置之無用也耶紹聞業師葉澣鄉先生與公爲係靜齋先生交最久每於從遊大小試時耳熟公奇異而能詳也緣記公之祭田而不禁感慨係之

祥之倪公暨鞠太孺人像贊　瀛洲　何文權　漢田

倪靜齋大兄示讀先世祥之公祭田記心慕其爲人并言鞠太孺人賢而且淑爰敬爲之贊曰

天生傑士靈秀獨鍾山圍水抱氣萃江東學恥章句經史

横縱手摩三尺竹挺孤松掀髯大笑若嘗庸庸公固勇武配亦英雄髮爲客剪構不酒空田圍樂事名教從容百年梁孟奔世貧崇福廕孫子食報靡窮

敕授文林郎江西永甯縣知縣履之倪公傳

昔人謂人生不爲御史則爲守令御史能言天下之疾苦守令能知一方之疾苦又曰郎官上應列宿出宰百里苟非其人則民受重殃士君子初離書舍驟領花封自命欲爲良有司撫吾民而子之使民亦畏且懷而父之母之非易事也履之公生當明季之衰抱學未仕迨我　朝鼎興以進恩士廷試一等授江西永甯令時年甫逾壯早登仕版直上蘭臺剛果嚴明用儒飾吏上官知其才令與計典列名上考卓薦入都頭銜待轉望公者方謂三刀五馬指

顧可遷將爲縣天下潤澤生民以翊新天子龍興之運乃公宦情素淡襆被歸來當順風而揚帆忽急流而勇退人皆惜公之官階自此終不知公之得失自此遠矣公在官時革徭役清漕糧詰奸民懲猾吏虎皆人穴狐不憑城一邑有安堵之樂又以學校就頃城隍不絕詳請與修大府暨臺司皆報可公首捐廉俸數百緡鄉大夫共襄其事不經年而龍門雉堞煥然一新上民頌公之德者皆比於文翁之化巴蜀黃霸之治潁川云公解組日制府以洽追卓爵爲額贈之闔邑紳耆皆攀轅臥轍

願借寇公一年既去則伐石紀功永垂不休抵家後謝絶
時事不與當道往來以飼鶴調琴之手課竹評花以烹鮮
製錦之才裁雲鏤月或有物色之者不知其爲宰官身也
年四十餘遂歸道山公豈有叢業前因而現身說法者耶
不然何其官不顯而顯以當代之公卿其身不壽而壽以
在人之功德也鳳台與公同鄉里而齒少於公自愧釋褐
春官謬膺民社碣部一薦抱病歸田在官無善政在家無
善行恐名不出於閭巷因思附公以傳爲敘其梗概如此

賜進士出身
敕授文林郎後學愼人朱鳳台拜譔

歲進士巽之倪公小傳

靖江知縣　鄭重

余自釋褐春官來涖曠江愛其地僻而事簡又愛其俗之安閒會計之暇得與士大夫遊一日偶登孤山欲抒吟詠見倪巽之先生題壁詩一首讀之神韻悠然是眞謫仙之流亞也余幾擱筆黃鶴樓中矣爰考之先生諱德柄字巽之元高士十世孫也幼夙慧好讀書比長喜吟詠而豪於飲斗酒百篇無一字寄人籬下其爲人也清標拔俗不染半點塵滓與之處謙退沖夷如入芝蘭之室令人躁釋矜平一生寄托悉見篇什之中所著五七古尤多至七秩壽辰採一豚蹄酒一盂將五六册詩稿置之上座焚香祭之祭畢悉付之丙丁曰吾債了矣是以遺稿罔有存者此孤山一作信先生之吉光片羽也吾今編入邑乘一以備曠江文獻之徵一以見雲林先生之瓣香餘韻猶有存焉者

詩云寒江清淺不容舫觸石還德起怒濤馬渡敢云雄壁壘雉壇那得走賢豪頻驚瀚海傳飛羽忍見荒腄蔓野蒿古蹟半隨碑蘚沒一時郢曲調逾高

羽英倪公像贊 十八世 劉玉堦 方峯

公諱敬鑰字羽英雲林先生十二世裔孫康熙初諸生與余曾伯祖山尤公同時至契偶試南闈不利即援例肄業成均擬試北闈未果靜齋大兄公元孫也適輯家乘以遺像囑題爰盥手敬為之贊

雲林遺老梅里高風飛騰驥渚業起隆隆雲連水潤山擁天空長江孤阜秀毓我公英姿跨鶴逸氣成虹欣瞻再拜五世裒翁巍然如在百餘年中承先啓後厥賴公功

廣生公暨朱孺人像贊 十九世 朱一開 南岸

公諱鑛字廣生由庠膳成歲進士需次廣文名載邑乘德配朱太孺人有賢婦風謹為之贊曰

維公令範垂裕無窮僑門望重文陣師雄賢書登進名達槐宮子子孫孫咸仰遺風

維公佳耦克敬克戒德言容工罔收或昧閫範斯隆母儀稱最子子孫孫奉之勿懈

貤封文林郎鄉飲大賓倪天成先生傳

鄭忬 甯村

天成公諱國傳邑庠生永宗知縣履之公孫文學增祉公長子自幼資畧岸異讀書過目成誦旣長博涉經史論古有識出語能屈其座人弱冠補博士弟子員爲膠庠翹楚邑中英俊多從授經得其傳者無不纍名於庠序殘膏賸馥尙足沾丐後生展公之學何不可以掇巍科拓公之才何不可以躋顯仕乃公性恬淡行履方嚴或勸之仕進則曰李下無蹊終南有徑可分道而揚鑣也公旣不求聞

達又不屑屑於治生履之公遺田數十頃家稱素饒至公屢經析箸產僅中人而公性喜饋貧族黨間有所求慨然與之無吝色遂致中落晚年四壁蕭然訓子課孫自以爲樂時復偕二三老友看竹評花非中有所得而自全其天者能如是乎公年近九旬猶能背誦書史時介孫健齋已成童有所質疑輒爲口講指畫隨命撿閱卷頁字句一無差謬人咸服其精博每遇賓筵盛典邑宰造廬必得公以爲領袖青衫朱履白髮蒼顏望之如神仙中人楊子有云年彌高而德彌邵公之年則大耋也公之德則古人也有不朽之德而又有不朽之年以永之則公之必傳無疑矣忬與公孫健齋孝廉爲中表親辱數過從備悉顛末爰不揣譾陋而爲之傳

論曰士無窮達爲善必昌幽光雖閟潛德自彰惟公積善垂裕後昆天之報施及爾子孫生前則望重五更身後則榮膺三錫嗚呼獲福如公亦孔厚矣

攀桂公傳　從姪孫　蘊培

洪範五福一曰壽華封三祝亦稱多壽壽之於人不綦重哉顧人有以壽傳者有壽以人傳者人以壽傳傳其壽非傳其人也壽以人傳傳其人並不得不傳其壽也如我從伯祖　桂公爲通族長嚴整家法督率通族捐置祭田庶不至貽底墜不祀憂而其卒也沐

恩三錫享年八十有九以此觀之人以壽傳歟抑壽以人傳歟更異者公生六子惟三子瑞早歿長瑞英年補博士弟子員及六子珂俱年幾六十初不可以不壽稱其他若

珍若琦皆年逾八十一終訓詁一老猶遷今其四子瑜年九十餘亦爲通族長猶矍鑠爲公精神矍鑠將來即百齡未可知也此多福多男且多壽者歟迄今人談公之德猶嘖嘖不衰幾若忘其大壽也是壽幾爲人掩而予樂傳其人並不得不傳其壽也遂不揣逾分而爲之傳

月松倪公傳　二十世　　歲貢生　劉超曾　起芸

世有一生勲業爛然一二事稍乖庸德庸言遂不可傳有一生聲稱寂如一二事實出至情至性遂不可不傳予於倪公月松有感焉月松係予門人炳章之胞伯卽其嗣父初予聞其天性孝友不甚詳迨炳與其兄瑩一時並出予門因得備悉公之本末焉時乾隆丙子秋大疫長兄茂松先數日亡父母卽時病篤公日夜調侍湯藥不愈萬無如何祈禱蒼穹陰念惟割吾股庶幾有應者乃卒不獲父母愈并公亦以此染時疫呼號季弟景松妻楚聲慘不忍聞

數日間奇禍立至悲夫因思海內名流平日孝行相高輒流連篇章眞若搗羽之傷蓼莪之痛肫肫然皆激發於不容已一旦父母重病徒事延醫驅鬼諸具文竟不覺我父母之危在膏肓者共視公爲何如人哉則公之割股何可不傳乎哉迨嗣子以能文補博士弟子員及孫猶不失耕讀家風未始非公孝行之報矣是爲傳

外舅逸亭倪公傳　壬子舉人　劉特付　東興

公氏倪諱國樽字賓賢逸亭其號也雲林先生十四世裔孫公嘗慨然慕先世之爲人而獵琴自樂超然物外性高潔自先君子外不妄交間置酒招之則欣然至至則不辨賓主痛飲劇談隨意讀離騷聲琅琅出戶外時或大醉則銜口背陶杜詩數章及介伯陳情武侯前後出師諸表諷大哭不自止已而大笑先君子亦隨公爲歌哭焉曾嘗侍其旁公指謂先君子曰此子佳吾當以女女之先君子敬諾曾綠列甥館益蔆悉其巔末公生四歲而孤太翁力學

成瘵嘗撫公而囑曰汝雖幼頗能記我言我苦無淚滴汝胷今長與汝訣矣汝母曉大義我死則母命是從無徒嬉戲以重汝母憂也俟太孺人大慟公亦大慟未幾太翁卒太孺人緣公故不敢過哀以致毀忍淚治喪畢即畫荻教識字易日試之不爽七八歲便日記數千言率意成自然詩急延師督課師乃驚且駭嘆爲王子安一輩人而器識過之偶涉雜弄太孺人輒怒曰而忘而父痛囑之言乎公抱太孺人泣卒攻苦不輟是時家故豐里中有虎而冠者利其業搆內變而外侮迭至太孺人以一身翼之謂我背

碎無廢兒學公益肆力於古今載籍旁及醫卜星相陰陽之技偶作文往往出入於唐宋諸大家而胷中鬱勃淋漓之氣時流露於一花一草長吟短詠之餘懶不收拾人爭匿之不肯出故遺稿僅有存者公早歲入成均嘗慨然論天下事適嬰疾太孺人曲慰之公亦思婉轉以博節母歡手闢一園圃中築土累石以爲山山有二一高可十餘仞一高可七八仞植松柏數十株并雜竹樹若干四時花爛若晴霞每遇春秋佳日呼童進酒親攙太孺人策杖登覽回指孤樹聳秀長河映帶如相揖也遙望隔江山空濛蕩

溟濛與大江隱隱若出沒孤帆一片斷虹千里有時夕陽棲村樹鳥逐雲歸新月如鉤倒挂茅亭角上疎雨數點清風欲來微逗於香清茶熟間顧太孺人笑曰此即我雲林公畫意也公亦善書興到筆隨之間作書好臨摹晉帖論詩文極苛曾奉先君子命嘗以所業請公公歷指其疵而易之壬午倖列賢書敬謁公公喜謂余曰汝不爲世俗之學當不爲世俗之文勿僅囿於章句乃眞吾快壻也公事太孺人最謹生養死葬無遺憾而公年亦已衰老矣未十年遽以無疾終配唐太孺人亦賢內助後公七年卒子

芳春公傳　　姪孫　致中

族叔大父芳春公諱天成琨生公之冢嗣也年二十九始補邑博士弟子員功名之躋蹬有自來也蓋自康熙甲午邑有鄭令之變士子罷考幾於廢青氈以作牛衣琨生公家多齊腴產命公事耕耘公不能治即委公食牛公求牧與芻荷蓑與笠必執書一卷以往郊原𣥺𣥺有掛角之風人之見之者皆以爲迂也及雍正甲辰召靖邑諸童赴金陵試學選七人越歲公即蜚聲黌序公以昆弟六人而居長以孝友聞於族黨倪氏自北徙數世業耕而以書詩之澤開其先以施於子孫者公之力也歲甲午公延姪孫致中主塾課爲其孫元熙等特設席以待余也故朝夕得與公游聆其詳時公年七十有九猶精神矍鑠曳杖追遊乃即是年捐館焉我祖御史大夫帶經而鋤至於公流風猶有存焉者歟

三女二曾竊悲公抱曠世才不能稍展其蘊而追遁世外竟老死於雲山金石間而不自傳也於是乎泣爲之傳

敕封文林郎光裕倪公傳　　桐城　姚鼐　姬傳

從來人之爲善積之於前必報之於後天之福善佑之於後必阨之於前此固造物之巧而其效有若操左券者觀封翁光裕公之爲人益信矣公幼承庭訓劬學好問砥行工文弱冠時縣試首列會學憲檄至院試有期猝遭吳太孺人喪既不獲入試又以哀毁竹立旋抱沉疴數年始就痊可自是攻苦日深躋蹬益甚其中饑驅奔走或因貧而學業時輟或因病而試事不終困風簷者幾二十載至

高宗建元之歲公年已將艾皓然白首纔着青衫此志士所爲廢書而三嘆也公素性醇謹事親克盡孝養太翁年登大耋公亦將届古稀而歲入館穀必手以奉親每逢令節進旨甘娛色笑依依膝下如嬰兒及太翁仙逝哭泣盡哀不以老而廢禮公之行誼幾於古之人矣公館延令時有黠兒驀至公家詐以公命取物孺人命持之去既而公自館歸始知其誆後其人過公於市自知負公從稠人中伏地叩頭公第勉其改過自新並不加聲色市人相對疑駭咸來問訊公答以他詞終不言其事其仁心爲質類如此年四十七始生子猶及見令子遊庠明年封翁偕孺人

相繼捐館令嗣健齋先生克承先志早登賢書宦遊南北封公如其官鼐自來金陵主講鍾山與健齋爲文字交最久因得悉公之家世今健齋復挈其孫來應秋試十年舊雨重話秦淮不勝狂喜健齋言及將修家乘屬予爲封翁序言鼐義不敢辭竊謂封翁讀書爲善數十年未嘗一履公庭一謁當事潛德幽光鬱而必發健齋既以名孝廉爲

朝廷循吏將見喆嗣文孫蟬聯鵲起正未有艾固知公之積善於前天必有以昌公之後也

臨川倪公暨鞠孺人像贊　歲貢生 吳珊 荊南

公名澗字臨川郡試居首選旋丁內艱遂安命終身不應試德配鞠太孺人賢而且淑敬爲之贊曰

維公之生卓然不羣扛龍造鳳試輒冠軍時運不齊閉戶修文子子孫孫共沐餘芬

維公之配克循婦道淑慎其身素謫靜好荼甲豆丁是議是考子子孫孫流傳頌禱

書倪杏癡逸事　二十一世　歲貢生 劉玉堦 文峯

予幼聞倪公名薪傳者號杏癡異人也而每疑異傳中秋適靜齋大兄以宗譜賜覽親見公事蹟略得其生平大概乃信初薪傳家甚貧幼孤讀書未數年頗曉書義十二三歲時隨里中諸童子就教鄒法師門師獨異之而有異傳稍長由鄒法師親見真人府學道眞人亦異之而益得異傳不數載歸飄飄然有神仙氣居無事輒兀坐若渺慮參禪不食烟火者累日嘗聞東道士院有客從海外來皓齒龐眉偶與談如讀未見書彷彿龍威丈人輩一見亦大異之盡授以河洛異傳以此兼精堪輿家言一時爭延之醉後吐奧語人不能測疑其誕遂目爲癡公以人盡疑之也而亦自號爲杏癡隨意行止無故輒大笑唧唧白如初不輕談人吉凶談則無不應而其卒也故無疾忽告家人以遊仙刻數果纖毫不爽其眞異人而每疑異傳者耶獨念公具此異才不力窮聖賢經術洞達百代史事以成絕大經濟才卓然見用於當世惜哉然亦烏知其非安於命數而爲之哉

元燁倪公傳　　歲貢生　瞿燈　燃青

庚申歲余館東鄉倪文墀先生家其喆嗣皓余門下士也是夏獲儁六月既望進酒張筵欵洽賓朋一時賀客咸爲先生侑芹觴時先生父喪猶未終也忽泗涕滂沱泣訴厥考元燁公行略僉曰是不可無傳予因詳求其本末誠方正有古君子風爲遂譔爲之傳公係太學生國燕公子行一自幼出承國樞公嗣國樞公早卒公能得嗣母陳孺人歡迨孺人以悲痛辭世公哭踊盡哀善事嗣祖父母且誼篤友于爲本生父母所喜悅弱冠入成均性情品概具爲宗族所推重子弟有不軌於正者公必立加懲誡鄉邑不少假配王孺人善相夫子家稍稍而公又不時賙其親朋之不足者非徒斤斤爲一己豐殖計以視僅爲所傳砥行立名之士有志振拔不與時爲俯仰者恐不是過也且碩果必茁其芽蟠根必豐其餘公之子如文墀先生早歲拾芹其孫皓又英年游泮終非池中物且諸孫林林秀起皆非局促轅下者異日之顯揚正未可量也燃青氏因告於衆曰如公之行誼信可傳矣余即不爲公傳不且自傳乎哉僉曰然

梁溪倪氏宗譜《譜芬錄卷十三　傳》　四十三　帶經堂

光希倪公傳　　丙子舉人　熊載　渭川

光希公諱煥新字元勳篤實君子也性純謹嗜讀書太翁逸亭先生課業不甚嚴公故自攻苦下帷孜孜有年矣祖母侯太孺人極憐之侯年垂九十卒逸亭公亦年邁命析兄弟產而公讀如故提筆應郡縣試屢前茅列時遭家難援例入成均而公讀猶加故旋丁內外艱一切喪葬公力任之後家事繁而食指漸衆憤欲赴南北闈未果載與公至戚也每談及公隨口誦自序不休諷衙爲終身恨公子三長君靜齋有異禀亦蔭培亦震亦嘗學公爲歷訪名師嚴督之歲己未余與劉立峯附讀公家得以時時聆公訓而公珍載等逾他兒而載亦以樂親有道爲幸是年余與立峯靜齋並擷泮芹公喜甚進酒張筵載等齒居末坐公歷數生平鬱鬱不得志及先世雲林公高風亮節我後人未能丕振墜緒以經術發爲經濟爲可痛也言至此嗚咽不出聲回顧靜齋謂我德薄不足法汝祖巽亭公奇才不遇耿耿至今汝宜勉之載等亦悚然不自安自此往還愈密情好愈深余爲長子瑋求婚於靜齋公慨然諾即倩立峯爲媒而兩姓綢繆若膠漆每大小試必與靜齋偕風

梁溪倪氏宗譜《譜芬錄卷十三　傳》　四十四　帶經堂

雨連床論文申且壬申登拔萃科公期我愈厚詩與公
親炙近二十年丙子春稱七十觴等登堂晉祝竊窺齒
髮間稍稍衰矣而精神猶不減盛年未幾病甚遽卒於六
月二十三日遺命讀書外不他及是秋倖獲舉於鄉惜
不克逮公之存少慰公期我之意也姻伯母王太孺人性
仁慈躬勤儉實能襄贊我公已先公四年卒凡公之行惟
余悉之詳而約舉其大畧也如此

從伯庸書公哀詞

從伯庸書公諱守中好讀書性嗜飲爲文甚捷郡縣試
輒前列年逾六旬猶困童子軍中而興不衰驚其思
若泉湧或不至以潦倒終乃遽卒於丙寅春季閒卽
往唁之但見宿酒盈樽殘書滿架不覺悲其一生苦志
未就也爲哀詞曰

羌余傷古離騷之汩沒兮恨乏援網珊瑚得賢哲爲步趨
兮業朝夕之與俱翙一脈之有此老成兮豈暗投之隋珠
乃風塵數困騏驥兮山川空毓瑾瑜疑有酒學仙兮跨明
月而賦歸與瀰瀰乎破白雲而窺秘笈兮嗚呼嗚呼

涵山倪公贊　　盛世盟

實維處士爲邑庠生涵山其號廷治其名敦本睦族排難
息爭鄉有淸議惟公是許邑有盛舉微公不成孔壬巧令
公至藏聲奇邪奸宄望影潛形六旬壽卒鶴唳猿鳴迄今
傷茫茫之竜穸真能追想夫儀型

亦少倪公暨陸孺人像贊　　歲貢生 陳方澍 齊賢

公諱鎮坤邑庠生性純孝嚴寒盛暑定省勿疎配
陸孺人以節著壽敬爲之贊曰

公爲名士品重藝林惟孝則友人譽且欽旻天不弔泣下
沾襟子子孫孫侚克嗣音
配亦名門克勤克儉晝荻教子歐母望儀節比冰霜思之
淚掩子子孫孫表揚無忝

朝幹倪公贊　　歲貢生 張棡

博士弟子其諱曰貞字云朝幹藝苑蜚聲琴書自樂與世
無爭搜二酉兮公之藝成富三冬兮公之腹盈胡不干青
雲直上而坐老於鄉城亦曰征稽之是難惟硯田無稅而
可以心織舌耕

涇州公傳

姪孫 拱之

族叔祖涇州公邑庠生諱椅天職公之子行四諸兄皆業耕而公獨事芸窗與族姪孫敬之拱之誠之權同受業於沈錦江夫子之門而拱之與從兄敬之爲先着鞭雖胞弟載之與公負笈從遊爲最久歲乙酉熊邑侯下車試士拔公文冠一邑載之即次之然公之爲文力爭上游必欲道人之所不能道窗下課文每竭一日夜之長乃就載之亦畧同此爲老杜云爲人性僻躭佳句語不驚人死不休其即公之謂歟乃自縣試後益加奮勵兩人竟皆以苦讀成瘵帶疾赴試澄江而公獲儁載之仍以次藝不全被黜孰謂泮沼獨遊而泉鄉結伴祖孫兩人同於是歲修文地下哉公卒於八月十六歲之殁於九月初三維時堂上父兄閭中婦女莫不呼天愴地族黨聞者寒心短氣公生於乾隆辛酉卒乾隆乙酉得年二十五歲嗣子南仲其胞兄朝陽公子承祧遵父命也

贍旱公傳

姪孫 希賢

贍旱公諱榛太學生天爵公子七歲而孤母唐太孺人撫養成立授室數年太孺人即棄養公喪盡哀祭盡禮閭里以孝聞時三韓楊公侯靖素重太孺人之行而嘉公之孝手書樹德儒林以旌之後人仰瞻遺額世以爲榮云太孺人遺田數頃公克守其業又善繼太孺人之志慷慨好施三黨之親賴以舉火者甚衆貧無食者予之穀死無以斂助之棺貸人金多不取子錢或力不能償輒焚其券乾隆癸未歲大饑捐米三十石施粥以食貧者邑侯賈公高其義賜額曰利濟爲懷公之爲人可謂邦家必達者矣公遇事明決鄉黨有不平質成於公片言立解有族姪棟朝以反目出其妻公爲迎歸擇日重行合巹禮至今子孫繩繩家亦漸起衛頌公之德不衰又有迫於歲饑願鬻身公家者公不責其立券比年稔助之貲放歸後其人頗饒於財公不受謝有問及者反秘其事不揚於人其立心忠厚類如此生一子明遠年二十四而夭遺孤肇域甫週歲公以養以教撫之成人至及冠後即授以家事不獲攻舉業遂援例爲國子生今肇域年近古稀其子若孫亦負來橫經

勿替先業以此知公之流澤孔長也公以康熙之戊戌年
生乾隆之庚戌年卒享壽七十有三

上舍喬林倪公傳 陶嗣景

家仲弟宇照暨猶子伯勛與倪氏重締朱陳之好勛爲明山阿倩明山喬林三子雋於耕耘老於隴畝初喬林公奮志下帷青年應郡縣試輒冠其曹旋丁父艱以治生棄舉業論者惜之後援例入成均而教其二子佔畢延師課塾門不絕長者之車尋二子攀生皆中人以下竟以 掌刺股而不見成功公鬱鬱賫志以歿配劉氏舉丈夫子六得孫十有五昔昌黎有云莫爲之前雖美弗彰莫爲之後雖盛弗傳積薪之嘆余於十五人不無厚望焉

喬松倪公贊 康貢生 陳方泗

枝士成均有公諱棟論必驚人謀猷歷眾抑强禁之紛爭不爲隱諷有柔懦之思憐深爲抱痛篤友恭而與伯仲善燕翼而庭除麟鳳取不傷廉億則屢中終吾生以徜徉人臘斗酒隻雞以相送

歲在閼逢閹茂物有黃華令節　門人　方伯鄧延楨觀
察伍長華民曹蔡世松龔元鼎楊煊張曾端木煒
伍長恩丁金榜恭祝

敕授文林郎江西永壽縣知縣健齋倪老夫子八秩壽序

蓋聞行立者名自彰德茂者壽斯永身不必膺顯爵而科第留香家不必擁素封而子孫競秀是即人欽其修天錫之福風來瓊島瑞靄流芬日暖芝田祥烟集馥萊彩歡騰於膝下椿枝慶溢於堂前況乎籌添海屋木公併金母之齡長花滿庭幃白鹿共青鸞而兢麗此尤進芳樽而欣祝

逢佳節以齊賡也惟我　夫子文星降世嶽秀挺生鍾離帶經之胄卓哉漢代循良建庠興教之遺洵矣唐廷直亮蚤題名於秋榜曾屢薦於春闈十二世之書田克承家學上下江之教鐸咸目經師一門桃李皆成瑤草琪花千里風雲悉化祥麟威鳳憶今日之瀛洲閬苑奪甲爭先半昔年之蓬壁蕭齋取懷相示者也繼而報最功高掄揚與重文章既著政事尤優仰甘棠於召伯治陝以西播霖雨於蒼生行江而北以補袞之鴻才試烹鮮之妙手閑搬瓷琴啟萬家之絃誦閑開偃室收多士之薪槱廉平心地召杜口碑遂乃境絕飛蝗郊馴伏雉新田假戟借不黍以宜秋貫索爲空委桁楊而臨雨上憲方倚爲腹心多士羣呼爲父母無何宦情本淡歸志中堅闊三月而解組駕兩輪而治裝僑也將去悔不復留其攀轅遮道之情非作綸扦吟所能罄也由是載鬱林之片石行李何輕尋彭澤之舊居菊松無恙閉戶息交下帷督課燕山多桂謝砌滋蘭架上詩書即是傳家金玉牀頭卷軸早成弈世弓裘子暨孫兮繼起鬱序昆聲兄及弟兮聯芳芹宮冠首而且丹山雛鳳翮已垂天渥水神駒蹄將破遠行見天衢並轡雲路交馳

而我　夫子椿年既屆步不須鳩鳩案齊康髮猶未鶴貞陸地之雙仙實德門之盛瑞時際三秋筵開八秩七十而賜几杖已逾絳縣之年八千以爲春秋願頌漆園之歲祝等夙承訓廸幸受陶鎔瓣香同溯思立雪於當年道貌常親重坐風於今始庭羅芝玉家鬥百歲之歌地集舟車客進長生之賦菊名益壽當附競獻千枝酒號延齡拜席同斟百榼雙鋘是翁不讓據鞍之健老成有典還期加飯之餐

敕授文林郎永壽縣知縣健齋倪公傳

公姓倪氏諱發春字震陽健齋其別號也占籍靖江十餘世世有休問自六世祖古滄公官江西藩掾郎著賢聲至高祖履之公以明經拔萃作宰永寧邑有神明之頌大府列名卓薦方將膺不次之擢而公遽引疾歸田蓋非特淡於仕進亦正以當享而不盡享者厚以貽之子孫也曾祖暨祖若父皆名諸生抱學未仕公生而岐嶷弱不好弄旣長豐頤厚背凝重如山嶽鄉先達咸以大器卜之弱冠補博士弟子員明年封翁暨太孺人先後捐館舍公益砥行

礪學冀顯揚以報所生乙酉南闈領鄉薦房師爲貴池令王逵夫先生座師爲安溪李竹人先生秀水錢坤一先生丙戌至辛丑五上春官薦而不第者三己丑科總裁劉文定公擬置魁選文已付梓仍落孫山本房福欽文先生作詩慰之公旣屢不得志遂以大挑銓授上元縣教諭上元爲金陵首邑人文甲於海內時僑居白下者有袁簡齋先生主講鍾山者有姚姬傳先生同官爲洲泗毛俟園同年爲嘉善浦椰愚前輩典型公親炙之名流觴咏公身與焉前後兩司教鐸約十有五年中間養疾里門攝篆華亭兼權南匯歷吏三載在上元多所造就門下士得其傳者往往破壁飛去若鄧西林方伯廷楨伍雲卿觀察長華蔡友石民曹世松尤其表著者也已而公截取入都籤掣陝西永壽縣永壽地瘠民悍號稱難治公履任後釐奸剔弊吏無䑛法民不犯科邑父老皆以爲叔度暮來及署米脂縣事米之難治甚於永壽而公卽以治永壽者治米脂雲流電決雷厲風行米邑之戴公一如永壽是時各大憲倚畀方深而公念軍務倥偬恐年老不勝王事仍請改教回籍事防挈肘興闌折腰

官匏繫縶鄉思於鱸羹千里花封付宦情於鴻爪感勞薪之甚苦思牧宥之餘甘迨選得全椒教諭全椒令李君籍隸長安與公莫逆累書促令赴任公復念令嗣業書香未績無以啟後承先遂以病乞休𢇁彰家居下帷督課一子兩孫並皆蜚聲黌序公之志亦稍慰矣公少年爲文下筆千言每一藝出輒俾易其儕伍厥後宦遊南北二十年未嘗一日廢學晚年尤喜汲引後進凡以文就質者無不導以所已經或不可於意卽援筆立成雖耄期猶不倦云公家本寒素而篤於行誼三黨之親資其分潤又性最方嚴里巷徵逐之士不敢入其門其了

弟出皆樸訥醕謹絕無袨袴氣習族有爭訟必相戒勿使
公知仁心爲質古道照人此邦之推重公者不啻鍾殿靈
光唐車顯慶也承湛兩宜玆土屢奉指南公次孫景芳又
受業於余辱有通家之誼前因歲在龍蛇公嘗其阨昏爲
三千里外賢司牧廿七科前名孝廉之聯以誌欽佩今余
旣量移鴻沙而公闔族謀修家乘景芳以書來告屬余爲
傳今遂撥除繁冗爲敘其崖略而付之郵筒

賜進士出身

敕授文林郎知靖江縣事通家眷姪閔仙楊承湛拜撰

從兄文墀公誄　二十二世　弟 侖

公諱正心乾隆時庠生配毛孺人誼如梁孟延師
教子有遠志長皓已遊庠食餼次欽亦肄業成均

惟年月日侖以從兄文墀溘然長逝而不禁深有慟也嗚
呼哀哉喬木千章參天高枝如何折摧大風暴吹誰謂不
痛仙斧下披誰謂不傷無端傾欹朝聞夕歿先民有思何
以贈終潸然淚垂乃作誄曰猗與文兄同祖梅陂遷靖累
葉聚族惟兹公處冢系永不棄基惟公皇考出繼宗移公
早遊泮擁列旌旗縱橫倜儻履險若夷倏忽幽渺空負心
儀百年梁孟一朝別離嗚呼哀哉翩翩宗冑連鑣異姿公
爲敘譜廿載延師高舉鸞鳳遠到夙期胡爲昊天老不慭
遺偕異人妒剛直俗疵空彼羣伍而駕女嬀眞我假罴横
空飛馳超登遐舉要於天池嗚呼哀哉初聞霹靂將信將
疑猶來弁計如醉如癡惟公克勤以豐戲嬉惟公仗義以
作綱維雲邊雁斷月下烏悲一般悽楚地角天涯嗚呼哀
哉

倪靜齋先生七秩雙壽序

紹聞束髮從辭鄰葉夫子受書吟誦之餘稍聞緒論每於天人感應之理材品高下之辨輒默識而弗敢諠邑中有周沈東陳廸維兩前輩者名下士也交辭鄰夫子爲最久春秋佳日捧觴命筆上下古今輿𢡟豪蹤而歛襟推服斷歸驥渚靜齋倪先生當刎頸蓋時即有得意忽交名下士之句夫辭師之與沈東廸維其爲名士審矣而所引重者惟靜齋先生則靜齋先生之爲名士無疑也猶憶十五六歲時紹聞偕兄承棨應試澄江適先生來訪辭師一見即

蒙刮目然紹聞幼稚尙無能窺先生之深也迨已未錄科試院與先生坐相邇見其一揮而就字挾飛鳴始知眞名下士其迥不猶人如此憶謂春秋榜發此四人者必聯翩倂列豈圖辭師六薦不售槁項牖下廸維以明經教授今甫旋里沈東雖成進士亦不得一試其技僅僅以校官終而靜齋先生屢試高等非未獲食餼於庠尤爲阨塞天人感應之理固若是其爽歟昨廸維書來囑作靜齋先生七秩壽文爲言靜齋先生仍世清素英聲早蜚縮衣節食以殖恒業既因延師課其羣兒盡棄其產埊紀甫周賢似背

蒸蒸日上爲一黌儁而去產復歸其志量夫人數等生平慷慨喜發見義勇爲然以坦直無私卒少讐怨與哲弟相友愛猶子如子文學亦與賢似相埒至於琴瑟靜好尤有梁孟風今靜齋先生年七十有一其夫人夏氏年亦六十九矣律呂相宜鸞佩互耀求之流輩豈易得哉綜計先生所缺陷者唯科第耳然長君少呂賢阮平香均爲膠庠領袖次君少華茂才稚君少承上舍並藻采滂流名馳旁邑則騰達雲霄直指顧間事耳轉　九載先生齒躋八秩知連床之勿踵武之車蟬　之珪組必有以塡夫缺陷斯福

與德相稱而無所歉也子盍詳書之作他年之矩劵乎紹聞不敢辭因即詳書之以爲序

道光二十有八年龍集著雍涒灘涂月上澣陽羨史紹聞拜撰

靜齋公七十雙壽自序

蓋聞華祝有三箕疇唯九壽緣天定亦在人爲人不可壽即壽亦非壽人誠可壽不必壽亦壽今予與荊妻共年百有四旬忻合壽期草自壽序家本　經世系清閟宗支六世祖誠誌建庵五世祖多功禦侮（國初時老岸盜親來侵儎禦之）延及高曾早登庠序祖抱雅操六秩（君高捷鄉書至六科不倦）父充上舍七旬（童試前茅因家務援例）迨予八齡就傳十歲能詩十二成文廿年入學台沾化兩西江（得力師江抑紹岷）亦沐春風南院（受業院長蔣荀白瀛）切琢資邑中名宿見聞廣都內英奇所悵卌年院試徒列前

茅十次鄉闈終遺鳴鹿江干荷揷偶關菑畬（自置劉閘沙田）沙嘴垂綸擬浮湖海痛蓼莪之罔極捧毛檄以何時（父以壯相期將志未遂）未克爭先鵬奮惟期稀後燕貽擬培一脈硯田遂棄千金腴壤（因謝了願華沙產）予子女各三婚嫻事六父經子受母教女從庭訓更饒閨訓家傳尤切師傳兼承厚蔭三槐（得厂王多）並錄雅音肆夏（厚慈娶夏氏能作家）幸長男食餼承　恩仲（仲子科試一等）季全登學校（健補）中女待旌合例（女廿歲守節今年已四十二）長少俱適宦紳收桑榆之舊業（贖歸劉閘沙產）瞻桃李之新陰含飴已得二孫析爨早謀三窟竊喜妻倘年康六十有九予叨歲長七

十有奇齊眉二老並屆古稀轉瞬百齡預爲今兆並喜望弟最殷督姪尤切長姪候貢諸姪克家仲弟少攻儒業（弟承試前列院備卷數次）晚入成均克諧孟案同庚已近綵人政中雖其同月同生亦同日同壽同思疇曩自述生平問以求修進父母珍膳以已貲彌兄弟公衍於夫婦無間琴瑟於朋友無忘車笠惟輯草而猶懸留譜編以待續（近擬課族擬付梓遺後詩系稿定有志續修未逮）每念行多坦易不忘世有崎嶇竊嘗焚銷議據超出網羅（少時見立議據大干法紀焚而銷之）點示迷津別開生路（邑中有案急作解各有生路情事中變）正言勸東道館人全孀保業（學江館人欲逼媳嫁遂勸招以全之）

嫕誚平南闈門卒輔友成名（陽羨友人周沈東入闈卒門卒相爭幾斗事故因力解之是年暨選聯捷春闈）集眾開通新港障春潮幾涉春冰（因開新港築壩備潰事業中止卷集眾障以成之且因開港務爭予遲議與）倡捐修復高橋躋夏川難逢夏雨（道間時久不雨狀曝日中僅工）五興賑濟饑貧集哀雁爲邑尊所苦（十二年春邑民聞賑品同僚詐稱賑邑尊苦之）兩次採訪節烈闡孝泉爲當道所推（集烈婦係孝媳四邁緣投河殉孝失足據實擇詐人爲有議不合縣案中力爲而與之）非無過與早望岸而回頭間有浮言可問心而對影欣遊仁壽無事之天幸沐壽考作人之化時惟十月序秩三冬睇矯矯雲中雋鶴盼丸丸嶺上長松喜梅妻偕老林坡卜桂子叢生賓

第兒擬供桃陳壽筵之八算孫猶懷橘占壽叟之對枰塤
來饒雁獻壽禮以疊雙女善描鸞繡壽圖而盈百由是花
矍鑠翁舉耆英會佳客話香山玉局耳工歌白雪紫雲蝎
人生之樂事邀天錫之長年想非得壽無端或亦增壽有
自爰選雲箋並研寶墨書成壽序懸列壽屏喜逢壽日卽
爲作日願示家人以及同人餐延壽菊作有益修能拈長
壽香廣無量功德以爲予壽而人亦壽也可卽以爲人壽
予之自壽也亦無不可

姻丈倪靜齋先生傳　熊爾穀

錫邑之東倪顧稽陸熊劉爲通家世好由來已舊先胞叔
州學公與靜齋先生加契厚又申之以婚姻叔北上先生
嘗就叔塾中開講席諸兄皆從受業亦間與問字焉叔
旋先生時往來與叔劇談文字外往往有不能自了事必
以先君識通達忠人謀恒待區處獲酬其願初不甚曉
事既乃耳先生傾吐坦襟懷知先生雄於才細核於務非
人所易能也少時卽頗爲先生所器歲戊申送弟與
姪縣試先生以手製七十壽敘邀與商確一二徵引處非

詔之曰吾將多徵詩知交輩及後來之秀者集輯而整比
之既成詠以稟上先生曰是眞道得性情出猶識尾句
云幾家珍重好光陰憶時有所感自先伯先叔相繼辭
世陸文珊先生劉立峯先生亦旋相繼沒老輩存者如先
生篤齋先生稽貽堂先生顧光蘩先生及先君幸猶强半
先君年最長精神眠食如常因爲先生壽詩寄懷交發
於中遂爾欲諗諸家昆季也詎料時未幾而先生遽歸道
山矣今距先生歿未十年老成凋謝盡矣可勝悲哉先生
錫邑族中修大通譜嗣君少呂具述行略偫來以先生

傳屬之（敘）既爲篤齋先生傳其伯兄郎先生意頗有屬於先生者拘於體不能卒攬入遂先生傳未成（敘）乃尋釋緒撮今先生精神意致猶可感發將來也先生諱會字心會號靜齋系出雲林公傳世十五至先生祖逸亭公考光希公累葉清素以耕讀世其家先生幼聰慧八齡就傳十歲能詩讀書過目成誦觀史有疑義必求析其爲文必務得驚人句長老爭異之弱冠與叔州學公劉立峯先生同受知學使者先生所造益精進與邑中能文士馳騁以才氣符合經史下筆洋洋灑灑千餘言若決江河而下而精悍

之色慘澹經營之狀自流溢楮墨間咸讓出一頭地每居常爲詩文精專所致循室而行時或以頭觸屋柱道光丁酉科先生攜長君少呂入闈年且週甲矣（敘）與先生三場同號舍僅一壁隔聞先生哦聲不絕口墻堵時抵觸震動問先生故曰適搆思未就耳先生攻苦爲文至老精力不衰乃如此而竟未能得一第以諸生沒其身何哉然先生雖不遇而磊落抑塞之才益爲人企慕又獲交諸名下士如葉澥薌茂才陳迪維明經史伯紹昆季孝廉周沆東英年進士皆卓然負盛名於時而樂與先生爲溫郭苔岑之

契於後進加意獎拔門徒中最善先胞兄晴溪謂文章有骨力餘則或因其資敏或見其學勤輒殷然許可時教飭以冀其成雖至親子若姪有佳者逢人說項不以爲嫌也性坦適不修邊幅亦不能爲章句之學其督課三嗣君乃勤擇良師之善教者待之必致敬盡禮如恐不及少呂少華相踵入邑庠少承援例入成均少呂旋食餼少華亦獲試高等懸期待補缺竟以遭先生喪不果與是可惜已先生晚年以其才不能用於世乃垂意綜覈世務嘗（敘）曰邑内某有干介盛怒欲因事傾陷於罪既繫逮成獄矣人

咸懷哀憚過而問幾絕迹特垂憫欲致申雪集清白家具公牒上之令意予所爲獨面折予尋爲平情論事無拂其旨令輒霽顏受所上牒其人卒賴此得不罹重辟夫人生平相握手言笑宴宴信誓旦旦至洽也一旦利害得失所關其顛而擠之即不至是而局外隱情爲愛莫能助之歎此亦人情之不可甚非者也聞先生之風其亦可以薄敦而懦立矣蓋先生明而密於防黨而裁於義以故有甚不平事輒身爲釋之鄉鄰有口語求質是非者以一言解之沙洲爲力爭喧擾之區先生搆置沃壤至則與同人經畫

毋競毋欺衆咸推服遂占恆產以自給歲或適饑饉歷前後凡幾董賑務皆井然有條理有不足力任義捐設粥廠待哺者多賴以甦水道淤塞亟集鄉人濬渫河得沾利蓋甚廣其他修橋梁葺祠宇敘譜系諸善舉縷覼不繁不具述德配夏孺人懿行純潔善事先生宜其家由好合致和樂門內順氣成象太孺人之德始終如一其操今春秋且八十諸嗣君色養怡怡創門楣各興其業堂上有餘歡焉少呂近命其長君乙然從叙遊亦能醕謹不失家法則先生以其才之未遂者子若孫可以食舊德可以服先疇信乎有以啟之矣

梁溪倪氏宗譜　讀芬錄卷十三　傳　奎　帶經堂

附輓詩　嚴賓生　方恂

靜齋先生作七旬自壽詩示余余方疑製藕詞貽聞稱觴矣詎不料先生遽赴玉樓前一日余自飲歸遇先生於酒樓乃手邀約翌午同飲乃其夕即仙逝矣余因撰一孟才悼逝先故十年相交手感挽句拳拳後余先生情厚余會會不忘遽感賦是詩以誌斗山之望云爾

壽詩未就輓詩陳愴絕稀齡已隔春天上人間爭倏忽年高德邵仰精醇文章合郡多相識氣誼同懷共率眞記取遺言勤就讀名成端不負艱辛

祭伯父靜齋文　姪如　裳

嗚呼鳳翥山千古一常事亦千古一變事也伯年七十有一倏爾以暴疾亡形容謦欬蓋幾邈不可追矣要其奇情至性灝氣雄才駸駸乎不可一世之概有言所不能遽盡而必賴言以誌姪之所不能忘者伯諱侖字心侖靜齋其號也幼聰穎甫發蒙經子史義過目成誦先大父光希公延名西席課讀甚嚴先大母奉師尤謹迨年逾弱冠搆制藝下筆千言不落恆徑縣郡試俱前列與姪業師劉立峰明經熊渭川孝廉同筆硯並賦采芹焉又得伯

梁溪倪氏宗譜　讀芬錄卷十三　文　交　帶經堂

母賢稱內助和父叔誼篤友于奮志從學師禮自蔭夫子遊聲譽序暇輒偏遊郡邑獲與諸名下士交如周沅東陳迪維葉浣薌史伯紹昆季朝夕論文娓娓至二三鼓不倦滿擬酣吟鎖院鏖戰棘闈取青紫猶如拾芥乃懷才不遇卒困於大小試而以諸生終此豈意計之所及料耶伯屢遭顛躓遂棄功名如敝屣歸課生徒不復談古今勝敗棋局時姪視諸弟較長伯惟望之切故責之嚴姪稍有寸進係伯之力居多伯每於訓誨之餘兼涉時務一切排難解紛扶危濟困以及權宜變產贖還特伯之餘事耳其他

在縣邮貧民闡揚節婦修整祠廟疏濬港汊俱賴獨力肩
承之尤慨然思木本水源舉先曾大父逸亭公搜羅散失
遺稿纂修譜系彙集成編手定行略傳序姪得與校錄癸
未甲申週兩歲始蕆其成轉瞬幸列膠庠領袖從弟三長
端食餼次軒入黌宮三露充國子上舍伯偕伯母年屆古
稀齊眉誌慶終能親見姪之成立並親見諸從弟之成立
也會己酉秋伯攜姪暨諸從弟應青墨卿文宗科試得與
同郡諸族人相邂逅議及續修譜事喜不自勝並持七十
壽序撫姪手而囑曰驥江宗派衍自梁溪予之素志惟冀

及身親見之將予序稿附付剞劂遙溯淵源一脈流傳但
人壽幾何恐猶有待於汝輩者詎前後甫月餘遂成讖語
竟付之茫茫不可知之數也哉而次弟軒拔置高等終屬
子虛此實難强致焉夫復何憾繼自今諸弟各析爨居家
業蒸蒸隆起伯母年近八旬精神猶健適錫邑會亭族弟
閎姪貢入成均郵書致賀進招姪等續修大通宗譜努力
共襄厥事各盡乃心克繼伯父生前未遂之志靈兮有知
庶幾含笑於地下矣乎爰祭告於伯父而泣誌之

倪氏宗譜謫芬錄卷十四

記靖邑榭譜時靜齋問答語

甲申之秋譜編於靜齋書屋曾有客攜筆墨來詢靜齋於
余余笑而以余答之客曰予幼識先生名會而字心會者
余曰靜齋心會是二是一也客曰惟靜者其心多妙乎余
曰天下至不靜者莫余若也幼而嬉戲浮而不靜也長而
激昂躁而不靜也壯而遨遊南北紛而不靜也卽今年近
知非而意氣勃勃猶昔但每爲一事不敢無終不計成敗
利鈍每念先人遺澤亦不甘處風塵擾擾間隱隱心若無

會而有會若不靜而求靜又若別有一會而別求一靜庶
幾所會在大而不在小也同學熊子渭川如有胷中之千
畝矣劉子立峯如有天外之三峯矣余取靜齋以鎮其不
靜之素庶乎能靜能動時而登峯有遇者亦時而臨川有
得乎客曰予向聞先生爲迂甚者此言何大不迂也余曰
惟迂乃靜齋家風耳不迂不成其爲靜齋矣余但願余後
人亦如靜齋之迂則可切勿求靜齋於不迂處也客怡然
而笑忘所事而去時姪皓等謂余曰此席清談可附記家
乘後也余曰此家常語耳皓曰家乘正不妨載家常語也

余未及許而皓則已書之矣然終非余心之所安也

姻丈篤齋倪公傳

熊爾穀 宜齋

通塞之遇至無常也而聖賢務以理斷之曰求有道得有命此言欲人無躁競無覬幸以自安禮義也曰因材篤栽者培此言欲人厚集其基爲天申受地也然則二者之間惟是求在我而天固預爲之券矣歲丁亥穀與苹香同受業先胞叔州學公穀縣試倖拔置第一苹香亦旋領府首是秋遂同受知學使者苹香居常爲文負英氣輒欲空一切暇則每鬱鬱諄道其尊甫篤齋先生庭訓穀幼時即稔聞先生爲邑宿學困於時院試累備不獲售試郡縣列前

茅不可屈指數至是逼往來奉先生顏先生器穀必邀留留或輒經宿與談鄉先輩之軼事遺文縷縷分析令人與往聞及同輩文字纔下至後生小子一文一字之佳者無不藻繪盡致詳哉言之先生善强識業稱人美類如此穀乃益知先生之學信苹香所諳有自來初先生以數奇乃決意督兩嗣君苹香孝香勤課讀而苹香尤幼慧屬望早成至切苹香果隨列膠庠食廩餼薦棘闈爲邑名下士門下從遊者日益衆經指授輒青其衿仲嗣苹香持門戶不能兼業儒精心計家益饒援例授九品職銜而先生皆親

見之不可詡非身得之也嘗聞先生笑謂嗣君曰予不得志芹宮必名列成均而可乃亦遂爲國子生先生貌清癯而持家應物必展轉務盡心力無倦容篤於誼與伯兄靜齋先生季弟養齋先生友愛其天性也里中有排遣事恃公秉正遇犯而恕不與較過弱而扶不使傾人以是咸重先生其他輯譜系修家廟建支祠濬河港先生多一力任之未嘗告瘁顧先生於斯文事性癖嗜萃香每試澄江先生必率往庚戌夏萃香先行頃先生攜萃香渡江來精神矍鑠甚時春秋六十有九詢知先生九月壽誕德配姻伯

母盛太孺人亦同以是年月日爲設帨之辰戚友方擬屆期奉堂上菊卮爲先生祝雙壽詎料試未畢而先生遽患暑萃香萃香星夜扶先生歸不數日竟成千古今距先生歿六年矣萃香現授貢轉瞬考選入官卜得寵誥以光泉壤而太孺人獲生受之殺耳太孺人淑德懿行不可殫究要平素善相先生無間言則太孺人之生受不可謂非先生之生受也况兩嗣君益加積累方將擴而大之培而深之先生食報之厚又安可涯量矣乎先生諱蔭培字心艮篤齋其號也係雲林公十五世裔孫祖逸亭公考光希公仍世隱德今雲林公裔居錫山者續修大通宗譜萃香屬殺爲先生傳殺不獲辭敢謹以素所推重先生者著之篇以信於後焉

祖姑丈篤齋倪公傳　　盛探驪 孟鯤

從來修德者必獲報爲善者乃克昌嘗有嘉言懿行不顯於壯歲而顯於晚成不揚於及身而揚於後嗣者　於倪公篤齋見之矣公諱蔭培字心艮篤齋其號也王考逸亭公暨考光希公俱以忠厚傳家以文章名世暨公生幼聰穎長讀書曉暢大義縣郡試輒列前茅院試累備不售雖歷盡迍邅仍勵志下帷不忘舉業並督兩表叔莘香華香課讀芸窗無間寒暑會丁亥春　香叔從孝廉熊渭川夫子館於邑城朱少司馬家時或邀約過從聞諸長老相

聚劇談詢及公之積素爲人言彌詳斯知彌悉頃郡尊程拔置冠軍受知學使辛筠谷先生入泮公整衣冠率賜試卷披覽家嚴且驚且喜私指爲　等賜曰　香弟夙承庭訓歷延名師甫弱冠爲一黌俊超絕時流洵余盛氏之魏舒也將來騰達雲霄庶幾爲外家成此宅相乎　依依膝下頗能一一心誌之越十餘年　補博士子弟員　香叔列膠庠領袖黌薦棘闈爲邑名下士諸從遊者經指點輒青其衿似亦可以稍紓公之鬱勃矣乃公老而益壯命香叔棄呫嗶准投佐郎力持家政自充國子上舍意在馳騁京華而卒不果誠與伯兄靜齋季弟養齋兩先生素稱友愛有不忍片刻離者他如輯家乘修家廟建支祠疏支港公俱獨力肩承之至於排難解紛持公秉正遇犯者忍遇弱者扶人以是重公而此特公之餘事公初不專以是見重也庚戌夏後莘香叔應歲試公性癖嗜斯文攜莘香叔往赴澄江獲於客邸親承色笑竊窺齒髮間稍稍衰矣而精神猶甚矍鑠起居飲食如平生時年六十有九問知公九月壽辰偕祖姑母太孺人同年月日誕生滿擬屆期隨諸戚友後晉菊觴爲公祝雙壽詎料試未畢而疾遽

嬰長次表叔星夜扶歸不數日遽修文地下是殆理之有可必數之不可憑耶不然胡爲彼蒼既假之年而又奪之驟也今公辭世已六易寒暑矣莘香叔現授貢且晚間考選入都卜　寵誥以光泉壤而祖姑母得生受之人謂祖姑母孝翁姑和妯娌奉師敬馭下寬尤多闡德固宜其享是報也抑知禮從夫榮即謂祖姑母之生受宛如公之生受也亦無不可公係雲林公裔錫邑設局修大通譜叔以立傳命懇爰不揣譾陋而畧述其梗概云

倪伯母夏太宜人九秩壽言

蓋聞花開千歲瑤池獻王母之桃子實三秋貝闕聳姮娥之桂闢館以長生爲號築宮以延壽稱名龍嘘氣以成雲瑞集鮑姑井上鸞翔風而應律聲和女几山頭自來授簡狂言稱觥介祉筆床翡翠每藻思之騫騰硯匣琉璃亦腴詞之噴湧然而將椒入頌製菊爲銘極瑚雲鏤月之才搜奇縹帙逞戞玉鏘金之手絢采瓊筵頌禱雖工揄揚匪實未足播閨閫之懿德扇珩珮之清芬也我

倪世伯母夏太宜人者世伯靜齋先生之哲配而少吕昆仲之尊慈也系出　山門承閥儆柔令範自齠齒而已徵淑慎坤儀迨及笄而益著既而河魴叶奏堂雁修文上侍尊章婉娩能承夫邑笑旁諧娣姒愛敬備竭夫眞情戚黨挹其惠風臧獲戴其仁德固已人稱佳婦羣仰禮宗矣靜齋先生學富五車名高三舍豫章郡序冠續之於同門洛下秀才推叔開爲上座青箱式光夫世業赤幟屢植乎文壇顧其器局恢宏天姿亮拔處事則振裘得領度務則懸鏡照形席上解紛共服魯連之大義社中割肉斷推曲逆之持平倚之者既若長城應之者幾無暇晷假使刖踰

浣滌需石奮之躬親釜庾空虛望公西之代請持門罕恃中饋貽憂何以成夫子之令名遂英豪之遠志乎

太宜人黽勉有無料量多寡蔡籌鄭絡常鳴織室之機鴨雞纖時進珍廚之饌租收安邑權早湧於天時稅辦彤門急輸將於國課守衛則析鈴周帀灑埽則庭戶清嚴利有幅以常盈心無孔而不入然使劬勞井臼剖析錙銖梁鴻廡下第佐賃舂濟沖室中纔知算雒縱無愆乎明智猶有愧於上流　太宜人任道卷舒因心裁制非食自甘而列鼎必譽夫孝享辣裙自曳而雜佩時勗夫贈投分金追鮑叔之風相夫擇友載酒盛元亭之禮勅子從師至於羣從一門咸稟指歸於邓嫂名流四座亦邀品藻於山妻拔釵佐歡洽之供燔勞恤親知之困固應慈能召福和以致祥源遠者流長根深者葉茂長君發軔搴芳紅藥階頭仲子克家擷秀碧芹沼畔雖子季蘭摧未免胸懷抑鬱而諸孫林立早知頭角崢嶸團圞之樂事希逢純嘏之休徵櫛集茲以屠維冬月欣當設帨良辰　夫人行年九十神明不衰孟嘗君有客三千英賢畢至錦屏介祉管花隨冀荑齊敷緹室書祥蘐草與葭灰共煖猶以稚褀之祝必須

披賞之詞遠索荒言藉資皇引毓秀一江分隔心儀通德之門三載僑居耳熟莊姝之範夠與少呂昆仲金蘭結契膠漆締盟既居猶子之行宜晉壽人之卮用是導揚壼則綜畢母儀耕綴小文敬酬來旨所願恆春樹大寶婺星明歡騰玉女之壺快捧麻姑之盞此日一緘郵遞遙從海上以添籌他年百歲筵開再向堂前而肅拜

同治八年歲次已巳冬月

賜進士出身　記名軍機章京戶部主事

世愚姪陳毓秀頓首拜撰

何太孺人傳

何太孺人姻伯祖養齋公之繼配也養齋公原配朱不數年卒遺姻伯錦雲公及太孺人來歸愛之如已出越數年生姻伯錦書公庭前雙桂撫育均平人不知其爲異母兄弟也錦雲公年弱冠姻伯祖爲之完姻太孺人竭力佐理既而含飴弄孫一堂歡洽太孺人顧而樂之謂朱太孺人亦當含笑於九京矣不幸錦雲公年二十餘即謝世養齋公亦中道捐館舍錦雲之子亦早殤太孺人遭此顛沛日夜涕洟喪葬俱無失禮外課耕耘內課組織裙布釵荊茹

荼含蘗其艱苦有人所不能堪者膝下孤錦書尚未成立延師課之每夜歸篝燈伴讀機杼聲與讀書聲往往至二三鼓不絕當此家室漂搖太孺人隻手撐持非松柏其心冰霜其志者安能若是乎茲則孫曾林立門第煥然長孫黼廷長書一歲同案遊庠以先王母苦節格於年例不得邀綽楔之榮囑書作傳以表揚其懿德書愧不文謹詮次之以彰歸其萬一

光緒丙子仲春

世再姪方書頓首拜識

國學生少承公宗譜傳

少承公諱露字錦霞靜齋公季子也少卽有膽畧頭角峥嶸旣冠後試不獲雋援例入成均爲人慷慨好義有豪俠氣治家嚴肅婦女不敢有嬉笑聲臧蒦婢妾無敢游惰喜濟困扶危人所遲疑觀望者公獨直前無所顧忌不侮鰥寡不畏强禦公克當之

椿年倪翁七秩壽言

蓋聞南極星輝東皇籍著彭鏗誦美雍伯垂聲華封祝以三多箕疇陳以五福會成眞率聚九老於香山酒獻耆英集羣賢於洛水黃髮兒齒毛詩譜介壽之歌白首童顏戴禮重引年之典惟我

椿年倪翁名成行立德盛業昌届杖國之期尋居鄉之樂幼而失恃奉繼母以三朝長而承祧綿大宗之一脉學未勤夫蟻術才歎三冬室祗就以蝸居糧收十畝德配夏孺人于歸伊始宜室惟勤不辭龜手之勞時舉鴻眉之案此

釵荆裙布見內助之能賢斯作室肯堂乃外觀之有耀也已而熊飛占夢鳳諾徵靈擬謝家之羣玉植王氏之三珠鳳起蛟騰忽聯鏞於璧水鸞翔鵠立旋並轡於瑶京此皆緣酒娛賓紅燈課子所以接勳經之世業振閥閱之家聲者也所嗟弦斷中年有傷鰥困蓼凋早歲更缺雁行嗟猶子之無依撫零丁而有道兼以烏私莫遂屢爲蒿里之吟鯉對無常幾作楸宮之守此足見恩義周至慈孝兼優者矣幸而有子克家諸孫繞膝仲氏納粟伯季拾芹女從其夫早有門楣之壯甥似其舅永爲宅相之奇兼以舊宅繕

修荀完苟合新基營建美奐美輪乃得各守一經各習一藝表翬飛之翼翼慰麟趾之振振又況救災恤鄰敦宗睦族日倡義舉時扇仁風合宗譜於龍山雲礽纘祚建支祠於鱗渚昭穆嶓聯兼難解紛化偏隅之雀角施貧恬族免中澤之鴻嗷是以爾壽爾康蒸由有孝有德云爾茲也恆春有樹延壽生花梅熟天心籌添海屋星報長庚之李時乘太乙之蓮蘭桂子孫先持玉笋萬䖝眷屬並晋霞觴等誼屬葭親詞呈草率洗盞更酌爰筆直陳羨他繡虎多才生滿庭之蘭蕙笑我雕蟲小技效一得之芻蕘特進片

言用申三祝此日七旬聚慶應餐四皓之芝他時百歲期頤定卜九重之誥

同治元年杏月中澣

恩貢生候選直隸州州判姻世弟方玉振拜撰

椿年倪君傳

恩貢生候選直隸州州判方玉振

椿年倪君者吾鄉之豪傑也其祖文治公身列膠庠其父秉銓公亦名隸太學其伯雲村公以廩貢候選訓導因無嗣以君承其後君少即穎敏喜讀書因家務煩冗不得已輟讀就耕非其志也喜親文墨士遂援例入成均家業蒸蒸日上不數年居然爲富家翁道光乙酉驟江葉修譜牒君南北採訪佐叔祖靜齋公以董其成歲薦饑宗族鄉里之貧乏者君不吝捐囷贍且日夜勸捐以賑饑寒此雖古之仁人不是過也德配夏孺人敘荊裙布內助稱賢長子

濤從學於余每夜歸孺人必篝燈課讀年二十餘遊邑庠君撫掌笑曰吾嗣父書香一脈乃於今日繼之後數年其長壻鄭炳文拾芹未幾其三子淵又拾芹次君雖未名列黌宮而肯構肯堂視昆季亦不相上下君於此亦志滿而意得矣君年八旬談笑而逝子若孫共理喪葬客來弔奠者輿馬不絕於道閭里榮之今其幼壻吾門下士也已登黌序其孫壽康惟康爾康其甥善慶咸來從學於余乘龍快壻跨鳳賢甥足以壯門楣而光宅相者不視君之在日爲尤盛乎門下士濤爲其尊人乞傳余墓君之德羨君之

才心儀君之爲人遂援筆而爲之傳

太學生璞齋公宗譜傳

公諱滄字觀德號璞齋邑庠生軒昂負尤敏捷年少時即有長者風及長承先人之業益振家聲課耕課讀燕翼多方年五十即謝世未竟其志惜哉

國學生翼然公宗譜傳

翼然公諱垓埜亭公次子也幼讀書日夜攻苦文筆清潤不支不蔓不喜應試自得用家樂每於歲晚務閒烹羊炮羔與二三同志歡飲竟日陶然若羲皇上人平居孝事親敬事長友愛弟昆於世事無不練達乃壯年謝世賫志未伸曷勝浩歎

候選布政使司理問少川公宗譜傳

少川公諱　號探山埜亭公三子也豁達大度不拘小節大庭廣衆前出言能驚四座人推爲倜儻才以兄翼然歿痛手足凋殘悲感成疾戒酒色絕嗜慾調攝百端卒隕其命咸爲惋惜

先大父萬舟公行畧　　孫　金略

先大父萬舟公諱照幼孤比長偕先伯祖萬章公遊太學曾祖妣薛太君終年勞苦賴二子左右就養伯祖辭世賫公之力居多公之事太孺人也出必告反必面朝問所嗜夕請所安依依孺慕之忱供職無缺深愛既孚其事兄也悌萬章公年三十二修地下文遺孤耀祖公撫猶子爲之延師爲之授室幸萋一矜不幸而又早世生子金殿尙幼閻氏得以節著是皆公之力也爲人恭以持已和以處衆馭下以寛持家以儉視聽必嚴言動不苟鄉黨曲直質成於公燕翼詒謀義方是訓耄年精神矍鑠黎明即起課子若孫西疇南畝各從其事無有倦勤舉丈夫子四長輝祖次希祖出嗣叔祖萬德公後次翊祖即略父也次式祖孫男七公生於乾隆戊午卒於嘉慶戊午享年六十有一

萬章公傳　　姪孫　金略

公諱鼎字萬章先曾大父子昌公年屆知非始育公早歲即遊太學至曾大父即世公甫逾弱冠弟萬舟公時尙幼即帥之先大父也公承父業勤耕讀肯堂構暴弟篤友愛均功成名立厥競爽云公爲人素性慷慨尙氣誼學足三冬義重一諾故江干時駐車馬礀跡其一時所與晉接緩急可通驕吝胥泯閭里推長厚所云施惠無念受恩莫忘者其公之謂也公卒之年三十有二舉一子耀祖遊膠庠亦早世媳閻氏以節顯洎今子復生孫流澤孔長有言其先人與公善者猶不忘世好時具斗酒隻雞望岡壟而效束芻如昌黎之哭田橫噫可不謂厚歟

建五公傳

受業姪孫 渠

公諱致中字建五曾祖亦少公長子與渠祖節庵公嫡昆弟少孤曾祖妣陸太孺人持家慈嚴並用長子教讀次子課耕公遊庠逾弱冠又九年矣其間延名師議酒食太孺人不憚其勞卒以一經世其家瓣香相繼施於孫子皆公之力也公生象謙伯伯生渊暨滌先祖生渠父渠叔皆先後蜚聲藝苑獨渠叔早世先君子卒時年二十八兄開霖甫三歲渠時在遺腹先祖既與公析箸購沙田若干就田彊理渠母子伶仃孤苦頓公扶持一如田氏當年紫荆未艾

稍長公爲關蒙渠與兄開霖同受業於公教之曰吾家負來横經沿爲世業先之以敦行勵以學文自來既富方穀與其擁厚貲如東家阿𡙡不識一字卒與草木同腐何如硯田自有餘芬光前裕後之爲不朽哉當日爲若輩父叮嚀反覆不枉苦口若輩勉旃渠之弋獲一衿得從諸父兄之後以報先君子於九京者曷嘗一日忘公也哉公性醇樸非公事不見邑宰佔畢之暇間與閭里話桑麻逍遥春社冬蜡以終天年公始志修族譜創爲草稿未有成書今合族謀以卒梓公誌可無憾修文於地下矣

節庵倪公傳

羊理

節庵公諱致和亦少公次子長兄建五公偕其弟出就外傳伯仲並稱穎異比長節庵公見孀母之綜理家務不堪勞苦也慨然謂其兄曰吾母內操井臼外督耕耘弃權何以慰劬勞自余祖父以耕讀傳家廢耕廢讀非母所欲爾讀我耕可安母心兄曰然遂一意舍西疇力南畝分母之勞專兄之業雖曰蜚聲藝苑兄之能弟亦與有力焉由是優游林下暇則瞿曇般若行諸善事賙濟貧乏買物放生內助羊氏理之姊亦善體夫子志事姑盡孝娣姒同心舉

丈夫子二長拱之十七歲遊庠次載之青年文思若湧泉年未及冠修文地下拱之亦罔或克壽年二十八而卒二子雖送母死俱未及父終公椎心喪氣捐棄宅里浪跡沙洲年七十九卒於南繭之沙鬼係開霖渠扶櫬旋里喪葬盡禮以終公事癸未秋倪氏修訂家乘舉族僉理爲公傳理愧不文忝在至戚幼蒙公之事故不敢辭待聰哲者筆削焉

元熙公傳　　　　姪孫 渠

元熙公係文人逗曉陰陽術數渠不敏幼即從公遊嘗謂渠曰古之葬者不擇地不選時若史記所載樗里子之言晉代所傳郭景純之術以及青烏玉髓金鎖賦書豈漫無所據歟渠與家不外理數兩途吾謂可信者理數不足憑也旨哉斯言俯察之理本乎洛書河理之可信者若雞棲連傘却月覆舟卜牛眠而葬龍耳言乎數家之書汗牛充棟類皆荒誕不經此呂才所爲辨其謬而温公務欲絶其弊者也轉瞬數年言猶在耳而公不可作矣公者山公次

子天成公之孫也青香一脉家學淵源有自來矣公性所嗜所謂除却詩書何有癖者天才亦亮特出語必求驚人奈屢困場屋竟不能博一衿理歟數歟跡其生平領席族黨間諄諄於人孝出弟餘力學文之意間爲親好相其陰陽消遥曳杖以終餘年公與人不苟嘗笑竟日煦煦未見有疾言遽色時凡物不私於已不屑屑與人較生於乾隆辛未卒以道光辛巳享年七十有一配鮑氏先公卒公爲卜兆公卒即合窆焉舉丈夫子五諸孫林立雖曰數不可知以理言之則子孫之繩繩繩繩也亦宜

明新明高兄弟合傳　　陶嗣景 丙崖

明新明高兄弟者太學生倪公喬林之　生子也請曰子之相似惟其母知之此二子之相似雖習者不能知之也跡其平生容貌同也舉止同也聲音同而性情同也學質同中智以下同以訓蒙終卒之歲道光辛巳距生於乾隆丁丑同享年六十有五間有不同則懸弧之日子丑時刻之先後一卒以五月九日一卒以六月四日一舉子价人一舉二子立人同人娶配氏族震風生育之不齊而不害其爲同也兄弟皆能酒亦同稱大雅異哉兩難古人之

言非欺我也豈造物之無心歟抑氣數之有定歟然而族之先有兄弟興仁興讓者亦　生而事跡不必盡同此又何以云也是爲傳以著之

族叔明照公行畧　　族姪 軒

公諱煌字明照行四 軒之族叔也爲人誠樸寡笑言多才技宗黨咸仰賴之生子五均佐理克家造屋宇厥子肯構肯堂制田疇厥子肯播肯穫家道由此漸豐爲道光卯中族中創修支譜鼎力首倡非惟捐貲協助抑且採訪之事無不身親先父嘗切囑曰族中有明照公事不足憂也今因錫邑大修宗譜自愧不才委任採訪之事遍訪舊廬叔辭世已閱數載矣幸子若孫尚能克承其志以效其勞故謹誌之以爲一族之望云爾

族兄會昌公行畧　　族弟 端

族兄諱釗字會昌娶張氏生法年繼韓氏生鶴年少時家不甚豐力耕服田漸致殷阜忽遭意外風波涉訟累者數載乃履險如夷家不傾覆勉力充國子上舍次子亦入成均一門俱衣冠中人家業蒸蒸日起一切族中公事如建支祠修譜系靡不慷慨輸捐殷勤効力以底於成一生坦直享壽八旬有餘長孫淦次孫均前後俱入成均此予族中之能創業以貽後人者也予因續修大通宗譜畧述之以誌其事云

族兄雲村公傳　　族弟 裳

公諱皓字秉鑑號雲村雲林公十六世裔孫正心伯之冢子予族之長兄也兄少負奇氣不好弄能文章下筆千言恢恢乎有睥睨一切之慨又歷延名西席如夏惺庵劉起芸駱燃青程佩章夫子朝夕漸摩揣制藝深湛多思勃窣理窟咸以大器目之卜爲取青紫如拾芥然乃縣郡均列前茅院試輒顛躓不獲售信乎功名遲速有命非可強而致也伯早入郡庠每於兄名落孫山督責備至兄愉色婉容勞而不怨其胸襟殆有度越尋常者耶伯因命次兄秉

銓棄呫嗶援例成均兼理家政俾長兄奮志下帷不忘舉業果於年三十餘賦采芹焉旋試高等食廩餼將來鏖戰棘闈掇巍科正未可量忽乃遭逢不偶平地風波幸兄以諸生厠其間不罹於害用是由廩納貲得授貢滿擬考選入都爲宗族交遊光寵奈後嗣甚艱伯遂辭世遂絶意仕途居恒豁達無城府門外有長者車則倒屣恭迎惟恐或後舉凡修理家廟建立支祠疏濬巨港爲己任以及闔邑大小公務悉以資之鄉里鄉黨間有乞貸者俱慷慨不吝施與族中有佳子弟尤善培植之以篤宗祊至於和睦處

眾排難解紛人以是重兄實以是累兄而兄亦竟忘乎人之累不覺樂受其累也荏苒相循蓋亦幾幾乎及耄矣兄德配夏孺人系出名門僅生一女又隱抱鬬牆之痛慨然協修譜系每談及後嗣無人淚涔涔下吾父與伯父議立亥兄秉銓長子椿爲嗣椿時已納監性穎慧頗能調停於兩間且克儉克勤家業蒸蒸崛起兄心竊喜之洎丁亥頂仲弟府試冠軍是秋遂遊泮水兄聞之不勝雀躍歸即視同手足暇輒論史談經刻刻以大成爲弟望弟方運士行璧着祖生鞭力圖上進冀兄得親見之也詎年甫六十有三陡染痰症勢漸垂危合族俱往慰問諸子姪羅列滿前兄扶病厲色正言謂吾不責汝曹富貴但願汝曹知禮義稱鄉黨善士弗墜家聲尤須撫弟手而囑之曰汝族之柱石也予身後事須於汝乎是賴弟一一泣領受之而兄目即瞑矣繼自今椿長子濤幼子淵俱受業於予先後游黌黌序亥子濤亦得成名未始非兄積善之報也倖年逾六旬精神猶甚矍鑠庶幾克自勉勵並飭諸子小心謹慎無負先人忠厚之遺是則弟之厚望也特舉兄之行實縷述之以爲後來者告

哭叔父梓年公　姪 濟

曾經攜手課勤農共我情殷卜歲豐頃刻衣冠留畫本村前村後想儀容

髫齡體立田國無逸篇常論弗諼慚愧不才甘力穡遺言領取至今存

倪埜亭公行畧　　愚貢生　方玉振　頓首

先生諱芬字鶴年號埜亭予之總角交也少予二歲幼時聰慧能讀書先太翁甚鍾愛之因值家務遂輟讀入成均長兄發年張孺人出先生韓孺人出迨析產分居埜亭奉養嚴慈不少懈雖家不甚豐而先生之克勤克儉轉瞬稱小康焉先生德配黃孺人生子三女四次子冀然予以次女許之延師教讀督責維勤力穡敦耕勤劬備至由是家道日豐創制山產百餘畝修葺屋宇十數間後又與予同制沙田以爲垂諸久遠計不幸秋潮大作將圍岸盡洗及冬稍加修治俟來歲春暮告成又不幸復遭大水先生慽慽不樂竟至成疾予自己酉南闈歸忽聞疾篤連夜奔馳僅與先生一晤先生已口不能言遂成永訣矣明年修築成剭艱難備歷諸子尙少予獨力承之今長次皆棄佔俾充國子上舍生三子尤讀書進取劉氏壻泮采芹誌喜光耀門楣天之所以報施先生者爲無盡也予畧傳之以紀其實云

先考象謙府君行畧　　男　滁

嗚呼吾父竟舍不肖　而長逝耶假滁不克相從地下勉奉慈帷左右就養　非寡昆弟而仍兄早世子姪不能成立　之仔肩誰諉吾父之志事何以畢耶父寡兄弟年未及冠即領袖諸生念先大父桑榆晚景置有田莊皆就近膏腴沃產家道不墮中落乃勤播穫力肯堂詩書幾就高閣然不時風雨晦明興讀書子弟相對樽酒論文猶是滔滔清辯一如獨輕車而就熟路也以是延師教子長兄潮以二十遊庠旋食廩餼乃不克壽竟先吾父卒無嗣　子二弟湘子三合計有五人父命各以其一子爲兄後金門慶門伯父向視猶子而今爲同父昆弟者乃祖之志也吾父生　兄弟姊妹共七人嫁娶之事幾以十計辛苦艱難備嘗之矣愧　學殖荒蕪少年固不努力長兼攝兄家以成父志年四十僅博一衿逾年而吾父亦辭世矣卒以嘉慶丙子享年七十有七惟是萱堂垂暮子獨何心不惜雞豚喜懼交迸　所爲情深罔極者也

嘉猷世父壽九十詩

渠

蒼蒼兩鬢盡爲霜九十光陰衍慶長三錫榮恩優旣渥四
朝遺老壽而康桑田永享太平日醽醁開觴綠野堂莫謂
一生殊碌碌蒙莊堪與話彭殤

象樞倪君傳

羊理

象樞倪君者諱拱之節菴公長子也幼穎悟好讀書善繼
志甫越成童即受知於諸城劉文清公以歲試補邑博士
弟子員爲人口吃寡言語文則倚馬千言揮毫立就蓋其
天才亮特者然也少受業於沈錦江夫子之門錦江覆瓿
詩集行世不徒以帖括見長一時從遊類皆揚風扢雅溫
溫登庾鮑之堂象樞尤高占一席焉使天永其年即此以
吐胸中之秀而扛龍造鳳上鳴國家之盛下揚宗族之輝
孰意曇花一見忉利先歸嗚呼痛哉卒之年以二十八歲
室陳氏三十孀居遺孤二長開三歲次渠方指腹後陳以
節著今渠亦膠庠翹楚尙能以書香繼乃父之志余故爲
道其先世而日望之

儒士象舟事蹟　羊理 研山

象舟諱載之節菴公次子拱之甥之嫡弟也少與兄拱之從兄敬之偕族叔祖椅一時同肄業師門沈錦江先生邑之名宿也論文於人不輕許可獨稱倪氏子弟多才敬拱二子童試拔幟後椅與載之益刻苦自勵夏不驅蚊冬不備席簡練以爲揣摩先生曰倪氏二子直欲以古文爲時文非僅爲一鬢俊也邑侯熊使君以瓜代下車試士輒首拔椅爲案元載之即次之一時月旦皆曰文章果有憑據而非若歐陽知貢舉之訓矣奈以苦讀成瘵適遭母喪不

能勝哀遽卒年僅十八七論惜之詩曰踏翻大地誰相報叫斷高天竟不知是耶非耶其信然耶

輓族姪孫載之　健齋

爲文研鍊勝都京出語空教老宿驚後死無懈隨逝祖先鞭早着讓諸兄休文病爲傷春劇長吉詩從嘔血成造物忌才偏爾甚一衿僅薪報生平

輓族姪孫景韓　靜齋

古鼓傷心永逝篇況傷吾族亢宗賢冥山望斷如今日永本情深有昔年惟祖惟宗同一脈斯人斯疾慼重泉瓊樓作賦人安在搔首蒼茫問老天

輓族姪景韓　雲村

名場方惜久沉淪豈料他鄉已返真千里家駒偏折足一生磨蝎未離身西河有淚悲前日南阮能賢賴後人痛汝遺言留弱弟殷勤堂上奉昏晨

又

大雅扶輪數勿乖風摧玉樹折庭階悲深前度鵬程滯愴絕今宵雁序排寸草有心春未報一抔餘土恨同埋遺書千卷無人讀此足消磨壯士懷

哭弟韓先兄　弟 渭渠

詞場早歲出羣雄不信文人命果窮蘇子多情曾話兩宗

生有志未乘風高堂數亥頭將白弱息零丁臉尚紅讀到
介原難卒讀那堪天外泣孤鴻

轅門下倪生椅

曾經桃李手親栽誰料秋風早折摧應爲徵君勤促駕芸
宮有路接泉臺

村前村後記徐行捧手提攜遠送迎今日獨來還獨往小
橋流水咽無聲

人世誰能長不死紛紛淚血杜鵑痕獨憐寒食梨花落白
髮毵毵掃舊墳

親族弟椅　健齋

可憐弱體不勝衣豈識文人命竟違彈指曇花纔一現傷
心忉利已先歸青衫有淚皆成血黃口無知漫斷機最是
幽魂難舍處未將寸草報春暉

壽倪翁賢書九十　陽羨 葉兆崑 淞鄰

翁從姪靜齋大兄爲余言翁年九十猶能豪飲有
醉翁高致信行地之仙也余隨意成七言一律以
壽之

上壽原踰處士多倫閒甲子自編摩杖頭錢挂枌榆社酒
上雲棲安樂窩到眼野花飛早晚隔籬鄰叟醉如何乾坤
一笑壺中大行地神仙九十過

親族伯祖義書公　姪孫 象賢

公善商壽八十餘兄麟書公補博士弟子員

經營垂大業撒手暮山蒼祢借千金利家餘一瓣香魂追
湖海客夢逐水雲鄉空有韓宜子吞聲哭鄭商

哭門下生倪載之　沈建梧

嶙峋寒竹色芸窗夜讀明吟志未降幾日驚心聞噩耗雁
聲嘹唳渡秋江

七載從遊一旦拋平生志氣已全消不知何處文章是泣
對秋風梧葉凋

老親堂上哭吞聲少婦還棺不欲生我把一言相勸慰交
流涕泗已盈盈

八旗教習筱迁倪公傳

愚姪 潘泉 生

公諱希賢字景芳號筱迁世居靖邑南門外陝西永壽知縣健齋先生之次孫也父利川公侍親歸自陝西傳經於邑弟子戶外之屨常滿公早年失恃性敏善記誦承介祖庭訓長於詩文維埜十五歲赴童子試受知劉文恭公學使取入邑庠逾數年旋食廩餼設帳授徒從遊者百計名噪士林道光乙酉試拔萃科薦選於督學辛筠谷先生入南北闈者十有一屢薦不售嘗命奉天世家子閱公文稿揣摩成熟中鄉頻聯捷南宫癸巳歲大祲邑巨室力持賑

錢議公首倡與諸紳士勸捐米數百石設廠在崇聖寺煮粥賑饑民賴全活者無算乙未在都考取八旗官學教習歸卒於家惜未竟其用配朱孺人遺腹一子名璽之年甫十七攖河魚之疾而遽亡公兄繼堂以子引之兼祧之余自少以至壯强之歲與公昆弟為道誼交志相同又情相洽也何意公歿二十餘年則翟相繼殆盡不勝停雲落月之思今所存者余及公兄繼堂白首兩諸生耳丙辰秋繼堂將往錫山會族人修大通宗譜囑余傳公余不禁感舊而爲之傳

叔父賚齋公行實

胞姪 裳

公諱震字心正號賚齋先大父光希公三子也幼聰穎經子史義過目輒了既長不好弄工詞章筆頗鑿險迫奇尤善鍾王書法應童子試均列前茅性嗜酒喜讀書終日咿唔娓娓至二三鼓不倦乃嗇於文而嗇於遇鎖院中屢遭顛躓未拾青衿居恒衣衫不整廉靜寡交不甚經營生計以故囊肘處恆多經窺其種種艱難鼎力代為稱貸仍婉言却之願守潔清之素不以窮居易其操其狷介性成大率類此原配嫡毋朱孺人稱賢內助早卒遺弟錦雲甫完

姻又不壽繼配何孺人生弟錦書十餘齡叔爾度春秋竟落落不與世合而賚志遽以疾亡徵特叔抱恨九泉亦父與伯傷心荊樹之萎謝也今從弟錦書歲已壯持家勤儉督課延師轉瞬成名未可量嫡毋年踰七旬而精神强健猶昔或者叔之鬱積不能得之於及身尚能得之於子若孫耶爰謹述其生平行畧而并有望於將來也

秉銓倪公傳　　　　劉蘇棣华

公諱欽號秉銓岳父莘香之族兄也幼聆伯父遺言念先大母與太岳母爲姨姊妹遂兢兢命列甥館焉初晉謁時公一見輒驚且喜曰此子佳後必光顯其門閭大有造於我倪氏矣迨年頗心誌之續鄭蒔藝表兄又隨公長嗣椿年先生誼聯翁壻蔓支兩嗣孫海門浚源諸君敘述先世雲林公清節高風流傳一脉即以知公之積累所自來而益有難忘於胷臆者公少聰穎喜讀書纔迫於家政援例成均爲人慷慨擅才辯居鄉黨則能排難解紛不辭勞怨處宗族則能培固根本弗致傷殘配朱孺人稱賢內助早世遺一子繼黃孺人出自名門亦生一子所尤與者公與胞兄明經雲村公隱抱鬩牆之痛洎甲申秋支譜告成坦然率長嗣姒續宗祧其深知大義類如此雲村公卒而公亦相繼疾終向邀青盼自愧不才未弱冠即遊庠旋試冠軍食廩餼想公之特識殆有適不猶人者耶今公次嗣已辭世孫漸長尚能勤儉持家黃孺人壽屆八旬猶健而胞兄諸嗣孫並入黌宫充上舍孫曾尤羅列滿庭將來忝燕日上騰達雲霄正未可量未始非公之木本

水源有以留貽於靡盡也爰因續修譜系不揣逾分而署述其梗概云

倪希天公傳　　邑人　劉特晉　東甫

公諱煥儀字希天元末高士雲林公之裔十餘傳至其高祖謹銘公出浙江遷靖居東門外生星瑞公援例入國學星瑞公生明伍公明伍公生世芳公世芳公生三子長煥文次煥章公行在三家於東鄉善因鎮習貿遷之業漸以殷實喜與文士相往還有二子曰昌曰樹命其學於名師督課無稍懈昌弱冠補諸生食餼於庠文名藉甚樹國子生能書配丁孺人繼張孺人與卜孺人二子皆張孺人所出也予與公衡宇相望素有比鄰款洽之情親見其二子

入郡國學不啻芝蘭玉樹生於庭階公之培植後嗣有以夫生平細節不具述述其大略而爲之傳

先從姑節母傳　　參府　侯振　仝甞

先姑余曾伯祖月嶠公之孫女性貞靜適同邑太學生倪宗傳先生先生負儁才書法有盛名人獲一字如奇珍尤嗜讀書兀兀不少懈惜年甫踰壯而沒姑痛甚誓不欲生余叔祖母往勉之曰汝僅四歲孤舅姑早逝累世相延之緒賴此一綫僅存汝死誠烈矣將何以續若宗也姑聞之而瞿然起泣曰未亡人願爲其難者於是揮淚治喪兼理家政喪畢孤燈課子機聲與書聲相間稍長延名師督課益嚴子固有夙慧未十齡出語已驚其長老後彌攻苦師

大異之詫爲今日之魏舒也振思余高祖四明公以名孝廉任國子監學正教諸生一軌於法歸山時年方盛也即隱而不出課子孫讀最肅曾大父遵素公登康熙甲午拔萃科闈選得上黨之長平令惠流太行石屋間姑時時以四明公之教子者教其子而所期愈遠如吾外兄逸亭幼禀奇姿長益泛濫於經史抱濟世才同儕爲外家成此宅相乎余年少於逸亭間謁姑蒦與逸亭上下其議論竊窺其意量間兢兢惟善事節母不欲爲五斗米折腰姑亦以年衰願甘菽水歡也余益心異之嗣逸亭壻劉東璵壬午

舉於鄉姑深以高年得親見爲慰獨計吾姑早年守志外侮內變分憂無人瑣屑米鹽督理耕織驅奴婢如身使臂會出入如錐畫沙宗黨有頑梗者喻以大義輒服歲偶歉則傾積貯以爲貸里中沾其餘潤而幸活者蓋亦夥矣振考之史册中求如吾姑之勤儉持家忠厚裕後備極險阻而口不言勞年躋上壽而諄諄勗孫曾以繼先業者有幾人哉振愧自少肄業武庠作列鄉魁得官後嘗攝本邑遊擊篆旋以時覲吾姑邑矣宦海萍踪忽又轉徙乍浦參府矣近年音問難通而山川遥隔悵望何如今猝有吾姑之

訃至振不勝且悲且慟私惘吾姑五十年冰霜風雪矢志靡他而遺孤逸亭尚不仕庶幾能繻慕終其身者後起多賢要皆吾姑有以繇其澤而錫之福也余是以謹傳之以俟主講者光家乘焉

節烈倪母陳太孺人傳

邑庠生 夏孟愷 傑庵

臣盡忠婦守節千古最難事也婦之守節得之青年難得之青年志不摇於倉猝尤難已酉秋館甥皓述其先曾祖母奇節採訪人志事余細詢巔末而不覺幗足感傷難其節之貞而烈也是不可以無傳按孺人氏陳太學生國樞公之德配也公勁穎悟質柔脆勤於攻苦年二十二而成瘵遠赴玉樓孺人痛絶數次忽瞿然曰未亡人幾惧夫子大事矣夫子尚未有後一死何足以塞責哉乃含淚告諸族黨擇嗣繼先人後忽風波四起幾覆柏舟孺人倚劍得

渡苦海乃能守枯井之無波以全其操卒立堂姪元煇爲嗣遂爲國樞公卜兆安厝終喪後忽撫嗣孤而喟然曰吾夫子有子矣庶不愧夫子於九原矣死復何憾言訖淚涔涔下未幾果以過悲成疾而仙逝矣是夕有異香滿室白鶴經天聞者莫不盡然流涕嘆爲節義之徵云予退思孺人陳氏先世丁元季有以貞烈不爲寇虜所辱者猝捐軀斷岸千尺驚濤萬頃直欲與湘女曹娥隨波上下而不悔當世士大夫請於朝得立廟崇祀典以昭千古後燬於兵燹嘉靖時忽顯異感奉敕重建至今凜凜有生氣焉今孺

人之矢志青年而不爲倉猝摇也洵奇矣豈烈女之隱爲呵護也與抑孺人之素慕芳徽而爲之者與俱未可知也不然何其遥遥數百年間而後先同一轍也噫是可與陳烈女爭光日月並壽山河同爲不朽者矣余因畧敘其梗概以俟後之守者詳諸於朝配饗烈女廟中祀典煌煌可無濫厠之誚矣庶幾得慰孺人之奇節偉烈於九京矣是爲傳

論曰婦人之守節洵難矣吾見世之青年守節及晚歲得邀旌揚可謂榮矣迄子若孫卽聲施寂寂者此爭一時不爭千古者也今孺人雖未親邀旌揚之盛典目覩後起之有成至今纍人邑乘門閭邀綽楔之榮姓氏留汗青之簡其子若孫俱蜚聲黌序天之報孺人不爲不厚矣蓋孺人之守節爭千古不爭一日者也

倪母唐太孺人贊　　乩叔黄學增子鶴

靜齋大兄嘗爲余述令祖母唐太孺人善事姑年踰六旬恂恂如幼婦令祖逸亭先生甚敬之爰爲之贊曰

才蘇德摛德培福厚壽在親志碑在人口育自名門歸爲孝婦堂上奉匜厨下洗手依依冊載姑卽我母我亦爲姑遑傍姑走謹伺青燈渾忘白首敬相夫子如賓如友列女傳中得此人否

倪母王太孺人贊

戊辰舉人涇縣人 包世臣

靜齋大兄嘗爲余言從姪皓之祖母王太孺人勤儉持家忠厚裕後族黨交推之爰爲之贊曰

江左名族梅里遺風二十于歸四德兼隆耿耿孝敬惟姑與翁井臼親操貯蓄滋豐心勞內外指畫南東合好掩惡夫子與同如此母儀數百年中

節母唐太孺人傳

曾姪孫 希賢

從來男子表在三之義婦人守從一之經國家恩綸下賁雖逢巷蓽門之婦少年苦節晚歲全貞有司上其事於朝皆得邀綽楔之榮至年逾三十者則守令獎之以額而例不予旌以中年之境較少年爲易處也若我天爵公配唐太孺人四十二而孀時已中年矣而其境之難處有倍於少年者子方七歲二老俱年近七旬且有田數頃莫爲經紀以煢煢一身上事下撫生養死葬洽於禮恩勤教育止於慈辛若持門支離恤緯治田作室家道漸豐歲人有餘貲輒以賑貧乏鄉里鄉黨咸稱倪母爲善人云子贈旱年既冠遂援例入成均旋授以家事贈旱稟承慈訓能以勤儉世其家忠厚聞於里事太孺人克盡孝養記曰將爲善思貽父母令名必果有子如此天之報施爲不爽矣太孺人春秋六十有六邑侯楊公賜額曰節茂松筠既足以闡潛德而發幽光不意贈旱早卒媳蔣氏又以節著廿四而寡卅三而卒天不永其年亦不得與旌而撫育克嗣節孝萃於一門實不忍聽其湮沒茲因族譜告成附誌數言以備採擇至於式閭表墓尙俟守土者之留心也是爲傳

叔祖母王太孺人傳

姪孫 希賢

太孺人系出三槐王氏邑舊族也年二十一歸我叔祖光希公時公方從事佔畢太孺人經紀家務不以米鹽紛公念公得一意下帷郡縣試輒列前茅乙燈佐讀丙夜鳴機有古賢婦風無何風波四起荆棘在門公迫於時勢不獲卒其業遂充國子上舍生太孺人閔家庭之多難悵夫子之無成掩淚束書拊膺長嘆士大夫與公交者靡不傾心折節太孺人也太孺人以望子情殷敬禮塾師供膳必親治具同學有佳子弟愛之無異所生故熊渭川劉立峯諸

先生皆敬太孺人如母歲已未心會叔旋避亂序試輒高等名噪一時二三叔亦嗜學不倦人咸謂太孺人尊師愛士宜有是報云且太孺人姆教最嚴針黹外兼曉以大義女適夫族往往有令名治家務崇勤儉不示以奢御臧獲從無詈言鄉鄰有稱貸者拔簪珥與之多不取子錢其仁慈寬厚類如此希賢憶先大父存日每言及太孺人之懿行輒舉以垂訓家人又希賢年十五補弟子員奉大父命晉謁慈顏太孺人喜目相看溫言獎借至今佩服不忘嗚呼若孺人者豈非閨中之伯女氏之宗哉

倪母陸孺人傳

邑庠生 沈建栖 錫江

陸孺人者邑增生禹珍公女郡庠生亦少公德配也出自名門嫻於姆教自歸倪思媚思齊宜家宜室事舅姑如父母敬夫子如大賓琴瑟周親無或異詞琴瑟方調倏乖靜好亦少公上應修文孺人年方三十有二遺孤二長致中十歲次致和七歲遺女一孺人撫棺痛哭欲以身殉繼念死節易耳如翁老子幼何姑藥集蓼勤劬劬力殫上事衰翁下撫孤子生養死葬盡其孝恩勤訓誨止於慈而孺人能書并善勾股之法於長子課之讀次子課之耕刻苦自勵

使人寬嚴互用治家豐儉得宜卒能增置田疇隆堂構迨舉子女之婚嫁已成家道之小康謂可上慰所天矣詎意北堂之草方長西隅之景莫挽竟與亦少公作泉臺伴矣守節十八載卒年僅五十今長子致中茂才稱經師次子致和修行爲善士歲辛巳余館於孺人家塾訓孺人諸孫敬之拱之戴之輩頭角嶄然皆琳瑯器余與亦少公之長次君朝夕遊得詳孺人之苦節竊嘆孺人之流澤孔長也又迫於二君之請義不容辭因質言之以爲傳

題倪母夏孺人遺照　　朱普 亦濬

孺人卒時壽八十三歲守志三十年教子耕讀居

鈞終業訓詁亥釗早列成均

臨風鍛羽泣孤鸞辛苦松濤月影寒五十始衰機獨理卅
年餘恨子承歡犁扶健犢雲曾覆夢羨飛熊膽剩丸上壽
爭傳遺範在小圖珍重後人看

恭輓倪母毛孺人　　歲貢生 劉玉堦 立崇

孺人卒嘉慶癸酉十月文輝公之德配秉鑑秉銓

二先生之賢母也

飄飄脫塵埃曾聞烏啼哀哀彼朔風至披折庾嶺梅梅枝
昔成對南北陰陽該北枝亦蔭後相助南枝開開花嫁林
家好戀烟月媒結子貴少許天挺成奇瑰首重鼎彝用亥
亦樽俎材因之成瓜瓞代爲世所魁不覺幹已古劫飛動
地灰南枝先驚挫北枝繼傷摧飄零遺人世收拾歸蓬萊
雲去隨逝水星高冷蒼苔料應羅浮上別有仙手栽今茲
仙馭下遠睇山玉顏王母擬芳馥孤山空徘徊舉首眺遠
鶴鳴咽不歸來

節母張太孺人贊　張震

張太孺人系太學生倪煒公之德配也年二十三而寡生於乾隆乙丑卒於道光辛巳享年七十有七贊曰

孺人之守節兮青春二十三傳燈而侶影兮帷敝而衣藍冬月勤紡織兮春月事桑蠶於田力操作兮廚內調旨甘俾子遊太學兮成立諸孫男掛擔五十四載兮白髮已毵毵壽終七十七兮天地可與參異日　旌揚下逮兮門閭聖澤覃

頌伯母節孝張孺人詩　希賢 姪

一聞作賦到瓊樓便向空閨誓柏舟連理無枝難獨活延齡有草未忘憂孤兒可續悲黄口婦道能循慰白頭他日天恩旌綽楔貞砥定許峙千秋

朱孺人傳

靖邑侯 李廷芳 湘沚

孺人系出朱氏爲邑中望族幼嫻内則長習閨儀年二十三歸健齋先生亥子紹謙爲室時健齋先生爲上元校官于歸踰月令嗣偕赴金陵孺人以新婦禮見舅姑於學舍諳食性於羹湯薦甘饈於棗栗承筐佐饌雅得歡心孺人旣順舅姑兼和築里一時娣姒無間言凡與舅同僚者如金旋村毛侯圖鄒此山諸先生無不嘖嘖稱賢且畢以爲兒婦訓會健齋先生截取入都銓授陝西永壽知縣以長途跋涉未携眷屬同行孺人在家孝事其姑名聞鄉里迨

先生自陝告歸攜琴與鶴囊槖蕭然家無紀綱之僕又與長君異宅一切應酬諸務悉付亥君遂不獲專攻學業孺人憫夫名之未卜期子學以有成長子象賢性頗穎異四齡入塾誦古文出口琅琅亥子希賢智珠善記亦不讓延兄乃二子嶄然頭角已見冲齡而孺人年方三十有九遽棄人間矣別堂上之尊章白頭數亥拋膝前之兒女黃口零丁夫子紹謙痛鸞鏡之分飛普琴絃之莫續父而兼母嚴不忘慈令似輩俱能稟承祖訓除慰母心象賢弱冠補弟子員希賢未成童即入泮旋以歲科試屢冠曹爲膠庠領袖雖恨不少假數年俾孺人目見其成立當亦含笑於九原也余自丙寅冬捧檄來莅聯江與邑之大夫士相往還見健齋先生文章儀範卓然爲前輩典型實深欽佩先生因屬希賢問字於余以掌上之文孫爲門前之高弟余尤喜其英英玉立綺歲能文樂得而教育之竚見異日雛鳳聲清一鳴破壁必能酬孺人之苦志而爲乃祖光大其門閭也余故畧述孺人之懿行以爲之傳至孺人之生卒月日所出子女例載墓誌茲不備書

哭母朱孺人　男　椿

記得生前顧復時恩勤育我罔如斯年華正屆青春早誰
料秋風便析枝
未曾宿世培萱草險阻艱難數十秋縱使有羹奚請遺史
深含涙泣松楸

節孝閻太孺人傳　姪　金輅

閻太孺人先伯父耀祖公之配也年十九歸我耀祖公公
生而俊異曾伯祖萬章公器之幼讀書忽翻然投筆曰大
丈夫當學萬人敵乃棄詩書習劍術未及成童即以驍勇
獲儁方期展驥足立功異域竹帛名垂乃遘疾而齎志以
沒孺人年僅廿六遺孤金殿甫七齡孀姑猶在堂家適中
落孺人仰事俯育茹苦含辛夏不驅蚊冬不圍罏晝操作
夜紡織勤劬不倦一月得四十五日卒能光大先人之門
閭焉凡子姪輩非歲時罕得參相見禮相以內外皆寂寂

也乃翁捐館及姑沒喪葬無不盡哀盡禮暨子女婚娶畢
孺人方謂可上慰所天矣噫孰意金殿又先孺人卒哉遺
孫二長宏高年十八次永高纔十二孺人腸斷詎止一日
九迴猶不惜衰老勉其媳守節撫孤而媳王氏亦徽音克
嗣云孺人以壽終享年六旬有七屏擋四十年間倪氏一
門四世賴之例合請旌以彰苦節庶幾慰貞魂於九京而
無如力未逮也緣族中修輯譜系匪不忍聽孺人之徽言
懿行泯滅不傳也爰謹敘其梗概如此

倪岳母夏孺人傳

鄭炳文 （書）

岳母出自名門，生於望族，幼嫻姆教，長習閫儀，年十九于歸岳父椿年，二十餘載，遽痛於道光戊戌之秋。時增姻猶未聯也。洎列甥館，親戚咸集，僉曰：汝岳父之居室苟完，並即增置田產者，係汝岳母夏孺人助理之力居多。舉凡德言容工四者，具備洵有古賢婦風。炳恨未能親見之。岳父竊嘗爲炳述其一二：爾衣則短褐不完，食則藜藿亦肯，待僕則寬嚴相濟，治家則豐儉得宜，猶不足爲岳母異，獨異其善事翁姑，兼能善事繼姑，并能善事嗣翁與姑，靡不勤慎小心，曲盡其道，以博翁姑歡。嘗自念道家不造，痛夫子之無成，務早夜謹摻持，寸銖積累，相夫子援例成均，延祖宗衣冠一脈，此巾幗中可以壯鬚眉之氣者也。至於望子情深，歷延名師督課，而供膳薪水，悉藉紡績以佐之。繼自今諸內兄弟長海門，蜚聲黌序，次朴齋，充國子，上舍三，後源亦泮水生香，咸謂天之報施不爽云。

靖邑支譜告成後記

余族彙修家乘，自受八公遷靖，迄今已十三世。復推自錫自蘇，自宋南渡前，直至漢內史寬公，并溯所自出，無非錫繇一脈所留貽。凡我後嗣，各宜凜凜，自持推敬宗收族之意，薈萃成編，庶幾數典不忘也。自去秋採訪一載有餘，其受八公下系出顯公後有的派可考者，雖遷各郡邑，常不憚舟車跋涉，搜羅入譜。其無近世的考者，姑等之夏五郭公，不敢附會一辭。而邑濱大江，轉徙靡定，且余族甚繁衍，自前譜至今，相隔累世，恐間有以海潮捲蕩，時代迢遙，眞支失考，遺在譜外者，現在不敢再有遷延，亟鋟諸板。餘俟後來訪求確實，增修補入，庶不負余曹兢兢彙修家乘之苦志也夫。譜既成，等謹識於其後。

譜成傷懷自記　遷靖十六世孫　淵

且夫纂修宗譜與創修支譜歷時雖異而論事要無不同也(淵)自元旦肅衣冠謁先祠瞻拜九世祖本立公少長咸集分業萃香叔祖特倡議曰曩者吾父篤齋公偕伯父靜齋公暨族兄雲村紀堂筱迁族姪聯羣班羣犨協力贊成支譜幾三十餘年矣越至於今支派日益繁孫曾日益衆適錫邑會亭族弟郵書致囑續修大通譜系我等俱係雲林公裔顧可數典而忘其祖耶闔族人唯唯聽命少呂叔祖尤慨然應允謂予歷前一小座頗以窄所僅堪作譜局

所採訪一事近則委之萃香少承兄弟兩人遠則少華次弟獨任之一切纂集監修惟予與兄提綱而挈領焉至者謄寫稿譜酌定夏之五月所責成者(淵)耳(淵)愧不才敬諾之不敢諉遂謹誌之不敢違比至其時清晨赴局日晡方歸由端節洎桂秋上澣載生卒敘世次抄錄校對編集八函尅期事蕆擇吉親送梁溪誠有喜不自勝者夫復何憾獨恨前甲申歲支譜告成長兄濤次兄濱俱尙髫齡後復相繼生(淵)以長以教吾母實爲(淵)等勗曰汝祖由廩膳納貲授貢迄汝父綠家政所迫援例成均將來似續書香須於汝弟兄乎是賴(淵)恪遵慈命勉赴前程克與濤先後同遊泮水濱亦充國子上舍生詎料祖德幸弗湮而母壽已不永也傷何如哉兄(淵)獨來獨往朝夕必由是道經過相見輒顛躓不前潸然流涕即使鄭容藝姐丈向吾父細詢顛末作吾母夏孺人傳詳哉言之希冀附刻家乘曾何解於(淵)之抱痛九原乎爰發抒胸中所鬱積泣而爲之誌云

附哭母夏孺人

人生第一愴懷事失恃青年淚正濃我欲奉儀徒想像兄多承教記形容十年鞠育終難報廿載晨昏不再逢領取

遺言勤就讀私心尙冀卜花封

續修宗譜告成記事

歲在癸未春三月倡修譜系迄甲申秋蕆其事一切行略傳序均出父手從兄莘香輿枝錄焉父偕叔聚族言曰此邑支譜也驥江宗派衍自梁溪若探木本尋水源予則有賴於繼起者軒甫十齡依依膝下竊心誌之而不能忘比長閒過文社試場客問汝族備家乘否軒應之曰予族曾略敘支稿付之剞劂存有支譜六函客撫掌大喜謂族譜既修斯門楣愈大將來倪氏之興可翹足而待矣軒感與慚併想望彌殷莘香兄果遊庠食餼軒隨問字視之如親

手足然父劬負儁才困大小試時已年幾六秩而僅以諸生終幸生軒弟兄三兄擢爲膠庠領袖弟竊入成均軒亦補博士弟子員常存親愛心全友恭誼人以爲是軒父鬱積之報也已酉科試青文宗墨卿先生拔軒高等與澄江族姪孫芸程同試拔萃談及惠麓宗祠將修大通宗譜軒變然曰此吾父之志也遂定合修之約以歸歲甲寅錫邑族兄會亭來促譜稿諸兄長委司採訪軒愧不才慨然承任凡所經歷務在細詢詳核無執見亦無徇情上自高曾下逮雲礽秩然有條不紊亦惟舉父所有志未遂者克繼其志不至抱恨九原斯已耳至於任勞任怨軒所不敢辭亦軒所不暇辨也爰因譜系告成謹記其事以冀後世子孫無忘先澤云

二十三世孫軒謹識

譜成後作　　遷靖十五世孫　金輅

曾司校訂莘遺編屈指於今三十年誼屬弟昆排雁序位分昭穆等蟬聯龍山脉自千秋接驥渚支原九派傳重向梁溪尋手澤修成譜牒繼前賢

水木由來有本源緜緜瓜瓞自紛繁里居錯誤須詳考名字差訛待細論百代宗支承鼻祖千年氣脉萃飴孫從知筆削難輕假家史無殊國史存

誥贈奉直大夫倪靜齋先生德配夏太宜人傳

靜齋先生之德配夏太宜人中翰少呂之賢母也靜齋先生幼聰慧弱歲能詩文屆期塾課便逞才角藝睨視輩流必令讓出一頭而後快既遊庠結交郡內知名士每往來賭敘縱談今古上下其議論以此馳騁自豪門內米鹽凌雜從來不問亦竟不知也太宜人之歸也孝翁姑和娣姒睦姻黨宜室家世居村落故以耕作為事每歲則資其所入以為事育賓祭婚姻慶弔之需當春秋督趨之時傭有常職及轉役相助者率數十人太宜人則黎明而起為之

餐飯令饜飫飽食而出午晝日昃餉饁無後期夜則犒勞有加俟各散歸就寢而檢點門戶查察水火然後人臥闔蓋問夜已將半矣以是堂上及門內皆無閒言莫不知先生有內助賢也先生昆仲三人先生居長析產後太宜人持家仍如故生丈夫子三先生以抑塞磊落之才未有所遇乃延聘邑內品學優者為嗣君教讀師先生每憤世俗聘師輒不忠敬自廢齋腴之產千金以豐其供饍貲修栽培齒玉太宜人佐之以精潔時之以晨昏館先生者無不歷年久而領益多有由然矣未幾嗣君少呂縣府試皆列

前茅補弟子員旋考列優等准補實廩二嗣君少華亦接踵聯翩頂銜候補三嗣君少承以試不利援例國子生時先生與太宜人皆年屆古稀乃自製七十雙壽文以稱慶云顧先生頤善州太宜人究以不善治生產時形支絀嗣長君乃繼之以精明練覈經營會計有所欲為輒皆順遂以是業日隆隆起蓋至先生為三嗣君謀分爨而少呂已別構堂基煥然為一新矣不數年間棟宇連雲美輪美奐鬱為鼎門方是時邑內軍書旁午少呂荷以經辦團練之功洊保華秩夫豈不能膺民社坐堂皇煊赫表暴以立功

業而少呂宦情本淡又以太宜人春秋高不欲舍膝下而茫茫置身於宦海也爰由中翰加四級請　封宜人為太宜人先生晉贈奉政大夫領軸時自　天錫命華厦爭輝豈不榮哉昔潘安仁作閒居賦以奉板輿設長筵為太夫人歡似有終焉之志乃言不由衷卒隳晚節負慚阿母世嘗謂古今人不相及今觀少呂之優游恬淡恒伺天氣晴和階花絢發侍奉太宜人於明窗淨几間進旨甘飴孫衿繈褓遞奏樂極天倫始終以色養為娛較諸安仁之已事其相去顧何如哉然亦少呂左右慈闈其受勗於太宜人

者固有自來矣太宜人生於乾隆庚子十一月二十二日歿於同治庚午九月初二日後先生之卒凡二十一歲壽登九十一神明內朗菁華外發洵五福完人未易覯已女三一適嘉慶丙子科舉人教習任滿引見以州學正用先胞叔渭川公長子兄瑋一適嚴青年守節請 旌建坊一適歲貢生候選儒學顧光藜先生二子某早卒梁溪倪氏大宗纂修族譜少呂囑予爲太宜人傳不獲辭竊推本太宜人黽勉淑慎事事合於坤順有令德者固宜有遐福最難文子文孫縣縣勿替迄今過其宇者無嬉嬉嗃嗃聲識者謂

徽音之嗣有自來矣

時

光緒二年歲在丙子前五月上澣鎮江府金壇儒學訓導

姻世愚姪熊爾穀謹譔

篤齋倪公德配祖姑母盛太孺人傳

祖姑母盛太宜人篤齋倪公之淑配也及笄後歸倪性貞靜不苟笑言篤齋公勵志下帷專攻舉業祖姑料量米鹽不以纖瑣擾夫子意一燈伴讀吟哺聲與機杼聲夜分不息篤齋公屢試不售苹香苹香兩表叔已嶄然見頭角矣祖姑丸熊課讀志在必成以爲非讀書不足以成名立業也庭訓後延明師督課之祖姑豐飲腆無一不見其誠敬良朋往來供億周至是以門外多長者車文人之出入其門者無不知倪母賢歲丁亥苹香叔從

孝廉熊渭川夫子遊郡試拔置冠軍學使辛筠谷先生賞識之蜚聲黌序一時賀者盈門篤齋祖姑丈亦吐氣揚眉欣欣有喜色祖姑獨進苹香而誡之曰士貴有遠志一衿不足以自雄也宜益加刻苦謙以受益方爲大器耳苹香叔俯首受教益奮志芸窗研究經史博覽諸子百家由是根柢益深筆力益雄壯成推爲膠庠領袖無如屢薦不獲雋恆鬱鬱不自得祖姑又進而誡之曰讀書不爲功名苦守青氈寒士分內事也但求學有經濟遇不遇聽之可耳矣鬱鬱不自得爲苹香叔又俯首受教從此淡於仕進敦

門內之行侍養極洗腆與諸弟姪指陳經史奥義剖析精詳俱心領神會遠近學者聞聲景從一堂絃誦之聲晝夜不絕祖姑顧而樂之進萃香而詔之曰士人淑身而不能淑世此亦淑人之一道也與其佩印握符持身數千里外曷若門牆桃李時雨春風兼有婦子家人之樂乎萃香叔唯唯聽命盎愉色婉容依依膝下不復向京都跋涉矣噫祖姑特一裙釵耳相夫課子惟以讀書為事其識固已加人一等子甫初第教以謙謹自持子方抑鬱教以曠達俟命此等識力求之偉大夫中往往難之豈尋常婦女之所

能及哉祖姑生於乾隆壬寅九月十一日卒於同治庚午八月廿八日壽八十有九適倪氏纂修宗譜囑吉表弟以太孺人傳囑自愧不文本不敢承命但誼屬至戚不容以不文辭謹以所素知者約略言之

光緒丙子三月 採驪頓首拜撰

儘先選用訓導萃香倪君傳

靖邑萃香倪君諱裳余總角交也幼穎敏秉庭訓稍長胞伯靜齋先生造就之下筆縱横馳騁不可羈勒甫弱冠即以冠軍入邑庠旋食廩餼每試一藝人爭錄之洛陽為之紙貴所與交皆八邑名下士余時亦年少與君一晤即訂心交每歲科試聚於蓉城寓舍與諸名士酌酒論文縱談古今成敗意氣之雄各現於眉睫猶昨日事耳乃余既頻年潦倒君亦屢膺鶚薦不遂鵬傳諸名士或掇巍科或登顯秩昔日把臂同遊者一轉瞬間頓覺雲泥遠隔矣咸豐

初與君重晤於蓉城黯然之髮一變而斑白矣渥若之容一易而消瘦矣各訴鬱鬱不得志相與咨嗟嘆息者久之然君雖不得大展經濟而出其緒餘猶足沾惠桑梓道光己酉咸豐丙辰水旱成灾君籌辦賑濟全活無數鄉里涉訟者力為排解不令囚終或起爭端君委曲開諭務使兩造背平故君之晚年紛紜酬應無一刻休息者庚申辛酉間粵逆荼毒江南余挈眷北渡是時君方協辦江防一見即殷殷慰藉諸書交之流寓香各有贈遺人共德之適有新港司程念慈帶鄉泰義勇鎮守新港口龍潭港守口水

師林亦帶勇鎮守一日程勇路遇林勇以爭馳起釁强拉林勇三人至斜橋東平廟將三人棍棒亂擊并持刀欲殺君聞聲赴救以身覆林勇背得免水師各勇聞程勇驕橫以衆脅寡各帶刀至鎮議殺新港司守口林公不能禁止君恐兵變釀禍奔往懇切勸諭各水師邑侯齊公亦至鎮設席請君和解始得無事江以北獨享衽席之安者君之力實多癸卯之交賊氛掃淨余始別君旋里無日不感念君德夢想神馳不數年而君訃至矣嗚呼傷哉同治丁卯喆嗣上舍生彙吉袖君狀請傳於余余與君交最久不忍

以老憊辭遂約舉其梗概以列於家乘

恩貢生候選直隸州州判夏煒如頓首拜譔

陸太孺人傳

陸太孺人（書）舅母之胞姊也贈梅里族懷橘名門素習女工夙承姆教年甫笄來歸姻伯錦書倪公時翁已見背太孺人事姑克孝事夫克敬門內無不和睦家僅中人產錦書翁從事讀書太孺人課農桑勤紡織甚得姑歡生子女各四錦書翁延師課子太孺人飲饌必豐枕衾必潔隨在將以愛敬其期望後人之意較錦書翁尤切舉長嗣焜性謹厚苦志力學不負太孺人期望之心甫成童文筆秀潤楚楚可觀太孺人尤鍾愛之戊辰初夏焜應郡試郎冠軍

五月遊邑庠時太孺人積勞成疾淹留牀褥已數月矣聞信喜極躍然起曰吾廿年培植於今日見之夫復何憾延至七月而終年僅五十耳噫太孺人椎髻操作一生備嘗艱苦爲夫與子讀書故也乃不得於其夫終得於其子且得親見其子之成立太孺人亦可以稍慰矣

姻姪方　蓊頓首拜撰

岳母趙太孺人傳

侍東埜受書卽耳莘香倪先生名不獨文名籍籍其處事精明調停允當尤莫不服其材幹先生一見蘇卽蒙青睞訂以婚約時先生在城之口居多爲人排難解紛往往淹留數十日不返曾不見有內顧憂或曰先生有賢內助主持家事先生可不問也蘇雖未識岳母而已心傾其練達多材不愧爲　香先生之匹親迎後見其儀容嚴肅舉止端方有大家矩範既而往來益頻益深悉其情性岳母趙姓本舊家女知書能算列女傳閨門訓諸書俱熟誦逈曉

及笄後來歸岳父　香先生時先生方專攻舉業趙太孺人職司中饋米鹽瑣屑不令分夫子心問視高堂柔聲怡色能得翁姑歡下逮臧獲寬嚴得中無不悅服待妯娌親族俱煦煦有恩人無有議其後者岳父爲膠庠領袖一時纓髻多士問業於門者率數十人太孺人欵待優渥無不愛若己子岳父所交遊皆郡內名下士或念舊過從琴樽歡洽或閒聲造訪詩酒流連太孺人躬自治庖從不以爲煩擾至如貧苦親隣踵門告貸太孺人往往出奩貲賙贍之岳母趙太孺人之懿行有不可以殫述者丙子春日內弟棻吉以梁溪倪氏續修大通宗譜囑蘇作太孺人傳自愧不文不足以表揚懿範第岳母之事蹟惟蘇知之最悉遂畧書其梗概以列於家乘俾後世不忘其閫範云

光緒歲次丙子三月　子壻劉　蘇頓首拜撰

益泰公行略 二十四世　姪孫鍪

公諱益泰字謙受正茂公之子余之族曾祖也配袁太孺人公自幼性戇直及長頗有才略嘗髮匪擾至江陰時靖邑沿江一帶濟濠溝辦團練公雖屬農夫克明大義日夜督率壯丁盡瘁國事至兵燹後聞武進郊外荒土芒芒咸稱沃壤公隨帶領鄉農往鄒區鳴鳳鄉報買開荒公由是度土宜勤稼穡不數年獲利者接踵而來聞風者襁負而至以異地編氓而能致荒僻之人民日益衆國家之租賦日希增是公雖爲燕翼詒其有裨於朝野上下何如哉然

公之所可嘉者猶不止此祖遺基址逼近江濱數十年被坍以來圩岸命孫屢築國課率子早完上以繩先人舊德下以闢後嗣丕基及年八十八置田共數頃積產約萬金精神猶矍鑠操作尙勤勞事斷是非理評曲直紛爭悉爲排解品行共賞端方生子二長玉品名鈺號竹軒肄業成均次玉佩早世生孫四曾孫五元孫二十門共襲婦女子息均克雍和此誠仰符華封之祝所謂多福多壽多男子者也前桐府憲會爲勒碑示奬以風當世至是年三月族親見公五世同居非特光增里黨亦且瑞映國家因環叩縣憲陳請聲明咨部賞給匾額沐批據稟壽民倪益泰世守農桑一家共炊壽登耆耋五世同堂既合褒題之例應邀旌表之恩准先由縣給予匾額一方以彰人瑞一面郎着造該壽民事實系圖册給呈等論公由少而壯而老幹濟如斯且兩邀恩賚粟帛給八品頂戴不獨爲同宗所罕有幷爲吾邑所僅見者矣今錫邑棗修宗譜諸尊長憶公之齒德俱尊理合詳序以示後世因以作傳記事命余余不敏又不敢辭爰爲略述其事云

倪君繼因序 二十圖世　　蔣汝珍

君姓倪氏名爆字繼因元高士雲林先生之後錦霞公之亥子也四歲失怙五歲失恃有姊三俱適人兄名炳字繼善長於君三歲世父少呂公憫君兄弟零丁孤苦攜歸教養爲之父爲之師爲之經理田產未幾少呂公得瘋疾手足拘攣口且失瘖繼善時年稍長嘗背負而出背負而入君亦服勞維謹早起取衣履夜眠鋪被席當食設杯箸始終如一嘗謂人曰吾不及事吾父今幸得事伯父姪不能報德於萬一此心稍可盡焉及長與兄俱還家積產治生

析復其舊分析後繼善不治生產田園殆盡衣食孔艱有求於君無不應繼善故後待猶子如己子君之敦倫如此倪氏有家廟二一曰三義菴一曰如來菴均被他人侵佔君則獄與雀角訟速鼠牙卒能復我故祠妥我先靈爭所必爭讓所不讓非健訟可比也至其與鄉人處恂恂然油油然未嘗見其有疾言遽色也鄉鄰有關者必力爲排解一時負氣之徒或造其菴而返或聞其言而去嗚呼自新政行律師起或以乾餱細故猝起爭端睚眦微嫌遽思報復而顛倒是非之輩或起而媒孽其間一入公庭即棄家蕩產彼則是杼柚已空此復誅求無饜聞繼因之風得毋赧顏否耶歲甲寅錫邑棗修大統宗譜居於麟江者丁願浩繁君仕採訪之職跋涉山林奔波奚恤踰越險阻勞苦不辭俾數百里雲散風流仍歸一致數千戶星羅碁布始識同宗君之睦族又如此或有爲君乞序於予予應之曰唯唯然君之行誼由今以前吾畧得而見之由今以後吾不得而聞之請俟後日得窺其全豹而後大書特書其不朽之盛業可乎或曰今歲其譜事將竣釋今不印再遲數十年吾與爾能俟得河清耶舉爾所知俾可列於家乘令

其宗族先覩爲快焉未始不可也予曰諾畧序其平生之行誼雖庸德庸行而卓然可風於世是爲序

倪黼廷先生傳贊　如皋 吳尊恆 叔林

先生姓倪氏諱焜號黼廷冀之先生冢子也嗣大宗錦雲公後生而岐嶷幼受書於其王母何太孺人口授成誦髫齡就傳下筆灑灑千言穆然意遠同治戊辰郡試冠靖邑軍是年受知於督學童公與其弟燮並蜚聲黌序門閭衣冠之盛焜耀一時顧其情摯於人絕無城府急公近義之事靡不竭蹶以圖被其澤者不知幾什伯人也光緒乙酉春授徒江渚主人姓唐氏家貲稍裕虎視眈眈者實繁有徒一日見暴客數十人風雨而至皆游兵散勇也先生適

丁其厄身被重創次日具呈於縣邑侯受守戎之託袒護兇徒半載而宕延不結旋復上呈府憲櫛風沐雨備極艱辛其事得白先生之名動公卿實基於此一日經黃家市愛川原之瑩潔緩步以歸至與仁里之西塵見數人皆故家風度觀其所向似將號召吏胥者先生亟爲問訊乃知爲姦人搆難非刀筆吏不能洩其憤激釋其所言素業將不能自保先生半晌無言久之乃浩然長歎曰與賊族鬮鬭而假手於頑讒善則善矣如人心之叵測何況乎獨坐窮山引虎自衛與日能無反噬其人頓悟邀先生至三義

庵引身欲拜謂今日不逢長者子孫之生計將窮矣先生含笑遣之復宛轉以申之曰公蓺百忍瑞靄門庭能容人之所不能容乃可享世世和平之福其人感悟先生之度量如此知舌耕無以廣業教思而外兼課農桑不數載而仁人利溥鄉里飼蠶者皆取法於先生故馬洲絲繭之富甲於全靖先生啟之也邑長姚公疊次以手書褒予謂眞能利用厚生不媿儒林重望者卒年六十有二德配朱孺人邑增生一山公女現年七旬有五精神猶健未始非德門之衍慶也有哲嗣二皆積學善士馨蘭早世友蘭名噪

鄉邦方應院試而科場之局終矣與恒採訪節孝亟取其家乘與靖邑之貞姬淑媛手寫成編寄郵恒家以資搜訪友蘭亦奇士也孫二以一爲馨蘭君後甲寅錫山棗修宗譜友蘭以恒有苔岑之契囑爲銘贊恒愧不文謹以里人之嘖嘖稱道者爲先生敘其崖略先生固不待文以傳也

贊曰

孤山之陰與仁之里嶽嶽懷方有古君子少承先蔭

惠麓分支膠庠譽普藝苑名馳猷制鳥壟維持名教

儒立頑廉年高德劭先生杖履實業農桑閭閻樂利

民悦无疆

倪君海門先生傳二十五世　　方龔

從來有文辭者未必精武藝有武藝者未必通文辭獨有
文不必以才華炫而揮毫落紙自能下筆而驚人武不必
以拳勇矜而策馬揚鞭自可從容而臨敵如吾友海門硕
兄者諱濤幼而英武長而文明倘天假之權則絳灌隨陸
何妨一人而兼數事不徒家之慶而亦邦之光也乃中年
多故三娶其妻兩亡其媳長女早寡收養其雙孤冢嗣淪
亡僅遺其二女人孰無情誰能遣此先生以一身肩任能
忍西河之抱痛堪追太上之忘情差幸學富縹緗門多桃
李兼權子母漸致贏餘故能重新堂構廣置田園然問舍
求田非其夙願也乃屢阨棘闈頓消壯志不能立功於國
遂立德於鄉繼修宗譜葺支祠撫卹流離俾嗷鴻得所栽
培後進聽雛鳳齊鳴月旦公平鄉里推爲董正風裁嚴厲
背小指爲神君故能伸同學之冤裂小人之膽也德之所
至福即隨之看二子同列黌宮屆八旬重遊泮水學憲題
芹藻重馨以榮門第不僅一鄉稱羨而亦曠世難逢也故
稱觴之日一時老宿名儒詩賦文辭唱和者盈箱累牘非
無因而致也而況繞膝孫曾問安視膳接踵而來從此益

遥譚酒無內顧之憂矣否極泰來非修德行仁何以致此年八十一恩賞副榜八十七召赴修文華封祝三多箕疇稱五福先生近爲已先生自念一生得力之師推先嚴爲巨擘故雖長余二十四歲引余爲忘年友不以形骸隔不以長幼拘鄉試往還日則同席夜則聯床恩義相親宛然昆第曾寫其生平實事授其孜子省安擬鐫刻以示子孫歲甲寅其族又重修家乘文孫携其原作丐余爲之傳余與先生累代通家誼不容辭遂援筆而書之

壽鑑三宗兄七十序

宗兄鑑三名金耀靖江生祠堂人也梁溪元高士雲林先生十八世孫其先通海公值明清鼎革之年中原塗炭遂遯居於靖江子孫繁衍科第振興分爲東西沙君爲西沙裔傑之士也幼有異稟父禮泰公母展孺人鍾愛之髫齡入塾目數行下方期昌大門閭顯揚父母迨咸豐庚申粵匪陷江南諸郡縣靖江與江陰相隔一江風聲鶴唳一日數起君年未弱冠未遑螢牕雪案考核經書遂棄儒習商效計然之業一切乘韋鶴秦玉環斛斧持籌握算悉合機宜然而南金東箭各有一規白叟黄童絕無二價故能飆騰淵轉而家道日隆隆起於是卜宅於雙港門聿新堂構大啟田園文子文孫皆杞梓之材珪璋之器戚族莫不嘖嘖稱羨而君慷慨爲懷敦睦自好民國甲寅余主修大統譜丐君相助爲理君踴躍而來直任不辭力行不倦是歲天旱斗米千緡族中無力者迫於饑寒有力者憚其負荷余知君老成可倚四月中旬之驥江採訪是日風雨大作余問路於野人子蘭維城等相距八里惟雙港門緜隔三里余不勝欣慰知君與我同心也於是易濕衣備雨具連牀

共話相得益彰越一日同赴東沙莫不如響斯應無如可與樂始難與圖終事幾中輟君慨然獨任任怨任勞勸有力者輸財爲無力者埶役一時齟齬者枘鑿者無以爲難驥江西北二沙共數百家大抵無力者居多君曰事皆在我故送稿者絡繹而至非君仗義疏財焉能致此君年屆古稀值譜事紛煩大江南北一月數至其矍鑠爲何如也什耕讀傳家兩子七孫皆切切偲偲雍雍肅肅家道之勃興蓋未有艾也嗚呼爲善者必獲報如君熱心公益而芝蘭玉樹生於階庭豈非爲善之報歟昔汾陽福澤潞國精

神皆因積善而來吾觀於君雖不及古人之官階而有古人之壽考豈偶然哉豈偶然哉

清直隸州知州加二級誥授中憲大夫宗弟城拜祝

倪克家先生序二十五世　　侯　屏

歲在甲寅季秋方靜坐書窗適有倪先生克家手擱筆叢袖藏青卷翩翩而來叙坐談間見其袖間卷頁微露笑而問曰先生蓋欲紹汝祖帶經而鋤之內史公耶先生笑而答曰吾袖間無他倪氏譜稿也倪氏支派係錫山雲林先生後明季遍海公始遷於驥江子孫繁衍今錫山重修大統宗譜余任採訪之職曰採訪非爾事也則必廣搜羅補遺闕風塵跋涉備歷艱辛抑何先生之不憚勞耶先生曰敬宗睦族分內事也安敢言勞事竣丐余序其事先生與

余素稱莫逆詎不容辭略述其梗概按先生名金鑑字克家啟泰公子生而頭角嶄然天資雋異經史子義過目了然縉紳咸以大器目之因家君早世遂謝佔畢入城尚其爲人也襟情曠遠胸無城府以富貴爲不足慕以貧賤爲不足憂自奉甚儉布衣糲食不亞寒素家風至周人之急濟人之難慷慨不吝其最注意者莫如敦睦諸大端母毛太孺人年近八旬體尚矍鑠先生竭力事之不但備酒漿供珍錯能得母歡而且依依孺慕之忱百年一日其姑母適孫氏後適家不遺靡室靡家先生板輿迎歸生養死葬

視蘭公七十壽序　二十六世

昔王子安有言曰老當益壯非今於太學生視蘭公得之矣公係樸齋公之長子生於道光乙巳幼業儒極聰穎不料正值志學之年粵匪陷江陰難民渡江紛紛至境耳聞目覩人盡惶惶鄉里父老僉謂亂世人民宜早婚配以急務者謀生綏圖者識字公因此年十七即娶德配潘孺人旋遵家庭嚴命抛卻白雲書篇與泰岳合謀權及青蚨子母彼時公業託銀莊家與錢店祖翁豐鏘老父康强逮二十一歲胞弟毓樂追隨長男又欣懷抱并援例納監以光門閭過公里者莫不羨公高堂之上齒尊德尊爾室之中具慶重慶所謂家人聚順足增宗族光者誠莫公若也孰意人事靡常天心難測至同治戊辰正月山南橋木方榮堂北萱枝忽萎人盡換桃符以賀喜公獨扶桐杖以銜哀因是遂罷商業歸理田非以代祖與父瑣務之勞又孰意轉瞬明年桂院香飄之後菊圃花放之初公又泣血稽孤丁憂讓禮并且傷心繩武承重居喪嗚呼歲經數月公當大事者三禪禮甫行又爲弟妹完姻出嫁以褰素家風連廉巨費設圖維稍懈家道有不中落者乎幸公持家有法

無餘禮亦無吝色全端禮恆久二公先生之族兄也家亦貧又盼伯道之悲身殁之後族人嫌其業微置之不問先生挺身承辦營墓舉喪雖傾囊相助弗計也先生之高祖瑞生公以公屋供神主壬辰秋公屋已傾先生獨身建修並未籍族人貲助迄今墓樽聿新享祀六朔舉族攸賴皆先生之力也夫以先生產不逾中人而立心制行如此以視世之齷齪小支據素封擁厚貲而於親族間往往視同行路操施不予豈大相逕庭也先生元配鞠氏不幸早亡繼娶王氏頗有賢聲事姑以孝相夫以順屏鉛華勸紡績以故家道日昌雖曰內助之賢要皆先生善於籌畫也易曰納婦吉子克家爲先生頌之

措理裕如能致壎篪協奏琴瑟調和雖寒雨閟家聲復振
作如初追弟芝蘭與公析產後公與廣客業杉木廿餘年
增田造屋生子四長淦卿名鎣號幹卿次培卿名鑫三位
卿字備廷四恆卿字盈廷俱已完婚各爨生女三亦皆配
擇名門均宜家室斯時公年未逾花甲願了向平日覩諸
兒似蘭桂榮階長嗣又藻芹擷泮洪範五福公不啻一身
兼備矣又孰意公德配孺人壽逾六秩半年爲老病纏綿
序至三秋一旦竟塵緣解脫致公泣並頭和合各走東西
交頸鴛鴦分飛南北不但此也孺人與公訣別後萬不料

甫經二載公次嗣培卿又與世長辭嗚呼公斯時憶齊眉
燕好偶已成奇觀繞膝雁行四偏缺一聲每增於五夜明
幾喪於一朝是誠石銜精衛怨海難填土捧黎腸愁關莫
塞者矣猶幸公慈愛雖離縣割而彭殤亦解齊觀日久而
破涕爲歡時過而轉悲作笑覩目前三子爲士爲農膝下
長孫喜商善賈均各本分自安不勞公慮邇年來公惟村
落優游閒携童以扶杖街衢徐步常聚友以傳杯有時入
哲嗣書齋覩濟濟生徒喜形眉展每日至令孫店鋪看紛
紛賈客笑逐顏開更兼孫胎報啟索早占公現見付保有
二長清泉纔六歲讀書頗性敏心靈次鑑泉甫兩期出語
亦齒伶牙俐公提携捧負愛若掌珠快矣哉斯時公割味
分孫如王逸少暮年尋樂倚門望子似鬱攸期晚歲行謂
誰不謂公敍四代同堂之樂福享清閒可永無他事以勞
心力哉又孰意公現年七十因族內修譜公猶力以採訪
白肩莊 遠館江南節假歸來聞而異之往與公晤詢公何
猶不憚勞乃爾公訓莊 曰家有譜猶之國有史歷久失修
即多缺憾吾久心倡議有志未逮今天假餘年猶幸際此
即稍衰頹亦當勉赴況吾精力尚強能不上爲祖宗下爲

子孫以輔此盛舉耶嗟乎公淡於應世久甘閒散以適情
而重於全宗復肯踴興以奏績此其居心行事爲何如哉
所謂老當益壯者矣莊 與公不獨情聯桑梓抑且誼屬葭
莩所由歷溯公之平生而爲之一序其畧云

民國甲寅秋七月

前清附生捐職生 趙昌莊拜撰

倪君衎安傳 二十六世 蔣汝珍

君姓倪氏諱惟康字雋鳳一字省安吾姑丈海門公之次子也吾姑生子二長祝軒君諱壽康有懿行次君君生甫六歲而吾姑即世海門公續娶劉安人君能先意承志無異所生稍長從吾先君學先君教授於家生徒嘗數十人或以文學相誇或以言語相戲君獨恂恂訥訥不妄言動故先君每笑謂之曰此吾家之宅相也弱冠有文名旋與祝軒君同補縣學弟子員天生羽翼齊入泮林母族與有光焉未幾祝軒君卒海門公年近杖鄉不堪煩冗君遂暫

棄詩書綜理家務督率僮僕研究農桑田無荒蕪室無游惰家距市僅里許無事未嘗一至至則事畢即歸從未呼朋引侶相徵逐於酒家茶肆之中蓋以二老在堂恐有倚門倚閭之望也性儉約無文飾衣冠皆樸素每數歲一製衣他適則着新衣歸必易之自奉之約有如此者然於堂上甘旨滫瀡之奉未嘗不足於口也輕煖文繡之供未嘗不足於體也海門公及劉安人年逾八旬精神矍鑠殆如甲五十歲人雖曰天授豈非居處安心志快有克家之子無內顧之憂何以致此海門公卒後君稍涉外務鄉鄰有關者親族有不協者必理諭其是非曲直而和解之有不可解者聽之而已若以刀筆之事請託於君君輒俯而不答仰而笑晚年尤好靜搆屋三間間臨流水旁有修竹中貯圖書稍植花卉終日靜處其中或觀書或默坐或烹茶或煮酒或對客清談或呼孫課讀廛肆之中益希見其迹焉卒年六十有一子三長鐵卿學成未售祧祝軒君次珊卿操布業商戰有聲次琇卿前年從吾學沉默寡言有父風女一適劉氏

贊曰士生乎鄙野不能為國家之賢臣亦當為父母之賢

子彼博弈飲酒不顧父母之養者吾固無責矣即嗣守先業不失尺寸而庭幃之際間有怨言以君觀之猶罪人也至歛跡酒鑪不慕榮利視世之蠅營狗苟者其賢不啻相去為何如耶嗚呼君殆今之古人也吾於君為表兄弟且少共筆硯故畧傳其事俾後之人庶幾切山斗之望勖仰止之思焉

筱源倪君行畧 二十六世

叔氏 城 撰

君名少金字善康一字筱源浚源公之次子也年十七失怙二十三失恃生事葬祭始終以禮外剛直而內慈善尤重倫常與兄分箸時退讓不校卒能節衣縮食積產成家嘗篤志讀書咿唔不輟赴童子試屢列前茅而數奇不偶輿論惜之厥後科舉罷君絕意功名濟心墳典娶盧氏賢內助也食貧茹苦好善樂施機聲軋軋與書聲朗朗綿綿不絕其振興有自來矣時風俗頹敗處士橫議君抱璞守真設館於毘陵非特誨人不倦於名教綱常之事尤注重

焉門墻多端人佳士一切非堯舜而薄湯武者即麾諸門外所謂中流砥柱非耶甲寅修輯宗譜君與欽卿由宋訪釋稿收丁較對諸事和衷共濟藉以蕆事族議奉遷靖始祖配享惠山高士專祠須助祭田君力爲贊成其敬宗收族非尋常之輩能及也迺承人乏城主修譜事城獨任其艱左支右絀誰肯相助爲理如君熱心公益則絕無僅有矣如此賢裔不易多得豈可無一言以勸來者爰不揣固陋作序於譜俾後嗣有所矜式云爾

先妣潘孺人傳 二十六世

嗚呼惟一息尚存倚紅塵而托跡百年如寄歸黃土以安身人非木石敢遂忘情世閱滄桑殊多恨事此周皋魚哭臨道左望樹而有哀辭漢王裒拜倒墓前攀條所由生感也我先妣潘孺人幼嫻姆訓長習閫儀別母家而夭桃見賦歸我父而苦荼自安斯時我曾祖與王父已均非壯歲我叔父與姑母尚俱有童心家計維艱生涯殊薄我父與叔祖欲上承兩代之歡下敘一家之樂乃懋遷爲業卿州省脯微忱衣食自謀以博蠅頭瑣利惟我先妣實贊成之我

先妣於是督耕弗懈穀慶積而蛾飛蠶政有方屋喜添而燕賀我曾祖暨王父願而樂之莫不稱內助之功最大賢婦之力居多也乃庭幃方羨重慶而寶婺倏沉一宿我王母病纏床褥湯藥空投竪入膏肓鍼砭莫達遂棄塵世遽返仙鄉我先妣荊布臨風悲親泣血麻衣如雪布奠椎胸詎料禫服未除災星又見越一年柞謝之時我王父騎鯨而去逾一月菊開之候我曾祖化鶴以遊我父母斯時涕零孤露四目枯哭望終天兩心俱碎辦禮儀無缺然憔悴不堪矣假令前路已過後彼不趨則危尚未頗急猶易救

争奈喪葬禮終婚姻事始我叔鵲渡作期翌雛將綴我姑雁鳴旭旦嫁不容辭思静以待之擲傾筐數欲遵而行中轂轆瓶空不得已而行聘禮宛如孔氏牽羊犒备妝奩務等吳家賣犬嗚呼痛哉斯時我父母牀頭金盡歷歷言愁囊底錢空雙雙抱恨而六禮仍能完備三黨無有間言未幾我叔分爨於旁誠有如薛包析産我父嘗商於外不能效仲子灌園致教我先妣一身任事老骨千磨十指佐餐愁腸百結夏則赤日苦傭勞形滴汗冬則黃昏深坐嚫指裂膚嗚呼痛哉惟望我輩幼能成人饑寒交顧長能勤謹

督責維嚴常令我瑣事勿聞能專心於芸閣埋頭自奮得邀福於芹宫時我先妣萬事息肩百般撒手方期終年閑散欣看衆媳承顏晩境優游喜抱諸孫加膝我輩感和丸之訓備潔牲之供竊謂我先妣即期頤莫必亦耄耋堪增也乃壽逾六旬而膏入二豎蒿里頻歌萱堂永寂幻蝶之期方促扁鵲之藥不靈兒方永命祈天望賜交梨火棗母竟離塵絶俗遽赴鶴嶺祇園嗚呼痛哉死別之乍人間不少生離之苦天下更多問有如我先妣備嘗茹糵之苦未享啖蔗之樂也哉鋆也素履貞予靑衿占我咸咸紅之中界於慘緑之年華雖即見孫孫婿婿倚看瓜瓞綿綿符門望行孫舞綵諸兒率諸婦服用四代聯歡一門同樂務我先妣幽明隔界聲息無聞生死殊途容顏不見嗚呼痛哉能不思水源木本動十年風木之悲春露秋霜感一日雞豚之養哉

民國甲寅冬十月

男鋆泣述

幹卿倪君行畧　二十七世

今夫人達而在上拜爵朝廷固當德孚元首澤沛蒼生姓字著於旂常千秋不朽卽窮而在下韜光鄉里亦當恩保閭閻恩周宗族功業詳於家乘百世常稱人能如是無論窮達可謂無忝所生矣今倪君幹卿一字滄帆名鑒者雖窮而未達其心術品行志節學問才幹及一生際遇亦知之最悉誠有足表彰以光宗族者爰爲借人衛人援事例事以爲之賦曰幹卿君椿茂萱榮老萊稱孝棠輝棣韡繆豫居尊角甫總分名已列文人壇上髫初佩也戰早爭童

子軍中雖則奮食終爲宜乎芹香早擷也不料鴻妝偕伉儷以還馬帳設家庭而後伯也耕硯方殷思折寶家之桂仲也吹篪未叶致枯田氏之荊兼之留遺業薄分食人多析產瓢薛包田餘荒白乏糧同原憲倉少陳紅君恨心頓起銳志幾消有願未償似班定遠羞儲投筆壯懷莫吐如向子平只顧成家誰知君雖命運不登黃甲而經常非限白丁偶爾發牢騷之氣倏又存騰達之心視彼五服四宗多少寒族生色惟己二房兩代絕無虎榜爭名因此伏案功深懸梁志勵未幾揣摩已熟考試又臨渡江乘宗慤長風近院尋宮王逆旅果然邊少先腹內藏經才信萬言出倚馬韓荊州面前獻策價增十倍竟登龍君山是喧傳學術嘯起才名家家望桃李成陰種爭聘郭處處君楚荊蘊璞識競錚和所爲君惜者萱草枯而烏私未報荊花瘁而雁序不齊彩戶之金枝玉樹兩歧未獲均芳香國之蘭質蕙心一朵猶傷夭折耳所爲君喜者秀擢一枝酌是甯馨可兒質超萬類儼然岐嶷堪誇試科場不廢貢院如常定當子繼父游芹泮鳳翥鸞翔父攜子赴棘闈鯉隨龍化爭奈白日有光青雲無路自恨諸生終老鄉教哲嗣何求祗

可營管鮑分金之業效馬鄭訓詁之功功名雖阻拔茅而境遇頗同嘆蔗遇年來卜宅似晏嬰居鄰鬧市擇里如孟母遷近學宮顏子負郭田聊喜添置周顒隱山米幸不空虛門開四代丁盐雙行鴻案相莊君同祖此鳳雛鸞起孫又生曾更兼翁齡比於侯嬴精神猶稱矍鑠孫年輕於李泌吟詠亦秉聰明細彼新傲閱效傳呼何加於此逸少甥分廿美矣過於斯是以知君德自天生福緣善慶扶傾濟弱一片丹心推己及人半生素性親朋雀角將與決預戀其波也鄉里鼠牙交訛必曲勸其冰消所最可嘉者港

坍破圩山率眾照老額開通民生攸賴廟宇改充學校邀宗呈縣志稟實祖制仍留皆藉君鑒獨路以相援危境化爲夷境致彼過昭關而復返落家幸未傾家由是知君口舌之陰功不少衷懷之經濟良多實宰相開闔求賢必當興革利興推恩眾庶大柱石綦香萬士何止難排紛解德澤偏隅耶然而仁者之言甚溥純儒之聲益彰至於教校書齋幸蓮講局分講席餘功理全宗大事㫖先生面晤未終童僕傳言迎族眾松使者手談味了佛人買辦柰家兄君於此既勞力而勞心且卜晝而卜夜非猶上爲祖宗中

爲族謀下爲子孫之偉烈哉莊與君友愧蘭與金親如葭依玉不顧大方矣致陳小家祠且將君現年五十歲之功能先代表揚爲族告遷墓君繼後一百年之齒德愈加修備與人觀

民國甲寅冬十月前清附生姻教弟趙爵莊謹撰

鐵卿弟行略二十七世

從兄鏊

余從弟鐵卿名鑒型省安公之冢子祝軒公之嗣姪海門公之承重孫也其先母顧孺人卒於光緒辛卯時鐵卿甫三歲繼母王孺人抱提鞠育儼同己出至六齡即隨父入校讀書天姿雖非粹美而學問頗肯勤求及年近弱冠即爭名於童子軍中無如文章憎命達屢試不售二十一娶吳孺人時鐵卿雖應嗣胞伯祝軒公仍膽依父母而猶未過從也越五年嗣母方孺人逝世鐵卿奉父母命始携梅鶴往就伯父業辦理喪事殯葬盡禮迨服終鐵卿復赴縣

府試均列前茅院試晏起學官已閉不得進均代爲扼腕後科舉不行竟使有志青雲而飛騰無路鐵卿每與余言曰我生儒業未成即祖父之書香莫繼清夜捫心能毋食影懷慚終身負疚耶厥後大妹歸於黃二妹適於方勉備裝奩已罄懸磬嗚呼鐵卿自過繼承業後主持家事喪禮終而婚禮接踵雖鄒氏之銅山亦倒而况寒素之家耶又不料一閱寒暑王父與王母相繼溘逝數年之間而有大事者五非撙節自持則巨費連糜有不致家道中落乎幸而克勤克儉治家有法半耕半讀律己惟嚴茹苦含辛耀

賤販皆不數載而家給如初矣迄今帆隨洲轉境遇益豐置田疇增產業無事則在家督工勤稼穡有事則為人息訟解紛爭無名利心有任俠氣其胸中之抱負為何如先憂後樂始知積善之家必有餘慶也五月生父者安公仙逝雖不能辭降服之名而寢苦枕塊哀痛迫切之情若有過於兩弟此尤足見鐵卿天性之篤孺慕之誠也已至於彙修宗譜鐵卿不辭勞苦不畏艱辛肯以採訪之餘力而分膳稿之仔肩其敦倫睦族之心與繼祖順親之志更何如哉非得力詩書專心閱歷何以理明曲直事晰是非措

置裕如見義勇為有如此耶生子一名鼎成目秀眉清讀書敏慧是殆天相吉人後望正未可量歟鐵卿平生之持躬接物處心積慮排難解紛誠有不容沒也余因於譜局匆忙之際為之據事直陳不計其工拙也

為弟培卿早亡長恨歌二十七世 胞兄鋆

長恨歌因何作題起頭來我欲哭我生何為命不辰如許門衰與祚薄我母壽終六十二寢苦枕塊弟兄四不料孝服尚未除二弟一病又仙逝二弟納監單名鋆自幼取字曰培卿二十二歲完婚娶旋即各自立門庭二弟持家無他技勤儉二字是主意千辛萬苦十餘年買田造屋勝兄弟誰知卅八壽數終求神服藥竟無功致教父哭明幾喪妻苦守節淚流紅人壽雖云有修短二弟早亡真可慘僅育一子又幼弱茫茫墜緒無人續猶子主後本常經未免

二弟不甘心天假弟年容在世豈無三丁或兩丁我今侍奉父晨昏修儀捧盤少一人憶昔俱存無故日是何怡樂敘天倫人生虛度數十年誰能保無恨事幸諸般恨事有了日惟有此恨恨綿綿

鼎勳君小序 二十八世　　　附牛 祖貽莊

君名鼎勳字紀常視蘭公之長孫幹卿君之哲嗣也天姿粹美風格清超本來展驥奇材不是雕蟲小技爲因學宮已閉芹泮空留貢院無存棘闈亦撤故爾棄程朱故簡分管鮑多金座上興賓客言爲商不改爲儒品嘗中味聖賢旨喻利還存喻義心抑且書法精明字字是銀鈎鐵畫事情洞達言言足石勒金銘更兼孝親敬祖確有孟宗哭筍之誠訓婦順姑不異曾子蒸梨之性此誠足以光家乘樹鄉型者也我常別生徒而北返結件侶以南遊屢與情聯終日洵知良驥毓名駒因而交訂忘年自愧老鴉趨雛鳳爰爲濡墨揮毫而贊曰

論君品堅卓好似一太璞已經良工手細細加磨琢可恨曇花一現消滕王閣不作英光外爍知己寥寥精氣內含賞音落落屈兮置之嚚塵眞堪惜此美玉

論君遇優隆好似一青松根深又蒂固勁植白雲峰上有橋庇蔭丁有梓蓬鬆老萱護兮茂盛少艾侍兮鮮穠別院蔦蘿早欣施上大田瓜瓞預卜穰豐低而俯者固仰承而與高勃勃高而仰者更俯視而樂也融融

後記

無錫是中國吴文化的發祥地。七千多年悠久歷史與文明，造就了『梁溪明秀之區，衣冠禮樂甲於江左』的城市人文傳統和深厚的歷史文化底藴。數千年來，文脉綿延，永世流芳。邵寶在《錫山遺響》序中曾經這樣描述：『錫之爲邑，在三吴間。山水清麗豐曠，生其地者，多沉雅秀整，以文名家，代不乏人。』文化已經成爲這座城市最本色的氣質。爲傳承吴地文明，建設文化名城，進一步彰顯無錫城市内在精神特質，經過幾年的精心策劃，旨在全面整理地方文化典籍的《無錫文庫》編纂出版工作於二〇一〇年全面啓動，二〇一一年起陸續與讀者見面了。

無錫的城市文化曾經爲中華文化寶庫作出過巨大貢獻。顧愷之、倪瓚、王紱、鄒一桂、賀天健、徐悲鴻、錢松嵒、吴冠中，如松秀群嶺，在中國繪畫史上擁有很高的地位；華秋蘋、楊蔭瀏、劉天華、華彦鈞（阿炳），乃韵動天籟，對中國音樂發展發揮了重要作用；李紳、蔣防、尤袤、蔣捷、陳維崧、顧貞觀、嚴繩孫、周濟、劉半農，皆胸懷錦綉，在中國文學史上可謂各領風騷；計六奇、顧祖禹、顧棟高、秦蕙田、嵇璜、錢基博、錢穆、錢鍾書、錢海岳，可稱堂奥廣庭，學造淵源，在中國學術史上卓然大家；顧憲成、高攀龍之東林，唐文治之『國專』，徐霞客之游記，徐壽、華蘅芳之『格致之學』，陳翰笙、錢俊瑞、孫冶方、薛暮橋之經濟學，都堪稱中華文化史上的一座座高峰，至今閃耀着炫目的光芒。

深厚的歷史文化底蕴激發了無錫城市的文化自覺。市委、市政府滿懷對鄉土誠摯之情、對文化敬畏之感，以義不容辭的責任擔當，致力於文化强市建設，以科學的理念和方式對歷史文化遺産作全方位的觀照、深層次的發掘、系統性的保護，匯四海之智，舉全市之力，共襄文化建設盛舉。二〇〇六年十二月，無錫市成功申報國家歷史文化名城，標志着新一輪文化意識的覺醒，并迅速轉化爲文化自覺的實踐。近年來，我市全面啓動惠山、清名橋、小婁巷、榮巷、蕩口等五個歷史文化街區和十個古村落保護修復工程，『護其貌，顯其顔，鑄其魂，揚其韵』；鴻山遺址成功保護的經驗被國家文物局譽爲大遺址保護『無錫模式』，并被授予首批國家考古大遺址公園，闔閭城遺址考古發現則確立了歷史上無錫曾作爲吴王闔閭都城的地位；建成開放六十餘座博物館、名人故居和紀念館；對無錫的非物質文化遺産予以重點保護；每年春天舉辦的中國（無錫）吴文化節、中國文化遺産保護論壇成爲文化亮點，享譽海内外。這些舉措遵循規律，探索文化建設體制和機制的創新，形成了寶貴的『無錫經驗』，得到海内外學者、專家的一致肯定。

在注重保護歷史文化遺存的過程中，發掘、整理無錫歷史文獻著作，展示和弘揚無錫城市的思想精神世界，自然而然成爲大家關注的重點。二〇〇六年，市委宣傳部組織無錫文史專家、學者編撰的十七册三百萬字的《無錫文化叢書》正式出版，引起强烈反響，出版後供不應求，在二〇〇八年再版加印。《無錫文化叢書》集中反映了無錫城市文化精華，展示了無錫城市文化特質，彰顯了無錫歷史文化的厚重，同時也告訴人們，文化精神的傳遞是文化繁榮發展的重要内涵，一旦擦去歲月蒙塵，優秀的歷史文化就會轉化成爲取之不盡的精神財富。

爲了進一步彰顯城市歷史文化底蘊，二〇〇七年，市委、市政府將全面系統整理無錫文化典籍擺上工作議事日程，明確提出編纂《無錫文庫》。由于無錫歷史文化底蘊深厚，卷帙浩繁，内容豐富，編纂工作千頭萬緒，要想整理出一部簡明扼要而又内容翔實、主旨鮮明而又文質彬彬的文獻集成，難度遠大於預想。爲此，我們先後成立了《無錫文庫》工作委員會和編輯委員會，加强對編纂出版工作的組織領導與統籌協調，在尊重歷史、尊重規律、尊重科學、尊重專家的基礎上，積極推進文庫編纂工作。編輯委員會經過反復論證，明確原則，綱舉目張，有條不紊地開展工作。充分憑借地方文史專家的優勢，充分發揮高校人文學院、研究機構的作用，充分依靠出版機構的專業經驗，并邀請國内外著名文史專家指導、把關，形成了文庫編纂的工作合力。

在編輯過程中，我們力求使《無錫文庫》成爲經得起歷史考驗的鄉邦文獻集成。

全面規劃又保持開放結構。面對豐富的歷史文化積澱，没有規劃就不可能形成清晰的編纂思路。在前期編纂工作中，編輯委員會經過二十餘次的論證會和專題研討會，形成并確定了《無錫文庫》總書目，明確了收録範圍和内容主體，立足無錫市區，兼顧江陰、宜興，主要體現無錫本土内容，突出人文科學，適當兼顧其他門類。據此，《無錫文庫》收録圖書五百五十餘種，分爲五輯：第一輯『官修舊志』，收編無錫地方志（含江陰、宜興）；第二輯『地方史料專著』，收編反映無錫地方史料的專著與筆記；第三輯『年譜家乘』，收編無錫（含江陰、宜興）地方名人年譜和望族的家譜；第四輯『無錫文存』，收編歷史上無錫作家詩文和專著的精華；第五輯『近現代名家名著存目』，編撰無錫近現代名家名著的書目提要。爲使文庫具有更大的開放度和包容量，《無錫文庫》注重整體設計，在框架分類上既注意整合，又突出重點，考慮到文庫的涵蓋面和系統性；在書目選擇上既注重經典性，又强調代表性，兼顧到圖書本身質量和作者特點；在出版方式上既總體規劃、循序推進，又采取較爲靈活的方式，成熟一批出版一批，不編序號，爲今後增補書目預留空間。

尊重歷史又反映時代特色。《無錫文庫》注重歷史性與時代性相結合，以嶄新的學術角度和現代學科理念對城市歷史文化進行整理和弘揚。編纂工作充分體現對歷史傳統的尊重，儘可能減少評述性成分，杜絶截割、改篡、增删圖書内容，對節選本衹采取作者的自選本。與此同時，以現代學術視野來看待傳統史料，增加收録有價值的歷史資料和文獻，如對民國時期的一些稿本、期刊、會刊、紀念册也予以應有的關注，收入了部分重要的民間史料。

保持原貌又便于讀者查閲。《無錫文庫》除第五輯外，全部采用原版影印方式，力争選擇最優版本作底本，保持文獻著作的歷史面目。爲了便於閲讀、查證、使用、研究，每一輯均撰寫編輯説明，每種書撰寫提要，并編撰《文庫》書目索引。通過這樣的方式，使《無錫文庫》兼具工具書檢索的作用，增强文化典籍整理的實用功能。

如期完成又精益求精。《無錫文庫》作爲一項重大文化工程，編纂工作面廣量大，必須集中力量，一鼓作氣。我們明確，從編纂工作全面啓動開始，花三年時間完成《無錫文庫》出版工作。《無錫文庫》總書目形成後，五輯的書目編纂工作同時開展、整體推進。我們要求，《無錫文庫》編纂出版工作要强化精品意識，力求思想精深、内容精彩、選編精當、學風精良、裝幀精美。文庫編纂出版的每個環節都反復論證推敲，確保經得起歷史檢驗。

《無錫文庫》的編纂出版工作，得到了鳳凰出版傳媒集團的大力支持，鳳凰出版社在版本選擇、編輯出版方面做了細緻的工作；由於《無錫文庫》收録的資料有三分之二散落在全國各圖書館中，中國國家圖書館、上海圖書館、南京圖書館等一批國内知名圖書館爲此提供了積極的幫助；應邀擔任《無錫文庫》學術顧問的專家，都是無錫籍的文化名人和國内一流的古籍研究專家，他們有的不顧年事已高，有的不顧自身工作繁忙，爲《無錫文庫》的編纂工作付出辛勤勞動；《無錫文庫》工作委員會和編輯委員會成員以及編務人員在文庫編纂出版過程中做了大量的工作。在此，謹向他們表示崇高的敬意和由衷的謝忱！

由於《無錫文庫》收録内容涉及範圍廣、時間跨度長，部分書目已經散佚，可利用資料受到限制，加之編輯委員會水平有限，《無錫文庫》的編纂工作難免會有一些疏漏和錯誤，不當之處敬請讀者指正。

王立人

二〇一一年一月